中国司法部“法治建设与法学理论研究部级科研项目”子课题成果

家事法研究学术文库

当代中国民众财产继承观念与遗产处理习惯实证调查研究

（下卷）

主　编　陈　苇（课题负责人）

中国人民公安大学出版社

2019 · 北京

当代中国民众财产继承观念与遗产处理习惯实证调查研究

我国十省市被调查地区调查组组长、副组长

（以撰写章节先后为序）

重庆市调查组组长： 西南政法大学　陈苇教授
副组长： 西南政法大学　胡苷用副教授
上海市调查组组长： 华东政法大学　许莉教授
吉林省调查组组长： 吉林大学法学院　李洪祥教授
河北省调查组组长： 燕山大学　罗杰副教授
湖北省调查组组长： 中南财经政法大学　孟令志副教授
江西省调查组组长： 赣南师范大学　曹贤信副教授
广东省调查组组长： 中山大学法学院　卓冬青副教授
副组长： 广东工业大学政法学院　郭丽红教授
海南省调查组组长： 海南大学法学院　叶英萍教授
福建省调查组组长： 厦门大学法学院　何丽新教授
四川省调查组组长： 西南政法大学　陈苇教授
副组长： 西南政法大学　胡苷用副教授

当代中国民众财产继承观念与遗产处理习惯实证调查研究

撰稿人（以撰写章节先后为序）

陈　苇　陈　法　石　婷　白　玉　刘宇娇　李洪祥
苗艺璇　高　岩　马　旭　贺海燕　张　远　吴天宜
程藉瑶　许　莉　张　叶　柯婵娟　罗　杰　尹　鸽
孟令志　贾艳艳　李　想　王传印　元　雨　彭　锦
曹贤信　曾瑞玉　李　艳　卓冬青　郭丽红　黄蔚菁
胡明玉　叶英萍　王彦翔　文　灿　何丽新　孙　菁
余虹宇　王思颖　石　雷　郭庆敏　占泸霞

《家事法研究学术文库》顾问

（以姓氏笔画为序）

谨以此书献给我的家人

——我衷心地感谢你们30多年来对我工作的默默支持!

This work is dedicated to my family

—I sincerely thank you for your silent support of my work over the past 30 years.

目　录

上　卷

下　卷

Contents

Volume One

第七章 当代中国江西省民众财产继承观念与遗产处理习惯实证调查研究*

第一节 当代中国江西省民众财产继承观念与遗产处理习惯实证调查概况

一、被调查地区概况

（一）江西省社会经济发展水平情况

2018 年，全省实现生产总值达 20818.5 亿元，财政总收入为 3447.4 亿元。①

（二）江西省人口结构情况

根据江西省统计局统计数据显示，2018 年年末全省常住人口 4622 万人。其中，城镇人口 2524 万人，乡村人口 2098 万人。男、女性人口分别为 19840 人和 18323 人，人口性别比例（女性为 100，男性对女性的比例）为 108.3。② 2018 年，江西省人口年龄抽样调查数据显示，0~14 岁人口数为 8245 人（占江西省总人口数的 21.60%），15~64 岁人口数为 26196 人（占江西省总人口数的 68.64%），65 岁及以上人口数为 3723 人（占江西省总人口数的 9.76%）。③ 即人口年龄结构以中青年为主体，占近七成（68.64%）。

（三）江西省城乡人口的年均收入情况

2018 年，全省城镇居民人均可支配收入为 31198 元，增长 8.8%；农村居民人均可支配收入为 13242 元，增长 9.1%。④

---

* 作者简介：曹贤信，男，法学博士，赣南师范大学应用法学研究中心主任、政治与法律学院副教授、硕士生导师；贺海燕，女，西南政法大学 2017 级民商法博士研究生；曾瑞玉，女，赣南师范大学政治与法律学院 2015 级硕士研究生。

① 参见江西省统计局，载 http://www.jxstj.gov.cn/resource/uploadfile/201802/201712qssw.pdf，访问日期：2018 年 2 月 23 日。

② 该数据为人口抽样调查数据，参见国家统计局，载 http://data.stats.gov.cn/search.htm? s=%E6%B1%9F%E8%A5%BF%E7%9C%81%E4%BA%BA%E5%8F%A3%E5%B9%B4%E9%BE%84%E7%BB%93%E6%9E%84，访问日期：2019 年 1 月 17 日。

③ 该数据为人口抽样调查数据，参见国家统计局，载 http://data.stats.gov.cn/search.htm? s=%E6%B1%9F%E8%A5%BF%E7%9C%81%E4%BA%BA%E5%8F%A3%E5%B9%B4%E9%BE%84%E7%BB%93%E6%9E%84，访问日期：2019 年 1 月 17 日。

④ 参见江西省统计局，载 http://www.jxstj.gov.cn/resource/uploadfile/201802/201712qssw.pdf，访问日期：2018 年 2 月 23 日。

二、实证调查情况简介

2016年11月，西南政法大学陈苇教授主持申报的司法部科研项目“我国遗产处理制度系统化构建研究”被批准立项。为了给此项目的理论研究和制度研究提供国情资料，必须调查了解当代中国民众的财产观念与遗产处理习惯。考虑到课题组人力、物力的限制，陈苇教授在我国十省市包括重庆市、上海市、吉林省、河北省、湖北省、江西省、广东省、海南省、福建省和四川省，联系确定了各省市调查组组长共同组织开展本项目的子课题——“当代中国民众财产继承观念与遗产处理习惯实证调查研究”。本次江西省调查组组长为赣南师范大学政治与法律学院曹贤信副教授。

（一）调查问卷的设计和学生调查员的召集与培训

2016年11月中旬，陈苇教授组织重庆市课题组成员分工合作，设计制作“当代中国民众财产继承观念与遗产处理习惯实证调查研究”的调查问卷，至2016年12月中旬完成了调查问卷的设计工作。[①] 然后，陈苇教授把调查问卷通过电子邮件发送至参与本次实证调查的十省市调查组组长，以供开展实地调查时统一使用。2016年12月下旬，根据陈苇教授撰写了“当代中国民众财产继承观念与遗产处理习惯社会调查动员和培训会”的说明书，江西省调查组组长曹贤信副教授召集、遴选江西省籍的学生调查员107名，于2016年12月28日组织召开了“当代中国江西省民众继承观念与遗产处理习惯实证调查动员暨社会调查知识培训会”。在会上，曹贤信副教授给每位学生调查员发放了6份调查问卷，针对问卷的问题，逐一讲解调查要点和具体的调查方法，要求被调查者应当具有江西省户籍，且必须是男女各3名，分为老、中、青（61岁以上、41~60岁、20~40岁）三个年龄段，并且要求每名学生调查员利用2017年的寒假各自在家乡开展实地社会调查。

（二）实地社会调查的方式

2017年1月至2月寒假期间，江西省籍的学生调查员回到各自家乡开展实地社会调查。本次调查主要采取学生调查员“入户问卷调查”和“个人访谈”的方式进行。

第一，入户问卷调查。学生调查员在2017年的寒假回至自己的家乡，对当地民众进行入户问卷调查。每位被调查对象必须符合培训会说明的条件和要求，而且其只能填写一份调查问卷。学生调查员入户后首先向被调查者讲解说明本次调查的目的意义和调查问卷填写的相关问题，采取让被调查者自己填写问卷或者学生调查员向被调查者询问后代为填写两种方式完成问卷的填写。

第二，个人访谈。要求采取“一对一”的个人访谈方式，以收集与遗产继承有关的纠纷或案例。本次实地调查，除填写调查问卷外，还要求辅以“一对一”的个人访谈，收集和记录典型的继承纠纷或相关案例的内容。因为调查问卷涉及客观选择与主观理由两部分内容，采取“一对一”的个人访谈方式，可以避免被调查者受他人的影响，以便能够较为客观深入地了解被调查民众的真实想法。

（三）调查问卷数据的录入、统计汇总、复核与撰写调查研究报告

2017年3月开学后，本调查组统一回收了调查问卷与典型案例的访谈记录，然后组

① 必须说明，江西省调查组组长曹贤信参与了“当代中国民众的财产继承观念与遗产处理习惯实证调查研究”的问卷设计工作，提供了第十一部分“无人承受的遗产”的问卷内容，共设计了4个题目。

织学生统计员对调查问卷进行数据统计工作。本次实地调查实际发放问卷 642 份，剔除无效问卷后，共计回收有效问卷 587 份，有效问卷率达 91.43%。随后，根据有效问卷录入调查数据、制作统计汇总表，并且复核统计汇总数据。2017 年 4 月底完成《〈当代中国民众财产继承观念与遗产处理习惯实证调查问卷〉江西省民众实证调查统计数据汇总表》的定稿。我们在此需要特别说明，关于各项调查问题之统计人数的合计，凡单选题的人数合计均为 100%，均合计在统计表中；凡多选题的人数合计均超过 100%，故不予进行合计的统计。本调查报告的撰写就是根据此次调查统计数据汇总表作为基础资料进行分析和研究而成的。在此，特向所有参与此次调查活动的老师和同学表示衷心感谢![①]

2017 年 4 月，陈苇教授拟定了“当代中国民众财产继承观念与遗产处理习惯实证调查研究的写作提纲和写作要求”。2017 年 5 月起，我们根据此写作提纲和写作要求，进入参考文献资料的收集和调查报告的写作与修改阶段。本章由曹贤信副教授和曾瑞玉研究生共同撰写完成初稿至第六稿，其间，根据陈苇教授对初稿至第六稿的历次修改意见和中期评审专家意见，对稿件进行了多次修改和补充，最后向课题负责人陈苇教授交稿。2019 年 1 月，陈苇教授继续对江西省调查研究报告进行了审阅和修改补充，然后组织重庆市调查组博士生对江西省调查研究报告统一进行了三次修改和补充，最终于 2019 年 6 月完成定稿。

三、被调查对象的基本情况

本次的调查对象为江西省各地常住人口，调查范围涵盖南昌、九江、上饶、抚州、宜春、吉安、赣州、景德镇、萍乡、新余、鹰潭共计 11 个市。

（一）被调查者的性别情况

表 7-1 被调查者的性别情况统计

性别	人数	比例
男	295	50.26%
女	292	49.74%
合计	587	100%

关于被调查者的性别统计情况，在 587 名被调查者中，男性被调查者有 295 人（占 50.26%），女性被调查者有 292 人（占 49.74%）。由此可见，被调查者中男女性别比例持平。

---

① 参与江西省民众财产继承观念与遗产处理习惯的实地调查及调查数据统计汇总等工作的师生名单，详见“鸣谢”。

（二）被调查者的年龄情况

表 7-2 被调查者的年龄情况统计

年龄	人数	比例
20~30 岁	181	30.84%
31~40 岁	65	11.07%
41~50 岁	145	24.70%
51~60 岁	65	11.07%
61~70 岁	91	15.50%
71 岁以上	40	6.82%
合计	587	100%

关于被调查者的年龄，统计数据显示，在 587 名被调查者中，20~40 岁的青年人占四成以上（41.91%）；41~60 岁的中年人占近三成半（35.77%）；而 60 岁以上的老年人，合计占两成多（22.32%）。即本次被调查者以中青年为主体，合计占七成半以上（77.68%）。

（三）被调查者的职业情况

表 7-3 被调查者的职业情况统计

职业	人数	比例
农民	198	33.73%
工人	94	16.01%
经商者	38	6.47%
公务员、企事业单位职工	84	14.32%
其他（打工等不固定职业）	173	29.47%
合计	587	100%

关于被调查者的职业，统计数据显示，在 587 名被调查者中，职业为农民的占三成以上（33.73%）；工人占一成半以上（16.01%）；公务员、企事业单位职工占近一成半（14.32%）；经商者占不到一成（6.47%）；而其他职业（打工等不固定职业）的占近三成（29.47%）。

综上所述，本次被调查者的男女性别比例持平，老、中、青各年龄段均有，但以中青年为主体，且他们的职业涉及广泛，本次调查数据基本上能够反映不同性别、年龄和职业的江西省被调查者的意愿。

第二节　当代中国江西省民众财产继承观念与遗产处理习惯实证调查的数据统计情况

一、遗产范围界定之调查数据统计情况

关于遗产范围界定之调查数据统计，我们主要从遗产的种类和被继承人生前特种赠与财产的归扣两个方面对调查数据的统计情况进行汇总分析。

（一）遗产的种类

问题【一、（一）】“2016年2月某甲因车祸死亡，经清理某甲个人名下的遗物，您认为，以下哪些属于某甲的遗产，A. 住房一套；B. 小汽车一辆；C. 家庭日常生活用品若干；D. 存款10万元；E. 股票10万元；F. 某甲以其姓名注册的邮箱和QQ账号等；G. 单位出租给某甲的午休住房一间；H. 某甲向某公司购货的欠款5万元；I. 某甲因交通事故死亡获得50万元赔偿金。（多选）”

表7-4　属于遗产种类的民众观念情况统计（多选）

选项	遗产	
	人数	比例
A. 住房一套	578	98.47%
B. 小汽车一辆	556	94.72%
C. 家庭日常生活用品若干	328	55.88%
D. 存款10万元	563	95.91%
E. 股票10万元	472	80.41%
F. 某甲以其姓名注册的邮箱和QQ账号等	145	24.70%
G. 单位出租给某甲的午休住房一间	65	11.07%
H. 某甲向某公司购货的欠款5万元	256	43.61%
I. 某甲因交通事故死亡获得50万元赔偿金	446	75.98%

关于属于遗产种类的民众观念，统计数据显示，在587名被调查者中，（1）有八至九成以上的人认为，A项住房（98.47%）、B项汽车（94.72%）、D项存款（95.91%）和E项股票（80.41%）属于遗产。（2）一成至七成多的人认为，C项家庭日常生活用品（55.88%）、H项债务（43.61%）、I项交通事故死亡赔偿金（75.98%）、G项单位出租房（11.07%）属于遗产。（3）有近二成半的人认为，F项以被继承人的姓名注册的邮箱和QQ账号（24.70%）属于遗产。

（二）被继承人生前特种赠与财产的归扣

1. 被继承人生前特种赠与财产是否应归入遗产范围的民众观念情况统计

问题【一、（二）1.】“张老汉有三个儿子，在10年前大儿子甲结婚时，张老汉给其

资助购买婚房的现金 20 万元；二儿子乙一直未结婚，但 5 年前在其开办豆腐作坊时，张老汉资助其营业资金 10 万元；在两年前小儿子丙结婚时，张老汉为其购买一套价值 30 万元的房屋（产权登记在小儿子丙名下）；2016 年 1 月张老汉去世时遗留有个人所有的住房一套和 50 万元存款。您认为，哪些财产应当计算入遗产？A. 张老汉生前给三个儿子不同资助的财产与死亡时遗留的住房、存款，均应当合并计算为遗产；B. 张老汉去世时遗留的个人所有的住房和 50 万元存款，才可以计算为遗产；C. 其他。(单选）”

表 7-5　被继承人生前特种赠与财产是否应归入遗产范围的民众观念情况统计（单选）

选项	人数	比例
A. 张老汉生前给三个儿子不同资助的财产与死亡时遗留的住房、存款，均应当合并计算为遗产	136	23. 17%
B. 张老汉去世时遗留的个人所有的住房和 50 万元存款，才可以计算为遗产	440	74. 96%
C. 其他	11	1. 87%
合计	587	100%

关于被继承人生前特种赠与财产是否归入遗产范围的民众观念，统计数据显示，在 587 名被调查者中，(1) 选择 B 项即持否定观点的，占近七成半（74. 96%)；(2) 选择 A 项即持肯定观点的，只占二成以上（23. 17%)。

2. 归扣遗产价值计算时间的民众观念情况统计

问题【一、(二) 2.】“如果上述答案您选 A，请问张老汉为小儿子丙买房的价值应该按何时计算？A. 买房时；B. 张老汉去世时；C. 实际分割遗产时；D. 其他。（单选）”

表 7-6　归扣遗产价值计算时间的民众观念情况统计（单选）

选项	人数	比例
A. 买房时	42	30. 88%
B. 张老汉去世时	41	30. 15%
C. 实际分割遗产时	53	38. 97%
D. 其他	0	0
合计	136	100%

“归扣遗产的价值计算时间有以下三种：第一，以赠与时为准；第二，以继承开始时为准；第三，以遗产分割时为准。”①

① 陈苇、杜志红：《我国设立归扣制度的基础与制度构建研究》，载《政法论丛》2013 年第 2 期。

关于归扣遗产价值计算时间的民众观念，统计数据显示，在填写该问题的136名被调查者中，根据其占比高低排序如下：（1）选择C项认为应以实际分割遗产时为准的，占近四成（38.97%）；（2）选择A项认为应以买房时为准的，占三成（30.88%）；（3）选择B项认为应以张老汉去世时为准的，约占三成（30.15%）。即认为应以分割遗产时计算归扣财产价值的占比居于第一位。

3. 生前特种赠与财产是否归入遗产范围的民间习惯情况统计

问题【一、（二）3.】“在您所在地区，如果发生上述张老汉生前给三个儿子不同资助财产的情况，在继承遗产时这些资助财产是否被合计到遗产范围内？A. 是；B. 不是。（单选）”

表7-7　生前特种赠与财产是否归入遗产范围的民间习惯情况统计（单选）

选项	人数	比例
A. 是	130	22.15%
B. 不是	457	77.85%
合计	587	100%

关于生前特种赠与财产是否归入遗产范围的民间习惯，统计数据显示，在587名被调查者所在地区的习惯是：B项不是，即无归扣习惯的，占近八成（77.85%）；A项是，即有归扣习惯的，占二成以上（22.15%）。

4. 生前特种赠与财产不归入遗产的分配方式之民间习惯与理由情况统计

问题【一、（二）4.】“上一题如果您选择B项即这些资助财产不是被合计到遗产范围内，三个儿子是如何分配父亲张老汉的遗产的？A. 平均分配；B. 乙应该适当多分；C. 其他。（单选）其理由各是什么？”

（1）生前特种赠与财产不归入遗产的分配方式之民间习惯情况统计。

表7-8　生前特种赠与财产不归入遗产的分配方式之民间习惯情况统计（单选）

选项		人数	比例
A. 平均分配		246	55.91%
B. 乙应该适当多分		163	37.05%
C. 其他	自愿协商决定	7	1.59%
	尽赡养义务多分	12	2.73%
	乙未婚应多分	4	0.91%
	根据实际情况，条件差的多分	5	1.14%
	按照父亲遗嘱，若没有遗嘱，按母亲意愿分	3	0.68%
合计		440	100%

关于生前特种赠与财产不归入遗产的分配方式之民间习惯，统计数据显示，在填写该问题的 440 名被调查者所在地区，①有继承人之间平均分配习惯的，占五成半(55.91%)，②有获得被继承人生前特种赠与较少的继承人可以多分习惯的，占三成半以上（37.05%)。

（2）生前特种赠与财产不归入遗产情况下的分配方式习惯之理由情况统计。

表 7-9　生前特种赠与财产不归入遗产情况下的分配方式习惯之理由情况统计

项目		人数	比例
A. 不考虑张老汉生前给三个儿子财产的情况，死后平均分配所留遗产，有利于遗产的分割		157	48.16%
B. 因为张老汉生前给乙的财产较少，在其死后乙应多分些，这体现公平原则		141	43.25%
C. 其他	应自愿协商决定	7	2.15%
	根据权利义务来分配更合理	13	3.99%
	要根据实际情况处理	5	1.53%
	要尊重被继承人的意愿	3	0.92%
合计		326	100%

关于生前特种赠与财产不归入遗产情况下的分配方式习惯之理由，统计数据显示，在填写了该理由的 326 名被调查者中，①认为遗产分配采取平均分配方式的理由是，A 项便于遗产分割的，占近五成（48.16%）；②认为未获得特种财产赠与的继承人应多分遗产的理由是，B 项可体现公平原则的，占四成以上（43.25%）。

二、继承开始的通知和公告之调查数据统计情况

关于继承开始的通知和公告之调查数据统计，我们主要从继承开始的通知和公告的主体、继承开始的通知和公告的方式、继承开始的通知和公告的期间三个方面对调查数据的统计情况进行汇总分析。

（一）继承开始的通知和公告的主体

问题【二、(一)】“被继承人死亡后，在您所在地区一般由下列哪些人通知涉及遗产分配的相关人员？A. 知道被继承人死亡的继承人；B. 保管遗产的继承人；C. 知道被继承人死亡的单位、村（居）委会；D. 处理被继承人死亡事件的机构，如公安交警部门；E. 其他近亲属。(多选)”

表 7-10　继承开始的通知和公告的主体之民间习惯情况统计（多选）

选项	人数	比例
A. 知道被继承人死亡的继承人	421	71.72%
B. 保管遗产的继承人	360	61.33%
C. 知道被继承人死亡的单位、村（居）委会	224	38.16%
D. 处理被继承人死亡事件的机构，如公安交警部门	151	25.72%
E. 其他：近亲属	9	1.53%

关于继承开始的通知和公告的主体之民间习惯，统计数据显示，587 名被调查者填写的所在地区的习惯是：（1）A 项知道被继承人死亡的继承人的，占七成以上（71.72%）；（2）B 项保管遗产的继承人的，占六成以上（61.33%）；（3）C 项知道被继承人死亡的单位、村（居）委会的，占近四成（38.16%）；（4）D 项处理被继承人死亡事件的机构（如公安交警部门）的，占二成半（25.72%）。

（二）继承开始的通知和公告的方式

问题【二、（二）】"被继承人死亡后，您所在地区的人们一般采取以下哪些方式通知涉及遗产处理的相关人员？A. 口头、电话、微信等；B. 信件、告知函等书面通知；C. 在报纸、电视、网络等平台上发布被继承人死亡的公告；D. 在被继承人所在地的村（居）委会公告栏公告；E. 申请人民法院以公告程序进行公告；F. 其他。（多选）"

表 7-11　继承开始的通知和公告的方式之民间习惯情况统计（多选）

选项	人数	比例
A. 口头、电话、微信等方式通知	448	76.32%
B. 信件、告知函等书面通知	285	48.55%
C. 在报纸、电视、网络等平台上发布被继承人死亡的公告	67	11.41%
D. 在被继承人所在地的村（居）委会公告栏公告	172	29.30%
E. 申请人民法院以公告程序进行公告	148	25.21%
F. 其他	0	0%

关于继承开始的通知和公告的方式之民间习惯，统计数据显示，587 名被调查者所在地区的习惯是：（1）A 项使用口头、电话、微信等方式的，占七成半以上（76.32%）；（2）B 项使用书信、告知函等书面通知的，占近五成（48.55%）；（3）D 项采用在被继承人所在地的村（居）委员会公告栏公告方式的，占近三成（29.30%）；（4）E 项采用申请人民法院以公告程序进行公告方式的，占二成半（25.21%）；（5）C 项使用在报纸、电视、网络等平台上发布被继承人死亡的公告方式的，占一成以上（11.41%）。

（三）继承开始的通知和公告的期间

问题【二、（三）】“您认为，通知人应在被继承人死亡后多少天内发出通知：A. 3日；B. 7日；C. 15日；D. 30日；E. 其他。（单选）”

表 7-12　继承开始的通知和公告的期间之民众观念情况统计（单选）

选项		人数	比例
A. 3日		254	43.49%
B. 7日		167	28.60%
C. 15日		92	15.75%
D. 30日		55	9.42%
E. 其他	E1. 40日	1	0.17%
	E2. 越快越好	13	2.23%
	E3. 处理完丧事后	2	0.34%
合计		587	100%

关于继承开始的通知和公告的期间之民众观念，统计数据显示，在587名被调查者中，对于被继承人死亡后发出继承开始的通知的时间，（1）选择A项和B项，认为应在7日内发出的，合计占近七成（72.09%）；（2）选择C项和D项，认为应在15日或30日内发出的，合计占二成半（25.17%）。

三、遗产管理之调查数据统计情况

关于遗产管理之调查数据统计，我们主要从遗产管理人的确定、遗产管理人的职责与报酬、遗产管理人的损害赔偿责任三个方面对调查数据的统计情况进行汇总分析。

（一）遗产管理人的确定

问题【三、（一）】“您所在地区人们处理遗产继承时，一般是由谁清点和管理遗产？A. 死者的法定继承人：配偶、子女、父母、兄弟姐妹、孙子女或外孙子女、祖父母或外祖父母；B. 死者的儿媳或女婿；C. 死者家族中的德高望重者；D. 死者的其他亲戚朋友；E. 死者所在的单位或村/居委会；F. 其他（多选）。其理由各是什么？”

1. 关于遗产管理人的确定之民间习惯情况统计

表 7-13 遗产管理人的确定之民间习惯情况统计（多选）

选项		人数	比例
A. 死者的法定继承人	配偶	436	74.28%
	子女	394	67.12%
	父母	289	49.23%
	兄弟姐妹	160	27.26%
	孙子女或外孙子女	60	10.22%
	祖父母或外祖父母	60	10.22%
B. 死者的儿媳或女婿		71	12.10%
C. 死者家族中的德高望重者		177	30.15%
D. 死者的其他亲戚朋友		38	6.47%
E. 死者所在的单位或村/居委会		89	15.16%
F. 其他	F1. 长期共同生活者	5	0.85%
	F2. 死者委托者	2	0.34%

关于遗产管理人的确定之民间习惯，统计数据显示，587 名被调查者填写的所在地区的习惯排在前两位的是：（1）A 项由死者的法定继承人［配偶（74.28%）、父母（49.23%）和子女（67.12%）］担任的，占五至七成；（2）C 项由死者家族中的德高望重者担任的，占三成（30.15%）。

2. 关于遗产管理人的确定的民间习惯之理由情况统计

表 7-14 关于遗产管理人的确定的民间习惯之理由情况统计

项目	人数	比例
A. 遗产管理人一般由法定继承人来担任，便于清点和妥善管理遗产	208	60.64%
B. 遗产管理人一般由法定继承人之外的人或组织来担任，可以防止遗产被隐藏、转移，有利于保护遗产相关人的合法权益	35	10.20%
C. 委托的专门机关（比如律师事务所和村委会）是第三方，更中立、客观	87	25.36%
D. 德高望重、有能力的人，其熟悉被继承人的情况，便于清点和妥善管理遗产，且在当地具有威望，处事得人信任	13	3.79%
合计	343	100%

关于遗产管理人的确定的民间习惯之理由，统计数据显示，在填写该理由的343名被调查者的所在地区，(1) 有由法定继承人担任遗产管理人习惯的理由是，A项便于清点和妥善管理遗产的，占六成（60.64%）；(2) 有由法定继承人之外的人或组织，或德高望重的人来担任作为遗产管理人习惯的理由是，B项、C项和D项，第三方可以保持更中立和客观的态度，可以防止遗产被隐藏、转移，有利于保护遗产相关人的合法权益的，合计占近四成（39.35%）。

（二）遗产管理人的职责与报酬

1. 遗产管理人的职责的民众观念情况统计

问题【三、(二) 1.】“您认为，遗产管理人的管理职责有哪些？A. 清查遗产，制作遗产清单；B. 妥善保管遗产；C. 查明被继承人生前的债权和债务，积极地追讨债权或清偿债务；D. 查明被继承人是否留有遗嘱，并且确定遗嘱是否真实合法；E. 可以原告或被告的身份参加因遗产引起的诉讼；F. 定期制作遗产管理报告，向继承人报告遗产管理的情况；G. 其他。(多选)”

表7-15　遗产管理人的职责的民众观念情况统计（多选）

选项	人数	比例
A. 清查遗产，制作遗产清单	534	90.97%
B. 妥善保管遗产	539	91.82%
C. 查明被继承人生前的债权和债务，积极地追讨债权或清偿债务	420	71.55%
D. 查明被继承人是否留有遗嘱，并且确定遗嘱是否真实合法	278	47.36%
E. 可以原告或被告的身份参加因遗产引起的诉讼	317	54.00%
F. 定期制作遗产管理报告，向继承人报告遗产管理的情况	253	43.10%
G. 其他	0	0

关于遗产管理人的职责的民众观念，统计数据显示，在587名被调查者中，占七至九成的人认为职责包括：(1) A项清查遗产，制作遗产清单的，占90.97%；(2) 选择B项妥善保管遗产的，占91.82%；(3) C项查明被继承人生前的债权和债务，积极地追讨债权或清偿债务的，占71.55%；(4) E项可以原告或被告的身份参加因遗产引起的诉讼中的，占54%；(5) D项查明被继承人是否留有遗嘱，并且确定遗嘱是否真实合法的，占47.36%；(6) F项定期制作遗产管理报告，向继承人报告遗产管理的情况的，占43.1%。

2. 遗产管理人是否取得报酬的民间习惯与理由情况统计

问题【三、(二) 2.】“您所在的地区，负责管理遗产的人是否可以获得报酬？A. 继承人担任遗产管理人的，不能请求给付报酬；B. 法院指定的遗产管理人，有权请求给付报酬；C. 继承人选任的第三人作为遗产管理人，是否给付报酬，应当由继承人决定；D. 继承人选任的第三人作为遗产管理人，一律有权请求给付报酬；E. 其他。(多选) 其理由各是什么？”

（1）遗产管理人是否取得报酬的民间习惯情况统计。

表 7-16 遗产管理人是否取得报酬的民间习惯情况统计（多选）

选项	人数	比例
A. 继承人担任遗产管理人的，不能请求给付报酬	272	46.34%
B. 法院指定的遗产管理人，有权请求给付报酬	291	49.57%
C. 继承人选任的第三人作为遗产管理人，是否给付报酬，应当由继承人决定	220	37.48%
D. 继承人选任的第三人作为遗产管理人，一律有权请求给付报酬	191	32.54%
E. 其他	4	0.68%

关于遗产管理人是否取得报酬的民间习惯，统计数据显示，在 587 名被调查者填写的所在地区的习惯是：①A 项继承人担任遗产管理人的，不能请求给付报酬的，占四成半以上（46.34%）；②B 项法院指定的遗产管理人，有权请求给付报酬的，占近五成（49.57%）；③继承人选任的第三人作为遗产管理人，有 C、D 两项，其中，D 项一律有权请求给付报酬的，占三成以上（32.54%），C 项是否给付报酬，应当由继承人决定的，占三成半以上（37.48%）。

（2）遗产管理人是否取得报酬的民间习惯之理由情况统计。

表 7-17 遗产管理人是否取得报酬的民间习惯之理由情况统计

项目	人数	比例
A. 遗产管理人多数情况下与被继承人关系密切，具有亲情关系，同时，其作为继承人又继承遗产，因此，其不需要报酬	80	27.97%
B. 遗产管理人为管理遗产付出了自己的劳动，占用了自己的时间，应该给予一定的费用	121	42.31%
C. 继承人有权决定是否给予遗产管理人报酬	60	20.98%
D. 无管理义务的应当给付，有义务的则不给付	25	8.74%
合计	286	100%

关于遗产管理人是否有权取得报酬的民间习惯之理由，统计数据显示，在填写该理由的 286 名被调查者中，①有遗产管理人可以获得报酬的习惯之理由是，B 项遗产管理人为管理遗产付出了自己的劳动，占用了自己的时间的，占四成以上（42.31%）；②有遗产管理人不可获得报酬的习惯之理由是，A 项遗产管理人多数情况下与被继承人关系密切且具有亲情关系，同时遗产管理人又继承遗产的，占近三成（27.97%）；③有遗产管理人是否取决报酬应由继承人决定的习惯之理由是，C 项继承人是遗产的继承者，其有权决定的，占二成（20.98%）。

（三）遗产管理人的损害赔偿责任

问题【三、（三）】“在您所在的地区，负责管理遗产的人对因其过错造成的较大财产损失，是否承担赔偿责任？A. 凡有故意或重大过失的，才承担赔偿责任；B. 无论是故意或重大过失或一般轻过失的，都要承担赔偿责任；C. 其他。（单选）”

表 7-18　遗产管理人的损害赔偿责任之民间习惯情况统计（单选）

选项		人数	比例
A. 凡有故意或重大过失的，才承担赔偿责任		296	50.43%
B. 无论是故意或重大过失或一般轻过失的，都要承担赔偿责任		279	47.53%
C. 其他	C1. 由继承人决定要不要赔	3	0.51%
	C2. 不承担赔偿责任	9	1.53%
合计		587	100%

关于遗产管理人的损害赔偿责任之民间习惯，统计数据显示，587 名被调查者填写的所在地区的习惯是：（1）A 项凡有故意或重大过失才承担赔偿责任的，占五成（50.43%）；（2）B 项无论是故意或重大过失或一般轻过失的都要承担赔偿责任的，占四成半以上（47.53%）。

四、法定继承之调查数据统计情况

关于法定继承之调查数据统计，我们主要从法定继承人的范围和顺序、配偶与血亲继承人的法定应继份、配偶对遗产中家庭住房的先取权和终生使用权、后顺序特殊法定继承人对遗产中原使用的住房及日常生活用品的终生使用权、尽了主要赡养义务的丧偶的儿媳或女婿的遗产分配方式五个方面调查数据的统计情况汇总分析。

（一）法定继承人的范围与顺序

1. 法定继承人的范围与顺序的民众观念情况统计

问题【四、（一）1.】“下列亲属，您认为哪些应当作为法定继承人？他们各自的继承顺序如何？请根据您认为适当的先后顺序填写数字：1. 2. 3. ……，例如，父母（1）；子女（2）；祖父母、外祖父母（3）。如果您认为应当在同一顺序的人，可以填写相同的数字，例如，配偶（1）；父母（1）；子女（1）；祖父母、外祖父母（1）。”

配偶（　）	父母（　）	儿子（　）女儿（　）
孙子女（　）外孙子女（　）	祖父母（　）外祖父母（　）	兄弟（　）姐妹（　）
侄子女（　）外甥子女（　）	伯叔姑舅姨（　）	堂兄弟姐妹（　）
表兄弟姐妹（　）	其他亲属（称谓）（　）	其他亲属（称谓）（　）

表 7-19 法定继承人的范围与顺序的民众观念情况统计（多选）

亲属名称	第一顺序		第二顺序		第三顺序		第四顺序		第四顺序以上	
	人数	比例	人数	比例	人数	比例	人数	比例	人数	比例
配偶	481	81.94%	58	9.88%	13	2.21%	1	0.17%	0	0.00%
父母	333	56.73%	138	23.51%	67	11.41%	10	1.70%	3	0.51%
子	386	65.76%	127	21.64%	42	7.16%	4	0.68%	0	0.00%
女	335	57.07%	126	21.47%	64	10.90%	26	4.43%	0	0.00%
孙子女	10	1.70%	229	39.01%	134	22.83%	59	10.05%	63	10.73%
外孙子女	6	1.02%	183	31.18%	131	22.32%	62	10.56%	68	11.58%
祖父母	16	2.73%	195	33.22%	138	23.51%	49	8.35%	85	14.48%
外祖父母	13	2.21%	165	28.11%	132	22.49%	59	10.05%	85	14.48%
兄弟	10	1.70%	227	38.67%	81	13.80%	67	11.41%	90	15.33%
姐妹	10	1.70%	216	36.80%	80	13.63%	57	9.71%	94	16.01%
侄子女	1	0.17%	16	2.73%	140	23.85%	70	11.93%	141	24.02%
外甥子女	0	0.00%	14	2.39%	132	22.49%	67	11.41%	146	24.87%
伯叔姑舅姨	1	0.17%	11	1.87%	127	21.64%	79	13.46%	147	25.04%
堂兄弟姐妹	0	0.00%	9	1.53%	116	19.76%	77	13.12%	165	28.11%
表兄弟姐妹	0	0.00%	4	0.68%	89	15.16%	83	14.14%	175	29.81%
其他亲属	0	0.00%	2	0.34%	2	0.34%	0	0.00%	0	0.00%

关于法定继承人的范围与顺序的民众观念，各顺序以被调查者选择占比最高的作为统计依据，被调查者较认可的法定继承的范围与顺序为：第一顺序为配偶（81.94%）、父母（56.73%）、子女（61.42%）；第二顺序为孙子女、外孙子女（35.09%），祖父母、外祖父母（30.66%）和兄弟姐妹（37.73%）；第四顺序以上为侄子女（24.02%）、外甥子女（24.87%）、堂兄弟姐妹（28.11%）、伯叔姑舅姨（25.04%）和表兄弟姐妹（29.81%）。

2. 配偶与血亲继承人顺序的民众观念情况统计

问题【四、（一）2.】“以下三种法定继承人的范围和顺序，您认为哪一个更为适当？（单选）”

A.	B.	C.
第一顺序：子女	第一顺序：子女	第一顺序：配偶、子女、父母
第二顺序：父母	第二顺序：父母	第二顺序：兄弟姐妹、祖父母、外祖父母

续表

A.	B.	C.
第三顺序：兄弟姐妹、祖父母、外祖父母 兄弟姐妹的子女（侄子女、外甥子女为代位继承人）	第三顺序：兄弟姐妹、祖父母、外祖父母 兄弟姐妹的子女（侄子女、外甥子女为代位继承人）	第三顺序：侄子女、外甥子女
配偶无固定顺序，能够参与第一顺序、第二顺序、第三顺序的继承	配偶无固定顺序，能够参与第一顺序、第二顺序的继承	配偶有固定顺序，只能参与第一顺序的继承

表 7-20　配偶与血亲继承人顺序的民众观念情况统计（单选）

选项	人数	比例
A. 配偶无固定顺序，可以参与第一、第二、第三顺序继承	110	18.74%
B. 配偶无固定顺序，可以参与第一、第二顺序继承	66	11.24%
C. 配偶与子女、父母同为第一顺序，共同继承	411	70.02%
合计	587	100%

关于配偶与血亲继承人顺序的民众观念，统计数据显示，在587名被调查者中，（1）选择C项顺序为：第一顺序：配偶、子女、父母；第二顺序：兄弟姐妹、祖父母、外祖父母；第三顺序：侄子女、外甥子女；配偶有固定顺序，其属于第一顺位继承人的，占七成（70.02%）。（2）选择A、B两项顺序为：第一顺序：子女；第二顺序：父母；第三顺序：兄弟姐妹、祖父母、外祖父母、兄弟姐妹的子女（侄子女、外甥子女为代位继承人）；配偶无固定的继承顺序，可分别与第一、第二（或第三）顺序的法定继承人共同继承的，合计占近三成（29.98%）。

（二）配偶与血亲继承人的法定应继份

问题【四、（二）】“配偶与血亲继承人共同继承各取得遗产的份额，您认为以下哪一项更为适当？（单选）”

A. 配偶无固定继承顺序	B. 配偶无固定继承顺序	C. 配偶有固定继承顺序	D. 其他（您认为适当的配偶继承份额）
配偶与第一顺序的子女共同继承时，其取得遗产的一半。另一半由子女按人数平均继承	配偶与第一顺序的子女共同继承时，其取得遗产的一半，另一半由子女按人数平均继承	第一顺序继承人为配偶、子女、父母，共同继承时按人数均分遗产	

续表

配偶与第二顺序的父母共同继承时，其取得遗产的三分之二。另外三分之一由父母平均继承	配偶与第二顺序的父母共同继承时，其取得遗产的三分之二，另外三分之一由父母平均继承	无第一顺序血亲继承人时，配偶继承全部遗产	
配偶与第三顺序的兄弟姐妹、祖父母和外祖父母共同继承时，其取得遗产的四分之三。另外四分之一由兄弟姐妹、祖父母、外祖父，按人数平均继承	无第一、第二顺序血亲继承人时，配偶继承全部遗产		
无上述三个顺序血亲继承人时，配偶取得全部遗产			

表 7-21 配偶与血亲继承人法定应继份的民众观念之情况统计（单选）

<table>
<tr><th colspan="2">选项</th><th>人数</th><th>比例</th></tr>
<tr><td colspan="2">A. 配偶无固定继承顺序，参与前三顺序的继承并取得不同份额；无上述三个顺序血亲继承人时，配偶取得全部遗产</td><td>225</td><td>38. 33%</td></tr>
<tr><td colspan="2">B. 配偶无固定继承顺序，参与前二顺序的继承并取得不同份额；无第一、第二顺序血亲继承人时，配偶继承全部遗产</td><td>111</td><td>18. 91%</td></tr>
<tr><td colspan="2">C. 配偶有固定继承顺序并均分遗产，与第一顺序继承人共同继承</td><td>245</td><td>41. 74%</td></tr>
<tr><td rowspan="2">D. 其他</td><td>D1. 配偶有固定的继承顺序，第一顺序共同继承时应多分</td><td>3</td><td>0. 51%</td></tr>
<tr><td>D2. 配偶有固定的继承顺序，依配偶的品行及责任感确定其继承份额</td><td>3</td><td>0. 51%</td></tr>
<tr><td colspan="2">合计</td><td>587</td><td>100%</td></tr>
</table>

关于配偶与血亲继承人的法定应继份的民众观念，统计数据显示，在 587 名被调查者中，（1）选择 A 项和 B 项配偶为无固定继承顺序，可参与第一、第二（或第三）顺序且在不同顺序其应继份不同的合计占五成半以上（57. 24%）；（2）选择 C 项和 D 项配偶为固定顺序的继承人，与第一顺序的继承人共同继承并平均分配遗产的，占四成以上（42. 76%）。

（三）配偶对遗产中家庭住房的先取权与终生使用权

1. 配偶对遗产中家庭住房的先取权与终生使用权之民间习惯情况统计

问题【四、（三）1.】“甲乙是夫妻，育有一子丙。甲因病去世时留下的遗产包括：价值 50 万元的住房一套（原由甲乙夫妻共同居住，丙已结婚分家另过）、价值 10 万元小汽车一辆和 20 万元存款。请问：如果上述情况发生在您所在的地区，被继承人甲的妻子乙是否可以优先继承这套房屋（配偶先取权）？A. 是；B. 否。（单选）”

表 7-22 配偶对遗产中家庭住房的先取权与终生使用权之民间习惯情况统计（单选）

选项	人数	比例
A. 是	460	78.36%
B. 否	127	21.64%
合计	587	100%

关于配偶对遗产中家庭住房的先取权与终生使用权之民间习惯，统计数据显示，587名被调查者填写的所在地区的习惯是：（1）选择A项是，即有此习惯的，占近八成（占78.36%）；（2）选择B项否，即无此习惯的，仅占二成以上（21.64%）。

2. 配偶对遗产中家庭住房的先取与终生使用是否付费之民间习惯与理由情况统计

问题【四、（三）2.】"如果甲的妻子乙可以优先继承这套房屋，但该住房的价值超过其应当继承的遗产份额40万元，在您所在地区是否按照下列情况处理？A. 乙有权继承该住房，且无须向其他共同应召继承人丙进行补偿；B. 如果乙有经济补偿能力，则应当向其他共同应召继承人丙适当进行补偿；C. 其他。（单选）其选择的理由是什么？"

（1）配偶对遗产中家庭住房的先取与终生使用是否付费之民间习惯情况统计。

表 7-23 配偶对遗产中家庭住房的先取与终生使用是否付费的民间习惯情况统计（单选）

<table>
<tr><th colspan="2">选项</th><th>人数</th><th>比例</th></tr>
<tr><td colspan="2">A. 乙有权继承该住房，且无须向其他共同应召继承人丙进行补偿</td><td>231</td><td>39.35%</td></tr>
<tr><td colspan="2">B. 如果乙有经济补偿能力，则应当向其他共同应召继承人丙适当进行补偿</td><td>324</td><td>55.20%</td></tr>
<tr><td rowspan="2">C. 其他</td><td>C1. 由乙丙共同协商</td><td>12</td><td>2.04%</td></tr>
<tr><td>C2. 看乙的补偿意愿</td><td>20</td><td>3.41%</td></tr>
<tr><td colspan="2">合计</td><td>587</td><td>100%</td></tr>
</table>

关于配偶对遗产中家庭住房的先取与终生使用是否付费之民间习惯，统计数据显示，587名被调查者所在地区的习惯是：①B项如果配偶有经济补偿能力则需要补偿费用的，占五成半（占55.20%）；②A项配偶无须进行补偿的，占近四成半（39.35%）。

（2）配偶对遗产中家庭住房的先取与终生使用是否付费的民间习惯之理由情况统计。

表 7-24 配偶对遗产中家庭住房的先取与终生使用是否付费的民间习惯之理由情况统计

项目	人数	比例
A. 首先保证乙有居住之所，同时丙是乙的儿子，将来乙的遗产也会由丙来继承，所以，乙无须向丙进行补偿	420	71.55%
B. 由乙向丙进行补偿，符合法律规定，体现公平精神	123	20.95%

续表

项目		人数	比例
C. 其他	a. 乙无须补偿丙，符合公序良俗	32	5.45%
	b. 乙无须补偿丙，体现人道主义	12	2.05%
合计		587	100%

关于配偶对遗产中家庭住房的先取与终生使用是否付费之理由，统计数据显示，在587名被调查者所在地区中，①有配偶无须进行补偿的习惯之理由是，A项保证生存配偶有居住之所，且将来其子女可以继承该生存配偶遗产的，占七成以上（71.55%）；②如果配偶有经济补偿能力则需要补偿的习惯之理由是，B项基于公平理念的，占二成（20.95%）。

（四）后顺序特殊法定继承人对遗产中原使用的住房及日常生活用品的终生使用权

关于后顺序特殊法定继承人对遗产中原使用的住房及日常生活用品的终生使用权，也可称为后顺序特殊法定继承人对特殊遗产的终生使用权。

1. 后顺序特殊法定继承人对遗产中原使用的住房及日常生活用品的终生使用权之民间习惯情况统计

问题【四、（四）1.】“某甲死亡时留下若干遗产，其中包括一套三室一厅的住房（其中一间房屋一直由某甲的祖父居住）。由于某甲的祖父属于后顺序继承人而不能参加继承，遗产全部由甲的第一顺序继承人配偶及其子女等继承。请问：在您所在的地区，如果发生了上述情况，有哪些下列处理方式？甲的祖父对该供其居住的房屋，是否可以继续居住？A. 是；B. 否。（单选）”

表7-25 后顺序特殊法定继承人对特殊遗产的终生使用权之民间习惯情况统计（单选）

选项	人数	比例
A. 是	439	74.79%
B. 否	148	25.21%
合计	587	100%

关于后顺序特殊法定继承人对特殊遗产的终生使用权之民间习惯，统计数据显示，587名被调查者填写的所在地区的习惯是：（1）A项是，即有此习惯的，占近七成半（74.79%）；（2）B项否，即无此习惯的，占二成半（25.21%）。

2. 后顺序特殊法定继承人对遗产中原使用的住房及日常生活用品的终生使用是否付费的民间习惯情况统计

问题【四、（四）2.】“如果甲的祖父可以继续居住，其是否可以不交租金？A. 是；B. 否。（单选）”

表 7-26　后顺序特殊法定继承人对特殊遗产的终生使用是否付费之民间习惯情况统计（单选）

选项	人数	比例
A. 是	403	68. 65%
B. 否	184	31. 35%
合计	587	100%

关于后顺序特殊法定继承人对特殊遗产的终生使用是否付费的民间习惯，统计数据显示，587 名被调查者填写的所在地区的习惯是：（1）A 项是，即无须付费的，占近七成（68. 65%）；（2）B 项否，即需要付费的，占三成以上（31. 35%）。

3. 后顺序特殊法定继承人对遗产中原使用的住房及日常生活用品的终生使用权之期限的民间习惯情况统计

问题【四、（四）3.】“如果甲的祖父可以继续居住，是否可以居住到其死亡时为止（终生使用权）？A. 是；B. 否。（单选）”

表 7-27　后顺序特殊法定继承人对特殊遗产的终生使用权之期限的民间习惯情况统计（单选）

选项	人数	比例
A. 是	417	71. 04%
B. 否	170	28. 96%
合计	587	100%

关于后顺序特殊法定继承人对特殊遗产的终生使用权之期限的民间习惯，统计数据显示，587 名被调查者填写的所在地区的习惯是：（1）A 项是，即有此习惯的，占七成以上（71. 04%）；（2）B 项否，即无此习惯的，仅占近三成（28. 96%）。

（五）尽了主要赡养义务的丧偶儿媳或女婿的遗产分配方式

问题【四、（五）】“村民某甲，老伴因病早年去世，膝下有两个儿子乙和丙。2003 年乙与丁结婚后和某甲共同生活。2012 年 1 月乙因交通事故死亡，但乙的妻子丁仍一直照料公公某甲的晚年生活，直至 2015 年 1 月某甲去世。请问：在您所在的地区，如发生上述情况，因乙的妻子丁对公公某甲尽了主要赡养义务，如何处理某甲的遗产分配问题？A. 丁可以与某甲的二儿子丙共同继承，并且平均分配遗产；B. 丁不能与某甲的二儿子丙共同继承，但其可分得适当的遗产；C. 其他。（单选）理由是什么？”

1. 尽了主要赡养义务的丧偶儿媳或女婿的遗产分配方式的民间习惯情况统计

表 7-28　尽了主要赡养义务的丧偶儿媳或女婿的遗产分配方式的民间习惯情况统计（单选）

选项	人数	比例
A. 丁可以与某甲的二儿子丙共同继承，并且平均分配遗产	369	62. 86%

续表

选项		人数	比例
B. 丁不能与某甲的二儿子丙共同继承，但其可分得适当的遗产		166	28.28%
C. 其他	C1. 丁可获得一部分遗产	37	6.30%
	C2. 丁可获得全部遗产	15	2.56%
合计		587	100%

关于尽了主要赡养义务的丧偶儿媳或女婿的遗产分配方式的民间习惯，统计数据显示，587 名被调查者填写的所在地区的习惯是：（1）A 项其与被继承人其他子女共同继承并且平均分配遗产的，占六成以上（62.86%）；（2）B 项其不能与被继承人其他子女共同继承但其可分得适当的遗产的，占近三成（28.28%）。

2. 尽了主要赡养义务的丧偶儿媳或女婿的遗产分配方式的民间习惯之理由情况统计

表 7-29 尽了主要赡养义务的丧偶儿媳或女婿的遗产分配方式的民间习惯之理由情况统计

项目		人数	比例
A. 作为儿媳妇，丁孝敬公公，已经尽了赡养义务，符合中国的孝道文化和道德观念，因此有权继承遗产		387	65.93%
B. 虽然丁一直照顾公公的晚年生活，但毕竟不是甲的子女，与甲不具有血缘关系，遗产不能给外人，因此，不能继承甲的遗产		166	28.28%
C. 其他	C1. 其配偶享有法定继承权	18	3.07%
	C2. 权利与义务相对等	16	2.72%
合计		587	100%

关于尽了主要赡养义务的丧偶儿媳或丧偶女婿的遗产分配方式的民间习惯之理由，统计数据显示，在 587 名被调查者所在地区中，（1）有其可以作为第一顺位继承人继承遗产的习惯之理由是，A 项符合孝道文化和道德观念的，占六成半（65.93%）；（2）有其不能继承公公的遗产的习惯之理由是，B 项其与公婆无血缘关系，遗产不能给外人的，占近三成（28.28%）。

五、遗嘱继承之调查数据统计情况

关于遗嘱继承之调查数据统计，我们主要从公证遗嘱与其他形式遗嘱的效力、遗嘱自由的限制——特留份、夫妻共同遗嘱三个方面调查数据的统计情况汇总分析。

（一）公证遗嘱与其他形式遗嘱的效力

问题【五、（一）】“退休职工甲有一套个人住房，其于 2011 年 2 月立了一份遗嘱，写明由其妻子乙一人继承该住房，并将该遗嘱进行了公证。后来，甲改变了主意，他重新写了一份遗嘱，写明其妻子乙和儿子丙共同继承该房屋。2016 年 3 月甲住院病危期间，当着两位医生在现场立下口头遗嘱，指定其个人住房由儿子丙继承，两个小时后其抢救无效死亡。请问：您认为，甲某的个人住房应该由谁继承？A. 乙；B. 乙和丙；C. 丙。（单选）理由是什么？”

1. 公证遗嘱与其他形式遗嘱适用效力的民众观念情况统计

表 7-30　公证遗嘱与其他形式遗嘱适用效力的民众观念情况统计（单选）

选项	人数	比例
A. 乙（公证遗嘱有效）	170	28.96%
B. 乙和丙（后成立的未公证的自书遗嘱有效）	174	29.64%
C. 丙（最后的口头遗嘱有效）	243	41.40%
合计	587	100%

关于公证遗嘱与其他形式遗嘱适用效力的民众观念，统计数据显示，在 587 名被调查者中，（1）选择 B 项和 C 项后遗嘱优先于前一遗嘱（包括公证遗嘱）适用的，合计占七成以上（71.04%）；（2）选择 A 项公证遗嘱应当优先适用的，占近三成（28.96%）。

2. 公证遗嘱与其他形式遗嘱适用效力的民众观念之理由情况统计

表 7-31　公证遗嘱与其他形式遗嘱适用效力的民众观念之理由情况统计

项目	人数	比例
A. 公证遗嘱程序规范，有较强的公示效力和证明效力	158	39.11%
B. 书面遗嘱（第二份遗嘱）比较正式，容易取证，订立在公证遗嘱之后，反映遗嘱人的真实意愿	28	6.93%
C. 口头遗嘱形式灵活，有证人作证，反映遗嘱人最后的真实意愿	41	10.15%
D. 口头遗嘱形式不固定，很难准确、完全反映遗嘱人的真实意愿，有作假可能	21	5.20%
E. 以最新的遗嘱为准	110	27.23%
F. 虽然公证遗嘱效力最高，但依后遗嘱乙、丙都分得遗产更合理	46	11.39%
合计	404	100%

关于公证遗嘱与其他形式遗嘱适用效力的民众观念之理由，统计数据显示，在填写该问题的 404 名被调查者中，（1）认为后遗嘱应当优先于前一遗嘱（包括公证遗嘱）适用的理由是，B 项、C 项、E 项和 F 项，后遗嘱更能反映遗嘱人最后的真实意愿的，占比合计有五成半（55.7%）；（2）认为公证遗嘱应当优先适用的理由是，A 项公证遗嘱程序规范，具有较强的公示公信力和证明效力的，占近四成（39.11%）。

（二）遗嘱自由的限制——特留份

问题【五、（二）】“甲生前立了一份遗嘱，将自己死后遗留下的财产全部赠给他的一个好朋友乙，而他的配偶和子女不能取得甲的任何遗产。请问：您认为甲的这一做法是否适当？A. 适当；B. 不适当；C. 其他。（单选）理由是什么？"

1. 以遗嘱将个人遗产全部赠给他人的民众观念情况统计

表 7-32　以遗嘱将个人遗产全部赠给他人的民众观念情况统计（单选）

选项	人数	比例
A. 适当	197	33. 56%
B. 不适当	380	64. 74%
C. 其他：不能一概而论，要看其配偶与子女对其尽义务的情况	10	1. 70%
合计	587	100%

关于继承人以遗嘱将个人遗产全部赠给他人的民众观念，统计数据显示，在 587 名被调查者中，（1）选择 B 项该行为不适当，即应对遗嘱的自由予以限制的，占近六成半（64. 74%）；（2）选择 A 项该行为适当，即不应对遗嘱的自由予以限制的，仅占三成以上（33. 56%）。

2. 以遗嘱将个人遗产全部赠给他人的民众观念之理由情况统计

表 7-33　以遗嘱将个人遗产全部赠给他人的民众观念之理由情况统计

<table>
<tr><th colspan="2">项目</th><th>人数</th><th>比例</th></tr>
<tr><td colspan="2">A. 甲对自己的财产享有自由处分的权利，其他人无权干涉</td><td>168</td><td>35. 90%</td></tr>
<tr><td colspan="2">B. 造成家庭财产外流，不利于保障甲的配偶及子女生活，也不符合风俗习惯</td><td>261</td><td>55. 77%</td></tr>
<tr><td rowspan="5">C. 其他</td><td>1. 配偶与子女拥有继承权，应留下部分给配偶与子女</td><td rowspan="5">39</td><td rowspan="5">8. 33%</td></tr>
<tr><td>2. 前提配偶子女未尽义务</td></tr>
<tr><td>3. 辩证地看继承人行为</td></tr>
<tr><td>4. 乙未对甲履行赡养义务</td></tr>
<tr><td>5. 可能存在特殊情况</td></tr>
<tr><td colspan="2">合计</td><td>468</td><td>100%</td></tr>
</table>

关于以遗嘱将个人遗产全部赠给他人的民众观念之理由，在填写该理由的 468 名被调查者中，（1）认为该行为不适当的理由是，B 项该做法会造成家庭财产外流，不利于保障被继承人的生存配偶及其子女的生活，也不符合风俗习惯，为常人所难接受的，占五成半（55. 77%）；（2）认为该行为是适当的理由是，A 项被继承人对自己的财产享有自由处分的权利，其他人无权干涉的，占三成半（35. 90%）。

（三）夫妻共同遗嘱

所谓共同遗嘱也称合立遗嘱，是指两个人或两个以上的遗嘱共同订立的一份遗嘱，在遗嘱中同时处分共同遗嘱人各自的或共同的财产。①

1. 夫妻共同遗嘱的民众观念与理由情况统计

问题【五、(三) 1.】“甲乙是夫妻，双方在生前共同设立、一份遗嘱，对死后的遗产处理进行安排。甲乙双方在遗嘱中约定，不管谁先去世，另一方都不得改变此遗嘱对遗产的处理安排。请问：您是否认同甲乙夫妻双方共同设立遗嘱的此约定？A. 赞同；B. 不赞同。(单选) 理由是什么?”

(1) 夫妻共同遗嘱的民众观念情况统计。

表 7-34　夫妻共同遗嘱的民众观念情况统计（单选）

选项	人数	比例
A. 赞同	445	75.81%
B. 不赞同	142	24.19%
合计	587	100%

关于夫妻共同遗嘱的民众观念，统计数据显示，在 587 名被调查者中，①选择 A 项持赞成态度的，占七成半（75.81%）；②选择 B 项持不赞同态度的，占近二成半（24.19%）。

(2) 夫妻共同遗嘱的民众观念之理由情况统计。

表 7-35　夫妻共同遗嘱的民众观念之理由情况统计

项目	人数	比例
A. 该遗嘱为甲乙双方共同设立，为共同意愿，应为双方所遵守	244	72.19%
B. 该遗嘱无法应对出现的新情况和新问题，限制了双方对自己财产的处分权	74	21.89%
C. 此约定不符合习俗	9	2.66%
D. 共同财产，理应由双方共同处理，一方不得擅自改动	11	3.25%
合计	338	100%

关于夫妻共同遗嘱的民众观念之理由，统计数据显示，在 338 名被调查者中，①持赞成态度的理由是，A 项该遗嘱反映了双方的共同意愿故应为双方遵守的，占七成以上（72.19%）；②持不赞同态度的理由是，B 项该遗嘱无法应对出现的新情况和新问题且限制了双方对各自财产的处分权的，占二成以上（21.89%）。

2. 夫妻共同遗嘱的民间习惯情况统计

问题【五、(三) 2.】“在您所在的地区，有无夫妻共同设立遗嘱的情况发生？A. 有；B. 无。(单选) 如果您选择 A，那么近五年内您知道的这种情况有多少起?”

① 参见杨立新:《对修正〈继承法〉十个问题的意见》，载《法律适用》2012 年第 8 期。

表 7-36　夫妻共同遗嘱的民间习惯情况统计（单选）

选项	人数	比例
A. 有	119	20.27%
B. 无	468	79.73%
合计	587	100%

关于夫妻共同遗嘱的民间习惯，统计数据显示，在 587 名被调查者填写的所在地区，（1）选择 A 项有此习惯的，仅占二成（20.27%）；（2）选择 B 项无此习惯的，占近八成（79.73）。

六、继承和遗赠的接受与放弃之调查数据统计情况

关于继承和遗赠的接受与放弃之调查数据统计，我们主要从继承的接受与放弃的时间和方式、遗赠的接受与放弃的方式和效力、继承的放弃与债权人的撤销权三个方面调查数据的统计情况汇总分析。

（一）继承的接受与放弃的时间和方式

1. 继承的接受与放弃的时间之民众观念情况统计

问题【六、（一）】“对于继承人放弃继承的时间，您认为下列哪一个更为适当？A. 继承人放弃继承的，应在知道继承开始的 2 个月内做出放弃继承的表示；B. 继承开始后继承人放弃继承的，应当在遗产处理前，做出放弃继承的意思表示。（单选）其理由各是什么？在您所在的地区，人们是如何确定继承人放弃继承的？”

表 7-37　继承的接受与放弃的时间之民众观念情况统计（单选）

选项	人数	比例
A. 继承人放弃继承的，应在知道继承开始的 2 个月内作出放弃继承的意思表示	211	35.95%
B. 继承开始后继承人放弃继承的，应当在遗产处理前，作出放弃继承的意思表示	376	64.05%
合计	587	100%

关于继承的接受与放弃的时间之民众观念，统计数据显示，在 587 名被调查者中，（1）选择 B 项继承人应在遗产处理前作出放弃继承的意思表示的，占近六成半（64.05%）；（2）选择 A 项继承人应在知道继承开始的 2 个月内作出放弃继承的意思表示的，仅占三成半（35.95%）。

2. 继承的接受与放弃的时间的民众观念之理由情况统计

表 7-38　继承的接受与放弃的时间的民众观念之理由情况统计

<table>
<tr><th colspan="2">项目</th><th>人数</th><th>比例</th></tr>
<tr><td colspan="2">A. 2 个月的时间较为合适，可以让继承人有一定的时间去考虑是否放弃继承权，同时，又可以督促继承人积极行使权利</td><td>173</td><td>42.93%</td></tr>
<tr><td colspan="2">B. 在遗产处理前，继承人都可以放弃继承权，这样既不影响其他继承人的利益，又可以保证继承人行使放弃继承的权利</td><td>225</td><td>55.83%</td></tr>
<tr><td rowspan="3">C. 其他</td><td>1. 与时间无关</td><td rowspan="3">6</td><td rowspan="3">1.49%</td></tr>
<tr><td>2. 风俗习惯</td></tr>
<tr><td>3. 以法律规定为准</td></tr>
<tr><td colspan="2">合计</td><td>404</td><td>100%</td></tr>
</table>

关于继承的接受与放弃的时间的民众观念之理由，统计数据显示，在填写该理由的404 名被调查者中，（1）认为放弃继承的应当在遗产处理前作出放弃继承的意思表示的理由是，B 项这样既不影响其他继承人的利益，又可以保证继承人行使放弃继承的权利的，占五成以上（55.83%）；（2）认为放弃继承应在知道继承开始的 2 个月内作出放弃继承的意思表示的理由是，A 项 2 个月的时间较为合适，可以让继承人有一定的时间去考虑是否放弃继承权，同时又可以督促继承人积极行使权利的，占四成半（42.93%）。

3. 继承的接受与放弃的方式的民间习惯情况统计

表 7-39　继承的接受与放弃的方式的民间习惯情况统计（单选）

选项	人数	比例
A. 书面表示放弃	87	25.36%
B. 口头表示放弃	106	30.90%
C. 继承人作出明确表示	130	37.90%
D. 经公证处公证	3	0.87%
E. 依据遗嘱	12	3.50%
F. 无须作任何放弃的表示	5	1.46%
合计	343	100%

关于继承的接受与放弃的方式的民间习惯，统计数据显示，填写该问题的 343 名被调查者所在地区的习惯是：（1）A、B、C、D 项，应以明示表示的（包括书面、口头、公证等方式），合计占九成半以上（95.03%）；　（2）E 项依据遗嘱的，占不到半成（3.50%）；（3）F 项无须任何表示的，占极少数（1.46%）。

（二）遗赠的接受与放弃的方式和效力

问题【六、（二）】“甲生前设立一份遗嘱，在甲死后，将一辆小汽车赠给其侄子乙。后来甲去世，乙得知遗嘱的内容后，对此遗赠没有做出任何意思表示，既没有说接受，也没有说放弃。您认为下列哪一项更为适当？A. 乙无权取得该小汽车，乙的行为应该被视为放弃该遗赠；B. 乙有权取得该小汽车，乙的行为应该被视为接受该遗赠。（单选）理由是什么？请问您所在地区的民众是如何接受遗赠的？”

1. 遗赠的接受与放弃的方式和效力的民众观念情况统计

表 7-40　遗赠的接受与放弃的方式和效力的民众观念情况统计（单选）

选项	人数	比例
A. 乙无权取得该小汽车，乙的行为应该被视为放弃该遗赠	198	33.73%
B. 乙有权取得该小汽车，乙的行为应该被视为接受该遗赠	389	66.27%
合计	587	100%

关于遗赠的接受与放弃的方式和效力的民众观念，统计数据显示，在 587 名被调查者中，（1）选择 B 项受遗赠人未作表示应认定为接受遗赠的，占六成半以上（66.27%）；（2）选择 A 项受遗赠人未作表示应认定为放弃遗赠的，占三成以上（33.73%）。

2. 遗赠的接受与放弃的时间和方式的民众观念之理由情况统计

表 7-41　遗赠的接受与放弃的时间和方式的民众观念之理由情况统计

项目		人数	比例
A. 接受遗赠毕竟是一种纯获利行为，乙不表示，就应该视为接受；如其不接受，那他早就作出不接受的表示了		260	58.56%
B. 乙有权选择是否接受甲的遗赠，如乙没有表示，就应该视为放弃遗赠，这与现行法规定一致		154	34.68%
C. 其他	1. 应作出明确表示	3	0.68%
	2. 遵循遗嘱	27	6.08%
合计		444	100%

关于遗赠的接受与放弃的时间和方式的民众观念之理由，统计数据显示，在填写该理由的 444 名被调查者中，（1）受遗赠人未作表示应推定为接受遗赠的理由是，A 项接受遗赠是一种纯获利行为的，占近六成（58.56%）；（2）受遗赠人未作表示应推定为放弃遗赠的理由是，B 项这与现行法规定一致的，占近三成半（34.68%）。

3. 遗赠的接受与放弃的方式的民间习惯情况统计

表 7-42　遗赠的接受与放弃的方式的民间习惯情况统计（单选）

选项	人数	比例
A. 作出明确的表示	200	43.57%
B. 默认接受	199	43.36%
C. 默认放弃	21	4.58%
D. 订立书面协议	20	4.36%
E. 征得继承人的同意	5	1.09%
F. 依据被继承人的遗嘱	14	3.05%
合计	459	100%

关于遗赠的接受与放弃的方式的民间习惯，统计数据显示，填写该问题的459名被调查者所在地区的习惯是：（1）A、C、D、E 项，接受遗赠必须以明示方式，即未作表示行为是放弃遗赠的，合计占近五成（53.6%）；（2）B、F 项，未作表示即视为接受遗产的，合计占四成以上（46.41%）。

（三）继承的放弃与债权人的撤销权

问题【六、（三）】“甲为乙的父亲，2015年年底，乙因病住院治疗，医治无效去世，留下遗产5万元及房屋一套。此时，甲经营的摩配厂已经负债累累，拖欠工人工资已有10个月，但他考虑儿媳在其丈夫乙去世后独自抚养年幼的女儿有经济困难，于是主动提出放弃继承儿子乙的遗产。甲的债权人却认为甲不应该放弃继承儿子的遗产，这实际上是逃避债务，侵犯了债权人的利益。为此，甲的债权人起诉至人民法院，要求撤销甲放弃继承儿子乙遗产的行为。您认为下列哪一项更为恰当？A. 甲放弃继承乙遗产的行为，可以被撤销；B. 甲放弃继承乙遗产的行为，不可以被撤销。（单选）其理由各是什么？请问您所在地区的人们是如何处理此类行为的？”

1. 继承的放弃能否被债权人撤销的民众观念情况统计

表 7-43　继承的放弃能否被债权人撤销的民众观念情况统计（单选）

选项	人数	比例
A. 甲放弃继承乙遗产的行为，可以被撤销	258	43.95%
B. 甲放弃继承乙遗产的行为，不可以被撤销	329	56.05%
合计	587	100%

关于继承人放弃继承的行为能否被债权人撤销，统计数据显示，在587名被调查者中，（1）选择A项可以被撤销的，占近四成半（43.95%）；（2）选择B项不可以被撤销的，占五成半以上（56.05%）。

2. 继承的放弃能否被债权人撤销的民众观念之理由情况统计

表 7-44　继承的放弃能否被债权人撤销的民众观念之理由情况统计

项目	人数	比例
A. 不可以被撤销，因为这有利于照顾儿媳及其孙女的生活，她们是弱势群体，理应获得优先照顾	122	28.31%
B. 可以被撤销，因为甲的债权人利益也需要被保护	210	48.72%
C. 尊重当事人的自由意志，不能强迫继承	55	12.76%
D. 习惯做法	15	3.48%
E. 债不能被继承	5	1.16%
F. 不能逃避债务，应先行还债	24	5.57%
合计	431	100%

关于继承的放弃能否被债权人撤销的民众观念之理由，统计数据显示，在填写该问题的431名被调查者中，(1) 可以被撤销的理由是，B项和F项，继承人的债权人利益需要被保护的，或不能逃避债务应先行还债的，合计占五成以上（54.29%）；(2) 不可以被撤销的理由是，A项和C项，放弃继承的行为有利于照顾其他继承人（特别是被继承人的生存配偶或子女等弱势群体）的利益和不能强制继承人继承的，合计占四成（41.07%）。

3. 继承的放弃能否被债权人撤销的民间习惯情况统计

表 7-45　继承的放弃能否被债权人撤销的民间习惯情况统计（单选）

选项	人数	比例
A. 可以撤销	63	24.42%
B. 不可撤销	31	12.02%
C. 村委会等相关部门调解协商	15	5.81%
D. 依据法律规定、诉至法院	37	14.34%
E. 尊重个人自由意志	57	22.09%
F. 保护债权人利益	55	21.32%
合计	258	100%

关于继承的放弃能否被债权人撤销的民间习惯，统计数据显示，在填写该问题的258名被调查者所在地区的习惯是：(1) A项和F项，可以被撤销的，占四成半以上（45.74%），(2) B项和E项，不可以被撤销的，占近三成半（34.11%）。

七、继承权的丧失、被继承人的宥恕与代位继承之调查数据统计情况

关于继承权的丧失、被继承人的宥恕与代位继承之调查数据统计，我们主要从继承权的丧失与被继承人宥恕、继承权的丧失与代位继承两个方面进行调查数据的统计情况汇总分析。

（一）继承权的丧失与被继承人的宥恕的民众观念及理由与民间习惯情况

问题【七、（一）】“某甲如果以欺诈或者胁迫的手段，迫使或者妨碍其父乙设立、变更或者撤销遗嘱，情节较为严重，但后来其获得乙原谅。您认为以下哪一种处理更为适当？A. 某甲有资格继承其父遗产；B. 某甲仍然不能继承其父遗产。（单选）理由是什么？在您所在的地区的人们是如何处理此类行为的？”

1. 继承权的丧失与被继承人的宥恕的民众观念情况统计

表 7-46　继承权的丧失与被继承人的宥恕的民众观念情况统计（单选）

选项	人数	比例
A. 某甲有资格继承其父遗产	376	64.05%
B. 某甲仍然不能继承其父遗产	211	35.95%
合计	587	100%

关于继承权的丧失与被继承人的宥恕的民众观念，即因欺诈、胁迫行为丧失继承权的，如获得被继承人谅解其继承权是否可以恢复，统计数据显示，在 587 名被调查者中，（1）选择 A 项可以恢复的，占近六成半（64.05%）；（2）选择 B 项不可恢复的，占三成半（35.95%）。

2. 继承权的丧失与被继承人宥恕的民众观念之理由情况统计

表 7-47　继承权的丧失与被继承人的宥恕的民众观念之理由情况统计

项目	人数	比例
A. 乙有权处分自己的遗产，如乙已经原谅了甲，则可以恢复甲的继承权	272	61.82%
B. 甲的行为造成了恶劣影响，导致其丧失继承权，即使乙原谅了甲，也不能恢复甲的继承权	94	21.36%
C. 违法行为应受惩罚	19	4.32%
D. 尊重乙的意愿，依据遗嘱规定	29	6.59%
E. 法律规定有权继承	13	2.95%
F. 父子血缘，理所当然可继承	13	2.95%
合计	440	100%

关于继承权的丧失与被继承人的宥恕的民众观念之理由，即因欺诈、胁迫行为丧失继承权的，如获得被继承人谅解其继承权是否可以恢复，统计数据显示，在440名被调查者中，（1）认为可以恢复的理由是A项、D项和F项，得到被继承人的原谅、尊重被继承人的意愿、父子血缘关系等的，合计占七成（71.36%）；（2）认为不可以恢复的理由是B项和C项，继承人的行为造成了恶劣影响或违法行为应受惩罚，即使被继承人原谅也不可恢复，合计占二成以上（25.68%）。

3. 继承权的丧失与被继承人宥恕的民间习惯情况统计

表7-48　继承权的丧失与被继承人宥恕的民间习惯情况统计（单选）

选项	人数	比例
A. 可以继承	156	57.99%
B. 不可以继承	46	17.10%
C. 共同协商决定	4	1.49%
D. 被继承人决定	37	13.75%
E. 继承，但少分	26	9.67%
合计	269	100%

关于继承权的丧失与被继承人的宥恕的民间习惯，统计数据显示，填写该问题的269名被调查所在地区的习惯是：（1）A项、D项和E项，可以恢复的，合计占八成以上（81.41%）；（2）B项，不可以恢复的，占一成半以上（17.10%）。

（二）继承权的丧失与代位继承

问题【七、（二）】“村民甲死亡后，其子乙因实施伪造遗嘱的行为导致丧失了对其父甲的继承权，乙的儿子丙能否代其父亲乙去继承祖父甲的遗产？您认为以下哪一种处理更为恰当？A. 丙能够代其父亲乙继承祖父甲遗产；B. 丙不能代其父亲乙继承祖父甲遗产。（单选）理由是什么？请问：在您所在地区的人们是如何处理此种情况的？”

1. 继承权的丧失的效力是否及于代位继承人的民众观念情况统计

表7-49　继承权的丧失的效力是否及于代位继承人的民众观念情况统计（单选）

选项	人数	比例
A. 丙能够代其父亲乙继承祖父甲的遗产	300	51.11%
B. 丙不能代其父亲乙继承祖父甲的遗产	287	48.89%
合计	587	100%

关于继承权的丧失的效力是否及于代位继承人的民众观念，对于被代位人丧失继承权后是否可以代位继承，统计数据显示，在587名被调查者中，（1）选择A项认为可以代位继承的，占五成以上（51.11%）；（2）选择B项认为不可以代位继承的，占近五成

(48.89%)。

2. 继承权的丧失的效力是否及于代位继承人的民众观念之理由情况统计

表 7-50 继承权的丧失的效力是否及于代位继承人的民众观念之理由情况统计

项目	人数	比例
A. 乙已经丧失继承权，导致丙代替乙继承的前提丧失，所以丙不能代替乙继承甲的遗产	186	46.50%
B. 为独立的民事主体，可以孙子的身份来继承祖父甲的遗产，与乙丧失继承权没有关系	214	53.50%
合计	400	100%

关于继承权的丧失的效力是否及于代位继承人的民众观念之理由，对于被代位人丧失继承权后是否可以代位继承，在填写该理由的400名被调查者中，（1）认为不可以代位继承的理由是，A项被代位继承人丧失继承权将导致其晚辈直系血亲代位继承的前提丧失的，占四成半以上（46.50%）；（2）认为可以代位继承的理由是，B项晚辈直系血亲是独立的民事主体，可以孙子女的身份来继承，与被代位继承人丧失继承权没有关系的，占五成以上（53.50%）。

3. 继承权的丧失的效力是否及于代位继承人的民间习惯情况统计

表 7-51 继承权的丧失的效力是否及于代位继承人的民间习惯情况统计（单选）

选项	人数	比例
A. 丙可继承遗产	112	39.02%
B. 丙可适当分得部分遗产	14	4.88%
C. 丙不可继承遗产	110	38.33%
D. 由被继承人遗嘱决定	24	8.36%
E. 由家族德高望重者决定	10	3.48%
F. 诉至法院依法裁判	17	5.92%
合计	287	100%

关于继承权的丧失的效力是否及于代位继承人的民间习惯，统计数据显示，填写该问题的287名被调查者所在地区的习惯是：（1）A项、B项、D项和E项，可以代位继承的，合计占五成半（55.74%）；（2）C项和F项，不可以代位继承的，占近四成半（44.52%）。

八、继承协议之调查数据统计情况

必须说明，本节研究的对象是狭义的继承协议（又称继承扶养协议），是被继承人与继承人之间，就扶养与继承事项签订的协议。关于继承协议之调查数据统计，我们主要从继承协议的订立主体与方式、继承协议的变更方式及效力两个方面进行调查数据的统计情况汇总分析。

(一) 继承协议的订立主体与方式

问题【八、(一)】“王某，现年70岁，有长子王一，次女王二，两个子女均已成家且分家另过。王某的老伴因患癌症花费了大量医药费后去世，老夫妻的共同财产现所剩无几，仅有郊区的一套住房是王某个人财产。虽然王某退休金不多，但身体没有大病，基本生活还是能够维持的。由于长子王一长期在外地工作，为解决父亲王某的养老送终问题，您认为，如下三种做法哪些较为妥当？A. 父亲王某与次女王二，双方协商并签订协议，由次女王二一人承担赡养父亲王某的义务，王某的全部遗产指定由王二继承；B. 父亲王某与子女王一、王二，三人协商并签订协议，由次女王二一人承担赡养父亲王某的义务，王某的全部遗产商定由王二继承；王一放弃对父亲王某遗产的继承权；C. 子女王一与王二，两人协商并签订协议，由次女王二一人承担赡养父亲王某的义务，王某的全部遗产商定由王二继承；王一放弃对父亲王某遗产的继承权。(单选) 理由是什么？”

1. 继承协议的订立主体与方式的民众观念与理由情况统计

(1) 继承协议的订立主体与方式的民众观念情况统计。

表7-52 继承协议的订立主体与方式的民众观念情况统计（单选）

选项	人数	比例
A. 父亲王某与次女王二协商一致即可签订协议（第一种方式）	79	13.46%
B. 父亲王某需与全部继承人协商，共同签订协议（第二种方式）	376	64.05%
C. 共同继承人间签订协议即可，无须经被继承人知晓或同意（第三种方式）	132	22.49%
合计	587	100%

关于继承协议的订立主体与方式的民众观念，统计数据显示，在587名被调查者中，对于继承协议的订立的民众观念，①选择B项由被继承人与全体法定继承人共同订立的，占近六成半（64.05%）；②选择C项由继承人之间签订而无须被继承人知晓或同意的，占二成以上（22.49%）；③选择A项由被扶养人与扶养义务人共同签订的，占一成以上（13.46%）。

(2) 继承协议的订立主体与方式的民众观念之理由情况统计。

表7-53 继承协议的订立主体与方式的民众观念之理由情况统计

类别	项目	人数	比例
第一种方式之理由	A. 尊重两者意愿	24	5.87%
	B. 权利义务对等	26	6.36%

续表

类别	项目	人数	比例
第二种方式之理由	C. 协商一致即可	207	50.61%
	D. 放弃继承是自愿的	69	16.87%
第三种方式之理由	E. 无须父亲同意，两人协商一致即可	73	17.85%
	F. 契约公平合理	10	2.44%
	合计	409	100%

关于继承协议的订立主体与方式的民众观念之理由，统计数据显示，在填写该问题的409名被调查者中，对于继承协议的订立，①由被继承人和全体法定继承人共同订立的理由是，C项和D项继承协议需所有继承人和被扶养人共同协商一致，或继承人放弃继承是自愿的，合计占近七成（67.54%）；②认可由被扶养人与扶养义务人共同签订的理由是，A项和B项尊重扶养人和被扶养人双方当事人的意思，或权利义务对等的，合计占一成以上（12.23%）；③认可由继承人之间签订即可，无须被继承人知晓或同意的理由是，E项和F项，继承人之间协商一致即可，或基于契约公平原则较为合理的，合计占二成（20.29%）。

2. 继承协议的民间习惯情况统计

问题【八、(一) 2.】"您过去是否听说或者经历过有以上类似的情况？A. 听说过或经历过；B. 从没听说或经历过以上情况。（单选）在听说过或经历过签订继承协议的人中，听说过经历过的方式是哪一种？A. 第一种方式；B. 第二种方式；C. 第三种方式。（多选）"

（1）继承协议的民间习惯情况统计。

表7-54 继承协议的民间习惯情况统计（单选）

选项	人数	比例
A. 听说过或经历过	242	41.23%
B. 从没听说或经历过以上情况	345	58.77%
合计	587	100%

关于继承协议的民间习惯，对于签订继承协议，统计数据显示，587名被调查者填写的所在地区的习惯是：（1）A项即听说过或经历过的，占四成以上（41.23%）；（2）B项从没有听说或经历过的，占近六成（58.77%）。

（2）听说过或经历过签订继承协议方式的民间习惯情况统计。

表 7-55 听说过或经历过签订继承协议方式的民间习惯情况统计（多选）

选项	人数	比例
A. 第一种方式	55	20.75%
B. 第二种方式	148	55.85%
C. 第三种方式	62	23.40%

关于听说过或经历过签订继承协议方式的民间习惯，对于继承协议的订立方式，统计数据显示，填写该问题的 242 名被调查者所在地区的习惯是：（1）B 项由被继承人与全体法定继承人共同订立的，占五成半（55.85%）；（2）C 项由继承人之间签订的，占二成以上（23.40%）；（3）A 项由被扶养人与扶养义务人共同签订的，占二成（20.75%）。

（二）继承协议的变更方式及效力

问题【八、（二）】“王某，现年 70 岁，有长子王一，次女王二，三子王三，三个子女均已成家且分家另过。王某的老伴因患癌症花费了大量医疗费后去世，现有郊区的一套住房是王某个人财产，市场价约为 30 万元，王某有少量退休金。王某与王二协商并签订继承协议，由王二主要赡养父亲王某，王某的所有遗产由王二继承。协议签订后，王二全家与父亲王某共同生活了 5 年后的一天，王二因意外交通事故死亡。王二全家在与王某共同生活的期间已为王某花费生活费、医疗费等扶养费共 9 万元。为解决王某的养老，您同意下列哪些做法？A. 王二的儿子有继续扶养外祖父王某的能力，王某也愿意与王二的儿子共同生活，应当由王二的儿子继续履行扶养义务，并继承王某的全部遗产；B. 王一、王三共同补偿王二家人 6 万元扶养费后（另有 3 万元扶养费属于应当由王二承担的），如果王一与父亲王某签订新的继承协议，并与王某共同生活一直扶养至其去世，就由王一继承王某的全部遗产；C. 对王二已经支付的扶养费不予补偿，如果王一与父亲王某签订新的继承协议，并与王某共同生活一直扶养至其去世，就由王一继承王某的全部遗产；D. 王一、王三共同补偿王二家人 6 万元扶养费后，由两人共同扶养父亲王某；E. 其他。（单选）您做出以上选择的理由是什么？”

1. 继承协议的变更方式与效力的民众观念情况统计

表 7-56 继承协议的变更方式与效力的民众观念情况统计（单选）

选项	人数	比例
A. 原扶养人的子女有扶养能力，在双方自愿的情况下，可由原扶养的子女继续扶养被扶养人，并继承全部遗产	230	39.19%
B. 原签订的继承协议效力终止，补偿原扶养人一定费用后，由某一有扶养能力的法定继承人，在双方自愿的情况下签订新协议，继续扶养被扶养人，并继承遗产	168	28.60%

续表

选项		人数	比例
C. 原签订的继承协议效力终止，对原扶养人无须补偿，应由某一有扶养能力的法定继承人与被扶养人，在双方自愿的情况下签订新协议，继续扶养被扶养人并继承全部遗产		34	5. 90%
D. 原签订的继承协议效力终止，补偿原扶养人一定费用后，应由有扶养能力的全体法定继承人共同依法对被扶养人尽扶养义务，并依法定继承取得遗产		147	25. 00%
E. 其他	E1. 尽赡养义务的子女多分财产	6	0. 98%
	E2. 补偿王二家后三家共同扶养	2	0. 33%
合计		587	100%

关于继承协议的变更方式与效力的民众观念，即在继承协议履行过程中，如扶养人先于被扶养人去世，被调查者对于该协议的变更方式与效力的认识，统计数据显示，在587名被调查者中，（1）选择A项，认为该协议可有条件继续履行，如原扶养人的子女有扶养能力的，在原扶养人的子女和被扶养人双方同意的情况下，可由原扶养人的子女继续履行该继承协议的，此即代位扶养的，占近四成（39. 19%）；（2）选择B项和C项，认为该协议终止，须签订新的继承协议，由新的扶养人履行扶养义务并继承遗产的，合计占近三成半（34. 50%），其中，B项认为需要对原扶养人的继承人补偿超过其扶养义务部分费用的，占近三成（28. 60%），C项认为不需要对原扶养人的继承人补偿超过其扶养义务部分费用的，占不到一成（5. 90%）；（3）选择D项，认为该协议终止，应补偿原扶养人的继承人超过其扶养义务部分费用后，由所有法定继承人共同扶养的，即实行法定赡养的，占二成半（25. 00%）。可见，江西省被调查者对于代位扶养的认可度最高，占近四成。

2. 继承协议的变更方式与效力的民众观念之理由情况统计

表7-57　继承协议的变更方式与效力的民众观念之理由情况统计

项目	人数	比例
A. 由王二的儿子继续扶养王某，可以使继承协议继续履行，避免产生不必要的纠纷，有利于维持被扶养人一贯的生活方式而安享晚年	160	41. 99%
B. 赡养王某是王一和王三的法定义务，由于法律规定法定扶养义务人应平等承担赡养义务，王一、王三应当补偿王二承担的超过其法定扶养义务的这部分扶养费，给其家人6万元	113	29. 66%
C. 原继承协议终止，因为未履行完毕	68	17. 85%
D. 协商一致都行、都合理	40	10. 50%
合计	381	100%

关于继承协议的变更方式与效力的民众观念之理由，在填写该理由的381名被调查者

中，在继承协议履行过程中，如扶养人先于被扶养人去世，（1）认为如原扶养人的子女有扶养能力的，在原扶养人的子女和被扶养人双方同意的情况下，可由原扶养人的子女继续履行该继承协议的理由是，A 项这样可以避免产生不必要的纠纷，有利于维持被扶养人一贯的生活方式而安享晚年的，占四成以上（41.99%）；（2）认为被扶养人的其他法定扶养义务人对已去世的扶养人支付的超出其法定扶养义务的扶养费进行合理补偿的理由是，B 项赡养被扶养人是其所有子女的法定义务，由于法律规定法定扶养义务人应平等承担赡养义务，故其他法定扶养义务人应当补偿原扶养人承担的超过其法定扶养义务的这部分扶养费的，占比约三成（29.66%）；（3）认为该继承协议因扶养人死亡而终止的理由是，C 项该协议未履行完毕的，占二成半以上（17.85%）。

九、遗产债务清偿之调查数据统计情况

关于遗产债务清偿之调查数据统计，我们主要从遗产债务清偿责任的类型、被继承人丧葬费的支付、遗产债务的清偿顺序三个方面进行调查数据的统计情况汇总分析。

（一）遗产债务清偿责任的类型

问题【九、（一）】“对于‘继承遗产，应当清偿被继承人的债务’，您是怎么理解这句话的？A. 对被继承人的生前所有债务，继承人都应当予以偿还；B. 对被继承人的生前所有债务，继承人应先用所有遗产偿还债务，不足部分由继承人以个人财产偿还；C. 对被继承人的生前所有债务，继承人只以继承的遗产为限予以偿还；D. 对被继承人的生前所有债务，继承人如果存在转移遗产、隐瞒遗产的情形，则其应当负责以遗产和其个人财产偿还所有的债务。（多选）在您所在的地区，人们遇到继承人有转移遗产、隐瞒遗产的情况时，一般是如何处理的？为什么？”

1. 继承人遗产债务清偿责任类型的民众观念情况统计

表 7-58 继承人遗产债务清偿责任类型的民众观念情况统计（多选）

选项	人数	比例
A. 对被继承人的生前所有债务，继承人都应当予以偿还	147	25.04%
B. 对被继承人的生前所有债务，继承人应先用所有遗产偿还债务，不足部分由继承人以个人财产偿还	239	40.72%
C. 对被继承人的生前所有债务，继承人只以继承的遗产为限予以偿还	262	44.63%
D. 对被继承人的生前所有债务，继承人如果存在转移遗产、隐瞒遗产的情形，则其应当以遗产和其个人财产偿还所有的债务	184	31.35%

关于继承人遗产债务清偿责任类型的民众观念，对于被继承人的债务清偿责任，统计数据显示，在 587 名被调查者中，（1）选择 A 项和 B 项，认为应承担自愿的无限清偿责任的，合计占六成半（65.76%）；（2）选择 C 项，认为只以继承的遗产承担有限清偿责任的，占近四成半（44.63%）；（3）选择 D 项，认为如有侵害遗产的行为应承担强制的无限清偿责任的，占三成以上（31.35%）。

2. 继承人侵害遗产的法律责任的民间习惯情况统计

表 7-59　继承人侵害遗产的法律责任的民间习惯情况统计（单选）

选项	人数	比例
A. 该继承人少分或不分	67	40.85%
B. 起诉由法院处理	54	32.93%
C. 以遗产和个人财产偿还所有债务	38	23.17%
D. 继承只包括财产不包括债务	7	4.27%
E. 继承人协商	14	8.54%
F. 向村委会干部求助	17	10.37%
G. 责令该继承人归还该部分财产再分配	34	20.73%
合计	164	100%

关于继承人侵害遗产的法律责任的民间习惯，即继承人有转移遗产、隐瞒遗产的应如何处理的情况，统计数据显示，填写该问题的 164 名被调查者所在地区的习惯是：（1）A 项该继承人少分或不分的，占四成（40.85%）；（2）C 项对遗产债务承担无限清偿责任的，占二成以上（23.17%）；（3）B 项、E 项和 F 项，起诉由法院处理，或由继承人协商，或向村委会干部救助的，合计占五成以上（51.84%）；（4）G 项责令该继承人归还该部分财产再分配的，占二成（20.73%）。

3. 继承人侵害遗产的法律责任的民间习惯之理由情况统计

表 7-60　继承人侵害遗产的法律责任的民间习惯之理由情况统计

项目	人数	比例
A. 继承人转移或隐瞒遗产，主观恶性大，为了表示惩戒，该继承人不能分得遗产或少分遗产	102	44.16%
B. 法院处理更公平	54	23.38%
C. 对其他继承人不利	5	2.16%
D. 这样做更合理	45	19.48%
E. 村委会更加可靠	25	10.82%
合计	231	100%

关于继承人侵害遗产的法律责任的民间习惯之理由，当继承人转移或隐瞒遗产时，统计数据显示，在填写该理由的 231 名被调查者所在的地区，（1）该继承人不能分得遗产或少分遗产的理由是，A 项继承人转移或隐瞒遗产，主观恶性大，应予惩戒的，占近四成半（44.16%）；（2）交由法院处理或向村委会求助的理由是，B 项、D 项和 E 项，法院

处理更公平，或这样做更合理，或村委会处理更可靠的，合计占五成以上（53.68%）。

（二）被继承人丧葬费的支付

问题【九、（二）】“在您所在的地区，死者的丧葬费用一般是如何支付的？A. 由全体继承人共同支付；B. 从被继承人的遗产中支付；C. 其他。（单选）”

表 7-61　被继承人丧葬费支付的民间习惯情况（单选）

选项		人数	比例
A. 由全体继承人共同支付		373	63.54%
B. 从被继承人的遗产中支付		181	30.83%
C. 其他	子女商议	7	1.20%
	死者儿子支付	10	1.70%
	先由遗产支付，不足部分由继承人垫付	9	1.53%
	不知道	7	1.20%
合计		587	100%

关于被继承人丧葬费支付的民间习惯，统计数据显示，587 名被调查者填写的所在地区的习惯是：（1）A 项由全体继承人共同支付的，占六成以上（63.54%）；（2）B 项从被继承人的遗产中支付的，占三成（30.83%）。

（三）遗产债务的清偿顺序

1. 遗产债务清偿顺序的民间观念情况统计

问题【九、（三）1.】“在您所在的地区，对被继承人死亡后遗留的以下费用，一般是按照哪种先后顺序进行清偿的？对民间的处理方式，请填写顺序。（多选）您认为，按照哪种先后次序进行清偿比较合理？”

A. 丧葬费用	D. 欠付的工资	G. 对被继承人扶养较多的人之酌情分配遗产份额
B. 遗产管理等费用	E. 受被继承人扶养人的生活费	H. 遗赠扶养协议写明遗赠的遗产
C. 欠债	F. 税款	

表 7-62　遗产债务清偿顺序的民间习惯情况统计（多选）

选项	第一顺序		第二顺序		第三顺序		第四顺序		第五顺序		第六顺序		第七顺序		第八顺序	
	人数	比例%	人数	比例%	人数	比例%	人数	比例%	人数	比例%	人数	比例%	人数	比例%	人数	比例%
A.	396	67.46	35	5.96	34	5.79	39	6.64	11	1.87	16	2.73	4	0.68	8	1.36
B.	16	2.73	163	27.77	37	6.30	44	7.50	74	12.61	30	5.11	29	4.94	9	1.53
C.	42	7.16	117	19.93	178	30.32	73	12.44	45	7.67	24	4.09	22	3.75	10	1.70
D.	22	3.75	158	26.92	115	19.59	113	19.25	42	7.16	33	5.62	5	0.85	0	0.00
E.	7	1.19	33	5.62	71	12.10	77	13.12	99	16.87	57	9.71	61	10.39	18	3.07
F.	43	7.33	27	4.60	49	8.35	52	8.86	58	9.88	65	11.07	35	5.96	47	8.01
G.	14	2.39	15	2.56	40	6.81	49	8.35	50	8.52	73	12.44	90	15.33	66	11.24
H.	25	4.26	15	2.56	23	3.92	46	7.84	42	7.16	50	8.52	65	11.07	93	15.84

关于遗产债务清偿顺序的民间习惯，各顺序以被调查者选择占比最高的作为统计依据，587 名被调查者填写的所在地区的遗产债务清偿顺序的习惯是：第一顺序“A. 丧葬费用”（占 67.46%）；第二顺序“B. 遗产管理等费用”（占 27.77%）和“D. 欠付的工资”（占 26.92%）；第三顺序“C. 欠债”（占 30.32%）；第四顺序“E. 受被继承人扶养人的生活费”（占 16.87%）；第五顺序“F. 税款”（占 11.07%）；第六顺序“G. 对被继承人扶养较多的人之酌情分配遗产份额”（占 15.33%）；第七顺序“H. 遗赠扶养协议写明遗赠的遗产”（占 15.84%）。

2. 遗产债务清偿顺序的民众观念情况统计

问题【九、(三) 2.】“您认为，按照哪种进行先后顺序进行清偿才比较合理，此为个人看法，请填写顺序。(多选）”

表 7-63　遗产债务清偿顺序的民众观念情况统计（多选）

选项	第一顺序		第二顺序		第三顺序		第四顺序		第五顺序		第六顺序		第七顺序		第八顺序	
	人数	比例%	人数	比例%	人数	比例%	人数	比例%	人数	比例%	人数	比例%	人数	比例%	人数	比例%
A.	279	47.53	37	6.30	28	4.77	45	7.67	15	2.56	17	2.90	7	1.19	8	1.36
B.	25	4.26	101	17.21	41	6.98	51	8.69	77	13.12	31	5.28	20	3.41	11	1.87
C.	30	5.11	94	16.01	125	21.29	77	13.12	45	7.67	22	3.75	16	2.73	13	2.21
D.	38	6.47	136	23.17	104	17.72	75	12.78	39	6.64	18	3.07	11	1.87	3	0.51
E.	8	1.36	27	4.60	43	7.3	63	10.73	77	13.12	60	10.22	58	9.88	14	2.39
F.	59	10.05	35	5.96	60	10.22	46	7.84	30	5.11	42	7.16	16	2.73	41	6.98
G.	19	3.24	25	4.26	22	3.75	24	4.09	47	8.01	63	10.73	81	13.80	68	11.58
H.	23	3.92	17	2.90	23	3.92	35	5.96	40	6.81	63	10.73	73	12.44	70	11.93

关于遗产债务清偿顺序的民众观念，各顺序以被调查者选择占比最高作为统计依据，587名被调查者观念中的遗产债务清偿顺序如下：第一顺序“A. 丧葬费用”（占47.53%）；第二顺序“B. 遗产管理等费用”（占17.21%）和“D. 欠付的工资”（占23.17%）；第三顺序“C. 欠债”（占21.29%）和“F. 税款”（占10.22%）；第四顺序“E. 受被继承人扶养人的生活费”（占13.12%）；第五顺序“G. 对被继承人扶养较多的人之酌情分配遗产份额”（占13.80%）和“H. 遗赠扶养协议写明遗赠的遗产”（占12.44%）。

十、遗产分割之调查数据统计情况

关于遗产分割之调查数据统计，我们主要从遗产分割的自由与限制、遗产分割瑕疵的担保责任两个方面进行调查数据的统计情况汇总分析。

（一）遗产分割的自由与限制

1. 遗产分割自由与限制的民间习惯与理由情况统计

问题【十、（一）1.】“按您当地的民间习惯，对遗产一般如何开始分割的？A. 由各继承人共同协商后进行分割；B. 只要有继承人要求分割遗产，就得进行分割；C. 对于被继承人以遗嘱禁止分割的遗产，不得进行分割；D. 其他。（多选）其理由是什么？”

（1）遗产分割自由与限制的民间习惯情况统计。

表7-64　遗产分割自由与限制的民间习惯情况统计（多选）

选项	人数	比例
A. 由各继承人共同协商后进行分割	486	82.79%
B. 只要有继承人要求分割遗产，就得进行分割	93	15.84%
C. 对于遗嘱禁止分割的遗产，不得进行分割	256	43.61%
D. 其他	2	0.34%

关于遗产分割自由与限制的民间习惯，统计数据显示，587名被调查者填写的所在地区的习惯是：①A项由各继承人共同协商后进行遗产分割的，占八成以上（82.79%）；②C项对于遗嘱禁止分割的遗产则不得分割的，占四成以上（43.61%）；③B项只要有继承人要求分割遗产就得进行分割的，占一成半（15.84%）。

（2）遗产分割自由与限制的民间习惯之理由情况统计。

表7-65　遗产分割自由与限制的民间习惯之理由情况统计

项目	人数	比例
A. 遗产由各继承人共同继承，遗产分割涉及各继承人的利益，故遗产的分割应共同协商	226	55.12%
B. 每位继承人享有的继承权受法律保护，同时基于效率原则考虑，故继承开始后，基于继承人的要求就可以分割遗产	49	11.95%

续表

项目		人数	比例
C. 遗产是被继承人死亡时遗留下来的个人财产，其当然有权通过遗嘱决定遗产的归属和分割		80	19.51%
D. 其他	D1. 更符合习俗	26	6.34%
	D2. 更公平	17	4.15%
	D3. 更符合情理	12	2.93%
合计		410	100%

关于遗产分割自由与限制的民间习惯之理由，统计数据显示，在填写该理由410名的被调查者中，(1) 有遗产的分割应当由各遗产继承人共同协商的习惯之理由是，A 项遗产由各继承人共同继承，遗产分割涉及各继承人的利益的，占五成半（55.12%）；(2) 有遗嘱人有权通过遗嘱禁止分割遗产的习惯之理由是，C 项遗产是被继承人死亡时遗留下来的个人财产，其当然有权通过遗嘱决定遗产的归属和分割的，占近二成（19.51%）；(3) 有继承人要求分割遗产就得进行分割的习惯之理由是，B 项每位继承人享有的继承权受法律保护，同时基于效率原则考虑的，占一成以上（11.95%）。

2. 提出遗产分割请求时间的民间习惯与理由情况统计

问题【十、(一) 2.】"老王死时留有一套家庭居住的房屋（价值50万元）、存款20万元以及小汽车一辆（价值10万元）。老王去世时，其配偶和唯一的儿子小王均在世。请问：如果在您所在的地区，老王去世后，其儿子小王是否会马上向其母亲提出分割遗产的请求？A. 会；B. 不会；C. 会提出分割其他遗产的请求，但对其母正在居住房屋的分割需等其母去世后进行；D. 应由儿子与母亲协商分割。(单选) 理由是什么？"

(1) 提出遗产分割请求时间的民间习惯情况统计。

表7-66 提出遗产分割请求时间的民间习惯情况统计（单选）

选项	人数	比例
A. 会	40	6.81%
B. 不会	414	70.53%
C. 会提出分割其他遗产的请求，但对其母正在居住房屋的分割需等其母去世后进行	128	21.81%
D. 应由儿子与母亲协商分割	5	0.85%
合计	587	100%

关于提出遗产分割请求时间的民间习惯，即当被继承人死亡后，其子女继承人是否可以向其母亲（被继承人的生存配偶）提出分割遗产请求，统计数据显示，587名被调查者填写的所在地区的习惯是：①选择B项不会提出遗产分割请求的，占七成（70.53%）；

②选择 A 项、C 项和 D 项会提出遗产分割请求的，合计占近三成（29.47%）。

（2）提出遗产分割请求时间的民间习惯之理由情况统计。

表 7-67　提出遗产分割请求时间的民间习惯之理由情况统计

项目		人数	比例
A. 遗产是由小王及其母亲共同继承的，继承开始后，小王有权根据法律规定提出遗产分割的请求，并且有利于防止日后发生不必要的纠纷		35	8.16%
B. 根据当地观念，小王父亲的遗产就应该由其母亲全部继承，故小王不能向其母亲提出遗产分割的请求，如果提出会被视作不孝敬老人		147	34.27%
C. 体现孝敬老人，保证老人的晚年生活，小王可以提出分割其他遗产，但对其母正在居住房屋的分割需等其母去世后进行		128	29.84%
D. 其他	D1. 尊重母亲的意愿	22	5.13%
	D2. 符合传统习俗	97	22.61%
	D3. 符合情理	35	8.16%
合计		429	100%

关于提出遗产分割请求时间的民间习惯之理由，即当被继承人死亡后，关于其子女可否向母亲提出分割遗产的民间习惯的理由，统计数据显示，在填写该理由的 429 名被调查者所在地区，①有不可以提出遗产分割请求之习惯的理由是，B 项根据当地观念，被继承人的遗产就应该由其生存配偶全部继承，故其子女不能向母亲提出遗产分割的请求，如果提出会被视作不孝敬老人的表现的，占近三成半（34.27%）；②有可以提出遗产分割请求习惯的，其中，其一，可有条件地提出遗产分割，即其子女不可以提出分割母亲正在居住的房屋但可提出分割其他遗产的理由是，C 项体现孝敬老人，保证老人的晚年生活，但对其母正在居住房屋的分割需等其母去世后进行的，占近三成（29.84%）；其二，可无条件提出遗产分割的理由是，A 项符合法律规定并且有利于防止日后发生不必要的纠纷，占不到一成（8.16%）。

3. 遗嘱可否限制遗产分割的民众观念与理由情况

问题【十、（一）3.】“甲乙是夫妻，育有一子丙。甲系个体工商户，他生前立了一份遗嘱，指定由乙和丙共同继承遗产，但其死后遗产中的商铺门面房和家庭住房在 20 年内不能进行分割。甲死亡时留下的遗产有：商铺门面房一间（价值 100 万元）；一套三室一厅的家庭住房（价值 50 万元）、存款 20 万元以及小汽车一辆（价值 10 万元）。请问：您认为，甲是否可以在遗嘱中写明在其死后上述商铺门面房和住房在一定期间内不能进行分割？A. 可以；B. 不可以。（单选）理由是什么？”

（1）遗嘱可否限制遗产分割的民众观念情况统计。

表 7-68　遗嘱可否限制遗产分割的民众观念情况统计（单选）

选项	人数	比例
A. 可以	482	82.11%
B. 不可以	105	17.89%
合计	587	100%

关于遗嘱可否限制遗产分割的民众观念，统计数据显示，在 587 名被调查者中，①选择 A 项可以的，占八成以上（82.11%）；②选择 B 项不可以的，占不到二成（17.89%）。

（2）遗嘱可否限制遗产分割的民众观念之理由情况统计。

表 7-69　遗嘱可否限制遗产分割的民众观念之理由情况统计

项目		人数	比例
A. 这些遗产是甲生前的个人财产，在设立遗嘱时有权决定遗产的分配及其分割		196	81.33%
B. 如果甲在遗嘱中指定店铺和住房在 20 年内不能分割，不利于发挥物的效用及价值，而且容易产生纠纷		19	7.88%
C. 其他	C1. 乙和丙协商一致即可分割	7	2.90%
	C2. 需保障配偶乙的生活	11	4.56%
	C3. 尊重死者	8	3.32%
合计		241	100%

关于遗嘱可否限制遗产分割的民众观念之理由，统计数据显示，在填写该理由的 241 名被调查者中，①认为可以的理由是，A 项这些遗产是被继承人生前的个人财产，在设立遗嘱时有权决定遗产的分配及其分割的，占八成以上（81.33%）；②认为不可以的理由是，B 项如果被继承人在遗嘱中指定特定遗产在 20 年内不能分割，不利于发挥物的效用及价值，即遗嘱限制分割的时间不能太长的，占比不到一成（7.88%）。

（3）遗嘱限制遗产分割之具体期限的民众观念情况统计。

问题【十、（三）3.（3）】"在上题中，如果您选择 A 选项，那么该期限多久合适？A. 5 年；B. 10 年；C. 15 年；D. 其他。（单选）"

表 7-70 遗嘱限制遗产分割之具体期限的民众观念情况统计（单选）

选项		人数	比例
A. 5 年		171	35.48%
B. 10 年		101	20.95%
C. 15 年		38	7.88%
D. 其他	D1. 至配偶乙去世	48	9.96%
	D2. 根据实际情况考虑	122	25.31%
	D3. 乙同意时	2	0.41%
合计		482	100%

关于遗嘱限制遗产分割之具体期限的民众观念，统计数据显示，在 482 名被调查者中，①选择 A 项 5 年之内的，占近三成半（35.48%）；②选择 B 项 10 年之内的，占二成（20.95%）；③选择 C 项 15 年之内的，占比不到一成（7.88%）；④选择 D 项，认为期间应根据实际情况考虑，或应在配偶去世时或配偶同意时的，合计占三成半（35.68%）。

（4）继承人协商能否变更遗嘱限制的民间习惯及理由情况统计。

问题【十、（三）3.（4）】“在您所在的地区，如果乙和丙一致同意分割上述财产，那么，他们是否可以不遵守甲的遗嘱在一定期限内禁止分割上述房产的规定而进行分割呢？A. 可以不遵守遗嘱；B. 不可以不遵守遗嘱。（单选）理由是什么？”

①继承人协商能否变更遗嘱限制的民间习惯情况统计。

表 7-71 继承人协商能否变更遗嘱限制的民间习惯情况统计（单选）

选项	人数	比例
A. 可以不遵守遗嘱	352	59.97%
B. 不可以不遵守遗嘱	235	40.03%
合计	587	100%

关于继承人协商能否变更遗嘱限制的民间习惯，对于遗嘱对遗产分割的限制是否可以不遵守，统计数据显示，587 名被调查者所在地区的习惯是：Ⅰ. 选 A 项可以不遵守的，占近六成（59.97%）；Ⅱ. 选 B 项不可以不遵守的，占四成（40.03%）。

②继承人协商能否变更遗嘱限制的民间习惯之理由情况统计。

表 7-72　继承人协商能否变更遗嘱限制的民间习惯之理由情况统计

项目	人数	比例
A. 乙和丙共同继承这些遗产，共同享有所有权，二人当然有权决定分割这些遗产，同时也有利于发挥物的效用价值	276	47.02%
B. 乙和丙根据甲设立的遗嘱享有继承权，对于遗产的分割问题，也应该依据遗嘱，不能选择性地修改遗嘱	178	30.32%
C. 乙丙二人协商好即可	44	7.50%
D. 公平合理	4	0.68%
E. 当地风俗习惯如此	85	14.48%
合计	587	100%

关于继承人协商能否变更遗嘱限制的民间习惯之理由，统计数据显示，在 587 名被调查者填写所在地区中，Ⅰ. 可以不遵守遗嘱限制遗产分割时间约束的习惯之理由是，A 项继承人共同继承这些遗产，共同享有所有权，其当然有权决定分割这些遗产，同时也有利于发挥物的效用价值，或 C 项继承人之间协商一致即可，或 E 项依照当地风俗习惯如此的，合计占近七成（69%）；Ⅱ. 有不可以不遵守遗嘱限制的习惯之理由是，B 项继承人根据遗嘱享有继承权，对于遗产分割的问题也应该依据遗嘱，不能选择性地修改遗嘱的，占三成（30.32%）。

（二）遗产分割瑕疵的担保责任

问题【十、（二）】“村民老王于 2016 年 12 月 10 日因病去世，死亡时他留下 50 只羊。老王有两个儿子甲和乙，故老王死后，甲、乙各分得 25 只羊。但在双方分完羊两天之后，乙分得的 25 只羊中就有 2 只暴病死亡，这 2 只羊死亡的原因是在兄弟俩分割前就已经得了羊痘（一种急性传染病）。请问：在您所在的地区，如果出现此种情况时，这 2 只羊死亡的损失应该由谁承担？A. 由乙自行承担，羊群已分配完毕，乙分到了 2 只病羊，应该自认倒霉；B. 由甲和乙共同承担，甲应再分给乙 1 只羊或按照 1 只羊的价格进行补偿；C. 按 1 只羊的价格进行补偿，但乙承担大部分损失，甲承担小部分损失；D. 其他。（单选）理由是什么？”

1. 遗产分割瑕疵的担保责任的民间习惯情况统计

表 7-73　遗产分割瑕疵担保责任的民间习惯情况统计（单选）

选项	人数	比例
A. 由乙自行承担，羊群已分配完毕，乙分到了 2 只病羊，应该自认倒霉	278	47.36%

续表

选项		人数	比例
B. 由甲和乙共同承担，甲应再分给乙 1 只羊或按 1 只羊的价格进行补偿		232	39.52%
C. 按 1 只羊的价格进行补偿，但乙承担大部分损失，甲承担小部分损失		74	12.61%
D. 其他	D1. 要看是否事先知情	1	0.17%
	D2. 共同商量再决定	1	0.17%
	D3. 重新分配	1	0.17%
合计		587	100%

关于遗产分割瑕疵担保责任的民间习惯，对于遗产分割的瑕疵，统计数据显示，587 名被调查者填写的所在地区的习惯是：（1）B 项和 C 项由共同继承人相互承担的，合计占五成以上（52.13%）；（2）A 项由分得瑕疵遗产的继承人自行承担，即继承人之间不相互承担遗产分割瑕疵担保责任的，占四成半以上（47.36%）。

2. 遗产分割瑕疵担保责任的民间习惯之理由情况统计

表 7-74　遗产分割瑕疵担保责任的民间习惯之理由情况统计

项目		人数	比例
A. 乙分得的 25 只羊是随机分配的，事先甲乙两人都不知道，因此，对于 2 只病羊的损失，与甲无关，只能由乙自己承担		238	51.74%
B. 50 只羊是由甲和乙共同继承的，对于 2 只病羊的损失也应该由甲和乙共同承担；如果让乙一个人承担，则有悖公平原则		207	45.00%
C. 其他	1. 维护兄弟关系	8	1.74%
	2. 公平合理	6	1.30%
	3. 意外事件	1	0.22%
合计		460	100%

关于遗产分割瑕疵担保责任的民间习惯之理由，统计数据显示，在填写该理由的 460 名被调查者中，（1）有由共同继承人相互承担的习惯之理由是，B 项如果让分得瑕疵遗产的继承人一个人承担有悖公平原则，占四成半（45.00%）；（2）有由分得瑕疵遗产的继承人自行承担，即继承人之间不相互承担遗产分割瑕疵担保责任的习惯之理由是，A 项被继承人分得瑕疵遗产是随机分配的，事先所有继承人都不知晓，因此只能由分得瑕疵遗产的继承人自行承担责任，占五成以上（51.74%）。

十一、无人承受遗产之调查数据统计情况

关于无人承受遗产之调查数据统计，我们主要从无人承受遗产归属和无人承受遗产的处理两个方面进行调查数据的统计情况汇总分析。

（一）无人承受遗产的归属

1. 城镇居民无人承受遗产归属主体的民众观念与理由情况

问题【十一、（一）1.】“甲生前系城镇居民，其生前未婚且无其他继承人，其死后留下部分遗产，属于无人承受的遗产。您认为甲的遗产归属于下列哪一主体更合适？A. 国家；B. 死者生前所在地的国库；C. 死者生前所在地民政部门的社会福利机构；D. 死者生前所在的居委会；E. 不是继承人的其他亲属；F. 其他（您认为更合适的归属主体）。（单选）理由是什么？”

（1）城镇居民无人承受遗产归属主体的民众观念情况统计。

表 7-75 城镇居民无人承受遗产归属主体的民众观念情况统计（单选）

选项	人数	比例
A. 国家	173	29.47%
B. 死者生前所在地的国库	36	6.13%
C. 死者生前所在地民政部门的社会福利机构	134	22.83%
D. 死者生前所在的居委会	66	11.24%
E. 不是继承人的其他亲属	166	28.28%
F. 其他	12	2.04%
合计	587	100%

关于城镇居民无人承受遗产的归属主体的民众观念，统计数据显示，在 587 名被调查者中，①选择 A、B、C、D 四个选项，即主张归属主体为社会公共组织（包括归属于国家、死者生前所在地的国库、死者生前所在地民政部门的社会福利机构和死者生前所在的居委会）的，合计占近七成（69.67%）；②选择 E 项，即主张归属主体为自然人（归属于不是继承人的其他亲属）的，占近三成（28.28%）。

（2）城镇居民无人承受遗产归属主体的民众观念之理由情况统计。

表 7-76 城镇居民无人承受遗产的归属主体的民众观念之理由情况统计

项目	人数	比例
A. 甲的遗产没有人继承，为规范财产秩序，甲的遗产归国家所有，同时，这也与部分国家的做法相一致	120	30.77%
B. 甲的遗产归甲生前所在地的国库，有利于对遗产的清算、管理和利用	25	6.41%

续表

项目	人数	比例
C. 甲的其他亲属是与甲有一定亲属关系且有较密切联系的人	115	29.49%
D. 甲的遗产归甲所在地民政部门的社会福利机构，因其具有公益性质，能有效发挥其价值	85	21.79%
E. 甲的遗产归甲生前居住地的居委会，因该地是其生前居住的地方，符合民众的习俗观念，且有利于当地的发展	35	8.97%
F. 甲的遗产归照顾过甲或者负责葬甲的单位或个人，因其帮助过甲，应给予其回报	10	2.56%
合计	390	100%

关于城镇居民无人承受遗产归属主体的民众观念之理由，统计数据显示，在填写该理由的390名被调查者中，①主张归属主体为社会公共组织的主要理由包括：其一，归国家的理由是，A项可以规范财产秩序，也与部分国家的做法相一致，或B项有利于对遗产的清算、管理和利用的，合计占三成半以上（37.18%）；其二，归民政部门的社会福利机构的理由是，D项该机构具有公益性质，能有效发挥其价值，占二成以上（21.79%）；②主张归属主体为自然人的理由是，C项不是继承人的其他亲戚所有符合情理的，占近三成（29.49%）。

2. 农村居民无人承受遗产归属主体的民众观念与理由情况统计

问题【十一、（一）2.】“甲生前系农村居民，其生前未婚且无其他继承人，其死后留下部分遗产，属于无人承受的遗产。您认为甲的遗产归属于下列哪一主体更合适？A. 死者生前所在地的国库；B. 死者生前所在地民政部门的社会福利机构；C. 死者生前所在的集体经济组织；D. 死者生前所在的村委会；E. 死者生前所在的村民小组；F. 不是继承人的其他亲属；G. 其他（您认为更合适的归属主体）。（单选）理由是什么？”

（1）农村居民无人承受遗产的归属主体的民众观念情况统计。

表7-77 农村居民无人承受遗产的归属主体的民众观念情况统计（单选）

选项	人数	比例
A. 死者生前所在地的国库	103	17.55%
F. 死者生前所在地民政部门的社会福利机构	108	18.40%
C. 死者生前所在的集体经济组织	38	6.47%
D. 死者生前所在的村委会	65	11.07%
E. 死者生前所在的村民小组	45	7.67%
F. 不是继承人的其他亲属	217	36.97%

续表

选项		人数	比例
G. 其他	1. 归属于国家	2	0.34%
	2. 照顾过甲的人	4	0.68%
	3. 归负责安葬甲的单位或个人	5	0.85%
合计		587	100%

对于农村居民无人承受遗产归属主体，统计数据显示，在587名被调查者中，①选择A、B、C、D、E五个选项，即归属主体为社会公共组织（包括死者生前所在地的国库、死者生前所在地民政部门的社会福利机构和死者生前所在的集体经济组织、村委会或村民小组）的，合计占五成以上（61.16%）；②选择F项不是继承人的其他亲属，即主张归属主体为自然人的，占三成半以上（36.97%）。

（2）农村居民无人承受遗产归属主体的民众观念之理由情况统计。

表7-78　农村居民无人承受遗产归属主体的民众观念之理由情况统计

项目	人数	比例
A. 甲的遗产归甲生前所在地的集体经济组织，有利于对遗产的清算、管理和利用	91	20.40%
B. 甲的其他亲属是与甲有一定亲属关系且有较密切联系的人，甲的遗产归其他亲戚所有，符合情理	130	29.15%
C. 甲的遗产归国库，符合法律规定，更公正合理	84	18.83%
D. 甲的遗产归甲所在地民政部门的社会福利机构，因其具有公益性质，能有效发挥其价值	74	16.59%
E. 甲的遗产归甲生前居住地的村小组、村委会，该地是其生前主要生活场所，符合民众的习俗观念，且有利于当地的发展	45	10.09%
F. 甲的遗产归照顾过甲或者负责葬甲的单位或个人，因其帮助过甲，应给予其回报	22	4.93%
合计	446	100%

关于农村居民无人承受遗产的归属主体的民众观念之理由，统计数据显示，在填写该理由的446名被调查者中，①主张归属社会公共组织的理由包括：其一，归属于被继承人生前所在地的集体经济组织的理由是，A项有利于对遗产的清算、管理和利用，占二成（20.40%）；其二，归属于死者生前所在地的国库的理由是，C项符合法律规定且更公正合理，占比约二成（18.83%）；其三，归属于民政部门的社会福利机构的理由是，D项具有公益性质，能有效发挥其价值，占一成半以上（16.59%）；其四，归属于死者生前居住地的村小组、村委会的理由是，E项符合民众的习俗观念，且有利于当地的发展，占比

一成（10.09%）。②主张归属主体为自然人即不是继承人的其他亲属的理由是，B项其与死者有一定亲属关系且有较密切联系的人，甲的遗产归其他亲戚所有，符合情理，占比约三成（29.15%）。

（二）无人承受遗产的处理

1. 无人承受遗产管理人的产生方式的民众观念及理由与民间习惯的情况统计

问题【十一、（二）1.】“对于无人继承遗产的管理人，您认为下列哪一种产生方式更合适？A. 死者户籍所在地的居委会、村委会或所在单位指定遗产管理人；B. 人民法院指定遗产管理人；C. 民政部门指定遗产管理人。（单选）理由是什么？在您所在地区的人们一般如何确定无人继承遗产的管理人？”

（1）无人承受遗产管理人的产生方式的民众观念情况统计。

表7-79　无人承受遗产管理人的产生方式的民众观念情况统计（单选）

选项	人数	比例
A. 死者户籍所在地的居委会、村委会或所在单位指定遗产管理人	282	48.04%
B. 人民法院指定遗产管理人	230	39.18%
C. 民政部门指定遗产管理人	75	12.78%
合计	587	100%

关于无人承受遗产管理人的产生方式的民众观念，统计数据显示，在587名被调查者中，①选择A项由死者户籍所在地的居委会或村委会或所在单位指定的，占近五成（48.04%）；②选择B项由人民法院指定的，占近四成（39.18%）；③选择C项由民政部门指定的，占一成以上（12.78%）。

（2）无人承受遗产管理人的产生方式的民众观念之理由情况统计。

表7-80　无人承受遗产管理人的产生方式的民众观念之理由情况统计

<table>
<tr><th colspan="2">项目</th><th>人数</th><th>比例</th></tr>
<tr><td colspan="2">A. 死者户籍所在地的居委会、村委会或所在单位对死者及其遗产的情况比较清楚，由其指定遗产管理人，有利于对遗产进行清算、管理和利用</td><td>246</td><td>54.07%</td></tr>
<tr><td rowspan="2">B.</td><td>人民法院通过法定程序，对遗产进行清算和管理，由其指定遗产管理人，有利于公平保护相关债权人的利益</td><td>100</td><td>21.98%</td></tr>
<tr><td>由人民法院指定管理人，因其更专业，更权威</td><td>47</td><td>10.33%</td></tr>
<tr><td colspan="2">C. 由民政部门指定管理人，因是该机关的管辖范围，系其职责范围</td><td>45</td><td>9.89%</td></tr>
<tr><td colspan="2">D. 由家族里有威望的人指定，因他们对死者及其遗产的情况较清楚，且符合民众的习俗观念以及当地的风俗</td><td>17</td><td>3.74%</td></tr>
<tr><td colspan="2">合计</td><td>455</td><td>100%</td></tr>
</table>

关于无人承受遗产管理人的产生方式的民众观念之理由，统计数据显示，在填写该问

题的455名被调查者中，(1) 认为由社会公共组织指定遗产管理人的：其一，主张由死者户籍所在地的居委会、村委会或所在单位指定的理由是，A项其对死者及其遗产的情况比较清楚，有利于对遗产进行清算、管理和利用，占五成半（54.07%）；其二，主张由法院指定的理由是，B项更有利于公平保护相关债权人的利益，或更专业、更权威，合计占三成以上（32.31%）；其三，主张由民政部门指定的理由是，C项指定无人承受遗产的管理人是该机关的管辖范围，系其职责，占近一成（9.89%）。(2) 认为由自然人指定遗产管理人的，即由家族里有威望的人指定的理由是，D项他们对死者及其遗产的情况较清楚，且符合民众的习俗观念以及当地的风俗的，占不到一成（3.74%）。

(3) 无人承受遗产管理人的产生方式的民间习惯情况统计。

表7-81　无人承受遗产管理人的产生方式的民间习惯情况统计（单选）

选项	人数	比例
A. 由死者户籍所在地的居委会、村委会或所在单位指定	82	42.05%
B. 由人民法院指定	46	23.59%
C. 由当地民政部门指定	13	6.67%
D. 由死者生前所在的村民小组指定	20	10.26%
E. 由其他近亲属共同指定或有家族中年长的人指定	31	15.90%
F. 由当地社会福利机构指定	3	1.54%
合计	195	100%

关于无人承受遗产的管理人的产生方式的民间习惯，统计数据显示，填写该问题的195名被调查者所在地区的习惯是：①由社会公共组织指定的，其中，A项和D项，由死者户籍所在地的居委会、村委会、所在单位或村民小组指定的，占五成以上（52.31%）；B项由人民法院指定的，占二成以上（23.59%）；C项和F项由当地民政部门或社会福利机构指定的，占比不到一成（8.21%）。②由自然人指定的，E项由其他近亲属共同指定或由家庭中年长的人指定的，占一成半（15.90%）。

2. 无人承受遗产的酌分请求权主体的民众观念和民间习惯情况统计

问题【十一、(二) 2.】"您认为下列哪些人可以酌情分得无人继承的遗产？A. 依靠死者扶养的人；B. 与死者共同生活的人；C. 与死者有密切联系且对其帮助较多的人；D. 其他（填写您认为其他适当人选）。（多选）在您所在的地区，一般是如何分配此类遗产的？"

（1）无人承受遗产酌分请求权主体的民众观念情况统计。

表 7-82　无人承受遗产酌分请求权主体的民众观念情况统计（多选）

选项	人数	比例
A. 依靠死者扶养的人	420	71.55%
B. 与死者共同生活的人	398	67.80%
C. 与死者有密切联系且对其帮助较多的人	431	73.42%
D. 其他（远亲）	20	3.41%

关于无人承受遗产酌分请求权主体的民众观念，统计数据显示，在 587 名被调查者中，分别占六至七成的人无人承受的遗产的酌分请求权人包括：①A 项依靠死者扶养的人（占 71.55%）；②B 项与死者共同生活的人（占 67.80%）；③C 项与死者有密切联系且对其帮助较多的人（占 73.42%）。

（2）无人承受遗产酌分请求权主体的民间习惯情况统计。

表 7-83　无人承受遗产酌分请求权主体的民间习惯情况统计（单选）

选项	人数	比例
A. 可酌情分配给与死者有密切联系且对其帮助较多的人	66	32.84%
B. 可酌情分配给与死者共同生活的人	53	26.37%
C. 可酌情分配给依靠死者扶养的人	27	13.43%
D. 可酌情分配给不是继承人的其他亲属	55	27.36%
合计	201	100%

关于无人承受遗产酌分请求权主体的民间习惯，统计数据显示，在 201 名被调查者所在地区的习惯是：①A 项酌情分给与死者有密切联系且对其帮助较多的人，占三成以上（32.84%）；②B 项酌情分给与死者共同生活的人，占二成半以上（26.37%）；③C 项酌情分给依靠死者扶养的人，占一成以上（占 13.43%）；④D 项酌分给非继承人的其他亲属，占近三成（27.36%）。

十二、遗产处理相关案例的简介与评析

（一）涉及遗产范围界定案例的简介与评析

案情简介：朱某于 2004 年 1 月借原告朱某 3 现金 90600 元未还。朱某于 2007 年 10 月因车祸死亡。2007 年 11 月被告李某（朱某妻子）同死者兄长被告朱某 4 一起找死者生前的雇主协商赔偿事宜。雇主一次性赔偿受害人的近亲属丧葬费、被抚养人生活费、死亡赔偿金共计 17 万元，并于 2007 年 11 月将该款汇入朱某 4 的账户。原告朱某 3 因债务偿还事宜将被告朱某 1（死者之父）、马某（死者之母）、李某、朱某 2（死者之子，随李某

生活）、朱某4诉至法院，请求被告在继承朱某遗产或实际取得赔偿款的范围内偿还朱某90600元的债务。被告朱某1、马某、李某、朱某2、朱某4辩称，丧葬费是用于补偿受害人近亲属为办理死者丧事所支出的费用，被扶养人生活费是用于补偿死者生前所扶养近亲属的，不属于遗产的范围，不能用来清偿死者生前所负的债务；此外，死亡赔偿金也不属于遗产的范围，也不应用来清偿死者生前的债务。

一审法院审理后认为，我国2001年《关于确定民事侵权精神损害赔偿责任若干问题的解释》将死亡赔偿金界定为"精神损害抚慰金"，而我国2004年《关于审理人身损害赔偿案件适用法律若干问题的解释》第17、18条将精神抚慰金和死亡赔偿金分成两个不同的赔偿项目，且依据该司法解释第29条的规定，死亡赔偿金虽不是遗产，但从财产损失赔偿的性质上来看明显带有遗产的属性。基于此，一审法院判决被告朱某1、马某、李某、朱某2、朱某4应从死亡赔偿金中清偿朱某生前所借朱某3人民币90600元。五名被告不服一审判决，遂向二审法院提起上诉。

二审法院审理后认为，根据我国2004年《关于审理人身损害赔偿案件适用法律若干问题的解释》的规定，死亡赔偿金的性质是对受害死亡人余命年岁未来收入损失的赔偿，其性质属于财产损失赔偿，而非"精神损害抚慰金"，因此，死亡赔偿金明显带有受害死亡人遗产的属性，原审法院判决以死亡赔偿金偿还朱某生前所欠朱某3债务正确。故二审法院判决驳回上诉，维持原判。后河南省人民检察院认为，死亡赔偿金用以其偿还朱某生前所欠债务不当，提起抗诉。

再审法院审理后认为，最高人民法院《关于审理人身损害赔偿案件适用法律若干问题的解释》第17条和第18条的规定已明确死亡赔偿金不是精神损害抚慰金，但对于死亡赔偿金究竟是对谁的何种损害的赔偿，该司法解释并无规定。参照最高人民法院就广东省高级人民法院《关于死亡赔偿金能否作为遗产处理的请示》做出的〔2004〕民一他字第26号《关于死亡赔偿金能否作为遗产处理的复函》，该复函指出空难死亡赔偿金是基于死者死亡对死者近亲属所支付的赔偿。根据最高人民法院的相关司法解释和复函可以明确，死亡赔偿金从性质上看属于财产损失赔偿，是对死者余命年龄可得收入的赔偿，而非对死者近亲属的未来收入损失的赔偿。死者如生存，在未来其所获得的收入扣除生活必需费用之后必然要用于偿还死者所负债务，偿还债务后有剩余的，才可能为其继承人所继承。因此，死者生前依法应由死者承担的合法债务用依附于死者身份而存在的死亡赔偿金来偿还于法并不相悖。另外，从死亡赔偿金的实际分配顺序来看，死亡赔偿金的分配亦可参照我国《继承法》规定的遗产分配顺序和范围。据此，死亡赔偿金参照遗产用于偿还死者生前债务符合我国《继承法》规定的继承人继承遗产前必须先以遗产清偿债务的精神，而且从衡平死者继承人与死者债权人之间利益的角度考虑，也符合民法的基本原则——公平原则。综上所述，原审判决用死亡赔偿金来偿还朱某生前所欠朱某3的90600元债务并无不当，抗诉机关的抗诉理由及申诉人的申诉理由于法无据，不能成立。故再审法院判决，原审判决认定事实清楚，适用法律正确，应予维持。①

---

① 参见中国裁判文书网：（2011）驻民再终字第×号，《朱某3与朱某1、马某、李某、马某4等被继承人债务清偿纠纷再审民事判决书》，http：//wenshu. court. gov. cn/content/content？DocID = 6ca5f0d2 - 6f43 - 465d - bf89 - 420a16be1f76，访问日期：2018年2月2日。限于本章篇幅，作者对原案情内容有酌情删改。

适用法律分析：本案争议的问题是死亡赔偿金是否属于朱某的遗产。我国《继承法》对死亡赔偿金是否属于遗产没有规定。目前，对此问题存在两种观点：第一种观点认为，死亡赔偿金是遗产或具有遗产的性质。第二种观点认为，死亡赔偿金不是遗产。① 本案从一审、二审至再审，说明我国司法实践中和我国民众对死亡赔偿金是否属于遗产，是否可用以偿还被继承人生前债务争议较大，也说明遗产范围的排除性规定对解决此类案例的问题具有重要作用。我们认为，我国《继承法》尚无对遗产范围的反面排除规定等，此为立法之不足。

（二）涉及继承开始的通知和公告案例的简介与评析

案情简介：甲大学的退休教师朱某奎与第一任妻子李某英生育子女三人，即大儿子朱某乙（原告）、二儿子朱某甲（被告）及女儿朱某丙。朱某奎后虽再婚，但未生育子女，后因感情不和离婚。之后，朱某奎未再婚。朱某奎于2007年4月23日去世，去世后其丧事由朱某甲与朱某奎所在单位料理。朱某甲在2008年1月通过房屋中介出租朱某奎名下建筑面积为36.13平方米的房屋，并已提前收取半年租金1500元。后原被告双方因遗产分割产生纠纷诉讼至法院。原告朱某乙请求法院确认其应继承的份额。朱某甲经法院合法传唤不到庭，放弃一审抗辩权。

一审法院审理后认为，被告朱某甲在得知其父朱某奎死亡后，没有及时通知原告朱某乙，并将朱某奎名下的存款、房产擅自领取或处分，已侵害了另外两位继承人的合法继承份额，其过错责任明显。被告朱某甲多领取的部分，应返还原告朱某乙。原告朱某乙要求继承其应得的份额，符合法律规定，应予支持。故一审法院判决，涉案房产归原告朱某乙所有，原告朱某乙补偿被告何某房屋一半价值计5万元整。但被告朱某甲对一审法院判决不服，遂提出上诉。

二审法院审理认定的事实与原审法院认定的事实一致。朱某甲虽称朱某乙没有尽到做子女的责任，自己对被继承人朱某奎尽了主要扶养义务，但均没有提供相关的证据，因此朱某奎的遗产应按照法定继承，由其同一顺序继承人朱某乙、朱某丙、朱某甲均等继承。故二审法院判决驳回上诉，维持原判。②

适用法律分析：本案争议的问题是继承人应通知其他继承人而未通知的，其是否应当承担不利后果？对此，我国现行法尚无规定。根据我国《继承法》第23条规定："继承开始后，知道被继承人死亡的继承人应当及时通知其他继承人和遗嘱执行人。继承人中无人知道被继承人死亡或者知道被继承人死亡而不能通知的，由被继承人生前所在单位或者住所地的居民委员会、村民委员会负责通知。"根据一审和二审法院的判决可知，继承人之间是按照法定继承平均分割遗产，但未履行通知义务的继承人并未因其失职而承担相应的责任。因此反映出我国立法关于继承开始的通知和公告制度的不足。

（三）涉及遗产管理案例的简介与评析

案情简介：杨某某与曲某（原告）于1991年2月4日登记结婚，生有婚生女杨某颖，杨某某的母亲赵某英健在。2005年下半年，杨某某于在福建务工期间，与何某（被告）

---

① 相关判例多是坚持第二种观点的，如（2014）鄂樊城屏民初字第00135号、（2014）漯民一终字第52号等。

② 参见中国裁判文书网：（2009）浙嘉民终字第×号，《朱某乙与朱某甲、朱某丙法定继承纠纷二审民事判决书》，载 http://wenshu.court.gov.cn/content/content? DocID=a3df5a56-c24b-4f8b-9eaf-e2a1ce85b275，访问日期：2018年2月2日。限于本章篇幅，作者对原案情内容有酌情删改。

以夫妻名义同居生活，于2014年4月26日生育非婚生女杨某荷。杨某某于2013年12月17日购买小汽车一辆（涉案车辆），2014年8月16日因车祸当场死亡。何某于2015年2月9日将涉案车辆过户登记到何某某（何某之弟，被告）名下，并领取了杨某某生前尚未支取的部分工资。后原告曲某与被告何某就杨某某生前财产处理问题发生纠纷，原告曲某诉至法院要求被告何某和何某某返还原物并赔偿损失。被告何某辩称，本案涉案车辆和工资属于何某与杨某某同居期间的共同财产，并非杨某某与曲某婚姻存续期间所得的夫妻共同财产。此外，杨某某死亡后，其应享有的财产份额属于遗产，案外人杨某某的母亲赵某英及婚生女杨某颖、非婚生女杨某荷均对涉案财产享有法定继承权。曲某不是唯一的权利人，无权提起返还原物之诉。

一审法院审理后认为，杨某某死亡后，即产生析产与法定继承法律关系，杨某某的第一顺序法定继承人除曲某外，还有杨某某的母亲赵某英、婚生女杨某颖及非婚生女杨某荷，显然，原告曲某不是唯一的合法权利人，其无权提起返还原物之诉。遂一审法院判决驳回曲某的诉讼请求。原告曲某不服法院的一审判决，遂提出上诉。

二审法院审理后认为，何某与何某某签订的《旧机动车买卖合同》，从合同签订的时间来看，是何某在杨某某死后以杨某某的名义签订的，何某不能证明其获得了杨某某生前授权或其他共有人共同授权，且何某某与何某系亲姐弟关系，何某某对杨某某死亡应是明知的。故该合同明显存在恶意串通损害各所有权人的合法利益的情形，根据我国《合同法》第52条之规定，应认定为无效。何某某基于该无效合同所占有的车辆，应属无权占有，该车登记在其名下已失去了法律基础，何某某因该合同取得的财产，应当返还给全体共有人。根据我国《物权法》第96条规定，共有人按照约定管理共有的不动产或者动产；没有约定或者约定不明确的，各共有人都有管理的权利和义务。曲某作为涉案车辆的共有权人，有权要求何某某返还涉案车辆。因该车由何某某实际占有使用，并已过户至何某某名下，曲某没有提供证据证明何某共同占有使用的事实，故对曲某要求何某某返还涉案车辆的上诉请求法院予以支持；对其要求何某返还涉案车辆的上诉请求，法院不予支持。故二审法院判决，撤销一审民事判决，被上诉人何某某于本判决生效之日起10日内向上诉人曲某返还涉案小汽车，由曲某代管。①

适用法律分析：我国《继承法》第24条规定：存有遗产的人，应当妥善保管遗产，任何人不得侵吞或者争抢。从上述案例来看，作为遗产保管人，何某在未征求其他继承人的同意时即对遗产擅自处分，损害了其他继承人的继承利益。由此可以看出，我国《继承法》的立法不足，既未规定遗产管理人的产生方式，也未规定遗产管理人的管理职责和损害赔偿责任，不利于依法维护其他继承人的合法权益。

（四）涉及法定继承案例的简介与评析

案情简介：被继承人梁某共生育三个子女：大女儿梁1（其共生育了四个子女：吴某甲、吴某乙、吴某丙、吴某丁，于2008年春末夏初去世）；二女儿梁2（1978年出嫁，原告）；儿子梁3。梁某的妻子陈某于1989年去世。××××年×月×日，梁3与胡某（被告）

---

① 参见中国裁判文书网：（2016）湘×民终×号，《曲某与何某返还原物纠纷二审民事判决书》，载 http://wenshu.court.gov.cn/content/content? DocID=3d2386a0-bcc9-49d6-a4bd-27d34f4a3185，访问日期：2018年2月3日。限于本章篇幅，作者对原案情内容有酌情删改。

办理了结婚登记手续，婚姻期间未生育子女。婚后梁3、胡某与梁某共同居住生活。梁3于2005年去世后，胡某未改嫁，一直照顾梁某生活起居。梁某于2009年11月7日去世。后梁2与胡某因继承事宜协商未果诉至法院。原告梁2诉请法院要求依法分割遗产。被告胡某辩称梁2为外嫁女，不享有继承权，而其作为对公公尽了主要赡养义务的丧偶儿媳，应作为第一顺序的法定继承人参与继承。

一审法院审理后认为，被继承人梁某共生育包括梁1、梁2和梁3在内的三个子女，均是法定第一顺序继承人，继承遗产的份额，一般应当均等。被告胡某辩称原告外嫁女梁2无权继承遗产，该主张与法律相违背，原审法院不予采纳。梁某的大女儿梁1早于被继承人死亡，其子女本可代位继承，因其子女向原审法院书面明确表示放弃继承，故原审法院不再将其子女列为当事人，不参与遗产的分配。被告胡某虽不是继承人，但其与梁3结婚，并在梁3去世后，作为丧偶儿媳与被继承人公公梁某共同生活，对被继承人尽了较多的赡养义务，可以分给其适当的遗产。故一审法院判决，遗产份额由原告梁2占70%，被告胡某占30%。胡某不服一审判决，以自己应以第一顺序继承人身份平均继承遗产为由，提起上诉。

二审法院审理后认为，根据我国《继承法》第10条和第12条的规定，上诉人（原审被告）胡某属于丧偶儿媳对公公尽了主要赡养义务的人，在本案中应作为第一顺序继承人继承遗产，原审法院对此认定有误，二审法院予以纠正。故二审法院判决，上诉人和被上诉讼人均作为第一顺序的法定继承人平均继承梁某的遗产。①

适用法律分析：根据我国《继承法》第10条的规定“遗产按照下列顺序继承：第一顺序：配偶、子女、父母”。第12条规定：“丧偶儿媳对公、婆，丧偶女婿对岳父、岳母，尽了主要赡养义务的，作为第一顺序继承人。”我们认为，第一，本案中，胡某认为外嫁女无权继承遗产而否认梁2的法定继承权，于法无据，作为女儿，无论出嫁与否，均有继承其父母遗产的法定继承权，因此一审法院中认定梁2有继承权是非常正确的。第二，关于胡某作为丧偶儿媳对公公尽了主要赡养义务是否应该作为第一顺序继承人继承遗产，一审法院将其作为可适当分配遗产人之认定有误，二审法院进行纠正于法有据。由此可知，我国《继承法》关于法定继承人的范围方面，合理之处有两个方面：一是摒弃了性别歧视，无论是儿子女儿，出嫁与否再所不论，均作为法定继承人而享有相同的法定继承份额；二是出于激励丧偶的儿媳或女婿赡养公婆或岳父岳母，尽了主要赡养义务的丧偶的儿媳或女婿，可以作为法定继承人参与遗产分配。但不足之处在于，将尽了主要赡养义务的丧偶的儿媳或女婿，作为第一顺位的法定继承人参与遗产分配，其本人继承一份遗产，其子女通过代位继承也继承一份遗产，该家庭实际上就取得了双份遗产，显失公平。此外，在特殊情况下，若第一顺序继承人全部死亡或丧失继承权且无人代位继承，则对被继承人尽了主要赡养义务的丧偶女婿或丧偶儿媳便可能继承全部遗产，而将顺序在后的血亲继承人排除在外，这不利于保护第二顺序血亲继承人的继承权益。②

---

① 参见中国裁判文书网：（2016）粤×民终×号，《梁2与梁3、胡某法定继承纠纷二审民事判决书》，载 http://wenshu.court.gov.cn/content/content？DocID=0db3d4bb-68ed-46ea-af21-589835b3449f，访问日期：2018年4月6日。限于本章篇幅，作者对原案情内容有酌情删改。

② 陈苇、董思远：《民法典编纂视野下法定继承制度的反思与重构》，载《河北法学》2017年第7期。

（五）涉及遗嘱继承案例的简介与评析

案情简介：何先生和老伴金女士生前育有两个儿子：何1（被告）与何2（原告），且二人主要由二儿子何2赡养。2009年3月，何先生和老伴立下自书遗嘱，遗嘱内容为夫妻二人共有的房屋中属于各自的份额，如一方去世后，则由健在一方继承去世方份额，最后一方去世后，房屋全部给二儿子何2继承。该遗嘱由何先生书写，末尾处写有“老伴不识字，本遗嘱也完全符合老伴的意愿”。2010年何先生去世，2014年金女士去世。何2持两位老人的遗嘱打算办理过户手续，但遭到何1的反对，原告何2遂起诉至法院请求依遗嘱取得涉案房屋所有权。被告何1辩称，涉案遗嘱其母亲未签字，该遗嘱无效，其有权按法定继承分得父母的遗产。

法院审理后查明：夫妻共同遗嘱虽不属于法定遗嘱形式，但也没有明文禁止，在生活中确实存在。但共同遗嘱必须符合自书遗嘱的基本形式要求，能够认定是夫妻共同真实意思表示。本案中，何先生所立遗嘱虽写有符合老伴金女士的意愿，但金女士没有签字确认，既不符合自书遗嘱的形式，也不符合代书遗嘱的形式，故只能认定何先生对自己处分的遗嘱内容有效，房屋在何先生去世后由金女士继承，金女士去世后未留有遗嘱，应当按照法定继承处理。遂法院判决，何先生的遗产应按涉案遗嘱由何2继承，金女士的遗产按法定继承，由何1与何2共同继承。[①]

适用法律分析：本案争议的焦点是夫妻共同遗嘱是否具有法律效力。我国《继承法》没有关于夫妻共同遗嘱的相关规定，但实践中确实存在夫妻共同签订遗嘱的情况，由于没有相关法律法规的指引，法院处理以上案例于法无据，并且由于该共同遗嘱在形式要件上欠缺另一方签字，故判决认为该遗嘱有签字方的部分才有效。我们认为，本案中法院的做法虽然符合法律规定，但这样做有可能违背被继承人的真实意愿。因此，我国《继承法》尚无夫妻共同遗嘱之规定，此为立法之不足。

（六）涉及继承与遗赠的接受和放弃案例的简介与评析

案情简介：孟某与张某系夫妻关系，二人共生育三子，即孟某二（被告）、孟某三（原告）、孟某四（被告）。孟某一（被告）系孟某二等人同父异母的兄弟。1988年12月16日、1993年2月13日张某、孟某先后病故，二人未留遗嘱。1949年前后，孟某夫妇在诉争院落西院内建有北房五间；1971年前后，经孟某二申请，诉争院落东院内建有北房五间。1993年，有关部门将诉争院落西院宅基地登记在孟某名下，东院宅基地登记在被告孟某二名下。

孟某一、孟某三、孟某四于1993年3月15日出具声明一份，上载“关于家父孟某家庭遗产的继承，长子孟某一、三子孟某三、四子孟某四声明如下：其父孟某的丧事由次子孟某二料理，其家庭遗产（动产、不动产）全部由孟某二继承。特此声明。此声明作为法律依据。即日起生效”。现诉争院落除上述十间北房外，还有东厢房五间、西厢房五间、倒座房五间，均由被告孟某二占有使用。

因对父母遗留的房产有争议，孟某三作为原告将孟某一、孟某二、孟某四诉至法院，称其1993年的放弃声明仅仅表示的是对父亲遗产的放弃，现在反悔不认可该声明，要求

① 参见凤凰网：周蔚：《从遗嘱开始善理“身后事”》，载http://news.ifeng.com/a/20170725/51500956_0.shtml，访问日期：2017年11月25日。限于本章篇幅，作者对原案情内容有酌情删改。

依法继承上述院内房屋。被告孟某二辩称，孟某二自愿签署放弃继承的声明，且遗产早已按照声明分割，故原告无权继承遗产。

法院审理后查明：本案中，原告孟某三称其于 1993 年 3 月 15 日书写声明表示放弃“其（孟某）家庭遗产”指的仅是放弃了对父亲孟某遗产的继承权，考虑到本地农村风俗习惯，结合原告之母先于原告之父去世之实际情况以及被告孟某二在诉争房屋居住将近二十年之情形，法院经审理认为声明中所述的放弃“其（孟某）家庭遗产”指的应是放弃对孟某与张某夫妇遗产的继承；孟某二在该院落居住长达二十余年，原告等人均未提出分割房屋之请求。现原告诉至法院对 1993 年 3 月 15 日的声明表示反悔进而要求继承，依据不足，法院不予支持。故法院判决，驳回原告诉讼请求。①

适用法律分析：本案争议的焦点，一是孟某三对之前所作的放弃继承遗产的声明是否有效？我国《继承法》第 25 条规定：“继承开始后，继承人放弃继承的，应当在遗产处理前，作出放弃继承的表示。没有表示的，视为接受继承。”但实践中经常出现如案例中对继承放弃声明表示反悔的问题。虽然 1985 年《执行继承法意见》第 50 条规定：“遗产处理前或在诉讼进行中，继承人对放弃继承翻悔的，由人民法院根据其提出的具体理由，决定是否承认。遗产处理后，继承人对放弃继承翻悔的，不予承认。”故法院的上述判决于法有据。但在社会实践中，继承开始后到遗产处理前的这段时间可长可短；且如果继承开始后长期不对遗产进行处理，那么放弃继承就还有反悔的余地，而会导致遗产的归属具有不确定性，容易引发继承纠纷，此为我国《继承法》对放弃继承的时间规定存在的不足。

（七）涉及继承权的丧失、被继承人的宥恕和代位继承案例的简介与评析

案情简介：郭某夫妇生有两子，长子郭某 1（被告），次子郭某 2（原告）。1982 年，在两个儿子先后成家立业后，老郭夫妇与两子签订了赡养协议，约定郭某 1、郭某 2 分别负担父、母一人的赡养问题。自始，郭某夫妇白天分别到长子和次子家吃饭，晚上回自己的老宅休息。次年，郭某妻子因病去世。随着时间的推移，郭某 1 后悔当初选择父亲作赡养对象的决定。但原先是当着公亲族长的面自愿选择的，现在即便想反悔也不好意思开口。1986 年夏季的一天，郭某 1 趁郭某在其家午睡之机举起菜刀连砍父亲数刀，因邻人发现，抢救及时，郭某未被砍死。郭某 1 以故意杀人罪被判处有期徒刑，其间郭某被次子接回家赡养。刑满释放后，郭某 1 痛改前非，把老父接到自己家中尽心赡养。尤其在郭某生病期间，郭某 1 更是百般照顾。

后郭某临终前留下遗嘱，指定郭某 1 为其唯一遗产继承人。郭某病故后，郭某 1 要求依遗嘱继承遗产，郭某 2 不同意，认为郭某 1 依继承法已经没有继承权。郭某 2 遂作为原告诉至法院。被告郭某 1 辩称，我虽因动刀砍父亲丧失过继承权，但父亲临终前的遗嘱又让我恢复了继承权，并且我是唯一的遗嘱继承人，郭某 2 要分遗产是没有法律依据的。

法院审理后认为：根据我国《继承法》第 7 条第 1 款规定，继承人故意杀害被继承人的，其丧失继承权。因此，本案中的郭某 1 已经丧失继承权。我国 1985 年《执行继承

---

① 参见中国法院网：雷小云：《对父亲“遗产放弃”声明应视为对父母遗产的放弃》，载 http://www.chinacourt.org/article/detail/2017/04/id/2820210.shtml，访问日期：2017 年 11 月 25 日。限于本章篇幅，作者对原案情内容有酌情删改。

法意见》第 12 条规定，继承人有继承法第 7 条第 1 项或第 2 项所列之行为，而被继承人以遗嘱将遗产指定由该继承人继承的，可确认遗嘱无效，并按继承法第 7 条的规定处理。本案中，郭某 1 曾实施了故意杀害被继承人的行为，确认其已丧失继承权，且不能通过被继承人的宥恕而恢复继承权。遂法院依法判决郭某临终前所立遗嘱无效，并确认郭某 1 丧失继承权。①

适用法律分析：本案争议的焦点是郭某 1 已经丧失的继承权能否恢复？根据我国《继承法》第 7 条第 1 款和我国 1985 年《执行继承法意见》第 12 条的规定，法院判决郭某 1 丧失继承权于法有据。我们认为，虽然继承人由于法定原因丧失了继承权，但继承人有真心悔过并得到被继承人的宥恕，且被继承人通过遗嘱明确表示指定已丧失继承权的继承人作为遗嘱继承人，我国《继承法》强行确认遗嘱无效，未尊重被继承人通过遗嘱处分其财产的自由意愿，此为立法之不足。

（八）涉及继承协议案例的简介与评析

案情简介：原、被告父母共生育 6 名子女，分别是熊某 1、熊某 2、熊某 3（被告）、熊某 4、熊某 5（1997 年过世，有一子）、熊某 6（原告）。父母生前有一套房改房，房屋所有权登记在父亲名下。2003 年 1 月 23 日，父亲去世，生前未立书面遗嘱。父亲去世六天后的 1 月 29 日，熊某 1、熊某 2、熊某 3、熊某 4、熊某 6 五兄妹签订书面协议，主要内容为按照父亲的遗愿，由熊某 6 住进诉争房，产权归熊某 6 所有，同时熊某 6 负责母亲的生活起居等。签订协议时，母亲在现场并知晓此事。此后，熊某 6 一家与母亲共同生活，并负责老人的生活起居。2008 年 5 月 1 日，母亲去世。2013 年 10 月 8 日，熊某 1、熊某 2、熊某 4 在声明书上签字，表示遵从父亲遗愿，熊某 6 也尽到了照顾母亲的义务，愿意履行协议的内容，诉争房归熊某 6 所有。但熊某 3 却始终不肯在声明书上签字，导致该房无法过户到熊某 6 名下。为此，熊某 6 诉至法院，请求判决被告熊某 3 履行 2003 年 1 月 29 日签署的协议，确认诉争房归其所有。被告熊某 3 辩称，母亲未并在涉案协议中签字，因此协议无效；并且其在母亲生前也尽心尽力予以照顾，故其未放弃对父母遗产的继承权。

法院在审理该案过程中，熊某 1、熊某 2、熊某 4、熊某 5 之子都通过书面材料或笔录形式明确表示不参加本案诉讼，诉争房归熊某 6 所有的意思表示。

法院审理后认为：父亲去世后，按照其遗愿，原、被告双方以及熊某 1、熊某 2、熊某 4 签订了协议，约定诉争房归原告所有，原告承担其对母亲的照顾义务。该协议的签订人系完全民事行为能力人，意思表示真实，也不违背法律法规的强制性规定。该协议虽然没有原、被告母亲的签字，但签订协议时母亲在场，对协议内容知晓，在此后长达 5 年的时间内，也未做出否认该协议的行为，可推定其认同该协议的内容。协议签订后，原告也按照协议基本履行了对母亲的照顾义务。因此，依据以上事实和证据，法院认定该协议合法有效。

根据该协议的约定，自签订该协议之日起，被告熊某 3 就应视为放弃对诉争房的继承份额，该继承份额归原告熊某 6 所有。虽然被告熊某 3 在母亲生前，也尽心尽力予以照

① 参见中国法院网：钱军：《刀砍老父被判入狱为争继承权再上法庭》，载 http://www.chinacourt.org/article/detail/2003/07/id/66740.shtml，访问日期：2017 年 11 月 25 日。限于本章篇幅，作者对原案情内容有酌情删改。

顾，作为中华民族的传统美德，应予以提倡。但照顾父母并不能影响到被告放弃继承份额的意思表示。遂法院做出判决，被告应履行2003年1月29日签署的协议，确认诉争房归原告熊某6所有。①

适用法律分析：本案争议的焦点是涉案的继承协议是否有效。虽然我国立法未规定继承协议，但是法院根据扶养义务方实际履行继承协议的情况，且该协议的内容并不违法，故承认了继承协议的效力，该判决合情合理。我们认为，我国《继承法》未规定继承协议的签订主体、方式与效力，不利于规范继承人之间签订继承协议的行为，也不利于避免纠纷和维护相关人的合法权益，此为立法之不足。

（九）涉及遗产债务清偿案例的简介与评析

案情简介：2009年起，谢1（被告）与谢某系父子关系，二人多次向廖某（原告）借款。2013年12月22日，廖某与谢1、谢某一起就所欠借款本金进行核算，双方确认至2013年12月22日，谢1与谢某尚欠廖某借款本金231.8万元。当日，谢1与谢某共同向廖某出具借条作为凭证，并重新约定借款期限为2013年12月22日至2014年12月22日。现谢某因病去世，其生前与妻子张某共同育有子女三人，分别为谢1、谢2（被告）和谢3（被告），廖某诉至法院，认为谢1和其母亲张某应对上述借款承担共同还款责任，此外，谢2和谢3应当在继承谢某的财产范围内承担共同清偿责任。被告张某、谢1、谢2和谢3出庭后均未予以答辩。

法院审理后认为：因谢某已去世，谢1及其母亲张某同时为谢某的共同债务人和法定继承人，谢1及其母亲张某应对本案借款承担共同还款责任，因共同还款责任已包含继承谢某的遗产的范围内的还款责任，应直接承担共同还款责任。谢2和谢3，只有谢某的法定继承人的身份，须在继承谢某遗产的范围内对上述债务承担共同还款责任。因此，法院审理判决，谢1及母亲张某于本判决生效后10日内偿还廖先生的借款及利息；张某、谢1、谢2和谢3在继承谢某遗产的范围内对上述债务承担共同还款责任。②

适用法律分析：本案涉及两个法律关系：一个是共同债务法律关系；另一个是遗产债务清偿法律关系。本案的争议焦点是，应当首先确定夫妻共同债务与被继承人的债务，对于前者应当以夫妻共同财产偿还，对于属于被继承人的个人债务部分应当以遗产为限进行清偿。从我国现行《婚姻法》第41条的规定可以看出，夫妻共同债务由夫妻共同清偿。也就是说，首先，对夫妻共同债务，应以夫妻共同财产进行清偿；其次，对于夫妻一方死亡，其个人债务如何清偿的问题，我国《继承法》第33条明确规定，应当以遗产为限进行清偿。对于此判决，我们认为于法有据，被继承人既然有享受继承遗产的权利，同时也应当依法承担以遗产为限清偿被继承人的债务。此案反映出，我国立法对于上述问题的明确规定，有利于指导民众守法用法和司法人员执法。但我国立法欠缺遗产债务清偿顺序，如被继承人遗产不足清偿遗产债务时，对于不同类型遗产债务如何清偿会有疑问，这是其立法之不足。

---

① 参见中国法院网：朱忠平、张涛：《继承协议签订后又反悔兄弟反目对簿公堂》，载 http://www.chinacourt.org/article/detail/2014/01/id/1176513.shtml，访问日期：2017年11月25日。限于本章篇幅，作者对原案情内容有酌情删改。

② 参见中国法院网：安海涛："要继承遗产，请先把债务偿清"，载 http://www.chinacourt.org/article/detail/2015/11/id/1758328.shtml，访问日期：2017年11月25日。限于本章篇幅，作者对原案情内容有酌情删改。

（十）涉及遗产分割案例的简介与评析

案情简介：原告张某甲，被告张某乙。原、被告是张某某、陈某夫妇所生的同胞姐妹。1977 年 7 月，张某某名下有 60.8 平方米房屋 2 间等财产。2007 年 6 月 7 日，原、被告母亲陈某逝世；2013 年 5 月 24 日，原、被告父亲张某权逝世，两人均未立有遗嘱、遗赠、遗赠协议等。因原、被告为继承父母遗产即张某某名下 60.8 平方米房屋 2 间等财产发生争执。双方于 2013 年 6 月 18 日，在某村人民调解委员会的主持下，就父、母遗产归属达成协议，约定："父母的产权归姐妹共同享有、始终各一半。目前张某乙同意让张某甲居住使用，如遇国家建设或政府拆迁等事项，所得收益始终由张某乙、张某甲共享（各一半），在张某甲使用期间，张某甲不得有自行把房屋出租、转让、出售等行为。以上协议双方必须按照协议执行，如有违反后果自负。履行协议的方式、地点、期限：姐妹双方到村部调解、地点、在村调解室、期限属永久性。"协议订立后，原告张某甲又在原址建了厨房等房屋，与被告间又产生了新的矛盾，被告张某乙便以收回房屋为由，将出借给原告张某甲的房屋敲了个门洞，致原告张某甲诉讼至法院，要求分割涉案房屋。被告张某乙辩称，涉案房屋经村里调解后，其中东边一间归被告所有，故请求依法驳回原告诉请。

法院审理后认为：继承开始后，原、被告就遗产范围、分割时间、办法和份额处理自愿选择由人民调解委员会调解，并达成协议，该调解协议依法成立，具有法律效力。故原告要求推翻调解协议重新分割并继承父母遗产的诉请，法院不予支持。遂法院判决，驳回原告张某甲的诉讼请求。①

适用法律分析：本案的争议焦点是涉案的遗产分割协议是否有效。我国《继承法》第 5 条规定，继承开始后，无遗嘱、遗赠、遗赠扶养协议的，按法定继承办理。同一顺序继承人继承遗产的份额，一般应当均等，继承人协商同意的，也可以不均等。此外，该法第 15 条规定，继承人可就遗产分割时间、办法和份额等协商确定；协商不成的，可以由人民调解委员会调解或向人民法院提起诉讼。本案中，原、被告对父母遗产分割的时间、办法和份额通过调解已达成协议，法院确认该协议对双方具有法律约束力，该判决合法。从此案可见，我国立法规定继承人可协商分割遗产，这体现了尊重继承人的意思自治，这是其立法之优点。我国立法欠缺对于遗产分割的限制性规定，如生存配偶对遗产中家庭住房享有先取权和终生使用权等规定欠缺，此为立法之不足。

（十一）涉及无人承受遗产案例的简介与评析

案情简介：原告黄某与被继承人陈某系朋友关系。多年来，黄某一直对陈某照顾有加。2010 年 10 月 21 日，因陈某身体渐差，在陈某的要求下，黄某将陈某送至南京市福利院，相关费用由陈某本人工资收入缴纳。2010 年 10 月 27 日，黄某与陈某在福利院签订委托书，载明："本人因年老独身无子女，生活不方便。随着年龄的增长，考虑今后的养老问题，特委托朋友黄某作为我的监护人负责我的生活事宜：安排入住养老机构、缴纳养老费用和后事安排。"2012 年 10 月 21 日，陈某因心脏骤停死亡。陈某未婚，无子女，

---

① 参见无讼网：（2014）门三民初字第×号，《张某甲与张某乙继承纠纷一审民事判决书》，载 http://wenshu.court.gov.cn/content/content? DocID=9cae0f4b-554a-4c6c-8eef-be47de33f3a7，访问日期：2018 年 4 月 6 日。限于本章篇幅，作者对原案情内容有酌情删改。

亦无法定继承人。2014 年 10 月 28 日，黄某诉至法院，请求判决由黄某取得陈某应享受的职工住房补贴金约 52070 元。

一审法院审理后认为：黄某提交的证据不能证明陈某的各项费用均为黄某支付，且陈某系浦镇车辆厂职工，其退休前后都有固定的收入及医疗保险，具备负担自身生活和医疗的经济基础，黄某无充分证据证明其对陈某尽到了赡养或扶养义务。故法院于 2015 年 2 月 11 日判决：驳回黄某的全部诉讼请求。黄某不服一审判决，提起上诉。

二审法院经审理后认为：陈某在福利院居住期间，黄某经常看望老人，陈某对黄某也十分信任。黄某的同事李某及邻居丁某均向法庭证实黄某多年来一直对陈某悉心照顾，并为陈某办理后事。黄某并不是陈某的法定继承人，双方间也未签订遗赠扶养协议，故黄某不具有合法继承人的资格，黄某不能以继承人或受遗赠人的身份继承陈某的遗产。但根据查明的事实，陈某生前无直系亲属在旁照顾，黄某作为其朋友，在陈某生前对其照顾较多，不仅在生活起居上进行了照料，在精神上也对陈某进行了慰藉，在其身故后也承担了丧葬的义务。虽然陈某有退休工资及医疗保险，其生前在养老院的费用也大部分由自己负担，但对老年人的扶养并不仅限于财物的供养、劳务的扶助，更重要的是，精神上的陪伴与抚慰。黄某作为独居老人陈某多年的朋友，对其生活起居的帮扶及精神的慰藉应视为其尽了主要扶养义务，值得提倡。遂判决，撤销原审民事判决，陈某的职工住房补贴金约 52070 元酌情分配给黄某取得。[①]

适用法律分析：本案的争议焦点在于如何认定法定继承人以外的人是否对被继承人扶养较多，即黄某是否能酌情分得陈某的遗产？根据我国《继承法》第 14 条规定：对继承人以外的依靠被继承人扶养的缺乏劳动能力又没有生活来源的人，或者继承人以外的对被继承人扶养较多的人，可以分配给他们适当的遗产。也就是说，法院裁决的依据不再局限于物质帮助这一客观要素，还关注了对被继承人精神上的帮助。这反映出我国司法实践中对无人承受遗产的酌情分配制度的适用是合情合理的。但这也反映出我国《继承法》对无人承受遗产的酌情分配主体范围规定得较为狭窄，此为立法之不足。

第三节　当代中国江西省民众财产继承观念与遗产处理习惯的特点与原因分析

根据本次调查统计数据的汇总分析，江西省被调查者对前述 11 个问题所体现出的财产继承观念与遗产处理习惯之特点与原因分析如下：

一、遗产范围界定之特点与原因分析

（一）遗产的种类之特点与原因分析

关于属于遗产种类的民众观念，统计数据显示的特点是，在江西省被调查者中，（1）有八至九成以上的人认为住房（98.47%）、汽车（94.72%）、存款（95.91%）和股票（80.41%）属于遗产，此认识符合我国《继承法》第 3 条的规定。（2）一至七成半的

---

① 参见中国法院网：武琼、钟慧钊：《继承人以外的人尽较多扶养义务可适当继承财产》，载 http://www.chinacourt.org/article/detail/2015/09/id/1712866.shtml，访问日期：2017 年 11 月 25 日。

人认为家庭日常生活用品（55.88%）、债务（43.61%）、交通事故死亡赔偿金（75.98%）、单位出租房（11.07%）属于遗产，此认识与我国《继承法》的规定不一致。(3) 有近二成半的人认为以被继承人的姓名注册的邮箱和 QQ 账号等（24.70%）属于遗产，对此我国《继承法》尚无规定（见表 7-4）。

以上特点之原因分析：在江西省被调查者中，（1）八至九成的人认为住房、汽车、存款等传统财产属于遗产的，其原因可能是受我国立法的影响。（2）四成多的人认为债务属于遗产，与现行法的规定不一致，其原因可能是受我国"父债子偿"传统观念的影响。(3) 七成半的人认为交通事故死亡赔偿金属于遗产，其原因可能是其认为死亡赔偿金是对死者生命的补偿，理应属于死者的财产。但此认识与法律规定不一致，对于死亡赔偿金的性质，根据我国 2004 年《关于审理人身损害赔偿案件适用法律若干问题的解释》第 1 条第 2 款规定："本条所称'赔偿权利人'，是指因侵权行为或者其他致害原因直接遭受人身损害的受害人、依法由受害人承担扶养义务的被扶养人以及死亡受害人的近亲属。"第 17 条第 3 款规定："受害人死亡的，赔偿义务人除应当根据抢救治疗情况赔偿本条第一款规定的相关费用外，还应当赔偿丧葬费、被扶养人生活费、死亡补偿费以及受害人亲属办理丧葬事宜支出的交通费、住宿费和误工损失等其他合理费用。"以上规定表明，死者的人身损害死亡补偿费是对死亡受害人的近亲属的补偿费，其不属于遗产。(4) 有近二成半的人认为以被继承人的姓名注册的邮箱和 QQ 账号等属于遗产，其原因可能是，我国立法对与人身性质有关的新型财产是否属于遗产未作排除式规定。（5）有五成半的人认为家庭日常生活用品属于遗产，可能是因为被继承人也在使用，所以应当属于其遗产。但此认识有误，因为"家庭日常生活用品"中只有属于被继承人的份额部分，才能属于遗产。

关于遗产的种类之我国立法，我国《继承法》第 3 条规定："遗产是公民死亡时遗留的个人合法财产，包括：（一）公民的收入；（二）公民的房屋、储蓄和生活用品；（三）公民的林木、牲畜和家禽；（四）公民的文物、图书资料；（五）法律允许公民所有的生产资料；（六）公民的著作权、专利权中的财产权利；（七）公民的其他合法财产。"1985 年《执行继承法意见》第 3 条和第 4 条规定："公民可继承的其他合法财产包括有价证券和履行标的为财物的债权等。承包人死亡时尚未取得承包收益的，可把死者生前对承包所投入的资金和所付出的劳动及其增值和孳息，由发包单位或者接续承包合同的人合理折价、补偿，其价额作为遗产。"我国《继承法》规定的遗产不包括债务。①

从域外立法来看，对遗产范围的立法有两种立法例。第一种立法例认为，遗产包括积极财产和消极财产。例如，《日本民法典》第 896 条规定："继承人自继承开始时，继承属于被继承人财产的一切权利义务。但是，具有被继承人本人人身专属性的，不在此限。"第二种立法例认为，遗产不包括债务。英美法系国家采取此种立法例。在英美法系国家，实行间接继承主义，即继承开始后，遗产一般不直接转归继承人，而是作为独立的遗产法人，由遗嘱执行人或者遗产管理人负责管理。在此制度下，被继承人的债务由遗产管理人负责清偿，遗产管理人在缴纳税款、清偿债务后，依照法律规定或遗嘱的指定，将

① 参见刘文：《继承法律制度研究》，中国政法大学出版社 2016 年版，第 310~311 页。

剩余遗产分配给遗产受领人。①

从我国诸继承法学者建议稿来看，关于遗产范围的立法体例，可分为三种。第一种是采取“列举式+概括式+排除式”相结合的立法体例。例如，“杨稿”第7条，即首先列举了不动产或动产的所有权等9项具体财产，其次采用“被继承人的其他财产权益”进行概括，最后将被继承人专属性权利、涉及被继承人个人信息权、隐私权的网联网络虚拟财产、法律规定不得继承的权利排除在遗产范围之外。第二种是采取“概括式+排除式”相结合的立法体例。例如，“陈稿”第25条规定，遗产是被继承人死亡时遗留的个人所有财产。与被继承人人身不可分割的财产和法律规定不得继承的财产，不属于遗产。第三种是采取“列举式+概括式”的立法体例。例如，“徐稿”第38条。

我们认为，正如我国学者所指出的那样：“对遗产的列举是永远也无法列举全面的，即使加上兜底的条款，也仍然会存在大量的疑问；而立法采取概括式的方式规定，具体内容交由法官判断，只要是被继承人的合法财产就是遗产，容易操作。对于有些财产在继承上受到限制，可以加上排除的条款。”② 对此，我们表示赞同。对遗产的种类即其范围进行界定，上述江西省被调查者关于应排除人身性、隐私性财产于遗产范围外的民众观念、日本的立法和“陈稿”的观点可供我国立法参考。

（二）被继承人生前特种赠与财产的归扣之特点与原因分析

关于被继承人生前特种赠与财产归扣的民众观念与民间习惯，统计数据显示的特点是，（1）在江西省被调查者观念中，持否定观点的，占近七成半（74.96%），持肯定观点的，占二成以上（23.17%）；（2）在被调查者所在地区的习惯中，无归入遗产习惯的，占近八成（77.85%），有归入遗产习惯的，占二成以上（23.17%）（见表7-5、表7-7）。

以上特点之原因分析，八成半的江西省被调查者在观念上不认可归扣制度，且有归扣习惯的较少，其原因可能是，把被继承人特种赠与财产计入遗产范围实际上是对被继承人生前意思的推定，然而也许在很多情形下没有遗产预付的意思，且在实践中近八成被调查者所在地区并没有形成这样的处理习惯。

关于归扣制度之我国立法，我国《继承法》无规定。

从域外立法来看，大陆法系许多国家对此问题都设立了遗产归扣制度，其主要内容包括归扣的主体、归扣的标的、归扣的免除和归扣的方法。例如，《德国民法典》在规定归扣对象时认为应将特种赠与范围限定于为结婚、营业或为一项职业培训而预先赠与之物；《日本民法典》则将其限定于为婚姻、收养，或作为生计资本而接受的赠与③。因为归扣义务可因被继承人的意思表示而免除，故我国有学者将待归扣的财产和待扣减的财产称为“不完全遗产”。④

从我国诸继承法学者建议稿来看，有的学者建议稿赞成我国设立归扣制度。例如，“梁稿”第1942条规定：“继承开始之前，继承人因结婚、分居、营业以及其他事由而由被继承人处获得的赠与的财产应当列入遗产范围，但被继承人生前有相反意思的表示除

---

① 参见陈苇主编：《外国继承法比较与中国民法典继承编制定研究》，北京大学出版社2011年版，第532页。

② 杨立新等：《对修正〈继承法〉十个问题的意见》，载《法律适用》2012年第8期。

③ 参见《德国民法典》第2050条、《日本民法典》第903条。

④ 参见陈苇主编：《外国继承法比较与中国民法典继承编制定研究》，北京大学出版社2011年版，第233~234页。

外。”此外，“陈稿”第26-28条也对不完全遗产、就归扣中的不完全遗产的范围、扣减中的不完全遗产的范围进行了规定。

我们认为，从本次江西省民众财产继承观念与遗产处理习惯的调查结果来看，我国要设立遗产归扣制度还有待更多实证材料的支撑。对于我国是否设立归扣，理论界对此存在争论。基于公平处理遗产、维护家庭伦理关系、尊重个体自由、保护儿童最大利益的原则，“肯定说”建议设立遗产归扣制度；“否定说”的理由则主要是该制度本身的缺陷及其与我国《继承法》和现行制度的冲突。① 虽然江西省的调查数据具有个别性，但从某种程度上也反映了我国民众在这个问题上的继承与财产处理观念。毕竟，“无论你承认与否，习惯都将存在，都在生成，都在发展，都在对法律发生着某种影响。习惯将永远是法学家或立法者在分析设计制定法之运作和效果时不能忘记的一个基本的背景。”②

二、继承开始的通知和公告之特点与原因分析

（一）继承开始的通知和公告的主体之特点与原因分析

关于继承开始的通知和公告的主体的民间习惯，统计数据显示，被调查者所在地区的习惯是：（1）知道被继承人死亡的继承人的，占七成以上（71.72%）；（2）保管遗产的继承人的，占六成以上（61.33%）；（3）知道被继承人死亡的单位、村（居）委会的，占近四成（38.16%）；（4）处理被继承人死亡事件的机构（如公安交警部门）的，占二成半（25.72%）（见表7-10）。

以上特点之原因分析，在江西省被调查者习惯中的继承开始的通知和公告的主体范围比我国《继承法》规定得更广，其原因可能是继承开始的通知主体范围较广，能够更有利于及时、便捷地进行通知。基于这些因素的考虑，继承开始的通知主体就不应仅限于某一种人或机构。

关于继承开始的通知和公告的主体之我国立法，我国《继承法》第23条规定：“继承开始后，知道被继承人死亡的继承人应当及时通知其他继承人和遗嘱执行人。继承人中无人知道被继承人死亡或者知道被继承人死亡而不能通知的，由被继承人生前所在单位或者住所地的居民委员会、村民委员会负责通知。”

从域外立法看，如《日本民法典》第927条规定，限定继承人在做出限定继承的表示后应对所有遗产债权人及受遗赠人进行公告。《瑞士民法典》第555条规定，当遗嘱继承时，主管机构开启遗嘱时应当通知全部已知的继承人；对于住所不明的权利人，应当以公示催告的方式通知。

从我国诸继承法学者建议稿看，也对继承开始的通知和公告的主体提出了许多建议。例如，“王稿”规定，继承开始的通知主体包括知道被继承人死亡的继承人、被继承人生前所在单位或住所地的居委会、村委会三类主体。③“杨稿”规定，“继承开始后，知道被继承人死亡的继承人应当及时通知其他继承人和遗嘱执行人。继承人和遗嘱执行人均不知道被继承人死亡或无能力通知的，由负责处理被继承人死亡事件的部门或者基层组织通

① 参见陈苇、杜志红：《我国设立遗产归扣制度的基础与制度构建研究》，载《政法论坛》2013年第2期。

② 苏力：《送法下乡——中国基层司法制度研究》，中国政法大学出版社2000年版，第263页。

③ “王稿”第547条。

知”。[①]

我们认为，我国继承开始的通知和公告的主体范围较窄，此为立法之不足。对继承开始的通知和公告的主体的设置，既要考虑到通知有关亲属、朋友前来治丧的伦理孝道的传统观念，又要考虑到通知主体履行通知义务的便利性和妥当性。此外，前述案例中的朱某甲没有及时通知朱某乙的过错责任明显，对于这种现象，我们认为有必要追究损害赔偿责任，但其构成要件应当以造成继承人严重损失为基础。因此，上述江西省被调查者所在地区扩大继承开始的通知与公告的主体的民间习惯、日本和瑞士的立法以及我国学者建议稿的观点均可供我国立法参考。

（二）继承开始的通知和公告的方式之特点与原因分析

关于继承开始的通知和公告的方式的民间习惯，统计数据显示，被调查者所在地区的习惯是：（1）使用口头、电话、微信等方式的，占 76.32%；（2）使用书信、告知函等书面通知的，占 48.55%；（3）采用在被继承人所在地的村（居）委员会公告栏公告方式的，占 29.30%；（4）采用申请人民法院以公告程序进行公告方式的，占 25.21%；（5）使用在报纸、电视、网络等平台上发布被继承人死亡公告的方式的，占 11.41%（见表 7-11）。

以上特点之原因分析，在江西省被调查者习惯中的继承开始的通知和公告的方式多样化，其原因可能是：由于新型通信工具的快速发展，被调查者认为除口头或书面方式外，电话、微信等方式更方便快捷，能够在第一时间告知其他参与继承分配的人员。

关于继承开始的通知与公告的方式之我国立法，我国《继承法》无规定。

从域外立法看，一些大陆法系国家对继承开始后通知或催告继承人（债权人、受遗赠人等）的方式有所规定。例如，《日本民法典》规定，在继承人限定继承的情形下，应通过公告的方式发布其接受限定继承并通知遗产债权人及受遗赠人提出申报权利的请求，且该公告须刊登在官报上。[②]《德国民法典》规定，继承人公开催告遗产债权人要在《联邦公报》和为遗产法院发布公告而指定的报纸上。[③]

从我国诸继承法学者建议稿看，对于继承开始的通知和公告的方式的规定有所不同。例如，“王稿”第 547 条规定：“继承开始后，知道被继承人死亡的继承人应当采用适当的方式及时通知其他继承人。”“张稿”第 18 条规定，继承人催告遗产债权人时，应向人民法院提出申请，由人民法院按公示催告程序催告遗产债权人。

我们认为，无论采取什么样的通知或公告方式，只要能达到通知的目的即可。从本次江西省被继承者的继承观念与遗产处理习惯来看，被调查者更愿意采用简便、快捷的方式，以便于继承人和利害关系人能够及时到场处理涉及遗产的相关问题。因此，我们认为立法对此没有必要规定，上述“王稿”的观点可供我国立法参考。

（三）继承开始的通知和公告的期间之特点与原因分析

关于继承开始的通知和公告的期间的民众观念，统计数据显示，在被调查者中，对于被继承人死亡后发出继承开始的通知的时间，（1）认为应在 7 日内发出的，合计占近七成（72.09%）；（2）认为应在 15 日或 30 日内发出的，合计占二成半（25.17%）（见表 7-12）。

---

① “杨稿”第 70 条。

② 《日本民法典》第 927 条。

③ 参见《德国民法典》第 2061 条。

以上特点之原因分析，近七成的江西省被调查者认为应当及时通知继承的相关主体，其原因可能是：（1）便于继承人及时参加丧葬和继承事宜；（2）有利于利害关系人参与遗产处理事务。

关于继承开始的通知和公告的期间之我国立法，我国《继承法》第23条仅规定“及时”发出继承开始的通知，并没有具体的期间规定。另外，关于公示催告程序，根据我国现行《民事诉讼法》第219条有关票据被盗、遗失的公告程序规定，人民法院决定受理申请，应在3日内发出公告，催促利害关系人申报权利，公示催告的期间，由人民法院根据情况决定，但不得少于60日。

从域外立法看，一些大陆法系国家对继承开始的通知和公告的期间有所规定。例如，《日本民法典》规定，当继承人有无不明时，家庭法院选任继承财产管理人并公告后2个月内，继承人有无仍然不明时，家庭法院根据管理人或检察官的请求，须发出以如果有继承人则应在一定期间内主张权利为内容的公告，此公告期间不能少于6个月。[①]《意大利民法典》规定，向债权人和受遗赠人发出的申报债权的通知期间不少于30日。[②]

从我国诸继承法学者建议稿看，对继承开始的通知和公告的方式期间规定有所不同。例如，“王稿”第547条规定：“继承开始后，知道被继承人死亡的继承人应当及时通知其他继承人。”“陈稿”第70条规定，继承开始通知的主体，应当书面通知或发布通知与公告，继承人、遗嘱执行人、受遗赠人、遗嘱保管人、遗产债权人等利害关系人，应在2个月的期限内申报权利或履行义务。

我们认为，我国立法未规定继承开始的通知和公告的期间，此为立法之不足。因为，只有对继承开始的通知和公告的期间予以明确规定，才能顺利推动继承活动的开展，保障遗产利害关系人的合法权益。但从本次江西省被继承者所在地区的民间习惯来看，被调查者总体倾向于继承开始后，及时通知继承人和利害关系人，便于他们及时到场处理涉及遗产的相关事宜。上述江西省被调查者认为应在7日以内发出继承开始的通知与公告的民众观念、日本的立法和我国学者建议稿的观点可供我国立法参考。

三、遗产的管理之特点与原因分析

（一）遗产管理人的确定之特点与原因分析

关于遗产管理人的确定的民间习惯，统计数据显示，江西省被调查者所在地区的习惯排在前两位的是：（1）由死者的法定继承人［配偶（74.28%）、父母（49.23%）和子女（67.12%）］担任的，占五至七成；（2）由死者家族中的德高望重者担任的，占三成（30.15%）（见表7-13）。

以上特点之原因分析：根据关于遗产管理人确定的民间习惯之理由（见表7-14），在江西省被调查者所在地区，（1）五至七成的地区有由法定继承人担任遗产管理人习惯的，其原因是便于清点和妥善管理遗产。（2）近四成的地区有由法定继承人之外的人或组织或德高望重者来担任作为遗产管理人习惯的，其原因是第三方可以保持更中立和客观的立场，可以防止遗产被隐藏、转移，有利于保护遗产相关人的合法权益。

---

① 参见《日本民法典》第957、958条。

② 参见《意大利民法典》第498条。

关于遗产管理人的确定之我国立法，我国《继承法》无相关规定。但1985年《执行继承法意见》第44条规定："人民法院在审理继承案件时，如果知道有继承人而无法通知的，分割遗产时，要保留其应继承的遗产，并确定该遗产的保管人或保管单位"。

从域外立法看，如《德国民法典》规定，遗产管理人的确立分为三种情形：第一种是被继承人可以通过遗嘱指定遗产管理人；第二种是由继承人担任遗产管理人；第三种是由法院指定遗产管理人。[①]《法国民法典》规定，继承人可以自己担任遗产管理人或委托其他作为遗产管理人，可由法官指定遗产管理人。[②]

从我国诸继承法学者建议稿看，对遗产管理人的产生方式有所规定。例如，"陈稿"第7条规定："继承开始后，遗嘱已经指定遗产管理人或遗嘱执行人的，由该被指定的人行使遗产管理人的职责；遗嘱未指定或其不接受遗嘱指定的，继承人可协商推选遗产管理人。在下列情况下，经利害关系人申请，人民法院可以指定遗产管理人：（1）遗嘱未指定遗产执行人，继承人对遗产管理人的选任有争议的；（2）遗嘱未指定遗产执行人没有继承人或者继承人下落不明的；（3）遗产债权人有证据证明继承人的行为已经或可能损害其利益的。""杨稿"第72条对此也有规定。

我们认为，我国立法未规定遗产管理人的产生方式，此为立法之不足。对于遗产管理人的产生方式，首先应尊重被继承人的意愿，由其指定遗嘱执行人；其次尊重继承人的意愿，由其协商确定遗产管理人；如继承人协商不成的，可以请求人民法院指定。因此，对此问题的处理，上述江西省被调查者所在地区由法定继承人担任遗产管理人的民间习惯、域外立法和我国学者建议稿的观点可供我国立法参考。

（二）遗产管理人的职责与报酬之特点与原因分析

第一，关于遗产管理人的职责的民众观念，统计数据显示，被调查者认为其职责包括：清查遗产，制作遗产清单的，占90.97%；妥善保管遗产的，占91.82%；查明被继承人生前的债权和债务，积极地追讨债权或清偿债务的，占71.55%；可以原告或被告的身份参加因遗产引起的诉讼中的，占54%；查明被继承人是否留有遗嘱，并且确定遗嘱是否真实合法的，占47.36%；定期制作遗产管理报告，向继承人报告遗产管理的情况的，占43.1%（见表7-15）。

以上特点之原因分析，江西省被调查者认为遗产管理人的职责有多样性，其原因可能是，从设定遗产管理人的目的考虑，遗产管理人的职责内容具体，可操作性强，有利于维护继承人与被继承人的权益。

关于遗产管理人的管理职责之我国立法，我国《继承法》第24条规定："存有遗产的人，应当妥善保管遗产，任何人不得侵吞或者争抢。"

从域外立法看，如《法国民法典》规定，遗产管理人的职责包括遗产寄存和保全、制作债务清偿方案、提交遗产账目等。[③]《日本民法典》第27条规定了管理人的职责，包括制作归其管理的财产目录、保存财产所必要的处分等。

从我国继承诸法学者建议稿看，如"杨稿"第74条规定，遗产管理人的职责包括：

---

① 参见《德国民法典》第1959~1961、1981、2032、2038、2197、2205条。

② 参见《法国民法典》第813-1、815-3条。

③ 参见《法国民法典》第810条、第810-1条至第810-10条。

查明被继承人是否留有遗嘱，并且确定遗嘱是否真实合法；查明并通知遗产承受权利人、被继承人的债权人、债务人；管理遗产，制作遗产清单并公证；清偿遗产债务；分割、移交遗产；管理权限之内，可以采取必要的措施或通过诉讼保全遗产；进行与管理遗产有关的其他必要行为等职责。“陈稿”第8条规定，遗产管理人的权利与义务包括：收集遗产编写财产清册；谨慎地保护和管理财产、发出继承公告，催促相关债权人和债务人，申报遗产债权和债务，向继承人报告管理账目，清偿各种由遗产负担的费用、债务和税款，将剩余的财产分配给继承人，负责与待继承遗产有关的诉讼。

我们认为，我国立法对遗产管理人的职责未作规定，此为立法之不足。遗产管理人的职责对保护被继承遗产、保障遗产利害关系人的权益有着重要作用。因此，上述江西省被调查者认为，遗产管理人的职责有多样性的民众观念、域外立法和我国学者建议稿的观点可供我国立法参考。

第二，关于遗产管理人的报酬的民众观念，统计数据显示，江西省被调查者所在地区的习惯是：（1）继承人担任遗产管理人的不能请求给付报酬的，占四成半以上（46.34%）；（2）法院指定的遗产管理人有权请求给付报酬的，占近五成（49.57%）；（3）继承人选任的第三人作为遗产管理人，其中，一律有权请求给付报酬的，占三成以上（32.54%），而是否给付报酬应当由继承人决定的，占三成半以上（37.48%）（见表7-16）。

以上特点之原因分析，根据关于遗产管理人是否有权请求给付报酬的民间习惯之理由（见表7-17），在江西省被调查者所在地区，（1）近五成的地区有遗产管理人可以获得报酬的习惯，其原因是遗产管理人为管理遗产付出了自己的劳动，占用了自己的时间；（2）四成半以上的地区有遗产管理人不可获得报酬的习惯，其原因是遗产管理人多数情况下与被继承人关系密切且具有亲情关系，同时遗产管理人又继承遗产的；（3）三成半以上的地区有遗产管理人是否取决报酬应由继承人决定的习惯，其原因是继承人是遗产的继承者，其有权决定此问题。

关于遗产管理人的报酬之我国立法，我国《继承法》无规定。

从域外立法看，关于遗产管理人的报酬，一些国家规定遗产管理人享有报酬请求权，例如，《德国民法典》第1987条规定，遗产管理人可以为其职务的执行而请求适当的报酬。此外，一些国家则规定遗产管理人原则上不享有报酬权，但是被继承人遗嘱中确定给予其报酬或者遗产权利当事人约定给予其报酬的情况除外。例如，《法国民法典》规定，在没有相反约定时，身后遗产的委托管理人不取得报酬。如果规定报酬，报酬数额应在委托书中明文确定。但遗产委托管理人是由法官指定产生时，应由法官确定管理人任务的期限及报酬。[①]

从我国诸继承法学者建议稿看，对遗产管理人是否可取得报酬有所规定。例如，“梁稿”规定：“继承人或者遗嘱执行人以外的遗产管理人有权请求与其所执行职务相当的报酬，其报酬列入继承费用优先受偿。”[②]“徐稿”规定：“遗嘱执行人的报酬由遗嘱人确定的，没有确定的，由法院考虑财产量及执行职务的劳动量确定报酬。”[③]“陈稿”第9条对

① 参见《法国民法典》第812-2条和第813-9条。
② “梁稿”第2003~2005条。
③ “徐稿”第四分编第397条。

此也有规定。

我们认为，关于遗产管理人的报酬，我国立法未作规定，此为立法之不足。上述区别不同情况确定是否给予遗产管理人报酬的江西省被调查者的民众观念、域外立法和我国学者建议稿的观点可供我国立法参考。

（三）遗产管理人的损害赔偿责任之特点与原因分析

关于遗产管理人的损害赔偿责任的民间习惯，统计数据显示，江西省被调查者所在地区的习惯是：（1）有故意或重大过失才承担赔偿责任的，占五成（50.43%）；（2）无论是故意或重大过失或一般轻过失的都要承担赔偿责任的，占四成半以上（47.53%）（见表7-18）。

以上特点之原因分析，有五成江西省被调查者所在地区的习惯是遗产管理人有故意或重大过失才承担赔偿责任的，其原因可能是，遗产管理人的损害赔偿责任其中有部分系侵权责任，此类责任要根据遗产管理人对损害结果是否存在主观上的过错来确定遗产管理人的损害赔偿责任。在遗产管理人管理遗产时，为了保护遗产，需要采取必要的处分措施，如果超出限度，则属于遗产管理人的非必要处分行为，给继承人、受遗赠人等造成的损害，应由遗产管理人承担损害赔偿责任。①

关于遗产管理人的损害赔偿责任之我国立法，我国《继承法》无规定。

从域外立法看，有的国家的民法规定，遗产管理人违反遗产清算顺序而使债权人、受遗赠人受到损失时，应负损害赔偿的责任。② 例如，《意大利民法典》第709条规定：“遗嘱执行人应当在结束管理之时报告管理账目，管理期限超过1年的，应当首先结清自遗嘱人死亡之日起满1年的管理账目。有过失的，遗嘱执行人应当向继承人和受遗赠人承担赔偿损失。有数名遗嘱执行人的，就共同管理行为承担连带责任。”③ 又如，《法国民法典》第812-5条规定，如果遗产管理受托人对其受委托的任务履行不力解除委托时，受托人可能有义务返还其作为报酬受领的款项之全部或一部分，且不影响损害赔偿。

从我国诸继承法学者建议稿看，“梁稿”认为，“继承人和遗产管理人违反本法第2016条至第2018条的规定，对遗产债权人和受遗赠人造成损害的，应当负赔偿责任。前款受有损害的遗产债权人和受遗赠人，可向明知有不当受偿情形的遗产债权人和受遗赠人请求偿还其不当受偿的数额。”④ “陈稿”规定，“遗产管理人因故意或过失未尽遗产管理义务，从而造成遗产毁损或灭失的，应当承担损害赔偿责任。”⑤ 此外，有的学者建议，为使遗产债权人、受遗赠人等遗产权利人的利益得到更多保障，应使遗产管理人负善良管理人之注意义务。⑥

我们认为，我国立法未规定遗产管理人的损害赔偿责任，此为立法之不足。故应根据遗产管理人对损害结果是否存在主观上的过错来确定遗产管理人是否需要承担损害赔偿责任。即遗产管理人未尽其应尽的注意义务，致遗产债权人、受遗赠人等利害关系人受有损

① 参见杨立新主编：《婚姻家庭继承法》，北京师范大学出版社2010年版，第357页。
② 参见刘春茂：《中国民法学·财产继承》，中国人民公安大学出版社1990年版，第539页。
③ 参见《意大利民法典》第709条。
④ 参见“陈稿”第10条。
⑤ 参见“梁稿”第2019条。
⑥ 参见张平华、刘耀东：《继承法原理》，中国法制出版社2009年版，第123页。

失的，应负损害赔偿责任。因此，上述江西省被调查者所在地区有遗产管理人在故意或重大过失才承担赔偿责任的民间习惯、域外立法和我国学者建议稿的观点可供我国立法参考。

四、法定继承之特点与原因分析

（一）法定继承人的范围与顺序之特点与原因分析

第一，关于法定继承人的范围与顺序的民众观念，统计数据显示，江西省被调查者较认可的法定继承人的范围与顺序为：第一顺序为配偶（81.94%）、父母（56.73%）、子女（61.42%）；第二顺序为孙子女、外孙子女（35.09%），祖父母、外祖父母（30.66%）和兄弟姐妹（37.73%）为；第四顺序以上为侄子女（24.02%）、外甥子女（24.87%）、堂兄弟姐妹（28.11%）、伯叔姑舅姨（25.04%）和表兄弟姐妹（29.81%）（见表7-19）。

第二，关于配偶与血亲继承人顺序的民众观念，统计数据显示，在江西省被调查者中，（1）认为配偶应当为固定顺序的，即第一顺序：配偶、子女、父母；第二顺序：兄弟姐妹、祖父母、外祖父母；第三顺序：侄子女、外甥子女；配偶有固定顺序，其属于第一顺位继承人的，占七成（70.02%）；（2）认为配偶应当为不固定顺序的，即第一顺序：子女，第二顺序：父母，第三顺序：兄弟姐妹、祖父母、外祖父母、兄弟姐妹的子女（侄子女、外甥子女为代位继承人），配偶无固定的继承顺序，可分别与第一、第二（或第三）顺序的法定继承人共同继承的，合计占近三成（29.98%）（见表7-20）。

以上特点之原因分析：（1）江西省被调查者的观念中认可的范围与顺序，关于法定继承人的范围与顺序，较我国《继承法》规定得更广，顺序更多，其原因可能是：其一，被调查者认为家庭成员间有相互扶养的义务，被继承人的遗产理应用来扶养家庭成员保障其生活需要的观念；其二，可能受到中华民族敬老爱老的传统美德的影响且可能受到我国《继承法》相关规定的影响。（2）关于配偶与血亲继承人的顺序，在江西省被调查者中，第一，占七成的人认为配偶应当为固定顺序的，其原因可能是基于配偶间的亲密关系，且受我国立法影响。第二，近三成的人认为配偶应当为不固定顺序的，其原因可能是考虑兼顾保护配偶与血亲继承人的继承利益。

关于法定继承人的范围和顺序之我国立法，我国《继承法》第10条规定“遗产按照下列顺序继承：第一顺序：配偶、子女、父母。第二顺序：兄弟姐妹、祖父母、外祖父母”。第11、12条分别规定：“被继承人的子女先于被继承人死亡的，由被继承人的子女的晚辈直系血亲代位继承。代位继承人一般只能继承他的父亲或者母亲有权继承的遗产份额。”“丧偶儿媳对公、婆，丧偶女婿对岳父、岳母，尽了主要赡养义务的，作为第一顺序继承人。”

从域外立法看，法定继承人的范围通常比较广泛，且顺序较多。例如，《法国民法典》第734条至第740条以及第756条至第758-6条规定，继承人的顺序如下：第一顺序，子女和他们的直系卑血亲；第二顺序，父母；兄弟姐妹以及他们的直系卑亲；第三顺序，父母之外的直系尊血亲；第四顺序，除兄弟姐妹以及他们的直系卑血亲以外的旁系亲属。配偶为不固定顺序的法定继承人，可单独继承或与其他继承人共同继承。《意大利民法典》第565-572条规定，法定继承人包括配偶、卑亲属、直系尊亲属、旁系亲属、其他亲属；其中第一顺序为卑亲属，第二顺序为父母（其他尊亲属）及兄弟姐妹；第三顺序为父母尊亲属或母系尊亲属；第四顺序为其他亲属，不分亲系的某一亲属或近亲属，但六等以外的亲属除外。

从我国诸继承法学者建议稿看，多数继承法学者建议稿都建议将法定继承人的范围扩大，顺序增多。例如，“梁稿”建议：“遗产按照下列顺序继承：第一顺序：配偶、子女、父母；第二顺序：兄弟姐妹、祖父母、外祖父母；第三顺序：四亲等以内的亲属。”① 此外，“张稿”第28条和“陈稿”第45条对此也有规定。

我们认为，我国立法规定的法定继承人的范围较窄、法定继承人的顺序较少，此为立法之不足。因此，上述扩大法定继承人范围和增加法定继承顺序的江西省民众观念、域外立法和我国学者建议稿的观点可供我国立法参考。

（二）配偶与血亲继承人的法定应继份之特点与原因分析

关于配偶与血亲继承人的法定应继份的民众观念，统计数据显示，在江西省被调查者中，（1）认同配偶无固定继承顺序，可参与第一、第二（或第三）继承顺序，当与不同顺序的人共同继承时，法定应继份有所不同的，合计占五成半以上（57.24%）；（2）认为配偶为固定顺序的继承人，与第一顺序的继承人共同继承并平均分配遗产的，占四成以上（42.76%）（见表7-21）。这里值得注意的是，在前述对于“法定继承人的范围和顺序”的选项中，有超过七成（70.02%）的多数被调查者认可配偶应当固定顺序，只能参与第一顺序的继承（见表7-20）。这说明，对遗产进行实际份额的分配时，江西省被调查者中有五成半以上（57.24%）的多数人实际上却是主张配偶作为不固定顺序的继承人，配偶应当与血亲继承人共同继承，且配偶在参与不同顺序继承时应当取得不同份额的遗产，以兼顾保护配偶继承人与血亲继承人的继承权益。

以上特点之原因分析：在江西省被调查者中，（1）五成半以上的人认为配偶应当无固定继承顺序且在不同顺序其应继份不同，其原因可能是：其一，配偶的继承权存在特殊性，即其不同于一般血亲继承人的继承权来源于血缘关系，配偶的继承权来自合法的婚姻关系，因此在保障配偶继承权益时在某种情况下会与保护血亲继承人的继承权益产生冲突。其二，随着社会经济的发展，现代社会提高婚姻两性关系在日常生活中的地位及逐渐淡薄养儿防老观念，于是民众有了提高配偶在继承的地位并进一步地维护配偶权益的愿望。（2）四成以上的人认为配偶为固定顺序的继承人，与第一顺序的继承人共同继承并平均分配遗产的，其原因可能是考虑到配偶的家庭地位高，受到我国现行立法的影响。

关于配偶与血亲继承人的法定应继份之我国立法，我国《继承法》第10条和第13条规定，配偶、子女、父母均为第一顺序，且同一顺序继承人继承遗产的份额，一般应当均等。对生活有特殊困难的缺乏劳动能力的继承人，分配遗产时，应当予以照顾。对被继承人尽了主要扶养义务或者与被继承人共同生活的继承人，分配遗产时，可以多分；有扶养能力和有扶养条件的继承人，不尽扶养义务的，分配遗产时，应当不分或者少分；继承人协商同意的，也可以不均等。

从域外立法看，对于配偶法定应继份的规定，如《俄罗斯联邦民法典》第1142条规定，第一顺序的法定继承人是被继承人的子女、配偶和父母。同一顺序的继承人继承的份

① “梁稿”第1946条。

额均等。再如,《瑞士民法典》配偶无固定顺序,参与一、二、三顺序的继承。配偶与第一顺序继承人共同继承时,取得遗产的二分之一,与第二顺序继承人共同继承时,取得遗产的四分之三。父系或母系均无继承人的,配偶取得全部遗产。①

从我国诸继承法学者建议稿看,关于配偶的法定应继份的观点也存在分歧。例如,“梁稿”建议采用均等份额的立法例,配偶与子女、父母处于同一顺序且平均分配遗产。而“陈稿”则认为应采用均等份额与不均等份额二者兼用的立法例,即配偶为不固定顺序的法定继承人,与第一顺序的继承人共同继承时,遗产按人数均分;与第二顺序继承人共同继承时,其应继份为遗产的二分之一,其余血亲继承人的应继份为遗产的二分之一;与第三顺序继承人共同继承时,其应继承份额为遗产的三分之二,其余血亲继承人的应继份为遗产的三分之一;在无第三顺序血亲继承人时,配偶继承全部遗产。②“张稿”亦有类似规定。③

我们认为,我国将配偶作为第一顺序的法定继承人,不能平衡配偶与血亲继承人的利益,此为立法之不足。将配偶作为不固定顺序的法定继承人,且配偶在不同顺序与血亲共同继承时各自取得不同的遗产份额。生存配偶应继份额的大小应根据参与继承的血亲继承人与死者亲疏关系的远近取得不同的份额:被继承人的法定血亲继承人与死者的关系越近,生存配偶的应继份额越小;与死者的关系越远,生存配偶的应继额越大。④上述江西省被调查者关于配偶为不固定顺序且在不同顺序其应继份不同的民众观念、瑞士的立法例与“陈稿”和“张稿”的观点可供我国立法参考。

(三)配偶对遗产中家庭住房的先取权与终生使用权之特点与原因分析

关于配偶对遗产中家庭住房的先取权与终生使用权的民间习惯,统计数据显示,江西省被调查者所在地区的习惯是:(1)有此习惯的,占近八成(占78.36%);无此习惯的,仅占二成以上(21.64%)(见表7-22)。(2)关于配偶对遗产中家庭住房的先取与终生使用是否付费之民间习惯,江西省被调查者所在地区的习惯是:如果配偶有经济补偿能力则需要补偿费用的,占五成半(占55.20%);配偶无须进行补偿的,占近四成半(39.35%)(见表7-23)。

以上特点之原因分析:(1)近八成的江西省被调查者有配偶对遗产中家庭住房享有的先取权与终生使用权的习惯,其原因可能是我国《继承法》对配偶遗产先取权制度没有规定,被继承人生前与其配偶共同生、共同赡养老人,共同扶养子女,共同创造家庭财富,双方形成了相互扶养的依赖关系。为了保障生存配偶的生存权,使其能够保持一贯的生活方式,所以多数地区有此习惯。⑤(2)根据关于配偶对遗产中家庭住房的先取与终生使用是否付费之理由(见表7-24),在江西省被调查者所在地区:其一,七成以上的地区有配偶无须进行补偿的习惯,其原因是保证生存配偶有居住之所,且将来其子女可以继承该生存配偶遗产;其二,二成的地区有如果配偶有经济补偿能力则需要补偿的习惯,其原因是基于公平理念。

---

① 参见《瑞士民法典》第462条。
② 参见“陈稿”第47条。
③ 参见“张稿”第28、31条。
④ 参见侯放:《继承法比较研究》,福建人民出版社1997年版,第345~346页。
⑤ 参见邹伟、赵传毅:《配偶法定继承权重塑中对婚姻家庭伦理的考量》,载《现代法学》2014年第3期。

关于配偶对遗产中家庭住房的先取权与终生使用权之我国立法，我国《继承法》无规定。

从域外立法看，部分国家赋予配偶对遗产中家庭住房的先取权与终生使用权。例如，《法国民法典》第764条规定，在配偶死亡时，有继承权的健在配偶实际占有原属于夫妻双方或者全部属于死者遗产的住房作为主要住宅时，对该住房享有居住权，对住房内配置的家具享有使用权，直至其本人死亡。美国与我国澳门地区赋予生存配偶对遗产中婚姻住房无条件的终生居住权，既有利于保护配偶的生存权、维持生存配偶一贯的生活方式，也可以避免有的生存配偶可能无力交付租金情况之出现。①

从我国诸继承法学者建议稿看，"张稿"规定，配偶对遗产中供自己使用的住房和日常生活用品有先取权，此先取权不受清偿遗产债务的影响。如果配偶的先取物权超过其应继份，则以先取物权作为其应继份。"陈稿"规定，生存配偶对遗产中的婚姻住宅有优先扣除其继承遗产份额的权利。如其继承的遗产份额小于该婚姻住宅的价值时，其可以选择对婚姻住宅享有终生居住权。②

我们认为，我国立法未规定配偶对遗产中家庭住房的先取权与终生使用权，此为立法之不足。如果赋予生存配偶对家庭住房的先取权或终生使用权，可以更好地保持生存配偶的一贯生活方式，且有利于保障被继承人的未成年子女的扶养。因此，上述江西省被调查者所在地区有配偶对遗产中家庭住房的先取权与终生使用权的民间习惯、域外立法和我国学者建议稿的观点可供我国立法参考。

（四）后顺序特殊法定继承人遗产中对原使用的住房及日常生活用品的终生使用权之特点与原因分析

关于后顺序特殊法定继承人对特殊遗产的终生使用权的民间习惯，统计数据显示，被调查者所在地区的习惯是：（1）有此习惯的，占近七成半（74.79%）；（2）无此习惯的，占二成半（25.21%）（见表7-25）。

以上特点之原因分析，近七成半的江西省被调查者所在地区，有后顺序特殊法定继承人对特殊遗产的终生使用权的习惯，其原因可能是：（1）后顺序特殊法定继承人与被继承人有近亲属关系和浓厚的亲情；（2）基于我国传统孝道文化观念，应保障这些年老丧失了一定劳动能力的长辈的基本生活。

对于后顺序特殊法定继承人对特殊遗产的终生使用权之我国立法，我国《继承法》无规定。

从域外立法看，有的国家规定了后顺序特殊法定继承人对特殊遗产享有使用权。如《德国民法典》第1969条规定，继承人有义务在继承开始后最初30日内，向在被继承人死亡时属于被继承人的家计并受其扶养的被继承人家属给予扶养费，并许可使用住宅和家庭用具。

从我国诸继承法学者建议稿看，如"张稿"规定："父母等近亲属因顺序在后未参加继承时，对遗产中供其个人日常生活使用的住房和其他物品有终生使用权。使用权标的物

① 参见陈苇、董思远：《民法典编纂视野下法定继承制度的反思与重构》，载《河北法学》2017年第7期。

② 参见"陈稿"第48条。

所有权归继承人”。[①]“陈稿”规定：“依靠被继承人扶养的法定继承人在未参加继承时，对遗产中供其居住的住房、供其使用的生活用品享有终生的使用权和用益权”。[②]

我们认为，我国立法未规定后顺序特殊法定继承人对特殊遗产的终生使用权，此为立法之不足。因此，上述关于后顺序特殊法定继承人对特殊遗产的终生使用权之江西省被调查者的民间习惯、“张稿”的观点可供我国立法参考。

（五）尽了主要赡养义务的丧偶儿媳或女婿的遗产分配方式之特点与原因分析

关于尽了主要赡养义务的丧偶儿媳或女婿的遗产分配方式的民间习惯，统计数据显示，江西省被调查者所在地区的习惯是：（1）其与被继承人其他子女作为第一顺序的继承人共同继承并且平均分配遗产的，占六成以上（62.86%）；（2）其不可作为第一顺序的继承人与被继承人其他子女共同继承，但其可分得适当的遗产的，占近三成（28.28%）（见表7-28）。

以上特点之原因分析，六成以上的江西省被调查者所在地区有尽了主要赡养义务的丧偶儿媳或女婿作为第一顺序法定继承人的习惯，其原因可能是：（1）认为丧偶儿媳（或女婿）尽了主要赡养义务，符合孝道文化和道德观念而有权继承遗产；（2）受我国《继承法》相关规定的影响。

关于尽了主要赡养义务的丧偶儿媳或女婿的遗产分配方式之我国立法，我国《继承法》第12条规定：“丧偶儿媳对公、婆，丧偶女婿对岳父、岳母，尽了主要赡养义务的，作为第一顺序继承人。”1985年《执行继承法意见》第29条规定：“丧偶儿媳对公婆、丧偶女婿对岳父、岳母，无论其是否再婚，依继承法第十二条规定作为第一顺序继承人时，不影响其子女代位继承。”

从域外立法看，目前没有考察到将尽了主要赡养义务的丧偶儿媳或女婿作为第一顺序的法定继承人之规定。

从我国诸继承法学者建议稿看，对尽了主要赡养义务的丧偶儿媳或女婿的继承地位究竟采法定继承人方式还是采酌分遗产请求权人方式，有所不同。一是维持现有立法不变，列为第一顺序法定继承人方式，如“杨稿”规定：“丧偶儿媳对公、婆，丧偶女婿对岳父、岳母，尽了主要赡养义务的，无论是否再婚，作为第一顺序继承人”。[③]二是采酌情分得遗产请求权人方式，如“陈稿”规定：“丧偶儿媳对公、婆，丧偶女婿对岳父、岳母，尽了主要赡养义务的，可以请求酌情分给适当的遗产”。[④]三是采综合方式，如“王稿”规定：“丧偶儿媳对公、婆，丧偶女婿对岳父、岳母，尽了主要赡养义务的，没有代位继承人时，作为第一顺序法定继承人参加继承；有代位继承人时，可以按照本编第四十一条的规定请求分得部分遗产。”[⑤]

我们认为，我国立法规定尽了主要赡养义务的丧偶儿媳或女婿作为第一顺序法定继承人，此立法有不合理之处。因此，关于承认尽了主要赡养义务的丧偶儿媳或丧偶女婿为第一顺序法定继承人的上述江西省被调查者的民间习惯、“王稿”的观点可供我国立法

① “张稿”第48条。
② “陈稿”第48条。
③ “杨稿”第60条。
④ “陈稿”第50条。
⑤ “王稿”第569条。

参考。

五、遗嘱继承之特点与原因分析

(一) 公证遗嘱与其他形式遗嘱的效力之特点与原因分析

关于公证遗嘱与其他形式遗嘱的适用效力的民众观念，统计数据显示，在江西省被调查者中，（1）认为后遗嘱优先于前一遗嘱（包括公证遗嘱）适用的，合计占七成以上(71.04%)；(2) 认为公证遗嘱应当优先适用的，占近三成（28.96%）(见表7-30)。

以上特点之原因分析：根据关于公证遗嘱与其他形式遗嘱的适用效力的民众观念之理由（见表7-31)，在江西省被调查者中，（1）七成以上人的认为后遗嘱应当优先于前一遗嘱（包括公证遗嘱）适用，其原因是最后作出的遗嘱才是被继承人最后的真实意思表示；(2) 近三成的人认为公证遗嘱应当优先适用，其原因：一是该种遗嘱程序规范，具有较强的公示公信力和证明效力；二是可能受我国《继承法》相关规定的影响。

关于公证遗嘱与其他形式遗嘱的效力之我国立法，我国《继承法》第20条明确规定："遗嘱人可以撤销、变更自己所立的遗嘱。立有数份遗嘱，内容相抵触的，以最后的遗嘱为准。自书、代书、录音、口头遗嘱，不得撤销、变更公证遗嘱。"1985年《执行继承法意见》第42条规定："遗嘱人以不同形式立有数份内容相抵触的遗嘱，其中有公证遗嘱的，以最后所立公证遗嘱为准；没有公证遗嘱的，以最后所立的遗嘱为准。"

从域外立法看，公证遗嘱只作为遗嘱人订立遗嘱的一种形式，与法律所认可的其他遗嘱形式具有同等效力。《瑞士民法典》规定，立遗嘱人未明确撤销先遗嘱，又订立后遗嘱，只要不能肯定新遗嘱为旧遗嘱的补充，新遗嘱代替原遗嘱。对同一物设立两份遗嘱，后遗嘱效力优先于前遗嘱。[①]《日本民法典》第1022条规定："遗嘱人可以以遗嘱的方式，随时对其遗嘱进行全部或部分撤销。前遗嘱与后遗嘱有抵触时，就其抵触部分，视为后遗嘱将前遗嘱撤回。"

从我国诸继承法学者建议稿看，对于公证遗嘱是否有优先效力，主要有"肯定说"和"否定说"。前者如"王稿"规定，"遗嘱人立有数份形式不相同的遗嘱，其内容相抵触的，如果有公证遗嘱的，以最后所立的公证遗嘱为准；没有公证遗嘱的，以最后所立的遗嘱为准"。[②] 后者如"陈稿"规定："遗嘱人订立遗嘱后，可以变更或撤回所立遗嘱；遗嘱人有权变更先前订立的遗嘱。前遗嘱与后遗嘱两者的内容不一致的，以最后订立的遗嘱为准；遗嘱人有权撤回先前订立的遗嘱。"[③]"杨稿"第33条也有类似规定。

我们认为，我国规定公证遗嘱比其他形式的遗嘱具有优先适用的效力，此为立法之不足。因为公证遗嘱和其他遗嘱形式相比，证明力更强，如果将其效力提高到不适当的高度，不允许当事人以其他方式变更或撤销，则有悖遗嘱制度的宗旨。因为确定遗嘱效力的唯一标准是立遗嘱的时间而不是所立遗嘱的形式，只有这样才能充分保障遗嘱人的遗嘱自由。[④] 因此，关于后遗嘱优先于前一公证遗嘱适用的上述江西省被调查者的民众观念，德国、日本的立法和"陈稿""杨稿"的观点可供参考。

---

① 参见《瑞士民法典》第509~511条。

② 参见"王稿"第604、605、606条。

③ 参见"陈稿"第38条。

④ 常素巧等编著：《婚姻家庭法实施中的疑难问题》，中国人民公安大学出版社2009年版，第172页。

（二）遗嘱自由的限制——特留份之特点与原因分析

关于遗嘱处分个人财产是否应予限制的民众观念，统计数据显示，关于继承人以遗嘱将个人遗产全部赠给他人的做法，（1）认为该行为不适当，即应对遗嘱的自由予以限制的，占近六成半（64.74%）；（2）认为该行为适当，即不应对遗嘱的自由予以限制的，仅占三成以上（33.56%）（见表 7-32）。

以上特点之原因分析，根据关于以遗嘱将个人遗产全部赠给他人的民众观念之理由（见表 7-33），在江西省被调查者中，（1）近六成半的人认为该行为不适当，其原因是该做法会造成家庭财产外流，不利于保障被继承人的生存配偶及其子女的生活，也不符合风俗习惯，为常人所难接受的；（2）三成以上的人认为该行为是适当，其原因是被继承人对自己的财产享有自由处分的权利，其他人无权干涉。

关于遗嘱处分个人财产的限制之我国立法，我国《继承法》第 16 条规定，“公民可以立遗嘱将个人财产指定由法定继承人的一人或数人继承。公民可以立遗嘱将个人财产赠给国家、集体或者法定继承人以外的人”。第 19 条规定：“遗嘱应当对缺乏劳动能力又没有生活来源的继承人保留必要的遗产份额。”此外，1985 年《执行继承法意见》第 37 条规定：“遗嘱人未保留缺乏劳动能力又没有生活来源的继承人的遗产份额，遗产处理时，应当为该继承人留下必要的遗产，所剩余的部分，才可参照遗嘱确定的分配原则处理。”

从域外立法看，特留份制度主要是大陆法系国家普遍适用的通过对特定的法定继承人规定一定的应继份额来限制遗嘱自由的制度。源于罗马法上的“不合义务遗嘱之告诉”后被发展为特留份制度，并为后世大陆法系的许多国家所承袭，如德国、法国、瑞士和日本等国家的继承编中均明确规定了特留份制度。[①]《德国民法典》第 2303 条规定：“被继承人的晚辈直系血亲因死因处分而被排除在继承之外的，该晚辈直系血亲可以向继承人请求特留份。特留份为法定应继份的价额的一半。被继承人的父母或配偶因死因处分而被排除在继承之外的，他们享有同一权利。”《日本民法典》第 1028 条规定：“兄弟姐妹以外的继承人，按下列规定取得特留份：（一）只有直系尊亲属为继承人的，为被继承人财产的三分之一；（二）前款的规定以外的情形，为被继承人财产的二分之一。”[②]

从我国诸继承法学者建议稿看，部分学者建议稿也提出增设“特留份制度”的建议。例如，“梁稿”规定：“遗嘱人设立遗嘱时，应当为特留份继承人预留法律规定的份额，且不得为特留份设定负担。第一顺序法定继承人的特留份为其应继份的二分之一。第二顺序法定继承人的特留份为其应继份的二分之一。特留份的继承顺序准用法定继承人的继承顺序。”[③]“陈稿”规定：“遗嘱人以遗嘱处分财产，应当为配偶、晚辈直系血亲、父母保留特定的遗产份额。晚辈直系血亲作为特留份权利人时，以亲等近者为先。配偶、晚辈直系血亲、父母的特留份额，为在无遗嘱继承时各自法定应继份的二分之一。”[④]

我们认为，我国立法未规定特留份制度，此为立法之不足。我们认为将特留份仅留给被继承人的配偶、晚辈直系血亲和父母较妥当。这是因为被继承人与配偶有婚姻关系，且

---

① 费安玲、[意] 桑德罗·斯奇巴尼主编：《罗马法·中国法与民法法典化（文选）——从罗马法到中国法：权利与救济》，中国政法大学出版社 2016 年版，第 341~342 页。

② 《日本民法典》第 1028 条。

③ “梁稿”第 1961 条。

④ “陈稿”第 32 条。

晚辈直系血亲和父母有直接的血缘关系，较其他人的关系更为亲密，也可以更好地发挥遗产养老育幼的功能。因此，关于对遗嘱的自由必须适当地限制上述江西省被调查者的民众观念、德国的立法和“陈稿”的观点可供我国立法参考。

（三）夫妻共同遗嘱之特点与原因分析

关于夫妻共同遗嘱的民众观念与民间习惯，统计数据显示，（1）在被调查者的观念上，持赞成态度的占七成半（75.81%）；持不赞同态度的占近二成半（24.19%）；（2）在被调查者的习惯中，有此习惯的仅占二成（20.27%）；无此习惯的占近八成（79.73）（见表7-34、表7-36）。

以上特点之原因分析，根据关于夫妻共同遗嘱的民众观念之理由（见表7-35），在江西省被调查者中，（1）七成半的人认同夫妻共同遗嘱，其原因是该遗嘱反映了双方的共同意愿故应为双方遵守；（2）近二成半的人不赞同夫妻共同遗嘱，其原因是该遗嘱无法应对出现的新情况和新问题且限制了双方对各自财产的处分权。

关于夫妻的共同遗嘱之我国立法，我国《继承法》无规定。我国司法部《遗嘱公证细则》第15条规定：“两个以上的遗嘱人申请办理共同遗嘱公证的，公证处应当引导他们分别设立遗嘱。遗嘱人坚持申请办理共同遗嘱公证的，共同遗嘱中应当明确遗嘱变更、撤销及生效的条件。”从这一规定来看，我国并不提倡公民订立共同遗嘱，但也不能一概否认共同遗嘱的效力。①

从域外立法看，对夫妻共同遗嘱的立法，主要有以下两种立法例：一是否定主义立法例。例如，《法国民法典》第968条规定：二人或数人不得用同一文书为第三人受益或者以相互处分遗产的名义订立遗嘱。② 二是肯定主义立法例。例如，《德国民法典》规定，共同遗嘱只能由配偶双方做成。（1）配偶双方已在其据以相互指定为继承人的共同遗嘱中，规定生存配偶死亡后，双方的遗产应归属于第三人的，有疑义时，必须认为：该第三人系就全部遗产而被指定为最后死亡的配偶的继承人的。（2）配偶双方在此种遗嘱中指示在生存配偶死亡后始应履行的遗赠的，有疑义时，必须认为：该遗赠应在生存配偶死亡时才归属于受益人。③

从我国诸继承法学者建议稿看，对夫妻共同遗嘱究竟应该建立还是摒弃，有不同的声音，大体可以分为“肯定说”和“否定说”。④ “肯定说”认为，应当确立共同遗嘱的法律地位和效力，提倡夫妻二人采用共同遗嘱的形式处分共同财产。⑤ 例如，“杨稿”第37条规定，夫妻可以设立共同遗嘱，共同遗嘱的效力以配偶一方死亡前婚姻关系存续为前提。“否定说”认为，为平衡各方当事人的利益应当禁止夫妻共同遗嘱。⑥ 例如，“王稿”第597条规定，两人以上不得订立同一遗嘱。⑦

我们认为，我国立法未规定夫妻共同遗嘱，此为立法之不足。考虑到夫妻身份关系的

---

① 参见吴国平：《我国财产继承制度立法研究》，厦门大学出版社2014年版，第198页。

② 参见《法国民法典》第968条。

③ 参见《德国民法典》第2265、2269条。

④ 参见陈苇主编：《中国继承法修改热点难点问题研究》，群众出版社2013年版，第161页。

⑤ 参见刘春茂：《中国民法·财产继承》，人民法院出版社2008年版，第297页。

⑥ 参见陈苇主编：《中国继承法修改热点难点问题研究》，群众出版社2013年版，第164~170页。

⑦ 参见“王稿”第597条。

特殊性，其财产关系的紧密性、生活关系的密切性程度高，当夫妻确有设立共同遗嘱，共同安排遗产事务的需要时，法律应予承认，不宜一概禁止；且夫妻共同遗嘱是对自己财产死因处分的合同，双方的遗嘱行为具有互为条件、相互关联的性质，如果不采取夫妻共同遗嘱，很难以单个的遗嘱实现其功能。因此，关于承认夫妻共同遗嘱的效力的上述江西省被调查者民众观念、德国的立法及“杨稿”的观点可供我国立法参考。

六、继承和遗赠的接受与放弃之特点与原因分析

（一）继承的接受与放弃的时间与方式之特点与原因分析

关于继承的接受与放弃的时间与方式的民众观念，统计数据显示，在江西省被调查者中，（1）关于继承的接受与放弃的时间的民众观念，认为放弃继承应在遗产处理前做出放弃继承的意思表示的，占近六成半（64.05%）；认为放弃继承应在知道继承开始的2个月内做出放弃继承的意思表示的，仅占三成半（35.95%）（见表7-37）。（2）关于继承的接受与放弃的方式的民间习惯，被调查者填写的所在地区的习惯是：应以明示表示的（包括书面、口头、公证等方式），合计占九成半以上（95.03%）；依据遗嘱的，占不到半成（3.50%）；无须任何表示的，占极少数（1.46%）（见表7-39）。

以上特点之原因分析：根据关于继承的接受与放弃的时间的民众观念之理由（见表7-38），在江西省被调查者中，（1）五成以下的人认为放弃继承的应当在遗产处理前作出放弃继承的意思表示，其原因是这样既不影响其他继承人的利益，又可以保证继承人行使放弃继承的权利。（2）四成半的人认为放弃继承应在知道继承开始的2个月内作出放弃继承的意思表示，其原因是2个月的时间较为合适，可以让继承人有一定的时间去考虑是否放弃继承权，同时又可以督促继承人积极行使权利。

关于继承的接受与放弃的时间与方式之我国立法，我国《继承法》第25条第1款规定：“继承开始后，继承人放弃继承的，应当在遗产处理前，作出放弃继承的表示。没有表示的，视为接受继承。”1985年《执行继承法意见》第47条规定：“继承人放弃继承应当以书面形式向其他继承人表示。用口头方式表示放弃继承，本人承认，或有其它充分证据证明的，也应当认定其有效。”第48条规定：“在诉讼中，继承人向人民法院以口头方式表示放弃继承的，要制作笔录，由放弃继承的人签名。”第49条规定：“继承人放弃继承的意思表示，应当在继承开始后、遗产分割前作出。遗产分割后表示放弃的不再是继承权，而是所有权。”

从域外立法看，大多数国家规定，接受与放弃继承必须在继承开始后进行，继承开始前的接受和拒绝均无效。例如，《意大利民法典》第458条规定：“任何对自己的继承做出安排的约定，均无效。在继承尚未开始之前，任何处分或者放弃继承权的文件，亦均无效。”关于放弃继承的方式，不少国家的立法作了严格的规定，即须以明示的方式，并要经过公证机关或法院的确定。例如，《德国民法典》第1944条规定，拒绝遗产的行为只能从继承人知悉遗产的归属和有资格做继承人的原因时起6个星期以内做出。被继承人只在外国有最后住所，或期间起算时继承人在外国居留的，期间为6个月。拒绝遗产只能向遗产法院表示，以遗产法院的记录或公证认证的形式做出。

从我国诸继承法学者建议稿看，对接受与放弃继承的规定有所不同。例如，“张稿”规定，继承人自知道自己为应召继承人时起，或者自遗嘱开启时起2个月内，继承人可以

声明放弃继承或者以制作遗产清单的方式接受继承（限定继承）。继承人在国外的，上述期限为 6 个月。继承人放弃继承的声明，须以书面的形式向所有已知的接受继承的继承人做出，有遗产管理人时，应当向遗产管理人做出。如果已经有继承人向法院声明以制作遗产清册的方式接受继承，或者没有继承人接受继承，放弃继承的声明必须以书面形式向法院做出。[①]“陈稿”第 11 条对此也有规定。

我们认为，我国立法规定继承的放弃时间在遗产分割前，此为立法之不足。我国有学者指出，在继承开始后遗产分割前，继承人都可以放弃继承。从我国的实际情况来看，这个期限可能很长，也可能比较短。没有明确的期限，是我国放弃继承制度的一个重要缺陷：其一，继承人行使选择权的期限不一，有失公正；其二，使继承关系长期处于不稳定状态，既影响遗产债权人的利益，又影响其他继承人，特别是具体管理遗产的继承人的利益，易生继承纠纷。[②] 因此，关于继承的接受与放弃的时间与方式，上述江西省被调查者主张继承开始后 2 个月内做出继承的接受与放弃的民众观念、域外立法以及“张稿”和“陈稿”的观点可供我国立法参考。

（二）遗赠的接受与放弃的方式与效力之特点与原因分析

关于遗赠的接受与放弃的方式与效力，统计数据显示，在江西省被调查者中，（1）认为受遗赠人未作表示应认定为接受遗赠的，占六成半以上（66.27%）；（2）认为受遗赠人未作表示应认定为放弃遗赠的，占三成以上（33.73%）（见表 7-40）。

以上特点之原因分析，根据关于遗赠的接受与放弃的时间与方式的民众观念之理由（见表 7-41），在江西省被调查者中，近六成的人认为受遗赠人未作表示应推定为接受遗赠，其原因是接受遗赠是一种纯获利行为；（2）三成半的人认为受遗赠人未作表示应推定为放弃遗赠，其原因是这与现行法规定一致。

关于遗赠的接受与放弃的方式与效力之我国立法，我国《继承法》第 25 条第 2 款规定：“受遗赠人应当在知道受遗赠后两个月内，作出接受或者放弃受遗赠的表示。到期没有表示的，视为放弃受遗赠。”

从域外立法看，关于遗赠的接受与放弃的方式和效力，英美法系国家的法律规定大致相同，如“放弃一项有效的遗赠通常要求如下条件：第一，放弃遗赠的受益人必须在书面放弃声明上签字；第二，放弃遗赠的声明必须在一定期间内向相关机构提出；第三，放弃声明的副本必须送达给遗嘱执行人；第四，放弃遗赠不可撤回；第五，放弃必须是无条件的。”[③] 大陆法系国家，关于接受遗赠的，有明示的方式与未作表示推定为接受，如日本规定，受遗赠人在遗嘱人死亡后，可以随时放弃遗赠。经遗赠义务人催告后，如果遗赠人未在规定的期限内表示其意思时，视为承认遗赠。[④]

从我国诸继承法学者建议稿看，“张稿”规定，受遗赠人可以自遗嘱开启时起 2 个月内，向继承人或遗产管理人表示接受或者放弃继承。受赠人未明确表示放弃遗赠的，视为接受遗赠。[⑤]“陈稿”第 59 条规定，受遗赠人表示放弃遗赠的意思表示应该在知道或应当

---

① “张稿”第 9、12 条。

② 参见张玉敏：《继承法律制度研究（第二版）》，华中科技大学出版社 2016 年版，第 68 页。

③ Gerry W. Beyer, *Wills, Trusts and Estates*(second Edition), Beijing. Citic Publishing House, 2003, pp. 59-60.

④ 参见《日本民法典》第 987 条。

⑤ 参见“张稿”第 9 条。

知道受遗赠后1年内作出，1年内未作出的视为接受遗赠。遗赠义务人及其他利害关系人可以催告受遗赠人在2个月内作出接受或放弃的表示，受遗赠人在此期间没有表示的，视为接受遗赠。

我们认为，我国立法对于遗赠的接受与放弃的方式与效力之规定存在不足。遗赠人在遗嘱人死亡后可以随时放弃遗赠，未表示接受或放弃的，经遗赠义务人或利害关系人催告后，视为接受遗赠，有利于实现遗嘱人的真实意愿和保护受遗嘱人的利益。上述江西省被调查者认为受遗赠人未作表示应认定为接受遗赠的民众观念、日本的立法和我国学者建议稿的观点可供我国立法参考。

(三) 继承的放弃与债权人的撤销权之特点与原因分析

关于债权人是否可以撤销继承人放弃继承的行为之民众观念，统计数据显示，(1)在江西省被调查者的观念中，认为不可以被撤销的，占五成半以上（56.05%）；认为可以被撤销的，占近四成半（43.95%）；(2) 江西省被调查者所在地区的习惯是：可以被撤销的，占五成以上（51.55%），不可以被撤销的，占近三成半（34.11%）(见表7-43、表7-45)。

以上特点之原因分析：根据关于继承的放弃能否被债权人撤销的民众观念之理由(见表7-44)，在江西省被调查者中，(1) 五成半以上的人认为可以撤销，其原因是继承人的债权人利益需要被保护的，或不能逃避债务应先行还债的；(2) 四成以上的人认为不可以撤销，其原因是放弃继承的行为有利于照顾其他继承人（特别是被继承人的生存配偶或子女等弱势群体）的利益和不能强制继承人继承。

关于继承的放弃与债权人的撤销权之我国立法，我国《继承法》未规定。

债权人撤销权是合同法中的概念，是指债权人对于债务人所为的危害债权的行为，可请求法院予以撤销以维持债务人责任财产的权利。我国实行无条件的限定继承原则，这种立法例对继承人的保护是十分有力的，无论在任何情况下，继承人都不得以自己的固有财产对遗产债务承担责任。相应地，这种体例对遗产债权人的保护就显得相当无力了，遗产债权人难以知晓遗产的真实状况，难以有效地针对遗产主张债权。

从域外立法看，部分国家规定了债权人对继承人放弃继承的行为有撤销权。例如，《瑞士民法典》第578条规定，对于负有债务的继承人，如果其以损害债权人的利益为目的而拒绝继承，那么债权人或破产债权人团体可在6个月内针对拒绝继承提起撤销之诉，但继承人提供担保的不在此限。再如，《意大利民法典》第524条规定，如果因某人放弃继承一项遗产而使其债权人的利差受到了损害，则该债权人可以为了用遗产进行清偿，请求准许以放弃继承人的名义和顺序接受继承，但是以满足债权为限。债权人请求准许以放弃继承的人的名义和顺序接受继承的权利，自放弃继承之日起经过5年不行使而消灭。

对此，目前我国学术界存在“肯定说”与“否定说”两种观点。[①] “肯定说”认为，如果继承人的不当放弃行为损害了其债权人债权，债权人有权行使撤销权以保证自己的债权得以清偿。“否定说”认为，放弃继承的行为并非纯粹的财产性权利，不能被债权人撤销。因为在现代社会，实行继承人自愿继承，以彰显现代民法的意思自治原则，已摒弃古代社会的强制继承制度，由继承人自由决定是否接受遗产。而允许债权人撤销放弃继承行

① 参见杜江涌：《遗产债务制度研究》，西南政法大学2006年博士学位论文，第57~93页。

为，实际上就是变相地强迫继承人接受继承，这与现代继承法人格独立，意志自由的立法精神显然是背道而驰的。并且，继承人自己的固有财产才是债权人的责任财产，继承人放弃继承并没有减少其责任财产。所以，继承人放弃继承并没有损害债权人的利益，故放弃继承的行为不能成为债权人撤销权的标的。①

从我国诸继承法学者建议稿看，"王稿"第562条规定，继承人放弃继承损害其债权人利益的，债权人可以在知道或者应当知道继承人放弃继承之日起6个月内申请人民法院撤销继承人的放弃行为。

我们认为，我国立法未规定债权人是否可以撤销继承人放弃继承的行为，此为立法之不足。放弃继承的行为不能被债权人撤销，这既是出于更好地尊重和保障继承人的意思自治，也是彰显法律对自由价值的保障；并且也没有损害债权人的利益。因此，上述江西省被调查者认为放弃继承的行为不能被债权人撤销的民众观念可供我国立法参考。

七、继承权的丧失、被继承人的宥恕与代位继承之特点与原因分析

（一）继承权的丧失与被继承人的宥恕之特点与原因分析

关于继承权的丧失与被继承人的宥恕的民众观念，统计数据显示，因欺诈、胁迫行为的继承人丧失继承权的，如获得被继承人谅解的情况下其继承权是否可以恢复，在被调查者中，（1）认为可以恢复的，占近六成半（64.05%），（2）认为不可以恢复的，占三成半（35.95%）（见表7-46）。

以上特点之原因分析，根据关于继承权的丧失与被继承人的宥恕的民众观念之理由（见表7-47），在江西省被调查者中，（1）七成半的人认为可以恢复，其原因是得到被继承人的原谅、尊重被继承人的意愿、父子血缘关系等。（2）二成以上的人认为不可以恢复，其原因是继承人的行为造成了恶劣影响或违法行为应受惩罚，即使被继承人原谅也不可恢复。

关于继承权的丧失与被继承人的宥恕之我国立法，我国《继承法》第7条规定："继承人有下列行为之一的，丧失继承权：（一）故意杀害被继承人的；（二）为争夺遗产而杀害其他继承人的；（三）遗弃被继承人的，或者虐待被继承人情节严重的；（四）伪造、篡改或者销毁遗嘱，情节严重的。"且1985年《执行继承法意见》第13条规定："继承人虐待被继承人情节严重的，或者遗弃被继承人的，如以后确有悔改表现，而且被虐待人、被遗弃人生前又表示宽恕，可不确认其丧失继承权。"

从域外立法看，如《法国民法典》第728条规定，如果被继承人在有继承权的人实行犯罪之后或者在知道此种犯罪事实之后，仍然用遗嘱的形式明文声明其愿意继承保留该人的继承权，或者仍然向该人进行全部概括或部分概括之无偿处分，有第726条与第727条所指的丧失继承资格之原因的人，仍然不被排除在继承之外。《德国民法典》第2343条规定，被继承人已宽恕继承不够格的人的，该撤销而主张的继承不够格即被排除。②

从我国诸继承法学者建议稿看，如"杨稿"第11条规定，继承人因故意不法使被继

---

① 陈苇、王巍：《论放弃继承行为不能成为债权人撤销权的标的》，载《甘肃社会科学》2015年第5期。

② 《德国民法典》第2339条规定的继承不够格并不等同于继承权的丧失，因为继承不够格的事由出现，需要通过撤销诉讼来主张继承不够格，只有在判决发生既判力的时候，撤销的效果，即继承权的丧失才发生。

承人丧失遗嘱能力的，遗弃继承继承人的，虐待被继承人情节严重的，伪造、篡改、隐匿或者销毁遗嘱的，以欺诈或胁迫的手段，迫使或者妨碍被继承人设立、变更或者撤销遗嘱的而丧失继承权，如经被继承人事后宽恕，可恢复其继承权，被继承人知道继承人有丧失继承权的事由，仍然在遗嘱中指定其为继承人的，视为宽恕。"陈稿"规定，继承人有丧失继承权的法定情形，但被继承人在遗嘱或者公证书中明确表示宽恕的，不丧失继承权。被继承人知道继承人丧失继承资格的事由后，仍然在遗嘱中对其进行遗嘱处分的，视为宽恕。①

我们认为，我国《继承法》对相对丧失继承权范围的规定过于狭窄，对被继承人的意思自由尊重不够，此为立法之不足。如果被继承人在生前宽恕了继承人对自己的不法行为，愿意其继续继承遗产，法律为什么要干涉呢？在实务中，也确存在继承人故意杀害被继承人之后改造甚好，得到被继承人宽恕的情形。这种情形如仍使继承人丧失继承权并无意义。如果适当扩大相对丧失继承权的适用范围，既体现了对被继承人意愿的尊重，又有利于促使继承人改恶从善，贯彻养老育幼的原则。关于继承权的丧失与被继承人的宥恕，即对于因欺诈、胁迫行为的继承人丧失继承权的，如获得被继承人谅解，上述江西省被调查者认为其继承权可以恢复的民众观念、域外立法和我国学者建议稿的观点可供我国立法参考。

（二）继承权的丧失与代位继承之特点与原因分析

关于继承权的丧失与代位继承的民众观念，统计数据显示，对于被代位继承人继承权的丧失的其晚辈直系血亲可否代位继承，在被调查者中，（1）认为可以代位继承的，占五成以上（51.11%）；（2）认为不可以代位继承的，占近五成（48.89%）（见表7-49）。

以上特点之原因分析，根据关于继承权的丧失的效力是否及于代位继承人的民众观念之理由（见表7-50），对于继承人继承权的丧失的其晚辈直系血亲可否代位继承，在江西省被调查者中，（1）四成半以上的人认为不可以代位继承，其原因是被代位继承人丧失继承权将导致其晚辈直系血亲代位继承的前提丧失；（2）五成以上的人认为可以代位继承，其原因是晚辈直系血亲是独立的民事主体，可以孙子女的身份来继承，与被代位继承人丧失继承权没有关系。

关于继承权的丧失与代位继承之我国立法，虽然我国《继承法》无规定，但1985年《执行继承法意见》第28条规定："继承人丧失继承权的，其晚辈直系血亲不得代位继承。如该代位继承人缺乏劳动能力又没有生活来源，或对被继承人尽赡养义务较多的，可适当分给遗产。"

从域外立法看，大多国家规定被代位继承人丧失继承权并不影响代位继承。例如，《法国民法典》规定，丧失继承资格的人的子女并不因该人的过错而被排除继承权，不论是他们以自己的名义参与继承还是依代位的效果参与继承，但是，丧失继承资格的人在任何情况下都不得要求对此种继承的遗产享有法律规定的父母对子女的财产本可享有的用益权。②《意大利民法典》规定，代位继承系在尊亲属不能（丧失继承权）或者不愿意接受遗产（放弃遗嘱继承或法定继承）或遗赠时，其婚生或非婚生的卑亲属按照该尊亲属所

① 参见"陈稿"第17条第2款。

② 参见《法国民法典》第729-1条

在的顺序取得代替参加继承的权利。[①]

从我国诸继承法学者建议稿看，部分学者也赞成继承权的丧失的效力不及于代位继承。例如，“徐稿”规定，因不配被取消继承权的父母，其子女仍可以代位继承遗产，但是父母不再享有法律赋予的用益权和管理权。[②]“陈稿”规定：“继承人丧失继承权的，其晚辈直系血亲仍得代位继承，但该继承人不得对其子女继承的遗产享有用益权。”[③]

我们认为，我国立法规定被代位继承人丧失继承权的其子女不可代位继承，此为立法之不足。在现代社会，民法实行自己责任原则，不采取株连政策，父母与子女都是独立的民事主体，不应该让子女承受父母的过错行为而产生的不利后果。因此，关于被代位继承人丧失继承权的其子女可代位继承的上述江西省被调查者的民众观念、域外立法和我国学者建议稿的观点可供我国立法参考。

八、继承协议之特点与原因分析

（一）继承协议的订立主体与方式之特点与原因分析

关于继承协议的订立主体与方式的民众观念，统计数据显示，（1）关于继承协议的订立主体与方式的民众观念，认可由被继承人与全体法定继承人共同订立的，占近六成半（64.05%），认可由被扶养人与扶养义务人共同签订的，占一成以上（13.46%），认可由继承人之间签订即可，无须被继承人知晓或同意的，占二成以上（22.49%）；（2）关于是否听说过或经历过签订继承协议，在被调查者所在地区的实践中，听说过或经历过的，占四成以上（41.23%），从没有听说或经历过的，占近六成（58.77%）（见表7-52、表7-54）。

以上特点之原因分析，根据关于继承协议的订立主体与方式的民众观念之理由（见表7-53），关于继承协议的订立，在江西省被调查者中，（1）近七成的人认为由被继承人和全体法定继承人共同订立，其原因是继承协议需所有继承人和被扶养人共同协商一致，或继承人放弃继承是自愿；（2）一成以上的人认为由被扶养人与扶养义务人共同签订，其原因是尊重扶养人和被扶养人双方当事人的意思，或这样有利于权利义务对等；（3）二成以上的人认为由继承人之间签订即可无须经被继承人知晓或同意，其原因是继承人之间协商一致即可，或基于契约公平原则较为合理。

关于继承协议之我国立法，我国《继承法》无规定。根据我国《继承法》第31条的规定，被继承人与法定继承人以外之人签订的生养死葬内容的协议，乃遗赠扶养协议。即我国《继承法》虽未明确规定继承协议，但也未明文禁止。

从域外立法看，关于继承协议的立法呈现出两种不同的立法态度：第一，以《德国民法典》为代表采取肯定立法。例如，《德国民法典》第1941条规定，被继承人可以合同指定继承人以及指示遗赠和负担，即为继承合同。订立合同的另一方和第三人可以被指定为继承人（合同所定的继承人）或受遗赠人。第二，以《法国民法典》为代表采取否定立法。例如，《法国民法典》第1130条规定，任何人均不得放弃对尚未开始的继承，

---

① 参见《意大利民法典》第467条。

② “徐稿”第四分编第34条。

③ “陈稿”第19条。

也不得就此种继承订立任何条款，即使得到被继承人同意。

从我国诸继承诸法学者建议稿看，对于继承协议，大多学者持肯定态度。例如，“张稿”第 54 条规定，被继承人可以与共同继承人订立继承合同，约定由一个或几个人承担赡养（扶养）被继承人的义务，被继承人死后，由承担赡养（扶养）义务的继承人按照继承合同继承遗产。合同对赡养（扶养）人继承遗产的部分未作明确约定的，视为继承全部遗产。“陈稿”第 61 条规定，自然人、法人和其他组织，可以与被继承人签订继承合同；按照继承合同，自然人、法人和其他组织作为扶养义务人，承担对被继承人生养死葬的义务，享有依照继承合同继承遗产或接受遗赠的权利。

我们认为，我国立法未规定继承协议，此为立法之不足。我国现实生活中被继承人与继承人签订协议的情况时有发生，但遗赠扶养协议并不能满足现实的需要，其不适用于该协议的签订。因此，认同继承协议的上述江西省被调查者的民众观念、德国的立法以及“张稿”和“陈稿”的观点可供我国立法参考。

（二）继承协议的变更方式与效力之特点与原因分析

关于继承协议的变更方式与效力的民众观念，统计数据显示，在江西省被调查者中，（1）认为该协议可有条件继续履行，如原扶养人的子女有扶养能力的，在原扶养人的子女和被扶养人双方同意的情况下，可由原扶养人的子女继续履行该继承协议的，此即代位扶养的，占近四成（39.19%）；（2）认为该协议终止，须签订新的继承协议，由新的扶养人履行扶养义务并继承遗产的，合计占近三成半（34.50%），其中，认为需要对原扶养人的继承人补偿超过其扶养义务部分费用的，占近三成（28.60%），认为不需要对原扶养人的继承人补偿超过其扶养义务部分费用的，占不到一成（5.90%）；（3）认为该协议终止，应补偿原扶养人的继承人补偿超过其扶养义务部分费用后，由所有法定继承人共同扶养的，即实行法定赡养的，占二成半（25.00%）（见表 7-56）。

以上特点之原因分析，根据关于继承协议的变更方式与效力的民众观念之理由（见表7-57），在继承协议履行过程中，如扶养人先于被扶养人去世，在江西省被调查者中，（1）四成的人认为如原扶养人的子女有扶养能力的，在原扶养人的子女和被扶养人双方同意的情况下，可由原扶养人的子女继续履行该继承协议，其原因是这样可以避免产生不必要的纠纷，有利于维持被扶养人一贯的生活方式而安享晚年；（2）约三成的人认为被扶养人的其他法定扶养义务人对已去世的扶养人支付的超出其法定扶养义务的扶养费进行合理补偿，其原因是赡养被扶养人是其所有子女的法定义务，故其他法定扶养义务人应当补偿原扶养人承担的超过其法定扶养义务的这部分扶养费；（3）二成半的人认为该继承协议因扶养人死亡而终止，其原因是该协议未履行完毕。

关于继承协议的变更方式及效力之我国立法，我国《继承法》无规定。

从域外立法看，部分国家的立法也对继承协议的解除情形及效力作了具体规定。例如，《德国民法典》规定被继承人在以下几种情形下可行使解除权：第一种是继承合同中被继承人解除权明文予以保留的（在此种情况下被继承人在合同另一方当事人死亡后，还可以以遗嘱方式解除）；第二种是在受益人犯有可能使被继承人有权利剥夺特留份的错误行为的；第三种是给予扶养费等对待义务在被继承人死亡前被废止的。[①]《瑞士民法典》

① 参见《德国民法典》第 2293 条至第 2297 条。

也同样赋予了被继承人解除继承契约的权利，其第 514 条规定："基于继承契约在生前得请求给付的一方，如他方未依契约履行给付或提供担保，得依《债务法》的规定，声明解除契约"。

从我国诸继承法学者建议稿看，对继承协议的解除及效力，部分继承法学者建议稿有所规定。例如，"徐稿"第 516 条规定："当继承人先于被继承人死亡时，合同自行丧失效力，被继承人在继承人死亡时，因继承合同所得利益，应死者继承人的要求返还，另有约定的依约定。""陈稿"规定，扶养人先于受扶养人死亡，继承合同自动解除。受扶养人同意接受已经死亡的扶养人之继承人继承承担扶养的义务，继承合同继承履行。继承合同解除时，除合同另有约定外，受扶养人应当对扶养人已经履行的扶养义务适当支付补偿费用。因扶养人的过错导致协议解除的，扶养人一般不能请求补偿扶养费用。因为受扶养人的过错导致协议解除的，扶养人有权请求受扶养人全额返还扶养费用，并可请求受扶养人承担解除协议的损害赔偿责任。①

我们认为，我国立法未规定继承协议的变更方式及效力，此为立法之不足。因此，上述江西省被调查者关于继承协议的变更方式及效力的民众观念、域外立法和我国学者建议稿的观点可供我国立法参考。

九、遗产债务清偿之特点与原因分析

（一）遗产债务清偿责任的类型之特点与原因分析

关于继承人的债务清偿责任类型的民众观念，统计数据显示，对被继承人的债务，（1）认为继承人应承担自愿的无限清偿责任的，合计占六成半（65.76%）；（2）认为继承人应其继承的遗产承担有限清偿责任的，占近四成半（44.16%）；（3）认为继承人如有侵害遗产的行为应承担强制的无限清偿责任的，占三成以上（31.35%）（见表 7-58）。

以上特点之原因分析，对被继承人的债务，在江西省被调查者中，（1）六成半的人认为继承人应承担自愿的无限清偿责任，其原因可能是：其一，江西省多数被调查者普遍存在"父债子偿"的观念，即使父亲去世，其遗留的债务也应由其子女全部清偿；其二，在我国传统道德观念中，"欠债还钱、天经地义"的思想和"诚信"原则占有重要地位。（2）三成以上的人认为，当继承人在对被继承人生前所有债务存在转移遗产、隐瞒遗产的情形下应承担强制的无限清偿责任，其原因可能是继承人转移或隐瞒遗产，主观恶性大，为了预防和惩罚此类违法行为。（3）近四成半的人认为，继承人应其继承的遗产承担有限清偿责任，其原因可能是受我国《继承法》相关规定的影响。

关于继承人的债务清偿责任之我国立法，我国《继承法》第 33 条规定："继承遗产应当清偿被继承人依法应当缴纳的税款和债务，缴纳税款和清偿债务以他的遗产实际价值为限。超过遗产实际价值部分，继承人自愿偿还的不在此限。继承人放弃继承的，对被继承人依法应当缴纳的税款和债务可以不负偿还责任。"

从域外立法来看，根据用以承担遗产债务清偿责任的财产范围不同来划分，遗产债务的清偿责任可分为有限清偿责任与无限清偿责任；在无限清偿责任中，根据继承人是否自愿为标准，又可分为自愿的无限清偿责任和强制的无限清偿责任。例如，《日本民法典》

① 参见"陈稿"第 64~65 条。

规定，当继承人作出单纯继承时，无限制地继承被继承人的权利义务；继承人作出限定继承时，以在因继承所得财产的限度内清偿被继承人的债务及遗赠。但是，当继承人处分继承财产的全部或者部分时，或未在继承开始后的3个月内作出限定继承或放弃继承的意思表示时，或继承人作出限定继承或放弃继承后，隐匿继承财产的全部或者部分，私自消费或者恶意不将其记载于继承财产目录时，继承人应视为单纯继承，即对被继承人的债务承担无限清偿责任。①

从我国诸继承法学者建议稿看，“陈稿”规定，对被继承人的债务，继承人自愿选择实行有条件的限定继承且依法制作遗产清册的，仅在遗产的实际价值范围内承担有限清偿责任；对被继承人的债务，继承人自愿选择实行无条件概括继承的，如果遗产的实际价值不足以清偿债务的，应当以继承人个人所有的财产承担无限清偿责任。例如，继承人有未在法定期间内依法制作遗产清册的，或在法定期间制作遗产清册或放弃继承后，将遗产全部处分或部分处分的或故意未将全部或部分遗产记载于遗产清册的等应当承担无限清偿责任。②“杨稿”第77、80条对此也有规定。

我们认为，我国立法规定无条件的有限责任继承，此为立法之不足。有学者指出，无条件的有限责任继承，对遗产债权人的保护明显不力，对诚实的继承人也不公平。③继承人对遗产债务的清偿责任，一是应充分尊重继承人的意思表示，其可以在法定的期间内选择承担遗产债务清偿责任的类型；二是应明确规定如继承人有侵害遗产违法行为时应承担强制无限清偿责任，有利于充分保障遗产债权人的合法权益。因此，关于继承人清偿遗产债务责任类型，应设立强制的无限清偿责任的江西省被调查者的民众观念、日本的立法和我国学者建议稿的观点可供我国立法参考。

（二）被继承人丧葬费的支付之特点与原因分析

关于被继承人丧葬费支付的民间习惯，统计数据显示，江西省被调查者所在地区的习惯是，（1）由全体继承人共同支付的，占六成以上（63.54%）；（2）从被继承人的遗产中支付的，占三成（30.83%）（见表7-61）。

以上特点之原因分析，六成以上的江西省被调查者认为丧葬费不属于遗产债务，应由全体继承人承担，其原因可能受我国传统的“子女对父母有义务养老送终”的传统观念的影响。

关于被继承人丧葬费支付之我国立法，我国《继承法》无规定。

从域外立法看，关于被继承人丧葬费的支付主要有两种支付方式。第一种是从遗产中支付。例如，《俄罗斯联邦民法典》第1174条规定，被继承人的丧葬费用在遗产中支付，且其支付顺序为第一顺位。第二种是由所有继承人共同负担。例如，《德国民法典》第1968条规定，与被继承人社会地位相称的丧葬费用由继承人负担。

从我国诸继承法学者建议稿看，关于被继承人丧葬费的支付也分为两种情形：一种是由继承人支付。例如，“王稿”规定，被继承人的丧葬费用（与其社会地位相称）由继承人负担。④另一种是由遗产支付。例如，“陈稿”和“杨稿”规定，丧葬费用作为继承费

---

① 参见《日本民法典》第920~922条。

② 参见“陈稿”第69条。

③ 参见张玉敏（课题负责人）：《中国继承法立法建议稿及立法理由》，人民出版社2006年版，第60页。

④ 参见“王稿”第651条。

用，且属于第一顺序的遗产债务优先清偿。①

我们认为，我国立法未规定被继承人丧葬费的支付，此为立法之不足。从我国传统道德和伦理上考量，由全体继承人共同承担被继承人的丧葬费用，既是对被继承人的尊重，也是体现孝道的重要表现。因此，上述被继承人丧葬费由继承人共同支付的江西省被调查者的民间习惯、德国的立法和“王稿”的建议可供我国立法参考。

（三）遗产债务的清偿顺序之特点与原因分析

关于遗产债务清偿顺序的民众观念与民间习惯，统计数据显示，（1）在江西省被调查者所在地区，习惯上的遗产债务清偿顺序如下：第一顺序“丧葬费用”；第二顺序“遗产管理等费用”和“欠付的工资”；第三顺序“欠债”；第四顺序“受被继承人扶养人的生活费”；第五顺序“税款”；第六顺序“对被继承人扶养较多的人之酌情分配遗产份额”；第七顺序“遗赠扶养协议写明遗赠的遗产”（见表7-62）。（2）但在江西省被调查者的观念上，遗产债务清偿顺序如下：第一顺序“丧葬费用”；第二顺序“遗产管理等费用”和“欠付的工资”；第三顺序“欠债”和“税款”；第四顺序“受被继承人扶养人的生活费”；第五顺序“对被继承人扶养较多的人之酌情分配遗产份额”和“遗赠扶养协议写明遗赠的遗产”（见表7-63）。

以上特点之原因分析，江西省被调查者对遗产债务清偿的顺序未形成统一的民众观念和民间习惯，其原因可能是目前我国《继承法》对遗产债务清偿顺序没有规定，这导致被调查者对此问题的认识不一。

关于遗产债务清偿的顺序之我国立法，我国《继承法》第33条规定，“继承遗产应当清偿被继承人依法应当缴纳的税款和债务，缴纳税款和清偿债务以他的遗产实际价值为限”。

从域外立法看，根据《俄罗斯联邦民法典》规定②，遗产债务的清偿顺序如下：一是继承费用包括因被继承人患病和丧葬而发生的费用、遗产保护和管理费、遗嘱执行费用；二是被继承人的债务；三是必继份；四是遗赠。③

从我国诸继承法学者建议稿看，如“王稿”认为：“继承人对遗产债务按下列次序进行清偿：（一）继承费用，因继承人和遗产管理人过失而支出的费用不属于继承费用，由负有过失的继承人和遗产管理人承担；（二）遗产税；（三）被继承人生前欠下的债务；（四）遗产酌给债务；（五）因特留份扣减权、遗赠等产生的债务。对遗产负有担保物权的债权人可申请就担保物优先受偿。”④“陈稿”认为，遗产债务应按如下顺序清偿：继承费用；有优先权的债务；必留份、确为维持生存所需要的酌给遗产；劳动工资等债务；死者生前所欠税款及普通债务；遗赠扶养协议之债；特留份之债；遗赠之债。⑤

我们认为，我国立法未规定遗产债务清偿的顺序，此为立法之不足。对遗产债务清偿的顺序，应当考虑公序良俗、弱者利益保护、交易安全等民法基本价值的位阶问题。关于遗产债务的清偿顺序，上述江西省被调查者的民众观念与民间习惯、域外立法和我国学者

① 参见“陈稿”第71条；“杨稿”第83条。

② 参见《俄罗斯联邦民法典》第1174、1175、1149条。

③ 参见陈苇主编：《中国遗产处理制度系统化构建研究》，中国人民公安大学出版社2019年版，第310页。

④ “王稿”第650条。

⑤ “陈稿”第71条。

建议稿的观点可供我国立法参考。

十、遗产分割之特点与原因分析

（一）遗产分割的自由与限制之特点与原因分析

第一，关于遗产分割自由与限制的民间习惯，统计数据显示，被调查者所在地区的习惯是：（1）由各继承人共同协商后进行遗产分割的，占八成以上（82.79%）；（2）当被继承人以遗嘱禁止分割的遗产而习惯上不分割的，占四成以上（43.61%）；（3）只要有继承人要求分割遗产就得进行分割的，占一成半（15.84%）（见表7-64）。

以上特点之原因分析：根据关于遗产分割自由与限制的民间习惯之理由（见表7-65），在江西省被调查者所在地区，（1）八成以上的地区有遗产的分割应当由各遗产继承人共同协商的习惯，其原因是遗产由各继承人共同继承，遗产分割涉及各继承人的利益的；（2）四成以上的地区有遗嘱人有权通过遗嘱禁止分割遗产的习惯，其原因是遗产是被继承人死亡时遗留下来的个人财产，其有权通过遗嘱决定遗产的归属和分割；（3）一成半的地区有继承人要求分割遗产就得进行分割的习惯，其原因是每位继承人享有的继承权受法律保护，同时基于效率原则考虑。

第二，关于提出遗产分割请求的时间的民间习惯，统计数据显示，当被继承人死亡后，其继承人是否可以向其母亲（被继承人的生存配偶）提出分割遗产请求，被调查者所在地区的习惯是：（1）不会提出遗产分割的请求的，占七成（70.53%）；（2）会提出遗产分割请求的，合计占近三成（29.47%）（见表7-66）。

以上特点之原因分析：根据关于提出遗产分割请求时间的民间习惯之理由（见表7-67），在江西省被调查者所在地区，（1）七成的地区有不可以提出遗产分割请求之习惯，其原因是根据当地观念，被继承人的遗产就应该由其生存配偶全部继承，故其子女不能向母亲提出遗产分割的请求，如果提出会被视作不孝敬老人的；（2）近三成的地区有可以提出遗产分割请求习惯的，其中，其一，可有条件地提出遗产分割，即其子女不可以提出分割母亲正在居住的房屋但可提出分割其他遗产，其原因是体现孝敬老人，保证老人的晚年生活，但对其母正在居住房屋的分割需等其母去世后进行；其二，可无条件提出遗产分割，其原因是符合法律规定并且有利于防止日后发生不必要的纠纷。

第三，关于遗嘱对遗产分割的限制的民众观念，统计数据显示，（1）关于可否立遗嘱限制特定遗产分割，在江西省被调查者中，主张可以的占八成以上（82.11%），主张不可以的占不到二成（17.89%）（见表7-68）。（2）关于被继承人立遗嘱限制遗产分割之具体期限，认为以5年之内的，占近三成半（35.48%）；认为以10年之内的，占二成（20.95%）；认为15年之内的，占比不到一成（7.88%）。（3）对于遗嘱对遗产分割的限制是否可以不遵守，被调查者所在地区的习惯是：可以不遵守的，占近六成（59.97%）；不可以不遵守的，占四成（40.03%）（见表7-70、表7-71）。

以上特点之原因分析：（1）根据关于遗嘱可否限制遗产分割的民众观念之理由（见表7-70），其一，认为遗嘱可以限制遗产分割，其原因是这些遗产是被继承人生前的个人财产，在设立遗嘱时有权决定遗产的分配及其分割；其二，认为遗嘱不可以限制遗产分割，其原因是如果被继承人在遗嘱中指定特定遗产在20年内不能分割，不利于发挥物的效用及价值，即遗嘱限制分割的时间不能太长。（2）八成以上的江西省被调查者认为被继承人可在遗嘱中列明限制遗产分割的期限，且该期限以 5 年内为宜，其原因可能是，这些遗产是被继承人生前的个人财产，在设立遗嘱时有权决定遗产的分配及其分割，且如果遗嘱限定禁止分割遗产的期限太长，则不利于发挥物的效用及价值。（3）关于继承人协商能否变更遗嘱限制的民间习惯之理由（见表 7-72），江西省被调查者所在地区，其一，近六成的地区有可以不遵守遗嘱限制遗产分割时间的约束的习惯，其原因是继承人共同继承这些遗产，其当然有权决定分割这些遗产，同时也有利于发挥物的效用价值，或继承人之间协商一致即可，或依照当地风俗习惯如此；其二，四成的地区有不可以不遵守遗嘱限制的习惯，其原因是继承人根据遗嘱享有继承权，对于遗产分割的问题也应该依据遗嘱，不能有选择性地修改遗嘱。

关于遗产分割自由与限制之我国立法，我国《继承法》第 15 条规定："继承人应当本着互谅互让、和睦团结的精神，协商处理继承问题。遗产分割的时间、办法和份额，由继承人协商确定。协商不成的，可以由人民调解委员会调解或者向人民法院提起诉讼。"第 28 条规定："遗产分割时，应当保留胎儿的继承份额。胎儿出生时是死体的，保留的份额按照法定继承办理。"这些均是对继承人请求侵害遗产之自由的适当限制。

从域外立法看，主要有以下几种限制遗产分割自由的情况：如《日本民法典》规定，被继承人可以通过遗嘱指定或委托第三人确定分割的方法，或通过遗嘱规定从继承开始时不超过 5 年的期间内禁止分割。[①] 再如，《德国民法典》规定：以应继份因共同继承人之一的可预料的出生而尚不确定为限，到不确定性被除去时为止，不得分割。[②] 对于胎儿应继份的保护，《瑞士民法典》[③] 和《意大利民法典》[④] 亦有类似规定。

从我国诸继承法学者建议稿看，"杨稿"认为："继承开始后，继承人可以随时请求分割遗产。有以下情形的，遗产不得分割：（1）共同继承人约定不得分割的；（2）遗嘱禁止分割的，但是禁止分割的期限不得超过 5 年，超过 5 年的，缩短为 5 年；（3）遗产被债权人申请禁止分割保全的；（4）依遗产性质不得分割的；（5）依法律规定禁止分割的。"[⑤] "张稿"第 58 条和"陈稿"第 74 条，对此均有规定。[⑥] 从我国学者观点来看，有的学者认为，应当在认同遗产分割自由的基础上，从以下几个方面来限制遗产分割自由：（1）遗产债务未清偿不得分割遗产；（2）被继承人以遗嘱禁止分割遗产；（3）共同继承人以协议禁止分割；（4）裁判禁止分割；（5）保留胎儿的应继份额。[⑦]

我们认为，我国对遗产分割限制的立法存在不足。我国应当对遗产的分割原则作出更详细的规定，对遗嘱限制遗产分割、继承人共同协商限制分割、法院裁判限制分割等情形作出明确规定，并对继承人身份未确定等特殊情况予以考虑，即既要坚持"物尽其用"原则，又要增加对遗产分割自由的限制。因此，关于遗产分割的自由予以适当限制的上述江西省被调查者的民众观念与民间习惯、域外立法和我国学者建议稿的观点可供我国立法

---

① 参见《日本民法典》第 908 条。

② 参见《德国民法典》第 2043 条。

③ 参见《瑞士民法典》第 604 条。

④ 参见《意大利民法典》第 713 条。

⑤ 参见"杨稿"第 85 条。

⑥ 参见"张稿"第 58 条；"陈稿"第 74 条。

⑦ 参见蒙冬梅：《论我国继承法之遗产分割制度》，载《广西社会科学》2009 年第 12 期。

参考。

（二）遗产分割瑕疵的担保责任之特点与原因分析

关于遗产分割瑕疵的担保责任的民间习惯，统计数据显示，调查者所在地区的习惯是：（1）由共同继承人相互承担遗产分割瑕疵担保责任的，合计占五成以上（51.3%）；（2）由分得瑕疵遗产的继承人自行承担的，即继承人间不相互承担遗产分割瑕疵担保责任的，占四成半以上（47.50%）（见表7-73）。

以上特点之原因分析，根据关于遗产分割瑕疵的担保责任的民间习惯之理由（见表7-74），在江西省被调查者所在地区，（1）五成以上的地区有由继承人相互承担的习惯，其原因是如果让分得瑕疵遗产的继承人一个人承担有悖公平原则；（2）四成半以上的地区有由分得瑕疵遗产的继承人自行承担的，即继承人之间不相互承担遗产分割瑕疵担保责任的习惯，其原因是被继承人分得瑕疵遗产是随机分配的，事先所有继承人都不知晓，因此只能由分得瑕疵遗产的继承人自行承担责任。

关于遗产分割瑕疵的担保责任之我国立法，我国《继承法》无规定。

从域外立法看，部分国家规定共同继承人之间负有对遗产瑕疵的保证责任。例如，《德国民法典》第757条规定，共同关系废止时，共同标的被分给共同继承人中的一人的，因权利瑕疵或物的瑕疵，其余共同关系人中的每个人必须以出卖人相同的方式对其应由部分提供担保。《瑞士民法典》第637条规定，共同继承人在遗产分割后，对遗产互负买方、卖方义务。分割时，对归属于各自的债权的成立，继承人之间互为担保，在算定的债权额内，对债务人的支付能力与普通保证人相同的义务。

从我国诸继承法学者建议稿看，“杨稿”认为：“遗产分割溯及至继承开始时发生效力，但不得损害第三人的利益。各继承人以其所得遗产的价值为限，对其他继承人分得的遗产，按继承比例承担与出卖人相同的瑕疵担保责任。继承人以其所得遗产的价值为限，对其他继承人因分割所得债权，按继承比例对债务人在遗产分割时的清偿能力承担担保责任。”① “梁稿”第2025条对此亦有规定。

我们认为，我国立法未规定遗产分割瑕疵的担保责任，此为立法之不足。遗产是一个财产集合，有可能是物还可能包括债权，因此共同继承人不仅需要对分得的遗产承担与出卖人相同的担保责任，还应对分得的债权承担连带的担保责任，以更好地公平保障共同继承人的权益。综上所述，上述江西省被调查者所在地区对遗产分割的瑕疵由共同继承人相互承担的民间习惯、域外立法和我国诸继承法学者建议稿的观点可供我国立法参考。

十一、无人承受遗产之特点与原因分析

（一）无人承受遗产的归属之特点与原因分析

关于无人承受遗产的确认和归属，统计数据显示，在被调查者中，（1）主张归属主体为社会公共组织（包括归属于国家、死者生前所在地的国库、死者生前所在地民政部门的社会福利机构和死者生前所在的居委会）的，合计占近七成（城镇居民69.68%，农村居民53.49%）；（2）主张归属主体为自然人（不是继承人的其他亲属）的，占比三成左右（城镇居民28.28%，农村居民36.97%）（见表7-75、表7-77）。

① “杨稿”第89条。

以上特点之原因分析，根据关于城镇居民无人承受遗产的归属主体的民众观念之理由和关于农村居民无人承受遗产的归属主体的民众观念之理由（见表 7-76、表 7-78），在江西省被调查者中，（1）五至七成的人主张归属主体为社会公共组织，其原因包括：其一，归国家，可以规范财产秩序，也与部分国家的做法相一致，有利于对遗产的清算、管理和利用；其二，归民政部门的社会福利机构，该机构具有公益性质，能有效发挥其价值；其三，归属于被继承人生前所在地的集体经济组织，有利于对遗产的清算、管理和利用；其四，归属于死者生前所在地的国库，符合法律规定且更公正合理；其五，归属于死者生前居住地的村小组、村委会，符合民众的习俗观念，且有利于当地的发展。（2）三成左右的人主张归属主体为自然人，其原因是归不是继承人的其他亲戚所有符合情理。

关于无人承受遗产的归属主体之我国立法，我国《继承法》第 32 条规定："无人继承又无人受遗赠的遗产，归国家所有；死者生前是集体所有制组织成员的，归所在集体所有制组织所有。"

从域外立法看，对无人继承的遗产归属的规定有所不同。例如，瑞士规定，被继承人无继承人的，其遗产归属于其最后住所地所在地的州，或依州法归属于有权利的乡镇。[①]日本规定，当继承人不存在时，将遗产对特别亲属关系人进行分配后，归国库所有。[②]

从我国诸继承法学者建议稿看，"梁稿"规定："无人承受的遗产，在人民法院指定的遗产管理人依本法规定清偿遗产债务和继承费用之后仍有剩余的，由遗产管理人移交有关部门缴入国库所有；死者生前是集体经济组织成员的，移交所在的集体经济组织。"[③]"张稿"第 70 条和"陈稿"第 87 条对此均有规定。

我们认为：第一，将生前为集体所有制成员的无人承受遗产规定归属于"集体所有制组织"，有其合理之处。但从传统民法学的角度看，"集体所有制组织"不是一个严格的法律术语，目前的村民委员会和居民委员会只是基层自治组织，而不是"集体所有制组织"。第二，我国立法规定无人承受遗产主体为国家，这是基于我国的公有制规定而进行的设定。然而，到底由国家的哪个机关来接受无人承受遗产，这一立法规定无法回答这一问题，进而在实践中欠缺可操作性，对相关权益人的保护以促进财产正常流转的功能无法得到真正的实现，此为我国立法之不足。而"国库"作为国家财政机关，将其作为无人承受遗产的归属主体能解决上述的困境。因此，上述无人承受遗产的归属主体为国库的江西省被调查者民众观念、域外立法和我国学者建议稿的观点可供我国立法参考。

（二）无人承受遗产的处理之特点与原因分析

第一，关于无人承受的遗产管理人，统计数据显示，在江西省被调查者中，（1）主张由死者户籍所在地的居委会、村委会或所在单位指定的，占近五成（48.04%）；（2）主张由人民法院指定的，占近四成（39.18%）；（3）主张由民政部门指定的，占一成以上（12.78%）（见表 7-79）。

以上特点之原因分析，根据关于无人承受遗产管理人的产生方式的民众观念之理由（见表 7-81），在江西省被调查者中，（1）近五成的人主张由死者户籍所在地的居委会、

① 《瑞士民法典》第 466 条。

② 《日本民法典》第 959 条。

③ "梁稿"第 2029 条。

村委会或所在单位指定，其原因是其对死者及其遗产的情况比较清楚，有利于对遗产进行清算、管理和利用；（2）近四成的人主张由法院指定，其原因是更有利于公平保护相关债权人的利益，或更专业更权威；（3）一成以上的人主张由民政部门指定，其原因是指定无人承受遗产的管理人是该机关的管辖范围，系其职责。

关于无人承受遗产的管理人的产生方式之我国立法，我国《继承法》无规定。

从域外立法看，如《法国民法典》规定，任何债权人、为死者利益负责管理其全部或一部分概括财产的任何人、有利益关系的任何其他人或者检察院提出的申请，受理请求的法官委托负责公产管理的行政机关管理无人继承的遗产。[①]《日本民法典》第 952 条规定，“家庭法院因利害关系人或检察官的请求，应选任继承财产管理人。”

从我国诸继承法学者建议稿看，“梁稿”第 2002 条规定，没有继承人或者继承人下落不明，而遗嘱中又未指定遗嘱执行人的，经利害关系人申请，法院可以指定遗产管理人。[②]“陈稿”第 83 条规定，继承开始后，继承人有无不明的，被继承人住所地的居/村民委员会应在其成员中选任遗产管理人。或死亡时不在户籍所在地，可由住所地或主要财产所在地的居/村民委员会在其成员中选任遗产管理人。[③]

我们认为，我国立法未规定无人承受遗产人的产生方式，此为立法之不足。对于此类遗产，如果由熟悉死者及其遗产情况的居委会、村委会或所在单位指定遗产管理人，对遗产进行清算和管理，比较符合我国的国情。关于无人承受遗产管理人的产生方式的上述江西省被调查者的民众观念、域外立法和我国学者建议稿的观点可供我国立法参考。

第二，关于无人承受遗产酌分请求权主体的民众观念，统计数据显示，有六至七成的被调查者主张无人承受的遗产的酌分请求权人包括：依靠死者扶养的人（占 71.55%）；与死者共同生活的人（占 67.80%）；与死者有密切联系且对其帮助较多的人（占 73.42%）（见表 7-82）。

以上特点之原因分析，七成左右的江西省被调查者认为依靠死者扶养的人、与死者共同生活的人、与死者有密切联系且对其帮助较多的人都可以酌情分得无人继承的遗产，其原因可能是可以酌情分得无人继承的遗产的人不一定要有血缘关系，为防止出现被继承人财产无人继承而收归国有的情况，应扩大该请求权主体，并且这样也有利于保障无人承受遗产所有人生前的生活。

关于无人承受遗产的酌分请求权主体之我国立法，我国《继承法》第 14 条规定：“对继承人以外的依靠被继承人扶养的缺乏劳动能力又没有生活来源的人，或者继承人以外的对被继承人扶养较多的人，可以分给他们适当的遗产。”1985 年《执行继承法意见》第 57 条规定：“遗产因无人继承收归国家或集体组织所有时，按继承法第十四条规定可以分给遗产的人提出取得遗产的要求，人民法院应当视情况适当分给遗产。”

从域外立法看，日本规定可将无人承受的遗产给予与被继承人共同生活、为被继承人治疗和护理做出贡献的人以及其他与被继承人有特殊关系的人；英国规定王室可以自由裁量将遗产给予实际上依靠无遗嘱死亡者的人而不论其是否和无遗嘱死亡者有关系，或者其

① 参见《法国民法典》第 809-1、809-2 条。

② “梁稿”第 2002 条。

③ “陈稿”第 84 条。

他无遗嘱死亡者希望供养的人。①

从我国诸继承法学者建议稿看，部分学者对无人承受遗产的酌分请求权有所规定。例如，“张稿”主张将酌分请求权的主体限定为与被继承人共同生活或者精心照顾被继承人的人。②“陈稿”则认为依靠被继承人扶养的人、对被继承人扶养较多的人、与被继承人一同生活的人或其他与被继承人有密切关系的人都可以成为无人承受遗产的酌分请求权人。③

我们认为，我国立法规定的无人承受的遗产之酌情分配请求主体范围较窄，此为立法之不足。如果将依靠被继承人扶养的人、对被继承人扶养较多的人、与被继承人一同生活的人作为酌情分给请求权主体，可以更好地发挥遗产的扶养价值。且将其他与被继承人有密切关系的人作为酌分请求权主体，可以充分发挥遗产的经济功能，对被继承人有密切关系的人进行扶助的作用。故上述江西省被调查者主张扩大无人承受的遗产之酌情分配请求主体的民众观念、域外立法和可供我国立法参考。

第四节　当代中国江西省民众财产继承观念与遗产处理习惯对中国民法典继承编制定的立法启示

以上，我们根据江西省被调查者的财产继承观念与遗产处理习惯实证调查的统计汇总数据，分析归纳其特点，研究其特点的产生原因，并考察我国司法实践相关案例，分析我国继承法律制度的适用情况，进而结合考察域外立法例和我国诸继承法学者建议稿的观点，总结我国《继承法》相关制度的优点和剖析其不足。以下，我们将以江西省被调查者的财产继承观念与遗产处理习惯为参考基础，从中国实际出发，借鉴域外立法例和我国诸继承法学者建议稿的有益观点，对我国“民法典继承法编”编纂中相关继承制度的修改完善或予以保留，提出立法建议，以供我国立法机关参考。

一、我国遗产范围制度之不足与立法完善建议

（一）我国遗产范围界定制度之不足

关于遗产范围界定制度，我国《继承法》主要存在以下不足：第一，对于遗产种类的范围界定，采取正面列举与概括相结合的规定，但欠缺排除条款，这导致民众对遗产的种类认识产生偏差。在江西省被调查者中，一成至七成多的人认为家庭日常生活用品、债务、交通事故死亡赔偿金、单位出租房、以被继承人的姓名注册的邮箱和QQ账号等属于遗产，可能会引起纠纷（见表7-4）。并且前述涉及遗产范围界定制度的案例之司法审判实践中也反映出遗产范围界定制度存在此不足。第二，欠缺遗产归扣制度，这不利于在共同继承人中公平分配遗产。但江西省被调查者的归扣观念较为淡薄，实践中归扣习惯也较少（见表7-6、表7-7）。

（二）我国遗产范围界定制度之立法完善建议

综上所述，我们针对我国遗产范围制度的修改和完善提出以下建议：

---

① 参见史尚宽：《继承法论》，中国政法大学出版社2000年版，第383页。
② 参见“张稿”第70条。
③ 参见“陈稿”第87条。

1. 遗产范围界定模式之立法建议

建议采取“性质列举+兜底+排除”更能囊括实践中纷繁复杂的财产类型。即遗产是被继承人死亡时遗留的个人财产，包括：（1）被继承人享有的财产所有权、用益物权、担保物权和占有；（2）被继承人享有的债权；（3）被继承人享有的知识产权、股权、合伙权益中的财产权益；（4）因自然人死亡而获得的补偿金、赔偿金等，法律另有规定者除外；（5）非专属于被继承人的其他财产权益。但专属于被继承人的其他财产权益的除外。

2. 被继承人生前特种赠与财产的归扣之立法建议

从本次江西省民众继承观念与遗产处理习惯调查结果看，无论是从继承观念上还是从实践习惯上，大部分的江西省被调查者认为被继承人生前特种赠与财产不应归扣纳入遗产范围。因此，建议不应将被继承人生前特种赠与财产归扣纳入遗产范围。

二、我国继承开始的通知和公告制度之不足与立法完善建议

（一）我国继承开始的通知和公告制度之不足

关于继承开始的通知和公告制度，我国《继承法》主要存在两个方面的不足：第一，继承开始的通知和公告的义务主体范围狭窄，不利于及时告知继承权利人及遗产利害关系人等及时获知继承开始的信息，不利于保障遗产利害关系人的权益；江西省被调查者民众所在地区的习惯是继承开始的通知和公告的主体范围较我国《继承法》规定得更为广泛（见表7-10）。第二，欠缺继承通知与公告期间的具体规定，不利于继承权利人在确定的时间范围内确认权利，容易引发继承纠纷；合计近七成的多数被调查者认为应在7日以内完成通知（见表7-12）。前述涉及继承开始的通知和公告制度的案例之司法审判实践中也反映出继承开始的通知和公告制度存在此不足。

（二）我国继承开始的通知和公告制度之立法完善建议

综上所述，我们针对我国继承开始的通知和公告制度的修改与完善提出以下建议：

1. 继承开始的通知和公告的主体之立法建议

建议扩大继承开始的通知和公告的主体范围，除保留现行法规定的知道被继承人死亡的继承人、被继承人生前所在单位或者住所地的居民委员会、村民委员会外，增加遗嘱执行人、遗产管理人以及知道或负责处理被继承人死亡事件的部门或基层组织。

2. 继承开始的通知和公告的方式之立法建议

建议对继承开始的具体的通知方式，立法上没有必要作硬性规定。

3. 继承开始的通知和公告的期间之立法建议

继承开始通知的主体应该在知晓被继承人死亡的7日内，通知和公告相关利害关系人，便于及时顺利地开启继承活动。

三、我国遗产管理制度之不足与立法完善建议

（一）我国遗产管理制度之不足

关于遗产管理制度，我国《继承法》主要存在以下不足：第一，未规定遗产管理人的选任规则；在江西省被调查者中，七成以上的人选择法定继承人、三成的人选择死者家族中德高望重者担任遗产管理人（见表7-13）。第二，没有遗产管理人的职责与报酬的规

定，江西省被调查者认同遗产管理人职责的多样性，且遗产管理人是否取得报酬，因遗产管理人的产生方式及其是否有继承人的身份而有所不同（见表7-15、表7-16）。第三，缺乏遗产管理人的损害赔偿责任。江西省被调查者认同以“过错责任原则”来处理遗产管理人的损害赔偿责任（见表7-18）。前述涉及遗产管理制度的案例之司法审判实践中也反映出遗产管理制度存在此不足。

（二）我国遗产管理制度之立法完善建议

综上所述，我们针对我国遗产管理制度的修改与完善提出以下建议：

1. 遗产管理人的确定之立法建议

建议规定遗产管理人的选任规则。继承开始后，继承人可以举行会议推选遗产管理人。未推选的，由全体继承人共同担任遗产管理人。被继承人可以在遗嘱中制定或者委托继承人或第三人担任遗产管理人。在下列情况下，经利害关系人申请，人民法院可以指定遗产管理人：（1）遗嘱未指定遗产管理人或遗产执行人，继承人对遗产管理人的选任有争议的；（2）没有继承人或者继承人下落不明，而遗嘱中又未指定遗产执行人的；（3）利害关系人有证据证明继承人的行为已导致或者可能导致其利益受损的。①

2. 遗产管理人的管理职责与报酬之立法建议

增设遗产管理人的管理职责和报酬。遗产管理人的职责如下：收集遗产，编写财产清册；在遗产管理期间忠实且谨慎地保护和管理遗产；发出继承公告，催促相关债权人和债务人，申报遗产债权和债务；向继承人报告管理账目；清偿各种由遗产负担的费用、债务和税款；将剩余财产分配给继承人；负责与待继承遗产有关的起诉和应诉。

除继承人外，任何主体担任遗产管理人的，都有获得与其管理任务相对应的报酬。接受遗产的继承人在遗产不足以支付遗产管理人的报酬时，应自行担负支付报酬的责任。

3. 遗产管理人的损害赔偿责任之立法建议

建议规定遗产管理人的损害赔偿责任。遗产管理人因故意或过失未尽遗产管理义务，从而造成遗产毁损或灭失的，应当承担损害赔偿责任。

四、我国法定继承制度之不足与立法完善建议

（一）我国法定继承制度之不足

关于我国法定继承制度，我国《继承法》主要存在五个方面的不足：第一，法定继承人范围较窄，会增加遗产无人继承的概率，与我国《继承法》相比较，江西省被调查者观念中的法定继承人的范围更广，顺序更多（见表7-19）。第二，未规定配偶的无固定继承顺序，不利于保障配偶及后顺序的兄弟姐妹等近血亲的继承权益，且合计五成半以上的江西省被调查者对配偶无固定继承顺序持认可态度（见表7-21）。第三，未规定配偶享有对遗产中家庭住房的先取权或终生使用权，不利于保障生存配偶的基本生存权和居住权，对此先取权和居住权近八成的江西省被调查者持认可态度（见表7-22）。第四，未规定后顺序特殊法定继承人对特殊遗产的终生使用权，对此持认可态度的江西省被调查者近七成半（见表7-25）。第五，尽了主要赡养义务的丧偶儿媳（或女婿）作为第一顺序法定继承人，不利于平等保护血亲继承人之继承权。前述涉及法定继承制度的案例之司法审

① 参见郭明瑞、房绍坤、关涛：《继承法研究》，中国人民大学出版社2003年版，第318页。

判实践中也反映出我国尽了主要赡养义务的丧偶儿媳或女婿的遗产分配方式存在此不足。

（二）我国法定继承制度之立法完善建议

综上所述，我们针对我国法定继承制度的修改和完善提出以下建议：

1. 法定继承人的范围和顺序之立法建议

建议扩大法定继承人的范围，并且修改和增加法定继承人的顺序如下：第一顺序：子女及其晚辈直系血亲；第二顺序：父母；第三顺序：兄弟姐妹及其子女、祖父母和外祖父母；第四顺序：曾祖父母、伯叔姑舅姨、堂兄弟姐妹、表兄弟姐妹四代以内的其他直系或者旁系血亲。[①] 配偶作为不固定顺序的继承人，其可以与前面四个顺序的继承人共同继承。

2. 配偶与血亲继承人的法定应继份之立法建议

生存配偶与被继承人的子女或者直系血亲卑亲属（第一顺序的法定继承人）共同继承时，生存配偶可以取得遗产的平均份额；当没有第一顺序的法定血亲继承人或者法定血亲继承人都丧失继承权时，生存配偶可与被继承人的其他顺序的血亲继承人如第二、第三、第四顺序的继承人共同继承。生存配偶应继份额的大小应根据参与继承的血亲继承人与死者亲疏关系的远近取得不同的份额，被继承人的法定血亲继承人与死者的关系越近，生存配偶的应继份额越小；与死者的关系越远，生存配偶的应继份额越大。[②]

3. 配偶对遗产中家庭住房的先取权和终生使用权之立法建议

建议增设配偶对遗产中家庭住房的先取权和终生使用权，如其应继份小于该婚姻住房的价值时，生存配偶可以选择享有对该婚姻住房的终生居住权。[③]

4. 后顺序特殊法定继承人对遗产中原使用的住房及日常生活用品的终生使用权之立法建议

建议增设后顺序特殊法定继承人对遗产中原使用的住房及日常生活用品的终生使用权，即后顺序的特殊法定继承人（如父母或祖父母）因顺序在后未参加继承时，对遗产中供其个人日常生活使用的住房和其他物品有终生使用权。[④]

5. 尽了主要赡养义务的丧偶儿媳或女婿的遗产分配方式之立法建议

建议修改尽了主要赡养义务的丧偶儿媳或女婿的遗产分配方式，即丧偶儿媳对公婆、丧偶女婿对岳父母，尽了主要赡养义务的，对公婆或岳父母的遗产分配方式，区分是否有代位继承人的不同情形：如果没有代位继承人时，不论其再婚与否，作为第一顺序法定继承人参加继承；如果有代位继承人时，可以酌情分得部分遗产。

五、我国遗嘱继承制度之不足与立法完善建议

（一）我国遗嘱继承制度之不足

关于遗嘱继承制度，我国《继承法》主要存在三个方面的不足：第一，公证遗嘱具有优先适用的效力，且只能采用公证的形式进行变更，不符合遗嘱继承自由原则，不利于维护遗嘱人设立、变更遗嘱的合法权益；有七成以上的江西省被调查者认为后遗嘱优先于

---

① 参见“杨稿”第57条。

② 侯放：《继承法比较研究》，福建人民出版社1997年版，第345~346页。

③ 参见“陈稿”第48条。

④ 参见“张稿”第32、33条。

前一公证遗嘱适用的理由是，后遗嘱更能反映遗嘱人的真实意愿（见表7-30）。第二，未规定特留份制度，不利于防止遗嘱自由的滥用和遗产之养老育幼功能的发挥，有近六成半的江西省被调查者认为应对遗嘱处分个人财产的自由予以限制，即赞成设立“特留份”制度（见表7-32）。第三，未规定夫妻共同遗嘱，不利于规范夫妻共同遗嘱行为，容易引发继承纠纷。有七成半的江西省被调查者在观念上认可夫妻设立共同遗嘱（见表7-34）。前述涉及遗嘱继承制度的案例之司法审判实践中也反映出我国欠缺夫妻共同遗嘱制度之不足。

（二）我国遗嘱继承制度之立法完善建议

综上所述，我们针对我国遗嘱继承制度的修改和完善提出以下建议：

1. 公证遗嘱与其他形式遗嘱的效力之立法建议

建议规定遗嘱人可以另立遗嘱明确表示变更或撤销以前自己所立的遗嘱。遗嘱人故意销毁遗嘱的，视为对遗嘱的撤回。订立遗嘱后，遗嘱人实施与遗嘱内容相抵触的行为，视为对遗嘱相关内容的撤回。遗嘱人立有数份形式不同、内容相互抵触的遗嘱时，以最后所立的遗嘱为准。

2. 遗嘱自由的限制——特留份之立法建议

建议增设特留份制度，即遗嘱人以遗嘱处分财产，应当为配偶、晚辈直系血亲、父母保留特定的遗产份额。晚辈直系血亲作为特留份权利人时，以亲近者为先。第一顺序法定继承人的特留份为其应继份的1/2；第二顺序法定继承人的特留份为其应继份的1/3；特留份的继承顺序准用法定继承人的继承顺序。

3. 夫妻共同遗嘱之立法建议

建议增加夫妻共同遗嘱，即夫妻双方可以用共同遗嘱的方式来处理遗产，遗产应在生存配偶死亡时才归属于继承人或受益人。

六、我国继承和遗赠的接受与放弃制度之不足和立法完善建议

（一）我国继承和遗赠的接受与放弃制度之不足

关于继承和遗赠的接受与放弃制度，我国《继承法》主要存在三个方面的不足：第一，继承的接受与放弃的期限和方式不够合理。有三成半江西省被调查者认为继承人放弃继承应在知道继承开始的2个月内做出放弃继承的表示（见表7-37）。前述涉及继承和遗赠的接受与放弃制度的案例之司法审判实践中也反映出继承放弃的方式与效力存在此不足。第二，受遗赠人须以明示的方式接受遗赠，如未作表示的即视为放弃遗赠，不利于保护受遗赠人的合法权利。有六成半以上的江西省被调查者认为受遗赠人未作表示的应认定为接受遗赠（见表7-40）。第三，关于继承人放弃继承后债权人能否撤销继承人放弃继承的行为，我国立法未明确规定，容易引发纠纷；且超过五成半的江西省被调查者对此持否定态度（见表7-43）。

（二）我国继承和遗赠的接受与放弃制度之立法完善建议

综上所述，我们针对我国继承和遗赠的接受与放弃制度的修改和完善提出以下建议：

1. 继承的接受与放弃的时间和方式之立法建议

关于继承和遗赠的接受与放弃的时间和方式，继承开始后，继承人放弃继承的，应当在继承开始后2个月内作出放弃继承的意思表示；没有表示的，视为接受继承。继承人放

弃继承的声明，须以书面的形式向所有已知的接受继承的继承人作出，有遗产管理人时，应当向遗产管理人作出。如果所有的继承人均放弃继承，放弃继承的声明必须以书面形式向法院作出。

2. 遗赠的接受与放弃的方式和效力之立法建议

建议修改遗赠的接受与放弃的方式，即受遗赠人应当在知道受遗赠后2个月内，作出放弃受遗赠的表示，到期没有表示的，视为接受遗赠。

3. 继承的放弃与债权人的撤销权之立法建议

明确规定继承人的债权人无权撤销继承人之放弃继承的行为[①]，即接受与放弃继承的意思表示不得被撤销，但因受欺诈或胁迫而作出的除外。

七、我国继承权的丧失、被继承人宥恕与代位继承制度之不足和立法完善建议

（一）我国继承权的丧失、被继承人宥恕与代位继承制度之不足

关于继承权的丧失、被继承人宥恕与代位继承，我国《继承法》主要存在两个方面的不足：第一，继承权丧失的法定情形存在不足，其中对于采用欺诈或胁迫行为妨碍被继承人设立、变更或者撤销遗嘱而继承权丧失后如获得被继承人的原谅是否可以恢复，尚无规定。近六成半的江西省被调查者对此持认可态度（见表7-46）。并且前述涉及继承权的丧失、被继承人宥恕与代位继承制度的案例之司法审判实践中，也反映出我国继承权的丧失、被继承人宥恕存在此不足。第二，关于被代位继承人丧失继承权的其晚辈直系血亲可否代位继承，1985年《执行继承法意见》规定采否定观点，不符合现代民法的“自己责任原则”和“子女最大利益原则”；五成以上的江西省被调查者对此持肯定观点（见表7-49）。

（二）我国继承权的丧失、被继承人宥恕与代位继承制度之立法完善建议

综上所述，我们针对我国继承权的丧失与恢复制度的修改和完善提出以下建议：

1. 继承权的丧失与被继承人宥恕之立法建议

建议规定，继承权绝对丧失与相对丧失两种形式，并明确规定继承权恢复的具体条件。继承人丧失继承权的情形应包括：（1）为争夺遗产而杀害其他继承人的；（2）故意杀害被继承人的，但正当防卫的除外；（3）遗弃被继承人的，或者虐待被继承人情节严重的；（4）伪造、篡改或者销毁遗嘱，情节严重的；（5）以欺诈或者胁迫的手段，迫使或者妨碍被继承人设立、变更或者撤销遗嘱，情节严重的。继承人有前款第（2）（3）（4）（5）项规定的情形之一，如确有悔改表现，经被继承人宥恕的，可恢复继承权。被继承人知道继承人有丧失继承权的事由，仍然在遗嘱中指定其为继承人的，视为宥恕。继承权丧失的事由准用于受遗赠权的丧失。

2. 继承权的丧失与代位继承之立法建议

建议规定被代位继承人丧失继承权的，不影响其子女的代位继承；但丧失继承权者对其子女代位继承取得的遗产，不享有用益权。

---

① 参见陈苇、王巍：《债权人不能对债务人放弃继承的行为行使撤销权》，载《人民法院报》2018年8月15日第7版。

八、我国遗赠扶养协议制度之不足与立法增补建议

（一）我国遗赠扶养协议制度之不足

关于遗赠扶养协议制度，我国《继承法》主要存在以下不足：目前，我国遗赠扶养协议的主体范围较窄，欠缺继承协议制度，没有对继承协议的变更与效力问题进行规定，这无法满足订立继承协议的现实需要。近六成半的江西省被调查者认同由被继承人与所有继承人共同签订继承协议的方式，在江西省被调查者所在地区为解决被继承人养老送终而签订继承协议的情形时常发生，占四成半（见表7-52、表7-54）。并且前述涉及继承协议制度的案例之司法审判实践中，也反映出我国欠缺继承协议制度之不足。江西省被调查者中，近六成的人认为扶养义务人死亡是继承协议终止的情形之一，近四成的人认为可以允许有条件地代位扶养，近四成的人认为应签订新的继承协议，近三成的人认为需要对超过原扶养人法定义务的支出予以经济补偿（见表7-56）。

（二）我国继承扶养协议制度的立法增补建议

综上所述，我们针对增设我国继承扶养协议制度提出增补建议：

1. 继承扶养协议的订立主体与方式之立法建议

被继承人可以与继承人订立继承扶养协议，由继承人承担比法定扶养义务更高的扶养义务，并继承约定的遗产。违反继承扶养协议的继承人，除符合丧失继承权的条件外，仍享有法定继承权。[①]

2. 继承扶养协议的变更及效力之立法建议

继承扶养协议，经双方当事人协商一致可以解除；双方当事人就解除继承扶养协议的条件进行约定的，当解除条件成立时，解除权人可以解除继承扶养协议。

继承扶养协议一方当事人，在以下法定情形下享有解除权：（1）因不可抗力致使协议目的不能实现；（2）在约定时间内，负义务的一方当事人不履行或迟延履行其义务，又不提供担保，经催告仍不履行的；（3）负有扶养义务的当事人，如先于被继承人死亡的，经被扶养人与有扶养能力的扶养义务人的继承人双方协商同意后，由该扶养义务人的继承人自愿继续履行扶养义务，并由其继承约定的被继承人遗产。

继承扶养协议解除后，还未履行的部分终止履行；已经履行的部分，当事人可以根据履行的情况要求予以补偿。

九、我国遗产债务清偿制度之不足与立法完善建议

（一）我国遗产债务清偿制度之不足

关于遗产债务清偿制度，我国《继承法》主要存在三个方面的不足：第一，我国《继承法》规定了无条件的限定继承和自愿的无限责任继承，但未规定继承人侵害遗产时的强制无限清偿责任，无条件的有限责任继承不利于保护继承人及遗产债权人的利益；九成以上的江西省被调查者认为应增设强制的无限清偿责任类型及有限责任继承的条件（见表7-59）。第二，未规定被继承人的丧葬费支付主体；六成以上的江西省被调查者习惯上由全体继承人共同支付（见表7-61）。第三，对遗产债务的清偿顺序没有作明确规

① 参见“杨稿”第69条。

定，不利于保障遗产权利人利益的有效实现。

（二）我国遗产债务清偿制度之立法完善建议

综上所述，我们针对我国遗产债务清偿制度的修改和完善提出以下建议：

1. 遗产债务清偿责任的类型之立法建议

我们建议将无条件的限定继承制度修改为有条件的限定债务清偿责任制度。继承人自愿声明选择实行有条件的限定继承，且依法制作遗产清册的，仅以遗产为限清偿遗产债务。超过遗产实际价值部分，继承人自愿偿还的不在此限。对被继承人的债务，共同继承人应当承担连带清偿责任。若继承人有转移遗产、隐瞒遗产等侵害遗产的行为时，对遗产债务应以其所获得的遗产和其个人财产承担强制的无限清偿责任。

2. 被继承人的丧葬费用的支付之立法建议

建议规定与被继承人地位相称的丧葬费用，由全体继承人共同承担。

3. 遗产债务的清偿顺序之立法建议

建议规定，对遗产债务按下列次序进行清偿：（1）继承费用；（2）有先权的债务；（3）被继承人生前所欠税款及普通债务；（4）遗产酌给债务；（5）因特留份扣减权、遗赠等产生的债务。

十、我国遗产分割制度之不足与立法完善建议

（一）我国遗产分割制度之不足

关于遗产分割制度，我国《继承法》主要存在两个方面的不足：第一，虽然有体现遗产分割自由的规定，但是还没有明确规定遗产分割的请求时间和限制遗产分割的条件与期间；在江西省被调查者中，八成以上的人认同遗产的分割应经过全体继承人一致同意且不得违反遗嘱之禁止分割的规定；七成的人认为子女继承人不会在被继承人去世后立即提出对生存配偶居住的遗产房屋的分割要求（见表7-64、表7-66、见表7-71）。第二，欠缺遗产分割之共同继承人瑕疵担保责任制度，不利于公平地保护各共同继承人的权利；五成以上的江西省被调查者所在地区的习惯由共同继承人相互承担遗产分割瑕疵的担保责任（见表7-73）。

（二）我国遗产分割制度之立法完善建议

综上所述，我们针对我国遗产分割制度的修改和完善提出以下建议：

1. 遗产分割的自由与限制之立法建议

继承开始后，继承人可以随时请求分割遗产，但有下列情形之一的除外：（1）遗产债务尚未清偿完毕，但有不能及时清偿该债务的合理理由的除外；（2）遗嘱指定遗产于一定期间内不得分割，但该期间不得超过5年；超过5年的，缩短为5年；（3）继承人协商同意于一定期间内不分割遗产；（4）对特定遗产进行即时分割将会严重损害其价值的，人民法院经继承人申请，可以裁判暂缓分割；（5）继承人中有尚未出生的胎儿的，遗产分割的时间应当延缓至胎儿出生以后；（6）继承人身份关系尚未确定的，遗产分割的时间应当延缓至继承人身份关系确定以后。①

① 参见“陈稿”第74条。

2. 遗产分割瑕疵的担保责任之立法建议

遗产分割溯及继承开始时发生效力，但不得损害第三人的合法利益。

遗产分割后，各共同继承人以其所得的遗产份额为限，对其他共同继承人分得的遗产，承担与出卖人相同的担保责任。继承人以其所得遗产的价值为限，对其他继承人因分割所得债权，按继承比例对债务人在遗产分割时的清偿能力承担担保责任。前项债权如未届清偿期或者附有停止条件的，则各继承人应就清偿时债务人的支付能力负担保责任。

十一、我国无人承受遗产制度之不足与立法完善建议

（一）我国无人承受遗产制度之不足

关于无人承受遗产制度，我国《继承法》主要存在两个方面的不足：第一，无人继承又无人受遗赠的遗产归国家或集体所有制组织所有，但实际中到底由国家的哪个机关来接受无人承受遗产，在实践中欠缺可操作性。第二，未规定无人承受遗产的遗产管理人的产生方式；四成左右的江西省被调查者认同遗产管理人由死者户籍所在地的居委会、村委会或所在单位指定或由人民法院指定（见表7-79）。第三，无人承受遗产的酌分请求权主体范围较窄。七成左右的江西省被调查者认为依靠死者扶养的人、与死者共同生活的人、与死者有密切联系且对其帮助较多的人都可以酌情分得无人继承的遗产（见表7-82）。前述涉及无人承受遗产案例制度的案例之司法审判实践中也反映出无人承受遗产酌分请求权主体范围较窄的不足。

（二）我国无人承受遗产制度之立法完善建议

综上所述，我们针对我国无人承受遗产制度的修改和完善提出以下建议：

1. 无人承受遗产的归属主体之立法建议

明确规定无人承受的遗产归国库所有。

2. 无人承受遗产的管理人之立法建议

增补无人承受遗产的管理人规定。遗产有无人继承不明时，可以由死者户籍所在地的居委会、村委会或所在单位指定遗产管理人；利害关系人申请法院指定遗产管理人的，以法院确定的管理遗产人为最终管理主体。管理人对无人承受的遗产，在清偿债务、执行遗赠、酌情分配后有剩余的，归国库所有。

3. 无人承受遗产的酌分请求权主体之立法建议

建议扩大无人承受遗产酌分请求权主体范围。当无人承受的遗产在清偿债务后仍有剩余财产的，法院可根据情况酌情分配给下列人员：（1）与被继承人共同生活或者精心照顾被继承人的人；（2）依靠被继承人扶养的人；（3）对被继承人扶养较多的人；（4）与被继承人一同生活的人或其他与被继承人有密切关系的人。

第八章　当代中国四川省民众财产继承观念与遗产处理习惯实证调查研究*

第一节　当代中国四川省民众财产继承观念与遗产处理习惯实证调查概况

一、被调查地区概况

（一）四川省社会经济发展水平情况

2018 年，全省实现地区生产总值（GDP）40678.1 亿元，按可比价格计算，比上年增长 8.0%。其中，第一产业增加值为 4426.7 亿元，增长 3.6%；第二产业增加值为 15322.7 亿元，增长 7.5%；第三产业增加值为 20928.7 亿元，增长 9.4%。人均地区生产总值为 48883 元，增长 7.4%。②

（二）四川省人口结构情况

2018 年，从城乡人口结构来看，四川省常住人口 8341 万人，比上年增加 39 万人。其中，城镇人口 4361.50 万人，乡村人口 3979.50 万人，城镇化率 52.29%。从人口性别比来看，全部人口中，男性 4204.10 万人，占 50.40%；女性 4136.90 万人，占 49.60%。从人口年龄结构来看，2018 年全省常住人口中，0~14 岁（含不满 15 周岁）人口 1378 万人，占 16.52%；15~59 岁（含不满 60 周岁）人口 5201 万人，占 62.35%，60 岁及以上人口 1762 万人，占 21.13%。65 岁及以上人口 1182 万人，占 14.17%。③

（三）四川省城乡人口的年均收入情况

2018 年，全省居民人均可支配收入 22461 元，比上年增长 9.1%。按常住地分，全年城镇居民人均可支配收入 33216 元，比上年增加 2489 元，比上年增长 8.1%；全年农村居民人均可支配收入 13331 元，比上年增加 1104 元，比上年增长 9.0%。④

---

* 作者简介：陈苇，女，西南政法大学外国家庭法及妇女理论研究中心主任、西南政法大学民商法学院教授、博士生导师；李艳，女，西南政法大学 2016 级民商法博士研究生；白玉，女，西南政法大学 2017 级民商法博士研究生；刘宇娇，女，西南政法大学 2018 级民商法博士研究生。

② 参见中国统计信息网：《四川省 2018 年国民经济和社会发展统计公报》，http：//www.tjcn.org/tjgb/23sc/35818_ 4.html，访问日期：2019 年 5 月 23 日。

③ 参见四川统计局：《2018 年四川省人口统计公报》，http：//tjj.sc.gov.cn/tjxx/zxfb/201903/t20190319_277119.html，访问日期：2019 年 5 月 23 日。

④ 参见中国统计信息网：《四川省 2018 年国民经济和社会发展统计公报》，http：//www.tjcn.org/tjgb/23sc/35818_ 4.html，访问日期：2019 年 5 月 23 日。

二、实证调查情况简介

2016 年 11 月，西南政法大学陈苇教授主持申报的司法部科研项目“我国遗产处理制度系统化构建研究”被批准立项。为了给此项目的理论研究和制度研究提供国情资料，必须了解当代中国民众的财产继承观念和遗产处理习惯。考虑到课题组人力、物力的限制，陈苇教授选择我国十省市包括东北部的吉林省、东部的上海市、北部的河北省、中部的湖北省和江西省、南部的广东省和海南省、东南部的福建省、西南部的重庆市和四川省作为被调查地区，然后联系并确定了各省市调查组组长共同组织开展本项目的子课题“当代中国民众财产继承观念与遗产处理习惯实证调查研究”。本次“四川省民众财产继承观念与遗产处理习惯实证调查研究”是西南政法大学陈苇教授主持的“当代中国民众财产继承观念与遗产处理习惯实证调查研究”的组成部分之一，由西南政法大学民商法学院陈苇教授担任四川省调查组组长，由西南政法大学民商法学院胡苷用副教授担任副组长。

（一）调查问卷的设计和学生调查员的召集与培训

2016 年 11 月中旬，陈苇教授组织重庆市课题组成员分工合作，设计制作“当代中国民众财产继承观念与遗产处理习惯实证调查”的调查问卷，至同年 12 月中旬完成了调查问卷的设计工作。然后，陈苇教授把调查问卷电子版通过邮件发送给参加本次实证调查的十省市调查组组长，以供开展实地调查时十省市被调查地区统一使用。同年 12 月下旬，根据陈苇教授撰写的“当代中国民众财产继承观念与遗产处理习惯社会调查动员和培训会”的说明书，我们在西南政法大学召集了四川籍的 104 名学生志愿者，然后组织召开“当代中国四川省民众财产继承观念与遗产处理习惯实证调查动员暨社会调查知识培训会”。在会上，陈苇教授给每位学生调查员发放了 6 份调查问卷，讲解说明本次调查的目的意义和具体要求，要求被调查者须男女均有，分为老、中、青（61 岁以上、41~60 岁、20~40 岁）三个年龄段，并且最好具有不同的职业背景。同时，陈苇教授对照调查问卷的问题，向学生调查员逐一讲解了本次调查知识的要点，详细介绍调查问卷各项问题的含义及填写的具体方法。

（二）实地社会调查的方式

2017 年 1 月至 2 月的寒假期间，四川省籍的学生调查员在各自家乡开展实地社会调查。本次调查主要采取学生调查员“入户问卷调查”和“个人访谈”的方式进行。

一是入户问卷调查。学生调查员在 2017 年的寒假期间回到自己的家乡，向当地民众进行入户问卷调查。每位被调查对象必须符合培训会说明的条件和要求，而且其只能填写一份调查问卷。学生调查员入户首先向被调查者讲解说明本次调查的目的意义和调查问卷填写的相关问题，采取让被调查者自己填写问卷或者学生调查员向被调查者询问后代其填写两种方式完成问卷的填写。

二是个人访谈。要求采取“一对一”的个人访谈方式，以收集与遗产继承有关的纠纷或案例。本次实地调查，除填写调查问卷外，还要求辅以“一对一”的个人访谈，收集和记录典型的继承纠纷或相关案例。因为调查问卷涉及客观选择与主观理由两部分内容，采取“一对一”的个人访谈方式，可以避免被调查者受他人的影响，便于更客观深入地了解被调查民众的真实想法。

（三）调查问卷数据的录入、统计汇总、复核与撰写调查研究报告

2017 年 3 月开学后，四川省调查组教师组织统一回收了调查问卷与典型案例的访谈记录，然后组织学生统计员对调查问卷进行数据统计工作。本次实地调查实际发放 624 份问卷，剔除无效问卷后，收回有效问卷共计 574 份，有效问卷率为 91.99%。2017 年 4 月底完成了《〈当代中国民众财产继承观念与遗产处理习惯实证调查问卷〉四川省民众实证调查统计数据汇总表》的定稿。我们在此需要特别说明，关于各项调查问题之统计人数的合计，凡单选题的人数合计均为 100%，均合计在统计表中；凡多选题的人数合计均超过 100%，故不予进行合计统计。本调查报告就是根据此次调查统计数据汇总表作为基础资料进行分析和研究而撰写。在此，特向所有参与此次调查活动的老师和同学表示衷心的感谢!①

2017 年 4 月，陈苇教授拟定了“当代中国民众财产继承观念与遗产处理习惯实证调查研究的写作提纲和写作要求”。2017 年 5 月起，我们根据此写作提纲和写作要求，进入参考文献资料的收集和调查报告的写作与修改阶段。本章由西南政法大学陈苇教授、李艳博士生共同撰写初稿至第五稿，其间，根据陈苇教授对初稿至第五稿的历次修改意见和中期专家的评审意见，多次对稿件进行了相应的修改和补充，最后向课题负责人陈苇教授交稿。2019 年 1 月，陈苇教授对四川省调查研究报告进行了审阅、修改和补充，然后组织重庆市调查组博士生对四川省调查研究报告统一进行了三次修改补充，最终于 2019 年 6 月完成定稿。

三、被调查对象的基本情况

本次调查的对象为四川省常住人口，我们根据 574 份有效问卷，对 574 名被调查者的性别、年龄和职业情况统计如下：

（一）被调查者的性别情况

表 8-1 被调查者的性别情况统计

性别	男性	女性	合计
人数	293	281	574
比例	51.05%	48.95%	100%

关于本次被调查者的性别情况，统计数据显示，在四川省 574 名被调查者中，男性有 293 人（51.05%）；女性有 281 人（48.95%）。可见，男性被调查者占比超过五成；女性被调查者占比接近五成，即男女两性的占比基本持平。

① 参与四川省民众财产继承观念与遗产处理习惯的实地调查以及调查数据统计汇总等工作的师生名单，详见“鸣谢”。

（二）被调查者的年龄情况

表 8-2　被调查者的年龄情况统计

年龄	人数	比例
20~30 岁	139	24.22%
31~40 岁	77	13.42%
41~50 岁	126	21.95%
51~60 岁	72	12.54%
61~70 岁	91	15.85%
71 岁以上	69	12.02%
合计	574	100%

关于本次被调查者的年龄情况，统计数据显示，四川省 574 名被调查者中，青年人（20~40 岁）有 216 人（37.64%）；中年人（41~60 岁）有 198 人（34.49%）；老年人（61 岁以上）有 160 人（27.87%）。可见，三个年龄段相比较，青年人占近四成；中年人占三成半；老年人占近三成，即中青年人合计占七成。

（三）被调查者的职业情况

表 8-3　被调查者的职业情况统计

职业	人数	比例
农民	142	24.74%
工人	49	8.54%
经商者	67	11.67%
公务员及企事业单位人员	142	24.74%
其他（打工等不固定职业）	174	30.31%
合计	574	100%

关于本次被调查者的职业情况，统计数据显示，四川省 574 名被调查者中，各个职业的占比为：农民有 142 人（24.74%）；工人有 49 人（8.54%）；经商者有 67 人（11.67%）；公务员及企事业单位人员有 142 人（24.74%）；其他职业（打工等不固定职业）有 174 人（30.31%）。可见，四川省被调查者所从事的职业，排在前三位的分别是：其他职业、农民、公务员及企事业单位人员。

综上所述，本次四川省被调查者的男女性别比持平，老、中、青各年龄段者均有，以中青年人为主体（两者占比合计近七成半），他们的职业涉及广泛，本次调查数据基本上能够反映不同性别、年龄和职业被调查者的财产继承观念与遗产处理习惯。

第二节　当代中国四川省民众财产继承观念与遗产处理习惯实证调查的数据统计情况

一、遗产范围界定之调查数据统计情况

关于遗产范围界定之调查数据统计，我们主要从遗产的种类和被继承人生前特种赠与财产的归扣两个方面进行调查数据的统计情况汇总分析。

（一）遗产的种类

问题【一、（一）】“2016 年 2 月某甲因车祸死亡，经清理某甲个人名下的遗物，您认为，以下哪些属于某甲的遗产？A. 住房一套；B. 小汽车一辆；C. 家庭日常生活用品若干；D. 存款 10 万元；E. 股票 10 万元；F. 某甲以其姓名注册的邮箱、QQ 账号等；G. 单位出租给某甲的午休住房一间；H. 某甲向某公司购货的欠款 5 万元；I. 某甲因交通事故死亡获得 50 万元赔偿金。（多选）”

表 8-4　属于遗产种类的民众观念情况统计（多选）

选项	人数	比例
A. 住房一套	564	98.26%
B. 小汽车一辆	558	97.21%
C. 家庭日常生活用品若干	392	68.29%
D. 存款 10 万元	548	95.47%
E. 股票 10 万元	497	86.59%
F. 某甲以其姓名注册的邮箱、QQ 账号等	174	30.31%
G. 单位出租给某甲的午休住房一间	46	8.01%
H. 某甲向某公司购货的欠款 5 万元	350	60.98%
I. 某甲因交通事故死亡获得 50 万元赔偿金	443	77.18%

关于属于遗产种类的民众观念，统计数据显示，在 574 名被调查者中，（1）选择 A、B、D、E 项，认为房屋（98.26%）、汽车（97.21%）、存款（95.47%）、股票（86.59%）属于遗产的，各占八至九成以上；认为“单位出租给某甲的午休住房”不属于遗产的，占九成以上（91.99%）[①]；（2）选择 C、H、I 项，认为家庭日常生活用品若干（68.29%）、欠款（60.98%）和死亡赔偿金（77.18%）属于遗产的，各占六至七成以上；（3）选择 F 项，认为“某甲以其姓名注册的邮箱、QQ 账号等”属于遗产的占三成（30.31%）。

① 认为“单位出租给某甲的午休住房”属于遗产的仅占 8.01%，即有九成以上（91.99%）的被调查者认为其不属于遗产。

（二）被继承人生前特种赠与财产的归扣

1. 被继承人生前特种赠与财产是否应归入遗产范围的民众观念情况统计

问题【一、（二）1.】“张老汉有三个儿子，在10年前大儿子甲结婚时，张老汉给其资助购买婚房的现金20万元；二儿子乙一直未结婚，但5年前在其开办豆腐坊时，张老汉资助其营业资金10万元。在两年前小儿子丙结婚时，张老汉为其购买一套价值30万元的房屋（产权登记在小儿子丙名下）；2016年1月张老汉去世时遗留有个人所有的住房一套和50万元存款。请问：上述哪些财产应当计算入遗产？A. 张老汉生前给三个儿子不同资助的财产与死亡时其遗留的住房、存款，均应当合并计算为遗产；B. 张老汉去世时遗留的个人所有的住房和50万元存款，才可以计算为遗产；C. 其他。（单选）”

表8-5　被继承人生前特种赠与财产是否应归入遗产范围的民众观念情况统计（单选）

选项	人数	比例
A. 张老汉生前给三个儿子不同资助的财产与死亡时其遗留的住房、存款，均应当合并计算为遗产	86	14.98%
B. 张老汉去世时遗留的个人所有的住房和50万元存款，才可以计算为遗产	381	66.38%
C. 其他	107	18.64%
合计	574	100%

关于被继承人生前特种赠与财产是否应归入遗产范围的民众观念，统计数据显示，在574位被调查者中，（1）选择B项被继承人去世时遗留的个人财产才可算作遗产的，占六成半以上（66.38%）；（2）选择A项被继承人生前资助子女的财产与死亡时其遗留的住房、存款，均应当合并计算为遗产的，只占近一成半（14.98%）。

2. 归扣遗产的价值计算时间的民众观念情况统计

问题【一、（二）2.】“如果上述答案您选A，请问张老汉为小儿子丙买房的价值应该按何时计算？A. 买房时；B. 张老汉去世时；C. 实际分割遗产时；D. 其他。（单选）”

表8-6　归扣遗产的价值计算时间的民众观念情况统计（单选）

选项	人数	比例
A. 买房时	28	32.56%
B. 张老汉去世时	20	23.25%
C. 实际分割遗产时	38	44.19%
D. 其他	0	0%
合计	86	100%

关于归扣遗产的价值计算时间的民众观念，统计数据显示，在认可归扣制度的86名被调查者中，（1）选择C项应按实际分割遗产时计算的，占近四成半（44.19%）；（2）选择A项认为应按购置该财产时计算的，占三成以上（32.56%）；（3）选择B项应按被继承人去世时计算的，占近二成半（23.25%），即认为应按实际分割遗产时计算归扣遗产价值的占比居第一位。

3. 生前特种赠与财产是否归扣纳入遗产范围的民间习惯情况统计

问题【一、（二）3.】“在您所在的地区，如果发生上述张老汉生前给三个儿子不同资助财产的情况，在继承遗产时这些资助财产是否被合计到遗产范围内？A. 是；B. 不是。（单选）”

表8-7　生前特种赠与财产是否归扣纳入遗产范围的民间习惯情况统计（单选）

选项	人数	比例
A. 是	137	23.87%
B. 不是	437	76.13%
合计	574	100%

关于生前特种赠与财产是否归扣纳入遗产范围的民间习惯，统计数据显示，填写该问题的574名被调查者所在地区的继承习惯是：（1）B项不是，即没有该特种赠与归扣习惯的，占七成半以上（76.13%）；（2）A项是，即有该特种赠与归扣习惯的，占二成以上（23.87%）。即占七成半以上的大多数四川省被调查者所在地区没有该特种赠与财产归扣的习惯。

4. 生前特种赠与财产不归扣纳入遗产情况下的分配方式之民间习惯与理由情况统计

问题【一、（二）4.】“上一题如果您选择B项即这些资助财产不是被合计到遗产范围内，三个儿子是如何分配父亲张老汉的遗产的？A. 平均分配；B. 乙应该适当多分；C. 其他。（单选）理由是什么？”

（1）生前特种赠与财产不归扣纳入遗产情况下的分配方式之民间习惯情况统计。

表8-8　生前特种赠与财产不归扣纳入遗产情况的分配方式之民间习惯情况统计（单选）

选项	人数	比例
A. 平均分配	285	65.22%
B. 乙应该适当多分	132	30.20%
C. 其他	20	4.58%
合计	437	100%

关于生前特种赠与财产不归扣纳入遗产情况下的分配方式之民间习惯，统计数据显示，填写该问题的437名被调查者所在地区的继承习惯是：①A项有平均分配习惯的，占六成半（65.22%）；②B项有乙应该适当多分习惯的，占三成（30.20%）。也就是说，即

使有的继承人在被调查人生前获得特种赠与财产，但六成半以上的四川省被调查者所在地区仍然采取平均分配的习惯。

（2）生前特种赠与财产不归扣纳入遗产情况下的分配方式的民间习惯之理由情况统计。

表 8-9　生前特种赠与财产不归扣纳入遗产情况下的分配方式的民间习惯之理由情况统计

项目	人数	比例
A. 不考虑张老汉生前给三个儿子财产的情况，死后平均分配所留遗产，有利于遗产的分割，减少纠纷	285	65. 22%
B. 张老汉生前给乙的财产较少，在其死后乙应多分些，这体现公平原则	132	30. 20%
C. 其他	20	4. 58%
合计	437	100%

关于生前特种赠与财产不归扣纳入遗产情况下的分配方式的民间习惯之理由，统计数据显示，在填写该问题的437名被调查者中，①认为不考虑张老汉生前给三个儿子财产的情况，死后平均分配所留遗产的理由是，A项有利于遗产分割，减少纠纷的，占六成半（65. 22%）；②认为乙应多分的理由是，B项张老汉生前给乙的财产较少，在其死后乙应多分些，以体现公平原则的，占三成（30. 20%）。

二、继承开始的通知和公告之调查数据统计情况

关于继承开始的通知和公告之调查数据统计，我们主要从继承开始的通知和公告的主体、继承开始的通知和公告的方式、继承开始的通知和公告的期间三个方面进行调查数据的统计情况汇总分析。

（一）继承开始的通知和公告的主体

问题【二、（一）】“被继承人死亡后，在您所在的地区一般由下列哪些人通知涉及遗产分配的相关人员？A. 知道被继承人死亡的继承人；B. 保管遗产的继承人；C. 知道被继承人死亡的单位、村（居）委会；D. 处理被继承人死亡事件的机构，如公安交警部门；E. 其他。（多选）”

表 8-10　继承开始的通知和公告主体的民间习惯情况统计（多选）

选项	人数	比例
A. 知道被继承人死亡的继承人	412	71. 78%
B. 保管遗产的继承人	388	67. 60%
C. 知道被继承人死亡的单位、村（居）委会	295	51. 39%
D. 处理被继承人死亡事件的机构，如公安交警部门	267	46. 51%

续表

选项	人数	比例
E. 其他	4	0.70%

关于继承开始的通知和公告主体的民间习惯，统计数据显示，574 名被调查者所在地区的继承习惯是：（1）A、B 两项，由继承人包括知道被继承人死亡的继承人（71.78%）和保管遗产的继承人（67.60%）作为通知主体的，各占六成半至七成以上；（2）C 项由知道被继承人死亡的单位、村（居）委会作为通知主体的，占五成以上（51.39%）；（3）D项由处理被继承人死亡事件的机构为通知主体的，占四成半以上（46.51%）。

（二）继承开始的通知和公告的方式

问题【二、（二）】“被继承人死亡后，您所在地区的人们一般采取以下哪些方式通知涉及遗产处理的相关人员？A. 口头、电话、微信等方式通知；B. 信件、告知函等书面方式通知；C. 在报纸、电视、网络等平台上发布被继承人死亡的公告；D. 在被继承人所在地的村（居）委会公告栏公告；E. 申请人民法院以公告程序进行公告；F. 其他。（多选）”

表 8-11　继承开始的通知和公告方式的民间习惯情况统计（多选）

选项	人数	比例
A. 口头、电话、微信等方式通知	469	81.71%
B. 信件、告知函等书面方式通知	293	51.05%
C. 在报纸、电视、网络等平台上发布被继承人死亡的公告	163	28.40%
D. 在被继承人所在地的村（居）委会公告栏公告	212	36.93%
E. 申请人民法院以公告程序进行公告	212	36.93%
F. 其他	3	0.52%

关于继承开始的通知和公告方式的民间习惯，统计数据显示，574 名被调查者所在地区的继承习惯是：（1）A、B 两项，分别通过口头、电话、微信等方式通知（81.71%）和信件、告知函等书面方式通知（51.05%）的，各占五至八成以上；（2）E、D、C 三项，分别由在被继承人所在地的村（居）委会公告栏公告（36.93%）、申请人民法院以公告程序进行公告（36.93%）和由报纸、电视、网络等平台上发布被继承人死亡的公告（28.40%）的，各占二至三成以上。

（三）继承开始的通知和公告的期间

问题【二、（三）】“您认为，通知人应在被继承人死亡后几日内发出通知？A. 3 日；B. 7 日；C. 15 日；D. 30 日；E. 其他。（单选）”

表 8-12 继承开始的通知和公告期间的民众观念情况统计（单选）

选项	人数	比例
A. 3 日	225	39. 20%
B. 7 日	152	26. 48%
C. 15 日	104	18. 12%
D. 30 日	78	13. 59%
E. 其他	15	2. 61%
合计	574	100%

关于继承开始的通知和公告期间的民众观念，统计数据显示，在 574 名被调查者中，(1) 选择 A、B 两项应在 7 日内发出的，合计占六成半（占 65. 68%）；(2) 选择 C 项应在 15 日内发出的，占近二成（18. 12%）；(3) 选择 D 项应在 30 日内发出的，仅占不到一成半（13. 59%）。

三、遗产管理之调查数据统计情况

关于遗产管理之调查数据统计，我们主要从遗产管理人的确定、遗产管理人的职责与报酬、遗产管理人的损害赔偿责任三个方面进行调查数据的统计情况汇总分析。

（一）遗产管理人的确定

问题【三、(一)】"您所在地区的人们处理遗产继承时，一般由谁清点和管理遗产？A. 死者的法定继承人：配偶、子女、父母、兄弟姐妹、孙子女或外孙子女、祖父母或外祖父母；B. 死者的儿媳或女婿；C. 死者家族中的德高望重者；D. 死者的其他亲戚朋友；E. 死者所在的单位或村/居委会；F. 其他。(多选) 理由是什么？"

1. 关于遗产管理人的确定的民间习惯情况统计

(1) 关于遗产管理人的确定的民间习惯情况统计。

表 8-13 遗产管理人的确定的民间习惯情况统计（多选）

选项	人数	比例
A. 死者的法定继承人：配偶、子女、父母、兄弟姐妹、孙子女或外孙子女、祖父母或外祖父母	515	89. 72%
B. 死者的儿媳或女婿	179	31. 18%
C. 死者家族中的德高望重者	248	43. 21%
D. 死者的其他亲戚朋友	91	15. 85%
E. 死者所在的单位或村/居委会	164	28. 57%
F. 其他	6	1. 05%

关于遗产管理人的确定的民间习惯，统计数据显示，574 名被调查者所在地区的继承习惯是：①A 项由死者的法定继承人作为遗产管理人的，占近九成（89.72%）；②B、C、D 三项，分别由家族中的德高望重者（43.21%）、死者的儿媳或女婿（31.18%）或其他亲戚朋友（15.85%）作为遗产管理人的，各占一至四成以上；③选择 E 项由死者所在的单位或村/居委会作为遗产管理人的，占近三成（28.57%）。

（2）法定继承人担任遗产管理人的民间习惯情况统计。

表 8-14 法定继承人担任遗产管理人的民间习惯情况统计（多选）

选项	人数	比例
A. 配偶	509	98.83%
B. 子女	501	97.28%
C. 父母	488	94.76%
D. 兄弟姐妹	324	62.91%
E. 孙子女或外孙子女	258	50.10%
F. 祖父母或外祖父母	236	45.83%

关于法定继承人担任遗产管理人的民间习惯，调查统计数据显示，515 名被调查者所在地区的继承习惯是：①A、B、C 三项，分别由法定继承人中的配偶（98.83%）、子女（97.28%）和父母（94.76%）作为遗产管理人的，各占九成以上；②D、E、F 三项，分别由兄弟姐妹（62.91%）、孙子女或外孙子女（50.10%）和祖父母或外祖父母（45.83%）的，各占四至六成以上。

2. 关于遗产管理人的确定的民间习惯之理由情况统计

表 8-15 关于遗产管理人的确定的民间习惯之理由情况统计

项目	人数	比例
A. 遗产管理人一般由法定继承人来担任，便于清点和妥善管理遗产	228	79.17%
B. 由法定继承人之外的人或组织来担任，可以防止遗产被隐藏、转移，有利于保护遗产相关人的合法权益	22	7.64%
C. 其他	38	13.19%
合计	288	100%

关于遗产管理人的确定的民间习惯之理由，统计数据显示，在填写理由的 288 名被调查者中，（1）认为遗产管理人一般由法定继承人来担任的理由是，A 项便于清点和妥善管理遗产的，占近八成（79.17%）；（2）认为遗产管理人由法定继承人之外的人或组织来担任的理由是，B 项可以防止遗产被隐藏、转移，有利于保护遗产相关人的合法权益的，占不到一成（7.64%）。

（二）遗产管理人的职责与报酬

1. 遗产管理人的职责的民众观念情况统计

问题【三、（二）1.】“您认为，遗产管理人的职责有哪些？A. 清查遗产，制作遗产清单；B. 妥善保管遗产；C. 查明被继承人生前的债权和债务，积极地追讨债权或清偿债务；D. 查明被继承人是否留有遗嘱，并且确定遗嘱是否真实合法；E. 可以原告或被告的身份参加因遗产引起的诉讼；F. 定期制作遗产管理报告，向继承人报告遗产管理的情况；G. 其他。（多选）”

表 8-16　遗产管理人的职责的民众观念情况统计（多选）

选项	人数	比例
A. 清查遗产，制作遗产清单	535	93.21%
B. 妥善保管遗产	553	96.34%
C. 查明被继承人生前的债权和债务，积极地追讨债权或清偿债务	431	75.09%
D. 查明被继承人是否留有遗嘱，并且确定遗嘱是否真实合法	352	61.32%
E. 可以原告或被告的身份参加因遗产引起的诉讼	407	70.91%
F. 定期制作遗产管理报告，向继承人报告遗产管理的情况	331	57.67%
G. 其他	0	0%

关于遗产管理人的职责的民众观念，统计数据显示，在574名被调查者中，选择A、B、C、D、E、F六项，认为遗产管理人的职责包括“清查遗产，制作遗产清单”（93.21%）、“妥善保管遗产”（96.34%）、“查明被继承人生前的债权和债务，积极地追讨债权或清偿债务”（75.09%）、“查明被继承人是否留有遗嘱，并且确定遗嘱是否真实合法”（61.32%）、“可以原告或被告的身份参加因遗产引起的诉讼”（70.91%）和“定期制作遗产管理报告，向继承人报告遗产管理的情况”（57.67%）的，各占五成至九成以上。

2. 遗产管理人是否有权取得报酬的民间习惯与理由情况统计

问题【三、（二）2.】“您所在地区，负责管理遗产的人是否可以获得报酬？A. 继承人担任遗产管理人的，不能请求给付报酬；B. 法院指定的遗产管理人，有权请求给付报酬；C. 继承人选任的第三人作为遗产管理人，是否给付报酬，应当由继承人决定；D. 继承人选任的第三人作为遗产管理人，一律有权请求给付报酬；E. 其他。（多选）理由是什么？”

（1）遗产管理人是否有权取得报酬的民间习惯情况统计。

表 8-17　遗产管理人是否有权取得报酬的民间习惯情况统计（多选）

选项	人数	比例
A. 继承人担任遗产管理人的，不能请求给付报酬	296	51.57%
B. 法院指定的遗产管理人，有权请求给付报酬	367	63.94%

续表

选项	人数	比例
C. 继承人选任的第三人作为遗产管理人，是否给付报酬，应当由继承人决定	278	48.43%
D. 继承人选任的第三人作为遗产管理人，一律有权请求给付报酬	234	40.77%
E. 其他	3	0.52%

关于遗产管理人是否有权取得报酬的民间习惯，统计数据显示，574 名被调查者所在地区的继承习惯是：①B 项法院指定的遗产管理人有权请求给付报酬的，占六成以上（63.94%）；②A 项继承人担任遗产管理人的不能请求给付报酬的，占五成以上（51.57%）；③C、D 两项继承人选任的第三人作为遗产管理人，其中，C 项是否给付报酬应当由继承人决定的，占近五成（48.43%），D 项一律有权请求给付报酬的，占四成（40.77%）。

（2）遗产管理人是否取得报酬的民间习惯之理由情况统计。

表 8-18　遗产管理人是否取得报酬的民间习惯之理由情况统计

项目	人数	比例
A. 遗产管理人多数情况下与被继承人关系密切，具有亲情关系，同时遗产管理人又继承遗产，因此管理遗产不需要报酬	52	21.76%
B. 遗产管理人为管理遗产付出了自己的劳动，占用了自己的时间，应该给予一定的费用	84	35.15%
C. 其他理由	103	43.09%
合计	239	100%

关于遗产管理人是否取得报酬的民间习惯之理由，统计数据显示，有 239 名被调查者填写了选择理由，①认为其有权取得报酬的理由是，B 项遗产管理人为管理遗产付出了自己的劳动和时间，应该给予一定费用的，占三成半（35.15%）；②认为其无权取得报酬的理由是，A 项遗产管理人多数情况下与被继承人关系密切，具有亲情关系，同时遗产管理人又继承遗产，因此管理遗产不需要报酬的，占二成以上（21.76%）。

（三）遗产管理人的损害赔偿责任

问题【三、（三）】“在您所在地区，负责管理遗产的人对因其过错造成的较大财产损失，是否承担赔偿责任？A. 只有故意或重大过失的，才承担赔偿责任；B. 无论是故意或重大过失或一般轻过失的，都要承担赔偿责任；C. 其他。（单选）”

表 8-19　遗产管理人的损害赔偿责任的民间习惯情况统计（单选）

选项	人数	比例
A. 只有故意或重大过失的，才承担赔偿责任	319	55.57%
B. 无论是故意或重大过失或一般轻过失的，都要承担赔偿责任	253	44.08%
C. 其他	2	0.35%
合计	574	100%

关于遗产管理人损害赔偿责任的民间习惯，统计数据显示，574 名被调查者所在地区的继承习惯是：（1）A 项只有遗产管理人有故意或重大过失，才承担损害赔偿责任的，占五成半（55.57%）；（2）B 项无论遗产管理人是故意、重大过失或一般轻过失的，都要承担损害赔偿责任的，占近四成半（44.08%）。

四、法定继承之调查数据统计情况

关于法定继承之调查数据统计，我们主要从法定继承人的范围和顺序、配偶与血亲继承人的法定应继份、配偶对遗产中家庭住房的先取权和终生使用权、后顺序特殊法定继承人对遗产中原使用的住房及日常生活用品的终生使用权、尽了主要赡养义务的丧偶儿媳或女婿的遗产分配方式五个方面进行调查数据的统计情况汇总分析。

（一）法定继承人的范围与顺序

1. 法定继承人的范围与顺序的民众观念情况统计

问题【四（一）1.】"下列亲属，您认为哪些应当作为法定继承人？他们各自的继承顺序如何？请根据您认为适当的先后顺序填写数字：1. 2. 3. ……例如，父母（1）；子女（2）；祖父母、外祖父母（3）。如果您认为应当在同一顺序的人，可以填写相同的数字，例如，配偶（1）；父母（1）；子女（1）；祖父母、外祖父母（1）。"

配偶（　）	父母（　）	儿子（　）女儿（　）
孙子女（　）外孙子女（　）	祖父母（　）外祖父母（　）	兄弟（　）姐妹（　）
侄子女（　）外甥子女（　）	伯叔姑舅姨（　）	堂兄弟姐妹（　）
表兄弟姐妹（　）	其他亲属（称谓）（　）	其他亲属（称谓）（　）

表 8-20　法定继承人的范围与顺序的民众观念情况统计（多选）

亲属名称	第一顺序		第二顺序		第三顺序		第四顺序		第四顺序以上	
	人数	比例	人数	比例	人数	比例	人数	比例	人数	比例
配偶	525	91.46%	31	5.40%	18	3.14%	3	0.52%	0	0%
父母	392	68.29%	143	24.91%	39	6.79%	0	0%	0	0%
子	403	70.21%	136	23.69%	35	6.10%	2	0.35%	0	0%

续表

亲属名称	第一顺序		第二顺序		第三顺序		第四顺序		第四顺序以上	
	人数	比例	人数	比例	人数	比例	人数	比例	人数	比例
女	403	70.21%	136	23.69%	35	6.10%	2	0.35%	0	0%
孙子女	16	2.79%	286	49.83%	138	24.04%	21	3.66%	27	4.70%
外孙子女	16	2.79%	286	49.83%	138	24.04%	21	3.66%	27	4.70%
祖父母	18	3.14%	282	49.13%	116	20.21%	38	6.62%	36	6.27%
外祖父母	18	3.14%	282	49.13%	116	20.21%	38	6.62%	36	6.27%
兄弟	9	1.57%	243	42.33%	151	26.31%	27	4.70%	5	0.87%
姐妹	9	1.57%	243	42.33%	151	26.31%	27	4.70%	5	0.87%
侄子女	0	0%	12	2.09%	182	31.71%	42	7.32%	57	9.93%
外甥子女	0	0%	12	2.09%	182	31.71%	42	7.32%	57	9.93%
伯叔姑	0	0%	10	1.74%	168	29.27%	27	4.70%	39	6.79%
舅姨	0	0%	10	1.74%	168	29.27%	27	4.70%	39	6.79%
堂兄弟	0	0%	9	1.57%	171	29.79%	26	4.53%	47	8.19%
堂姐妹	0	0%	9	1.57%	171	29.79%	26	4.53%	47	8.19%
表兄弟	0	0%	9	1.57%	110	19.16%	49	8.54%	54	9.41%
表姐妹	0	0%	9	1.57%	110	19.16%	49	8.54%	54	9.41%
其他亲属	0	0%	0	0%	0	0%	0	0%	0	0%

关于法定继承人的范围与顺序的民众观念，各顺序以被调查者选择占比最高的作为统计依据，统计数据显示，被调查者观念上认可的法定继承人的范围与顺序是：（1）第一顺序为配偶（91.46%）、父母（68.29%）、子女（70.21%）；（2）第二顺序为孙子女、外孙子女（49.83%），祖父母外祖父母（49.13%），兄弟姐妹（42.33%）；（3）第三顺序为侄子女、外甥子女（31.71%）、伯叔姑舅姨（29.27%）、堂兄弟姐妹（29.79%）、表兄弟姐妹（19.16%）。

2. 配偶与血亲继承人顺序的民众观念情况统计

问题【四、（一）2.】“以下三种法定继承人的范围和顺序，您认为哪一个更为适当？（单选）”

A.	B.	C.
第一顺序：子女	第一顺序：子女	第一顺序：配偶、子女、父母
第二顺序：父母	第二顺序：父母	第二顺序：兄弟姐妹、祖父母、外祖父母

续表

A.	B.	C.
第三顺序：兄弟姐妹、祖父母、外祖父母 兄弟姐妹的子女（侄子女、外甥子女为代位继承人）	第三顺序：兄弟姐妹、祖父母、外祖父母 兄弟姐妹的子女（侄子女、外甥子女为代位继承人）	第三顺序：侄子女、外甥子女
配偶无固定顺序，能够参与第一顺序、第二顺序、第三顺序的继承	配偶无固定顺序，能够参与第一顺序、第二顺序的继承	配偶有固定顺序，只能参与第一顺序的继承

表 8-21 配偶与血亲继承人顺序的民众观念情况统计（单选）

选项	人数	比例
A. 配偶无固定顺序，可以参与第一、第二、第三顺序继承	87	15. 16%
B. 配偶无固定顺序，可以参与第一、第二顺序继承	83	14. 46%
C. 配偶固定第一顺序	404	70. 38%
合计	574	100%

关于配偶与血亲继承人顺序的民众观念，统计数据显示，在574名被调查者中，（1）选择C项第一顺序：配偶、子女、父母；第二顺序：兄弟姐妹，祖父母、外祖父母；第三顺序：侄子女、外甥子女；配偶有固定顺序，其属于第一顺位继承人的，占七成（70. 38%）。（2）选择A、B两项顺序为：第一顺序为子女；第二顺序为父母；第三顺序为兄弟姐妹、祖父母、外祖父母、兄弟姐妹的子女（侄子女、外甥子女为代位继承人）；配偶无固定的继承顺序，可分别与第一、第二（或第三）顺序的法定继承人共同继承的，合计占近三成（29. 62%）。

（二）配偶与血亲继承人的法定应继份

问题【四、（二）】“配偶与血亲继承人共同继承各取得遗产的份额，您认为以下哪一项更为适当？（单选）”

A. 配偶无固定继承顺序	B. 配偶无固定继承顺序	C. 配偶有固定继承顺序	D. 其他
配偶与第一顺序的子女共同继承时，其取得遗产的一半。另一半由子女按人数平均继承	配偶与第一顺序的子女共同继承时，其取得遗产的一半，另一半由子女按人数平均继承	第一顺序继承人为配偶、子女、父母，共同继承时按人数均分遗产	
配偶与第二顺序的父母共同继承时，其取得遗产的三分之二。另外三分之一由父母平均继承	配偶与第二顺序的父母共同继承时，其取得遗产的三分之二，另外三分之一由父母平均继承	无第一顺序血亲继承人时，配偶继承全部遗产	

续表

A. 配偶无固定继承顺序	B. 配偶无固定继承顺序	C. 配偶有固定继承顺序	D. 其他
配偶与第三顺序的兄弟姐妹、祖父母和外祖父母共同继承时，其取得遗产的四分之三。另外四分之一由兄弟姐妹、祖父母、外祖父母，按人数平均继承	无第一、第二顺序血亲继承人时，配偶继承全部遗产		
无上述三个顺序血亲继承人时，配偶取得全部遗产			

表 8-22　配偶与血亲继承人法定应继份的民众观念情况统计（单选）

选项	人数	比例
A. 配偶无固定继承顺序，参与前三顺位的继承并取得不同份额；无上述三个顺序血亲继承人时，配偶取得全部遗产	205	35.72%
B. 配偶无固定继承顺序，参与前二顺位的继承并取得不同份额；无第一、第二顺序血亲继承人时，配偶继承全部遗产	117	20.38%
C. 配偶有固定继承顺序，与第一顺序继承人共同继承并均分遗产	244	42.51%
其他	8	1.39%
合计	574	100%

关于配偶与血亲继承人法定应继份的民众观念，统计数据显示，在574名被调查者中，（1）有超过四成（42.51%）的人选择C项，赞同配偶固定顺序继承，与父母、子女一起作为第一顺序继承人并均分财产，这与我国《继承法》的规定相同；（2）有A、B两项合计超过五成半（56.10%）的稍多数人选择不同于我国《继承法》的配偶无固定顺序继承，且在不同顺序其应继份不同。

（三）配偶对遗产中家庭住房的先取权与终生使用权

1. 配偶对遗产中家庭住房的先取权与终生使用权的民间习惯情况统计

问题【四、（三）1.】“甲乙是夫妻，育有一子丙。甲因病去世时留下的遗产包括：价值50万元的住房一套（原由甲乙夫妻共同居住，丙已结婚分家另过）、价值10万元小汽车一辆和20万元存款。如果上述情况发生在您所在的地区，被继承人甲的妻子乙是否可以优先继承这套房屋（配偶先取权）？A. 是；B. 否。（单选）”

表 8-23　配偶对遗产中家庭住房的先取权与终生使用权的民间习惯情况统计（单选）

选项	人数	比例
A. 是	498	86.76%
B. 否	76	13.24%
合计	574	100%

关于配偶对遗产中家庭住房的先取权与终生使用权的民间习惯，统计数据显示，574名被调查者所在地区的继承习惯是：（1）A 项是，即有该习惯的，占八成半以上（86.76%）；（2）B 项否，即没有该习惯的，仅占不到一成半（13.24%）。

2. 配偶对遗产中家庭住房先取与终生使用是否付费的民间习惯及理由情况统计

问题【四、（三）2.】“如果甲的妻子乙可以优先继承这套房屋，但该住房的价值超过其应当继承的遗产份额 40 万元，您所在地区是按照下列哪种情况处理的？A. 乙有权继承该住房，且无须向其他共同应召继承人丙进行补偿；B. 如果乙有经济补偿能力，则应当向其他共同应召继承人丙适当进行补偿；C. 其他。（单选）理由是什么？”

（1）配偶对遗产中家庭住房的先取与终生使用是否付费的民间习惯情况统计。

表 8-24　配偶对遗产中家庭住房的先取与终生使用是否付费的民间习惯情况统计（单选）

选项	人数	比例
A. 乙有权继承该住房，且无须向其他共同应召继承人丙进行补偿	231	40.24%
B. 如果乙有经济补偿能力，则应当向其他共同应召继承人丙适当进行补偿	311	54.18%
C. 其他	32	5.58%
合计	574	100%

关于配偶对遗产中家庭住房的先取与终生使用是否付费的民间习惯，统计数据显示，574 名被调查者所在地区的继承习惯是：①B 项有适当进行补偿习惯的，占近五成半（54.18%）；②A 项无须进行补偿的，占四成（40.24%）。也就是说，如果配偶无经济补偿能力的，可不予补偿而终生使用此房屋。

（2）配偶对遗产中家庭住房的先取与终生使用是否付费的民间习惯之理由情况统计。

表 8-25　配偶对遗产中家庭住房的先取与终生使用是否付费的民间习惯之理由情况统计

项目	人数	比例
A. 首先保证乙有居住之所，同时丙是乙的儿子，将来乙的遗产也会由丙来继承，所以，乙无须向丙进行补偿	125	45.13%
B. 由乙向丙进行补偿，符合法律规定，体现公平精神	148	53.43%

续表

项目	人数	比例
C. 其他理由	4	1.44%
合计	277	100%

关于配偶对遗产中家庭住房的先取与终生使用是否付费用的民间习惯之理由，统计数据显示，有 277 名被调查者填写了选择理由，①认为由乙向丙进行补偿的理由是，B 项符合法律规定，体现公平精神的，占近五成半（53.43%）；②认为乙无须向丙进行补偿的理由是，A 项遗产分割应首先保证乙有居住之所，同时考虑到丙是乙的儿子，将来乙的遗产也会由丙继承，所以乙无须向丙进行补偿的，占四成半（45.13%）。

（四）后顺序特殊法定继承人对遗产中原使用的住房及日常生活用品的终生使用权

关于后顺序特殊法定继承人对遗产中原使用的住房及日常生活用品的终生使用权，也可称为后顺序特殊法定继承人对特殊遗产的终生使用权。

1. 后顺序特殊法定继承人对遗产中原使用的住房及日常生活用品的终生使用权之民间习惯情况统计

问题【四、（四）1.】“某甲死亡时遗留下若干遗产，其中包括一套三室一厅的住房（其中一间房屋一直由某甲的祖父居住）。由于某甲的祖父属于后顺序继承人而不能参加继承，遗产全部由某甲的第一顺序继承人即其配偶及子女等继承。请问：在您所在的地区，如果发生了上述情况，有哪些处理方式？某甲的祖父对该供其居住的房屋，是否可以继续居住？A. 是；B. 否。（单选）”

表 8-26 后顺序特殊法定继承人对特殊遗产的终生使用权之民间习惯情况统计（单选）

选项	人数	比例
A. 是	537	93.55%
B. 否	37	6.45%
合计	574	100%

关于后顺序特殊法定继承人对特殊遗产的终生使用权之民间习惯，统计数据显示，574 名被调查者所在地区的继承习惯是：（1）A 项是，即有该习惯的，占近九成半（93.55%）；（2）B 项否，即没有该习惯的，仅占不到一成（6.45%）。

2. 后顺序特殊法定继承人对遗产中原使用的住房及日常生活用品的终生使用是否付费的民间习惯情况统计

问题【四、（四）2.】“如果甲的祖父可以继续居住，是否其可以不交租金？A. 是；B. 否。（单选）”

表 8-27 后顺序特殊法定继承人对特殊遗产的终生使用是否付费的民间习惯情况统计（单选）

选项	人数	比例
A. 是	458	79.79%
B. 否	116	20.21%
合计	574	100%

关于后顺序特殊法定继承人对特殊遗产的终生使用是否付费的民间习惯，统计数据显示，574 名被调查者所在地区的继承习惯是：（1）A 项是，即无须支付租金的，占近八成（79.79%）；（2）B 项否，即有支付租金习惯的，占二成（20.21%）。

3. 后顺序特殊法定继承人对遗产中原使用的住房及日常生活用品的终生使用权之期限的民间习惯情况统计

问题【四、（四）3.】“如果某甲的祖父可以继续居住，是否可以居住到其死亡时为止（终生使用权）？A. 是；B. 否。（单选）”

表 8-28 后顺序特殊法定继承人对特殊遗产的终生使用权之期限的民间习惯情况统计（单选）

选项	人数	比例
A. 是	483	84.15%
B. 否	91	15.85%
合计	574	100%

关于后顺序特殊法定继承人对特殊遗产的终生使用权之期限的民间习惯，统计数据显示，574 名被调查者所在地区的继承习惯是：（1）A 项是，即可以无偿终生使用的，占近八成半（84.15%）；（2）B 项否，即不可以无偿终生使用的，仅占一成半（15.85%）。

（五）尽了主要赡养义务的丧偶儿媳或女婿的遗产分配方式

问题【四、（五）】“村民某甲，老伴因病早年去世，膝下有两个儿子乙和丙。2003 年乙与丁结婚后和某甲共同生活。2012 年 1 月乙因交通事故死亡，但乙的妻子丁仍然一直照料公公某甲的晚年生活，直至 2015 年 1 月某甲去世。请问：在您所在的地区，如发生上述情况，因乙的妻子丁对公公某甲尽了主要赡养义务，如何处理某甲的遗产分配问题？A. 丁可以与某甲的二儿子丙共同继承，并且平均分配遗产；B. 丁不能与某甲的二儿子丙共同继承，但其可分得适当的遗产；C. 其他。（单选）理由是什么？”

1. 尽了主要赡养义务的丧偶儿媳或女婿的遗产分配方式的民间习惯情况统计

表 8-29 尽了主要赡养义务的丧偶儿媳或女婿的遗产分配方式的民间习惯情况统计（单选）

选项	人数	比例
A. 丁可以与某甲的二儿子丙共同继承，并且平均分配遗产	370	64.46%

续表

选项	人数	比例
B. 丁不能与某甲的二儿子丙共同继承，但其可分得适当的遗产	177	30.84%
C. 其他	27	4.70%
合计	574	100%

关于尽了主要赡养义务的丧偶儿媳或女婿的遗产分配方式的民间习惯，统计数据显示，574 名被调查者所在地区的继承习惯是：（1）A 项尽了主要赡养义务的丧偶儿媳或女婿可以作为法定第一顺序继承人，且平均分配遗产的，占近六成半（64.46%）；（2）B 项尽了主要赡养义务的丧偶儿媳或女婿不可以作为法定第一顺序继承人，但可以酌情分得遗产的，占三成（30.84%）。

2. 尽了主要赡养义务的丧偶儿媳或女婿的遗产分配方式的民间习惯之理由情况统计

表 8-30　尽了主要赡养义务的丧偶儿媳或女婿的遗产分配方式的民间习惯之理由情况统计

项目	人数	比例
A. 作为儿媳妇，丁孝敬公公，已经尽了赡养义务，符合中国的孝道文化和道德观念，因此可以作为第一顺序法定继承人	370	64.46%
B. 虽然丁一直照顾公公的晚年生活，但毕竟不是甲的子女，遗产不能给了“外人”，因此，仅可以酌情分得甲的遗产	177	30.84%
C. 其他理由	27	4.70%
合计	574	100%

关于尽了主要赡养义务的丧偶儿媳或女婿的遗产分配方式的民间习惯之理由，统计数据显示，在 574 名被调查者中，（1）认为儿媳丁可以与某甲的儿子共同继承遗产的理由是，A 项作为儿媳妇，丁孝敬公公，已经尽了赡养义务，符合中国的孝道文化和道德观念，因此可以作为第一顺序法定继承人的，占近六成半（64.46%）；（2）认为儿媳丁仅可分得适当遗产的理由是，B 项虽然丁一直照顾公公的晚年生活，但毕竟不是甲的子女，遗产不能给了“外人”，因此仅可以酌情分得甲遗产的，占三成（30.84%）。

五、遗嘱继承之调查数据统计情况

关于继承和遗赠的接受与放弃之调查数据统计，我们主要从继承的接受与放弃的时间与方式、遗赠的接受与放弃的方式与效力、继承的放弃与债权人的撤销权三个方面进行调查数据的统计情况汇总分析。

（一）公证遗嘱与其他形式遗嘱的效力

问题【五、（一）】“退休职工甲有一套个人住房，其于 2011 年 2 月立了一份遗嘱，写明由其妻子乙一人继承该住房，并将该遗嘱进行了公证。后来，甲改变了主意，他重新写了一份遗嘱，写明由其妻子乙和儿子丙共同继承该房屋。2016 年 3 月甲住院病危期间，当着两位医生在现场立下口头遗嘱，指定其个人住房由儿子丙继承，两个小时后其抢救无效死亡。请问：您认为，甲的个人住房应该由谁继承？A. 乙；B. 乙和丙；C. 丙。（单选）理由是什么？”

1. 公证遗嘱与其他形式遗嘱适用效力的民众观念情况统计

表 8-31　公证遗嘱与其他形式遗嘱适用效力的民众观念情况统计（单选）

选项	人数	比例
A. 乙（公证遗嘱有效）	162	28.20%
B. 乙和丙（后成立的未公证书面遗嘱有效）	189	32.90%
C. 丙（最后的口头遗嘱有效）	223	38.90%
合计	574	100%

关于公证遗嘱与其他形式遗嘱适用效力的民众观念，统计数据显示，在 574 名被调查者中，（1）选择 B、C 两项即主张后遗嘱的适用效力优先于前一公证遗嘱的，合计占七成以上（71.80%）；（2）选择 A 项公证遗嘱的适用效力优先的，占近三成（28.20%）。

2. 公证遗嘱与其他形式遗嘱适用效力的民众观念之理由情况统计

表 8-32　公证遗嘱与其他形式遗嘱适用效力的民众观念之理由情况统计

项目	人数	比例
A. 公证遗嘱的程序规范，具有较强的公示效力和证明效力	108	27.62%
B. 书面遗嘱（即第二份遗嘱）比较正式，容易取证，且其订立在公证遗嘱之后，反映了被继承人的真实意愿	117	29.92%
C. 口头遗嘱形式灵活，且有证人作证，能够反映被继承人的最后真实意愿	116	29.67%
D. 口头遗嘱形式不固定，很难准确、完全地反映被继承人的真实意愿，且有被篡改或修改的可能性	35	8.95%
E. 其他理由	15	3.84%
合计	391	100%

关于公证遗嘱与其他形式遗嘱的适用效力的民众观念之理由，统计数据显示，有 391 名被调查者填写了选择理由，（1）认为公证遗嘱适用效力优先的理由是，A 项公证遗嘱的程序规范，具有较强的公示效力和证明效力的，占近三成（27.62%）；（2）认为后成立的遗嘱应优先适用的理由是，B、C 两项书面遗嘱比较正式，容易取证，且其订立在公证遗嘱之后或口头遗嘱形式灵活，且有证人作证，均反映了被继承人的最后真实意愿的，合计占近六成（59.59%）；但是，还有近一成（8.95%）的人填写的理由是，D 项口头遗

嘱形式不固定，很难准确、完全地反映被继承人的真实意愿，且有被篡改或修改的可能性；（3）填写了E项其他理由的，占不到半成（3.84%）。

（二）遗嘱自由的限制——特留份

问题【五、（二）】“甲生前立了一份遗嘱，将自己死后遗留下的财产全部赠给他的一个好朋友乙，而他的配偶和子女不能取得甲的任何遗产。请问：您认为甲的这一做法是否适当？A. 适当；B. 不适当；C. 其他。（单选）理由是什么？”

1. 以遗嘱将个人遗产全部赠给他人的民众观念情况统计

表8-33　以遗嘱将个人遗产全部赠给他人的民众观念情况统计（单选）

选项	人数	比例
A. 适当	199	34.67%
B. 不适当	355	61.85%
C. 其他	20	3.48%
合计	574	100%

关于以遗嘱将个人遗产全部赠给他人的民众观念，统计数据显示，在574名被调查者中，（1）选择B项不适当的，占六成以上（61.85%）；（2）选择A项适当的，占近三成半（34.67%）。

2. 以遗嘱将个人遗产全部赠给他人的民众观念之理由情况统计

表8-34　以遗嘱将个人遗产全部赠给他人的民众观念之理由情况统计

选项	人数	比例
A. 甲对自己的财产享有自由处分的权利，其他人无权干涉	141	34.47%
B. 造成家庭财产外流，不利于保障甲的配偶及其子女的生活，同时也不符合风俗习惯，为常人难以接受	141	34.47%
C. 其他理由	127	31.06%
合计	409	100%

关于以遗嘱将个人遗产全部赠给他人的民众观念之理由，统计数据显示，有409名被调查者填写了选择理由，（1）认为上述行为适当的理由是，A项甲对自己的财产享有自由处分的权利，其他人无权干涉的，占近三成半（34.47%）；（2）认为该行为不适当的理由是，B项其会造成家庭财产外流，不利于保障甲的配偶及其子女的生活，同时也不符合风俗习惯，为常人难以接受的，也占近三成半（34.47%）；（3）还有三成以上（31.06%）的人填写了C项其他理由。

（三）夫妻共同遗嘱

1. 夫妻共同遗嘱的民众观念与理由情况统计

问题【五、（三）1.】“甲乙是夫妻，双方在生前共同设立一份遗嘱，对死后的遗产处理进行安排。甲乙双方在遗嘱中约定，不管谁先去世，另一方都不得改变此遗嘱对遗产的处理安排。请问：您是否认同甲乙夫妻双方共同设立遗嘱的此约定？A. 赞同；B. 不赞同。（单选）理由是什么？”

（1）夫妻共同遗嘱的民众观念情况统计。

表 8-35　夫妻共同遗嘱的民众观念情况统计（单选）

选项	人数	比例
A. 赞同	415	72. 30%
B. 不赞同	159	27. 70%
合计	574	100%

关于夫妻共同遗嘱的民众观念，统计数据显示，在 574 名被调查者中，①选择 A 项赞同设立夫妻共同遗嘱的，占七成以上（72. 30%）；②选择 B 项不赞同设立夫妻共同遗嘱的，占近三成（27. 70%）。

（2）夫妻共同遗嘱的民众观念之理由情况统计。

表 8-36　夫妻共同遗嘱的民众观念之理由情况统计

项目	人数	比例
A. 该遗嘱为甲乙双方共同设立，反映了双方的共同意愿，理应为双方所遵守	285	76. 61%
B. 该遗嘱无法应对出现的新情况和新问题，限制了双方对各自财产的处分权	87	23. 39%
合计	372	100%

关于夫妻共同遗嘱的民众观念之理由，统计数据显示，有 372 名被调查者填写了选择理由，①赞同设立的理由是，A 项夫妻共同遗嘱为双方共同设立，反映了双方的共同意愿，理应为双方所遵守的，占七成半以上（76. 61%）；②不赞同设立的理由是，B 项夫妻共同遗嘱无法应对出现的新情况和新问题，限制了双方对各自财产的处分权，占近二成半（23. 39%）。

2. 有无夫妻共同遗嘱存在的民间习惯情况统计

问题【五、（三）2.】“在您所在的地区，有无夫妻共同设立遗嘱的情况发生？A. 有；B. 无。（单选）”

表 8-37　有无夫妻共同遗嘱存在的民间习惯情况统计（单选）

选项	人数	比例
A. 有	91	15. 85%
B. 无	483	84. 15%
合计	574	100%

关于被调查地区有无夫妻共同遗嘱存在的民间习惯，统计数据显示，574 名被调查者所在地区的继承习惯是：（1）B 项无此习惯的，占近八成半（84.15%）；（2）A 项有此习惯的，占一成半（15.85%）。

六、继承和遗赠的接受与放弃之调查数据统计情况

关于继承和遗赠的接受与放弃之调查数据统计，我们主要从继承的接受与放弃的时间和方式、遗赠的接受与放弃的方式和效力、继承的放弃与债权人的撤销权三个方面进行调查数据的统计情况汇总分析。

（一）继承的接受与放弃的时间和方式

1. 继承的接受与放弃的时间之民众观念情况统计

问题【六、（一）】“对于继承人放弃继承的时间，您认为下列哪一个更为适当？A. 继承人放弃继承的，应在知道继承开始的 2 个月内作出放弃继承的表示；B. 继承开始后继承人放弃继承的，应当在遗产处理前，作出放弃继承的意思表示。（单选）在您所在地区的人们是如何接受与放弃继承的？理由是什么？”

表 8-38　继承的接受与放弃的时间之民众观念情况统计（单选）

选项	人数	比例
A. 继承人放弃继承的，应在知道继承开始的 2 个月内作出放弃继承的意思表示	161	28.05%
B. 继承人放弃继承的，应当在遗产处理前，作出放弃继承的意思表示	413	71.95%
合计	574	100%

关于继承的接受与放弃的时间之民众观念，统计数据显示，在 574 名被调查者中，（1）选择 B 项继承人放弃继承的应当在遗产处理前，作出放弃继承的意思表示的，占七成以上（71.95%）；（2）选择 A 项继承人放弃继承的应在知道继承开始的 2 个月内作出放弃意思表示的，占近三成（28.05%）。

2. 继承的接受与放弃的方式之民间习惯及理由情况统计

（1）继承的接受与放弃的方式之民间习惯情况统计。

表 8-39　继承的接受与放弃的方式之民间习惯情况统计（单选）

项目	人数	比例
A. 依据书面凭证	125	53.19%
B. 依据口头声明	51	21.70%
C. 口头声明与书面凭证皆可	59	25.11%
合计	235	100%

关于继承的接受与放弃的方式之民间习惯，统计数据显示，填写了该问题的235名被调查者所在地区的继承习惯是：（1）A项依据书面凭证作出表示的，占近五成半（53.19%）；（2）C项口头声明与书面凭证皆可的，占二成半（25.11%）；（3）B项依据口头声明作出表示的，占二成以上（21.70%）。

（2）继承的接受与放弃的方式的民间习惯之理由情况统计。

表8-40　继承的接受与放弃的时间与方式的民间习惯之理由情况统计

项目	人数	比例
A. 书面凭证，有利于避免纠纷	125	53.19%
B. 依据口头方式，便于及时作出声明	51	21.70%
C. 只要有声明即可，口头或书面都可以，方式更灵活	59	25.11%
合计	235	100%

关于继承的接受与放弃的方式的民间习惯之理由，统计数据显示，在填写了选择理由的235名被调查者中，（1）有以书面凭证方式作出表示的习惯之理由是，A项有利于避免纠纷的，占近五成半（53.19%）；（2）只要有声明即可，有口头或书面都可以的习惯之理由是，C项方式更灵活的，占二成半（25.11%）；（3）可以通过口头方式作出表示的习惯之理由是，B项口头方式便于及时作出声明的，占二成以上（21.70%）。

（二）遗赠的接受与放弃的方式与效力

问题【六、（二）】“甲生前设立一份遗嘱，其内容为：在甲死后，将一辆小汽车赠给其侄子乙。后来甲去世，乙得知遗嘱的内容后，对此遗赠没有作出任何意思表示，既没有说接受，也没有说放弃。您认为下列哪一项更为适当？A. 乙无权取得该小汽车，乙的行为应该被视为放弃该遗赠；B. 乙有权取得该小汽车，乙的行为应该被视为接受该遗赠。（单选）请问您所在地区的民众是如何确定接受遗赠的？理由是什么？”

1. 遗赠的接受与放弃的方式与效力的民众观念情况统计

表8-41　遗赠的接受与放弃的方式与效力的民众观念情况统计（单选）

选项	人数	比例
A. 乙无权取得该小汽车，乙的行为应该被视为放弃该遗赠	161	28.05%
B. 乙有权取得该小汽车，乙的行为应该被视为接受该遗赠	413	71.95%
合计	574	100%

关于遗赠的接受与放弃的方式与效力的民众观念，受遗赠人未作表示的，统计数据显示，在574名被调查者中，（1）选择B项应视为接受遗赠的，占七成以上（71.95%）；（2）选择A项应视为放弃遗赠的，占近三成（28.05%）。

2. 遗赠的接受与放弃的方式与效力的民间习惯及理由情况统计

（1）遗赠的接受与放弃的方式与效力的民间习惯情况统计。

表 8-42 遗赠的接受与放弃的方式与效力的民间习惯情况统计（单选）

选项	人数	比例
A. 遗赠的接受须明示表示	120	43.32%
B. 遗赠的接受未作表示也可以视为接受	150	54.15%
C. 遗赠的接受明示或未作表示均可视为接受	7	2.53%
合计	277	100%

关于遗赠的接受与放弃的方式与效力的民间习惯，统计数据显示，填写该问题的277名被调查者所在地区的继承习惯是：①A 项接受遗赠须明示表示的，占近四成半（43.32%）；②B、C 两项未作出表示也可以视为接受遗赠的，合计占五成半以上（56.68%）。

（2）遗赠的接受与放弃的方式与效力的民间习惯之理由情况统计。

表 8-43 遗赠的接受与放弃的方式与效力的民间习惯之理由情况统计

项目	人数	比例
A. 接受遗赠毕竟是一种纯获利行为，乙不表示，就应该视为接受，这利于保护受遗赠人的利益	150	54.15%
B. 乙有权选择是否接受甲的遗赠，如乙没有表示，就应该视为放弃遗赠，这体现了对乙的个人意愿的尊重	120	43.32%
C. 其他理由	7	2.53%
合计	277	100%

关于遗赠的接受与放弃的方式与效力的民间习惯之理由，统计数据显示，有277名被调查者填写了选择理由，（1）认为乙不表示就应该视为接受遗赠的理由是，A 项接受遗赠毕竟是一种纯获利行为，这利于保护受遗赠人的利益的，占近五成半（54.15%）；（2）认为乙不表示就应该视为放弃遗赠的理由是，B 项乙有权选择是否接受甲的遗赠，如乙没有表示就应该视为放弃遗赠，这体现了对乙的个人意愿的尊重，占近四成半（43.32%）。

（三）继承的放弃与债权人的撤销权

问题【六、（三）】“甲为乙的父亲，2015年年底，乙因病住院治疗，医治无效去世，留下遗产5万元及房屋一套。此时，甲经营的摩配厂已经负债累累，拖欠工人工资已有10个月，但他考虑儿媳在其丈夫乙去世后独自抚养年幼的女儿有经济困难，于是主动提出放弃继承其儿子乙的遗产。甲的债权人却认为甲不应该放弃继承其儿子的遗产，这实际上是逃避债务，侵犯了债权人的利益。为此，甲的债权人起诉至人民法院，要求撤销甲放弃继承儿子乙遗产的行为。您认为下列哪一项更为恰当？A. 甲放弃继承乙遗产的行为，可以被撤销；B. 甲放弃继承乙遗产的行为，不可以被撤销。（单选）请问：您所在地区的人们是如何处理此类行为的？理由是什么？”

1. 继承的放弃能否被债权人撤销的民众观念情况统计

表 8-44　继承的放弃能否被债权人撤销的民众观念情况统计（单选）

选项	人数	比例
A. 甲放弃继承乙遗产的行为，可以被撤销	281	48.95%
B. 甲放弃继承乙遗产的行为，不可以被撤销	293	51.05%
合计	574	100%

关于继承的放弃能否被债权人撤销的民众观念，对于继承人放弃遗产的行为，统计数据显示，在 574 名被调查者中，（1）选择 B 项不可以被撤销的，占五成以上（51.05%）；（2）选择 A 项可以被撤销的，占近五成（48.95%）。

2. 继承的放弃能否被债权人撤销的民间习惯及理由情况统计

（1）继承的放弃能否被债权人撤销的民间习惯情况统计。

表 8-45　继承的放弃能否被债权人撤销的民间习惯情况统计（单选）

选项	人数	比例
A. 可撤销	106	51.71%
B. 不可撤销	99	48.29%
合计	205	100%

关于继承的放弃能否被债权人撤销的民间习惯，对于继承人放弃遗产的行为，统计数据显示，填写了该问题的 205 名被调查者所在地区的民间习惯是：①A 项可以被撤销的，占五成以上（51.71%）；②B 项不可以被撤销的，占近五成（48.29%）。

（2）继承的放弃能否被债权人撤销的民间习惯之理由情况统计。

表 8-46　继承的放弃能否被债权人撤销的民间习惯之理由情况统计

选项	人数	比例
A. 不可以被撤销，因为这有利于照顾其儿媳及孙女的生活，她们是弱势群体，理应获得优先照顾	99	48.29%
B. 可以被撤销，甲的债权人利益也需要被考虑，符合法律的规定	106	51.71%
合计	205	100%

关于继承的放弃能否被债权人撤销的民间习惯之理由，统计数据显示，有 205 名被调查者填写了选择理由，①认为可以被撤销的理由是 B 项，甲的债权人利益也需要被考虑，这符合法律规定的，占五成以上（51.71%）；②认为不可以被撤销的理由是 A 项，这有利于照顾儿媳及其孙女的生活，她们是弱势群体，理应获得优先照顾的，占近五成

(48.29%)。

七、继承权的丧失、被继承人的宥恕与代位继承之调查数据统计情况

关于继承权的丧失、被继承人的宥恕与代位继承之调查数据统计，我们主要从继承权的丧失与被继承人的宥恕、继承权的丧失与代位继承两个方面进行调查数据的统计情况汇总分析。

（一）继承权的丧失与被继承人的宥恕

问题【七、（一）】“某甲如果以欺诈或者胁迫的手段，迫使或者妨碍其父乙设立、变更或者撤销遗嘱，情节较为严重，但后来其获得乙的原谅。您认为以下哪一种处理更为适当？A. 某甲有资格继承其父遗产；B. 某甲仍然不能继承其父遗产。（单选）理由是什么？在您所在的地区，人们是如何处理此类行为的？”

1. 继承权的丧失与被继承人的宥恕的民众观念及理由情况统计

（1）继承权的丧失与被继承人的宥恕的民众观念情况统计。

表 8-47　继承权的丧失与被继承人的宥恕的民众观念情况统计（单选）

选项	人数	比例
A. 某甲有资格继承其父遗产	449	78.20%
B. 某甲仍然不能继承其父遗产	125	21.80%
合计	574	100%

关于继承权的丧失与被继承人的宥恕的民众观念，对于继承人因欺诈或者胁迫而丧失继承权，但获得被继承人的宥恕，统计数据显示，在 574 名被调查者中，①选择 A 项可以恢复继承权的，占近八成（78.20%）；②选择 B 项不可以恢复继承权的，占二成以上(21.80%)。

（2）继承权的丧失与被继承人的宥恕的民众观念之理由情况统计。

表 8-48　继承权的丧失与被继承人的宥恕的民众观念之理由情况统计

项目	人数	比例
A. 乙有权处分自己的遗产，如果乙已经原谅了某甲，则可以恢复某甲的继承权	268	81.96%
B. 某甲的行为造成了恶劣影响，导致其丧失继承权，即使乙原谅了某甲，也不能恢复甲的继承权	59	18.04%
合计	327	100%

关于继承权的丧失与被继承人的宥恕的民众观念之理由，统计数据显示，有 327 名被调查者填写了选择理由，①认为继承权可以恢复的理由是，A 项乙有权处分自己的遗产，如果乙已经原谅了某甲，则可以恢复某甲继承权的，占八成以上（81.96%）；②认为继

承权不可以恢复的理由是，B 项甲的行为造成了恶劣影响，导致其丧失继承权，即使乙原谅了某甲，也不能恢复某甲的继承权，占近二成（18.04%）。

2. 继承权的丧失与被继承人的宥恕的民间习惯情况统计

表 8-49 继承权的丧失与被继承人的宥恕的民间习惯情况统计（单选）

选项	人数	比例
A. 某甲有资格继承其父遗产	115	54.76%
B. 某甲仍然不能继承其父遗产	95	45.24%
合计	210	100%

关于继承权的丧失与被继承人的宥恕的民间习惯，对于继承人因欺诈或者胁迫而丧失继承权，但获得被继承人的宥恕的，统计数据显示，填写该问题的 210 名被调查者所在地区的继承习惯是：（1）A 项可以恢复继承权的，占近五成半（54.76%）；（2）B 项不可以恢复继承权的，占四成半（45.24%）。

（二）继承权的丧失与代位继承

问题【七、（二）】“村民甲死亡后，其子乙因实施伪造遗嘱的行为导致丧失了对其父甲的继承权，乙的儿子丙能否代替其父亲乙去继承祖父甲的遗产？您认为以下哪一种处理更为适当？A. 丙能够代替其父亲乙继承祖父甲的遗产；B. 丙不能代替其父亲乙继承祖父甲遗产。（单选）理由是什么？请问：在您所在的地区，人们是如何处理此类情况的？”

1. 继承权丧失的效力是否及于代位继承人的民众观念及理由情况统计

（1）继承权丧失的效力是否及于代位继承人的民众观念情况统计。

表 8-50 继承权丧失的效力是否及于代位继承人的民众观念情况统计（单选）

选项	人数	比例
A. 丙能够代替其父亲乙继承祖父甲遗产	267	46.52%
B. 丙不能代替其父亲乙继承祖父甲遗产	307	53.48%
合计	574	100%

关于继承权丧失的效力是否及于代位继承人的民众观念，统计数据显示，在 574 名被调查者中，对于继承权丧失的效力是否及于代位继承人，①选择 B 项及于代位继承人的，占近五成半（53.48%）；②选择 A 项不及于代位继承人的，占四成半以上（46.52%）。

（2）继承权丧失的效力是否及于代位继承人的民众观念之理由情况统计。

表 8-51　继承权丧失的效力是否及于代位继承人的民众观念之理由情况统计

项目	人数	比例
A. 乙已经丧失继承权，导致丙代替乙继承的前提丧失，所以丙不能代替乙继承甲的遗产	153	50.33%
B. 丙作为独立的民事主体，可以孙子的身份来继承祖父甲的遗产，与乙丧失继承权没有关系	139	45.72%
C. 应当依据当地习俗确定	12	3.95%
合计	304	100%

关于继承权丧失的效力是否及于代位继承人的民众观念之理由，统计数据显示，有304名被调查者填写了选择理由，①认为不及于代位继承人的理由是，A项乙已经丧失继承权，导致丙代替乙继承的前提丧失，所以丙不能代替乙继承甲的遗产的，占五成（50.33%）；②认为及于代位继承人的理由是，B项丙作为独立的民事主体，可以孙子的身份来继承祖父甲的遗产，与乙丧失继承权没有关系的，占四成半（45.72%）。

2. 继承权丧失的效力是否及于代位继承人的民间习惯情况统计

表 8-52　继承权丧失的效力是否及于代位继承人的民间习惯情况统计（单选）

选项	人数	比例
A. 晚辈直系血亲可以代位继承	115	54.76%
B. 晚辈直系血亲不可以代位继承	95	45.24%
合计	210	100%

关于继承权丧失的效力是否及于代位继承人的民间习惯，统计数据显示，填写该问题的210名被调查者所在地区的继承习惯是：（1）A项可以代位继承的，占近五成半（54.76%）；（2）B项不可以代位继承的，占四成半（45.24%）。

八、继承协议之调查数据统计情况

必须说明，本节研究的对象是狭义的继承协议（又称继承扶养协议），是被继承人与继承人之间，就扶养与继承事项签订的协议。关于继承协议之调查数据统计，我们主要从继承协议的订立主体与方式、继承协议的变更方式及效力两个方面进行调查数据的统计情况汇总分析。

（一）继承协议的订立主体与方式

问题【八、（一）1.】"王某，现年70岁，有长子王一，次女王二，两个子女均已成家且分家另过。王某的老伴因患癌症花费了大量医药费后去世，老夫妻的共同财产现所剩无几，仅有郊区的一套住房是王某个人财产。虽然王某退休金不多，但身体没有大病，基本生活还是能够维持的。由于长子王一长期在外地工作，为解决父亲王某的养老送终问题，您认为，以下三种做哪一做法较为妥当？A. 父亲王某与次女王二，双方协商并签订协议，由次女王二一人承担赡养父亲王某的义务，王某的全部遗产指定由王二继承。B. 父亲王某与子女王一、王二，三人协商并签订协议，由次女王二一人承担赡养父亲王某的义务，王某的全部遗产商定由王二继承；王一放弃对父亲王某遗产的继承权。C. 子女王一与王二，两人协商并签订协议，由次女王二一人承担赡养父亲王某的义务，王某的全部遗产商定由王二继承；王一放弃对父亲王某遗产的继承权。（单选）理由是什么？”

1. 继承协议的订立主体与方式的民众观念及理由情况统计

（1）继承协议的订立主体与方式的民众观念情况统计。

表 8-53　继承协议的订立主体与方式的民众观念情况统计（单选）

选项	人数	比例
A. 父亲王某与次女王二协商一致即可签订协议（第一种方式）	105	18.29%
B. 父亲王某需与全部继承人协商，共同签订协议（第二种方式）	426	74.22%
C. 继承人间签订协议即可，无须被继承人知晓或同意（第三种方式）	43	7.49%
合计	574	100%

关于继承协议的订立主体与方式的民众观念，统计数据显示，在 574 名被调查者中，①选择 B 项应由被继承人和全体法定继承人共同协商签订的，占近七成半（74.22%）；②选择 A 项应由被扶养人和扶养人协商签订的，占近二成（18.29%）；③选择 C 项在继承人间签订协议即可，无须被继承人知晓或同意的，仅占不到一成（7.49%）。

（2）继承协议的订立主体与方式的民众观念之理由情况统计。

表 8-54　继承协议的订立主体与方式的民众观念之理由情况统计

项目	人数	比例
A. 如何扶养、如何继承应由当事人自主决定，他人无权干涉	34	9.47%
B. 被继承人与全体继承人协商一致，有利于避免纠纷	300	83.57%
C. 共同继承人间签订协议即可，无须被继承人知晓或同意	25	6.96%
合计	359	100%

关于继承协议的订立主体与方式的民众观念之理由，统计数据显示，有 359 名被调查者选择的理由，①认为被继承人与全体继承人协商一致签订协议的理由是，B 项有利于避免纠纷的，占八成以上（83.57%）；②认为协议应由被扶养人和扶养人协商签订的理由是，A 项如何扶养、如何继承应由当事人自主决定，他人无权干涉的，仅占不到一成（9.47%）；③认为继承人间签订协议即可，无需被继承人知晓或同意的理由是，C 项共同继承人间签订协议一致体现权利与义务的对等，谁赡养谁有权继承并决定相关事宜的，仅占不到一成（6.96%）。

2. 继承协议存在的民间习惯情况统计

问题【八、(一) 2.】“您过去是否听说或者经历过有以上类似的情况？A. 听说过或经历过；B. 从没听说或经历过以上情况。（单选）在听说过或经历过签订继承协议的人中，听说或经历过的方式是哪一种？A. 第一种方式；B. 第二种方式；C. 第三种方式。（多选）”

（1）继承协议的民间习惯情况统计。

表 8-55　继承协议的民间习惯情况统计（单选）

选项	人数	比例
A. 听说过或经历过	171	29.79%
B. 从没听说或经历过以上情况	403	70.21%
合计	574	100%

关于继承协议的民间习惯，统计数据显示，574 名被调查者所在地区的民间习惯是：①B 项从没听说或经历过以上情况的，占七成（70.21%）；②A 项听说过或经历过以上情况的，只占近三成（29.79%）。

（2）听说过或经历过签订继承协议方式的民间习惯情况统计。

表 8-56　听说过或经历过签订继承协议方式的民间习惯情况统计（多选）

选项	人数	比例
A. 第一种方式	65	38.01%
B. 第二种方式	156	91.23%
C. 第三种方式	83	48.54%

关于听说过或经历过签订继承协议方式的民间习惯，统计数据显示，对于表 8-53 的协议方式，填写该问题的 171 名被调查者所在地区的继承习惯是：①选择 B 项继承协议由被扶养人与全部继承人共同协商签订的，占九成以上（91.23%）；②选择 C 项继承协议由继承人间签订协议即可，无须被继承人知晓或同意的，占近五成（48.54%）；③选择 A 项继承协议由被扶养人与扶养人协商签订的，占近四成半（38.01%）。

（二）继承协议的变更方式及效力

问题【八、(二)】“王某，现年 70 岁，有长子王一，次女王二，三子王三，三个子女均已成家且分家另过。王某的老伴因患癌症花费了大量医药费后去世，现有郊区的一套住房是王某个人财产，市场价约为 30 万元，王某有少量退休金。王某与王二协商并签订继承协议，由王二主要赡养父亲王某，王某的所有遗产由王二继承。协议签订后，王二全家与父亲王某共同生活了五年，后王二因意外交通事故死亡。王二全家在与王某共同生活的期间已为王某花费生活费、医疗费等扶养费共 9 万元。为解决王某的养老，您同意下列哪些做法？A. 王二的儿子有继续扶养外祖父王某的能力，王某也愿意与王二的儿子共同生活，应当由王二的儿子继续履行扶养义务，并继承王某的全部遗产；B. 王一、王三共同补偿王二家人6万元扶养费后（另有3万元扶养费属于应当由王二承担的），如果王一与父亲王某签订新的继承协议，并与王某共同生活一直扶养至其去世，就由王一继承王某的全部遗产；C. 对王二已经支付的扶养费不予补偿，如果王一与父亲王某签订新的继承协议，并与王某共同生活一直扶养至其去世，就由王一继承王某的全部遗产；D. 王一、王三共同补偿王二家人6万元扶养费后，由两人共同扶养父亲王某；E. 其他。（单选）理由是什么？”

1. 继承协议的变更方式与效力的民众观念情况统计

表8-57　继承协议的变更方式与效力的民众观念情况统计（单选）

选项	人数	比例
A. 原扶养人的子女有扶养能力，在双方自愿的情况下，由原扶养人的子女继续扶养被扶养人，并继承全部遗产	205	35.71%
B. 原签订的继承协议效力终止，补偿原扶养人一定费用后，由某一有扶养能力的法定继承人，在双方自愿的情况下签订新协议，继续扶养被扶养人，并继承遗产	180	31.36%
C. 原签订的继承协议效力终止，对原扶养人无须补偿，应由某一有扶养能力的法定继承人与被扶养人，在双方自愿的情况下签订新协议，继续扶养被扶养人并继承全部遗产	50	8.71%
D. 原签订的继承协议效力终止，补偿原扶养人一定费用后，应由有扶养能力的全体法定继承人共同依法对被扶养人尽扶养义务，并依法定继承取得遗产	132	23.00%
E. 其他	7	1.22%
合计	574	100%

关于继承协议的变更方式与效力的民众观念，统计数据显示，在574名被调查者中，(1) 选择A项认为继承协议继续有效（代位扶养），原扶养人的子女有扶养能力，在双方自愿的情况下，由原扶养的子女继续扶养被扶养人，并继承全部遗产的，占三成半（35.71%）。(2) 选择B、C两项，原签订的继承协议终止，应由某一有扶养能力的法定继承人，在双方自愿的情况下，签订新的继承协议，继续扶养被扶养人并继承遗产的，合计占四成（40.07%）。但B、C两项的区别在于，B项应补偿原扶养人一定费用，而C项对原扶养人无须补偿。(3) 选择D项，原签订的继承协议效力终止，应补偿原扶养人一定费用后，由有扶养能力的全体法定继承人，共同依法履行对被扶养人的扶养义务，并依法定继承取得遗产的，占近二成半（23%）。

2. 继承协议的变更方式与效力的民众观念之理由情况统计

表 8-58 继承协议的变更方式与效力的民众观念之理由情况统计

项目	人数	比例
A. 王二的儿子继续扶养王某，可以使继承协议继续履行，避免产生不必要的纠纷，可以使王某安享晚年	81	35.53%
B. 基于公平原则，王一、王三应当补偿王二家人 6 万元	93	40.79%
C. 赡养王某是王一和王三的法定义务	54	23.68%
合计	228	100%

关于继承协议的变更方式与效力的民众观念之理由，统计数据显示，有 228 名被调查者填写了选择理由，（1）认为继承协议继续有效（即代位扶养）的理由是，A 项由王二的儿子继续扶养王某，可以使继承协议继续履行，避免产生不必要的纠纷，使王某安享晚年的，占三成半（35.53%）；（2）认为应补偿王二家人 6 万元的理由是，B 项基于公平原则，王一、王三应当补偿王二家人 6 万元的，占四成（40.79%）；（3）还有二成以上（23.68%）的人认为，C 项赡养王某是王一和王三的法定义务，故应由他们共同扶养王某。

九、遗产债务清偿之调查数据统计情况

关于遗产债务清偿之调查数据统计，我们主要从遗产债务清偿责任的类型、被继承人丧葬费的支付、遗产债务的清偿顺序三个方面进行调查数据的统计情况汇总分析。

（一）遗产债务清偿责任的类型

问题【九、（一）】“对于‘继承遗产，应当清偿被继承人的债务’，您是怎么理解这句话的？A. 对被继承人的生前所有债务，继承人都应当予以偿还；B. 对被继承人的生前所有债务，继承人应先用所有遗产偿还债务，不足部分由继承人以其个人财产偿还；C. 对被继承人的生前所有债务，继承人只以继承的遗产为限予以偿还；D. 对被继承人的生前所有债务，继承人如果存在转移遗产、隐瞒遗产的情形，则其应当负责以遗产和其个人财产偿还所有的债务。（多选）在您所在的地区，人们遇到继承人有转移遗产、隐瞒遗产的情况是如何处理的？理由是什么？”

1. 遗产债务清偿责任的类型之民众观念情况统计

表 8-59 继承人清偿遗产债务责任的类型的民众观念情况统计（多选）

选项	人数	比例
A. 对被继承人的生前所有债务，继承人都应当予以偿还	186	32.40%
B. 对被继承人的生前所有债务，继承人应先用所有遗产偿还债务，不足部分由继承人以其个人财产偿还	220	38.33%

续表

选项	人数	比例
C. 对被继承人的生前所有债务，继承人只以继承的遗产为限予以偿还	344	59.93%
D. 对被继承人的生前所有债务，继承人如果存在转移遗产、隐瞒遗产的情形，则其应当以遗产和其个人财产偿还所有的债务	264	45.99%

关于遗产债务清偿责任的类型之民众观念，统计数据显示，在574名被调查者中，对于被继承人生前欠下的所有债务，（1）选择A、B两项主张实行自愿的无限清偿责任的，合计占七成（70.73%）；（2）选择C项主张实行有限清偿责任的，占近六成（59.93%）；（3）选择D项主张对有侵害遗产违法行为者实行强制的无限清偿责任的，占四成半以上（45.99%）。

2. 继承人侵害遗产的法律责任之民间习惯及理由情况统计

（1）继承人侵害遗产的法律责任之民间习惯情况统计。

表8-60　继承人侵害遗产的法律责任之民间习惯情况统计（单选）

选项	人数	比例
A. 返还遗产并承担相应责任	19	43.19%
B. 交给司法、行政等相关部门处置	10	22.72%
C. 剥夺继承权，不分遗产	15	34.09%
合计	44	100%

关于继承人侵害遗产的法律责任之民间习惯，统计数据显示，填写该问题的44名被调查者所在地区的继承习惯是：①A、C两项侵害人应返还遗产并承担相应责任或剥夺继承权不分遗产的，合计占近八成（77.28%）；②B项交给司法、行政等相关部门处置的，占二成以上（22.72%）。

（2）继承人侵害遗产法律责任的民间习惯之理由情况统计。

表8-61　继承人清偿遗产债务责任范围的民间习惯之理由情况统计

项目	人数	比例
A. 继承人转移或隐瞒遗产，主观恶性大，为了表示惩戒，该继承人不能分得遗产或少分遗产	18	52.94%
B. 交给司法、行政等相关部门处置，能够体现公平	9	26.47%
C. 根据当地习俗，应当剥夺继承权不分遗产	7	20.59%
合计	34	100%

关于继承人侵害遗产法律责任的民间习惯之理由，统计数据显示，有 34 名被调查者填写了该问题的选择理由，①A、C 两项包括继承人转移或隐瞒遗产，主观恶性大，为了表示惩戒，该继承人不能分得遗产或少分遗产的，占五成以上（52.94%）和根据当地习俗，应当剥夺继承权不分遗产的，占二成（20.59%）；②B 项交给司法、行政等相关部门处置的理由是，这样处理更为公平的，占二成半以上（26.47%）。

（二）被继承人丧葬费的支付

问题【九、（二）】“在您所在的地区，死者的丧葬费一般是如何支付的？A. 由全体继承人共同支付；B. 从被继承人的遗产中支付；C. 其他。（单选）”

表 8-62　被继承人丧葬费支付的民间习惯情况统计（单选）

选项	人数	比例
A. 由全体继承人共同支付	341	59.41%
B. 从被继承人遗产中支付	226	39.37%
C. 其他	7	1.22%
合计	574	100%

关于被继承人丧葬费支付的民间习惯，对于被继承人的丧葬费的支付，统计数据显示，574 名被调查者所在地区的民间习惯是：（1）A 项由全体继承人共同支付的，占近六成（59.41%）；（2）B 项从被继承人遗产中支付的，占近四成（39.37%）。

（三）遗产债务的清偿顺序

问题【九、（三）】“在您所在的地区，对被继承人死亡后遗留的以下费用，一般是按照哪种先后顺序进行清偿的？（1）对民间习惯的处理方式；（2）您认为，按照哪种先后序进行清偿比较合理？（多选）”

A. 丧葬费用	D. 欠付的工资	G. 对被继承人扶养较多的人之酌情分配遗产份额
B. 遗产管理等费用	E. 受被继承人扶养人的生活费	H. 遗赠扶养协议写明遗赠的遗产
C. 欠债	F. 税款	

1. 遗产债务清偿顺序的民间习惯情况统计

表 8-63　遗产债务清偿顺序的民间习惯情况统计（多选）

选项	第一顺序		第二顺序		第三顺序		第四顺序		第五顺序		第六顺序		第七顺序		第八顺序	
	人数	比例%	人数	比例%	人数	比例%	人数	比例%	人数	比例%	人数	比例%	人数	比例%	人数	比例%
A.	389	69.34	24	4.18	17	2.96	40	6.97	8	1.40	11	1.92	9	1.57	9	1.57
B.	17	2.96	196	34.15	32	5.57	38	6.62	73	12.72	25	4.36	19	3.31	28	4.88

续表

选项	第一顺序		第二顺序		第三顺序		第四顺序		第五顺序		第六顺序		第七顺序		第八顺序	
	人数	比例%	人数	比例%	人数	比例%	人数	比例%	人数	比例%	人数	比例%	人数	比例%	人数	比例%
C.	30	5.23	105	18.29	187	32.58	80	13.94	43	7.50	11	1.92	11	1.92	4	0.69
D.	32	5.57	121	21.08	110	19.16	149	25.96	29	5.05	27	4.70	16	2.79	2	0.35
E.	1	0.17	22	3.83	29	5.05	51	8.86	128	22.30	97	16.90	32	5.57	13	2.26
F.	28	4.88	38	6.62	107	18.64	55	9.58	60	10.45	55	9.58	42	7.32	28	4.88
G.	1	0.17	10	1.74	20	3.48	20	3.48	50	8.71	58	14.81	134	23.34	64	11.15
H.	9	1.57	3	0.52	19	3.31	24	4.18	69	12.02	100	17.42	81	14.11	102	17.77

关于遗产债务清偿顺序的民间习惯，统计数据显示，各顺序以被调查者选择占比最高的作为统计依据，在被调查者所在地区，遗产债务按如下顺序清偿：（1）第一顺序为A项“丧葬费用”（69.34%）；（2）第二顺序为B项“遗产管理等费用”（34.15%）；（3）第三顺序为C项“欠债”（32.58%）、F项“欠付的税款”（18.64）；（4）第四顺序为D项“欠付的工资”（25.96%）；（5）第五顺序为E项“受被继承人扶养人的生活费”（22.30%）；（6）第六顺序为G项“对被继承人扶养较多的人之酌情分配遗产份额”（23.34%）；（7）第七顺序为H项“遗赠扶养协议写明遗赠的遗产”（17.77%）。

2. 遗产债务清偿顺序的民众观念情况统计

表8-64　遗产债务清偿顺序的民众观念情况统计（多选）

选项	第一顺序		第二顺序		第三顺序		第四顺序		第五顺序		第六顺序		第七顺序		第八顺序	
	人数	比例%	人数	比例%	人数	比例%	人数	比例%	人数	比例%	人数	比例%	人数	比例%	人数	比例%
A.	348	60.63	34	5.92	19	3.31	46	8.01	35	6.10	7	1.22	8	1.39	3	0.52
B.	23	4.01	172	29.97	35	6.10	68	11.85	88	15.33	33	5.75	16	2.79	26	4.53
C.	47	8.19	97	16.90	166	28.92	92	16.03	52	9.06	18	3.16	15	2.61	2	0.35
D.	41	7.14	120	20.90	142	24.74	129	22.47	39	6.79	11	1.92	5	0.87	2	0.35
E.	4	0.70	24	4.18	38	6.62	41	7.14	119	20.73	117	20.38	41	7.14	28	4.88
F.	54	9.40	67	11.67	87	15.16	67	11.67	39	6.79	55	9.58	19	3.31	42	7.32
G.	1	0.17	6	1.05	11	1.92	23	4.00	52	9.06	68	11.87	190	33.10	73	12.72
H.	11	1.92	7	1.22	12	2.09	21	3.66	43	7.49	115	20.03	96	16.72	139	24.22

关于遗产债务清偿顺序的民众观念，统计数据显示，各顺序以被调查者选择占比最高的作为统计依据，被调查者观念上认可的遗产债务清偿顺序是：（1）第一顺序为A项“丧葬费用”（60.63%）；（2）第二顺序为B项“遗产管理等费用”（29.97%）；（3）第三顺序为C项“欠债”（28.92%）、D项“欠付的工资”（24.74%）、F项“税款”（15.16%）；（4）第四顺序为E项“受被继承人扶养人的生活费”（20.73%）；（5）第五

顺序为G项“对被继承人扶养较多的人之酌情分配遗产份额”（33.10%）；（6）第六顺序为H项“遗赠扶养协议写明遗赠的遗产”（24.22%）。

十、遗产分割之调查数据统计情况

关于遗产分割之调查数据统计，我们主要从遗产分割的自由与限制、遗产分割瑕疵的担保责任两个方面进行调查数据的统计情况汇总分析。

（一）遗产分割的自由与限制

问题【十、（一）1.】“按您当地的民间习惯，一般如何开始分割遗产？A. 由各继承人共同协商后进行分割；B. 只要有继承人要求分割遗产，就得进行分割；C. 对于被继承人以遗嘱禁止分割的遗产，不得进行分割；D. 其他。（多选）理由是什么？”

1. 遗产分割自由与限制的民间习惯及理由情况统计

（1）遗产分割自由与限制的民间习惯情况统计。

表8-65 遗产分割自由与限制的民间习惯情况统计（多选）

选项	人数	比例
A. 由各继承人共同协商后进行分割	487	84.84%
B. 只要有继承人要求分割遗产，就得进行分割	125	21.78%
C. 对被继承人以遗嘱禁止分割的遗产，不得进行分割	313	54.53%
D. 其他	0	0%

关于遗产分割自由与限制的民间习惯，统计数据显示，574名被调查者所在地区的继承习惯是：①A项遗产由各继承人共同协商后进行遗产分割的，占近八成半（84.84%）；②C项遗嘱禁止分割则不得分割的，占近五成半（54.53%）；③B项只要有继承人要求分割遗产，就得进行分割的，占二成以上（21.78%）。

（2）遗产分割自由与限制的民间习惯之理由情况统计。

表8-66 遗产分割自由与限制的民间习惯之理由情况统计

项目	人数	比例
A. 遗产由各继承人共同继承，遗产分割关系各继承人的利益，故应共同协商	61	30.97%
B. 每位继承人享有的继承权受法律保护，同时基于效率原则考虑，故继承开始后，基于继承人的要求就可以分割遗产	14	7.11%
C. 遗产是被继承人死亡时遗留的个人财产，其当然有权通过遗嘱决定遗产的归属和分割	102	51.77%
D. 其他理由	20	10.15%
合计	197	100%

关于遗产分割自由与限制的民间习惯之理由，统计数据显示，有197名被调查者填写了选择理由，①认为对被继承人以遗嘱禁止分割的遗产，不得进行分割的理由是，C项遗产是被继承人死亡时遗留的个人财产，其当然有权通过遗嘱决定遗产的归属和分割的，占五成以上（51.77%）；②认为由各继承人共同协商后进行分割的理由是，A项遗产归各继承人共同继承，遗产分割关系各继承人的共同利益，故应共同协商的，占三成（30.97%）；③认为只要有继承人要求分割遗产，就得进行分割的理由是，B项每位继承人享有的继承权受法律保护，同时基于效率原则考虑，故继承开始后，基于继承人的要求就可以分割遗产的，占不到一成（7.11%）。

2. 提出遗产分割请求时间的民间习惯及理由情况统计

问题【十、（一）2.】“老王去世时留有一套家庭居住的房屋（价值50万元）、存款20万元以及小汽车一辆（价值10万元）。老王去世时，其配偶和唯一的儿子小王均在世。请问：如果在您所在的地区，老王死亡后，其儿子小王是否会马上向其母亲提出分割遗产的请求？A. 会；B. 不会；C. 会提出分割其他遗产的请求，但对其母正在居住房屋的分割需等其母去世后进行；D. 其他。（单选）理由是什么？”

（1）提出遗产分割请求时间的民间习惯情况统计。

表8-67　提出遗产分割请求时间的民间习惯情况统计（单选）

选项	人数	比例
A. 会	68	11.84%
B. 不会	429	74.74%
C. 会提出分割其他遗产的请求，但对其母正在居住的房屋的分割需等其去世后进行	73	12.72%
D. 其他	4	0.70%
合计	574	100%

关于提出遗产分割请求时间的民间习惯，统计数据显示，574名被调查者所在地区的继承习惯是：①B项不会提出遗产分割请求的，占近七成半（74.74%）；②C项会提出分割其他遗产的请求，但对其母正在居住房屋的分割需等其母去世后进行的，占一成以上（12.72%）；③A项会马上向其母亲提出分割遗产请求的，仅占一成以上（11.84%）。可见，主张对其母正在居住的房屋在其生存期间不予分割的，B、C两项合计占近九成（87.46%）。

（2）提出遗产分割请求时间的民间习惯之理由情况统计。

表 8-68　提出遗产分割请求时间的民间习惯之理由情况统计

项目	人数	比例
A. 遗产是由小王及其母亲共同继承的，继承开始后，小王有权根据法律规定提出遗产分割的请求，并且有利于防止日后发生不必要的纠纷	29	9.32%
B. 根据当地观念，小王的父亲去世遗留下的财产就应该由其母亲全部继承，故小王不能向其母亲提出遗产分割的请求，如果提出，会被视作不孝敬老人	143	45.98%
C. 体现孝敬老人，保证老人的晚年生活，小王可以提出分割其他遗产，但对其母正在居住房屋的分割需等其母去世后进行	135	43.41%
D. 应视个人具体情况而定	4	1.29%
合计	311	100%

关于提出遗产分割请求时间的民间习惯之理由，统计数据显示，有 311 名被调查者填写了选择的理由，①认为不会提出分割遗产请求的理由是，B 项根据当地观念，小王的父亲去世遗留下的财产就应该由其母亲全部继承，故小王不能向其母亲提出遗产分割的请求，如果提出会被视作不孝敬老人表现的，占四成半以上（45.98%）；②认为会提出分割其他遗产的请求，但对其母正在居住的房屋需等其去世后进行分割的理由是，C 项为体现孝道，这能保证老人晚年生活的，占近四成半（43.41%）；③认为会提出遗产分割请求的理由是，A 项遗产是由小王及其母亲共同继承的，继承开始后，小王有权根据法律规定提出遗产分割的请求，并且有利于防止日后发生不必要纠纷的，占不到一成（9.32%）。

3. 遗嘱可否限制遗产分割的民众观念与理由情况统计

（1）遗嘱可否限制遗产分割的民众观念情况统计。

问题【十、（一）3.（1）】“甲乙是夫妻，育有一子丙。甲系个体工商户，他生前立了一份遗嘱，指定由乙和丙共同继承遗产，但其死后遗产中的商铺门面房和家庭住房在 20 年内不能进行分割。甲死亡时留下的遗产有：商铺门面房一间（价值 100 万元）；一套三室一厅的家庭住房（价值 50 万元）、存款 20 万元以及小汽车一辆（价值 10 万元）。您认为，甲是否可以在遗嘱中写明在其死后上述商铺门面房和住房在一定期间内不能进行分割？A. 可以；B. 不可以。（单选）理由是什么？”

①遗嘱可否限制遗产分割的民众观念情况统计。

表 8-69　遗嘱可否限制遗产分割的民众观念情况统计（单选）

选项	人数	比例
A. 可以	511	89.02%
B. 不可以	63	10.98%
合计	574	100%

关于遗嘱可否限制遗产分割的民众观念，统计数据显示，在574名被调查者中，Ⅰ.选择A项可以限制的，占近九成（89.02%）；Ⅱ.选择B项不可以限制的，仅占一成（10.98%）。

②遗嘱可否限制遗产分割的民众观念之理由情况统计。

表8-70 遗嘱可否限制遗产分割的民众观念之理由情况统计

项目	人数	比例
A. 这些遗产是甲生前的个人财产，在设立遗嘱时有权决定遗产的分配及其分割等问题	250	85.32%
B. 甲在遗嘱中指定商铺门面房和住房在20年内不能分割，不利于发挥物的效用及价值，而且容易产生纠纷	19	6.48%
C. 允许甲在遗嘱中指定店铺和住房20年内不能分割，有利于保护甲的配偶乙的利益	2	0.69%
D. 其他理由	22	7.51%
合计	293	100%

关于遗嘱可否限制遗产分割的民众观念之理由，统计数据显示，有293名被调查者填写了选择理由，Ⅰ.认为遗嘱可以限制遗产分割的理由是，A项这些遗产是甲生前的个人财产，在设立遗嘱时有权决定遗产的分配及其分割等问题（占85.32%）和C项允许甲在遗嘱中指定店铺和住房20年内不能分割，有利于保护甲的配偶乙的利益（占0.69%）。Ⅱ.认为遗嘱不可以限制遗产分割的理由是，B项甲在遗嘱中指定店铺和住房在20年内不能分割，不利于发挥物的效用及价值，而且容易产生纠纷（占6.48%）。

（2）遗嘱限制遗产分割的具体期限之民众观念情况统计。

问题【十、（一）3.（2）】“在上题中，如果您选择A项，那么该期限多久合适？A.5年；B.10年；C.15年；D.其他。（单选）”

表8-71 遗嘱限制遗产分割的具体期限之民众观念情况统计（单选）

选项	人数	比例
A.5年	170	33.27%
B.10年	130	25.44%
C.15年	55	10.76%
D. 其他	156	30.53%
合计	511	100%

关于遗嘱限制遗产分割的具体期限之民众观念，统计数据显示，在填写了该问题的511名被调查者中，①选择A项5年内的，占近三成半（33.27%）；②选择B项10年内

的，占二成半（25.44%）；③选择 C 项 15 年内的，仅占一成（10.76%）。

（3）继承人协商能否变更遗嘱限制的民间习惯及理由情况统计。

问题【十、（一）3.（3）】“在您所在地区，如果乙和丙一致同意分割上述财产，那么，他们是否可以不遵守甲的遗嘱在一定期间内禁止分割上述房产的规定而进行分割？A. 可以不遵守遗嘱；B. 不可以不遵守遗嘱。（单选）理由是什么？”

①继承人协商能否变更遗嘱限制的民间习惯情况统计。

表 8-72　继承人协商能否变更遗嘱限制的民间习惯情况统计（单选）

选项	人数	比例
A. 可以不遵守遗嘱	261	45.47%
B. 不可以不遵守遗嘱	313	54.53%
合计	574	100%

关于继承人协商能否变更遗嘱限制的民间习惯，统计数据显示，574 名被调查者所在地区的继承习惯是：Ⅰ.B 项不可以不遵守遗嘱，即不能变更的，占近五成半（54.53%）；Ⅱ.A 项可以不遵守遗嘱，即可以变更的，占四成半（45.47%）。

②继承人协商能否变更遗嘱限制的民间习惯之理由情况统计。

表 8-73　继承人协商能否变更遗嘱限制的民间习惯之理由情况统计

项目	人数	比例
A. 乙和丙共同继承这些遗产，共同享有所有权，二人当然有权决定分割这些遗产，同时也有利于发挥物的效用价值	140	45.46%
B. 乙和丙根据甲设立的遗嘱享有继承权，对于遗产的分割问题，也应该依据遗嘱，不能选择性地修改遗嘱	163	52.92%
C. 其他理由	5	1.62%
合计	308	100%

关于继承人协商能否变更遗嘱限制的民间习惯之理由，统计数据显示，有 308 名被调查者填写了选择理由，Ⅰ. 认为不可变更的理由是，B 项乙和丙根据甲设立的遗嘱享有继承权，对于遗产的分割问题，也应该依据遗嘱，不能选择性地修改遗嘱的，占五成以上（52.92%）；Ⅱ. 认为可以变更的理由是，A 项乙和丙共同继承这些遗产，共同享有所有权，二人当然有权决定分割这些遗产，同时也有利于发挥物的效用价值的，占四成半（45.46%）。

（二）遗产分割瑕疵的担保责任

问题【十、（二）】“村民老王于 2016 年 12 月 10 日因病去世，死亡时留有 50 只羊。老王有两个儿子甲和乙，老王死后，甲、乙各分得 25 只羊。但在双方分完羊两天之后，乙分得的 25 只羊中就有 2 只暴病死亡，这 2 只羊的死亡原因是在兄弟俩分割前就已经得了羊瘟（一种急性传染病）。请问：在您所在的地区，如果出现此种情况，这2只羊死亡的损失应该由谁承担？A. 由乙自行承担，羊群已分配完毕，乙分到了2只病羊，应该自认倒霉；B. 由甲和乙共同承担，甲应再分给乙1只羊或按照1只羊的价格进行补偿；C. 甲按1只羊的价格进行补偿，但乙承担大部分损失，甲承担小部分损失；D. 其他。（单选）理由是什么？”

1. 遗产分割瑕疵担保责任的民间习惯情况统计

表 8-74 遗产分割瑕疵担保责任的民间习惯情况统计（单选）

选项	人数	比例
A. 由乙自行承担，羊群已分配完毕，乙分到了2只病羊，应该自认倒霉	298	51.92%
B. 由甲和乙共同承担，甲应再分给乙1只羊或按照1只羊的价格进行补偿	185	32.23%
C. 甲按1只羊的价格进行补偿，但乙承担大部分损失，甲承担小部分损失	88	15.33%
D. 其他	3	0.52%
合计	574	100%

关于遗产分割瑕疵担保责任的民间习惯，统计数据显示，574名被调查者所在地区的民间习惯是：（1）A项共同继承人间不会共同承担的，占五成以上（51.92%）；（2）B、C两项共同继承人间会共同承担的，合计占近五成（47.56%）。

2. 遗产分割瑕疵担保责任的民间习惯之理由情况统计

表 8-75 遗产分割瑕疵担保责任的民间习惯之理由情况统计

项目	人数	比例
A. 乙分得的25只羊是随机分配的，事先甲乙两人都不知道，因此，对于2只病羊的损失，与甲无关，只能由乙自己承担	161	57.30%
B. 50只羊是由甲和乙共同继承的，对于2只病羊的损失也应该由甲和乙共同承担；如果让乙一个人承担，则有悖公平原则	111	39.50%
C. 其他理由	5	3.20%
合计	281	100%

关于遗产分割瑕疵担保责任的民间习惯之理由，统计数据显示，有281名被调查者填写了选择理由，（1）共同继承人间不会共同承担的理由是，A项乙分得的25只羊是随机分配的，事先甲乙两人都不知道，因此，对于2只病羊的损失，与甲无关，只能由乙自己承担的，占五成半以上（57.30%）；（2）共同继承人间会共同承担的理由是，B项50只羊是由甲和乙共同继承的，对于2只病羊的损失也应该由甲和乙共同承担，如果让乙一个人承担，则有悖公平原则的，占近四成（39.50%）。

十一、无人承受遗产之调查数据统计情况

关于无人承受遗产之调查数据统计，我们主要从无人承受遗产归属和无人承受遗产的处理两个方面进行调查数据的统计情况汇总分析。

（一）无人承受遗产的归属

1. 城镇居民无人承受遗产的归属主体的民众观念情况统计

问题【十一、（一）1.】“甲生前系城镇居民，其生前未婚且无其他继承人，其死后留下部分遗产，属于无人承受的遗产。您认为甲的遗产归属于下列哪一主体更合适？A. 国家；B. 死者生前所在地的国库；C. 死者生前所在地民政部门的社会福利机构；D. 死者生前所在地的居委会；E. 不是继承人的其他亲属；F. 其他（您认为更合适的归属主体）。（单选）理由是什么？”

（1）城镇居民无人承受遗产归属主体的民众观念情况统计。

表 8-76　城镇居民无人承受遗产归属主体的民众观念情况统计（单选）

选项	人数	比例
A. 国家	218	37. 98%
B. 死者生前所在地的国库	54	9. 41%
C. 死者生前所在地民政部门的社会福利机构	114	19. 86%
D. 死者生前所在地的居委会	28	4. 88%
E. 不是继承人的其他亲属	140	24. 39%
F. 其他	20	3. 48%
合计	574	100%

关于城镇居民无人承受遗产的归属主体的民众观念，统计数据显示，在 574 名被调查者中，①选择 A、B、C、D 四项，认为城镇居民无人继承遗产应收归社会公共组织（包括国家、死者生前所在地的国库、死者生前所在地民政部门的社会福利机构和死者生前所在地的居委会）的，合计占七成以上（72. 13%）；②选择 E、F 两项，认为城镇居民无人继承遗产应归自然人（归不是继承人的其他亲属等）的，合计占近三成（27. 87%）。

（2）城镇居民无人承受遗产归属主体的民众观念之理由情况统计。

表 8-77　城镇居民无人承受遗产归属主体的民众观念之理由情况统计

项目	人数	比例
A. 甲的遗产没有人继承，为规范财产秩序，甲的遗产归国家所有，同时，这也与部分国家的做法相一致	89	42. 58%
B. 甲的遗产归甲生前所在地的国库，有利于对遗产的清算、管理和利用	12	5. 74%

续表

项目	人数	比例
C. 甲的其他亲属是甲最为亲近的人，甲的遗产归其他亲戚所有，符合情理	80	38.28%
D. 其他理由	28	13.40%
合计	209	100%

关于城镇居民无人承受遗产归属主体的民众观念之理由，统计数据显示，有209名被调查者填写了选择理由，①选择归属社会公共组织的主要理由分别为，A项甲的遗产没有人继承，为规范财产秩序，甲的遗产归国家所有，同时，这也与部分国家的做法相一致的，占四成以上（42.58%）和B项甲的遗产归甲生前所在地的国库，有利于对遗产的清算、管理和利用的，占不到一成（5.74%）；②选择归属自然人的主要理由为C项，甲的其他亲属是甲最为亲近的人，甲的遗产归其他亲戚所有，符合情理的，占近四成（38.28%）。

2. 农村居民无人承受遗产归属主体的民众观念与理由情况统计

问题【十一、（一）2.】“甲生前系农村居民，其生前未婚且无其他继承人，其死后留下部分遗产，属于无人承受的遗产。您认为甲的遗产归属于下列哪一主体更合适？A. 死者生前所在地的国库；B. 死者生前所在地民政部门的社会福利机构；C. 死者生前所在的集体经济组织；D. 死者生前所在的村委会；E. 死者生前所在的村民小组；F. 不是继承人的其他亲属；G. 其他（您认为更合适的归属主体）。（单选）理由是什么？”

（1）农村居民无人承受遗产的归属主体的民众观念情况统计。

表8-78　农村居民无人承受遗产的归属主体的民众观念情况统计（单选）

选项	人数	比例
A. 死者生前所在地的国库	169	29.44%
B. 死者生前所在地民政部门的社会福利机构	102	17.77%
C. 死者生前所在的集体经济组织	48	8.36%
D. 死者生前所在的村委会	51	8.89%
E. 死者生前所在的村民小组	47	8.19%
F. 不是继承人的其他亲属	149	25.96%
G. 其他	4	1.39%
合计	574	100%

关于农村居民无人承受遗产归属主体的民众观念，统计数据显示，在574名被调查者中，①选择A、B、C、D、E五项，认为农村居民无人继承遗产应收归社会公共组织（包

括归属于死者生前所在地的国库、死者生前所在地民政部门的社会福利机构和死者生前所在的集体经济组织、村委会或村民小组）的，合计占七成以上（72.65%）；②选择F、G两项，认为农村居民无人继承遗产应归自然人（归不是继承人的其他亲属等）的，合计占近三成（27.35%）。

（2）农村居民无人承受遗产归属主体的民众观念之理由情况统计。

表8-79　农村居民无人承受遗产归属主体的民众观念之理由情况统计

项目	人数	比例
A. 甲的遗产归甲生前所在地的集体经济组织，有利于对遗产的清算、管理和利用	84	46.93%
B. 甲的其他亲属是与甲较为亲近的人，甲的遗产归其他亲戚所有，符合情理	66	36.87%
C. 其他理由	29	16.20%
合计	179	100%

关于农村居民无人承受遗产归属主体的民众观念之理由，统计数据显示，有179名被调查者填写了选择理由，①选择归属社会公共组织的主要理由是，A项甲的遗产归甲生前所在地的集体经济组织，有利于对遗产的清算、管理和利用的，占四成半以上（46.93%）；②选择归属自然人的主要理由是，B项甲的其他亲属是与甲较为亲近的人，甲的遗产归其他亲戚所有，这符合情理的，占三成半以上（36.87%）。

（二）无人承受遗产的处理

1. 无人承受遗产的管理人的产生方式的民众观念与民间习惯情况统计

问题【十一、（二）1.】“对于无人继承遗产的管理人，您认为下列哪一种产生方式更合适？A. 死者户籍所在地的居委会或村委会或所在单位指定遗产管理人；B. 人民法院指定遗产管理人；C. 民政部门指定遗产管理人。（单选）理由是什么？请问：在您所在地区的人们一般如何确定无人承受遗产的管理人？”

（1）无人承受遗产管理人的产生方式的民众观念与理由情况统计。

①无人承受遗产管理人的产生方式的民众观念情况统计。

表8-80　无人承受遗产管理人的产生方式的民众观念情况统计（单选）

选项	人数	比例
A. 死者户籍所在地的居委会、村委会或所在单位指定遗产管理人	305	53.14%
B. 人民法院指定遗产管理人	206	35.89%
C. 民政部门指定遗产管理人	63	10.97%
合计	574	100%

关于无人承受遗产管理人的产生方式的民众观念，统计数据显示，在574名被调查者中，Ⅰ.选择A项认为应由死者户籍所在地的居委会、村委会或所在单位指定遗产管理人的，占近五成半（53.14%）；Ⅱ.选择B、C两项认为应由人民法院或民政部门指定遗产管理人的，合计占四成半以上（46.86%）。

②无人承受遗产管理人的产生方式的民众观念之理由情况统计。

表8-81　无人承受遗产管理人的产生方式的民众观念之理由情况统计

项目	人数	比例
A. 死者户籍所在地的居委会、村委会或所在单位对死者及其遗产的情况比较清楚，由其指定遗产管理人，有利于对遗产进行清算、管理和利用	260	53.50%
B. 人民法院通过法定程序，对遗产进行清算和管理，由其指定遗产管理人，有利于公平保护相关债权人的利益	177	36.42%
C. 人民法院办案压力大，无暇顾及遗产管理人的指定	46	9.46%
D. 民政部门更了解情况，应由民政部门指定	3	0.62%
合计	486	100%

关于无人承受遗产管理人的产生方式的民众观念之理由，统计数据显示，有486名被调查者填写了选择理由，Ⅰ.A项认为应由死者户籍所在地的居委会、村委会或所在单位指定遗产管理人的理由是，死者户籍所在地的居委会、村委会或所在单位对死者及其遗产的情况比较清楚，由其指定遗产管理人，有利于对遗产进行清算、管理和利用，占近五成半（53.50%）；Ⅱ.B项认为应由人民法院指定遗产管理人的理由是，人民法院通过法定程序，对遗产进行清算和管理，由其指定遗产管理人，有利于公平保护相关债权人利益，占三成半以上（36.42%）；但C项有不到一成（9.46%）的人认为，人民法院办案压力大，可能无暇顾及遗产管理人指定的事宜。Ⅲ.D项认为应由民政部门指定遗产管理人的理由是，民政部门更了解情况，应由民政部门指定。

（2）无人承受遗产管理人的产生方式的民间习惯情况统计。

表8-82　无人承受遗产管理人的产生方式的民间习惯情况统计（单选）

选项	人数	比例
A. 死者户籍所在地的居委会或村委会指定	78	65.56%
B. 由人民法院指定	12	10.08%
C. 由当地民政部门指定	7	5.88%
D. 由与死者亲密的其他亲属指定	5	4.20%
E. 由不属于继承人的其他亲属指定	4	3.36%

续表

选项	人数	比例
F. 由当地有威望的人指定	2	1.68%
G. 由行政部门决定	11	9.24%
合计	119	100%

关于无人承受遗产管理人的产生方式的民间习惯，统计数据显示，填写该问题119名被调查者所在地区的继承习惯是：Ⅰ.A项由死者户籍所在地的居委会或村委会指定产生的，占六成半（65.56%）；Ⅱ.B、C、G三项，由人民法院、民政部门或行政部门指定的，合计占二成半（25.20%）；Ⅲ.D、E、F三项，由与死者亲密的其他亲属、不属于继承人的其他亲属或当地有威望的人指定的，合计占不到一成（9.24%）。

2. 无人承受遗产的酌分请求权主体的民众观念情况统计

问题【十一、（二）2.】“您认为下列哪些人可以酌情分得无人继承的遗产？A. 依靠死者扶养的人；B. 与死者共同生活的人；C. 与死者有密切联系且对其帮助较多的人；D. 其他。（多选）请问：您所在地区的人们一般是如何分配此类遗产的？”

表8-83　无人承受遗产的酌分请求权主体的民众观念情况统计（多选）

选项	人数	比例
A. 依靠死者扶养的人	431	75.09%
B. 与死者共同生活的人	354	61.67%
C. 与死者有密切联系且对其帮助较多的人	435	75.78%
D. 其他	13	2.26%

关于无人承受的遗产之酌分请求权主体的民众观念，统计数据显示，在574名被调查者中，选择A、B、C三项，认为“与死者关系密切且对其帮助较多的人”（75.78%）、“依靠死者扶养的人”（75.09%）、“与死者共同生活的人”（61.67%）可以成为无人承受的遗产的酌情分配请求主体的，各占六至七成以上。

十二、遗产处理相关案例的简介与评析

（一）涉及遗产范围界定案例的简介与评析

案情简介：李某1、李某2、李某3系同胞兄妹，父亲李某某生前是×局职工，于1995年7月去世，母亲马某某于1996年3月去世，均无遗嘱。李某某生前分得了×局位于×市×区×路×职工宿舍。2002年第二次房改时因李某某夫妇均已去世，×局依据房改政策将此房按照成本价出售给李某3，并与李某3签订了《×售房合同书》。合同载明，购房职工为李某3，合同落款处的购房人为李某3。按照合同约定，应付房款为36196.30元，缴清房款后购房方即享有全部产权。合同签订后，李某3缴清全部购房款，并办理了房屋

产权过户登记。2009 年 3 月 22 日，李某 3 将讼争房屋以 137000 元出售。李某 1 遂向×市×区人民法院起诉，请求判令李某 3 向其给付父母遗产的出售款 45666（137000÷3）元。被告李某 3 辩称，讼争房屋系房改房，父母去世后，其于 2002 年 8 月 13 日与×市×区国税局签订《×售房合同书》，支付购房款 34929.43 元并办理了产权证，由于父母之前缴纳的 2390.68 元折抵了部分购房款，其还向李某 1 支付了 1300 元，故讼争房屋并不是遗产，而是其本人享有完全产权的房产。

一、二审法院审理后认为：依照最高人民法院〔2000〕法民字第 4 号《关于在享受本人工龄和已死亡配偶生前工龄优惠后所购公房是否属夫妻共同财产的函的复函》的规定，购买公房时享受的工龄优惠只是政策性补贴，不属于财产或者财产权益，而购买的房改房是否属于遗产，要看房改时房款的来源。李某 3 于 2002 年申请购买原×路×职工宿舍时，其父亲李某某已经死亡，此房的购房款系李某 3 用自己的积蓄支付，故依法判决讼争房屋属李某 3 的个人财产。

再审法院审理后认为，从李某 3 与×局签订的售房合同可以看出，李某 3 在购房时仅支付了成本价，即享受了李某某基于职工身份折抵的房屋价值优惠，合同签订后，房屋的权属也登记在李某某名下，即使购买房屋的价款系李某 3 支付，因李某 3 并非×局的职工，不具备参加该单位房改的资格，故其不能以支付了成本价购房款为由主张诉争房屋的所有权。法院依法判决，根据我国《继承法》第 3 条第 2 项和第 10 条第 1 款的规定，讼争房屋属于该局已故职工李某某的遗产，李某 1、李某 2 均有权继承。①

适用法律分析：本案争议的焦点为李某某生前分得了一套职工宿舍、后由李某 3 与×局签订购房合同购买的房改房是否属于李某某的遗产。本案在审理过程中存在两种截然相反的观点：一、二审法院认为，该房屋不属于李某某的遗产。理由在于，依照我国《继承法》第 3 条的规定，遗产是公民死亡时遗留的个人合法财产，按照当时房改政策的规定，李某某生前分得的福利房至其 1995 年死亡时尚无完整产权，而李某 3 的购买行为发生在李某某死后多年且支付了该房屋的相应对价，故讼争房屋不应当认定为李某某的遗产。再审法院则认为，该房屋属于李某某的遗产。理由在于，房改房是根据职工职务、年龄、工资、家庭人口等多种因素综合考虑后在房屋价值计算上给予职工的政策性优惠福利，相当于将多年积累的工资差额一次性补发给职工。因此，房改房的购买价格并非房屋价值的直接体现。李某 3 在购房时仅支付了成本价，即享受了李某某基于职工身份折抵的房屋价值优惠，合同签订后，房屋的权属也登记在李某某名下，李某 3 并非××局的职工，不具备参加该单位房改的资格，故其不能以支付了成本价购房款为由主张诉争房屋的所有权。即该房屋是具有身份性质的财产。由此可以看出，对于房改房是否属于被继承人的遗产，我国法律并未作出明确规定，司法实践中仍存在争议，我国欠缺遗产范围的排除性规定，这是其立法之不足。

（二）涉及继承开始的通知和公告案例的简介与评析

案情简介：一审原告李某清与贾某云原系同一单位的同事。2011 年 2 月 25 日，贾某

---

① 参见中国裁判文书网：（2015）川×第×号，《李某 3 与李某 1、李某 2 法定继承纠纷再审民事判决书》，载 http://wenshu.court.gov.cn/content/content? DocID=3818615e-5b8d-46a7-bda8-de20a6fb156f&KeyWord=一审原告李某 3 法定继承纠纷，访问日期：2018 年 11 月 20 日。限于本章篇幅，作者对原案情内容有酌情删改。

云向原告李某清借款现金 80000 元，于当日向原告李某清出具了借条。2015 年 5 月，原告李某清到贾某云家里催要借款无果后，向人民法院起诉，要求判令被告贾某 1、贾某 2、贾某 3（债务人贾某云之子女）代偿还借款 80000 元及 4 年零 3 个月的利息。被告辩称，父亲贾某云因涉嫌非法吸收公众存款罪，于 2011 年 10 月 31 日被采取强制措施，时至今日，从未收到任何司法机构认定贾某云死亡的书面法定材料，不知贾某云已死亡，继承没有开始。

法院审理后认为：原告李某清要求贾某云的第一顺序继承人贾某 1、贾某 2、贾某 3 偿还贾某云的债务，故本案案由应为被继承人债务清偿纠纷，而非民间借贷纠纷。虽然三被告主张不知贾某云已死亡的事实，但诉讼过程中三人知悉贾某云死亡这一情况后并没有放弃继承的意思表示，因此不知被继承人死亡，继承没有开始的主张不能成立。法院依法判决，由被告贾某 1、贾某 2、贾某 3 在继承被继承人贾某云遗产范围内共同偿还原告李某清借款本金 80000 元及支付四年零三个月的利息。①

适用法律分析：本案的争议焦点在于继承人贾某 1、贾某 2、贾某 3 是否知道继承开始、他们是否接受了继承，以及对贾某云生前的欠债是否负有清偿责任。我国《继承法》第 2 条规定：继承从被继承人死亡时开始。并且第 33 条规定："继承遗产应当清偿被继承人依法应当缴纳税款和债务，缴纳税款和清偿债务以他的遗产实际价值为限。超过遗产实际价值部分，继承人自愿清偿的不在此限。继承人放弃继承的，对被继承人依法应当缴纳的税款和债务可以不负偿还责任。"本案一审、二审法院均认为，被告贾某 1、贾某 2、贾某 3 虽然之前并不知道其父贾某云已死亡，但在诉讼中得知其父已死亡后，仍均未作出放弃继承的意思表示，依法应被视为接受继承。所以，他们依法应在遗产继承范围内清偿被继承人贾某云依法所负担的债务。

本案中，被继承人贾某云在死亡前已被采取强制措施，其死亡后，强制执行机关应当通知贾某云的亲属贾某云已死亡的事实，这样才能使其亲属及时处理死者的相关后事包括遗产事务。但由于该强制执行机关未向死者近亲属发出被执行者死亡的通知，这导致了本案被告以不知被继承人死亡为由拒绝清偿遗产债务。由此案可知，我国有关继承通知的义务主体的立法存在不足。当然，必须明确，我国强制执行机构之被执行者的死亡通知，不同于继承开始的通知，前者是公法上的义务，后者是私法上的义务，两者履行的义务主体与不履行义务的后果是不同的。我国《继承法》属于私法，只能对后者予以规定。

（三）涉及遗产管理案例的简介与评析

案情简介：被继承人干某某于 2015 年 3 月 26 日因交通事故于同年 4 月 10 日经抢救无效死亡，干某某与陈淑某（已于 2012 年 3 月 4 日去世）系夫妻，共生育七个子女：干某 1、干某 2、干某 3、干某 4、干某 5、干某 6、干某 7。干某某生前将本案涉及的款项存入银行后，将存单、本人身份证存放在干某 5 处，并将存单密码告知了干某 5。被告干某 4 在干某 5 的协助下，于 2015 年 3 月 30 日在信用社支取被继承人干某某的银行存款 96449.76 元。继承人之间因遗产继承发生纠纷，并诉至法院。五原告认为，干某 4 于

---

① 参见中国裁判文书网：（2017）川×民终×号，《李某清与贾某 1、贾某 2、贾某 3 被继承人债务清偿纠纷二审民事判决书》，载 http://wenshu.court.gov.cn/content/content? DocID = 3b4055d3 - d261 - 4ddb - a8cf - a7a600a8f1da&KeyWord=贾某 1、贾某 2 等被继承人债务清偿纠纷，访问日期：2018 年 11 月 20 日。限于本章篇幅，作者对原案情内容有酌情删改。

2015 年 3 月 30 日在四川省农村信用社支取的被继承人干某某银行存款 96449.76 元，应作为干某某的遗产由五原告及二被告平均分配。二被告认为，两人为干某某遗产的管理人，对遗产享有支配和管理的权利。上述所取款项已用于偿还被继承人生前所欠债务，但其并未提供相应的证据予以佐证。

法院审理后认为：本案中被继承人生前将存单交由干某 5 保管而并未对其死后该财产如何继承以遗嘱作出安排，在被继承人死亡后，该笔财产即成为遗产，应由其第一顺序的法定继承人 7 名子女，即五原告与二被告共同继承。故法院判决，由被继承人干某某全体第一顺序法定继承人 7 名子女依法继承其生前个人财产银行存款 96449.76 元。二被告认为，其所取款项已用于偿还被继承人生前所欠债务，故不服一审提起上述。二审法院审理后认为，一审法院认定事实清楚、适用法律正确，依法维持原判。①

适用法律分析：本案的争议涉及遗产管理人的职责及法律责任问题。根据我国《继承法》第 5 条规定："继承开始后，按照法定继承办理；有遗嘱的，按照遗嘱继承或者遗赠办理；有遗赠扶养协议的，按照协议办理。"人民法院认为，被告主张所取款项已用于偿还被继承人生前所欠债务，但其并未提供相应的证据予以佐证，故不予支持，96449.76 元系干某某的生前个人财产，应作为其遗产由其全体第一顺序法定继承人 7 名子女，即五原告和二被告依法按法定继承进行分割。

我们认为，首先，遗产保管人并不能当然地继承其保管的遗产，而应该妥善保管遗产，并不得随意处分、转移和隐匿财产。人民法院认为，96449.76 元系干某某的生前个人财产，应作为其遗产，因未立遗嘱，应按法定继承进行分配的判决是符合法律规定的。其次，本案中虽然法院支持了原告的诉讼请求，判决由五原告与二被告平均分配遗产，但对意图转移和隐匿遗产的二被告，并未判决承担任何法律责任，因为我国《继承法》并未规定遗产管理人的职责及法律责任。在现实生活中，遗产管理人因其占有并管理遗产之便，容易发生转移或隐匿遗产而侵害其他继承人利益的行为，我国欠缺此立法是为不足。

（四）涉及法定继承案例的简介与评析

案情简介：被继承人李某寿与赵某琼婚后生育长女李某 1、次女李某 2。后李某 2 与被告彭某甲结婚，婚后育有一女彭某乙。李某寿与赵某琼生前和次女李某 2 共同居住，彭某甲与李某 2 一起照顾李某寿与赵某琼。在李某 2 去世后，彭某甲继续照料二人，后岳父母二人因病先后去世，由彭某甲料理了后事。2015 年 12 月，原告长女李某 1 以女婿彭某甲不是法定继承人为由提起诉讼，请求判令被告彭某甲交出李某寿和赵某琼的遗产由其继承，即×街×号×房屋（价值 150000 元）及抚恤金 96078 元。被告彭某甲辩称，其在被继承人生前尽了主要赡养义务，故应该享有继承权。

法院审理后认为：依照我国《继承法》第 11 条的规定，次女李某 2 之女彭某乙应代位继承李某 2 应继承的份额，故彭某乙是李某寿的第一顺序法定继承人的代位继承人。此外，依照我国《继承法》第 12 条的规定，本案中，彭某甲作为丧偶女婿，对岳父母二人尽了主要赡养义务，也应当作为第一顺序法定继承人之一。故法院判决确认对被继承人李

① 参见中国裁判文书网：《干某 4、干某 5 与干某 1、干某 2、干某 3、干某 6、干某 7 法定继承纠纷二审民事判决书》，载 http://wenshu.court.gov.cn/content/content? DocID = 8596c1f1 - 100d - 43dc - 8d0b - d2c9680247d1&KeyWord = 干某 4、干某 5，访问日期：2018 年 11 月 20 日。限于本章篇幅，作者对原案情内容有酌情删改。

某寿和赵某琼的遗产，法定继承人有长女李某1、女婿彭某甲、外孙女彭某乙。①

适用法律分析：本案的争议焦点为李某寿、赵某琼、李某2死亡后，其法定继承人的范围以及彭某甲作为赵某琼、李某寿的女婿，尽了主要赡养义务，其是否应作为赵某琼、李某寿遗产的法定继承人。根据我国《继承法》第12条的规定，丧偶儿媳对公、婆，丧偶女婿对岳父、岳母，尽了主要赡养义务的，作为第一顺序继承人。一审人民法院认为，被继承人去世后，其继承人有长女李某1、外孙女彭某乙（代位继承人）、女婿彭某甲（尽了主要赡养义务的丧偶女婿）。首先，法院依法确定丧偶女婿彭某甲对岳父母二人生前多年的照顾，属于尽了主要赡养义务将其列为第一顺序法定继承人；其次，次女李某2虽已死亡，但法院依法确认李某乙的女儿彭某乙为其代位继承人。我们认为，该判决符合法律规定。但我国立法将尽了主要赡养义务的丧偶的儿媳或女婿作为第一顺序法定继承人，民间有部分群众对此不予认可，容易发生纠纷。而且该丧偶女婿继承一份遗产，其女儿代位继承取得一份遗产，该家庭实际取得两份遗产，这对其他共同继承人而言是不公平的，此为我国立法之不足。

（五）涉及遗嘱继承案例的简介和评析

案情简介：被继承人段某基与其前妻邓某瑛婚后育有二女，长女邓某1、次女段某2，2004年8月3日，邓某瑛去世。邓某瑛死后遗留有与其配偶段某基共同共有的位于×市×区×路×号房屋。邓某1、段某2在其母亲邓某瑛去世后，放弃对上述房屋其应继承部分，由其父亲段某基全部继承。2007年4月12日，段某基与郑某某登记结婚，婚后无共同婚生子女。2013年10月24日，段某基去世，生前留有数份遗嘱。2008年8月11日，段某基立遗嘱确认其去世后由再婚配偶郑某某全部继承位于×市×区×路×号的房屋，同日该遗嘱经×省×市×区公证处公证，并出具证（2008）×第×号公证书。2013年1月22日，段某基立自书遗嘱确认其去世后，属于其个人的全部财产（包括动产、不动产和个人债权债务）均由郑某某继承。2013年9月14日，段某基立自书遗嘱确认其此前给郑某某写的手书遗嘱，全部无效，作废。2013年9月22日，段某基立自书遗嘱确认其撤销写给郑某某的遗嘱，确认位于×市×区×路×号房屋由其女邓某1、段某2共同继承。2013年9月28日，段某基立公证遗嘱确认其去世后位于×市×区×路×号房屋及其名下的存款等一切财产由邓某1、段某2共同继承，继承份额均等，同日该遗嘱经×省×市×区公证处公证，并出具证（2013）×第×号公证书。2013年10月24日，段某基去世。段某基去世后，二原告根据其父亲遗愿要求继承相关财产，但被告拒绝搬出房屋。故二原告诉至法院请求判令：由二原告平均继承段某基位于×市×区×路段×号房屋及存款（二原告各占50%份额）。被告辩称，段某基于2008年留下公证遗嘱，将本案涉诉房屋留给被告。2013年9月28日段某基撤销原遗嘱，重新立遗嘱，并非被继承人段某基的真实意思表示，并且该份公证遗嘱在制作程序上存在瑕疵。

法院审理后认为：根据我国《继承法》第5条的规定，继承开始后，按照法定继承办理，有遗嘱的，按照遗嘱继承或者遗赠办理，有遗赠扶养协议的，按照协议办理。本案

① 参见中国裁判文书：（2016）川×民终×号，《李某1与彭某甲、彭某乙继承纠纷二审民事判决书》，载 http://wenshu.court.gov.cn/content/content? DocID=ea15a637-48ee-461d-be8d-fa0c3b6bb916&KeyWord=【2016】川×民终×号，访问日期：2018年11月20日。限于本章篇幅，作者对原案情内容有酌情删改。

中，被继承人段某基生前留有数份遗嘱，2008 年 8 月 11 日所立公证遗嘱、2013 年 1 月 22 日所立自书遗嘱与 2013 年 9 月 14 日、2013 年 9 月 22 日所立自书遗嘱、2013 年 9 月 28 日所立公证遗嘱内容相互抵触，应以 2013 年 9 月 28 日最后所立公证遗嘱为准，即被继承人段某基去世后位于×市×区×路×号房屋及其名下的存款等一切财产由女儿邓某 1、段某 2 共同继承，继承份额均等。[①] 故法院依法判决，被继承人段某基于 2013 年 9 月 28 日最后所立公证遗嘱有效，由二原告邓某 1、段某 2 共同继承被继承人段某基位于×市×区×路段×号房屋及存款（二原告各占 50%份额）。

适用法律分析：本案争议的焦点为段某基所立的数份遗嘱中，应以哪一份遗嘱的效力为准。本案中，被继承人段某基生前留有数份遗嘱，2008 年 8 月 11 日所立公证遗嘱、2013 年 1 月 22 日所立自书遗嘱与 2013 年 9 月 14 日、2013 年 9 月 22 日所立自书遗嘱、2013 年 9 月 28 日所立公证遗嘱内容相互抵触。根据 1985 年《执行继承法意见》第 42 条的规定，遗嘱人订立有不同形式的数份内容相抵触的遗嘱的，以最后所立公证遗嘱为准；没有公证遗嘱的，以最后所立的遗嘱为准。本案中，被继承人对其最后订立的遗嘱作了公证，即最后订立的遗嘱亦为公证遗嘱，应以 2013 年 9 月 28 日最后所立公证遗嘱为准。但现实生活中往往还有一些被继承人由于条件所限最后订立的遗嘱未经公证的情况，但此最后订立的遗嘱却是被继承人的真实意愿。这种情况下若仍以订立在前的公证遗嘱为准，则会导致遗嘱继承与被继承人的最终意愿不符，不利于保护被继承人生前处分个人财产意愿的实现。这说明，我国立法有关不同形式遗嘱之适用效力的规定存在不足。

（六）涉及继承和遗赠的接受与放弃案例的简介与评析

案情简介：被继承人李某兰与本案被告郑某 1 是继母女关系，李某兰与郑某璞（郑某 1 之父）结婚时郑某 1 已年满 18 岁，故依法本来不是李某兰的法定继承人。但在郑某璞去世后，郑某 1 长期与继母李某兰共同生活并照顾其生活起居，李某兰去世前曾留下遗嘱写明自己名下的一套房屋由郑某 1 继承。自 1992 年李某兰去世后，郑某 1 就在讼争房屋居住并使用至 2016 年。2016 年李某兰的亲生子女张某 1 等将郑某 1 诉至法院，主张其没有明确作出接受遗赠的表示，应视为放弃遗赠。请求法院判令郑某 1 已放弃遗赠，该房屋应由原告依法继承。被告郑某 1 辩称，其已经明确表示接受了李某兰的遗赠。

法院审理后认为：郑某 1 于 1992 年李某兰去世后就在讼争房屋居住并使用至今，其在知晓李某兰遗赠的事实以后，实际已通过掌握和继续使用房屋的形式接受了遗赠。根据我国《继承法》第 25 条第 2 款规定："受遗赠人应当在知道受遗赠后两个月内，作出接受或者放弃受遗赠的表示。到期没有表示的，视为放弃受遗赠。"因此，被继承人亲生子女张某 1 等提出的郑某 1 没有在知道受遗赠后 2 个月内作出明确接受遗赠表示的理由不能成立。[②] 故法院依法判决，驳回原告的诉讼请求。

适用法律分析：本案争议的焦点为郑某 1 是否合法接受了遗赠，取得李某兰遗赠的房

---

① 参见中国裁判文书网：（2015）成×第×号，《郑某某与邓某 1、段某 2 遗嘱继承纠纷二审民事判决书》，载 http://wenshu. court. gov. cn/content/content？DocID=51ef4914-9958-4fc2-b0fa-10c812c32037&KeyWord=【2015】成×字第×号，http：//wenshu. court. gov. cn/，访问日期：2018 年 11 月 20 日。限于本章篇幅，作者对原案情内容有酌情删改。

② 参见中国裁判文书网：（2016）川×第×号，《张某 1、郑某 1 遗嘱继承纠纷再审审查与审判监督民事裁定书》，载 http://wenshu. court. gov. cn/content/content？DocID=38bac68c-6f96-4046-b16b-a82c004214a8&KeyWord=【2016】川×第×号，访问日期：2018 年 11 月 20 日。限于本章篇幅，作者对原案情内容有酌情删改。

屋。法院审理后认为，郑某1于1992年李某兰去世后就在讼争房屋居住并使用至今，其在知晓李某兰遗赠的事实以后，实际已通过掌握和继续使用房屋的形式接受了遗赠。因此，原告被继承人亲生子女提出的郑某1没有在知道受遗赠的有效时间内作出明确接受表示的理由不能成立。可见，本案审理法院认为受遗赠人通过事实上持续使用被继承人赠与房屋就是表明其愿意接受遗赠，这一判决是合理的。但是，现实生活中受遗赠人由于没有及时作出接受遗赠的表示，而丧失受遗赠权的情况时有发生。由此可见，我国立法尚存在不足，即对于受遗赠人接受或放弃遗赠的意思表示，应采取与继承人接受继承相同的表示方式，即把未作表示的也推定为接受较为合理，此种方式有利于对受遗赠人利益的保护。

（七）涉及继承权的丧失、被继承人的宥恕与代位继承案例的简介与评析

案情简介：夏某甲与李某乙共同生育了夏某1、夏某2、夏某3、夏某4四个子女。夏某3有一子夏某天。夏某甲去世前，其名下一共有四处房产：×县90号住房、×县91号住房、×县92号门市及住房、×县93号住房。其间，四个子女各自成家，夏某甲夫妇将所有房产分给四个子女居住使用。2013年，夏某甲与李某乙先后因病去世。2014年3月29日晚，夏某1与夏某3因遗产分配问题产生纠纷，夏某1被夏某3故意用刀刺杀，送医抢救无效后死亡。夏某3因犯故意杀人罪被判处无期徒刑。后夏某2、夏某4因对父母遗留房产产生争议诉至法院，他们主张夏某3因故意杀人应当丧失继承权。被告夏某3辩称，原告诉争的房屋并不是夏某甲与李某乙的遗产，且虽自己不能继承，但儿子夏某天可以代位继承。

一审和二审人民法院审理后认为：原告诉争的房屋属于被继承人的遗产，夏某3因争夺遗产故意杀害继承人夏某1，根据我国《继承法》第7条第2款、1985年《执行继承法意见》第28条的规定，为争夺遗产而杀害其他继承人的，丧失继承权，且代位继承人不得代位继承。所以，依法判决夏某3依法丧失继承权，并且其儿子夏某天也不得代位继承。①

适用法律分析：本案争议的焦点为夏某3是否应当丧失继承权问题。一、二审法院均认为，夏某3因存在为争夺遗产故意杀害共同继承人的行为，应丧失继承权。1985年《执行继承法意见》第28条规定，继承人丧失继承权的，其晚辈直系血亲不得代位继承。如该代位继承人缺乏劳动能力又没有生活来源，或对被继承人尽了赡养义务较多的，可适当分给遗产。我们认为，根据我国《继承法》第7条第2款的规定，为争夺遗产而杀害其他继承人的，丧失继承权。因此，法院的判决于法有据。但父亲丧失继承权使儿子不得代位继承的立法，损害了无辜代位继承人的继承权益，这是我国立法之不足。

（八）涉及继承协议案例的简介与评析

案情简介：苏某1、苏某2、苏某3、苏某4、苏某5、苏某6六人系苏某万与叶某本的婚生子女，叶某本先于苏某万去世多年。2004年1月29日，苏某万、苏某1、苏某2、苏某3、苏某4、苏某5、苏某6签订继承协议一份，协议载明："苏某万在×市×区×路有住房一套。由于年过八旬，为避免今后子女之间发生房产纠纷，经与六个子女协商，苏某

① 参见中国裁判文书：（2016）川×民终×号，《夏某1、夏某4等与夏某3等继承纠纷案二审民事判决书》，载http://wenshu.court.gov.cn/content/content?DocID=08658192-b789-44b0-87f0-36b7098218a5&KeyWord=【2016】川×民终×号，访问日期：2018年11月20日。限于本章篇幅，作者对原案情内容有酌情删改。

1 今后不承担照顾父亲的责任，苏某 1 在此次接受继承费 1.35 万元以后，不再参与今后房屋财产的分配，在今后不得与财产继承发生任何瓜葛和纠纷。其余 5 名子女共同承担扶养父亲苏某万的义务，并共同继承苏某万的遗产。”苏某万去世后，其 6 个子女对财产继承问题产生纠纷，另外，苏某 1、苏某 2、苏某 3、苏某 4、苏某 5 认为苏某 6 擅自保管苏某万的部分银行卡，故将苏某 6 诉至法院。原告请求法院依法分割苏某万的遗产。被告辩称，苏某 1 已经放弃了对于房屋财产的继承权，故应按照继承协议分割遗产。

法院审理后认为：2004 年 1 月 29 日，苏某万、苏某 1、苏某 2、苏某 3、苏某 4、苏某 5、苏某 6 签订继承协议一份，该份协议各方对苏万某所有的位于×市×区×路住房一套的继承进行了约定，苏某 1 放弃了自己对该套住房的应继份额。根据我国《继承法》第 25 条第 1 款规定：“继承开始后，继承人放弃继承的，应当在遗产处理前，作出放弃继承的表示。没有表示的，视为接受继承”。因苏某 1 在该协议中放弃继承的表示发生在继承发生前，未发生法律效力。继承发生后，苏某 1 明确要求参与苏万某遗产的分配，故其依然享有继承权。[①] 故法院依法判决，原告苏某 1、苏某 2、苏某 3、苏某 4、苏某 5 与被告苏某 6 共同继承被继承人的房屋。

适用法律分析：本案的争议焦点在于苏万某与苏某 1、苏某 2、苏某 3、苏某 4、苏某 5、苏某 6 之间签订的继承协议是否有效。法院经审理后认为，根据我国《继承法》第 25 条之规定，继承人放弃继承的意思表示应在继承开始后，继承遗产被处理前作出，而本案中，苏某 1 在该协议中放弃继承的表示发生在继承发生前，未发生法律效力。继承发生后，苏某 1 明确要求参与苏万某遗产的分配，故其依然享有继承权。该法院的判决于法有据。但是，我们认为，本案中，苏某 1 与被继承人和其他继承人共同签订的继承协议中对自己不承担父亲的扶养义务，同时放弃自己的法定应继份额，即对其继承权作出放弃的意思表示真实，类似的情况在现实生活中时有发生，这是由于被继承人需要根据本人实际情况，与其继承人双方协商确定扶养义务人和指定其继承遗产，对自己生前的赡养和死后的继承问题等作出妥善安排。但由于我国《继承法》并未规定被继承人与继承人之间可以订立继承协议对扶养和继承事宜作出约定，在遇到类似案件时，法院对该协议的约定往往以无效处理，这对于订立合同后已履行的扶养义务主体而言是不公平的，也不利于妥善地解决被继承人之扶养和继承问题。因此，我国欠缺继承协议制度是为立法之不足。

（九）涉及遗产债务清偿案例的简介与评析

案情简介：原告魏某碧于 2013 年 1 月起经人介绍开始照顾被告的父亲徐某道的生活起居。徐某道生前欠下原告魏某碧生活费、保姆费等共计 4613 元，其死亡后未留下遗产。徐某道去世后，魏某碧起诉至法院，诉称根据最高人民法院《关于贯彻执行民事政策法律若干问题的意见》第 49 条的规定：“被继承人生前所欠的合法债务，应从遗产中偿还。继承人对被继承人的债务，应在遗产实际价值范围内负清偿责任。因继承人能尽而不尽扶养义务所欠的债务，即使遗产不足清偿，继承人仍应负清偿责任。”要求徐某道之女徐某菊偿还徐某道生前所欠的上述款项。被告辩称，其已经放弃继承，且不愿承担被继承人的

① 参见中国裁判文书：(2017) 川×民初×号，《苏某 2、苏某 3、苏某 4、苏某 5、周某 6 与苏某 1 法定继承纠纷一审民事判决书》，载 http://wenshu.court.gov.cn/content/content? DocID=e3935c69-c340-4117-8fc9-a7ee01182ae9&KeyWord=【2017】川×民初×号，访问日期：2018 年 11 月 20 日。限于本章篇幅，作者对原案情内容有酌情删改。

债务，故无须承担遗产债务的清偿责任。

一审法院审理后认为：徐某道欠原告魏某碧4613元，其死亡后未留下遗产。但最高人民法院《关于贯彻执行民事政策法律若干问题的意见》发布日期是1984年8月30日，我国《继承法》于1985年4月10日公布，1985年10月1日起实施，该法第33条第1款规定："继承遗产应当清偿被继承人依法应当缴纳的税款和债务，缴纳税款和清偿债务以他的遗产的实际价值为限。超过遗产实际价值部分，继承人自愿偿还的不在此限。"本案应当适用我国《继承法》的规定，被告徐某菊未继承被继承人的遗产，且不愿清偿遗产债务，故不应承担清偿责任。① 因此，法院依法判决驳回原告魏某碧的诉讼请求。对此，原告魏某碧不服，提起上诉，二审法院经审理后，认为一审法院认定的事实清楚，适用法律正确，故二审法院维持原判。

适用法律分析：本案中，一、二审法院均认为，被继承人徐某道没有遗留遗产，继承人徐某菊也不愿代其父即被继承人偿还，故魏某碧请求徐某菊偿还徐某道生前所欠债务于法无据，故判决驳回原告的诉讼请求。如前所述，根据我国《继承法》第33条之规定，继承人清偿被继承人的生前债务应以其继承的遗产范围为限。本案中，由于继承人徐某菊并未继承徐某道之遗产，故法院判决其不负有被继承人债务的清偿责任，是有法律依据的。但本案的性质认识有待商榷，被继承人生前所欠的款项是维持其基本生活之需，根据我国现行《婚姻法》第21条的规定，父母对子女有抚养教育的义务；子女对父母有赡养扶助的义务。子女不履行赡养义务时，无劳动能力的或生活困难的父母，有要求子女付给赡养费的权利。徐某菊作为徐某道之女，本应承担赡养其父徐某道的法定义务，对其给予经济上的帮助和生活上的照料，此本该由继承人徐某菊承担的法定义务，由于其在被继承人生前未予承担，被继承人被迫与原告魏某碧借款以维持必要的生活和治疗所需，所以该欠债的性质应认定为属于被继承人徐某道之女徐某菊作为法定赡养义务人的债务，而非徐某道作为法定被赡养人本人的债务。在法定被赡养人徐某道即被继承人死亡后，债权人魏某碧的该笔欠款本应当由徐某菊偿还，但该法院却将该欠款认定为死者徐某道的欠债，此适用法律有误。这既不利于债权人利益之保护，也不利于督促子女依法履行赡养老人的义务。

（十）涉及遗产分割案例的简介与评析

案情简介：廖某系王某某之母，王某1为王某某与前妻之女，双方于1998年6月24日登记离婚。王某某、李某某于2003年10月15日登记结婚，2006年4月18日生育一女王某2。2012年11月30日，王某某因手术治疗风险而自书遗嘱一份。遗嘱写明其财产情况为：债权1107.67万元，债务约190万元；商铺、住房各一处；小型汽车一辆；另给王某2购买有商业保险100万元，给自己购买商业保险20万元。遗产分配方案为：两处房产及保单归李某某所有；收回的债权在归还190万元债务后，余额按廖某、李某某各占一半分配处理。遗嘱同时写明：王某1的学费，李某某应当承担到大学毕业。如果有能力，李某某应对王某1资助到其成家时止。后王某某去世，王某1之母冯某与李某某就遗产继

① 参见中国裁判文书网：（2015）达×民终字第×号，《魏某碧与徐某菊被继承人债务清偿纠纷案二审民事判决书》，载 http://wenshu.court.gov.cn/content/content? DocID = 79279e4c - 6971 - 482c - bff0 - 3da5fcd9a2fa&KeyWord =【2015】达×民终字第×号，访问日期：2018年11月20日。限于本章篇幅，作者对原案情内容有酌情删改。

承事宜多次进行协商，因无法达成协议，故王某1将廖某、王某2、李某某诉至法院，请求依法继承王某某所留遗产25%的份额。三被告共同辩称，不同意王某1的诉讼请求。被继承人在遗嘱中已经就王某1上学的实际情况要求李某承担其学费，并且，王某1一直跟随其母亲冯某生活，并不能将其视为“缺乏劳动能力又没有生活来源的继承人”。

法院审理后认为：未成年人的合法继承权应得到保护。王某某去世时，王某1未满18周岁且在就学，缺乏劳动能力，生活来源完全依靠父母供给。王某某去世后，其生活来源减少，理应在分配遗产时予以充分考虑。王某某在遗嘱中虽然对此作出了一定安排，这是一份附负担的遗嘱，其安排李某某应资助王某1至成年。但该遗嘱没有给王某1保留必要的遗产，忽视了未成年人的合法继承权。因此，法院判决认定王某某所立遗嘱部分无效。①

适用法律分析：本案的争议焦点为王某某遗嘱中有关遗产分割的安排是否合法有效，以及“必要的遗产份额”应如何理解。由于法律并未明确规定“必要的遗产份额”是以生活所需为标准，还是以法定继承的份额为标准。宜综合考虑遗产数量、立遗嘱人的真实意思表示、继承人的客观需求等因素，本着有利于继承人成长进行遗产分配。我们认为，本案中人民法院根据有利于子女利益的原则，判定遗嘱只指明了学费负担但没有给王某1保留维持生活必要的遗产，判决王某某所立遗嘱部分无效是符合法律规定的。本案表明，被继承人的遗产处理的自由应当受到一定限制。我国《继承法》第19条规定：“遗嘱应当对缺乏劳动能力又没有生活来源的继承人保留必要的遗产份额。”1985年《执行继承法意见》第37条规定：“遗嘱人未保留缺乏劳动能力又没有生活来源的继承人的遗产份额，遗产处理时，应当为该继承人留下必要的遗产，所剩余的部分，才可参照遗嘱确定的分配原则处理。”本案法院认定王某某的遗嘱部分无效并对王某某的部分遗产进行了重新分配，为王某1保留必要的遗产份额，这一做法符合法律规定，有利于对未成年子女权益的保护。

（十一）涉及无人承受遗产案例的简介与评析

案情简介：原告吴某江系某社区居民那某云的侄子。那某云为孤寡老人，没有配偶、子女和其他近亲属，其晚年生活一直由侄子吴某江料理。2011年12月21日，那某云在×省×市×公证处立下遗嘱，写明其将位于×市×栋×单元×号房屋赠给吴某江个人所有。此后，2015年1月18日那某云又立下自书遗嘱：我去世后，善后处理（包括丧葬费的领取）都由吴某江领取处理，别人无权动用处理。2016年12月9日，那某云因病去世。那某云生前系孤寡老人，没有法定继承人。那某云生前的银行账户内有15万元存款，但上述遗嘱并未对该部分遗产作出处理。2017年1月5日，原告吴某江向法院提出诉讼，以自己多年照顾孤寡老人叔叔那某云为由，请求法院确认由其取得那某云遗留的15万元存款。被告那某云生前居住地的×社区居委会认为，其在那某云生前对他尽了一定的帮助和照顾，应由其取得那某云遗留的15万元存款。

法院审理后认为：按照我国《继承法》第16条之规定，公民可以立遗嘱处分个人财

① 参见中国裁判文书：（2015）攀×民初字第×号，《王某1与李某某、王某2、廖某继承纠纷一审民事判决书》，载 http://wenshu.court.gov.cn/content/content?DocID=43c075e1-438e-4927-af1a-f14900ea88f0&KeyWord=廖某系王某3之母，访问日期：2018年11月20日。限于本章篇幅，作者对原案情内容有酌情删改。

产。本案中，那某云在生前通过公证遗嘱的方式处理了个人的房产，指定由原告吴某江一人所有。此后，那某云又通过自书遗嘱的方式对善后处理（包括丧葬费的领取）作出安排，指定由原告吴某江领取处理。虽然那某云在自书遗嘱中并未明确存款的归属，但根据那某云生前所立两份遗嘱处置房产、丧葬费的行为，结合日常生活经验，能够认定自书遗嘱中所称善后处理包括了那某云的银行存款。此外，原告吴某江虽然不是那某云的法定继承人，但原告吴某江提交的《遗嘱》及×有限责任公司出具的《证明》等证据相互之间形成证据锁链，均能够认定原告吴某江长期照顾那某云的日常生活起居及有权接受遗赠那某云遗产的事实。[①] 故法院判决，被继承人那某云的15万元存款归属原告吴某江所有。

适用法律分析：本案的争议焦点在于孤寡老人那某云的15万元存款应如何处理。那某云生前通过公证遗嘱、自书遗嘱对房产、丧葬费等作出了明确安排，但自书遗嘱中“善后处理”是否包括那某云生前的15万元存款，存在争议。×社区居委会认为，根据我国《继承法》第32条之规定：“无人继承又无人受遗赠的遗产，归国家所有；死者生前是集体所有制组织成员的，归所在集体所有制组织所有。”被继承人那某云没有法定继承人，其没有以遗嘱处置的15万元存款依法应当归其生前所在社区居委会所有。法院审理后认为，虽然那某云在自书遗嘱中并未明确“善后处理”的范围，但根据那某云生前立公证遗嘱处置房产的行为，结合日常生活经验，能够认定自书遗嘱中所称“善后处理”包括那某云的丧葬事宜及银行存款等，故法院判决，被继承人那某云的15万元存款归属受遗赠人原告吴某江所有。

我们认为，本案例的人民法院根据那某云的自书遗嘱推定所称“善后处理”包括那某云的丧葬事宜及银行存款等，此事实认定有错误，进而导致适用法律的错误，原告吴某江不应当属于该银行存款的受遗赠人。其主要理由如下：遗嘱是自然人生前在法律允许范围内，按照法律规定对个人财产作出处分及对其他事务作出安排，并于其死亡后发生效力的民事行为。[②] 我国《继承法》第16条第2、3款规定：“公民可以立遗嘱将个人财产指定由法定继承人的1人或者数人继承。公民可以立遗嘱将个人财产赠给国家、集体或者法定继承人以外的人。”可见，在我国，根据遗嘱指定的继承人是否具有法定继承人的身份，将依据遗嘱指定取得遗产者分为遗嘱继承人与受遗赠人。在遗嘱继承中，可以根据指定继承遗产的全部或者部分，分为概括遗嘱继承与部分遗嘱继承：前者指遗嘱中指定全部的个人财产由法定继承人的一人或者数人继承，但没有写明具体财产的名称、种类和数量；后者指遗嘱中不仅指定个人财产由法定继承人的一人或者数人继承，而且具体写明了各自继承财产的名称、种类和数量。同样，在遗赠中，也可以根据指定赠与遗产的全部或者部分，分为概括遗赠与部分遗赠两种：前者指遗嘱中指定全部的个人财产由法定继承人以外的一人或者数人继承，而没有写明具体财产的名称、种类和数量；后者指遗嘱中不仅指定个人财产赠与法定继承人以外的一人或者数人，而且具体写明了赠与他们各自财产的

① 参见中国裁判文书网：（2017）川×民初×号，《吴某江与×市×区×街道社区居委会遗嘱继承纠纷一审民事判决书》，载 http://wenshu. court. gov. cn/list/list/? sorttype = 1&number = XFJLLR3F&guid = b9091e6c - 98d1 - 1c44457d - dc523798e1d0&conditions = searchWord+QWJS+++全文检索:【2017】川×民初×号，访问日期：2018年11月20日。限于本章篇幅，作者对原案情内容有酌情删改。

② 陈苇主编：《婚姻家庭继承法学》（第三版），中国政法大学出版社2018年版，第315页。

名称、种类和数量。[①] 也就是说，如果遗嘱中已经写明赠与某人的某项财产的名称、种类和数量，则不能被推定为处分了全部的个人财产。从本案的实际情况来看，那某云的公证遗嘱已经写明其房屋赠给吴某江个人所有。那某云的自书遗嘱已经写明自己的善后处理（包括丧葬费的领取）都由吴某江领取处理，但并没有写明赠与银行存款15万元。也就是说，该银行存款并没有被那某云的自书遗嘱处分。可见，前述两次遗赠均属于特定财产的遗赠，所以，本案例的人民法院根据那某云的自书遗嘱推定所称“善后处理”包括那某云的丧葬事宜及银行存款等，此事实认定有错误，进而导致了适用法律的错误，吴某江不应当属于该银行存款的受遗赠人。但是，根据我国《继承法》第14条规定，对继承人以外的依靠被继承人扶养的缺乏劳动能力又没有生活来源的人，或者继承人以外的对被继承人扶养较多的人，可以分配给他们适当的遗产。由于吴某江在那某云生前对该孤寡老人在生活上进行了较多照料和扶助，故其可被视为对被继承人扶养较多的人，请求人民法院依法酌情分给那某云的部分遗产（存款15万元）。最后，如前所述，我国《继承法》第32条规定，无人继承又无人受遗赠的财产，归国家所有；死者生前是集体所有制组织成员的，归所在集体所有制组织所有。由于孤寡老人那某云生前不是集体所有制组织成员，且该社区居委会既不是集体所有制组织，也不属于对被继承人扶养较多的人，该无人受遗赠的遗产被酌情分配后的剩余部分，依法应当归国家所有。因此，该社区居委会无权取得该遗产。当然，我们从本案也可以看出，我国无人承受遗产之酌分请求权人的范围较窄，此为立法之不足。

第三节　当代中国四川省民众财产继承观念与遗产处理习惯的特点与原因分析

根据本次调查的统计数据的汇总分析，四川省被调查者针对前述11个问题所体现出的财产继承观念与遗产处理习惯之特点如下：

一、遗产范围界定之特点与原因分析

（一）遗产的种类之特点与原因分析

关于属于遗产种类的民众观念，统计数据显示，在被调查者中，（1）认为房屋（98.26%）、汽车（97.21%）、存款（95.47%）、股票（86.59%）属于遗产的，各占八至九成以上；认为“单位出租给某甲的午休住房”不属于遗产的，占九成以上（91.99%），此认识与我国现行法的规定相一致。（2）认为家庭日常生活用品（68.29%）、欠款（60.98%）和死亡赔偿金（77.18%）属于遗产的，各占六至七成以上，此认识与我国现行法的规定不一致；（3）认为“某甲以其姓名注册的邮箱、QQ账号等”属于遗产的占三成（30.31%），但其是否属于遗产我国现行法无规定（见表8-4）。

以上特点的原因分析，（1）与我国《继承法》规定的遗产范围认识一致的原因分析。

---

① 依法国法，概括遗赠分为全部概括遗赠与部分概括遗赠，对于概括受遗赠人与部分受遗赠人的权利和义务均有明确的规定。参见陈苇主编：《外国继承法比较与中国民法典继承编制定研究》，北京大学出版社2011年版，第268～270页。

八至九成以上的四川省被调查者认为房屋、汽车、存款、股票属于遗产，九成以上的被调查者认为“单位出租给某甲的午休住房”不属于遗产，这与我国《继承法》规定的遗产范围认识一致，我国《继承法》规定“遗产是公民死亡时遗留的个人合法财产”，并列举了7种具体的财产类型。[①]

（2）与我国《继承法》规定的遗产范围认识不一致的原因分析。其一，近七成的四川省被调查者认为家庭日常生活用品属于遗产，可能是因为被继承人也在使用，所以应当属于其遗产。但此认识有误，因为“家庭日常生活用品”中只有属于被继承人的份额部分，才能属于遗产。其二，六成以上的四川省被调查者认为被继承人生前所欠债务属于遗产，其原因可能是：一是“子承父业”“父债子还”的传统观念，即使在当代社会，此种传统习惯仍在一定范围内产生着影响。二是根据我国《继承法》第33条的规定，继承遗产应当清偿被继承人依法应当缴纳的税款和债务缴纳税款与清偿债务，这可能是部分被调查民众认为遗产中包括债务。此外，有学者也认为，我国《继承法》虽未明确列举被继承人生前所欠的债务属于遗产，但实际上《继承法》中的遗产范围已包括积极财产和消极义务。[②] 但另有学者认为，在我国的传统语言习惯中，债务与财产是相互对立的两个词，而遗产通常指的是（积极）财产而非债务。[③] 其三，七成半以上的四川省被调查者认为被继承人因交通事故死亡而获得的死亡赔偿金应属于遗产，其原因可能是死亡赔偿金是因被继承人死亡而获得。但此认识与法律规定不一致，对于死亡赔偿金的性质，根据我国2004年《关于审理人身损害赔偿案件适用法律若干问题的解释》第1条第2款规定：“本条所称‘赔偿权利人’，是指因侵权行为或者其他致害原因直接遭受人身损害的受害人、依法由受害人承担扶养义务的被扶养人以及死亡受害人的近亲属。”第17条第3款规定：“受害人死亡的，赔偿义务人除应当根据抢救治疗情况赔偿本条第一款规定的相关费用外，还应当赔偿丧葬费、被扶养人生活费、死亡补偿费以及受害人亲属办理丧葬事宜支出的交通费、住宿费和误工损失等其他合理费用。”以上规定中表明，死者的人身损害死亡补偿费是对死亡受害人的近亲属的补偿，其不属于遗产。

（3）三成的四川省被调查者认为被继承人生前注册的邮箱、QQ账号等应属于遗产，其原因可能是法律无规定，因此被调查民众对其是否属于遗产仅凭自己的主观感受来认识。

关于遗产的种类之我国立法，我国《继承法》第3条规定：“遗产是公民死亡时遗留的个人合法财产，包括：（一）公民的收入；（二）公民的房屋、储蓄和生活用品；（三）公民的林木、牲畜和家禽；（四）公民的文物、图书资料；（五）法律允许公民所有的生产资料；（六）公民的著作权、专利权中的财产权利；（七）公民的其他合法财产。”我国《继承法》第4条规定：“个人承包应得的个人收益，依照本法规定继承。个人承包，依照法律允许由继承人继续承包的，按照承包合同办理。”1985年《执行继承法意见》第4条还规定：“承包人死亡时尚未取得承包收益的，可把死者生前对承包所投入的资金和所付出的劳动及其增值和孳息，由发包单位或者接续承包合同的人合理折价、补

---

① 参见我国《继承法》第3、4条。

② 参见麻昌华：《遗产范围的界定及其立法模式选择》，载《法学》2012年第8期，第26~30页。

③ 参见陈苇、巍小军：《论我国遗产范围立法的完善》，载《河南财经政法大学学报》2013年第6期，第130~137页。

偿，其价额作为遗产。”

从域外立法例看，关于遗产种类的立法体例，可归纳为概括式、列举式和结合式三种。例如，（1）“正面概括式加列举式”模式。我国现行继承立法即采此种模式。（2）“正面列举式与排除式”模式。葡萄牙继承立法即采取此种模式，《葡萄牙民法典》第2069条规定：“遗产包括a）以直接交换方式取代遗产中某些财产之财产；b）转让遗产中之财产所得之价金；c）以遗产中之金钱或有价物取得之财产，且相关金钱或有价物在取得文件中有所提及者；d）分割遗产前所收到之孳息。”（3）“正面概括式加反面排除式”模式。瑞士、日本、俄罗斯等均是从正反两个方面对遗产范围进行的概括性规定。例如，《日本民法典》规定，继承开始时，继承人继承被继承人财产的所有权利义务。但是，专属于被继承人自身的权利义务，不在此限。①

从我国诸继承法学者建议稿看，主要包括以下几种观点：第一种观点认为，应坚持采用现行继承立法之“正面概括式加列举式”模式。列举式的立法模式，能够宣示主要的遗产范围，有利于民众较好地理解和掌握，② 如“徐稿”第四分编第38条的规定。第二种观点认为，应采取“正面列举式加反面排除式”的立法模式，既有对遗产的概括表述和正面列举，又有“被继承人的其他财产权益”这样的兜底条款，同时还从反面列举了不属于遗产范围的财产。③“梁稿”“王稿”“杨稿”即采此种观点。例如，“王稿”第538条规定：“遗产是被继承人死亡时遗留的个人合法财产，包括：（一）被继承人享有的财产所有权；（二）被继承人享有的用益物权和占有；（三）被继承人享有的债权、担保物权和债务；（四）被继承人享有的知识产权中的财产权益；（五）被继承人享有的股权和合伙权益中的财产权益；（六）因自然人死亡而获得的保险赔偿金、补偿金、赔偿金等，法律另有规定者除外；（七）被继承人的其他合法财产。专属于被继承人的权利、义务不属于遗产。”第三种观点认为，应采取“正面概括式加反面排除式”的立法模式，理由是“列举式”立法难免有所遗漏，且例外情形必然存在，因此，对遗产范围的单纯正面规定也不合适。④ 例如，“陈稿”第25条规定：“遗产是被继承人死亡时遗留的个人所有财产。与被继承人人身不可分割的财产和法律规定不得继承的财产，不属于遗产。”

我们认为，由于社会经济的发展，遗产的种类会不断增加，为避免立法的滞后性，我国遗产范围界定宜采取“正面概括式加反面排除式”的立法模式。此外，被继承人生前注册的邮箱、QQ账号、游戏账号、微博、微信等不宜被认定为被继承人的遗产。因为它们很可能会涉及被继承人的个人隐私。因此，关于遗产范围的界定，以上“正面概括式加反面排除式”的四川省被调查民众的观念、日本立法例和“陈稿”的观点，可供我国立法参考。

（二）被继承人生前特种赠与财产的归扣之特点与原因分析

关于被继承人生前特种赠与财产的归扣，统计数据显示，（1）关于被继承人生前特种赠与财产是否应扣入遗产范围的民众观念，在四川省被调查者中，认为被继承人去世时

① 参见《日本民法典》第896条。

② 参见杨立新：《对修正〈继承法〉十个问题的意见》，载《法学论坛》2012年第8期，第25~34页。

③ 参见王歌雅：《论继承法的修正》，载《中国法学》2013年第6期，第91~102页。

④ 参见陈苇、魏小军：《论我国遗产范围立法的完善》，载《河南财经政法大学学报》2013年第6期，第130~137页。

遗留的个人财产才可算作遗产的，占六成半以上（66.38%）；认为被继承人生前资助子女的财产与死亡时其遗留的住房、存款，均应当合并计算为遗产的，只占近一成半（14.98%）（见表8-5）。（2）关于归扣遗产的价值计算时间的民众观念，在四川省被调查者中，认为应按实际分割遗产时计算的占比居第一位，占近四成半（44.19%）；认为应按购置该财产时计算的，占三成以上（32.56%）；认为应按被继承人去世时计算的，占近二成半（23.25%）（见表8-6）。（3）关于被继承人生前特种赠与财产是否归扣纳入遗产范围的民间习惯，七成半以上（76.13%）的大多数四川省被调查者所在地区没有生前特种赠与的归扣习惯；二成以上（23.87%）的四川省被调查者所在地区有生前特种赠与的归扣习惯（见表8-7）。（4）关于关于生前特种赠与财产不归扣纳入遗产情况下的分配方式之民间习惯，在四川省被调查者所在地区，有平均分配习惯的，占六成半（65.22%）；有乙应该适当多分习惯的，占三成（30.20%）（见表8-8）。

以上特点的原因分析，（1）关于被继承人生前特种赠与财产是否归扣纳入遗产范围的民众观念与民众习惯特点之原因，其一，六成半以上的四川被调查者认为被继承人去世时遗留的个人财产才可算作遗产，二成以上的被调查者所在地区没有进行遗产归扣的习惯，其原因可能是受我国现行立法之影响。我国《继承法》规定，遗产是公民死亡时遗留的个人合法财产。[①] 而被继承人生前给予继承人的赠与已经生效，财产所有权已转移至该继承人，因此，不能再将其计入遗产范围。其二，近一成半的四川省被调查者认为被继承人生前资助子女的财产均应当合并计算为遗产，二成的该省被调查者所在地区有遗产归扣的习惯，其原因可能是认为该特种赠与财产是被继承人对子女特殊继承人的“应继份”的预付，故在遗产继承时该财产应计入遗产总额（即实行归扣）后，再进行遗产分配，以实现共同继承人之间公平分配遗产。（2）关于归扣遗产价值计算时间的民众观念特点之原因，其一，近四成半的四川省被调查者认为按实际分割遗产时计算，其原因可能是认为这样分割更符合公平原则；其二，三成以上的四川省被调查者认为应按购置财产时计算，其原因可能是这样更能体现被继承人的意愿；其三，近二成半的四川省被调查者认为按被继承人去世时计算，其原因可能是这样有利于确定遗产的价值，尽快实现遗产分割，减少纠纷。（3）关于生前特种赠与财产不归扣纳入遗产情况下的分配方式之民间习惯特点之原因，根据生前特种赠与财产不归扣纳入遗产情况下的分配方式的民间习惯之理由（见表8-9），其一，六成半的四川省被调查者所在地区有平均分配的习惯，其原因是这样分配有利于遗产分割，减少纠纷；其二，三成的四川省被调查者所在地区有“乙适当多分”的习惯，其原因是这样分配遗产更符合公平原则。

关于被继承人生前特种赠与财产制度之我国立法，我国《继承法》对此无规定。

从域外立法例看，大陆法系的不少国家等都规定了被继承人生前特种赠与财产制度（即遗产归扣制度）。例如，根据《日本民法典》第903、904条规定，共同继承人中，有从被继承人处受有遗赠，或者因婚姻、收养或者作为生计的资本而受有遗赠的人时，被继承人于继承开始时留有财产的价额再加上其赠与的价额的财产，视为继承财产。依前三条[②]的规定从算定的继承份额中扣除遗赠或者赠与的价额后剩余的价额为该人的继承份

① 参见我国《继承法》第3条。

② 前三条是指《日本民法典》第900~902条。

额。《瑞士民法典》第626条规定，法定继承人相互间，就其在被继承人生前预先从被继承人那里取得的，应算入应继份额的财产，负有归扣义务。德国、法国也规定了归扣制度，将被继承人生前赠与特定共同继承人的特种赠与财产，如因继承人婚娶嫁予、职业培训、生活安置等而给予的财产，在继承时计入遗产总额范围。①

从我国诸继承法学者建议稿看，多位学者建议稿中均规定了遗产归扣制度，包括"王稿""杨稿""张稿""陈稿"。② 例如，"张稿"第64条规定，被继承人生前给予晚辈直系血亲的结婚、另居、营业费用，应根据赠与时的价额冲抵其遗产分配份额，但是，被继承人生前明确表示赠与系对该继承人的特别照顾的不予冲抵。

我们认为，我国欠缺遗产归扣制度，这是其立法之不足。为了在共同继承人之间公平分配遗产，彰显法律的公平价值，目前世界上许多国家都在继承法中规定了遗产归扣制度。基于我国目前的经济与社会现状、长期以来的民间包括给儿子分家款、给女儿嫁妆的习俗及遗产归扣制度的公平分配遗产的功能等，在我国建立遗产归扣制度具有社会需要现实基础和公平分配遗产的法理基础上，我国宜引入遗产归扣制度。③ 因此，以上主张设立遗产归扣制度的被调查民众的观念与习惯、域外立法例和我国学者建议稿的观点，可供我国立法参考。

二、继承开始的通知和公告之特点与原因分析

（一）继承开始的通知和公告的主体之特点与原因分析

关于继承开始的通知和公告主体的民间习惯，统计数据显示，（1）由继承人包括知道被继承人死亡的继承人（71.78%）和保管遗产的继承人（67.60%）作为通知主体的，各占六成半至七成以上；（2）由知道被继承人死亡的单位、村（居）委会作为通知主体的，占五成以上（51.39%）；（3）由处理被继承人死亡事件的机构为通知主体的，占四成半以上（46.51%）（见表8-10）。

以上特点的原因分析，（1）六成半至七成以上的四川省被调查者所在地区由知道被继承人死亡的继承人或保管遗产的继承人发出继承开始的通知，这与我国《继承法》的规定精神相符。但我国《继承法》规定的通知义务人为知道被继承人死亡的继承人以及被继承人生前所在单位或住所地的居民委员会、村民委员会，而四川省被调查者所在地区的通知义务人范围更广，除《继承法》规定的前述通知主体外，还包括保管遗产的继承人、处理被继承人死亡事件的机构（如公安交警部门）等。其原因可能是通知主体的多样化较为便利。（2）四川省被调查者所在地区习惯常见的继承开始的通知主体主要有三类，一是最可能最早知道被继承人死亡事实的主体，如处理被继承人死亡事件的机构；二是与被继承人有继承关系或者管理被继承人之财产的人；三是被继承人所在地的基层组织。其原因可能是这三类主体负责继承开始的通知，有利于尽可能及时、准确地将被继承人已死亡的信息通知到所有继承人，以保证继承相关事务的顺利开展。

关于继承开始的通知主体之我国立法，我国《继承法》第23条规定，由知道被继承

① 参见《德国民法典》第2050条；《法国民法典》第843条。

② 参见"王稿"第542条；"杨稿"第9条；"张稿"第64条；"陈稿"第26~28条。

③ 参见陈苇、杜志红：《我国设立归扣制度的基础与制度构建研究》，载《政法论丛》2013年第2期，第80~81页。

人死亡的继承人通知，继承人不知或不能通知的，由被继承人生前所在单位或者其住所地的居民委员会、村民委员会负责通知。我国2015年《民事诉讼法解释》第55条规定："在诉讼中，一方当事人死亡，需要等待继承人表明是否参加诉讼的，裁定中止诉讼。人民法院应当及时通知继承人作为当事人承担诉讼，被继承人已经进行的诉讼行为对承担诉讼的继承人有效。"第70条规定："在继承遗产的诉讼中，部分继承人起诉的，人民法院应通知其他继承人作为共同原告参加诉讼；被通知的继承人不愿意参加诉讼又未明确表示放弃实体权利的，人民法院仍应将其列为共同原告。"即我国继承开始的法定通知主体，包括知道被继承人死亡的继承人、被继承人生前所在单位、居住地的居民委员会、居住地的村民委员会和法院共计五类主体。但是，对于继承开始的公告制度，我国《继承法》无此规定。

从域外立法例看，大陆法系的许多国家均有规定继承开始的通知和公告的主体，在催告继承和遗赠的接受或放弃、催告债权人、无人继承遗产的处理等相关规定中有所体现。法国、德国、意大利等国均规定继承人和法院是继承开始的通知与公告的主体之一。[①] 例如，《德国民法典》规定，当继承人在适当期间内无法查明的，遗产法院必须确定不存在除国库外的继承人，应公开催告继承权的申报。当继承人为多人时，各共同继承人可以公开催告遗产债权人向共同继承人或遗产法院申报他们的债权。[②]

从我国诸继承法学者建议稿看，以下各稿在保留我国《继承法》规定的基础上，"王稿"增加了通知义务人的赔偿责任之规定[③]；"杨稿"补充规定了处理被继承人死亡事件的部门或基层组织为通知义务人，同时还增加了通知义务人的赔偿责任之规定[④]；"梁稿"增加了其他利害关系人作为通知义务人[⑤]；"陈稿"补充规定被继承人异地死亡时被继承人死亡地的居（村）委会为通知义务人。[⑥]

我们认为，我国《继承法》欠缺继承开始的公告主体，这是其立法之不足。继承开始的通知和公告是启动遗产继承程序的一个必要环节，有必要在立法中明确规定继承开始的通知和公告主体。关于继承开始的通知和公告主体，以上四川省被调查民众的习惯、德国立法例和我国学者建议稿的观点，可供我国立法参考。

（二）继承开始的通知和公告的方式之特点与原因分析

关于继承开始的通知和公告方式的民间习惯，统计数据显示，在四川省被调查者所在地区，（1）通过"口头、电话、微信等方式通知"（81.71%）和"信件、告知函等书面方式通知"（51.05%）的，各占五至八成以上；（2）"在被继承人所在地的村（居）委会公告栏公告"（36.93%）、"申请人民法院以公告程序进行公告"（36.93%）和"由报纸、电视、网络等平台上发布被继承人死亡的公告"（28.40%）的，各占二至三成以上（见表8-11）。

以上特点的原因分析，（1）五至八成以上的四川省被调查者所在地区采取口头、电

① 参见陈苇主编：《中国遗产处理制度系统化构建研究》，中国人民公安大学出版社2019年版，第48页。

② 参见《德国民法典》第1964、2061条。

③ 参见"王稿"第547条。

④ 参见"杨稿"第70条。

⑤ 参见"梁稿"第2001条。

⑥ 参见"陈稿"第5条。

话、微信等通知的方式，其原因可能是在实践中，前述几种通知的方式最为便捷。(2) 二至三成以上的四川省被调查者所在地区采取不同的方式进行公告，其原因可能是在实践中对于查找不到继承人或无法联系继承人而不能以前述的方式进行通知的，此时采取公告通知的方式可以扩大通知的范围。

关于继承开始的通知的方式之我国立法，我国《继承法》对此无规定，并且我国《继承法》没有设立继承开始的公告制度。但关于无主财产的公告程序，我国现行《民事诉讼法》第 191、192 条对于认定财产无主财产公告的程序是：(1) 申请认定财产无主，由公民、法人或者其他组织向财产所在地基层人民法院提出。(2) 人民法院受理申请后，经审查核实，应当发出财产认领公告。公告满 1 年无人认领的，判决认定财产无主，收归国家或者集体所有。

从域外立法例看，大陆法系的德国、瑞士、日本等国家均规定，在继承人有无不明时应发布寻找继承人的公告，催告权利人在一定期限内申明其继承权。例如，《日本民法典》第 958 条规定，继承财产管理人对所有遗产债权人及受遗赠人发出在一定期间内陈述其请求为意旨的公告期间届满后，继承人的存在不明确时，法院根据继承财产管理人或者检察官的请求，须发出以如有继承人则应于一定期间内主张其权利为意旨的公告。在此种情形下，该期间不得少于 6 个月。对此，德国、瑞士立法也有规定。①

从我国诸继承法学者建议稿看，“徐稿”规定继承开始的通知应采取公告通知的方式，应在遗产所在地的报刊上，无此等报刊时在省会的报刊上刊登 3 次。② “王稿”“杨稿”“张稿”“陈稿”均规定在继承人有无不明时，应以公告的方式发出通知。例如“陈稿”规定，遗产管理人可以视遗产价值的多少，选择不予公共、在村或社区公告栏公告、在省一级报纸登报公告或申请人民法院公告。人民法院在受理遗产管理人的公告申请后，应公示催告继承人和遗产利害关系人于规定期限内主张权利。③

我们认为，我国立法欠缺继承开始的公告方式，这是其立法之不足。在继承人明确的情况下，通知方式可由通知人自行选择其认为便利的方式，而无须由法律作出规定；而在继承人有无不明或继承人联系不上的情况下，有必要规定以公告的方式进行通知，关于继承开始的公告方式，以上四川省被调查民众的习惯、域外立法例和我国学者建议稿的观点，可供我国立法参考。

(三) 继承开始的通知和公告的期间之特点与原因分析

关于继承开始的通知和公告期间的民众观念，统计数据显示，在被调查者中，(1) 认为应在 7 日内发出的，合计占六成半（占 65.68%）；(2) 认为应在 15 日内发出的，占近二成（18.12%）；(3) 认为应在 30 日内发出的，仅占不到一成半（13.59%）（见表 8-12）。

以上特点的原因分析，(1) 六成半的四川省被调查者认为应在被继承人死亡后 7 日以内的较短期限发出继承开始通知，其原因可能是被调查民众希望尽快发出继承开始的通知，以便通知相关权利人及时参加吊唁、参与继承等活动，这符合实际生活的需要。(2) 不到一成半的四川省被调查者认为在 15 日以内或者 30 日内等需要较长的时间发出，

① 参见《瑞士民法典》第 555 条；《德国民法典》第 1965 条。

② 参见“徐稿”第四分编第 383 条。

③ 参见“陈稿”第 85 条。

其原因可能是被调查民众认为，在现实生活中因一些特殊情况，通知相关权利人需要更长的时间。

关于继承开始的通知和公告的期间之我国立法，我国《继承法》第23条仅规定“及时”发出继承开始的通知，并没有明确规定继承开始的通知期间。另外，关于公示催告程序，根据我国现行《民事诉讼法》第219条有关票据遗失、被盗等公告程序规定，人民法院决定受理申请，应在3日内发出公告，催促利害关系人申报权利。公示催告的期间，由人民法院根据情况决定，但不得少于60日。

从域外立法例看，对于继承开始的公告期间，德国、意大利等均在催告遗产债权人的期间中有所体现，德国规定通过公示催告遗产债权人的期间是6个月，意大利催告遗产债权人的期间为30天。例如，《意大利民法典》第498条规定，自接到异议通知之日起1个月内，继承人应当通过继承开始地的公证人召集债权人和受遗赠人以执行清算；在公证人确定的、不低于30日的期限内，进行债权申报。①

从我国诸继承法学者建议稿看，对于继承开始的公告期间，“王稿”规定的期间为60日；“杨稿”规定遗产管理人应当在接受指定后10日内发出寻找遗产承受权利人、遗产债权人的公告，公告期间也为6个月；“陈稿”“张稿”规定的公告期间为6个月。②

我们认为，我国《继承法》没有明确规定继承开始的发出公告期间，这是其立法之不足。关于继承开始的通知和公告期间，本次调查六成半以上的四川省被调查者认为应在被继承人死亡后7日内发出继承开始的通知。在继承人明确的情况下，对于发出继承开始通知的时间可由通知人自行在合理的期限内进行即可；而在继承人有无不明的情况下，结合域外立法例和我国学者建议稿中继承公告期间的相关规定，可将公告期限设为6个月。这样既能保证有足够的时间以使继承人获知继承开始的消息，又有利于后续继承事务的及时开展。因此，以上主张7日内发出通知和公告的四川省被调查民众的观念、域外立法例和我国学者建议稿的相应观点，可供我国立法参考。

三、遗产管理之特点与原因分析

（一）遗产管理人的确定之特点与原因分析

（1）关于遗产管理人的确定的民间习惯，统计数据显示，在四川省被调查者所在地区，由死者的法定继承人作为遗产管理人的，占近九成（89.72%）；由家族中的德高望重者（43.21%）、死者的儿媳或女婿（31.18%）或其他亲戚朋友（15.85%）作为遗产管理人的，各占一至四成以上；由死者所在的单位或村、居委会作为遗产管理人的，占近三成（28.57%）（见表8-13）。（2）关于法定继承人担任遗产管理人的民间习惯，统计数据显示，在四川省被调查者所在地区，分别由法定继承人中的配偶（98.83%）、子女（97.28%）和父母（94.76%）作为遗产管理人的，各占九成以上；分别由兄弟姐妹（62.91%），孙子女、外孙子女（50.10%）和祖父母、外祖父母（45.83%）的，各占四至六成以上（见表8-14）。

---

① 参见《德国民法典》第1965、2061条；《意大利民法典》第481、498、650条。

② 参见“王稿”第662条；“杨稿”第92条；“陈稿”第85条；“张稿”第67条。

以上特点的原因分析，遗产管理人是对死者的财产进行妥善保存和管理分配职责的人。[①] 根据关于遗产管理人的确定的民间习惯之理由（见表8-15），(1) 近九成的四川省被调查者所在地区由法定继承人作为遗产管理人，其原因是法定继承人与被继承人的关系最为亲近，由其作为遗产管理人，较其他人更值得信赖，并根据亲属关系的亲疏远近决定配偶、子女、父母等担任遗产管理人的顺序，且也可能符合被继承人的意愿。同时，由法定继承人来担任，便于清点和妥善管理遗产。(2) 近三成的四川省被调查者选择由法定继承人之外的人或组织来担任，其原因是可以防止遗产被隐藏、转移，有利于保护遗产相关人的合法权益。

关于遗产管理人的确定之我国立法，我国《继承法》对此无规定。

从域外立法例看，大陆法系不少国家的立法均规定了遗产管理人的确定制度，遗产管理人产生方式有三种：遗嘱指定、继承人担任或法院选任。被继承人可以通过遗嘱指定遗嘱执行人，由遗嘱执行人担任遗产管理人；若没有遗嘱执行人的，由继承人担任遗产管理人。例如，继承人有数人的，可以协议确定一人或数人担任遗产管理人。关于法院选任，则各国的规定稍有不同。《法国民法典》规定，概括继承人经一致同意的协议，可指定他们中的一人或者第三人管理遗产，如至少有一人是限定继承人的，应由法院指定遗产管理人；《意大利民法典》规定，如果继承人向债权人或受遗赠人交出全部遗产、丧失遗产管理权，或者不接受继承并且未对遗产实行占有的情况下，则由继承开始地的初审法院指定遗产保佐人担任遗产管理人的职责。[②] 德国、日本立法对此也有规定。[③]

从我国诸继承法学者建议稿看，对于遗产管理人的产生方式包括遗嘱指定、继承人担任选任、村民委员会或居民委员会担任或法院选任，如"杨稿"规定，继承人可以在继承开始后协商推选遗产管理人。有遗嘱执行人的，由遗嘱执行人担任遗产管理人。遗嘱未指定遗嘱执行人，继承人对遗产管理人选任有争议的，由有完全民事行为能力的法定继承人共同管理遗产。有证据证明继承人的行为已经或将要损害其他遗产权利人、遗产债权人等利害关系人利益的，经利害关系人申请，人民法院可以在继承人之外指定遗产管理人。[④] "梁稿""徐稿""王稿""陈稿""张稿"对此也有规定。[⑤]

我们认为，我国《继承法》欠缺遗产管理人的确定制度，这是其立法之不足。本次调查表明，四川省被调查民众所在地区多有由法定继承人等担任遗产管理人的习惯。对此问题，以上四川省被调查者的习惯、域外立法例和我国学者建议稿的观点，可供我国立法参考。

（二）遗产管理人的职责与报酬之特点与原因分析

第一，遗产管理人职责的民众观念之特点与原因分析。

---

① 参见杨立新、朱呈义：《继承法专论》，高等教育出版社2006年版，第245页。

② 参见《法国民法典》第785、800、8091、812、813、8131、8153、1025条；《意大利民法典》第460、508、509、528、703条。

③ 参见《德国民法典》第1975、1981、2197、2205条；《日本民法典》第918、926、936、952、1006、1012条。

④ 参见"杨稿"第72条。

⑤ 参见"梁稿"第2002条、"徐稿"第四分编第359、361、376~378条、"王稿"第549条、"陈稿"第7条、"张稿"第2、3、24条。

关于遗产管理人职责的民众观念，统计数据显示，在四川省被调查者中，认为遗产管理人的职责包括“妥善保管遗产”（96.34%）、“清查遗产，制作遗产清单”（93.21%）、“查明被继承人生前的债权和债务，积极追讨债权或清偿债务”（75.09%）、“可以原告或被告的身份参加因遗产引起的诉讼”（70.91%）、“查明被继承人是否留有遗嘱，并且确定遗嘱是否真实合法”（61.32%）和“定期制作遗产管理报告，向继承人报告遗产管理的情况”（57.67%）的，各占五成至九成以上（见表8-16）。

以上特点的原因分析，四川省被调查者认可的遗产管理人职责内容丰富，其原因可能是：遗产管理人职责的设置关系到遗产管理程序的顺利进行，关乎遗产保全，关乎继承人、受遗赠人、债权人利益的保护，只有全面地明确遗产管理人的职责，才能使遗产管理人依法履行遗产管理事务。

关于遗产管理人的职责之我国立法，我国对此没有较为系统全面地规定。我国《继承法》第24条仅规定：“存有遗产的人，应当妥善保管遗产，任何人不得侵吞或者争抢。”

从域外立法例看，大陆法系不少国家立法对遗产管理人的职责均作了具体的规定，如《德国民法典》规定的遗产管理人职责包括：编制遗产清册、公示催告债权人、开启遗产支付不能程序、对遗产债务进行合理清偿、移交遗产等。[①]《日本民法典》规定的遗产管理人职责包括：制作财产目录、以对自己固有财产同样的注意管理遗产、对所有继承债权人及受遗嘱人公告已表示限定承认事宜及应在一定期限内申报其请求的内容、在公告期满前拒绝清偿和公告期满后对债权人的清偿、因清偿而对遗产的变价、报告遗产处理状况、移交遗产等。[②] 法国和意大利立法对此也有具体规定。[③]

从我国诸继承法学者建议稿看，我国诸学者建议稿多较为系统全面地规定了遗产管理人的职责。例如，“陈稿”规定的遗产管理人的职责包括：收集遗产并编写财产清册、在遗产管理期间忠实且谨慎地保护和管理遗产、公示催告债权人和债务人、向继承人报告管理账目、清偿各种由遗产负担的费用及债务和税款、将剩余财产分配给继承人、负责与待继承遗产有关的起诉和应诉。[④]“梁稿”“王稿”“杨稿”等对此也有具体规定。[⑤]

我们认为，我国《继承法》欠缺较为系统全面的遗产管理人的职责规定，这是其立法之不足。明确规定遗产管理人职责，对于保护继承人和其他遗产权利人的利益具有重要作用，有利于促使遗产管理人积极、妥善地管理遗产事务。[⑥] 因此，对于此问题，以上四川省被调查民众的观念、域外立法例和我国学者建议稿的观点，可供我国立法参考。

第二，遗产管理人是否有权取得报酬的民间习惯之特点与原因分析。

关于遗产管理人是否有权取得报酬的民间习惯，统计数据显示，在被调查者所在地区，（1）法院指定遗产管理人的，六成以上（63.94%）的稍多数地区有权请求给付报酬

---

① 参见《德国民法典》第1975、1979、1985、1986、1993、2002条。

② 参见《日本民法典》第918、926~932、934~936、1011~1012条。

③ 参见《法国民法典》第789~792、796~810、811-1条；《意大利民法典》第485、486、496、502、528~531条。

④ 参见“陈稿”第8条。

⑤ 参见“梁稿”第2004~2006条，“王稿”第551、553、637条，“杨稿”第74条。

⑥ 参见陈苇、石婷：《我国设立遗产管理制度的社会基础及其制度构建》，载《河北法学》2013年第7期，第12~21页。

的习惯；（2）继承人担任遗产管理人的，五成以上（51.57%）的地区有不能请求给付报酬的习惯；（3）继承人选任的第三人作为遗产管理人的，近五成（48.43%）的稍多数地区有是否给付报酬，应当由继承人决定的习惯（见表8-17）。

以上特点的原因分析，关于遗产管理人是否有权取得报酬的民间习惯特点之原因，根据遗产管理人是否取得报酬的民间习惯之理由（见表8-18），（1）在继承人担任遗产管理人时，由于其本身即为该遗产的所有人或共同所有人，因此，其无权请求报酬；（2）而当继承人之外的第三人担任遗产管理人、法院指定的遗产管理人（但继承人除外）时，其往往承担了本不属于自己的管理义务，因此，应赋予其报酬请求权，这样有利于鼓励继承人以外的遗产管理人认真地履行遗产管理职责，也符合权利与义务相统一原则。

关于遗产管理人是否有权取得报酬之我国立法，我国现行法没有此规定。

从域外立法例看，大陆法系的不少国家规定了遗产管理人的报酬请求权。例如，《德国民法典》规定遗产管理人可以为其职务的履行而请求适当的报酬，但是对于遗嘱执行人的报酬被继承人生前在遗嘱中另作规定的除外①；《法国民法典》规定，在没有相反约定时，遗嘱执行人和身后遗产的委托管理人原则上不取得报酬，法院指定的遗产管理人的报酬由法院确定②。日本、意大利等国家对此也有具体规定。③

从我国诸继承法学者建议稿看，我国学者建议稿多规定了遗产管理人的报酬请求权，例如，“梁稿”“王稿”规定遗嘱人没有在遗嘱中对遗嘱执行人指定报酬的，遗嘱执行人原则上不得请求报酬，但继承人或者受遗赠人自愿支付报酬的除外。④“陈稿”规定，非继承人担任遗产管理人的，应支付相应的报酬。⑤“徐稿”规定，遗嘱执行人的报酬由遗嘱确定，遗嘱未确定的，由法院考虑财产的数量及执行职务的劳动量确定报酬额。⑥

我们认为，我国《继承法》欠缺遗产管理人报酬的规定，这是其立法之不足。关于遗产管理人是否有权取得报酬，以上区别不同情况确定是否给予遗产管理者报酬的四川省被调查民众的习惯、域外立法例和我国学者建议稿的观点，可供我国立法参考。

（三）遗产管理人的损害赔偿责任之特点与原因分析

关于遗产管理人损害赔偿责任的民间习惯，统计数据显示，在四川省被调查者所在地区，（1）遗产管理人有故意或重大过失，才承担损害赔偿责任的，占五成半（55.57%）；（2）无论遗产管理人是故意、重大过失或一般轻过失，都要承担损害赔偿责任的，占近四成半（44.08%）（见表8-19）。

以上特点的原因分析，（1）五成半的四川省被调查者所在地区，有遗产管理人有故意或重大过失的才承担损害赔偿责任的习惯，其原因可能是遗产管理人具体承担何种赔偿责任与其是否获得报酬有直接关系，如果遗产管理人为无偿管理遗产，则不应承担过重的损害赔偿责任，权利与义务是一致的。（2）近四成半的四川省被调查者所在地区，有无论遗产管理人是故意、重大过失或一般轻过失，都要承担损害赔偿责任的习惯，其原因可

① 参见《德国民法典》第1987、2221条。

② 参见《法国民法典》第803、812-4、813-9、815-12、1033-1、1034条。

③ 参见《日本民法典》第29、918、1018条，《意大利民法典》第711~712条。

④ 参见“梁稿”第2003条；“王稿”第639条。

⑤ 参见“陈稿”第9条。

⑥ 参见“徐稿”第四分编第397条。

能是为督促遗产管理人忠实、妥当地履行职责。

关于遗产管理人的损害赔偿责任之我国立法，我国《继承法》对此无规定。该法仅规定占有遗产之人应妥善保管遗产。

从域外立法例看，《德国民法典》规定，继承人和法院任命的遗产管理人需就其所实施的遗产管理行为向债权人负责，如因其违反申请开始支付不能程序的义务而导致债权人的损失，则应就该损害向债权人承担损害赔偿责任；遗嘱执行人因其过错违反其所担负的义务的，对因此而发生的损害向继承人和受遗赠人承担损害赔偿责任。[①]《日本民法典》对此也有类似规定。[②]《法国民法典》规定，限定继承人担任遗产管理人的，其对遗产管理过程中的严重过错承担责任，明知而恶意将属于遗产的某些资产与负债项目不计入遗产清单，或者不将所保留或者转让的财产的价值，或价金用于清偿遗产债务，得承担被视为自开始即无条件接受继承的无限清偿责任。[③]

从我国诸继承法学者建议稿看，“王稿”“梁稿”“张稿”规定，如果遗产管理人违背忠实管理的义务给债权人带来损害时，其须对遗产债权人承担相应的责任；而其所承担的责任应视其执行遗嘱是否有偿而有所不同：如果无偿，则应对其故意或重大过失导致的损失承担责任；如果有偿，则应对其一切过失所导致的损失承担损害赔偿责任。[④]“陈稿”第 10 条规定，遗产管理人因故意或过失未尽遗产管理义务，从而造成遗产毁损或灭失的，应当承担损害赔偿责任。

我们认为，我国《继承法》对于该遗产管理人的损害赔偿责任无规定，这是其立法之不足。以上故意或重大过失造成遗产损害应承担损害赔偿责任的四川省被调查民众的习惯、法国立法例和“梁稿”“王稿”的观点，可供我国立法参考。

四、法定继承之特点与原因分析

（一）法定继承人的范围与顺序之特点与原因分析

关于法定继承人的范围与顺序，统计数据显示，（1）关于法定继承人范围与顺序的民众观念，四川省被调查者观念上认可的法定继承人的范围与顺序是：第一顺序为配偶（91.46%）、父母（68.29%）、子女（70.21%）；第二顺序为孙子女、外孙子女（49.83%），祖父母、外祖父母（49.13%），兄弟姐妹（42.33%）；第三顺序为侄子女、外甥子女（31.71%），伯叔姑舅姨（29.27%），堂兄弟姐妹（29.79%），表兄弟姐妹（19.16%）（见表 8-20）。（2）关于配偶与血亲继承人顺序的民众观念，在四川省被调查者中，认为配偶应为固定第一顺序继承人的，占七成（70.38%）；认为配偶应为无固定顺序继承人的，合计占近三成（29.62%）（见表 8-21）。

以上特点的原因分析，（1）四川省被调查者认可的法定继承人的范围与顺序，较我国《继承法》之规定范围更广且顺序更多，其原因可能是：其一，我国现有家庭结构和血亲关系变化的影响。虽然我国目前已实施了“二孩政策”，但自 20 世纪 70 年代实施计划生育政策以来的三十多年期间，在倡导“一对夫妻只生育一个孩子”的计划生育政策

① 参见《德国民法典》第 1978~1980、1985、2219 条。

② 参见《日本民法典》第 934 条。

③ 参见《法国民法典》第 800 条。

④ 参见“王稿”第 637 条；“梁稿”第 2019 条；“张稿”第 50 条。

指导下，我国家庭结构已经呈现规模小化、类型多样化的特点。由一对夫妻及其子女组成的核心家庭占六成以上。[①] 而在核心家庭中，近血亲的数量明显减少，如兄弟姐妹数量的减少或家中无兄弟姐妹，同时，伯叔姑舅姨、侄子女、外甥子女等血亲人数也相应地减少。而由于我国《继承法》规定的血亲继承人的范围太窄，很容易出现被继承人死亡后无人继承遗产的情况。其二，受财产在家庭内部传承的继承观念影响。我国传统观念中财产必须在家庭内部传承，正如有学者所言，财产继承必然承载着赡养、抚养及保证家庭门户的延续等功能，在财产的继承过程中必然要防范家庭财产从家庭范围内流失。[②] 根据我国《继承法》第32条的规定，无人继承的遗产将被收归国家或集体所有。因此，被调查者多认为应当扩大法定继承人的范围，增加其他血缘关系较近的亲属参与继承。这也符合保护自然人个人财产所有权的私法理念，且有利于保护和鼓励人们创造财富的积极性。其三，目前，我国已进入老龄化社会，我国老年人仍以“家庭养老”为主要养老模式，在老年人的子女不在身边或子女先于老年人去世的情况下，老年人受其他血缘关系较近的亲属照顾，尤其是侄子女、外甥子女给予精神上的慰藉，经济上的供给及生活上的帮助的情况较多。[③] 基于此原因，四川省多数被调查者主张扩大法定继承人的范围，愿意选择侄子女、外甥子女、伯叔姑舅姨、堂兄弟姐妹等血缘关系较近的旁系亲属作为法定继承人。这有利于鼓励其他血缘关系较近的亲属之间相互扶养照顾，有利于保障老年人尤其是空巢家庭的老年人安度晚年。

（2）被调查者主张“配偶、子女、父母在第一顺序”，其原因可能是：其一，配偶、子女、父母被我国《继承法》规定为第一顺序法定继承人。该法施行已有三十多年，此规定已深入人心。其二，配偶、子女、父母是与被继承人关系最为亲近的人，因此，占七成的多数被调查者选择“配偶、子女、父母”共同作为第一顺序的法定继承人。其三，父母作为第一顺序法定继承人能够及时取得遗产，这有利于养老。但是，我们认为，“配偶、子女、父母”共同作为第一顺序的法定继承人，这存在一定的不合理性。主要理由如下：这将导致遗产同时向父母长辈亲属和子女晚辈亲属上、下流动，从而使遗产不能尽可能地被集中保留在被继承人晚辈亲属的家庭中，不利于发挥遗产的育幼职能，从常理判断，这可能是有违被继承人愿望的。[④] 反之，如果将父母作为第二顺序法定继承人，就能使遗产尽可能被传承于被继承人的晚辈直系血亲中，有利于发挥遗产的育幼职能，这可能是符合被继承人意愿的。[⑤] 正如学者所说，法定继承顺序必须是建立在猜想的基础之上，近亲属的法定继承也就必须符合被继承者未曾说出的意愿。[⑥] 至于父母的养老，可以通过子女、孙子女的法定赡养义务来解决，而不是通过作为第一顺序继承人来解决。并且，父母不作为第一顺序继承人，由子女及其直系卑血亲作为第一顺序继承人，这是现代社会绝

① 国家卫生和计划生育委员会：《中国家庭发展报告》，中国人口出版社2015年版，第4页。

② 参见焦垣生、张维：《中国传统家文化下的财产继承》，载《西安交通大学学报（社会科学版）》2008年第6期，第65~70页。

③ 参见陈苇、冉启玉：《完善我国法定继承人范围和顺序立法的思考》，载《法学论坛》2013年第2期，第52~57页。

④ 陈苇、杜江涌：《我国法定继承制度的立法构想》，载《现代法学》2002年第4期，第96~102页。

⑤ 陈苇、董思远：《民法典编纂视野下法定继承制度的反思与重构》，载《河北法学》2017年第7期，第2~19页。

⑥ 参见［德］G. 拉德布鲁赫：《法哲学》，王朴译，法律出版社2005年版，第159页。

大多数国家立法的通例（具体立法内容）详见后述。

关于法定继承人的范围与顺序之我国立法，我国《继承法》第 10 条第 1 款规定："遗产按照下列顺序继承：第一顺序：配偶、子女、父母。第二顺序：兄弟姐妹、祖父母、外祖父母。继承开始后，由第一顺序继承人继承，第二顺序继承人不继承。没有第一顺序继承人继承的，由第二顺序继承人继承。"

从域外立法例看，大陆法系的德国、瑞士、俄罗斯等国家的立法，其血亲继承人范围比我国更广，继承顺序也比我国更多。例如，《德国民法典》规定的法定继承人之范围和顺序如下：第一顺序为直系晚辈血亲；第二顺序为父母及其直系晚辈血亲；第三顺序为祖父母、外祖父母及其直系晚辈血亲；第四顺序为曾祖父母及其直系晚辈血亲、曾外祖父母及其直系晚辈血亲；第五顺序和更远的顺序为辈分更大的祖先及其直系晚辈血亲；配偶无固定继承顺序，可参与第一、二、三顺序的继承。[①]《法国民法典》规定的法定继承人之范围和顺序如下：第一顺序为子女及其直系卑血亲；第二顺序为父母、兄弟姐妹及其直系卑亲；第三顺序为父母之外的直系尊血亲；第四顺序为除兄弟姐妹及其直系卑亲以外的其他六亲等内的旁系亲属；配偶无固定的继承顺序，其与被继承人的子女及其直系卑血亲或父母共同继承。[②] 瑞士法中对被继承人的直系尊血亲有代数限制，但对直系卑亲属则无限制。《瑞士民法典》规定的法定继承人之范围和顺序如下：第一顺序为被继承人的子女及其直系卑亲属；第二顺序为被继承人的父母及其直系卑亲属；第三顺序为被继承人的祖辈父母及其直系卑亲属；配偶无固定的继承顺序，参与第一、二、三顺序的继承。[③]《俄罗斯联邦民法典》规定的法定继承人之范围和顺序如下：第一顺序为子女、配偶和父母；第二顺序为兄弟姐妹、祖父母和外祖父母；第三顺序为伯、叔、姑、舅、姨及其子女（堂兄弟姐妹、表兄弟姐妹）；以后的顺序为不属于前几个顺序继承人的第三、第四、第五顺序等的亲属。[④] 可见，在前述国家的立法中，其血亲继承人范围更宽于我国，继承顺序也更多于我国，但除俄罗斯外，其余国家均采取子女的顺序优先于父母顺序的立法。这体现了保证遗产尽可能被集中传承于被继承人的晚辈直系血亲，以发挥遗产的育幼职能的立法功能。

从我国诸继承法学者建议稿看，关于法定继承人的范围与顺序，学者们意见并不统一。第一种观点认为，应继续坚持我国《继承法》的现行规定。例如，"徐稿"规定的法定继承人的范围和顺序如下：第一顺序为配偶、子女、父母；第二顺序为兄弟姐妹、祖父母、外祖父母。[⑤] 第二种观点认为，应将我国法定继承人的范围扩大至其他四亲等以内的亲属。例如，"梁稿"和"王稿"规定的法定继承人的范围和顺序如下：第一顺序为配偶、子女、父母；第二顺序为兄弟姐妹、祖父母、外祖父母；第三顺序为其他四亲等以内的亲属。[⑥]"杨稿"规定的继承人的范围和顺序如下：第一顺序为配偶、子女、父母；第二顺序为兄弟姐妹、祖父母、外祖父母；第三顺序为曾祖父母、外曾祖父母、伯、叔、

① 参见《德国民法典》第 1922~1931 条。

② 参见《法国民法典》第 734、756、757-1、757-2、757-3 条。

③ 参见《瑞士民法典》第 457~460 条。

④ 参见《俄罗斯联邦民法典》第 1142~1145 条。

⑤ 参见"徐稿"第四分编第 495 条。

⑥ 参见"梁稿"第 1945 条；"王稿"第 564 条。

姑、舅、姨、堂兄弟姐妹、表兄弟姐妹、侄子女、外甥子女等四代以内的其他直系或者旁系血亲。[①] 第三种观点认为，应增加兄弟姐妹的子女（侄子女、外甥子女）作为法定继承人，并将晚辈直系血亲直接列入第一顺序法定继承人的范围。例如，"张稿"和"陈稿"规定的继承人之范围和顺序如下：第一顺序为子女及其晚辈直系血亲；第二顺序为父母；第三顺序为兄弟姐妹及其子女；第四顺序为祖父母，包括父系祖父母和母系祖父母；配偶可以与任一顺序或前三个顺序的血亲继承人共同继承。[②]

我们认为，我国《继承法》规定的血亲继承人的范围太窄，继承顺序太少，这是其立法之不足。关于法定继承人的范围，首先，关于子女的直系晚辈血亲是否应被列入第一顺序法定继承人的范围？前述德国、法国、瑞士的立法都将子女及其直系晚辈血亲直接规定为第一顺序的法定继承人，且无亲等限制，这可以保证遗产能尽可能地被集中保留在死者的子女及其直系卑血亲家庭中而不向旁系血亲扩散，既体现了保障实现遗产的育幼职能之立法功能[③]，也有利于集中发挥遗产对家庭生产经营的经济效用。我国学者建议稿中的"张稿""陈稿"对此问题也有与这些国家立法相同的规定。根据我们此次调查的统计数据显示，在四川省的被调查者中，选择孙子女、外孙子女为第一顺序法定继承人占比仅为2.79%，选择孙子女、外孙子女为第二、三顺序法定继承人的合计占比为73.87%（见表8-20）。也就是说，在四川省的被调查者中，只有极少数人赞同把"孙子女、外孙子女为第一顺序法定继承人"，而七成以上的人都赞同把"孙子女、外孙子女为第二、三顺序的法定继承人"。但我们认为，如果立法把子女的直系晚辈血亲直接列入第一顺序法定继承人，就能够既体现承认该直系晚辈血亲具有固有的继承地位，其继承权不受被继承人的子女是否放弃继承或丧失继承权的影响；又有利于保证被继承人的遗产被集中保留在其晚辈直系血亲中向下代际传承，有利于实现遗产的育幼功能和发挥对晚辈直系血亲家庭的生产经营的效用。所以，前述德国、法国、瑞士的立法例和"张稿""陈稿"的立法建议，可供我国立法参考。

其次，关于直系长辈血亲作为法定继承人是否应有范围的限制？前述瑞士立法将其限制为被继承人的父母、父系祖父母和母系祖父母，此具有防止遗产向更远的旁系亲属扩散的立法功能。我国《继承法》以及"徐稿""张稿""陈稿"的规定与之相同；而俄罗斯立法则将其限制在五亲等以内；我国学者建议稿中的"梁稿""王稿""杨稿"将其限制在四亲等以内。我们认为，关于长辈直系血亲作为法定继承人的范围限制，不宜过宽，也不宜过窄，应当保持我国《继承法》的现行规定为宜。因为，根据我们此次调查的统计数据显示，在四川省的被调查者中，合计占九成以上的人（93.20%）选择将父母列入第一、二顺序法定继承人的范围；合计占近七成以上的人（69.34%）选择将祖父母、外祖父母列入第二、三顺序法定继承人的范围（见表8-20）。也就是说，关于直系长辈血亲作为法定继承人的范围，宜限制到被继承人的父母、祖父母和外祖父母为止。这符合我国四川省大多数被调查民众的意愿，有利于防止遗产向更远的旁系血亲扩散。此可供我国立法参考。

---

① 参见"杨稿"第57条。

② 参见"张稿"第28条；"陈稿"第45条。

③ 陈苇、杜江涌：《我国法定继承制度的立法构想》，载《现代法学》2002年第4期，第96~102页。

再次，关于旁系血亲作为法定继承人的范围，前述德国、法国、瑞士和俄罗斯四个国家规定的旁系血亲法定继承人范围较广，我国诸继承法学者建议稿中的“梁稿”“王稿”“杨稿”均规定四亲等内的亲属可作为法定继承人，而“陈稿”、“张稿”则仅将被继承人的兄弟姐妹的子女（侄子女、外甥子女）增列入法定继承人范围。根据此次调查的统计数据显示，关于法定继承人的范围，在四川省的被调查民众中，选择第三顺序为侄子女、外甥子女（31.71%）、伯叔姑舅姨（29.27%）、堂兄弟姐妹（29.79%）、表兄弟姐妹（19.16%）（见表8-20）。结合本次四川省被调查者相关的民众观念，借鉴域外立法经验和我国学者建议稿的规定，我们认为，应当以我国现行的法定继承人范围为基础仅将被继承人的兄弟姐妹的子女（侄子女、外甥子女）增列入法定继承人范围的建议较为合理。这符合我国四川省五成以上被调查民众的意愿，一方面，有利于鼓励作为晚辈旁系血亲的侄子女、外甥子女承担对无子女的被继承人的赡养责任，也有利于在一定程度上防止遗产向更远的旁系血亲扩散；另一方面，适当扩大法定继承人的范围，可以在一定程度上避免被继承人的遗产因无人承受而归属于社会公共组织（国家或集体等），这符合保护自然人的私有财产所有权之理念，也符合被继承人的意愿。①

因此，以上关于适当扩大法定继承人的范围与增加顺序的四川省被调查民众的观念、域外相关立法例和“张稿”“陈稿”的观点，可供我国立法参考。

（二）配偶与血亲继承人的法定应继份之特点与原因分析

关于配偶与血亲继承人法定应继份的民众观念，统计数据显示，在四川省被调查者中，（1）有合计超过五成半（56.10%）的多数人选择了不同于我国《继承法》的配偶无固定顺序继承，且在不同顺序其应继份不同；（2）只有四成稍多（42.51%）的人赞同配偶有固定继承顺序，与父母、子女一起作为第一顺序继承人，这与我国《继承法》的规定相同（见表8-22）。

以上特点的原因分析，（1）四成稍多的四川省被调查者认为配偶为固定顺序，其原因可能是受我国现行立法的影响，我国《继承法》已实施三十多年，此方面的规定已深入人心。但我国学者认为，此立法存在不足。如果配偶为固定顺序，有可能出现以下两种情况：一是如果与配偶处在同一顺序的血亲继承人较多，则配偶取得的遗产份额将十分有限，这不利于保障配偶的继承权；二是如果被继承人没有直系卑亲属和父母而仅有兄弟姐妹等近亲属时，配偶将取得全部遗产，遗产则流出被继承人的家庭之外，不利于保障顺序在后血亲继承人的继承权。②（2）超过五成半的四川省被调查者认为配偶为不固定顺序，其原因可能是如果配偶无固定继承顺序，则其可以参与每一顺序的继承，与不同顺序的血亲继承人共同继承时配偶取得不同份额的遗产。这样既能保护配偶的继承权同时又能兼顾保护血亲继承人的继承权，既区别对待又不顾此失彼。③

关于配偶与血亲继承人的法定应继份之我国立法，根据我国《继承法》第10、13条的规定，配偶是第一顺序继承人，并且同一顺序继承人继承遗产的份额，一般应当均等。

从域外立法例看，对配偶的继承顺序有两种立法例，一是配偶无固定继承顺序，如德

① 陈苇、高伟：《我国内地无人承受遗产制度之重构——以中国内地与港、澳、台地区立法比较为视角》，载《学术交流》2008年第1期，第58~61页。

② 陈苇、宋豫主编：《中国大陆与港、澳、台继承法比较研究》，群众出版社2007年版，第292页。

③ 杨立新、和丽军：《我国配偶法定继承的零顺序改革》，载《中州学刊》2013年第1期，第47~54页。

国、法国、瑞士的立法例。[①] 德国和瑞士的立法规定，配偶可与第一、二、三顺序的血亲继承人共同继承遗产。法国立法则规定配偶只与第一、二顺序的子女及其直系卑亲、父母共同继承遗产。[②] 这三国立法均规定，配偶与不同顺序血亲继承人共同继承时，取得不同的继承份额。二是配偶有固定继承顺序，如俄罗斯立法例，配偶仅与第一顺序的血亲继承人共同继承遗产。[③]

从我国诸继承法学者建议稿看，其也有前述两种立法建议，“梁稿”“徐稿”“王稿”“杨稿”均规定配偶有固定继承顺序，配偶仅与第一顺序的血亲继承人共同继承遗产。[④]“张稿”“陈稿”则规定配偶无固定继承顺序，配偶可与各个顺序的血亲继承人共同继承遗产，且配偶在不同顺序共同继承时的应继份不同。[⑤]

我们认为，我国《继承法》将配偶规定为固定顺序继承人在某些情况下可能会不合理，这是其立法之不足。关于配偶与血亲继承人法定应继份，我国宜采取“配偶无固定继承顺序且与各个顺序的血亲继承人共同继承不同份额”的立法模式，这符合四川省被调查者中多数人的意愿，有利于兼顾保护配偶及血亲继承人的继承权，以上配偶无固定继承顺序且与各个顺序的血亲继承人共同继承不同份额的四川省被调查民众的观念、相关域外立法例和“张稿”“陈稿”的观点，可供我国立法参考。

（三）配偶对遗产中家庭住房的先取权与终生使用权之特点与原因分析

关于配偶对遗产中家庭住房的先取权与终生使用权，统计数据显示，（1）关于配偶对遗产中家庭住房的先取权与终身使用权的民间习惯，在四川省被调查者所在地区，有该习惯的占八成半以上（86.76%）；没有该习惯的仅占不到一成半（13.24%）（见表8-23）。（2）关于配偶对遗产中家庭住房的先取与终生使用是否付费的民间习惯，在四川省被调查者所在地区，有适当进行补偿习惯的，占近五成半（54.18%）；无须进行补偿的，占四成（40.24%）。也就是说，如果配偶无经济补偿能力的，可不予补偿而终生使用此房屋（见表8-24）。

以上特点的原因分析，（1）关于配偶对遗产中家庭住房的先取权与终身使用权的民间习惯特点之原因，八成以上的四川省被调查者所在地区有此习惯，原因可能是在我国民众的遗产构成当中，家庭住房往往价值最高，也是对生存配偶提供生活保障的基本物质基础。而婚姻家庭住所对于生存配偶，不仅是维持物质生活的需要，更是精神上寄托对先逝伴侣情感的场所。[⑥] 并且，被继承人生前与其配偶共同生活，共同为家庭做出贡献，当被继承人死亡后，原本属于夫妻共同财产的家庭住房将面临着因继承而被分割的处境，这将不利于生存配偶利益的保护，尤其是当该住房为夫妻唯一的居住用房时，则生存配偶将面临“居无住所”的困境。（2）关于配偶对遗产中家庭住房的先取与终生使用是否付费的

---

① 参见《德国民法典》第1923~1929条，《法国民法典》第734~735、744、745、739~740条，《瑞士民法典》第457~466条。

② 陈苇主编：《外国继承法比较与中国民法典继承编制定研究》，北京大学出版社2011年版，第375页。

③ 参见《俄罗斯联邦民法典》第1142条。

④ 参见“梁稿”第1946条；“徐稿”第四分编第495条；“王稿”第568条；“杨稿”第57条。

⑤ 参见“张稿”第28条；“陈稿”第45条。

⑥ 参见李俊：《论法定继承中配偶的顺序及应继份的确认》，载《中国继承法修改热点难点问题研究》，群众出版社2013年版，第195~214页。

民间习惯特点之原因，根据关于配偶对遗产中家庭住房的先取与终生使用是否付费的民间习惯之理由（见表8-25），其一，五成半的四川省被调查者所在地区有适当进行补偿的习惯，其原因是这符合法律规定，体现公平精神。其二，四成的四川省被调查者认为无须补偿，其原因是要保证配偶居有住所，并且被继承人的子女也是生存配偶一方的继承人，将来生存配偶一方的遗产也会由其子女继承。

关于配偶对遗产中家庭住房的先取权与终生使用权制度之我国立法，我国《继承法》对此无规定。

从域外立法例看，瑞士、法国都规定配偶对其居住的遗产房屋享有先取权或居住权。例如，《瑞士民法典》规定，夫妻双方居住的房屋、公寓或使用的家具属于遗产的，生存配偶可以请求获得该房屋、公寓或家具的所有权，计入其继承份额。同时规定配偶也可以选择不取得上述房屋、公寓或家具的所有权，而是取得使用权或居住权。①《法国民法典》规定，除被继承人有相反表示外，有继承权的配偶对其实际占用并作为主要住宅的原属于夫妻双方或全部属于遗产的住房享有居住权，并对住房内属于遗产的家具享有使用权，直至其本人死亡。②

从我国诸继承法学者建议稿看，关于配偶对遗产中家庭住房的先取权，“王稿”设立有配偶用益权，即配偶尚生存且没有自己住房的，如果没有继承遗产中的房屋，则对遗产中的房屋享有法定用益物权。③“张稿”设立有配偶先取权，配偶对遗产中供自己使用的住房和日常生活用品有先取特权，若配偶的先取特权超过其应继份，则以先取特权作为其应继份。④“陈稿”也设立有配偶的先取权，并同时设立配偶对特殊遗产的终生使用权和终生居住权，即生存配偶对遗产中的婚姻住宅和家庭日常生活用品享有先取权，如其继承份额小于这些财产的价值时，可选择对家庭日常生活用品的终生使用权和对婚姻住宅的终生居住权。⑤

我们认为，我国《继承法》欠缺配偶对遗产中家庭住房的先取权与终生使用权制度，这是其立法之不足。我国立法应当增设生存配偶对遗产中家庭住房的先取权与终生使用权。这有利于保障生存配偶的基本生存权和居住权，有助于实现遗产的养老职能之立法功能。⑥以上主张设立配偶对遗产中家庭住房的先取权与终生使用权制度之四川省被调查民众的习惯、瑞士、法国立法例和“张稿”“陈稿”的观点，可供我国立法参考。

（四）后顺序特殊法定继承人对遗产中原使用的住房及日常生活用品的终生使用权之特点与原因分析

关于后顺序特殊法定继承人对特殊遗产的终生使用权，统计数据显示，（1）关于后顺序特殊法定继承人对特殊遗产的终生使用权之民间习惯，在四川省被调查者所在地区，有该习惯的占近九成半（93.55%）；没有该习惯的仅占不到一成（6.45%）（见表8-26）。

---

① 参见《瑞士民法典》第612条。

② 参见《法国民法典》第764条。

③ 参见“王稿”第580条。

④ 参见“张稿”第32条。

⑤ 参见“陈稿”第48条。

⑥ 参见陈苇、冉启玉：《完善我国法定继承人范围和顺序立法的思考》，载《法学论坛》2013年第2期，第56~57页；陈苇、董思远：《民法典编纂视野下法定继承制度的反思与重构》，载《河北法学》2017年第7期，第4、8、14~15、18~19页。

(2) 关于后顺序特殊法定继承人对特殊遗产的终生使用是否付费的民间习惯，在四川省被调查者所在地区中，无须支付租金习惯的，占近八成（79.79%）；有支付租金习惯的，占二成（20.21%）（见表8-27）。(3) 关于后顺序特殊法定继承人对特殊遗产的终生使用权之期限的民间习惯，在四川省被调查者所在地区中，可以无偿终生使用的，占近八成半（84.15%）；不可以无偿终生使用的，仅占一成半（15.85%）（见表8-28）。

以上特点之原因分析，(1) 关于后顺序特殊法定继承人对特殊遗产的终生使用权之原因，近九成半的四川省被调查者所在地区有此习惯，其原因可能是被继承人死亡后，在有第一顺序继承人的情况下，与被继承人生前共同生活的继承顺序在后的近亲属继承人，如祖父母、外祖父母（如果我国今后修改法定继承顺序将父母被作为第二顺序继承人则他们也被包括在内），就不能参与继承遗产。如果法律规定这些后顺序特殊法定继承人对原居住的遗产住房享有无须支付租金的终生居住权，可以保证他们维持一贯的生活方式而安度晚年，保障他们基本的居住权和生存权，从而实现遗产的养老职能之立法功能。这既符合"国家尊重和保障人权"之我国《宪法》的规定，也符合保护家庭成员的生存权之联合国《世界人权宣言》的精神。并且，对于后顺序的这些特殊继承人，赋予其对遗产中原使用的住房及家庭生活用品的终生使用权，可以被视为对其未参与继承而分配遗产利益的补偿，这符合公平原则的要义。[①] (2) 关于后顺序特殊法定继承人对遗产的终生使用是否付费的民间习惯特点之原因，其一，近八成的四川省被调查者所在地区没有支付租金的习惯，其原因可能是基于家庭成员之间的亲情伦理关系。其二，二成的四川省被调查者所在地区没有此习惯，其原因可能是考虑需要兼顾其他共同继承人的利益。(3) 关于后顺序特殊法定继承人对特殊遗产的终生使用权期限的民间习惯之原因，其一，近八成半的四川省被调查者所在地区有可以无偿终生使用的习惯，其原因可能是这样更能保障特殊法定继承人的基本生活，从而维护家庭成员之间的亲情伦理道德。其二，一成半的四川省被调查者所在地区有不可以无偿使用的习惯，其原因可能是认为这样能兼顾其他共同继承人的利益。

关于后顺序特殊法定继承人对特殊遗产的终生使用权之我国立法，我国现行法对此无规定。

从域外立法例看，《法国民法典》规定，在配偶死亡时，有继承权的健在配偶实际占有原属于夫妻双方或者全部属于死者的遗产房屋作为主要住宅时，对该房屋享有居住权，对房屋内的家具享有使用权，直至本人死亡。但被继承人表示了相反意愿的，不在此限。其中，居住权与使用权的价值，从健在配偶可以从遗产中受领的价值中扣减。如果居住权与使用权的价值高于健在配偶可以受领的遗产价值的，配偶有义务就超过的部分对遗产进行补偿。[②]《西班牙民法典》规定，配偶对遗产中其日常居住的住宅享有优先权，如该遗产的价值超过其继承份额的，可以通过补偿差价的方式取得。[③]《智利共和国民法典》规定，配偶对遗产中原供其使用的不动产住房及附属于该住房的动产包括家庭生活用品的先

① 参见陈苇、董思远：《民法典编纂视野下法定继承制度的反思与重构》，载《河北法学》2017年第7期，第2~19页。

② 参见《法国民法典》第764、765条。

③ 参见《西班牙民法典》第1406、1407条。

取权，如其总价值超过配偶的应继份的，可为配偶设定无偿的终生居住权和使用权。[①]

从我国诸继承法学者建议稿看，“张稿”规定，父母因顺序在后未参加继承时，对遗产中供其个人日常生活使用的住房和其他物品有终生使用权[②]；“陈稿”规定的后顺序特殊法定继承人之范围较宽，其规定依靠被继承人扶养的法定继承人在未参加继承时，对遗产中供其个人日常生活使用的物品和住房享有终生使用权或用益权。[③]

我们认为，我国现行法欠缺后顺序特殊法定继承人对特殊遗产的终生使用权之规定，这是我国立法之不足。关于后顺序特殊法定继承人对特殊遗产的终生使用权，以上主张后顺序特殊法定继承人对特殊遗产享有终生使用权的四川省被调查民众的习惯、域外立法例和“张稿”“陈稿”的观点，可供我国立法参考。

（五）尽了主要赡养义务的丧偶儿媳或女婿的遗产分配方式之特点与原因分析

关于尽了主要赡养义务的丧偶儿媳或女婿的遗产分配方式的民间习惯，统计数据显示，在四川省被调查者所在地区，（1）尽了主要赡养义务的丧偶儿媳或女婿可以作为法定第一顺序继承人，且平均分配遗产的，占近六成半（64.46%）；（2）尽了主要赡养义务的丧偶儿媳或女婿不可以作为法定第一顺序继承人，但可以酌情分得遗产的，占三成（30.84%）（见表 8-29）。

以上特点的原因分析，关于尽了主要赡养义务的丧偶儿媳或女婿的遗产分配方式的民间习惯特点之原因，根据尽了主要赡养义务的丧偶儿媳或女婿的遗产分配的民间习惯之理由（见表 8-30），（1）近六成半的四川省被调查者所在地区具有“尽了主要赡养义务的丧偶儿媳或女婿可以作为第一顺序法定继承人且平均分配遗产”的习惯，其原因是丧偶的儿媳或女婿，孝敬公婆或岳父母，已经尽了赡养义务，符合中国的孝道文化和道德观念，因此可以作为第一顺序法定继承人。这有利于鼓励他们承担赡养公婆或岳父母的义务，并且符合我国《继承法》之规定，也体现了权利与义务相一致的公平理念。（2）三成的四川省被调查者所在地区存在“尽了主要赡养义务的丧偶儿媳或女婿不能作为第一顺序继承人而只能适当分得遗产”的习惯，其原因是虽然丧偶的儿媳或女婿对公婆或者岳父母尽了主要赡养义务，但其毕竟不是被继承人的子女，遗产不能留给外人，因此，他们只能酌情分得遗产。并且，如果尽了主要赡养义务的丧偶儿媳或女婿作为第一顺序法定继承人，这有可能导致出现遗产分配不公平的现象。即丧偶儿媳或女婿取得一份遗产，其子女代位继承取得一份遗产，这一家人实际上就取得了双份遗产。[④] 另外，在无第一顺序其他法定继承人的特殊情况下，作为第一顺序法定继承人的尽了主要赡养义务的丧偶儿媳或女婿可以取得全部遗产，而顺序在后的血亲继承人却不能取得任何遗产。这不利于对血亲继承人利益的保护[⑤]，并且将会导致被继承人的遗产流向本家庭外部。从常理推断，这并不符合被继承人的意愿。

关于尽了主要赡养义务的丧偶儿媳或女婿的遗产分配方式之我国立法，根据我国

---

① 参见《智利共和国民法典》第 1337 条。

② 参见“张稿”第 33 条。

③ 参见“陈稿”第 48 条。

④ 参见陈苇、冉启玉：《完善我国法定继承人范围和顺序的立法思考》，载《法学论坛》2013 年第 2 期，第 52~57 页。

⑤ 参见齐延平主编：《人权与法治》，山东人民出版社 2003 年版，第 109 页。

《继承法》第12条的规定，对公婆或岳父母尽了主要赡养义务的丧偶儿媳或丧偶女婿可以作为第一顺序法定继承人参与继承。

从域外立法例看，前述大陆法系国家均无“尽了主要赡养义务的丧偶儿媳或女婿可以作为第一顺序继承人”的规定。

从我国诸继承法学者建议稿看，“杨稿”规定丧偶儿媳或女婿对公婆或岳父母尽了主要赡养义务的，作为第一顺序继承人。[①]“王稿”规定丧偶儿媳或女婿对公婆或岳父母尽了主要赡养义务的，没有代位继承人时，作为第一顺序继承人。[②]“陈稿”规定偶儿媳或女婿对公婆或岳父母尽了主要赡养义务的，可以酌情分给适当财产。[③]“梁稿”“徐稿”“张稿”规定继承人以外的对被继承人扶养较多的人，可以分给适当的财产。[④]

我们认为，我国《继承法》规定对公婆或岳父母尽了主要赡养义务的丧偶儿媳或丧偶女婿可以作为第一顺序法定继承人参与继承，此立法有不合理之处。关于尽了主要赡养义务的丧偶儿媳或女婿遗产分配方式，尽了主要赡养义务的丧偶儿媳或女婿不宜作为第一顺序继承人参与继承，但可以酌情分给适当财产。这样既符合权利与义务相一致原则，有利于鼓励尊老爱老的传统美德，又有利于保护其他血亲继承人的利益。

五、遗嘱继承之特点与原因分析

（一）公证遗嘱与其他形式遗嘱的效力之特点与原因分析

关于公证遗嘱与其他形式遗嘱适用效力的民众观念，统计数据显示，在四川省被调查者中，（1）认为后遗嘱的适用效力优先于前一公证遗嘱的，合计占七成以上（71.90%）；（2）认为公证遗嘱的适用效力优先的，占近三成（28.20%）（见表8-31）。

以上特点的原因分析，根据公证遗嘱与其他形式遗嘱的适用效力的民众观念之理由（见表8-32），（1）近七成的四川省被调查者认为后遗嘱的适用效力优先于前一公证遗嘱，其原因是被调查民众认为书面遗嘱（第二份遗嘱）比较正式，容易取证，且订立在公证遗嘱之后，而口头遗嘱形式灵活，且有证人作证，同时，后遗嘱反映了被继承人的最后真实意愿。但是，有的认为，口头遗嘱形式不固定，很难准确、完全地反映被继承人的真实意愿，且有被篡改或修改的可能性。（2）近三成的四川省被调查者认为公证遗嘱适用效力优先，其原因是公证遗嘱的程序规范，有较强的公示效力和证明效力，同时，我国《继承法》对此有明文规定。

关于公证遗嘱与其他形式遗嘱的适用效力之我国立法，我国《继承法》第20条第2款规定，继承人立有数份遗嘱，内容相抵触的，以最后的遗嘱为准，此款以订立时间的先后作为确定数份遗嘱适用的效力先后；但该条第3款规定，自书、代书、录音、口头遗嘱，不得撤销、变更公证遗嘱，1985年《执行继承法意见》第42条规定，被继承人订立的数份内容相抵触的遗嘱中有公证遗嘱的，以最后所立公证遗嘱为准；没有公证遗嘱的，以最后所立的遗嘱为准。

从域外立法例看，大陆法系不少国家均规定订立遗嘱可采取多种形式，且将遗嘱划分

---

① 参见“杨稿”第60条。

② 参见“王稿”第569条。

③ 参见“陈稿”第50条。

④ 参见“梁稿”第1957条；“徐稿”第四分编第497条；“张稿”第61条。

为普通遗嘱和特殊遗嘱。普通遗嘱通常包括自书遗嘱、公证遗嘱与密封遗嘱，而特殊遗嘱则只能发生在遗嘱人出现生命危急的情况或其他无法按照普通遗嘱方式订立遗嘱的情况，此时可以订立口述遗嘱。[①]《瑞士民法典》规定，如果立遗嘱人设立了新遗嘱，则即使该遗嘱未明确废除原遗嘱，也应视为新遗嘱取代了原遗嘱，但能够确定新遗嘱为原遗嘱之补充的除外[②]；《法国民法典》规定，后订立的遗嘱未明确取消先订立的遗嘱时，以前订立的遗嘱中仅有与新的处分不相符或相抵触的处分无效。[③] 德国、日本对此也有具体规定。[④]由此可以看出，前述域外国家的立法对于同一被继承人订立的数份内容相抵触的遗嘱之效力，均采取“后遗嘱的适用效力优先”原则，即以遗嘱订立时间的先后确定遗嘱的适用效力之先后。

从我国诸继承法学者建议稿看，关于被继承人订立的数份遗嘱的适用效力先后问题，一种观点认为，应借鉴国外立法经验，规定前遗嘱与后遗嘱内容不一致的，以最后订立的遗嘱为准，即采取“后遗嘱优先于前遗嘱”原则，不承认公证遗嘱具有优先适用的效力，如“梁稿”“杨稿”“陈稿”“张稿”均采此种观点。“张稿”第 42 条规定，遗嘱人立有数份内容相互抵触的遗嘱时，以最后订立的遗嘱为准。[⑤] 另一种观点认为，当前后订立的遗嘱内容不一致时，后订立的遗嘱并不当然的效力最高。例如，“王稿”保留了我国《继承法》之规定，当继承人订立有数个内容不同的遗嘱时，以最后订立的公证遗嘱为准，没有公证遗嘱的，以最后订立的遗嘱为准。[⑥]

我们认为，我国规定公证遗嘱具有优先适用的效力不合理，不能体现被继承人的真实意愿，这是其立法之不足。关于公证遗嘱与其他形式遗嘱的适用效力，以上以最后的遗嘱为准的四川省被调查民众的观念、域外立法例和“梁稿”“杨稿”“陈稿”“张稿”的观点，可供我国立法参考。

（二）遗嘱自由的限制——特留份之特点与原因分析

关于继承人以遗嘱将个人遗产全部赠给他人的民众观念，统计数据显示，在四川省被调查者中，对于被继承人将遗产全部赠与他人的行为，（1）认为不适当的占六成以上（61.85%）；（2）认为适当的占近三成半（34.67%）（见表 8-33）。

以上特点的原因分析，以遗嘱将个人遗产全部赠给他人的民众观念之理由（见表 8-34），（1）六成以上的四川省被调查者认为被继承人的遗嘱自由应受到一定限制，其原因是认为以遗嘱将个人遗产全部赠给他人的行为不适当，这会造成家庭财产外流，不利于保障甲的配偶及其子女的生活，同时也不符合风俗习惯，为常人所难以接受。我国学者认为，无论是我国传统继承习惯抑或是现代继承法之规定，均将遗产继承人限定为家庭内部或者家族内部的成员，以使得被继承人的财产能在家族内部传承。这也是继承制度产生的原始动因。[⑦] 家庭养老仍是目前保障老年人生活的重要手段的现阶段，通过规定被继承人

---

① 参见《德国民法典》第 2231、2249~2251 条；《法国民法典》第 969、981~982 条；《日本民法典》第 967、976~979 条；《瑞士民法典》第 498、506 条。

② 参见《瑞士民法典》第 511 条。

③ 参见《法国民法典》第 1036 条。

④ 参见《德国民法典》第 2258 条；《日本民法典》第 1023 条。

⑤ 参见“梁稿”第 1980 条，“杨稿”第 33 条，“陈稿”第 38 条，“张稿”第 42 条。

⑥ 参见“王稿”第 606 条。

⑦ 夏吟兰：《特留份制度之伦理价值分析》，载《现代法学》2012 年第 5 期，第 41~45 页。

死亡后需为其近亲属保留一定份额的遗产，即使在现代社会，养老育幼仍然是家庭的主要职能，设立特留份制度可以保障家庭成员的基本生活，使得家庭成员尤其是老人与未成年子女的生活不至于因被继承人的死亡而发生改变。并且，对遗嘱自由加以适当限制，有利于维护家庭关系，促进家庭成员间的协同互助。正如有学者指出，虽然法律认同和保护遗嘱自由，但遗产的一定量或一部分也必须遗留给法定继承人，因为个人财产的发展离不开家人的协同生活。[①]（2）近三成半的四川省被调查者认为被继承人的遗嘱自由不应受到限制，其原因是所有权人对财产享有自由处分的权利，其他人无权干涉。

关于遗嘱自由限制之我国立法，我国《继承法》第16条规定："公民可以依照本法规定立遗嘱处分个人财产，并可以指定遗嘱执行人。公民可以立遗嘱将个人财产指定由法定继承人的一人或者数人继承。公民可以立遗嘱将个人财产赠给国家、集体或者法定继承人以外的人。"第19条规定："遗嘱应当对缺乏劳动能力又没有生活来源的继承人保留必要的遗产份额。"即我国立法对遗嘱自由的限制主要体现在"必留份"上。1985年《执行继承法意见》第37条规定："遗嘱人未保留缺乏劳动能力又没有生活来源的继承人的遗产份额，遗产处理时，应当为该继承人留下必要的遗产，所剩余的部分，才可参照遗嘱确定的分配原则处理。"

从域外立法例看，大陆法系不少国家均设有特留份制度，俄罗斯则设有应继份制度，对遗嘱人之遗嘱自由的限制都比我国更大。例如，《德国民法典》规定特留份权利人包括：被继承人的晚辈直系血亲、父母、配偶。当特留份权利人被遗嘱处分排除在继承之外时，可以向继承人请求特留份。特留份为其法定继承份额的一半。[②]《俄罗斯联邦民法典》规定，被继承人的未成年子女或者无劳动能力的子女，其无劳动能力的配偶和父母以及依靠被继承人扶养的依法应参加继承的无劳动能力的人，不管遗嘱的内容如何，都继承不少于在法定继承时其应继份额的1/2。[③] 法国、瑞士对此也有具体规定。[④]

从我国诸继承法学者建议稿看，"张稿"保留了我国《继承法》的规定，规定遗嘱人应为无劳动能力又无生活来源的继承人保留必要的生活费用。[⑤]"梁稿""徐稿""王稿""陈稿""杨稿"均借鉴大陆法系国家的立法，设立了特留份制度。例如，"陈稿"第32条规定，遗嘱人以遗嘱处分财产，应当为配偶、晚辈直系血亲、父母保留特定的遗产份额。晚辈直系血亲作为特留份权利人时，以亲等近者为先。[⑥] 其中，"陈稿"同时还规定了必留份制度，将必留份权利人的范围扩大至依靠被继承人扶养的人[⑦]；"徐稿"同时还规定了扶养费制度，扶养费请求权人为遗嘱人死亡时与其共同生活或受其扶养的人。[⑧]

我们认为，我国《继承法》规定的必留份制度的条件过于严格，并且欠缺特留份制度，这是其立法之不足。特留份制度与国外的应继份制度、我国的必留份制度之功能不

---

① 参见史尚宽：《继承法论》，中国政法大学出版社2000年版，第4页。

② 参见《德国民法典》第2303条。

③ 参见《俄罗斯联邦民法典》第1119~1120、1149条。

④ 参见《法国民法典》第912、913、913-1、914-1、916条，《瑞士民法典》第470条。

⑤ 参见"张稿"第38条。

⑥ 参见"梁稿"第1961条；"王稿"第585条；"杨稿"第49条；"徐稿"第四分编第285、286条；"陈稿"第32条。

⑦ 参见"陈稿"第33条。

⑧ 参见"徐稿"第四分编第273条。

同。大陆法系国家的特留份制度侧重于保障实现一定范围内近亲属法定继承人的固有继承权，只要是法定继承人范围内且符合法定条件的近亲属，均可享有特留份；而俄罗斯的应继份制度和我国的必留份制度则更着重对与被继承人关系密切的家庭成员或受被继承人扶养者的生活保障，体现着以遗产实现家庭扶养职能和保障弱者利益的功能。① 因此，以上主张对遗嘱自由予以适当限制的四川省被调查民众的观念、域外立法例和我国学者建议稿的观点，可供我国立法参考。我国可在保留现有必留份制度的同时，兼设特留份制度。

（三）夫妻共同遗嘱之特点与原因分析

关于夫妻共同遗嘱，统计数据显示，（1）关于夫妻共同遗嘱的民众观念，在四川省被调查者中，赞同设立夫妻共同遗嘱的占七成以上（72.30%）；不赞同设立夫妻共同遗嘱的占近三成（27.70%）（见表8-35）。（2）关于是否存在夫妻共同遗嘱的民间习惯，在四川省被调查者所在地区中，无此习惯的，占近八成半（84.15%）；有此习惯的，占一成半（15.85%）（见表8-37）。

以上特点的原因分析，关于夫妻间能否设立共同遗嘱的民众观念与民间习惯特点之原因，根据夫妻共同遗嘱的民众观念之理由（见表8-36），（1）七成半以上的四川省被调查者认同夫妻双方共同设立遗嘱，近一成半的该省被调查者所在地区有此习惯，其原因是这是双方共同行使财产所有权的一种方式，反映了双方的共同意愿，其共同订立的遗嘱理应由双方共同遵守。我们认为，其原因可能是：一是我国民间一直有在父母一方去世时不分割遗产，而是等父母双方均去世后才对遗产进行分割的习惯，而夫妻共同遗嘱如指定对方为其继承人，正好与这一习惯相符合。二是我国家庭自古以来一直存在“同居共财”的习惯，夫妻之间的财产更是不易分清，而允许夫妻共同订立遗嘱，有利于减少不必要的纠纷。②（2）近三成的四川省被调查者不认同夫妻双方共同设立遗嘱，近八成半的该省被调查者所在地区无此习惯，其原因是夫妻共同遗嘱无法应对出现的新情况和新问题，其限制了双方对各自的财产处分权。因为在夫妻双方共同订立遗嘱的情况下，遗嘱的订立、变更、撤销等均需受到双方共同的意思制约，这就使得原本是单方行为的遗嘱行为变成了双方行为甚至类似继承契约。③ 如果订立遗嘱后由于情势的变化，一方遗嘱人想要撤回遗嘱则需征得对方同意，这限制了双方对各自财产的处分权，即在某种程度上限制了遗嘱自由。

关于夫妻共同遗嘱之我国立法，我国《继承法》及其司法解释并未规定夫妻共同遗嘱。《遗嘱公证细则》第15条规定：“两个以上的遗嘱人申请办理共同遗嘱公证的，公证处应当引导他们分别设立遗嘱。遗嘱人坚持申请办理共同遗嘱公证的，共同遗嘱中应当明确遗嘱变更、撤销及生效的条件。”即该规定并不提倡公民订立共同遗嘱，但对遗嘱人坚持订立共同遗嘱的，也有条件地承认其效力。

从域外立法例看，主要存在两种立法例。一是否定主义立法例，即法律明确禁止订立共同遗嘱，如《法国民法典》规定，二人或数人不得用同一文书为第三人受益或者以相互处分遗产的名义订立遗嘱。④ 二是肯定主义立法例，如《德国民法典》规定，共同遗嘱

① 参见《俄罗斯联邦民法典》第1149条。
② 参见刘春茂主编：《中国民法学·财产继承法》，中国人民公安大学出版社1996年版，第385页。
③ 参见史尚宽：《继承法论》，中国政法大学出版社2000年版，第418页。
④ 参见《法国民法典》第968条。

只能由配偶双方做成。①

从我国诸继承法学者建议稿看，除“梁稿”“张稿”“陈稿”未规定外，“王稿”采取的是否定其效力的观点，即两人以上不得订立同一遗嘱。②“杨稿”规定，夫妻可以设立共同遗嘱。共同遗嘱的效力以配偶一方死亡前婚姻存续为前提。“徐稿”也有类似的规定。③

我们认为，由于共同遗嘱在情况发生变化时容易产生纠纷，妨碍生存配偶的一方单方变更、撤回遗嘱，在某种程度上限制了遗嘱自由。所以，不承认共同遗嘱效力的立法，有其合理性。但由于我国部分民众倾向于承认夫妻共同遗嘱的效力，我国可以继续采取现行有条件地承认的立法态度，即不从正面立法的角度鼓励公民订立共同遗嘱，但对遗嘱人坚持订立共同遗嘱的，可以有条件地承认其效力。因此，关于夫妻共同遗嘱，以上相关的四川省被调查民众的观念与习惯、域外立法例和我国学者建议稿的观点，可供我国立法参考。

六、继承和遗赠的接受与放弃之特点与原因分析

（一）继承的接受与放弃的时间与方式之特点与原因分析

第一，继承的接受与放弃的时间的民众观念之特点与原因分析。

关于继承的接受与放弃的时间之民众观念，统计数据显示，在四川省被调查者中，(1) 认为继承人放弃继承的应当在遗产处理前，作出放弃继承的意思表示的，占七成以上（71.95%）；(2) 认为继承人放弃继承的应在知道继承开始的 2 个月内作出放弃意思表示的，占近三成（28.05%）（见表 8-38）。

以上特点的原因分析，(1) 七成以上的四川省被调查民众认为放弃继承的意思表示应在遗产处理前作出，其原因可能是根据我国《继承法》第 25 条及 1985 年《执行继承法意见》第 49 条的规定，继承人放弃继承的意思表示，应当在继承开始后、遗产分割前作出，受我国现行法的影响。(2) 近三成的四川省被调查民众认为放弃继承的表示应在知道继承开始的 2 个月内作出，其原因可能是我国现行法对于放弃继承的期限没有规定确定的期间，有可能发生继承开始后被继承人迟迟不表示是否放弃继承而导致不能及时进行遗产分割，这样既不利于遗产分割的及时、有效进行，又不利于继承人及相关利害关系人利益的保护。

关于继承的接受与放弃的时间之我国立法，我国《继承法》第 25 条规定：“继承开始后，继承人放弃继承的，应当在遗产处理前，作出放弃继承的表示。没有表示的，视为接受继承。受遗赠人应当在知道受遗赠后两个月内，作出接受或者放弃受遗赠的表示。到期没有表示的，视为放弃受遗赠。”1985 年《执行继承法意见》第 49 条规定：“继承人放弃继承的意思表示，应当在继承开始后、遗产分割前作出。遗产分割后表示放弃的不再是继承权，而是所有权。”

从域外立法例看，大陆法系的德国、法国、瑞士、日本等国多规定有明确的放弃继承

---

① 参见《德国民法典》第 2265 条。

② 参见“王稿”第 597 条。

③ 参见“杨稿”第 37 条；“徐稿”第四分编第 60~65 条。

之时间期限。例如，《德国民法典》规定，放弃继承只能在6个星期内作出，特殊情况最长可延至6个月[①]；《法国民法典》规定，继承人接受或放弃继承的选择应自继承开始4个月内作出，4个月期限届满后，应在受到催告后的2个月内作出选择[②]；《瑞士民法典》和《日本民法典》规定，拒绝继承的期限为3个月，自法定继承人知道被继承人死亡之日起开始计算。[③]

从我国诸继承法学者建议稿看，"梁稿""王稿""张稿""陈稿"均规定放弃继承的意思表示应自继承人知道继承起2个月内作出[④]；"杨稿"规定放弃继承的意思表示应自知道或者应当知道继承开始并有资格继承遗产之日起3个月内作出[⑤]；"徐稿"规定放弃继承的意思表示应在接受请求之日后的40日内作出，特殊情况至多可延迟至1年。[⑥]

我们认为，我国欠缺继承的接受与放弃的具体期限，这是其立法之不足。关于继承的接受与放弃的时间，以上对于放弃继承应2个月内作出以上表示的四川省被调查民众的观念和"梁稿""王稿""张稿""陈稿"的规定，可供我国立法参考。

第二，继承的接受与放弃的方式的民间习惯之特点与原因分析

关于继承的接受与放弃的方式的民间习惯，统计数据显示，在四川省被调查者所在地区，（1）依据书面凭证作出表示的，占近五成半（53.19%）；（2）口头声明与书面凭证皆可的，占二成半（25.11%）；（3）依据口头声明作出表示的，占二成以上（21.70%）（见表8-39）。

以上特点的原因分析，根据继承的接受与放弃的方式的民间习惯之理由（见表8-40），（1）近五成半的被调查者所在地区，有依据书面凭证方式作出表示的习惯，其原因是书面形式相较于口头方式更正式，有利于举证。（2）二成半的被调查者所在地区，存在以书面形式和口头形式作出放弃继承之意思表示的习惯，其原因是这两种方式可以分别适应不同情况的需要。（3）二成以上的被调查者所在地区有依据口头声明作出表示的习惯，其原因是其便于及时作出声明。

关于继承的接受与放弃的方式之我国立法，1985年《执行继承法意见》第47条规定："继承人放弃继承应当以书面形式向其他继承人表示。用口头方式表示放弃继承，本人承认，或有其他充分证据证明的，也应当认定其有效。"放弃继承应以书面形式表示，但同时也有条件地承认口头方式表示放弃继承的效力。

从域外立法例看，大陆法系其他国家和地区多规定放弃继承应以书面形式作出，且多需向特定机构或法院作出。例如，《德国民法典》规定，放弃继承的意思表示应以遗产法院的记录或以公证认证的形式向遗产法院作出。[⑦]《瑞士民法典》规定，放弃继承的意思表示应以口头或书面形式向主管机构提出声明，主管机构应当制作关于拒绝声明的笔录。[⑧]

---

① 参见《德国民法典》第1944条。

② 参见《法国民法典》第771、772条。

③ 参见《瑞士民法典》第567条；《日本民法典》第915条。

④ 参见"王稿"第554条；"梁稿"第2008条；"陈稿"第11条；"张稿"第9条。

⑤ 参见"杨稿"第12条。

⑥ 参见"徐稿"第四分编第323条。

⑦ 参见《德国民法典》第1945条。

⑧ 参见《瑞士民法典》第570条。

从我国诸继承法学者建议稿看，多规定放弃继承的意思表示应以书面形式作出，但对于该意思表示应向谁作出，各学者建议稿之观点并不统一。“张稿”“陈稿”规定，放弃继承的声明应向已经接受继承的继承人作出，但如果已经有继承人向法院声明以制作遗产清单的方式接受继承，或者没有人接受继承的，放弃继承的声明须向法院作出①；“杨稿”第13条、“王稿”第554条也有具体规定。

我们认为，我国《继承法》规定的继承的接受与放弃的方式存在不足。关于继承的接受与放弃的方式，以上四川省被调查民众的习惯、域外立法例和我国学者建议稿的观点，可供我国立法参考。我国应确立放弃继承的意思表示应以书面形式作出的原则，放弃继承的意思表示一般应向接受继承的继承人作出，在特殊情况下，可要求继承人向人民法院作出。相较于国外立法规定须向主管机构或法院作出，我国立法规定向其他接受继承的继承人作出，更符合我国国情，既能节约司法资源，又能及时地将放弃继承的意思传达至其他继承人，有利于遗产处理的顺利进行。当然，在特殊情况下，如已经有继承人向法院声明以制作遗产清单的方式接受继承，或者没有人接受继承的，这是因为法院已经介入，或没有其他接受继承人，放弃继承的意思表示可以向法院作出。

（二）遗赠的接受与放弃的方式与效力之特点与原因分析

关于遗赠的接受与放弃的方式与效力，统计数据显示，（1）关于遗赠的接受与放弃的方式与效力的民众观念，在四川省被调查者中，认为受遗赠人只要没有明确拒绝，就应视被为接受遗赠的，占七成以上（71.95%）；认为受遗赠人没有明确表示接受的，就应被视为放弃遗赠的，占近三成（28.05%）（见表8-41）。（2）关于遗赠的接受与放弃的方式与效力的民间习惯，在四川省被调查者所在地区，不作表示可以被视为接受遗赠的，合计占五成半以上（56.68%）；接受遗赠须明示表示的，占近四成半（43.32%）（见表8-42）。

以上特点的原因分析，关于遗赠的接受与放弃的方式与效力的民众观念和民间习惯特点之原因，根据遗赠的接受与放弃的方式与效力的民间习惯之理由（见表8-43），（1）七成以上的四川省被调查者认为乙不表示就应该视为接受遗赠，五成半以上的该省被调查者所在地区存在此种习惯，其原因是接受遗赠毕竟是一种纯获利行为，这利于保护受遗赠人的利益的。（2）近三成的四川省被调查者认为乙不表示就应该视为放弃遗赠，近四成半的该省被调查者所在地区也存在此种习惯，其原因是受遗赠人有权选择是否接受被继承人的遗赠，如受遗赠人没有表示就应该视为放弃遗赠，这体现了对受遗赠人的个人意愿的尊重。

关于遗赠的接受与放弃的方式与效力之我国立法，我国《继承法》第25条规定，受遗赠人在知道或应该知道受遗赠之日起两个月内作出接受或放弃遗赠的意思表示；到期没有表示的，视为放弃受遗赠。

从域外立法例看，大陆法系一些国家对遗赠的接受主要有两种不同的立法例。其一为双轨制立法例，即受遗赠人对遗赠的接受实行无须表示的推定接受与明示接受两种方式。例如，《日本民法典》规定，继承人应从知道自己的继承开始时起3个月内，作出单纯承

① 参见“张稿”第12条；“陈稿”第13条。

认、限定承认或放弃的表示；3个月内没有表示限定继承或放弃继承的，视为作出单纯承认。[①] 其二为单轨制立法例，此立法例又分为两种，一是明示接受的方式。例如，《德国民法典》规定，遗赠的接受以及拒绝，以对被加重负担者的表示为之。[②] 瑞士对此也有具体规定。[③] 二是无须表示的推定接受的方式。例如，《意大利民法典》规定，遗赠不需要承认而取得，遗赠的标的，在遗嘱人死亡瞬间从遗嘱人移转于受遗赠人。[④]

从我国诸继承法学者建议稿看，有两种立法观点：一是保持我国现行继承立法“明示接受和未表示则推定放弃相结合”的模式，如“王稿”规定受遗赠人应当在知道或者应当知道受遗赠后两个月内，作出接受或放弃受遗赠的意思表示；到期没有表示的，视为放弃受遗赠。[⑤] 二是采取“明示接受和未表示推定接受相结合”的模式，如“陈稿”第59条规定，受遗赠人在遗赠人死亡以后，可表示放弃接受遗赠，放弃的效力溯及继承开始之时。受遗赠人表示放弃遗赠的意思表示应该在知道或者应当知道遗赠后1年内作出，1年内未作出的视为接受遗赠。遗赠义务人及其他利害关系人可以催告受遗赠人在两个月内作出接受或放弃的表示，受遗赠人在此期间没有表示的，视为接受遗赠。“徐稿”“张稿”“杨稿”也有类似规定。[⑥]

我们认为，我国《继承法》规定的受遗赠人未作出表示的，视为放弃受遗赠，这是其立法之不足。关于遗赠的接受与放弃的方式与效力，以上未表示则推定为接受遗赠的四川省被调查民众的观念与习惯、日本立法例和“徐稿”“张稿”“陈稿”“杨稿”的观点，可供我国立法参考。

（三）继承的放弃与债权人的撤销权之特点与原因分析

继承的放弃与债权人的撤销权，统计数据显示，（1）关于继承人放弃继承的行为可否被撤销的民众观念，在四川省被调查者中，认为不可以被撤销的，占五成以上（51.05%）；认为可以被撤销的，占近五成（48.95%）（见表8-44）。（2）关于继承的放弃能否被债权人撤销的民间习惯，对于继承人放弃遗产的行为，四川省被调查者所在地区，可以被债权人撤销的，占五成以上（51.71%）；不可以被债权人撤销的，占近五成（48.29%）（见表8-45）。

以上特点的原因分析，债权人的撤销权是指对于债务人所为的有害债权的行为，债权人可以请求法院予以撤销，以维持债务人责任财产的权利。[⑦] 关于继承人放弃继承的行为可否被撤销的民众观念与民间习惯特点之原因，根据关于继承的放弃能否被债权人撤销的民间习惯之理由（见表8-46），（1）近五成的四川省被调查民众认为继承人放弃继承的行为可以被撤销，五成以上的该省被调查者所在地区存在此种习惯，其原因是保护继承人之债权人利益。有学者认为，继承一旦开始，全体继承人便概括地承受全部遗产，而此时继承人放弃继承的行为即可视为对业已属于自己的财产的无偿处分行为，如果该行为将损

① 参见《日本民法典》第915、921条。
② 参见《德国民法典》第2180条。
③ 参见《瑞士民法典》第562条。
④ 参见《意大利民法典》第649条。
⑤ 参见“王稿”第554条。
⑥ 参见“徐稿”第四分编第325、337-338条；“张稿”第9条；“杨稿”第12条。
⑦ 参见郑玉波：《民法债编总则》，三民书局1986年版，第297页。

害债权人的利益，则债权人可以行使撤销权。[①]（2）五成以上的四川省被调查者认为继承人放弃继承的行为不可以被撤销，近五成的该省被调查者所在地区存在此种习惯，其原因是这有利于照顾家庭成员中的弱者利益。我国学者指出，继承权虽是一种财产权利，但其取得必须依赖于特定的身份关系，如果被继承人不具有该身份，则其也不可能享有放弃继承的权利，因此，继承人放弃继承的行为就如同结婚、离婚、子女收养、终止收养关系等一样，具备了人身专属性，债权人无权行使撤销权。[②] 并且我国有学者认为，在人格利益与财产利益相冲突时，应以对人格利益之保护为先。[③]

关于继承人放弃继承的行为可否被债权人撤销之我国立法，我国《继承法》第 33 条第 2 款规定："继承人放弃继承的，对被继承人依法应当缴纳的税款和债务可以不负偿还责任。"1985 年《执行继承法意见》第 46 条规定："继承人因放弃继承权，致其不能履行法定义务的，放弃继承权的行为无效。"可见，我国现行继承立法未明确规定继承人之债权人的撤销权，但有学者认为，1985 年《执行继承法意见》第 46 条之规定，就其内容而言，应属于债权人撤销权。[④]

从域外立法例看，有外国立法对此作出专门规定以保护债权人利益。例如，《瑞士民法典》规定了债权人的撤销权，如果继承人以损害债权人的利益为目的而拒绝继承，则债权人或破产债权人团体可在 6 个月内针对拒绝继承提起撤销之诉，但继承人提供担保的不在此限。[⑤]《意大利民法典》规定了债权人的代位权，如果继承人放弃继承对债权人造成损害的，债权人可以在其债权额的限度内以继承人的名义和地位接受继承。[⑥]

从我国诸继承法学者建议稿看，"王稿""梁稿"设立了债权人对放弃继承的撤销权，规定继承人放弃继承损害债权人利益的，债权人可申请法院撤销继承人之放弃行为或请求法院认定继承人之放弃行为无效。[⑦]"徐稿"设立了债权人的代位权，即因继承人放弃继承而受到损害的债权人可请求法院授权替代债务人承认继承，在此种情形下，继承人放弃的继承仅在该债权人的利益限度内可被撤销。[⑧]"杨稿""陈稿""张稿"均未规定债权人对放弃继承行为的撤销权。

我们认为，我国现行法未明确规定继承人放弃继承的行为不可以被撤销，这是其立法之不足。我国不宜设立债权人对放弃继承行为的撤销权，因为，其一，继承人放弃继承的行为不仅仅是纯粹的财产行为，而是一种集合了财产行为与身份行为之双重属性的行为，是继承人基于其特定身份而享有的权利，他人无权干涉。现代放弃继承制度的功能在于保障继承人的人格独立、意志自由和个人财产独立，彰显了法律的自由价值，这也是与整个继承制度的功能相契合的。[⑨] 其二，根据现代民法的自己责任原则，继承人作为债务人，

---

① 参见戴东雄：《继承法实例解说》，三民书局 1999 年版，第 334 页。

② 参见史尚宽：《债法总论》，中国政法大学出版社 2000 年版，第 464 页。

③ 参见王泽鉴：《民法学说与判例研究（第 4 册）》，中国政法大学出版社 1998 年版，第 334 页。

④ 参见"王稿"第 547 条。

⑤ 参见《瑞士民法典》第 578 条。

⑥ 参见《意大利民法典》第 524 条。

⑦ 参见"王稿"第 562 条；"梁稿"第 2012 条。

⑧ 参见"徐稿"第四分编第 341 条。

⑨ 参见陈苇、王巍：《论放弃继承行为不能成为债权人撤销权的标的》，载《甘肃社会科学》2015 年第 5 期，第 162~166 页。

其固有财产才是其债权人的责任财产，而不能以继承人的期待财产利益作为其债权人的责任财产，即使继承人放弃继承，也并未损害继承人原有的固有财产。其三，现代继承法实行自愿继承，不能实行强制继承，以彰显私法自治原则。因此，以上继承的放弃行为不能被继承人撤销的四川省被调查民众的观念与习惯，可供我国立法参考。

七、继承权的丧失、被继承人的宥恕与代位继承之特点与原因分析

（一）继承权的丧失与被继承人的宥恕之特点与原因分析

关于继承权的丧失与被继承人的宥恕，统计数据显示，对于继承人因欺诈或者胁迫而丧失继承权，但获得被继承人的宥恕的，（1）关于继承权的丧失与被继承人的宥恕的民众观念，在四川省被调查者中，认为可以恢复继承权的，占近八成（78.20%）；认为不可以恢复继承权的，占二成以上（21.80%）（见表8-47）。（2）关于继承权的丧失与被继承人的宥恕的民间习惯，在四川省被调查者所在地区，可以恢复继承权的，占近五成半（54.76%）；不可以恢复继承权的，占四成半（45.24%）（见表8-49）。

以上特点的原因分析，根据继承权的丧失与被继承人的宥恕的民众观念之理由（见表8-48），（1）近八成的四川省被调查者认为继承权丧失后可因获得被继承人原谅而恢复，近五成半的该省被调查者所在地区存在此习惯，其原因是被继承人有权处分自己的遗产，如果被继承人已经原谅了继承人，则可以恢复丧失继承权的继承人。只要该原谅的意思表示是被继承人的真实意愿，法律也应尊重，这也是意思自治原则的体现。我国学者指出，继承制度的首要目的在于保护公民个人的财产所有权。遗产是死者死亡时遗留的生前个人财产，自然人对遗产的处分自由实际上就是私权神圣原则的延伸。[①] 并且，继承人丧失继承权后可因获得被继承人的原谅而恢复继承权，这既有利于鼓励继承人改过自新，也有利于化解家庭矛盾，促进家庭和谐。（2）二成以上的四川省被调查者认为继承权丧失后不能因获得被继承人原谅而恢复，四成半的该省被调查者所在地区有此习惯，其原因是如果允许继承人在实施了前述的恶劣行为导致丧失继承权后，还可因为获得被继承人的原谅而恢复继承权，这不足以对继承人起到警戒作用，不利于体现法律的预防功能。

关于继承权的丧失与被继承人的宥恕之我国立法，我国《继承法》第7条规定："继承人有下列行为之一的，丧失继承权：（一）故意杀害被继承人的；（二）为争夺遗产而杀害其他继承人的；（三）遗弃被继承人的，或者虐待被继承人情节严重的；（四）伪造、篡改或者销毁遗嘱，情节严重的。"1985年《执行继承法意见》第13条规定："继承人虐待被继承人情节严重的，或者遗弃被继承人的，如以后确有悔改表现，而且被虐待人、被遗弃人生前又表示宽恕，可不确认其丧失继承权。"而对于继承人因欺诈、胁迫或妨碍被继承人订立遗嘱而丧失继承权，获得被继承人的宥恕后可否恢复继承权，我国《继承法》无此规定。

从域外立法例看，大陆法系不少国家如法国、德国、瑞士、意大利和俄罗斯等均规定继承权的丧失都属于相对丧失，经被继承人宽恕以后可以不丧失继承权。[②] 例如，《法国民法典》第728条规定，如被继承人在有继承权的人实行犯罪之后或者在知道此种犯罪

① 参见陈苇、宋豫主编：《中国大陆与港、澳、台继承法比较研究》，群众出版社2007年版，第299页。

② 参见陈苇主编：《外国继承法比较与中国民法典继承编制定研究》，北京大学出版社2011年版，第216页。

事实之后，仍然用遗嘱的形式明文声明其愿意继续保留该人的继承权，或者仍然向该人进行全部概括或部分概括之无偿处罚，有依据法律规定丧失继承资格之原因的人，仍然不被排除在继承之外。

从我国诸继承法学者建议稿看，对于继承权丧失主要有两种观点，一种观点认为，根据导致继承权丧失的原因不同，将继承权的丧失区分为绝对丧失和相对丧失，继承权绝对丧失的，丧失后不能恢复，继承权相对丧失的，可因获得被继承人之宽恕而恢复，如“梁稿”第1940条规定，继承人有下列行为之一的，丧失继承权：（1）为争夺遗产而杀害其他继承人的；（2）故意杀害被继承人的，但正当防卫的除外；（3）遗弃被继承人的，或者虐待被继承人情节严重的；（4）伪造、篡改或者销毁遗嘱，情节严重的；（5）以欺诈或者胁迫的手段，迫使或者妨碍被继承人设立、变更或者撤回遗嘱，情节严重的。继承人有前款第（2）、（3）、（4）、（5）项规定的情形之一，经被继承人宽恕的，不丧失继承权。继承权丧失的事由准用于受遗赠权的丧失。另一种观点认为，未规定继承权的绝对丧失，无论何种原因导致的继承权丧，均可因获得被继承人之原谅而恢复，如“陈稿”第17条规定，继承人有下列情形之一的，丧失继承权：（1）故意杀害被继承人构成犯罪并且被判处刑罚的；（2）为争夺遗产而杀害其他继承人的；（3）遗弃被继承人或者虐待被继承人情节严重的；（4）伪造、篡改、销毁或者隐匿遗嘱情节严重的；（5）以欺诈或胁迫手段，迫使或者妨碍被继承人设立、变更或者撤销遗嘱，情节严重的；（6）诬告或作伪证陷害被继承人而被判处刑罚的。继承人有前款丧失继承权的法定情形，但被继承人在遗嘱或者公证书中明确表示宽恕的，不丧失继承权。被继承人知道继承人丧失继承资格的事由后，仍然在遗嘱中对其进行遗嘱处分的，视为宽恕。

我们认为，我国立法规定的被继承人的宥恕的情形较少，这是我国立法之不足。关于继承权的丧失与被继承人的宥恕，以上采继承权相对丧失原则的四川省被调查民众的观念与习惯、域外立法例和“陈稿”的观点，可供我国立法参考。

（二）继承权的丧失与代位继承之特点与原因分析

关于继承权的丧失与代位继承，统计数据显示，（1）关于继承权丧失的效力是否及于代位继承人的民众观念，在四川省被调查者中，对于继承权丧失的效力是否及于代位继承人，及于代位继承人的，占近五成半（53.48%）；不及于代位继承人的，占四成半以上（46.52%）（见表8-50）。（2）关于继承权丧失的效力是否及于代位继承人的民间习惯，在四川省被调查者所在地区，有其晚辈直系血亲可以代位继承习惯的，占近五成半（54.76%）；有其晚辈直系血亲不可以代位继承习惯的，占四成半（45.24%）（见表8-52）。

以上特点的原因分析，根据继承权丧失的效力是否及于代位继承人的民众观念之理由（见表8-51），（1）近五成半的四川省被调查民众在观念上认为继承人丧失继承权后其晚辈直系血亲不得代位继承，并且，四成半的该省被调查者所在地区有晚辈直系血亲不可以代位继承的习惯，其原因是继承人已经丧失继承权，导致代位继承人代替继承人继承的前提丧失。（2）四成半的四川省被调查者认为，继承人丧失继承权后其晚辈直系血亲可以代位继承，近五成半的该省被调查者所在地区有此习惯，其原因是继承人之晚辈直系血亲是独立于继承人的民事主体，其所享有的代位继承权是法律所赋予的固有的权利，丧失继承权是由于继承人实施严重过错行为而导致的，继承人之过错不能影响其晚辈直系血亲的代位继承权。我们认为，如果继承人丧失继承权后其晚辈直系血亲不可以代位继承，有损该晚辈直系血亲的财产继承权益，既不符合现代民法之“自己责任原则”，也不符合1989年联合国《儿童权利公约》倡导的“子女最大利益原则”。[①] 并且，我国民众多有希望遗产在家庭内部纵向传承的观念[②]，而若继承人丧失继承权后其晚辈直系血亲不得代位继承，则该继承人所丧失的遗产份额便面临着不能通过晚辈直系血亲向下传承而保留在家庭内部的可能。

关于继承权丧失的效力是否及于代位继承人之我国立法，根据1985年《执行继承法意见》第28条规定：“继承人丧失继承权的，其晚辈直系血亲不得代位继承。如该代位继承人缺乏劳动能力又没有生活来源，或对被继承人尽赡养义务较多的，可适当分给遗产。”

从域外立法例看，大陆法系一些国家立法均明确规定，继承人丧失继承权的，其晚辈直系血亲仍有代位继承权，但该继承人丧失对其子女继承遗产的用益权。例如，《意大利民法典》第465条规定，丧失继承权的父母，其子女仍可以代位继承遗产，父母不再享有法律赋予的用益权和管理权。德国、法国、瑞士等国家也有类似规定。[③]

从我国诸继承法学者建议稿来看，“梁稿”“王稿”“杨稿”“张稿”“陈稿”均规定继承人丧失继承权的，不影响其子女代位继承。[④]

我们认为，我国被代位继承人丧失继承权的效力及于代位继承人之继承权的规定存在不足。以上主张被代位人继承权的丧失不应当及于代位继承人之继承权的四川省被调查民众的观念与习惯、域外立法例和我国学者建议稿的观点，可供我国立法参考。

八、继承协议之特点与原因分析

（一）继承协议的订立主体与方式之特点与原因分析

关于继承协议的订立主体与方式，统计数据显示，（1）关于继承协议的订立主体与方式的民众观念，在四川省被调查者中，认为应由被继承人和全体法定继承人共同协商签订的，占近七成半（74.22%）；认为应由被扶养人和扶养人协商签订的，占近二成（18.29%）；认为在继承人间签订协议即可，无须被继承人知晓或同意的，占不到一成（7.49%）（见表8-53）。（2）关于继承协议的民间习惯，在四川省被调查者所在地区，从没听说或经历过签订继承协议情况的，占七成（70.21%）；听说过或经历过签订继承协议情况的，只占近三成（29.79%）（见表8-55）。（3）关于听说过或经历过签订继承协议方式的民间习惯，在四川省被调查者所在地区，继承协议由被扶养人与全部继承人共同协商签订的，占九成以上（91.23%）；继承协议由继承人间签订协议即可，无须被继承人知晓或同意的，占近五成（48.54%）；继承协议由被扶养人与扶养人协商签订的，占近四成半（38.01%）（见表8-56）。

以上特点的原因分析，（1）关于继承协议的订立主体与方式的民众观念与民间习惯

---

① 参见陈苇、谢京杰：《论“儿童最大利益优先原则”在我国的确立——兼论〈婚姻法〉等相关法律的不足及完善》，载《法商研究》2005年第5期，第37页。

② 参见陈苇、冉启玉：《完善我国法定继承人范围和顺序立法的思考》，载《法学论坛》2013年第2期，第52~57页。

③ 参见《德国民法典》第1924、2096条；《法国民法典》第728条；《瑞士民法典》第541条。

④ 参见“梁稿”第1951条、“王稿”第572条、“杨稿”第17条、“张稿”第13条、“陈稿”第19条。

之原因，根据继承协议的订立主体与方式的民众观念之理由（见表8-54），其一，近七成半的四川省被调查民众认为，继承协议应由被继承人和全体法定继承人共同协商签订，并且九成以上的该省被调查者所在地区存在此种习惯，其原因是这有利于避免纠纷。其二，近二成的四川省被调查者认为协议应由被扶养人和扶养人协商签订，并且近四成的该省被调查民众也听说过此种方式，其原因是如何扶养、如何继承应由当事人自主决定，他人无权干涉的。其三，不到一成的四川省被调查者认为继承人之间签订协议即可，无须经被继承人知晓或同意，并且近五成的该省被调查民众所在地区存在此种习惯，其原因是共同继承人之间签订协议一致体现权利与义务的对等，谁赡养谁有权继承并决定相关事宜的。(2) 关于关于继承协议的民间习惯之原因，其一，七成的四川省被调查者所在地区听说或经历过签订继承协议的情况，其原因可能是：一是我国自古以来便有着“养儿防老”“百善孝为先”的观念，时至今日，家庭仍然承担着最主要的养老职责。我国现行《老年人权益保障法》明确规定，老年人养老以居家为基础。[①] 我国现行《宪法》也规定，成年子女有赡养扶助父母的义务。[②] 在现实生活中，家庭养老主要体现在成年子女对父母承担的赡养扶助义务。而由于各家具体情况之不同，虽然法律规定子女均负有赡养扶助父母之义务，但在实践中，尤其在农村地区，往往由和父母共同生活的子女承担赡养义务，此时，由父母和子女签订协议同意由一个或某几个子女对父母尽了主要赡养义务，并因此由其取得全部或大部分遗产，这是合乎情理的。二是被继承人生前应与全体继承人共同协商订立继承协议，有利于全体继承人协商解决被继承人的赡养与继承事务。其二，近三成的四川省被调查者所在地区没有签订继承协议的情况，其原因可能是受我国现行立法无规定之影响。

关于继承协议制度之我国立法，我国《继承法》对此无规定。虽然我国法律未规定继承协议制度，但规定了遗赠扶养协议制度。遗赠扶养协议是受扶养人（遗赠人）与扶养义务人（受遗赠人）之间签订的协议。根据我国《继承法》第31条的规定，公民可以与扶养人签订遗赠扶养协议。按照协议，扶养人承担该公民生养死葬的义务，享有受遗赠的权利。公民可以与集体所有制组织签订遗赠扶养协议。按照协议，集体所有制组织承担该公民生养死葬的义务，享有受遗赠的权利。1985年《执行继承法意见》第5条规定，被继承人生前与他人订有遗赠扶养协议，同时又立有遗嘱的，继承开始后，如果遗赠扶养协议与遗嘱没有抵触，遗产分别按协议和遗嘱处理；如果有抵触，按协议处理，与协议抵触的遗嘱全部或部分无效。遗赠扶养协议制度是我国特有的一项制度，不同于国外的继承合同制度，我国遗赠扶养协议制度将签订协议的主体限定为法定继承人之外的人，而继承合同则是被继承人与继承人、其他自然人、法人和其他组织等就继承权或者受遗赠权的取得或消灭等而达成的合意（协议）。[③] 即继承协议的当事人范围较我国遗赠扶养协议之当事人范围更广，法定继承人不仅可以作为继承协议的订立主体，且是最常见的订立主体。[④]

从域外立法例看，大陆法系国家对继承协议的态度分为两种，一种是承认继承合同。

① 参见我国现行《老年人权益保障法》第13条。

② 参见我国现行《宪法》第49条。

③ 陈苇主编：《外国继承法比较与中国民法典继承编制定研究》，北京大学出版社2011年版，第433页。

④ 参见杨立新：《家事法》，法律出版社2013年版，第522页。

例如，《德国民法典》设专章规定继承合同制度，依照其规定，继承合同是合同各方当事人的死因处分，可以通过继承合同指定继承人、指定遗赠和负担。①《瑞士民法典》规定，处分人可以通过继承协议将遗产或遗赠物留给协议另一方或第三人。②另一种是禁止订立继承合同。例如，《法国民法典》规定，未来之物得为债的标的。但是，任何人均不得放弃尚未开始的继承，也不得就此种继承订立任何条款，即使得到被继承人同意。③

从我国诸继承法学者建议稿看，可分为两种立法观点：一种是主张保留我国《继承法》之关于遗赠扶养协议的规定，将法定继承人排除在协议主体之外，如“梁稿”规定，遗赠扶养协议是自然人（遗赠人、受扶养人）与扶养人或者集体组织订立的，以受扶养人的生养死葬及其财产的遗赠为内容的协议。④“王稿”对此也有类似规定。⑤另一种是主张建立继承协议制度，以将法定继承人作为协议主体，如“杨稿”规定，被继承人可以与继承人订立继承协议，由继承人承担比法定扶养义务更高的扶养义务，并继承约定的遗产。违反继承协议的继承人，除符合丧失继承权的条件外，仍享有法定继承权。“徐稿”“陈稿”“张稿”也有类似规定。⑥

我们认为，我国《继承法》未规定被继承人与法定继承人之间的继承协议的制度，这是其立法之不足。关于继承协议的订立主体与方式，以上主张设立继承协议制度的四川省被调查民众的观念与习惯、德国、瑞士立法例和“徐稿”“张稿”“陈稿”的观点，可供立法参考。为适应民众的现实需要，我国立法宜采取“双轨制”，在遗赠扶养协议基础上增加继承协议制度，将法定继承人作为协议主体。

（二）继承协议的变更方式及效力之特点与原因分析

关于继承协议的变更方式与效力的民众观念，统计数据显示，在四川省被调查者中，（1）认为继承协议继续有效（代位扶养），原扶养人的子女有扶养能力，在双方自愿的情况下，由原扶养的子女继续扶养被扶养人，并继承全部遗产的，占三成半（35.71%）。（2）认为原签订的继承协议终止，应由某一有扶养能力的法定继承人，在双方自愿的情况下，签订新的继承协议，继续扶养被扶养人并继承遗产的，合计占四成（40.07%），其中，占三成以上（31.36%）的人主张补偿原扶养人一定费用；近一成（8.71%）的人主张对原扶养人无须补偿。（3）认为原签订的继承协议效力终止，应补偿原扶养人一定费用后，由有扶养能力的全体法定继承人，共同依法履行对被扶养人的扶养义务，并依法定继承取得遗产的，占近二成半（23%）（见表8-57）。

以上特点的原因分析，根据继承协议的变更方式与效力的民众观念之理由（见表8-58），（1）三成半的四川省被调查者认为，继承协议继续有效（即代位扶养），其原因是由原扶养的子女继续扶养被扶养人，可以使继承协议继续履行，避免产生不必要的纠纷，使被扶养人可以安享晚年。这有利于维持受扶养人的生活现状，避免被继承人因约定的扶养人去世而导致一贯的生活方式发生变化。（2）四成的四川省被调查者认为，原签

---

① 参见《德国民法典》第2274~2302条。

② 参见《瑞士民法典》第494条。

③ 参见《法国民法典》第1130条。

④ 参见“梁稿”第1997条。

⑤ 参见“王稿”第642条。

⑥ 参见“杨稿”第69条、“徐稿”第四分编第503条、“陈稿”第61条、“张稿”第54条。

订的继承协议效力终止，应由某一法定扶养人与被扶养人签订新的协议，其原因是扶养行为具有特定的身份属性，因此，在继承协议中约定的扶养人去世后，继承协议应予终止，由被扶养人与其他主体签订新的继承协议以解决其赡养与继承问题。其中，认为须对原扶养人的继承人予以一定补偿的原因是基于公平原则，对于扶养人超过其法定扶养义务的部分应由其他法定扶养义务人予以补偿；而无须补偿的原因可能是原继承协议效力已经终止，所以无须补偿。（3）二成以上的四川省被调查者认为，原签订的继承协议效力终止，应由有扶养能力的全体法定继承人，共同依法履行对被扶养人的扶养义务。其原因是法定继承人对被继承人依法应承担赡养义务，且享有法定继承权，故无须签订继承协议，应由全体法定继承人共同依法对被扶养人尽扶养义务，并依法继承遗产。

关于继承协议的变更方式及效力之我国立法，我国《继承法》对此无规定。

从域外立法例看，《德国民法典》规定，被继承人可以在订立合同的另一方当事人死亡后，以被继承人有权解除为限，以遗嘱废止合同的处分。[①]《瑞士民法典》规定，继承人或受遗赠人在处分人之前先死亡的，继承协议自然解除。[②]

从我国诸继承法学者建议稿看，“徐稿”“陈稿”“张稿”均规定继承合同中扶养人一方先于被扶养人死亡后合同即可解除。[③]“张稿”“陈稿”同时还规定了继承合同解除的效力，即义务人已支付的赡养费用，应当在共同继承人之间进行结算或受扶养人应当对扶养人已经履行的扶养义务适当支付补偿费用。[④]

我们认为，我国《继承法》未规定继承协议的变更方式与效力，这是其立法之不足。关于继承协议的变更方式与效力，以上四川省被调查民众的观念、域外立法例和“张稿”和“陈稿”的观点，可供我国立法参考，明确规定扶养人先于被扶养人死亡时继承协议之解除及其后果。

九、遗产债务清偿之特点与原因分析

（一）遗产债务清偿责任的类型之特点与原因分析

关于遗产债务清偿责任的类型，统计数据显示，（1）关于遗产债务清偿责任的类型之民众观念，对于被继承人的债务清偿责任，在四川省被调查者中，主张实行自愿的无限清偿责任的，合计占七成（70.73%）；主张实行有限清偿责任的，占近六成（59.93%）；主张对有侵害遗产违法行为者实行强制的无限清偿责任的，占四成半以上（45.99%）（见表8-59）。（2）关于继承人侵害遗产的法律责任之民间习惯，在四川省被调查者所在地区，侵害人应返还遗产并承担相应责任或剥夺继承权不分遗产的，合计占近八成（77.28%）；会交给司法、行政等相关部门处置的，占二成以上（22.72%）（见表8-60）。

以上特点的原因分析，（1）关于遗产债务清偿责任的类型之民众观念特点之原因，其一，七成的四川省被调查者认为继承人应自愿承担偿还被继承人生前所欠全部债务，其原因可能是我国一直有“父债子还”的传统习惯，时至今日，仍有许多民众认同这一观点。在被继承人死亡后，无论是债权人还是社会舆论，往往都倾向于认为继承人应偿还被

① 参见《德国民法典》第2297条。
② 参见《瑞士民法典》第515条。
③ 参见“徐稿”第四分编第516条、“陈稿”第65条、“张稿”第55条。
④ 参见“张稿”第55条、“陈稿”第65条。

继承人之全部债务，继承人也往往自愿承担清偿被继承人之全部债务的责任，而无论该债务价值是否超出其所继承的遗产价值。其二，近六成的四川省被调查者主张实行有限清偿责任的，其原因可能是受我国现行立法之影响。其三，四成半以上的四川省被调查者主张实行强制的无限清偿责任，其原因可能是惩罚侵害遗产的违法行为。（2）关于继承人侵害遗产的法律责任之民间习惯特点之原因，根据关于继承人侵害遗产法律责任的民间习惯之理由（见表8-61），其一，近八成的四川省被调查者所在地区，有侵害人应返还遗产并承担相应责任或剥夺继承权不分遗产的习惯，其原因是我国《继承法》规定继承人对遗产债务承担无条件的限定责任，若继承人有隐匿、侵吞财产之行为时，仅酌情减少其应继承的遗产，其也仍然以继承的遗产为限承担债务清偿责任，这不利于对债权人利益的保护，故该有违法行为的继承人应承担相应的法律责任。其二，二成以上的四川省被调查者所在地区有交给司法、行政等相关部门处置的习惯，其原因是这样处理能够体现公平。

关于遗产债务清偿责任的类型之我国立法，我国《继承法》第33条规定："继承遗产应当清偿被继承人依法应当缴纳的税款和债务，缴纳税款和清偿债务以他的遗产实际价值为限。超过遗产实际价值部分，继承人自愿偿还的不在此限。"可见，我国《继承法》规定的遗产债务清偿责任的类型，一是无条件的限定清偿责任，即继承人以其实际承担的遗产价值为限承担遗产债务清偿责任；二是自愿的无限清偿责任。但是，我国立法没有规定强制的无限清偿责任。关于继承人侵害遗产的法律责任，根据1985年《执行继承法意见》第59条的规定，人民法院对故意隐匿、侵吞或争抢遗产的继承人，可以酌情减少其应继承的遗产。但没有规定损害赔偿责任。

从域外立法例看，对于继承人承担的遗产债务清偿责任的类型，大陆法系的德国、法国、瑞士、日本、意大利等国家的立法，一方面均规定了法定的有条件的有限清偿责任（有限责任继承），如德国的遗产管理制度和遗产破产程序、法国的遗产清册制度、瑞士的主管官厅清算制度，日本的财产目录制度和财产分离制度等。① 另一方面均规定了意定的无限清偿责任（又称自愿的概括继承或单纯继承）与法定的无限清偿责任（又称强制的概括继承）。例如，《法国民法典》规定，首先，继承人可以声明其仅以遗产的净资产为限取得继承人资格，继承人做出此项声明的，对遗产债务承担有限清偿责任。其次，该法典规定的继承人对遗产债务的无限清偿责任分为两种情况：一是继承人自愿选择接受对被继承人债务的无限清偿责任，继承开始后，继承人可以选择无条件接受继承，无条件接受继承的继承人不得再放弃继承，也不得再以将自称为限接受继承。二是法律规定的强制继承人接受的无限清偿责任。关于继承人被强制接受无限清偿责任的法定情形包括：（1）法定期限内未作出选择决定的；（2）继承人有隐匿遗产或隐瞒存在其他共同继承人的；（3）在法定期限内没有提交遗产清单的。②

从我国诸继承法学者建议稿看，主要有两种立法建议，一种为保留现行继承立法之无条件的限定清偿责任，如"梁稿""王稿"之规定③；另一种规定继承人可以自愿选择有条件的有限责任继承与自愿的无限清偿责任继承，同时设立强制的无限责任继承制度。例

① 参见《德国民法典》第1993~2002条；《法国民法典》第870、873条；《瑞士民法典》第573、589、593条；《日本民法典》第922~924条。

② 参见《法国民法典》第770~776、782、786、787、790条。

③ 参见"梁稿"第2014条、"王稿"第658条。

如，“张稿”第9条规定，自继承人在知道自己为应召继承人时起，或者自遗嘱开启时起2个月内，继承人可以声明放弃继承或者以制作遗产清单的方式接受继承。继承人在国外的，上述期限为6个月。继承人没有在上述期限内声明放弃继承，也没有以制作遗产清单的方式接受继承的，视为单纯接受继承。同时，该稿第23条规定，继承人有下列情形之一，丧失遗产清单利益，视为单纯继承人，对被继承人的债务承担无限责任，而且不得放弃继承：（1）在遗产清单中故意漏记重要遗产，或者记入不存在的债务的；（2）擅自处分属于遗产中的财产的。但是，为保存遗产所必须的处分除外。可见，如继承人自愿选择实行无条件概括继承的，在遗产的实际价值不足以清偿债务时，其以继承人的个人财产承担无限清偿责任。如继承人自愿选择承担实行有条件的有限清偿责任继承。须以依法制作遗产清单为前提。其他如“徐稿”“陈稿”也有类似规定。①

我们认为，我国实行的是无条件的有限责任继承，这是其立法之不足。关于遗产债务清偿责任的类型，以上四川省被调查民众的观念与习惯、域外立法例和我国学者建议稿的观点，可供我国立法参考。

（二）被继承人丧葬费的支付之特点与原因分析

关于被继承人丧葬费支付的民间习惯，统计数据显示，在四川省被调查者所在地区，对于丧葬费，（1）由全体继承人共同支付的，占近六成（59.41%）；（2）从被继承人遗产中支付的，占近四成（39.37%）（见表8-62）。

以上特点的原因分析，我国不同地区由于社会、经济、文化及习俗等不同，在处理相同问题时也会有不同的做法，因此，四川省被调查者所在地区对丧葬费支付方式的习惯仍存在较大差异。（1）近四成的四川省被调查者所在地区有丧葬费应从被继承人遗产中支付的习惯，其原因可能是丧葬费用与遗产的管理和分割费用一样，是因继承而产生的费用，应从遗产中支出。（2）近六成的四川省被调查者所在地区有由全体继承人共同支付的习惯，其原因可能是殡葬被继承人是继承人的义务，因此丧葬费用也应当是继承人履行义务的支出。

关于被继承人丧葬费的支付方式之我国立法，我国《继承法》对此无规定。

从域外立法例看，关于丧葬费用的支付方式，主要有两种立法例，一是由继承人承担被继承人的丧葬费用，如《德国民法典》的规定②；二是从遗产中支付被继承人的丧葬费用，如《瑞士民法典》的规定。③

从我国诸继承法学者建议稿看，也存在两种不同的立法建议，如“陈稿”“杨稿”规定丧葬费用应被作为继承费用而以第一顺序进行清偿；“王稿”规定被继承人的丧葬费用由继承人负担。④

我们认为，我国《继承法》未规定被继承人丧葬费的支付方式，这是其立法之不足。被继承人的丧葬费原则上应由继承人承担，但无人承受遗产的被继承人的合理的丧葬费用应作为继承费用归入遗产债务的范围，从被继承人的遗产中优先支付。这样有利于及时办理被继承人的丧葬事宜，且将丧葬费用限制在合理的范围内，也有利于避免丧事的铺张浪

① 参见“徐稿”第四分编第460条、“陈稿”第69条。

② 参见《德国民法典》第1968条。

③ 参见《瑞士民法典》第474条。

④ 参见“陈稿”第68条；“杨稿”第83条；“王稿”第651条。

费，有利于被继承人的债权人利益的保护。以上关于被继承人丧葬费从遗产中支付的四川省被调查民众的观念与习惯、德国立法例和“王稿”的观点，可供我国立法参考。

（三）遗产债务的清偿顺序之特点与原因分析

关于遗产债务的清偿顺序，统计数据显示，（1）关于遗产债务清偿顺序的民间习惯，在四川省被调查者所在地区，第一顺序为丧葬费用（69.34%）；第二顺序为遗产管理等费用（34.15%）；第三顺序为欠债（32.58%）、欠付的税款（18.64%）；第四顺序为欠付的工资（25.96%）；第五顺序为受被继承人扶养人的生活费（22.30%）；第六顺序为对被继承人扶养较多的人之酌情分配遗产份额（23.34%）；第七顺序为遗赠扶养协议写明遗赠的遗产（17.77%）（见表8-63）。（2）关于遗产债务清偿顺序的民众观念，四川省被调查者观念上认可的遗产债务清偿顺序是：第一顺序为“丧葬费用”（60.63%）；第二顺序为“遗产管理等费用”（29.97%）；第三顺序为“欠债”（28.92%）、“欠付的工资”（24.74%）、“税款”（15.16%）；第四顺序为“受被继承人扶养人的生活费”（20.73%）；第五顺序为“对被继承人扶养较多的人之酌情分配遗产份额”（33.10%）；第六顺序为“遗赠扶养协议写明遗赠的遗产”（24.22%）（见表8-64）。

以上特点的原因分析，（1）关于遗产债务清偿顺序的被调查者的民间习惯，其原因可能是：其一，部分被调查地区将丧葬费用与遗产管理费用作为第一、二顺序清偿，其原因可能是继承自被继承人死亡时开始，首先需要处理被继承人之丧葬事宜，并对遗产进行保管、清点、分割等，均需要产生费用开支，这些费用所带来的后果对所有继承人均有利。其二，被继承人生前欠付的工资和税款涉及债权人之基本生存权或公共利益，因此，多数地区将前述债务的清偿顺序置于一般债务之前。其三，多数地区将被继承人生前欠债的清偿顺序置于受被继承人扶养之人的生活费之前，这可能受到我国传统“父债子还”观念之影响，认为应当优先偿还被继承人所欠之债务。其四，遗赠为无对价的遗产之负担，受遗赠人获得遗赠无须支付任何对价，因此，多数地区均将遗赠的清偿顺序置于最后。（2）关于遗产债务清偿顺序的被调查者的民众观念，其与民间习惯的不同之处主要是，被调查民众认为有六个清偿顺序，而在民间习惯中有七个清偿顺序。主要不同是被调查民众认为欠付的工资应该在第三顺序清偿，而在民间习惯中则是将“欠付的工资”单独列为第四清偿顺序。其原因可能是我国对遗产债务的清偿顺序无规定，导致被调查民众对此问题的认识观念和处理习惯不一致。

关于遗产债务的清偿顺序之我国立法，我国《继承法》对此无规定。我国《企业破产法》第113条规定：“破产财产在优先清偿破产费用和共益债务后，依照下列顺序清偿：（一）破产人所欠职工的工资和医疗、伤残补助、抚恤费用，所欠的应当划入职工个人账户的基本养老保险、基本医疗保险费用，以及法律、行政法规规定应当支付给职工的补偿金；（二）破产人欠缴的除前项规定以外的社会保险费用和破产人所欠税款；（三）普通破产债权。破产财产不足以清偿同一顺序的清偿要求的，按照比例分配。”1985年《执行继承法意见》第61条规定：“继承人中有缺乏劳动能力又没有生活来源的人，即使遗产不足清偿债务，也应为其保留适当遗产，然后再按继承法第三十三条和民事诉讼法第一百八十条的规定清偿债务。”

从域外立法例看，大陆法系国家遗产对债务的清偿顺序多有规定。例如，《瑞士民法典》规定，被继承人可处分的部分财产，按其死亡时的财产状况计算，但应将被继承人的债务、丧葬费、封印费及财产清册的制作费，以及家庭成员1个月的生活费，一并扣除。被继承人的债权人对于受遗赠人有优先权。遗产清单的制作费用从遗产内支付，如果遗产不足则由请求制作财产清单的继承人承担。子女或孙子女，与被继承人共同生活时，对共同家务付出了劳动或财物的，有请求相当补偿金的权利，该请求权应计算为遗产的债务；但因此造成遗产中债务额超过财产额的除外。遗嘱处分损害特留份时，特留份继承人可在其应得数额的不足限度内请求加减。① 遗产债务的清偿顺序依次为：继承费用（包括丧葬费、封印及财产清册的制作费、遗产清单的制作费等）和受被继承人扶养的家庭成员的1个月的生活费；特定家庭成员的相当补偿金；普通债务；特留份；遗赠。此外，遗产中具有担保的债权就担保财产优先受偿，不受以上遗产债务清偿顺序的限制。②《俄罗斯联邦民法典》规定，遗产债务的清偿顺序依次为：其一，遗产债务清偿中继承费用的顺序如下：第一顺序为因被继承人患病和丧葬而发生的费用，第二顺序为保护和管理遗产的费用，第三顺序为与遗嘱执行有关的费用。其二，被继承人的债务。各共同继承人对被继承人的债务清偿责任为以继承的遗产价值为限承担连带清偿责任。其三，必继份、遗赠之债。偿付必继份的权利采用遗产中未立遗嘱的部分给付，即使这可能导致其他法定继承人对该部分遗产权利的减少，而在未立遗嘱部分的财产不足以实现必继份权利时，则用已立遗嘱的财产给付。③ 由此可见，俄罗斯的遗产债务清偿顺序为：一是继承费用包括因被继承人患病和丧葬而发生的费用、遗产保护和管理费、遗嘱执行费用；二是被继承人的债务；三是必继份；四是遗赠。④

从我国诸继承法学者建议稿看，"王稿"规定的遗产债务清偿顺序为：（1）继承费用；（2）遗产税；（3）被继承人生前欠下的债务；（4）遗产酌情给付债务；（5）因特留份扣减权、遗赠等产生的债务；对遗产享有担保物权的债权人可以申请就担保物优先受偿。⑤"陈稿"规定的遗产债务清偿顺序为：（1）继承费用；（2）有优先权的债务；（3）必留份、确为维持生存所需要的酌给遗产；（4）劳动工资等债务；（5）死者生前所欠的税款及第二、三顺序以外的普通债务，其中，已行使财产分离请求权人的债务优先于本顺序的其他普通债务受偿；（6）遗赠扶养协议之债；（7）特留份之债；（8）遗赠之债。⑥

我们认为，我国《继承法》未规定遗产债务的清偿顺序，这是其立法之不足关于遗产债务的清偿顺序，以上四川省被调查民众的观念与习惯、域外立法例和我国学者建议稿的观点，可供我国立法参考。

十、遗产分割之特点与原因分析

（一）遗产分割的自由与限制之特点与原因分析

第一，遗产分割自由与限制的民间习惯之特点与原因分析。

关于遗产分割自由与限制的民间习惯，统计数据显示，四川省被调查者所在地区中，

---

① 参见《瑞士民法典》第474、564、584、603、522条。

② 参见陈苇主编：《中国遗产处理制度系统化构建研究》，中国人民公安大学出版社2019年版，第309页。

③ 参见《俄罗斯联邦民法典》第1174、1175、1149条。

④ 参见陈苇主编：《中国遗产处理制度系统化构建研究》，中国人民公安大学出版社2019年版，第310页。

⑤ 参见"王稿"第650条。

⑥ 参见"陈稿"第71条。

(1) 遗产由各继承人共同协商后进行遗产分割的地区，占近八成半（84.84%）；(2) 对于被继承人以遗嘱禁止分割的遗产，不得进行分割的，占近五成半（54.53%）；(3) 只要有继承人要求分割遗产，就得进行分割的，占二成以上（21.78%）（见表 8-65）。

以上特点的原因分析，根据遗产分割自由与限制的民间习惯之理由（见表 8-66），(1) 近八成半的四川省被调查者所在地区有遗产由各继承人共同协商后进行遗产分割的习惯，其原因是遗产归各继承人共同继承，遗产分割关系各继承人的利益，故应共同协商。(2) 近五成半的四川省被调查者所在地区有被继承人以遗嘱禁止分割的遗产，不得进行分割的习惯，其原因是遗产是被继承人的个人财产，所以其生前有权通过遗嘱决定遗产的归属和分割。(3) 二成以上的四川省被调查者所在地区有只要有继承人要求分割遗产，就得进行分割的习惯，其原因是每位继承人享有的继承权受法律保护，同时基于效率原则考虑，故继承开始后基于继承人的要求就可以分割遗产。

关于遗产分割的自由与限制之我国立法，根据我国《继承法》第 13 条第 1、5 款的规定，同一顺序继承人继承遗产的份额，一般应当均等。继承人协商同意的，也可以不均等。第 15 条规定，遗产分割的时间、办法和份额，由继承人协商确定，协商不成时可由人民调解委员会调解或者向人民法院提起诉讼。第 28 条规定，遗产分割时，应当保留胎儿的继承份额。胎儿出生时是死体的，保留的份额按照法定继承办理。

从域外立法例看，大陆法系的不少国家立法都承认共同继承人享有随时请求分割遗产的权利。例如，《德国民法典》规定，每一个共同关系人可以随时请求废止共同关系[①]；《瑞士民法典》规定，每位继承人均有权随时请求分割遗产，但合同或法律规定不可以分割的除外。[②] 但也均对遗产分割的自由予以一定限制。例如，《法国民法典》规定，如果立即实现共有财产的分割有损于共有财产的价值，或共有人之一只有在经过一定的时间以后才能接管属于遗产的农业、商业、工业、手工业或自由职业企业，应共有人之一的请求，法院可以最长推迟 2 年进行财产分割。[③]

从我国诸继承法学者建议稿看，“王稿”“梁稿”“陈稿”“张稿”均规定，继承开始后，继承人得随时请求分割遗产，但遗嘱另有规定或共同继承人有约定或法律另有规定的除外。[④] 例如，“梁稿”第 2021 条规定，继承开始后，继承人可以随时请求分割遗产，但有下列情形之一的除外：(1) 遗产债务尚未清偿完毕；(2) 遗嘱指定遗产于一定期间内不得分割，但该期间不得超过 5 年；超过 5 年的，缩短为 5 年；(3) 继承人协商同意于一定期间内不分割遗产。胎儿未出生的，请求分割遗产时，应当为胎儿保留其应继份。出生后为死胎的，保留份额依照法定继承处理。对特定遗产进行即时分割将会严重损害其价值的，人民法院经继承人申请，可以裁判暂缓分割。“王稿”“张稿”“徐稿”“陈稿”“杨稿”对此也有相关规定。[⑤]

我们认为，我国《继承法》未规定继承人协商分割遗产的限制情形，这是其立法之不足。关于遗产分割的自由与限制，主张适当限制遗产分割的四川省被调查民众的观念与

---

① 参见《德国民法典》第 749 条。

② 参见《瑞士民法典》第 604 条。

③ 参见《法国民法典》第 819 条。

④ 参见“王稿”第 645 条；“梁稿”第 2021 条、“陈稿”第 74 条、“张稿”第 58 条。

⑤ 参见“王稿”第 645 条；“徐稿”第四分编第 406 条；“张稿”第 58 条；“陈稿”第 74 条；“杨稿”第 85 条。

习惯、域外立法例和我国学者建议稿的观点，可供我国立法参考。

第二，提出遗产中住房分割请求时间的民间习惯之特点与原因分析。

关于提出遗产中住房分割请求时间的民间习惯，统计数据显示，对于遗产中其母正在居住的房屋之分割，四川省被调查者所在地区中，（1）不会提出遗产分割请求的，占近七成半（74.74%）；（2）会提出分割其他遗产，但对其母正在居住房屋的分割需等其母去世后进行的，占一成以上（12.72%）；（3）会马上向其母亲提出分割遗产请求的，仅占一成以上（11.84%）（见表 8-67）。

以上特点的原因分析，根据提出遗产分割请求时间的民间习惯之理由，（1）近七成半的四川省被调查者所在地区的继承习惯是被继承人死亡后，其子女不会立即向被继承人之配偶（即子女之在世的父或母）提出分割遗产请求，其原因是根据当地观念，被继承人去世遗留下的财产就应该由其配偶全部继承。正如我国有学者所指出，不同于西方继承制度的死后继承以及对被继承人个人财产的继承，中国文化下的财产继承制度不是承受被继承人的个人财产，而是家庭财产的传承，家庭财产从上一代家长手中传承至下一代家长手中。① 即使父母中有一人去世，只要另一人尚健在，则上一代家庭仍存在，因此，子女一般尚不会提出分割遗产的请求，只有在父母双方均去世后，子女才会对父母所遗留的财产进行分割。中国人自古讲究孝道，传统的孝文化至今仍深刻影响着我国民众的生活。如果被继承人去世后，子女立刻提出分割遗产的要求，则往往会被视为不孝的表现。如果父母一方去世后，子女立刻提出分割遗产，有可能会使尚在世的父亲或母亲无法维持现有的生活现状，不利于老年人安度晚年。（2）一成以上的四川省被调查者认为会提出分割其他遗产，但对其母正在居住房屋需等其去世后进行分割，其原因是这样做体现孝道，这能保证老人安度晚年生活。（3）一成以上的四川省被调查者认为会提出遗产分割请求，其原因是遗产是由被继承人的子女及其配偶共同继承，继承开始后，被继承人的子女有权提出遗产分割的请求，有利于防止日后发生不必要的纠纷。

关于配偶是否可以优先取得遗产中的家庭住房之我国立法，我国《继承法》对此无规定。

从域外立法例看，部分大陆法系国家均规定，遗产中家庭住房为生存配偶住房时，该住房不宜分割。例如，《俄罗斯联邦民法典》第 1168 条的规定，继承开始前居住在遗产中家庭住房且没有其他住处的继承人享有以其遗产应继份取得该住房的先取权。《瑞士民法典》第 612 条的规定，首先，生存配偶享有获得遗产中双方居住过的家庭住房及日常生活用品的优先权；其次，在一定条件下家庭住房和日常生活用品的所有权可以转化为用益权或居住权。

从我国诸继承法学者建议稿看，有部分建议稿规定遗产中家庭住房为生存配偶住房时，配偶对上述遗产中家庭住房享有先取权与终生使用权。例如，“徐稿”规定，生存配偶对用作居所的遗产中家庭住房和日常生活用品有居住与使用的权利；以上居住权和使用权的对价，由遗嘱人可任意处分的份额承担，份额不足的情况下由配偶的应继份承担，仍然不够的由子女的应继份承担。② “张稿”规定，配偶对遗产中家庭住房和日常生活用品

① 参见焦垣生、张维：《中国传统家文化下的财产继承》，载《西安交通大学学报》2008 年第 6 期，第 65~70 页。

② 参见“徐稿”第四分编第 289 条。

享有先取权；先取权的对价，如果先取权超过配偶应继份的，则以先取权作为应继份；再者，父母对遗产中家庭住房和日常生活用品享有终生使用权。[①]

我们认为，我国《继承法》欠缺配偶对遗产中家庭住房享有先取权与终生使用权，这是其立法之不足。关于提出遗产中住房分割请求的时间限制条件，以上四川省被调查民众的习惯、俄罗斯、瑞士立法例和“徐稿”“张稿”的观点，可供我国增补此立法时参考。

第三，遗嘱可否限制遗产分割的民众观念与民间习惯之特点与原因分析。

关于遗嘱可否限制遗产分割的民众观念与民间习惯，统计数据显示，（1）关于遗嘱可否限制遗产分割的民众观念，在四川省被调查者中，认为可以限制的占近九成(89.02%)；认为不可以限制的仅占一成（10.98%）（见表8-69）。(2) 关于遗嘱限制遗产分割的具体期限之民众观念，在四川省被调查者中，认为应在5年内的占近三成半(33.27%)；认为应在10年内的占二成半（25.44%)；认为应在15年内的仅占一成(10.76%)（见表8-71）。(3) 关于继承人协商能否变更遗嘱限制的民间习惯，四川省被调查者所在地区中，不可以不遵守遗嘱，即不能变更的，占近五成半（54.53%）；可以不遵守遗嘱，即可以变更的，占四成半（45.47%）（见表8-72）。

以上特点的原因分析，（1）关于遗嘱可否限制遗产分割的民众观念特点之原因分析，根据遗嘱可否限制遗产分割的民众观念之理由（见表8-70），其一，近九成的四川省被调查者认为遗嘱可以限制遗产分割，其原因：一是这些遗产是被继承人生前的个人财产，在设立遗嘱时有权决定遗产的分配及其分割等问题。二是被继承人遗嘱自由的体现，被继承人是其财产的所有权人，其在生前可以对财产自由地处分，理应可以在遗嘱中限定一定的遗产分割期限。三是被继承人生前很可能担心因遗产分割导致其生存配偶及未成年子女的生活水平大幅下降，需要限定一定的遗产分割时间，这有利于保障生存配偶及未成年子女基本的生活。其二，一成的四川省被调查者认为遗嘱不可以限制遗产分割，其原因是被继承人在遗嘱中指定部分遗产在一定期限内不能分割，不利于发挥物的效用及价值，而且容易发生纠纷。(2) 关于遗嘱限制遗产分割的具体期限之民众观念特点之原因，近三成半的四川省被调查者认为被继承人立遗嘱限制遗产分割的期限应在5年以内，其原因可能是如果对被继承人的遗嘱限制分割的期限过长，意味着继承人无法通过遗产分割各自享有对遗产的管理、使用和收益权，甚至可能发生共有遗产因管理不当而毁损灭失等，这不利于对各共同继承人利益的保护。（3）关于继承人协商能否变更遗嘱限制的民间习惯特点之原因，根据于继承人协商能否变更遗嘱限制的民间习惯之理由（见表8-73），其一，近五成半的四川省被调查者所在地区有不可变更的习惯，其原因是继承人根据遗嘱享有继承权，对于遗产的分割也应该依据遗嘱，不能选择性地修改遗嘱；其二，四成半的四川省被调查者所在地区有可以变更的习惯，其原因是继承人共同继承遗产，共同享有所有权，其当然有权决定分割这些遗产，同时也有利于发挥物的效用价值。

关于遗嘱可否限制遗产分割之我国立法，我国《继承法》对此无规定。

从域外立法例看，大陆法系的日本、意大利等国家均规定被继承人可以对遗产分割的时间作出限制，且该限制有一定期限。例如，《日本民法典》规定，被继承人可以通过遗

① 参见“张稿”第32条。

嘱规定从继承开始时不超过 5 年的期间内禁止分割。①《意大利民法典》第 713 条第 3 款也有相同的 5 年限制期间的规定。

从我国诸继承法学者建议稿看，"梁稿"第 2021 条规定，继承人得随时请求分割遗产，但有下列情况除外：遗产债务尚未清偿完毕；遗嘱指定于一定期间不得分割，此期间不超过 5 年，超过 5 年的，缩短为 5 年；继承人协商一定期间内不分割遗产。胎儿未出生时，请求分割遗产时，应为胎儿保留其应继份。对特定遗产分割会严重损害其价值的，人民法院经继承人申请，可裁判暂缓分割。"王稿""杨稿""陈稿""张稿"也均规定被继承人可以遗嘱指定在一定期限内不得分割遗产，且该期限不得超过 5 年。②

我们认为，我国《继承法》未规定遗嘱可否限制遗产分割。以上遗嘱可以限制在一定期限内不得分割遗产的四川省被调查民众的观念与习惯、域外立法例和我国学者建议稿的观点，可供我国立法参考。

（二）遗产分割瑕疵的担保责任之特点与原因分析

关于遗产分割瑕疵担保责任的民间习惯，统计数据显示，四川省被调查者所在地区，（1）共同继承人间不会共同承担的，占五成以上（51.92%）；（2）共同继承人间会共同承担的，合计占近五成（47.56%）（见表 8-74）。

以上特点的原因分析，根据遗产分割瑕疵担保责任的民间习惯之理由（见表 8-75），（1）五成以上的四川省被调查者所在地区有遗产分割后的遗产瑕疵损失由各继承人自行承担的习惯，其原因是遗产一旦分割，各继承人对遗产之所有权便由原共同所有全部遗产变为各自所有所分到的遗产，所以对于所分割遗产之瑕疵应当由该所有人承担。（2）近五成的四川省被调查者所在地区有遗产分割后的遗产瑕疵损失由各继承人共同承担，双方分担损失的习惯，其原因是如果要求该继承人自行承担该后果，则对于该继承人而言是显失公平的。

关于遗产分割瑕疵担保责任之我国立法，我国《继承法》及其司法解释未作规定。我国《物权法》第 100 条第 2 款规定："共有人分割所得的不动产或者动产有瑕疵的，其他共有人应当分担损失。"但我国《物权法》规定的仅是共有人针对物权的瑕疵担保责任，对于债权的情况则未规定。

从域外立法例看，德国、法国、瑞士、日本、意大利等国家均规定遗产分割后，各继承人按其所得部分对其他继承人因分割而得之遗产，负与出卖人相同的担保责任。③ 例如，《德国民法典》第 757 条规定，在共同关系废止时，共同标的被分给共同关系人之一的，因权利瑕疵或物的瑕疵，其余共同关系人中的每个人必须以与出卖人相同的方式对其应有部分提供担保。

从我国诸继承法学者建议稿看，"陈稿"第 79 条规定，遗产分割后，各共同继承人以其所得的遗产份额为限，对其他共同继承人的遗产，承担与出卖人相同的担保责任。"梁稿""王稿""杨稿""张稿"对此也有具体规定。④

---

① 参见《日本民法典》第 908 条。

② 参见"梁稿"第 2021 条、"王稿"第 645 条、"杨稿"第 85 条、"陈稿"第 74 条、"张稿"第 58 条。

③ 参见《德国民法典》第 757、433~435 条；《法国民法典》第 884~886 条；《瑞士民法典》第 637 条；《日本民法典》第 261 条、第 911~914 条；《意大利民法典》第 758 条。

④ 参见"梁稿"第 2025 条；"王稿"第 648 条；"张稿"第 65 条；"杨稿"第 89 条。

我们认为，我国欠缺遗产分割瑕疵担保责任制度，这是其立法之不足。以上主张由继承人共同承担遗产分割瑕疵担保责任的四川省被调查民众的习惯、域外立法例和我国学者建议稿的观点，可供我国增设此立法参考。

十一、无人承受遗产之特点与原因分析

（一）无人承受遗产的归属之特点与原因分析

关于无人承受遗产的归属主体之民众观念，统计数据显示，无论是城镇居民还是农村居民，(1) 认为无人承受遗产应收归社会公共组织的，各占七成以上（72.13%、72.65%）；(2) 认为无人承受遗产应收归自然人的，各占近三成（27.87%、27.35%）（见表8-76、表8-78）。

以上特点的原因分析，根据城镇、农村居民无人承受遗产归属主体的民众观念之理由（见表8-77、表8-79），(1) 七成以上的四川省被调查者认为无人承受遗产应收归社会公共组织，其原因是认为有利于对遗产的清算、管理和利用。同时，也受我国现行立法之影响。(2) 近三成的四川省被调查者认为无人继承遗产应归自然人（归不是继承人的其他亲属等），其原因是这符合情理。有学者指出，我国传统的继承习惯是遗产应当在家庭中代际传承，应当严格防止家庭和家族的财产外流，只有被继承人已无任何亲属时，遗产才归属于国库。例如，我国唐代制定的《丧葬令》中规定，在“户绝”的情况下，死者的财产由女儿继承，没有女儿的，由次亲继承，没有亲戚的，才由收归国库。①

关于无人承受遗产的归属主体之我国立法，根据我国《继承法》第32条规定：“无人继承又无人受遗赠的遗产，归国家所有；死者生前是集体所有制组织成员的，归所在集体所有制组织所有。”

从域外立法例看，对于无人承受遗产的归属，法国、德国、瑞士、日本、意大利、俄罗斯等均将其收归公有，但对于具体承受主体则略有不同，如法国、意大利由国家所有；德国由联邦的国库或帝国的国库作为继承人；瑞士由州或乡镇所有；日本由国库所有；俄罗斯由联邦所有。②

从我国诸继承法学者建议稿看，对于无人承受遗产的归属，我国学者诸建议稿多规定依据被继承人之身份是城镇居民或农村居民的不同，无人承受遗产之归属主体也不同。城镇居民的无人承受之遗产，“杨稿”“陈稿”规定归属于国家；“张稿”规定归属于继承开始地的国库；“梁稿”“王稿”规定归属于国库。③ 农村居民的无人承受遗产，前述各稿均规定归属于被继承人所在的集体组织。④

我们认为，虽然我国《继承法》规定无人承受的遗产应归属于国家或集体组织，但部分四川省被调查民众对该规定并不十分认可，仍有近三成的被调查民众认为无人承受的遗产应归属自然人。因此，我们在制定无人继承遗产的归属规则时，应充分考虑民众习惯。关于无人承受遗产的归属主体，以上四川省被调查民众的观念、域外立法例和我国学

① 参见焦垣生、张维：《中国传统家文化下的财产继承》，载《西安交通大学学报》2008年第6期，第65~70页。

② 参见《法国民法典》第768条；《德国民法典》第1964条；《瑞士民法典》第466条；《日本民法典》第959条；《意大利民法典》第586条；《俄罗斯联邦民法典》第1162条。

③ 参见“杨稿”第94条；“陈稿”第87条；“张稿”第70条；“梁稿”第2029条；“王稿”第666条。

④ 参见“杨稿”第94条；“陈稿”第87条；“张稿”第70条；“梁稿”第2029条；“王稿”第666条。

者建议稿的观点，可供我国立法参考。

（二）无人承受遗产的处理之特点与原因分析

第一，无人承受遗产管理人产生方式的民众观念与民间习惯之特点与原因分析。

关于无人承受遗产管理人产生方式的民众观念与民间习惯，统计数据显示，（1）关于无人承受遗产管理人的产生方式的民众观念，在四川省被调查者中，认为应由死者户籍所在地的居委会、村委会或所在单位指定遗产管理人的，占近五成半（53.14%）；认为应由人民法院或民政部门指定遗产管理人的，合计占四成半以上（46.86%）（见表8-80）。（2）关于无人承受遗产管理人的产生方式的民间习惯，在四川省被调查者所在地区，由死者户籍所在地的居委会或村委会指定产生的，占六成半（65.56%）；由人民法院、民政部门或行政部门指定的，合计占二成半（25.20%）；由与死者亲密的其他亲属、不属于继承人的其他亲属或当地有威望的人指定的，合计占不到一成（9.24%）（见表8-82）。

以上特点的原因分析，关于无人承受遗产管理人产生方式的民众观念与民间习惯特定之原因，根据关于无人承受遗产管理人产生方式的民众观念之理由（见表8-81），（1）近五成半的四川省被调查者认为应由死者户籍所在地的居委会、村委会或所在单位指定遗产管理人，六成半的该省被调查者所在地区存在此习惯，其原因是这些机构是与死者关系最密切的组织，对死者及其遗产的情况比较清楚，由其指定遗产管理人，有利于对遗产进行清算、管理和利用。（2）四成半以上的四川省被调查者应由人民法院或民政部门指定遗产管理人，二成半的该省被调查地区存在此种习惯，其原因是人民法院通过法定程序，对遗产进行清算和管理，由其指定遗产管理人，有利于公平保护相关债权人的利益；但是，也有人认为，人民法院办案压力大，可能无暇顾及遗产管理人指定的事宜。而由民政部门指定，其原因是民政部门更了解情况。（3）不到一成的四川省被调查者所在地区有由与死者亲密的其他亲属、不属于继承人的其他亲属或当地有威望的人指定的习惯，其原因是民法院办案压力大，可能无暇顾及遗产管理人指定的事宜。

关于无人承受遗产的管理之我国立法，我国《继承法》第24条规定：“存有遗产的人，应当妥善保管遗产，任何人不得侵吞或者争抢。”但对无人承受遗产的管理未作出具体规定。

从域外立法例看，无人承受遗产管理人的产生方式，大陆法系国家立法均规定须依法定的条件和程序设立遗产管理人或遗产保管人，以便于及时管理和保护遗产。法国由法院依法任命遗产管理人；德国在继承人旷缺时，一般由遗产法院由其任命的遗产保佐人管理遗产；瑞士在继承人旷缺时，由主管机关负责管理遗产。例如，《法国民法典》第809-1条规定，应任何债权人、为死者的利益负责管理其全部或一部分概括财产的任何人、有利益关系的任何其他人或者检察院提出的申请，受理请求的法官委托负责遗产管理的行政机关管理无人继承的遗产。

从我国诸继承法学者建议稿看，“梁稿”“张稿”规定应由人民法院指定遗产管理人①；“王稿”规定应由村委会或居委会作为遗产管理人②；“杨稿”规定由民政部门指定

① 参见“梁稿”第2002条；“张稿”第67条。

② 参见“王稿”第661条。

遗产管理人①；"陈稿"规定由被继承人住所地的村委会、居委会在村委会、居委会成员中选任一至二人担任遗产管理人，被继承人死亡时不在户籍所在地的，由住所地或主要财产所在地的村委会、居委会在村委会、居委会成员中选任一至二人担任遗产管理人。②

我们认为，我国《继承法》欠缺无人承受遗产产生方式的规定，这是其立法之不足。关于无人承受遗产管理人产生方式，以上四川省被调查民众的观念与习惯、域外立法例和我国学者建议稿的观点，可供我国立法参考。

第二，无人承受的遗产之酌分请求权主体的民众观念之特点与原因分析。

关于无人承受的遗产之酌分请求权主体的民众观念，统计数据显示，在四川省被调查者中，认为"依靠死者扶养的人"（75.09%）、"与死者关系密切且帮助较多的人"（75.78%）、"与死者共同生活的人"（61.67%）可以成为无人承受的遗产的酌情分得请求权主体的，各占六至七成以上（见表8-83）。

以上特点的原因分析，六至七成以上的四川省被调查者认为依靠死者扶养的人、与死者有密切联系且对其帮助较多的人、与死者共同生活的人可以酌情分得无人承受的遗产，即无人承受遗产的酌分遗产请求权主体较为广泛，其原因可能是：（1）这些人或者与死者往来密切，或与死者共同生活给了死者较多精神上慰藉、生活上帮助，如果其能适当分得死者之财产，有利于促进家庭成员相互关系和帮助。（2）如前文所述，我国传统继承制度中，只有在被继承人无任何亲属时，遗产才收归公有。而依靠死者扶养的人、与死者有密切联系且对其帮助较多的人、与死者共同生活的人等，虽不是死者的继承人，但往往与死者有一定的亲属关系，因此，四川省民众多认为前述主体可以酌情分得无人承受的遗产。

关于无人承受遗产的酌分请求权人之我国立法，根据1985年《执行继承法意见》第57条规定："遗产因无人继承收归国家或集体组织所有时，按继承法第十四条规定可以分给遗产的人提出取得遗产的要求，人民法院应视情况适当分给遗产。"

从域外立法例看，对于无人承受遗产的酌分请求权主体，域外一些国家有所规定。例如，《日本民法典》规定可将无人承受遗产给予与被继承人共同生活、为被继承人治疗和护理作出贡献的人以及其他给予与被继承人有特别关系的人。③

从我国诸继承法学者建议稿看，对于无人承受遗产的酌分请求权人，我国诸继承法学者建议稿主要有两种立法观点：一是保留我国现行继承立法之规定，未明确规定无人承受遗产应先酌情分配后再收归国家（国库）或集体，但建议稿中有单独规定遗产酌分请求权，如"梁稿""王稿""杨稿"之规定；而关于酌分请求权人的范围，前述三稿之规定稍有不同，"王稿""杨稿"规定为：继承人以外的由被继承人扶养的缺乏劳动能力又没有生活来源的人，或继承人以外的对被继承人扶养较多的人，这与我国现行继承立法之规定相同，而"梁稿"规定的酌分请求权人除"王稿""杨稿"规定的两类外，还包括继承人以外的其他与被继承人有特别关系的人。④ 二是为明确规定无人承受遗产应先酌情分

① 参见"杨稿"第91条。

② 参见"陈稿"第83条。

③ 参见《日本民法典》第958条之三。

④ 参见"梁稿"第1957条；"王稿"第570、666条；"杨稿"第61、94条。

配给法律规定之人，没有法定的酌分请求权人的，才归国家或集体所有，如“陈稿”“张稿”的规定；关于酌分请求权人的范围，“陈稿”规定为依靠继承人扶养的人、对被继承人扶养较多的人、与被继承人一同生活的人或其他与被继承人有密切关系的人，“张稿”规定为与被继承人共同生活的人和精心照顾被继承人的人。①

我们认为，我国无人承受遗产的主体范围较窄，这是其立法之不足。对此，我国立法可适当扩大无人承受遗产的酌分请求权主体，并规定无人承受遗产先酌情分配给法律规定的主体，仍有剩余的才移交给国家或集体组织。因为这既符合我国民众希望财产在亲属中传承的观念，使无人承受遗产的处理更符合被继承人之意愿，也有利于更好地实现遗产的扶养和维系家庭伦理亲情之功能。因此，关于无人承受的遗产之酌分请求权主体，以上四川省被调查民众的观念、域外立法例和我国学者建议稿的观点，可供我国立法参考。

第四节　当代中国四川省民众财产继承观念与遗产处理习惯对中国民法典继承编制定的立法启示

以上，我们根据四川省被调查者的财产继承观念与遗产处理习惯实证调查的统计汇总数据，分析归纳其特点，研究其特点的产生原因，并考察我国司法实践相关案例，分析我国继承法律制度的适用情况，进而结合考察域外立法例和我国诸继承法学者建议稿的观点，总结我国《继承法》相关制度的优点和剖析其不足。以下，我们将以四川省被调查者的财产继承观念与遗产处理习惯为参考基础，从中国实际出发，借鉴域外立法例和我国诸继承法学者建议稿的有益观点，对我国“民法典继承法编”中相关继承制度的修改完善或予以保留，提出立法建议，以供我国立法机关参考。

一、我国遗产范围界定制度之不足与立法完善建议

（一）我国遗产范围界定制度之不足

我国的遗产范围制度主要存在两个方面的不足：第一，关于遗产的范围界定，仅有正面列举与概括相结合的规定，欠缺反面排除的规定。这导致民众对部分财产是否属于遗产的认识存在偏差。从属于遗产种类的民众观念看，四川省被调查民众认为死者遗留的邮箱、QQ账号、欠款和死亡赔偿金属于遗产的占三至七成以上（见表8-4），这与我国现行法的规定不一致，容易产生纠纷。前述涉及遗产范围界定制度的案例之司法审判实践中，也反映出我国遗产范围界定制度存在不足。第二，欠缺被继承人生前特种赠与财产的归扣制度。从被继承人生前特种赠与财产是否应归入遗产范围的民众观念与民间习惯看，虽然六成半以上的四川省被调查民众没有生前特种赠与财产的归扣观念，七成半以上的该省被调查者所在地区也没有此种习惯（见表8-5、表8-7），但是，如果不规定遗产归扣制度，不利于在共同继承人中公平分配遗产。

（二）我国遗产范围界定制度之立法完善建议

针对以上两个方面立法之不足，我们提出以下两个方面立法完善建议：

① 参见“陈稿”第87条；“张稿”第70条。

1. 遗产范围界定模式之立法建议

首先，对于遗产范围的立法，建议采取“正面概括与反面排除相结合”的立法模式，从正反两个方面界定遗产范围如下：遗产是被继承人死亡时遗留的个人所有财产。与被继承人人身不可分割的财产和法律规定不得继承的财产，不属于遗产。

其次，对于遗产与债务的立法，应保持《继承法》现有的分别立法体例，即对遗产范围和被继承人生前所负债务分别规定，不宜将被继承人所负债务纳入遗产范围。

2. 被继承人生前特种赠与财产的归扣之立法建议

建议设立归扣制度，即被继承人生前赠与继承人的特种赠与财产在继承时应计入遗产范围，对于几种特定类型的赠与财产应当明确规定，而不宜作开放性规定，可具体规定为：子女继承人在被继承人生前获得赠与的下列特殊财产：因结婚、分居、生产经营所受赠与；大学本科以上的教育费用或工作期间接受教育和职业培训的费用；储蓄性人寿保险金的价值，在继承开始时应当计入遗产的价值总额，然后计算各共同继承人的应继份。归扣财产的价值以赠与时的价值计算，但如果被继承人生前对该特种赠与财产有免于归扣之意思表示的，可以不进行归扣。

二、我国继承开始的通知和公告制度之不足与立法完善建议

（一）我国继承开始的通知和公告制度之不足

我国继承开始的通知制度，主要存在三个方面的不足：第一，继承开始的通知的义务主体范围狭窄，从继承开始的通知和公告主体的民间习惯看，四川省被调查者认为的通知义务主体要广于我国现行立法（见表8-10），这不利于及时通知被继承人的继承人或债权人及其他遗产利害关系人。前述涉及继承开始的通知和公告制度的案例之司法审判实践中，也反映出我国有关通知义务主体制度存在不足。第二，欠缺继承开始的公告制度，从继承开始的通知和公告方式的民间习惯看，二至三成以上的四川省被调查民众所在地区存在在被继承人所在地的村（居）委会公告栏公告、申请人民法院以公告程序进行公告和由报纸、电视、网络等平台上发布被继承人死亡公告的习惯（见表8-11）。第三，欠缺继承的通知与公告期间的规定，从继承开始的通知和公告期间的民众观念看，六成半的四川省被调查民众认为应当在7日以内发出继承开始的公告的通知（见表8-12）。

（二）我国继承开始的通知和公告制度之立法完善建议

针对以上三个方面的立法之不足，我们提出以下两个方面完善建议：

1. 继承开始的通知和公告的主体之立法建议

建议以我国《继承法》规定的通知义务人范围为基础，将该主体的范围适当扩大。首先，保留现有的“知道被继承人死亡的继承人和被继承人所在地的村委会、居委会和受理继承纠纷的人民法院”作为通知和公告义务人。其次，增加处理被继承人死亡事件的机构为通知和公告义务人。

2. 继承开始的通知和公告的方式及期间之立法建议

继承开始后，凡负有通知与公告义务的主体，除人民法院依我国现行《民事诉讼法》的有关规定发出通知或公告外，应当在得知继承开始的事实之日起7日内采取适当的方式将此事实通知其明知或应当知道应被通知或公告的对象，公告的期间为6个月。

三、我国遗产管理制度之不足与立法完善建议

（一）我国遗产管理制度之不足

我国现行遗产管理制度，主要存在以下不足：我国《继承法》尚无系统的遗产管理制度，仅在该法第16条和第24条以及1985年《执行继承法意见》第44条中原则性地规定了遗产执行和遗产保管的部分内容，但缺乏对遗产管理人的资格、产生、职责、法律责任、管理费用和报酬、遗产管理终止原因的规定。而从前述统计数据来看，关于遗产管理人的确定之民间习惯，被调查者所在地区有由死者的法定继承人、家族中的德高望重者、死者的儿媳或女婿或其他亲戚朋友、死者所在的单位或村、居委会作为遗产管理人的习惯（见表8-13）。关于遗产管理人职责的民众观念，四川省被调查者认可的遗产管理人职责内容丰富（见表8-16）。关于遗产管理人是否有权取得报酬的民间习惯，法院指定遗产管理人的，六成以上的被调查者所在地区有"法院指定的遗产管理人，有权请求给付报酬"的习惯（见表8-17）。关于遗产管理人损害赔偿责任的民间习惯，五成半的四川省被调查者所在地区有遗产管理人有故意或重大过失，才承担损害赔偿责任的习惯（见表8-19）。此外，前述涉及遗产管理人制度的案例之司法审判实践中，也反映出我国遗产管理人的职责及法律责任制度存在不足。

（二）我国遗产管理制度之立法完善建议

针对以上立法之不足，我们提出以下三个方面立法完善建议：

1. 遗产管理人的确定之立法建议

继承开始后，如果有遗嘱指定的遗嘱执行人，由其作为遗产管理人。若无遗嘱指定的遗嘱执行人，由继承人推选之人担任遗产管理人。若继承人就遗产管理人不能达成一致的，可由全体继承人共同担任，或诉请人民法院指定遗产管理人。在没有前述遗产管理人的情况下，经利害关系人申请，由人民法院指定遗产管理人。

2. 遗产管理人的职责与报酬之立法建议

建议增加规定遗产管理人的职责如下：清点遗产、制作遗产清册；妥善保管遗产；查明被继承人是否留有遗嘱，并且确定遗嘱是否真实合法；发出继承开始的通知或公告；查明被继承人生前的债权和债务，积极追讨债权或清偿债务；可以原告或被告的身份参加因遗产引起的诉讼；定期制作遗产管理报告，向继承人报告遗产管理的情况。并且，增设非继承人担任遗产管理人时的报酬请求权，明确该报酬从遗产中优先支付。

3. 遗产管理人的法律责任之立法建议

遗产管理人对因其故意或重大过失未尽遗产管理义务而造成的遗产损失，应当承担赔偿责任。

四、我国法定继承制度之不足与立法完善建议

（一）我国法定继承制度之不足

我国现行法定继承制度，主要存在五个方面的不足：第一，我国法定继承人范围较窄且顺序较少，这容易造成遗产无人继承的情形，不利于保护自然人的财产权益。从法定继承人的范围与顺序的民众观念来看，四川省被调查者认可的法定继承人范围与顺序，较我国《继承法》之规定更广且顺序更多（见表8-20）。第二，配偶为固定继承顺序，这不

利于保护后顺序的兄弟姐妹等近血亲的继承权。从配偶与血亲继承人法定应继份的民众观念来看，有合计超过五成半的多数四川省被调查者选择了不同于我国《继承法》的配偶无固定顺序继承（见表8-22）。第三，欠缺配偶对遗产中家庭住房等的先取权和终生使用权，不利于保障生存配偶的基本生存权和居住权，从配偶对遗产中家庭住房的先取权与终生使用权的民间习惯来看，四川省被调查者所在地区有该习惯的占八成半以上（见表8-23）。第四，欠缺后顺序特殊法定继承人对原使用的遗产住房及日常生活用品的终生使用权，从后顺序特殊法定继承人对特殊遗产的终生使用权之民间习惯来看，有此遗产处理习惯的四川省被调查者所在地区高达近九成半（见表8-26）。第五，将尽了主要赡养义务的丧偶儿媳（或女婿）作为第一顺序法定继承人不够合理，在代位继承并存的情况下可能导致该家庭取得双份遗产；在无第一顺序其他法定继承人时，其可以取得全部遗产，这不利于保护血亲继承人之继承权。在涉及法定继承制度的案例之司法实践审判中，也反映出将尽了主要义务的丧偶的儿媳或女婿作为第一顺序法定继承人存在不足。

（二）我国法定继承制度之立法完善建议

针对以上五个方面立法之不足，我们提出以下五个方面立法完善建议：

1. 法定继承人的范围与顺序之立法建议

建议适度扩大我国法定继承人的范围并增加顺序，将兄弟姐妹的子女即侄子女、外甥子女纳入法定继承人的范围，并将配偶作为不固定顺序法定继承人。其具体规定如下：在无遗嘱或遗嘱不成立、遗嘱无效时，遗产按照下列顺序继承：第一顺序：子女及其晚辈直系血亲；第二顺序：父母；第三顺序：兄弟姐妹及其子女；第四顺序：祖父母、外祖父母。继承开始后，由顺序在前的继承人继承。同一顺序继承人，亲等近者优先。无前一顺序继承人或前一顺序继承人都丧失继承权或放弃继承权的，由后一顺序继承人继承。

2. 配偶与血亲继承人的法定应继份之立法建议

配偶作为不固定顺序的继承人，可以与各顺序的继承人共同继承。配偶与第一顺序继承人共同继承时，遗产按人数均分；配偶与第二顺序继承人共同继承时，其应继份为遗产的二分之一，其余血亲继承人的应继份为遗产的二分之一；配偶与第三顺序继承人共同继承时，其应继承份为遗产的三分之二，其余血亲继承人的应继份为遗产的三分之一；配偶与第四顺序血亲继承人共同继承时，其应继份为遗产的四分之三。无各顺序的血亲继承人时，配偶继承全部遗产。

3. 配偶对遗产中的家庭住房的先取权与终生使用权之立法建议

配偶对遗产中的家庭住房及日常生活用品享有先取权。如果配偶应继承的份额小于该家庭住房和日常生活用品的价值的，其应当向其他共同继承人进行适当补偿，或可选择对该家庭住房和日常生活用品享有无偿的终生使用权。

4. 后顺序特殊法定继承人对遗产中原使用的住房和日常生活用品的终生使用权之立法建议

与被继承人共同生活的后顺序的父母（如父母改为第二顺序）、祖父母、外祖父母在未参加继承时，对遗产中原使用的住房和日常生活用品可以无偿终生使用。

5. 尽了主要赡养义务的丧偶儿媳或女婿的遗产分配方式之立法建议

建议将尽了主要赡养义务的丧偶儿媳或女婿修改为可请求酌情分得适当遗产人，而不作为第一顺序的法定继承人。即在我国《继承法》第14条规定的基础上，增加第2款规定如下：对公、婆或岳父、岳母尽了主要赡养义务的丧偶儿媳或丧偶女婿，有权请求酌情分配给他们适当的遗产。酌情分配的份额，视其尽赡养义务的具体情况可多于或少于继承人。

五、我国遗嘱继承制度之不足与立法完善建议

（一）我国遗嘱继承制度之不足

我国现行遗嘱继承制度，主要存在两个方面的不足：第一，我国公证遗嘱具有优先适用的效力，且公证遗嘱的变更或撤回需以公证的方式作出，后成立的一般形式遗嘱不能变更公证遗嘱。这妨害了被继承人自由处分遗产愿望的实现。从公证遗嘱与其他形式遗嘱适用效力的民众观念来看，认为后遗嘱的适用效力优先于前公证遗嘱的四川省被调查者，合计占七成以上（见表8-31），可见，我国现行立法规定与我国民众的遗产处理习惯并不相符。前述涉及遗嘱继承制度的案例之司法审判实践中，也反映出公证遗嘱的适用效力优先存在不足。第二，我国立法没有规定特留份制度，不利于防止遗嘱自由的滥用和遗产扶养功能的发挥。从以遗嘱将个人遗产全部赠给他人的民众观念来看，六成以上的四川省被调查者赞同设立特留份制度（见表8-33）。

（二）我国遗嘱继承制度之立法完善建议

针对以上两个方面立法之不足，我们提出以下三个方面完善建议：

1. 公证遗嘱与其他形式遗嘱的适用效力之立法建议

建议将公证遗嘱适用效力最高的规定修改为：被继承人先后订立有数份相互抵触的遗嘱，以最后订立的遗嘱为准。即后遗嘱优先于前遗嘱被适用，以体现尊重被继承人的最后意愿，保护被继承人之遗嘱自由。

2. 遗嘱自由的限制——特留份之立法建议

建议设立特留份制度，同时完善现有必留份制度。首先，对于特留份制度，可规定为："遗嘱人以遗嘱处分财产，应为其配偶、晚辈直系血亲、父母保留特定的遗产份额。该份额为法定应继份的二分之一。"其次，完善必留份制度。可将我国必留份请求权人的范围适当扩大至与被继承人共同生活的由被继承人扶养的家庭成员，而无须考虑是否符合缺乏劳动能力又没有生活来源的要求。

3. 夫妻共同遗嘱之立法建议

关于夫妻共同遗嘱，建议在"民法典继承编"中不予规定夫妻共同遗嘱的效力。但在《遗嘱公证细则》中，可以有条件地承认其效力。

六、我国继承和遗赠的接受与放弃制度之不足与立法完善建议

（一）我国继承和遗赠的接受与放弃制度之不足

我国现行继承和遗赠的接受、放弃制度，主要存在三个方面的不足：第一，继承的接受与放弃的表示期间与方式不完善，继承开始后至遗产分割前可以作出放弃继承的意思表示，此期间太长，不利于尽快确定遗产的权利和义务人。从继承的接受与放弃的方式的民间习惯看，四川省被调查者所在地区有依据书面凭证、以书面形式和口头形式相结合、依据口头声明等多种方式作出表示的习惯（见表8-39）；从继承的接受与放弃的时间的民众观念看，虽然七成以上的四川省被调查者认为放弃继承的意思表示应在遗产处理前作出，

但是，也有近三成的该省被调查者认为放弃继承的表示应在知道继承开始的两个月内作出（见表8-38）。第二，我国以明示方式接受遗赠，未作表示即视为放弃遗赠的立法，不利于保护受遗赠人的合法权利。从遗赠的接受与放弃的方式与效力的民众观念与民间习惯看，七成以上的四川省被调查者认为受遗赠人只要没有明确拒绝，就应视被为接受遗赠，并且五成半以上的该省被调查者所在地区存在此种习惯（见表8-41、表8-42）。前述涉及继承和遗赠的接受与放弃制度的案例之司法审判实践中，也反映出继承和遗赠的接受与放弃的方式存在不足。第三，未规定债权人不能撤销继承人放弃继承的行为，不能彰显现代民法自愿继承的立法理念和私法自治原则。从继承的放弃能否被债权人撤销的民众观念与民间习惯看，五成以上的四川省被调查者认为继承人放弃继承的行为不可以被撤销，并且近五成的该省被调查者所在地区也存在此种习惯（见表8-44、表8-45）。

（二）我国继承和遗赠的接受与放弃制度之立法完善建议

针对以上三个方面立法之不足，我们提出以下三个方面立法完善建议：

1. 继承的接受与放弃的时间与方式之立法建议

继承开始后，自继承人知道或应当知道其为继承人时起或自遗嘱开启时起两个月内，继承人可以声明放弃继承或接受继承。放弃继承的声明，须以书面形式向已知的接受继承的继承人作出；有遗产管理人时，应向遗产管理人作出。如果已经有继承人向法院声明以制作遗产清册的方式接受继承，或者没有继承人接受继承，放弃继承的声明必须以书面形式向法院作出。

2. 遗赠的接受与放弃的方式与效力之立法建议

关于遗赠的接受与放弃的方式与效力，建议将现行立法修改为：受遗赠人表示放弃遗赠的意思表示应在知道受遗赠两个月内作出，逾期未作出该意思表示的视为接受遗赠。

3. 继承的放弃与债权人的撤销权之立法建议

为贯彻现代民法的私法自治原则，不得强制继承，并且，继承人放弃继承并没有减少其固有财产，此才为债权人的责任财产，因此，建议应明确规定，对于继承人之放弃继承的行为，继承人的债权人无权撤销并且也不得以债权额为限代位继承。

七、我国继承权的丧失、被继承人的宥恕与代位继承制度之不足与立法完善建议

（一）我国继承权的丧失、被继承人的宥恕与代位继承制度之不足

我国现行继承权的丧失、宥恕与代位继承制度，主要存在以下两个方面的不足：第一，我国继承权丧失的法定情形中，对于采用欺诈或胁迫行为妨碍被继承人设立、变更或者撤销遗嘱而继承权丧失后如获得被继承人的原谅是否可以恢复，尚无规定。从继承权丧失与被继承人的宥恕的民众观念与民间习惯看，近八成的四川省被调查者认为继承权丧失后可因获得被继承人原谅而恢复，并且，近五成半的该省被调查者所在地区存在此习惯（见表8-47、表8-49）。第二，1985年《执行继承法意见》规定继承人丧失继承权的，其晚辈直系血亲不得代位继承，这不符合现代民法的“自己责任原则”和“子女最大利益原则”。从继承权丧失的效力是否及于代位继承人的民众观念与民间习惯看，四成半以上的四川省被调查民众认为继承人丧失继承权后其晚辈直系血亲可以代位继承，并且，近五成半的该省被调查者所在地区有晚辈直系血亲可以代位继承的习惯（见表8-50、表8-52）。前述涉及继承权的丧失、被继承人的宥恕与代位继承的案例之司法审判实践中，

也反映出此制度的不足。

（二）我国继承权的丧失、被继承人的宥恕与代位继承制度之立法完善建议

针对以上两个方面立法之不足，我们提出以下两个方面立法完善建议：

1. 继承权的丧失与被继承人的宥恕之立法建议

建议我国增补继承权的相对丧失及其恢复方式。继承权人虽然具有丧失继承权的法定事由，但被继承人已经在遗嘱或公证书中明确表示宽恕的，继承权可不予丧失。被继承人知道继承人丧失继承资格的事由后，仍然在遗嘱中给予其遗产份额的，视为宽恕。

2. 继承权的丧失与代位继承之立法建议

继承人丧失继承权后，由其晚辈直系血亲代位继承。但丧失继承权者对其代位继承人继承的遗产不享有用益权。

八、我国遗赠扶养协议制度之不足与立法增补建议

（一）我国遗赠扶养协议制度之不足

关于遗赠扶养协议制度，我国《继承法》的主要不足是：第一，遗赠扶养协议的主体范围较窄，不能适应现实生活中被继承人与继承人签订扶养协议的需要；第二，欠缺继承扶养协议制度。但从关于继承协议的订立主体与方式的民众观念与民间习惯看，近七成半的多数四川省被调查者认可继承扶养协议由被扶养人（被继承人）与全体继承人共同签订，并且九成以上的该省被调查者所在地区存在此种习惯（见表8-53、表8-56）；从关于继承协议的民间习惯看，近三成的该省被调查者听说过或经历过以上情况（见表8-55）。前述涉及继承协议制度的案例之司法实践审判中，也反映出我国欠缺继承扶养协议制度之不足。尽管我国立法对此没有规定，继承扶养协议在我国设立具有一定民意的社会基础。我国立法应对此作出回应，以满足我国民众签订继承扶养协议，从而解决养老和继承问题的现实需要。

（二）我国继承扶养协议制度之立法增补建议

针对以上立法之不足，我们提出以下两个方面立法增补建议：

1. 继承扶养协议的订立主体与方式之立法建议

建议我国“民法典继承编”在保留现行遗赠扶养协议的基础上，增设继承扶养协议制度。被继承人可以与法定继承人以书面形式签订继承扶养协议，约定扶养人的扶养义务与接受继承遗产的权利，同时约定受扶养人接受扶养的权利与妥善保管指定的财产给扶养义务人继承的义务。

2. 继承扶养协议的变更方式及效力之立法建议

建议在继承协议履行中，当扶养人先于被扶养人死亡时继承扶养协议自动解除。

如果扶养义务人的继承人有扶养能力，且被扶养人愿意接受已死亡扶养人之继承人的扶养，则继承扶养协议可以继续履行；如果被扶养人不愿意接受已死亡扶养人之继承人的扶养，则可由其他扶养义务人对原扶养人已支付的超过其法定扶养义务部分的扶养费给付相应补偿后，由法定扶养人进行扶养或重新签订新的继承扶养协议。

九、我国遗产债务清偿制度之不足与立法完善建议

（一）我国遗产债务清偿制度之不足

我国现行遗产债务清偿制度，主要存在三个方面的不足：第一，我国实行无条件的限定继承制度，不利于保护遗产债权人的利益。从遗产债务清偿责任的类型之民众观念看，近六成的被调查者主张实行有限清偿责任（见表8-59）。第二，我国欠缺强制的无限责任继承制度，且欠缺规定继承人恶意转移遗产、损害其他债权人利益等对遗产债务应当承担强制的无限清偿责任。从遗产债务清偿责任的类型之民众观念看，四成半以上的被调查者主张对有侵害遗产违法行为者实行强制的无限清偿责任的（见表8-59）。第三，欠缺不当管理遗产造成损失的赔偿责任。从继承人侵害遗产的法律责任之民间习惯看，近八成四川省被调查者所在地区有侵害人应返还遗产并承担相应责任或剥夺继承权不分遗产的习惯（见表8-60）。第四，对于遗产债务清偿的顺序，尚无具体规定。这不利于指导各种遗产债务依顺序进行清偿，不利于依法保护各方当事人的合法权益。从遗产债务清偿顺序的民间习惯看，在四川省被调查者所在地区，遗产债务按照下列顺序清偿：第一顺序为丧葬费用；第二顺序为遗产管理等费用；第三顺序为欠债、欠付的税款；第四顺序为欠付的工资；第五顺序为受被继承人扶养人的生活费；第六顺序为对被继承人扶养较多的人之酌情分配遗产份额；第七顺序为遗赠扶养协议写明遗赠的遗产（见表8-63）；从遗产债务清偿顺序的民众观念看，四川省被调查者认可的遗产债务清偿顺序是：第一顺序为丧葬费用；第二顺序为遗产管理等费用；第三顺序为欠债、欠付的工资、税款；第四顺序为受被继承人扶养人的生活费；第五顺序为对被继承人扶养较多的人之酌情分配遗产份额；第六顺序为遗赠扶养协议写明遗赠的遗产（见表8-64）。

（二）我国遗产债务清偿制度之立法完善建议

针对以上立法之不足，我们提出以下两个方面完善建议：

1. 遗产债务清偿责任的类型之立法建议

建议对我国《继承法》第33条规定的自愿的无限清偿责任予以保留，然后将对被继承人债务的无条件有限清偿责任修改为有条件的有限清偿责任，并增补强制承担无限清偿责任的法定情形，具体规定如下：

对于被继承人的债务，继承人可以自愿选择承担全部清偿责任。

对于被继承人的债务，继承人如果自愿选择在继承遗产的实际价值范围内承担清偿责任，必须在两个月期限内依法制作忠实的遗产清册，经其他遗产权利人查阅，在异议期1个月届满后无人提出异议的，以该清册记载的遗产为限承担清偿责任。

对被继承人的债务，如有下列情形之一的，继承人应当被强制承担无限清偿责任：继承人已全部或部分处分了遗产的；继承人未在法定期间内依法制作遗产清单的；继承人在法定期间制作遗产清单或放弃继承后，将遗产全部或部分处分的或故意未将全部或部分遗产记载于遗产清单或有转移、隐藏遗产的。

继承人或遗产管理人因故意或重大过失等行为不当管理遗产而造成遗产损失的，应承担赔偿责任。

2. 被继承人丧葬费的支付之立法建议

被继承人的丧葬费，应当由继承人承担；如果属于无人承受的遗产，则从遗产中

支付。

3. 遗产债务的清偿顺序之立法建议

建议规定被继承人债务的清偿顺序如下：第一顺序为继承费用，包括遗产管理费用等；第二顺序为必留份、确为维持生存所需要的酌给遗产；第三顺序为劳动工资等债务；第四顺序为死者生前所欠的税款；第五顺序为其他普通债务；第六顺序为遗赠扶养协议写明遗赠的遗产；第七顺序为对被继承人尽扶养义务较多之人的酌分遗产；第八顺序为特留份；第九顺序为遗赠。有担保的债权，就担保财产受偿，不受以上清偿顺序限制。对同一顺序的债务，遗产不足清偿的，按比例清偿。①

有缺乏劳动能力又没有生活来源的继承人的，即使遗产不足清偿债务和税款，也应当为其保留必要遗产份额。

十、我国遗产分割制度之不足与立法完善建议

（一）我国遗产分割制度之不足

我国现行立法中关于遗产分割制度，主要存在以下两个方面不足：第一，对于继承人随时请求遗产分割的自由之限制存在不足，没有设立对遗产中家庭住房分割的限制，即欠缺生存配偶对遗产中家庭住房的先取权与终生使用权，并且欠缺遗嘱限制遗产分割及其限制期间的规定。从提出遗产中住房分割请求时间的民间习惯看，近七成半的四川省被调查者所在地区不会提出遗产分割的请求（见表 8-67）；从遗嘱可否限制遗产分割的民众观念看，近九成的四川省被调查者认为被继承人可以通过遗嘱限制遗产在一定期间内不能分割（见表 8-69）；从遗嘱限制遗产分割的具体期限之民众观念看，近三成半的被调查者认为被继承人立遗嘱限制遗产分割的期限应在 5 年以内（见表 8-71）。第二，欠缺共同继承人间遗产分割瑕疵的担保责任制度，不利于平等保护各共同继承人的利益和公平地分配遗产。从遗产分割瑕疵担保责任的民间习惯看，近五成的四川省被调查者所在地区有遗产分割后的遗产瑕疵损失由各继承人共同承担的习惯（见表 8-74）。

（二）我国遗产分割制度之立法完善建议

针对以上两方面立法之不足，我们提出以下两个方面立法完善建议：

1. 遗产分割的自由与限制之立法建议

关于遗产分割的自由与限制，建议我国修改补充对遗产分割时间的规定。第一，规定继承人在继承开始后有权随时分割遗产。第二，设立生存配偶对遗产的先取权和终生使用权，以限制对遗产中家庭住房的分割，保障生存配偶维持一贯的居住方式（具体立法建议详见法定继承制度的相关立法建议内容）。第三，明确被继承人可以通过遗嘱限定遗产分割时间及其可限制的期限；第四，明确继承人可以通过约定限制遗产分割期限。具体而言，可规定：继承开始后，继承人得随时请求分割遗产，其他继承人有协助的义务。但有下列情况的除外：（1）被继承人以遗嘱指定在一定期间内不得分割遗产，但被继承人以遗嘱禁止分割遗产的期限不得超过五年；（2）共同继承人可以协议确定在一定期间内不分割某遗产或永久不分割某遗产。（3）法律规定在一定期限内或特殊情形下禁止分割的。

---

① 参见陈苇：《我国遗产债务清偿顺序的立法构建》，载《法学》2012 年第 8 期。

2. 遗产分割瑕疵的担保责任之立法建议

建议增设遗产分割瑕疵的担保责任。遗产分割后，各共同继承人以其所得的遗产份额为限，对其他共同继承人分得的遗产，承担与出卖人相同的担保责任。各共同继承人对其他继承人分得的未届清偿期的债权及附停止条件的债权，就清偿时债务人之支付能力，承担担保责任。

十一、我国无人承受遗产制度之不足与立法完善建议

（一）我国无人承受遗产制度之不足

我国现行无人承受遗产制度，主要存在两个方面的不足：第一，欠缺无人承受遗产的管理制度，不利于引导无人承受遗产进行有序处理。从无人承受遗产管理人产生方式的民众观念与民间习惯看，近五成半的四川省被调查者认为应由死者户籍所在地的居委会或村委会或所在单位指定遗产管理人，六成半的该省被调查者所在地区存在此种习惯；四成半以上的四川省被调查者认为应由人民法院通过法定程序，对遗产进行清算和管理，二成半的该省被调查者所在地区存在此种习惯（见表8-80、表8-82）。第二，我国无人承受遗产的酌分请求权主体范围较窄，不利于发挥遗产的扶养功能。从无人承受的遗产之酌分请求权主体的民众观念看，认为“依靠死者扶养的人”“与死者关系密切且帮助较多的人”、“与死者共同生活的人”，均可以成为无人承受的遗产的酌情分配请求权主体的四川省被调查者，各占六至七成以上（见表8-83），酌分请求权主体较为广泛。前述涉及无人承受遗产的案例之司法实践审判中，也反映出我国无人承受遗产的酌分请求权主体范围较窄。

（二）我国无人承受遗产制度之立法完善建议

针对以上两个方面立法之不足，我们提出以下两个方面立法完善建议：

1. 无人承受遗产的处理之立法建议

无人承受的遗产，由被继承人最后住所地或主要财产所在地的村委会、居委会指定遗产管理人。

2. 无人承受遗产的酌分请求权主体之立法建议

建议适当扩大酌情分配无人承受遗产的请求权主体范围。无人承受的遗产，经清偿债务、执行遗赠后有剩余的，依靠被继承人扶养的人、对被继承人扶养较多的人、与被继承人共同生活的人或其他与被继承人有密切关系的人作为酌情分配遗产请求权人，可以向遗产管理人提出书面请求，经居民委员会或村民委员会审查批准后，遗产管理人对他们进行酌情分配。

第九章　当代中国广东省民众财产继承观念与遗产处理习惯实证调查研究*

第一节　当代中国广东省民众财产继承观念与遗产处理习惯实证调查概况

一、被调查地区概况

（一）广东省社会经济发展水平情况

2018 年，广东省实现地区生产总值 97277.77 亿元，比上年年增长 6.8%。分区域看，珠三角地区生产总值占全省比重为 80.2%，东翼、西翼、山区分别占 6.6%、7.4%、5.8%。①

（二）广东省人口结构情况

关于广东省城乡人口结构，2018 年全省常住人口 11346.00 万人，比上年年末增加 177 万人，其中城镇常住人口有 8021.62 万人，人口城镇化率为 70.70%；乡村常住人口有 3324.38 万人，占 29.30%。从全省人口性别结构看，男性有 5920.34 万人，占 52.18%；女性有 5425.66 万人，占 47.82%。从全省人口年龄结构看，全省年末常住人口主要年龄段人数分别为：0~14 周岁有 1949.24 万人，占 17.18%；15~64 周岁有 8418.73 万人，占 74.20%；65 周岁及以上有 978.03 万人，占 8.62%。即该省人口年龄结构呈现以中青年为主体的特点，占七成半。②

（三）广东省城乡人口的年均收入情况

2018 年全年全省居民人均可支配收入 35809.9 元，比上年增长 8.5%，扣除物价因素，实际增长 6.2%。按常住地分，城镇常住居民人均可支配收入 44341.0 元，比上年增长 8.2%；扣除价格因素，实际增长 5.9%；农村常住居民人均可支配收入 17167.7 元，比上年增长 8.8%；扣除价格因素，实际增长 6.8%。③

---

* 作者简介：卓冬青，女，中山大学法学院副教授；郭丽红，女，广东工业大学政法学院教授；黄蔚菁，女，中山大学诉讼法学博士研究生；白玉，女，西南政法大学民商法学博士研究生。

① 国家统计局广东调查总队：《2018 年广东国民经济和社会发展统计公报》，http://gjdc.gd.gov.cn/ggl/202002/t20200227_154724.html，访问日期：2019 年 5 月 22 日。

② 国家统计局广东调查总队：《2018 年广东国民经济和社会发展统计公报》，http://gjdc.gd.gov.cn/ggl/202002/t20200227_154724.html，访问日期：2019 年 5 月 22 日。

③ 国家统计局广东调查总队：《2018 年广东国民经济和社会发展统计公报》，http://gjdc.gd.gov.cn/ggl/202002/t20200227_154724.html，访问日期：2019 年 5 月 22 日。

二、实证调查情况简介

2016年11月，西南政法大学陈苇教授主持申报的司法部科研项目“我国遗产处理制度系统化构建研究”被批准立项。为了给此项目的理论研究和制度研究提供国情资料，必须调查了解当代中国民众的财产观念与遗产处理习惯。考虑到课题组人力、物力的限制，陈苇教授选择我国十省市包括东北部的吉林省、东部的上海市、北部的河北省、中部的湖北省和江西省、南部的广东省和海南省、东南部的福建省、西南部的重庆市和四川省作为被调查地区，然后联系并确定了各省市调查组组长共同组织开展本项目的子课题“当代中国民众财产继承观念与遗产处理习惯实证调查研究”。本次“当代中国广东省民众财产继承观念与遗产处理习惯实证调查研究”是西南政法大学陈苇教授主持的“当代中国民众财产继承观念与遗产处理习惯实证调查研究”的组成部分之一，由中山大学法学院卓冬青副教授和广东工业大学政法学院郭丽红教授分别担任广东省调查组组长和副组长。

（一）调查问卷的设计和学生调查员的召集与培训

2016年11月中旬，陈苇教授组织重庆市课题组成员分工合作，设计制作“当代中国民众财产继承观念与遗产处理习惯实证调查研究”的调查问卷，至同年12月中旬完成了调查问卷的设计工作。然后，陈苇教授把调查问卷电子版通过邮件发送给参加本次实证调查的十省市调查组组长，以供开展实地调查时十省市被调查地区统一使用。同年12月下旬，根据陈苇教授撰写的“当代中国民众财产继承观念与遗产处理习惯社会调查动员会和培训会”的说明书，本调查组的指导老师在遴选广东籍的138名学生作为社会调查员后，分别组织中山大学法学院法律诊所的学生调查员和广东工业大学法学院的本科生调查员召开“当代中国广东省民众财产继承观念与遗产处理习惯实证调查动员暨社会调查知识培训会”。在会上，指导老师给每位学生调查员发放6份调查问卷，针对问卷的问题，逐一讲解调查要点和具体的调查方法，要求被调查者须男女均等，分为老、中、青（61岁以上、41~60岁、20~40岁）三个年龄段，并且最好具有不同的职业背景，并且要求每名学生调查员利用2017年的寒假各自在家乡开展实地社会调查。

（二）实地社会调查的方式

2017年1月至2月的寒假期间，138名学生调查员在各自家乡开展实地社会调查。本次调查主要采取学生调查员“入户问卷调查”和“个人访谈”的方式进行。

一是入户问卷调查。学生调查员在2017年的寒假期间回到自己的家乡，向当地民众进行入户问卷调查。根据本次调查的对象选取要求，每位被调查对象必须符合培训会说明的条件和要求，而且每位被调查者只能填写一份调查问卷。学生调查员入户首先向被调查者讲解说明本次调查的目的意义和调查问卷填写的问题，采取让被调查者自己填写问卷或者学生调查员向被调查者询问后代其填写两种方式完成问卷的填写。

二是个人访谈。要求采取“一对一”的个人访谈方式，以收集与遗产继承有关的纠纷或案例。本次实地调查，除填写调查问卷外，还要求辅以“一对一”的个人访谈，收集和记录典型的继承纠纷或相关案例的内容。因为调查问卷涉及客观选择与主观理由两部分内容，采取“一对一”的个人访谈方式，可以避免被调查者受他人的影响，便于更客观深入地了解被调查民众的真实想法。

（三）调查问卷数据的录入、统计汇总、复核与撰写调查研究报告

2017 年 3 月开学后，广东省调查组教师组织统一回收了调查问卷和典型案例的访谈记录，然后组织学生统计员对调查问卷进行数据统计工作。我们根据有效问卷进行调查数据的录入、制作统计汇总表，再进行统计汇总数据的复核工作。本次实地调查实际发放调查问卷 600 份，剔除无效问卷后，收回有效问卷 421 份，有效问卷率为 70.17%。随后，根据有效问卷进行调查数据的录入、制作统计汇总表，并且进行统计汇总数据的复核。2017 年 4 月底完成了《〈当代中国民众财产继承观念与遗产处理习惯实证调查问卷〉广东省民众实证调查统计数据汇总表》的定稿。我们在此需要特别说明，关于各项调查问题之统计人数的合计，凡单选题的人数合计均为 100%，均合计在统计表中；凡多选题的人数合计均超过 100%，故不予进行合计的统计。本调查研究就是根据此次调查统计数据汇总表为基础资料进行分析和研究而撰写。在此，特向所有参与本次调查工作的老师和同学表示衷心的感谢！①

2017 年 4 月，陈苇教授拟定了“当代中国民众财产继承观念与遗产处理习惯实证调查研究的写作提纲和写作要求”。2017 年 5 月起，我们根据此写作提纲和写作要求，进入参考文献资料的收集和调查报告的写作与修改阶段。本章“当代中国广东省民众财产继承观念与遗产处理习惯实证调查研究”由卓冬青副教授、郭丽红教授、黄蔚菁博士生共同撰写初稿至第六稿，其间，根据陈苇教授对初稿至第六稿的历次修改意见和中期评审专家的意见，多次对稿件进行了相应的修改和补充，最后向课题负责人陈苇教授交稿。2019 年 1 月，陈苇教授继续对广东省调查研究报告进行了审阅和修改补充，然后组织重庆市调查组博士生对广东省调查研究报告统一进行了三次修改和补充，最终于 2019 年 6 月完成定稿。

三、被调查对象的基本情况

本次调查的对象为广东省常住人口，我们根据 421 份有效问卷，对 421 名被调查者的性别、年龄和职业情况统计如下：

（一）被调查者的性别情况

表 9-1　被调查者的性别情况统计

性别	人数	比例
男	207	49.17%
女	214	50.83%
合计	421	100%

关于被调查者的性别情况，统计数据显示，在 421 名被调查者中，男性有 207 人（占 49.17%）；女性有 214 人（占 50.83%）。可见，本次被调查对象的男女性别比例较为均衡。

① 参与广东省民众财产继承观念与遗产处理习惯的实地调查以及调查数据统计汇总等工作的师生名单，详见“鸣谢”。

（二）被调查者的年龄情况

表 9-2 被调查者的年龄情况统计

年龄	人数	比例
20~30 岁	126	29.93%
31~40 岁	78	18.53%
41~50 岁	96	22.80%
51~60 岁	62	14.73%
61~70 岁	23	5.46%
71 周岁以上	36	8.55%
合计	421	100%

关于被调查者的年龄情况，统计数据显示，在 421 名被调查者中，青年人（20~40 岁）有 204 人（占 48.46%）；中年人（41~60 岁）有 158 人（占 37.53%）；老年人（61 岁以上）有 59 人（占 14.01%）。可见，在被调查者中，中青年人的占比较高，两者的占比合计占八成半以上；老年人比例较低，只占近一成半。

（三）被调查者的职业情况

表 9-3 被调查者的职业情况统计

职业	人数	比例
农民	27	6.41%
工人	49	11.64%
经商者	73	17.34%
公务员及企事业单位人员	161	38.25%
其他	111	26.36%
合计	421	100%

关于被调查者的职业情况，统计数据显示，在 421 名被调查者中，农民有 27 人（占 6.41%）；工人有 49 人（占 11.64%）；经商者有 73 人（占 17.34%）；公务员及企事业单位人员有 161 人（占 38.25%）；其他职业有 111 人（占 26.37%）。可见，广东省被调查者中，工农商职业人数合计占三成半（35.39%），公务员及企事业单位职业人数合计约占四成（38.25%），其他职业人数占二成半（26.37%）。

综上所述，本次被调查者的男女性别比大体相当，在各年龄段的占比中，中青年人居多占八成半，各种职业的均有，基本上能够反映不同性别、年龄和职业被调查者的财产继承观念和遗产处理习惯。

第二节　当代中国广东省民众财产继承观念与遗产处理习惯实证调查的数据统计情况

一、遗产范围界定之调查数据统计情况

关于遗产范围界定之调查数据统计，我们主要从遗产的种类和被继承人生前特种赠与财产的归扣两个方面进行调查数据的统计情况汇总分析。

(一) 遗产的种类

问题【一、(一)】“2016年2月某甲因车祸死亡，经清理某甲个人名下的遗物，您认为，以下哪些属于某甲的遗产，A. 住房一套；B. 小汽车一辆；C. 家庭日常生活用品若干；D. 存款10万元；E. 股票10万元；F. 某甲以其姓名注册的邮箱、QQ账号等；G. 单位出租给他的午休住房一间；H. 某甲向某公司购货的欠款5万元；I. 某甲因交通事故死亡获得50万元赔偿金。(多选)”

表9-4　属于遗产种类的民众观念情况统计（多选）

选项	人数	比例
A. 住房一套	407	96.67%
B. 小汽车一辆	393	93.35%
C. 家庭日常生活用品若干	200	47.51%
D. 存款10万元	404	95.96%
E. 股票10万元	387	91.92%
F. 某甲以其姓名注册的邮箱、QQ账号等	124	29.45%
G. 单位出租给某甲的午休住房一间	143	33.97%
H. 某甲向某公司购货的欠款5万元	266	63.18%
I. 某甲因交通事故死亡获得50万元赔偿金	309	73.40%

关于属于遗产种类的民众观念，统计数据显示，在被调查者中：(1) 选择A、B、D、E四项，住房(96.67%)、小汽车(93.35%)、存款(95.96%)、股票(91.92%)四种财产形式属于遗产的占九成以上；(2) 选择C、G、H、I四项，家庭日常生活用品若干(47.51%)、欠款(63.18%)、死亡赔偿金(73.40%)和单位出租给某甲的午休住房(33.97%)属于遗产的，各占三至七成以上；(3) 选择F项，“某甲以其姓名注册的邮箱、QQ账号等”属于遗产的占近三成(29.45%)。

(二) 被继承人生前特种赠与财产的归扣

1. 被继承人生前特种赠与财产是否应归入遗产范围的民众观念情况统计

问题【一、(二) 1.】“张老汉有三个儿子，在10年前大儿子甲结婚时，张老汉给其资助购买婚房的现金20万元；二儿子乙一直未结婚，但5年前在其开办豆腐坊时，张老

汉资助其营业资金10万元。在两年前小儿子丙结婚时，张老汉为其购买一套价值30万的房屋（产权登记在小儿子丙名下）；2016年1月张老汉去世时遗留有个人所有的住房一套和50万元存款。您认为，上述哪些财产应当计算入遗产？A. 张老汉生前给三个儿子不同资助的财产与死亡时其遗留的住房、存款，均应当合并计算为遗产；B. 张老汉去世时遗留的个人所有的住房和50万元存款，才可以计算为遗产；C. 其他。（单选）”

表9-5　被继承人生前特种赠与财产是否应归入遗产范围的民众观念情况统计（单选）

选项	人数	比例
A. 张老汉生前给三个儿子不同资助的财产与死亡时其遗留的住房、存款，均应当合并计算为遗产	57	13.54%
B. 张老汉去世时遗留的个人所有的住房和50万元存款，才可以计算为遗产	364	86.46%
C. 其他	0	0%
合计	421	100%

关于被继承人生前特种赠与财产是否应归入遗产范围的民众观念，统计数据显示，在421名被调查者中，（1）选择B项被继承人去世时遗留的个人财产才可算作遗产，不包括被继承人生前对子女的特种赠与财产的，占八成半以上（86.46%）；（2）选择A项被继承人生前资助子女的财产与死亡时其遗留的住房、存款，均应当合并计算为遗产的，仅占一成以上（13.54%）。

2. 归扣遗产的价值计算时间的民众观念情况统计

问题【一、（二）2.】“如果上述答案您选A，请问张老汉为小儿子丙买房的价值应该按何时计算？A. 买房时；B. 张老汉去世时；C. 实际分割遗产时；D. 其他。（单选）”

表9-6　归扣遗产的价值计算时间的民众观念情况统计（单选）

选项	人数	比例
A. 买房时	9	15.79%
B. 张老汉去世时	5	8.77%
C. 实际分割遗产时	39	68.42%
D. 其他	4	7.02%
合计	57	100%

关于归扣遗产的价值计算时间的民众观念，统计数据显示，在认可归扣制度的57名被调查者中，（1）选择C项应按实际分割遗产时计算的，占近七成（68.42%）；（2）选择A项认为应按购置该财产时计算的，占一成半（15.79%）；（3）选择B项应按被继承人去世时计算的，占不到一成（8.77%），即认为应按实际分割遗产时计算归扣遗产价值的占比居第一位。

3. 生前特种赠与财产是否归扣纳入遗产范围的民间习惯情况统计

问题【一、(二) 3.】“在您所在的地区，如果发生上述张老汉生前给三个儿子不同资助财产的情况，在继承遗产时这些资助财产是否被合计到遗产范围内？A. 是；B. 不是。(单选)”

表 9-7 被继承人生前特种赠与财产是否归扣纳入遗产的民间习惯情况统计（单选）

选项	人数	比例
A. 是	126	29.93%
B. 不是	295	70.07%
合计	421	100%

关于生前特种赠与财产是否归扣纳入遗产范围的民间习惯，统计数据显示，421 名被调查者所在地区的继承习惯是：（1）B 项不是，即没有归扣习惯的占七成（70.07%）；（2）A 项是，即有归扣习惯的占近三成（29.93%）。

4. 生前特种赠与财产不归扣纳入遗产的分配方式之民间习惯与理由情况统计

问题【一、(二) 4.】“上一题如果您选择 B 项即这些资助财产不是被合计到遗产范围内，三个儿子是如何分配父亲张老汉的遗产的？A. 平均分配；B. 乙应该适当多分；C. 其他。(单选) 理由是什么？”

（1）生前特种赠与财产不归扣纳入遗产的分配方式之民间习惯情况统计。

表 9-8 生前特种赠与财产不归扣纳入遗产的分配方式之民间习惯情况统计（单选）

选项	人数	比例
A. 平均分配	111	37.63%
B. 乙应该适当多分	42	14.23%
C. 其他	142	48.14%
合计	295	100%

关于生前特种赠与财产不归扣纳入遗产的分配方式之民间习惯，统计数据显示，在填写该问题的 295 名被调查者所在地区的继承习惯是：①A 项平均分配的，占近四成（37.63%）；②B 项乙应当适当多分的，占近一成半（14.23%）。

（2）生前特种赠与财产不归扣纳入遗产范围分配之理由情况统计。

表 9-9 生前特种赠与财产不归扣纳入遗产范围分配之理由情况统计

项目		人数	比例
A. 平均分配	1）不考虑张老汉生前给三个儿子财产的情况，死后平均分配所留遗产，有利于遗产的分割	99	33.56%
	2）符合法律规定	12	4.07%

续表

项目		人数	比例
B. 乙应该适当多分	1）因为张老汉生前给乙的财产较少，在其死后乙应多分些，这体现公平原则	40	13.56%
	2）乙未脱离原生家庭，考虑其情况应该多分	2	0.68%
C. 其他	1）应协商决定	60	20.34%
	2）困难者多分	20	6.78%
	3）还要考虑遗孀、遗嘱等情况	15	5.08%
	4）遵从习惯	47	15.93%
合计		295	100%

关于生前特种赠与财产不归扣纳入遗产的分配方式之理由，统计数据显示，在填写该问题的295名被调查者中，①A项“平均分配”的主要理由是，平均分配所留遗产，有利于遗产的分割（占33.56%）或符合法律规定（占4.07%）；②B项“乙应该适当多分”的主要理由是，这体现公平原则（占13.56%）等；③C项“其他”的主要理由是应协商解决（20.34%）和遵从习惯（15.93%）等。

二、继承开始的通知和公告之调查数据统计情况

关于继承开始的通知和公告之调查数据统计，我们主要从继承开始的通知和公告的主体、继承开始的通知和公告的方式、继承开始的通知和公告的期间三个方面进行调查数据的统计情况汇总分析。

（一）继承开始的通知和公告的主体

问题【二、（一）】“被继承人死亡后，在您所在的地区一般由下列哪些人通知涉及遗产分配的相关人员？A. 知道被继承人死亡的继承人；B. 保管遗产的继承人；C. 知道被继承人死亡的单位、村（居）委会；D. 处理被继承人死亡事件的机构，如公安交警部门；E. 其他。（多选）”

表9-10　继承开始的通知和公告主体的民间习惯情况统计（多选）

选项	人数	比例
A. 知道被继承人死亡的继承人	299	71.02%
B. 保管遗产的继承人	248	58.91%
C. 知道被继承人死亡的单位、村（居）委会	234	55.58%
D. 处理被继承人死亡事件的机构，如公安交警部门	128	30.40%
E. 其他	5	1.19%

关于继承开始的通知和公告主体的民间习惯，统计数据显示，被调查者所在地区的继承习惯是：（1）A、B两项由继承人作为主体的，各占五至七成以上，具体包括：“知道

被继承人死亡的继承人”（71.02%）和“保管遗产的继承人”（58.91%）；（2）C项由知道被继承人死亡的单位、村（居）委会作为主体的，占五成半（55.58%）；（3）D项由处理被继承人死亡事件的机构作为主体的，占三成（30.40%）。

（二）继承开始的通知和公告的方式

问题【二、（二）】“被继承人死亡后，您所在地区的人们一般采取以下哪些方式通知涉及遗产处理的相关人员？A. 口头、电话、微信等方式通知；B. 信件、告知函等书面方式通知；C. 在报纸、电视、网络等平台上发布被继承人死亡的公告；D. 在被继承人所在地的村（居）委会公告栏公告；E. 申请人民法院以公告程序进行公告；F. 其他。（多选）”

表9-11　继承开始的通知和公告方式的民间习惯情况统计（多选）

选项	人数	比例
A. 口头、电话、微信等方式通知	317	75.30%
B. 信件、告知函等书面方式通知	241	57.24%
C. 在报纸、电视、网络等平台上发布被继承人死亡的公告	153	36.34%
D. 在被继承人所在地的村（居）委会公告栏公告	139	33.01%
E. 申请人民法院以公告程序进行公告	189	44.89%
F. 其他	4	0.95%

关于继承开始的通知和公告方式的民间习惯，统计数据显示，被调查者所在地区的继承习惯是：（1）A、B两项分别由“口头、电话、微信等方式通知”（75.30%）和“信件、告知函等书面方式通知”（57.24%）的，各占五至七成以上；（2）C、D、E三项分别“在报纸、电视、网络等平台上发布被继承人死亡的公告”（36.34%）、“在被继承人所在地的村（居）委会公告栏公告”（33.01%）和“申请人民法院以公告程序进行公告”（44.89%）的，各占三至四成以上。

（三）继承开始的通知和公告的期间

问题【二、（三）】“您认为，通知人应在被继承人死亡后几日内发出通知？A. 3日；B. 7日；C. 15日；D. 30日；E. 其他。（单选）”

表9-12　继承开始的通知和公告的期间的民众观念情况统计（单选）

选项	人数	比例
A. 3日	42	9.97%
B. 7日	112	26.60%
C. 15日	43	10.21%
D. 30日	158	37.53%
E. 其他	66	15.69%
合计	421	100%

关于继承开始的通知和公告期间的民众观念，统计数据显示，在421名被调查者中，(1) 选择A、B、C三项应在15日以内发出的，合计占四成半以上（占46.78%）；(2) 选择D项应在30日以内发出的，占近四成（37.53%）。

三、遗产管理之调查数据统计情况

关于遗产管理之调查数据统计，我们主要从遗产管理人的确定、遗产管理人的职责与报酬、遗产管理人的损害赔偿责任三个方面进行调查数据的统计情况汇总分析。

（一）遗产管理人的确定

问题【三、(一)】“您所在地区的人们处理遗产继承时，一般由谁清点和管理遗产？A. 死者的法定继承人：配偶、子女、父母、兄弟姐妹、孙子女或外孙子女、祖父母或外祖父母；B. 死者的儿媳或女婿；C. 死者家族中的德高望重者；D. 死者的其他亲戚朋友；E. 死者所在的单位或村/居委会；F. 其他。(多选)”

1. 关于遗产管理人的确定的民间习惯情况统计

表9-13　遗产管理人的确定的民间习惯情况统计（多选）

选项	人数	比例
A. 死者的法定继承人	293	69.59%
B. 死者的儿媳或女婿	31	7.36%
C. 死者家族中的德高望重者	77	18.29%
D. 死者的其他亲戚朋友	58	13.78%
E. 死者所在的单位或村/居委会	58	13.78%
F. 其他	8	1.90%

关于遗产管理人的确定的民间习惯，统计数据显示，被调查者所在地区的继承习惯是：(1) A项由死者的法定继承人作为遗产管理人的，占近七成（69.59%）；(2) B、C、D、E四项分别由“死者的儿媳或女婿”（7.36%）、“死者家族中的德高望重者”(18.29%)、“死者的其他亲戚朋友”（13.78%）和“死者所在的单位或村/居委会”(13.78%) 作为遗产管理人的，各占一成左右。

2. 法定继承人担任遗产管理人的民间习惯情况统计

表9-14　法定继承人担任遗产管理人的民间习惯情况统计（多选）

死者的法定继承人	人数	比例
A. 配偶	273	93.17%
B. 子女	151	51.54%
C. 父母	124	42.32%
D. 兄弟姐妹	92	31.40%

续表

死者的法定继承人	人数	比例
E. 孙子女或外孙子女	37	12.63%
F. 祖父母或外祖父母	40	13.65%

关于法定继承人担任遗产管理人的民间习惯，统计数据显示，在填写本问题的293名被调查者所在地区的继承习惯是：（1）A项由配偶担任遗产管理人的，占九成以上（93.17%）；（2）B、C、D三项分别由“子女”（51.54%）、“父母”（42.32%）和“兄弟姐妹”（31.40%）担任遗产管理人的，各占三至五成以上；（3）选择F、E两项分别由“祖父母或外祖父母”（13.65%）和“孙子女或外孙子女”（12.63%）担任遗产管理人的，各占一成以上。

（二）遗产管理人的职责与报酬

1. 遗产管理人的职责的民众观念情况统计

问题【三、（二）1.】“您认为，遗产管理人的管理职责有哪些？A. 清查遗产，制作遗产清单；B. 妥善保管遗产；C. 查明被继承人生前的债权和债务，积极地追讨债权或清偿债务；D. 查明被继承人是否留有遗嘱，并且确定遗嘱是否真实合法；E. 可以原告或被告的身份参加因遗产引起的诉讼；F. 定期制作遗产管理报告，向继承人报告遗产管理的情况；G. 其他。（多选）”

表9-15　遗产管理人的职责的民众观念情况统计（多选）

选项	人数	比例
A. 清查遗产，制作遗产清单	390	92.64%
B. 妥善保管遗产	387	91.92%
C. 查明被继承人生前的债权和债务，积极地追讨债权或清偿债务	277	65.80%
D. 查明被继承人是否留有遗嘱，并且确定遗嘱是否真实合法	275	65.32%
E. 可以原告或被告的身份参加因遗产引起的诉讼	242	57.48%
F. 定期制作遗产管理报告，向继承人报告遗产管理的情况	176	41.80%
G. 其他	3	0.71%

关于遗产管理人的职责的民众观念，统计数据显示，在被调查者中，选择A、B、C、D、E、F六项，遗产管理人的职责应包括“清查遗产，制作遗产清单”（92.64%）、“妥善保管遗产”（91.92%）、“查明被继承人生前的债权和债务，积极地追讨债权或清偿债务”（65.80%）、“查明被继承人是否留有遗嘱，并且确定遗嘱是否真实合法”（65.32%）、“可以原告或被告的身份参加因遗产引起的诉讼”（57.48%）和“定期制作遗产管理报告，向继承人报告遗产管理的情况”（41.80%）的，各占四至九成以上。

2. 遗产管理人是否有权取得报酬的民间习惯情况统计

问题【三、(二) 2.】"您所在地区，负责管理遗产的人是否可以获得报酬? A. 继承人担任遗产管理人的，不能请求给付报酬；B. 法院指定的遗产管理人，有权请求给付报酬；C. 继承人选任的第三人作为遗产管理人，是否给付报酬，应当由继承人决定；D. 继承人选任的第三人作为遗产管理人，一律有权请求给付报酬；E. 其他。(多选)"

表 9-16　遗产管理人是否取得报酬的民间习惯情况统计（多选）

选项	人数	比例
A. 继承人担任遗产管理人的，不能请求给付报酬	119	28.27%
B. 法院指定的遗产管理人，有权请求给付报酬	274	65.08%
C. 继承人选任的第三人作为遗产管理人，是否给付报酬，应当由继承人决定	242	57.48%
D. 继承人选任的第三人作为遗产管理人，一律有权请求给付报酬	125	29.69%
E. 其他	5	1.19%

关于遗产管理人是否应取得报酬的民间习惯，统计数据显示，被调查者所在地区的继承习惯是：(1) A 项继承人担任的遗产管理人，近三成（28.27%）的地区有管理人不能请求给付报酬的习惯；(2) B 项法院指定的遗产管理人，六成半（65.08%）的地区有可以请求给付报酬的习惯；(3) C、D 两项继承人选任的第三人作为遗产管理人，其中有近六成（57.48%）的地区有是否给付报酬应当由继承人决定的习惯；还有近三成（29.69%）的地区有一律有权请求给付报酬的习惯。

(三) 遗产管理人的损害赔偿责任

问题【三、(三)】"在您所在地区，负责管理遗产的人对因其过错造成的较大财产损失，是否承担赔偿责任? 您所在地区，负责管理遗产的人对因其过错造成的较大财产损失，是否承担赔偿责任? A. 只有故意或重大过失的，才承担赔偿责任；B. 无论是故意或重大过失或一般轻过失的，都要承担赔偿责任；C. 其他。(单选)"

表 9-17　遗产管理人的损害赔偿责任的民间习惯情况统计（单选）

选项	人数	比例
A. 只有故意或重大过失的，才承担赔偿责任	220	52.25%
B. 无论是故意或重大过失或一般轻过失的，都要承担赔偿责任	198	47.03%
C. 其他	3	0.72%
合计	421	100%

关于遗产管理人的损害赔偿责任之民间习惯，统计数据显示，421 名被调查者所在地区的继承习惯是：(1) A 项只有遗产管理人有故意或重大过失，才承担损害赔偿责任的，

占五成以上（52.25%）；（2）B 项无论是故意、重大过失或一般轻过失的，都要承担损害赔偿责任的，占四成半以上（47.03%）。

四、法定继承之调查数据统计情况

关于法定继承之调查数据统计，我们主要从法定继承人的范围和顺序、配偶与血亲继承人的法定应继份、配偶对遗产中家庭住房的先取权和终生使用权、后顺序特殊法定继承人对遗产中原使用的住房及日常生活用品的终生使用权、尽了主要赡养义务的丧偶儿媳或女婿的遗产分配方式五个方面进行调查数据的统计情况汇总分析。

（一）法定继承人的范围与顺序

1. 法定继承人的范围与顺序的民众观念情况统计

问题【四（一）1.】“下列亲属，您认为哪些应当作为法定继承人？他们各自的继承顺序如何？请根据您认为适当的先后顺序填写数字：1. 2. 3. ……例如，父母（1）；子女（2）；祖父母、外祖父母（3）。如果您认为应当在同一顺序的人，可以填写相同的数字，例如，配偶（1）；父母（1）；子女（1）；祖父母、外祖父母（1）。”

配偶（　）	父母（　）	儿子（　）女儿（　）
孙子女（　）外孙子女（　）	祖父母（　）外祖父母（　）	兄弟（　）姐妹（　）
侄子女（　）外甥子女（　）	伯叔姑舅姨（　）	堂兄弟姐妹（　）
表兄弟姐妹（　）	其他亲属（称谓）（　）	其他亲属（称谓）（　）

表 9-18　法定继承人的范围与顺序的民众观念情况统计（多选）①

亲属名称	第一顺序		第二顺序		第三顺序		第四顺序		第四顺序以上	
	人数	比例	人数	比例	人数	比例	人数	比例	人数	比例
配偶	412	97.86	9	2.14	0	0.00	0	0.00	0	0.00
父母	348	82.66	41	9.74	20	4.75	5	1.19	0	0.00
子	349	82.90	46	10.93	21	4.99	0	0.00	0	0.00
女	306	72.68	74	17.58	31	7.36	4	0.95	1	0.24
孙子女	7	1.66	296	70.31	52	12.35	28	6.65	8	1.90
外孙子女	5	1.19	248	58.91	85	20.19	22	5.23	17	4.04
祖父母	1	0.24	243	57.72	98	23.28	13	3.09	23	5.46
外祖父母	1	0.24	194	46.08	134	31.83	12	2.85	26	6.18
兄弟	81	19.24	179	42.52	80	19.00	16	3.80	21	4.99
姐妹	81	19.24	194	46.08	62	14.73	29	6.89	22	5.23
侄子女	0	0.00	0	0.00	53	12.59	65	15.44	200	47.51

① 必须说明，由于 421 名被调查者中填写其他亲属（称谓）的极少，只有 2 人，故制此表时对其不予统计。

续表

亲属名称	第一顺序		第二顺序		第三顺序		第四顺序		第四顺序以上	
	人数	比例	人数	比例	人数	比例	人数	比例	人数	比例
外甥子女	0	0.00	0	0.00	55	13.06	49	11.64	221	52.49
伯叔姑	0	0.00	2	0.48	52	12.35	102	24.23	159	37.77
舅姨	0	0.00	2	0.48	132	31.35	37	8.79	144	34.20
堂兄弟	0	0.00	1	0.24	145	34.44	134	31.83	36	8.55
堂姐妹	0	0.00	1	0.24	154	36.58	126	29.93	36	8.55
表兄弟	0	0.00	2	0.48	62	14.73	198	47.03	47	11.16
表姐妹	0	0.00	2	0.48	56	13.30	204	48.46	47	11.16
其他亲属	0	0.00	0	0.00	2	0.48	0	0.00	1	0.24

关于法定继承人的范围与顺序的民众观念，各顺序以被调查者选择占比最高的作为统计依据，统计数据显示，被调查者认可的法定继承人的范围与顺序是：第一顺序为配偶（97.86%）、父母（82.66%）、子（82.90%）、女（72.68%）；第二顺序为孙子女（70.31%）、外孙子女（58.91%）、祖父母（57.72%）、外祖父母（46.08%）、兄弟（42.52%）、姐妹（46.08%）；第三顺序为堂兄弟（34.44%）、堂姐妹（36.58%）；第四顺序为表兄弟（47.03%）、表姐妹（48.46%）；第五顺序为侄子女（47.51%）、外甥子女（52.49%）、伯叔姑（37.77%）、舅姨（34.20%）。

2. 配偶与血亲继承人顺序的民众观念情况统计

问题【四、（一）2.】“以下三种法定继承人的范围和顺序，您认为哪一个更为适当？（单选）”

A.	B.	C.
第一顺序：子女	第一顺序：子女	第一顺序：配偶、子女、父母
第二顺序：父母	第二顺序：父母	第二顺序：兄弟姐妹、祖父母、外祖父母
第三顺序：兄弟姐妹、祖父母、外祖父母、兄弟姐妹的子女（侄子女、外甥子女为代位继承人）	第三顺序：兄弟姐妹、祖父母、外祖父母、兄弟姐妹的子女（侄子女、外甥子女为代位继承人）	第三顺序：侄子女、外甥子女
配偶无固定顺序，能够参与第一顺序、第二顺序、第三顺序的继承	配偶无固定顺序，能够参与第一顺序、第二顺序的继承	配偶有固定顺序，只能参与第一顺序的继承

表 9-19　配偶与血亲继承人顺序的民众观念情况统计（单选）

选项	人数	比例
A. 配偶无固定顺序，可以参与第一、第二、第三顺序继承	69	16.39%
B. 配偶无固定顺序，可以参与第一、第二顺序继承	136	32.30%
C. 配偶固定第一顺序	216	51.31%
合计	421	100%

关于配偶与血亲继承人顺序的民众观念，统计数据显示，在填写本问题的 650 名被调查者中，（1）选择 C 项第一继承顺序为配偶、子女、父母，配偶为固定的第一顺序继承人的，占五成以上（51.31%）；（2）选择 A、B 两项第一顺序为子女，第二顺序为父母，第三顺序为兄弟姐妹、祖父母、外祖父母、兄弟姐妹的子女，配偶为无固定继承顺序继承人，可以参与第一、第二（或第三）顺序继承的，合计占近五成（48.69%）。

（二）配偶与血亲继承人的法定应继份

问题【四、（二）】“配偶与血亲继承人共同继承各取得遗产的份额，您认为以下哪一项更为适当？（单选）”

A. 配偶无固定继承顺序	B. 配偶无固定继承顺序	C. 配偶有固定继承顺序	D. 其他
配偶与第一顺序的子女共同继承时，其取得遗产的一半。另一半由子女按人数平均继承	配偶与第一顺序的子女共同继承时，其取得遗产的一半，另一半由子女按人数平均继承	第一顺序继承人为配偶、子女、父母，共同继承时按人数均分遗产	
配偶与第二顺序的父母共同继承时，其取得遗产的三分之二。另外三分之一由父母平均继承	配偶与第二顺序的父母共同继承时，其取得遗产的三分之二，另外三分之一由父母平均继承	无第一顺序血亲继承人时，配偶继承全部遗产	
配偶与第三顺序的兄弟姐妹、祖父母和外祖父母共同继承时，其取得遗产的四分之三。另外四分之一由兄弟姐妹、祖父母、外祖父母，按人数平均继承	无第一、第二顺序血亲继承人时，配偶继承全部遗产		
无上述三个顺序血亲继承人时，配偶取得全部遗产			

表 9-20　配偶与血亲继承人法定应继份的民众观念情况统计（单选）

选项	人数	比例
A. 配偶无固定继承顺序，参与前三顺位的继承并取得不同份额；无上述三个顺序血亲继承人时，配偶取得全部遗产	240	57.00%
B. 配偶无固定继承顺序，参与前二顺位的继承并取得不同份额；无第一、第二顺序血亲继承人时，配偶继承全部遗产	36	8.55%
C. 配偶有固定继承顺序，与第一顺序继承人共同继承并均分遗产	144	34.20%
D. 其他	1	0.25%
合计	421	100%

关于配偶与血亲继承人法定应继份的民众观念，统计数据显示，在 421 名被调查者中，（1）选择 A、B 两项配偶应无固定继承顺序，参与前三顺序或前二顺序继承并取得不同份额的，合计占六成半以上（65.55%）；（2）选择 C 项配偶应有固定继承顺序，与第一顺序继承人共同继承并均分遗产的，占不到三成半（34.20%）。

（三）配偶对遗产中家庭住房的先取权与终生使用权

1. 配偶对遗产中家庭住房的先取权与终生使用权的民间习惯情况统计

问题【四、（三）1.】“甲乙是夫妻，育有一子丙。甲因病去世时留下的遗产包括：价值 50 万元的住房一套（原由甲乙夫妻共同居住，丙已结婚分家另过）、价值 10 万元小汽车一辆和 20 万元存款。此情形下配偶是否可以优先继承这套房屋（配偶先取权）？A. 是；B. 否。（单选）”

表 9-21　配偶对遗产中家庭住房的先取权与终生使用权的民间习惯情况统计（单选）

选项	人数	比例
A. 是	307	72.92%
B. 否	114	27.08%
合计	421	100%

关于配偶对遗产中家庭住房的先取权与终生使用权的民间习惯，统计数据显示，421 名被调查者所在地区的继承习惯是：（1）A 项是，即有该习惯的，占七成以上（72.92%）；（2）B 项否，即无此习惯的，占近三成（27.08%）。

2. 配偶对遗产中家庭住房的先取与终生使用是否付费的民间习惯情况统计

问题【四、（三）2.】“如果甲的妻子乙可以优先继承这套房屋，但该住房的价值超过其应当继承的遗产份额 40 万元，您所在地区是按照下列哪种情况处理的？A. 乙有权继承该住房，且无须向另一法定继承人丙进行补偿。B. 如果乙有经济补偿能力，则应当向另一法定继承人丙适当进行补偿。C. 其他。（单选）”

表 9-22　配偶对遗产中家庭住房的先取与终生使用是否付费的民间习惯情况统计（单选）

选项	人数	比例
A. 乙有权继承该住房，且无须向另一法定继承人丙进行补偿	206	48.93%
B. 如果乙有经济补偿能力，则应当向另一法定继承人丙适当进行补偿	210	49.89%
C. 其他	5	1.18%
合计	421	100%

关于配偶对遗产中家庭住房的先取与终生使用是否付费的民间习惯，统计数据显示，421 名被调查者所在地区的继承习惯是：（1）B 项适当补偿的，占近五成（49.89%）；（2）A 项无须进行补偿的，占近五成（48.93%），也就是说，如配偶无经济补偿能力，可不予补偿而终生使用此房屋。

（四）后顺序特殊法定继承人对遗产中原使用的住房及日常生活用品的终生使用权

关于后顺序特殊法定继承人对遗产中原使用的住房及日常生活用品的终生使用权，也可称为后顺序特殊法定继承人对特殊遗产的终生使用权。

1. 后顺序特殊法定继承人对遗产中原使用的住房及日常生活用品的终生使用权之民间习惯情况统计

问题【四、（四）1.】“某甲死亡时遗留下若干遗产，其中包括一套三室一厅的住房（其中一间房屋一直由某甲的祖父居住）。由于某甲的祖父属于后顺序继承人而不能参加继承，遗产全部由某甲的第一顺序继承人即其配偶及子女等继承。请问：在您所在的地区，如果发生了上述情况，有哪些处理方式？某甲的祖父对该供其居住的房屋，是否可以继续居住？A. 是；B. 否。（单选）”

表 9-23　后顺序特殊法定继承人对特殊遗产的终生使用权的民间习惯情况统计（单选）

选项	人数	比例
A. 是	396	94.06%
B. 否	25	5.94%
合计	421	100%

关于后顺序特殊法定继承人对特殊遗产的终生使用权的民间习惯，统计数据显示，421 名被调查者所在地区的继承习惯是：（1）A 项是，即有该习惯的占九成以上（94.06%）；（2）B 项否，即无该习惯的占不到一成（5.94%）。

2. 后顺序特殊法定继承人对遗产中原使用的住房及日常生活用品的终生使用是否付费的民间习惯情况统计

问题【四、（四）2.】“如果某甲的祖父可以继续居住，是否其可以不交租金？A. 是；B. 否。（单选）”

表 9-24 后顺序特殊法定继承人对特殊遗产的终生使用是否付费的民间习惯情况统计（单选）

选项	人数	比例
A. 是	381	90. 50%
B. 否	40	9. 50%
合计	421	100%

关于后顺序特殊法定继承人对特殊遗产的终生使用是否付费的民间习惯，统计数据显示，421 名被调查者所在地区的继承习惯是：（1）A 项是，即无须支付租金的占九成（90. 50%）；（2）B 项否，即要支付租金的占不到一成（9. 50%）。

3. 后顺序特殊法定继承人对遗产中原使用的住房及日常生活用品的终生使用权之期限的民间习惯情况统计

问题【四、（四）3.】“如果某甲的祖父可以继续居住，是否可以居住到其死亡时为止（终身使用权）？A. 是；B. 否。（单选）”

表 9-25 后顺序特殊法定继承人对特殊遗产的终生使用权期限的民间习惯情况统计（单选）

选项	人数	比例
A. 是	391	92. 87%
B. 否	30	7. 13%
合计	421	100%

关于后顺序特殊法定继承人对特殊遗产的终生使用权期限的民间习惯，统计数据显示，421 名被调查者所在地区的继承习惯是：（1）A 项是，即有无偿终生使用习惯的占九成以上（92. 87%）；（2）B 项否，即没有无偿终生使用习惯的仅占不到一成（7. 13%）。

（五）尽了主要赡养义务的丧偶儿媳或女婿的遗产分配方式

问题【四、（五）】“村民某甲，老伴因病早年去世，膝下有两个儿子乙和丙。2003 年乙与丁结婚后和某甲共同生活。2012 年 1 月乙因交通事故死亡，但乙的妻子丁仍然一直照料公公某甲的晚年生活，直至 2015 年 1 月某甲去世。请问：在您所在的地区，如发生上述情况，因乙的妻子丁对公公某甲尽了主要赡养义务，如何处理某甲的遗产分配问题？A. 丁可以与某甲的二儿子丙共同继承，并且平均分配遗产；B. 丁不能与某甲的二儿子丙共同继承，但其可分得适当的遗产；C. 其他。（单选）理由是什么？”

1. 尽了主要赡养义务的丧偶儿媳或女婿的遗产分配方式的民间习惯情况统计

表 9-26 尽了主要赡养义务的丧偶儿媳或女婿的遗产分配方式的民间习惯情况统计（单选）

选项	人数	比例
A. 丁可以与某甲的二儿子丙共同继承，并且平均分配遗产	252	59. 85%
B. 丁不能与某甲的二儿子丙共同继承，但其可分得适当的遗产	163	38. 72%

续表

选项	人数	比例
C. 其他	6	1.43%
合计	421	100%

关于尽了主要赡养义务的丧偶儿媳或女婿的遗产分配方式的民间习惯，统计数据显示，421 名被调查者所在地区的继承习惯是：（1）A 项其可以与第一顺序继承人共同继承且平均分配遗产的，占近六成（59.85%）；（2）B 项其不能作为第一顺序继承人，但可以酌情分得遗产的，占近四成（38.72%）。

2. 尽了主要赡养义务的丧偶儿媳或女婿的遗产分配方式的民间习惯之理由情况统计

表 9-27　尽了主要赡养义务的丧偶儿媳或女婿的遗产分配方式的民间习惯之理由情况统计

项目	人数	比例
A. 丁尽了赡养义务，符合中国的孝道文化和道德观念，因此有权继承遗产	86	51.19%
B. 法律规定该情形下有权继承遗产	12	7.14%
C. 丁作为儿媳是被继承人的亲人，有权继承遗产	9	5.36%
D. 与甲不具有血缘关系，遗产不能给了“外人”	57	33.93%
E. 其他	4	2.38%
合计	168	100%

关于尽了主要赡养义务的丧偶儿媳或丧偶女婿的遗产分配方式的民间习惯之理由，统计数据显示，在 168 名被调查者中，（1）认为其能与第一顺序继承人共同继承且平均分配遗产的主要理由分别是 A、B、C 三项，A 项该行为符合中国的孝道文化和道德观念的，占五成以上（51.19%）；B 项法律规定该情形下有权继承遗产的，占不到一成（7.14%）；C 项丁作为儿媳是被继承人的亲人，所以有权继承遗产的，占不到一成（5.36%）；（2）认为其不能作为第一顺序继承人的主要理由是，D 项丧偶儿媳或丧偶女婿与被继承人不具有血缘关系，遗产不能给了“外人”的，占三成以上（33.93%）。

五、遗嘱继承之调查数据统计情况

关于遗嘱继承之调查数据统计，我们主要从公证遗嘱与其他形式遗嘱的效力、遗嘱自由的限制——特留份、夫妻共同遗嘱三个方面进行调查数据的统计情况汇总分析。

（一）公证遗嘱与其他形式遗嘱的效力

问题【五、（一）】“退休职工甲有一套个人住房，其于 2011 年 2 月立了一份遗嘱，写明由其妻子乙一人继承该住房，并将该遗嘱进行了公证。后来，甲改变了主意，他重新写了一份遗嘱，写明由其妻子乙和儿子丙共同继承该房屋。2016 年 3 月甲住院病危期间，当着两位医生在现场立下口头遗嘱，指定其个人住房由儿子丙继承，两个小时后其抢救无效死亡。请问：您认为，甲的个人住房应该由谁继承？A. 乙；B. 乙和丙；C. 丙。（单选）”

表 9-28　公证遗嘱与其他形式遗嘱的适用效力的民众观念情况统计（单选）

选项	人数	比例
A. 乙（公证遗嘱有效）	147	34. 92%
B. 乙和丙（后成立的未公证书面遗嘱有效）	85	20. 19%
C. 丙（最后的口头遗嘱有效）	189	44. 89%
合计	421	100%

关于公证遗嘱与其他形式遗嘱适用效力的民众观念，统计数据显示，在被调查者中，（1）选择 B、C 两项后遗嘱的适用效力优先于前一遗嘱（包括公证遗嘱）的，合计占六成半（65. 08%）；（2）选择 A 项公证遗嘱的适用效力优先的，占近三成半（34. 92%）。

（二）遗嘱自由的限制——特留份

问题【五、（二）】“甲生前立了一份遗嘱，将自己死后遗留下的财产全部赠给他的一个好朋友乙，而他的配偶和子女不能取得甲的任何遗产。请问：您认为甲的这一做法是否适当？A. 适当；B. 不适当；C. 其他。（单选）”

表 9-29　以遗嘱将个人遗产全部赠给他人的民众观念情况统计（单选）

选项	人数	比例
A. 适当	174	41. 33%
B. 不适当	239	56. 77%
C. 其他	8	1. 90%
合计	421	100%

关于以遗嘱将个人遗产全部赠给他人的民众观念，统计数据显示，在 421 名被调查者中，对被继承人以遗嘱处分个人财产全部给第三人的行为，（1）选择 B 项不适当的，占五成半以上（56. 77%）；（2）选择 A 项适当的，占四成以上（41. 33%）。

（三）夫妻共同遗嘱

1. 夫妻共同遗嘱的民众观念情况统计

问题【五、（三）1.】“甲乙是夫妻，双方在生前共同设立一份遗嘱，对死后的遗产处理进行安排。甲乙双方在遗嘱中约定，不管谁先去世，另一方都不得改变此遗嘱对遗产的处理安排。请问：您是否认同甲乙夫妻双方共同设立遗嘱的此约定？A. 赞同；B. 不赞同。（单选）”

表 9-30 夫妻共同遗嘱的民众观念情况统计（单选）

选项	人数	比例
A. 赞同	269	63.90%
B. 不赞同	152	36.10%
合计	421	100%

关于夫妻共同遗嘱的民众观念，统计数据显示，在421名被调查者中，对于夫妻设立共同遗嘱，（1）选择A项赞成的，占近六成半（63.90%）；（2）选择B项不赞成的，占三成半以上（36.10%）。

2. 有无夫妻共同遗嘱存在的民间习惯情况统计

问题【五、（三）2.】“在您所在的地区，有无夫妻共同设立遗嘱的情况发生？A. 有；B. 无。（单选）”

表 9-31 有无夫妻共同遗嘱存在的民间习惯情况统计（单选）

选项	人数	比例
A. 有	77	18.29%
B. 无	344	81.71%
合计	421	100%

关于被调查地区夫妻共同遗嘱的民间习惯，统计数据显示，421名被调查者所在地区的继承习惯是：（1）B项无该习惯的，占八成以上（81.71%）；（2）A项有该习惯的，占近二成（18.29%）。

六、继承和遗赠的接受与放弃之调查数据统计情况

关于继承和遗赠的接受与放弃之调查数据统计，我们主要从继承的接受与放弃的时间与方式、遗赠的接受与放弃的方式与效力、继承的放弃与债权人的撤销权三个方面进行调查数据的统计情况汇总分析。

（一）继承的接受与放弃的时间与方式

问题【六、（一）】“对于继承人放弃继承的时间，您认为下列哪一个更为适当？A. 继承人放弃继承的，应在知道继承开始的2个月内作出放弃继承的表示。B. 继承开始后继承人放弃继承的，应当在遗产处理前，作出放弃继承的意思表示。（单选）”

表 9-32 继承的接受与放弃的时间与方式的民众观念情况统计（单选）

选项	人数	比例
A. 继承人放弃继承的，应在知道继承开始的2个月内作出放弃继承的意思表示	151	35.87%

续表

选项	人数	比例
B. 继承开始后继承人放弃继承的，应当在遗产处理前，作出放弃继承的意思表示	270	64.13%
合计	421	100%

关于继承的接受与放弃的时间与方式的民众观念，统计数据显示，在421名被调查者中，继承人接受或放弃继承的意思表示，（1）选择B项应当在遗产处理前作出的，占近六成半（64.13%）；（2）选择A项应在知道继承开始的2个月内作出的，占三成半（35.87%）。

（二）遗赠的接受与放弃的方式与效力

问题【六、（二）】“甲生前设立一份遗嘱，其内容为：在甲死后，将一辆小汽车赠给其侄子乙。后来甲去世，乙得知遗嘱的内容后，对此遗赠没有作出任何意思表示，既没有说接受，也没有说放弃。您认为下列哪一项更为适当？A. 乙无权取得该小汽车，乙的行为应该被视为放弃该遗赠；B. 乙有权取得该小汽车，乙的行为应该被视为接受该遗赠。（单选）请问：您所在地区的民众是如何接受遗赠的？”

1. 遗赠的接受与放弃的方式与效力之民众观念情况统计

表9-33　遗赠的接受与放弃的方式与效力之民众观念情况统计（单选）

选项	人数	比例
A. 乙无权取得该小汽车，乙的行为应该被视为放弃该遗赠	194	46.08%
B. 乙有权取得该小汽车，乙的行为应该被视为接受该遗赠	277	53.92%
合计	421	100%

关于遗赠的接受与放弃的方式与效力之民众观念，统计数据显示，在421名被调查者中，（1）选择B项受遗赠人不作表示应视为接受遗赠的，占近五成半（53.92%）；（2）选择A项受遗赠人不作表示应视为放弃遗赠的，占四成半以上（46.08%）。

2. 遗赠的接受与放弃的方式与效力的民间习惯情况统计

表9-34　遗赠的接受与放弃的方式与效力的民间习惯情况统计（单选）

选项	人数	比例
A. 只要不明示拒绝即为接受	34	57.63%
B. 口头或书面明确表示接受才可以视为接受	14	23.73%
C. 去政府登记接受遗赠	2	3.39%
D. 由家族德高望重者见证	9	15.25%
合计	59	100%

关于遗赠的接受与放弃的方式与效力之民间习惯，统计数据显示，填写该问题的59名被调查者所在地区的继承习惯是：（1）A项受遗赠人只要不明示拒绝即为接受遗赠的，占近六成（57.63%）；（2）B、C、D三项受遗赠人接受遗赠须通过口头或书面方式明示或登记或见证，否则视为放弃遗赠的，合计占四成以上（42.37%）。

（三）继承的放弃与债权人的撤销权

问题【六、（三）】“甲为乙的父亲，2015年年底，乙因病住院治疗，医治无效去世，留下遗产5万元及房屋一套。此时，甲经营的摩配厂已经负债累累，拖欠工人工资已有10个月，但他考虑儿媳在其丈夫乙去世后个人抚养年幼的女儿有经济困难，于是主动提出放弃继承儿子乙的遗产。甲的债权人却认为甲不应放弃继承其儿子的遗产，这实际上是逃避债务，侵犯了债权人利益。为此，甲的债权人起诉至人民法院，要求撤销甲放弃继承儿子乙遗产的行为。您认为下列哪一项更为恰当？A. 甲放弃继承乙遗产的行为，可以被撤销。B. 甲放弃继承乙遗产的行为，不可以被撤销。（单选）请问：您所在地区的人们是如何处理此类行为的？”

1. 继承的放弃能否被债权人撤销的民众观念情况统计

表9-35　继承的放弃能否被债权人撤销的民众观念情况统计（单选）

选项	人数	比例
A. 甲放弃继承乙遗产的行为，可以被撤销	231	54.87%
B. 甲放弃继承乙遗产的行为，不可以被撤销	190	45.13%
合计	421	100%

关于继承的放弃能否被债权人撤销的民众观念，统计数据显示，在421名被调查者中，对于继承人放弃继承的行为，（1）选择A项债权人可以撤销的，占近五成半（54.87%）；（2）选择B项债权人不可以撤销的，占四成半（45.13%）。

2. 继承的放弃能否被债权人撤销的民间习惯情况统计

表9-36　继承的放弃能否被债权人撤销的民间习惯情况统计（单选）

选项	人数	比例
A. 甲放弃继承乙遗产的行为，可以被撤销	25	59.52%
B. 甲放弃继承乙遗产的行为，不可以被撤销	17	40.48%
合计	42	100%

关于继承的放弃能否被债权人撤销的民间习惯，统计数据显示，填写该问题的42名被调查者所在地区的继承习惯是：对于继承人放弃继承的行为，（1）A项债权人可以撤销的，占近六成（59.52%）；（2）B项债权人不可以撤销的，占四成（40.48%）。

七、继承权的丧失、被继承人的宥恕与代位继承之调查数据统计情况

关于继承权的丧失、被继承人的宥恕与代位继承之调查数据统计，我们主要从继承权

的丧失与被继承人的宥恕、继承权的丧失与代位继承两个方面进行调查数据的统计情况汇总分析。

（一）继承权的丧失与被继承人的宥恕

问题【七、（一）】“某甲如果以欺诈或者胁迫的手段，迫使或者妨碍其父乙设立、变更或者撤销遗嘱，情节较为严重，但后来其获得乙的原谅。您认为以下哪一种处理更为适当？A. 某甲有资格继承其父遗产 B. 某甲仍然不能继承其父遗产。（单选）在您所在地区人们是如何处理此类行为的？”

1. 继承权的丧失与被继承人的宥恕的民众观念情况统计

表 9-37 继承权的丧失与被继承人的宥恕的民众观念情况统计（单选）

选项	人数	比例
A. 某甲有资格继承其父遗产	260	61. 75%
B. 某甲仍然不能继承其父遗产	161	38. 25%
合计	421	100%

关于继承权丧失与被继承人的宥恕的民众观念，统计数据显示，在 421 名被调查者中，对于继承人因欺诈或者胁迫而丧失继承权，可否因被继承人的宥恕而恢复继承权，（1）选择 A 项可以恢复的，占六成以上（61. 75%）；（2）选择 B 项不可以恢复的，占近四成（38. 25%）。

2. 继承权的丧失与被继承人的宥恕的民间习惯情况统计

表 9-38 继承权的丧失与被继承人的宥恕的民间习惯情况统计（单选）

选项	人数	比例
A. 某甲有资格继承其父遗产	32	76. 19%
B. 某甲仍然不能继承其父遗产	10	23. 81%
合计	42	100%

关于继承权丧失与被继承人的宥恕的民间习惯，统计数据显示，填写该问题的 42 名被调查者所在地区的继承习惯是：对于继承人因欺诈或者胁迫而丧失继承权，获得被继承人的宥恕，（1）A 项可以恢复继承权的，占七成半以上（76. 19%）；（2）B 项不可以恢复继承权的，占近二成半（23. 81%）。

（二）继承权的丧失与代位继承

问题【七、（二）】“村民甲死亡后，其子乙因实施伪造遗嘱的行为导致丧失了对其父甲的继承权，乙的儿子丙能否代替其父亲乙去继承祖父甲的遗产？您认为以下哪一种处理更为适当？A. 丙能够代替其父亲乙继承祖父甲遗产；B. 丙不能代替其父亲乙继承祖父甲遗产。（单选）请问：您所在地区的人们是如何处理此类情况的？”

1. 继承权丧失的效力是否及于代位继承人的民众观念情况统计

表 9-39 继承权丧失的效力是否及于代位继承人的民众观念情况统计（单选）

选项	人数	比例
A. 丙能够代替其父亲乙继承祖父甲遗产	128	30.41%
B. 丙不能代替其父亲乙继承祖父甲遗产	293	69.59%
合计	421	100%

关于继承权丧失的效力是否及于代位继承人的民众观念，统计数据显示，在 421 名被调查者中，（1）选择 B 项效力及于代位继承人的，占近七成（69.59%）；（2）选择 A 项效力不及于代位继承人的，占三成（30.41%）。

2. 继承权丧失的效力是否及于代位继承人的民间习惯情况统计

表 9-40 继承权丧失的效力是否及于代位继承人的民间习惯情况统计（单选）

选项	人数	比例
A. 可由丧失继承权者的子女代父继承被继承人的遗产	11	31.42%
B. 不可由丧失继承权者的子女代父继承被继承人的遗产	22	62.86%
C. 由其他继承人决定	1	2.86%
D. 由人民法院决定	1	2.86%
合计	35	100%

关于继承权丧失的效力是否及于代位继承人的民间习惯，统计数据显示，回答本题的 35 名被调查者所在地区的继承习惯是：（1）B 项及于代位继承人的，占六成以上（62.86%）；（2）A 项不及于代位继承人的，占三成以上（31.42%）；还有不到一成的地区是否可以代位继承有由其他继承人决定（2.86%）或人民法院决定（2.86%）的习惯。

八、继承协议之调查数据统计情况

必须说明，本节研究的对象是狭义的继承协议（又称继承扶养协议），是被继承人与继承人之间，就扶养与继承事项签订的协议。关于继承协议之调查数据统计，我们主要从继承协议的订立主体与方式、继承协议的变更方式及效力两个方面进行调查数据的统计情况汇总分析。

（一）继承协议的订立主体与方式

1. 继承协议的订立主体与方式的民众观念与理由情况统计

问题【八、（一）1.】“王某，现年 70 岁，有长子王一，次女王二，两个子女均已成家且分家另过。王某的老伴因患癌症花费了大量医药费后去世，老夫妻的共同财产现所剩无几，仅有郊区的一套住房是王某个人财产。虽然王某退休金不多，但身体没有大病，基本生活还是能够维持的。由于长子王一长期在外地工作，为解决父亲王某的养老送终问题，您认为，以下三种做哪一做法较为妥当？A. 父亲王某与次女王二，双方协商并签订协议，由次女王二一人承担赡养父亲王某的义务，王某的全部遗产指定由王二继承。B. 父亲王某与子女王一、王二，三人协商并签订协议，由次女王二一人承担赡养父亲王某的义务，王某的全部遗产商定由王二继承；王一放弃对父亲王某遗产的继承权。C. 子女王一与王二，两人协商并签订协议，由次女王二一人承担赡养父亲王某的义务，王某的全部遗产商定由王二继承；王一放弃对父亲王某遗产的继承权。（单选）”

表 9-41　继承协议的订立主体与方式的民众观念情况统计（单选）

选项	人数	比例
A. 父亲王某与次女王二协商一致即可签订协议（第一种方式）	53	12. 59%
B. 父亲王某需与全部继承人协商共同签订协议（第二种方式）	299	71. 02%
C. 共同继承人间签订协议而无须被继承人知晓或同意（第三种方式）	69	16. 39%
合计	421	100%

关于继承协议的订立主体与方式的民众观念，统计数据显示，在 421 名被调查者中，（1）选择 B 项应由被扶养人与全部继承人共同协商签订的，占七成以上（71. 02%）；（2）选择 C 项应由共同继承人之间协商签订继承协议即可，无须被扶养人知晓或同意的，占近二成（16. 39%）；（3）选择 A 项应由被扶养人与扶养人协商签订的，仅占一成以上（12. 59%）。

2. 继承协议存在的民间习惯情况统计

问题【八、（一）2.】“您过去是否听说或者经历过有以上类似的情况？A. 听说过或经历过；B. 从没听说或经历过以上情况。（单选）在听说过或经历过签订继承协议的人中，听说或经历过的方式是哪一种？A. 第一种方式；B. 第二种方式；C. 第三种方式。（多选）”

（1）继承协议的民间习惯情况统计。

表 9-42　继承协议的民间习惯情况统计（单选）

选项	人数	比例
A. 听说过或经历过签订继承协议	119	28. 27%
B. 从没听说或经历过以上情况	302	71. 73%
合计	421	100%

关于继承协议的民间习惯，统计数据显示，421 名被调查者所在地区的民间习惯是：①B 项从没听说或经历过签订继承协议情况的，占七成以上（71. 73%）；②A 项听说过或经历过以上情况的，占近三成（28. 27%）。

（2）听说过或经历过签订继承协议方式的民间习惯情况统计。

表 9-43　听说过或经历过签订继承协议方式的民间习惯情况统计（多选）

选项	人数	比例
A. 第一种方式	29	24.37%
B. 第二种方式	55	46.22%
C. 第三种方式	58	48.74%

关于听说过或经历过签订继承协议方式的民间习惯，统计数据显示，“听说或经历过”以上情况的 119 名被调查者所在地区的继承习惯是：对于继承协议的订立方式，①C 项由继承人间签订协议即可，无须被继承人知晓或同意的，占近五成（48.74%）；②B 项由被扶养人与全部继承人共同协商签订的，占四成半以上（46.22%）；③A 项由被扶养人与扶养人协商签订的，占近二成半（24.37%）。

（二）继承协议的变更方式及效力

问题【八、（二）】“王某，现年 70 岁，有长子王一，次女王二，三子王三，三个子女均已成家且分家另过。王某的老伴因患癌症花费了大量医药费后去世，现有郊区的一套住房是王某个人财产，市场价约为 30 万元，王某有少量退休金。王某与王二协商并签订继承协议，由王二主要赡养父亲王某，王某的所有遗产由王二继承。协议签订后，王二全家与父亲王某共同生活了五年，后王二因意外交通事故死亡。王二全家在与王某共同生活的期间已为王某花费生活费、医疗费等扶养费共 9 万元。为解决王某的养老，您同意下列哪一做法？A. 王二的儿子有继续扶养外祖父王某的能力，王某也愿意与王二的儿子共同生活，应当由王二的儿子继续履行扶养义务，并继承王某的全部遗产。B. 王一、王三共同补偿王二家人 6 万元扶养费后（另有 3 万元扶养费应当由王二承担的），如果王一与父亲王某签订新的继承协议，并与王某共同生活一直扶养至其去世，就由王一继承王某的全部遗产。C. 对王二已经支付的扶养费不予补偿，如果王一与父亲王某签订新的继承协议，并与王某共同生活一直扶养至其去世，就由王一继承王某的全部遗产。D. 王一、王三共同补偿王二家人 6 万元扶养费后，由两人共同扶养父亲王某。E. 其他。（单选）理由是什么？”

1. 继承协议的变更方式与效力的民众观念情况统计

表 9-44　继承协议的变更方式与效力的民众观念情况统计（单选）

选项	人数	比例
A. 原扶养人的子女有扶养能力，在双方自愿的情况下，由原扶养人的子女继续扶养被扶养人，并继承全部遗产	158	37.44%
B. 原签订的继承协议效力终止，补偿原扶养人一定费用后，由某一有扶养能力的法定继承人，在双方自愿的情况下签订新协议，继续扶养被扶养人，并继承遗产	132	31.34%

续表

选项	人数	比例
C. 原签订的继承协议效力终止，对原扶养人无须补偿，应由某一有扶养能力的法定继承人与被扶养人，在双方自愿的情况下签订新协议，继续扶养被扶养人并继承全部遗产	23	5.65%
D. 原签订的继承协议效力终止，补偿原扶养人一定费用后，应由有扶养能力的全体法定继承人共同依法对被扶养人尽扶养义务，并依法定继承取得遗产	107	25.35%
E. 其他	1	0.22%
合计	421	100%

关于继承协议的变更方式与效力的民众观念，即在继承协议的履行中，如扶养人先于被扶养人去世，被调查者对于该协议的变更方式与效力的认识，统计数据显示，在421名被调查者中，（1）选择A项，该协议可有条件继续履行，如原扶养人的子女有扶养能力的，在原扶养人的子女和被扶养人双方同意的情况下，可由原扶养人的子女继续履行该继承协议的，此即代位扶养的，占近四成（37.44%）；（2）选择B项和C项，该协议效力终止，须签订新的继承协议，由新的扶养人履行扶养义务并继承遗产，合计占三成半稍多（36.99%），其中，B项认为需要对原扶养人的继承人补偿超过其扶养义务部分费用的，占三成以上（31.34%），C项认为不需要对原扶养人的继承人补偿超过其扶养义务部分费用的，占不到一成（5.65%）；（3）选择D项，该协议终止，应补偿原扶养人的继承人补偿超过其扶养义务部分费用后，由所有法定继承人共同扶养，即实行法定赡养的，占二成半（25.35%）。可见，广东省被调查者对于代位扶养的认可度最高，占近四成。

2. 继承协议的变更方式与效力的民众观念之理由情况统计

表9-45　继承协议的变更方式与效力的民众观念之理由情况统计

项目	人数	比例
A. 王二家人已长期照顾老人，更了解老人的习惯，使继承协议继续履行，有利于维持原扶养人一贯的生活方式，使其安度晚年	158	48.62%
B. 应遵从双方意愿	7	2.15%
C. 王一、王三已分家另过，与他人无关	1	0.31%
D. 王二已死，原协议效力终止，其他两人无须补偿赡养费6万元	6	1.85%
E. 赡养王某是王一和王三的法定义务，根据权利义务相一致原则，王一、王三应当补偿王二家人6万元	147	45.22%
F. 应遵从习俗、公平原则或当事人意愿	6	1.85%
合计	325	100%

关于继承协议的变更方式与效力的民众观念之理由，统计数据显示，在392名被调查者中，（1）认为继承协议可有条件继续履行的主要理由是，A项王二家人已长期照顾老人，更了解老人的习惯，使继承协议继续履行，有利于维持原扶养人一贯的生活方式，使其安度晚年的，占近五成（48.62%）；（2）认为王一、王三应补偿原扶养人家人一定费用的主要理由是，E项赡养王某是王一和王三的法定义务，根据权利义务相一致原则，王一、王三应当补偿王二家人6万元的，占四成半（45.22%）；（3）认为对原扶养人的家人无须补偿的理由是D项，王二已死，原继承协议效力终止，其他两人无须补偿赡养费6万元；还有不到一成的人填写了B项应遵从双方意愿（2.15%）、F项遵从习俗（1.85%）等理由。

九、遗产债务清偿之调查数据统计情况

关于遗产债务清偿之调查数据统计，我们主要从遗产债务清偿责任的类型、被继承人丧葬费的支付、遗产债务的清偿顺序三个方面进行调查数据的统计情况汇总分析。

（一）遗产债务清偿责任的类型

问题【九、（一）】“对于‘继承遗产，应当清偿被继承人的债务’，您是怎么理解这句话的？A. 对被继承人的生前所有债务，继承人都应当予以偿还；B. 对被继承人的生前所有债务，继承人应先用所有遗产偿还债务，不足部分由继承人以其个人财产偿还；C. 对被继承人的生前所有债务，继承人只以继承的遗产为限予以偿还；D. 对被继承人的生前所有债务，继承人如果存在转移遗产、隐瞒遗产的情形，则其应当负责以遗产和其个人财产偿还所有的债务。（多选）”

表9-46　遗产债务清偿责任的类型之民众观念情况统计（多选）

选项	人数	比例
A. 对被继承人的生前所有债务，继承人都应当予以偿还	63	14.96%
B. 对被继承人的生前所有债务，继承人应先用所有遗产偿还债务，不足部分由继承人以其个人财产偿还	89	21.14%
C. 对被继承人的生前所有债务，继承人只以继承的遗产为限予以偿还	328	77.91%
D. 对被继承人的生前所有债务，继承人如果存在转移遗产、隐瞒遗产的情形，则其应当负责以遗产和其个人财产偿还所有的债务	303	70.97%

关于遗产债务清偿责任的类型之民众观念，统计数据显示，在被调查者中，对于被继承人生前欠下的所有债务，（1）选择C项实行有限清偿责任的，占近八成（77.91%）；（2）选择D项对有侵害遗产违法行为者应当实行强制的无限清偿责任的，占七成以上（70.97%）；（3）选择A、B两项实行自愿的无限清偿责任的，合计占三成半以上（36.10%）。

（二）被继承人丧葬费的支付

问题【九、（二）】“在您所在地区，死者的丧葬费一般是如何支付的？A. 由全体继

承人共同支付；B. 从被继承人的遗产中支付；C. 其他。（单选）”

表 9-47　被继承人丧葬费支付的民间习惯情况统计（单选）

选项	人数	比例
A. 由全体继承人共同支付	291	69. 12%
B. 从被继承人的遗产中支付	124	29. 45%
C. 其他	6	1. 43%
合计	421	100%

关于被继承人丧葬费支付的民间习惯，统计数据显示，421 名被调查者所在地区的民间习惯是：（1）A 项由全体继承人共同支付的，占近七成（69. 12%）；（2）B 项从被继承人的遗产中支付的，占近三成（29. 45%）。

（三）遗产债务的清偿顺序

问题【九、（三）】“在您所在的地区，对被继承人死亡后遗留的以下费用，一般是按照哪种先后顺序进行清偿的？（1）对民间习惯的处理方式；（2）您认为，按照哪种先后顺序进行清偿比较合理？（多选）”

A. 丧葬费用	D. 欠付的工资	G. 对被继承人扶养较多的人之酌情分配遗产份额
B. 遗产管理等费用	E. 受被继承人扶养人的生活费	H. 遗赠扶养协议写明遗赠的遗产
C. 欠债	F. 税款	

1. 遗产债务清偿顺序的民间习惯情况统计

表 9-48　遗产债务清偿顺序的民间习惯情况统计（多选）

费用	第一顺序		第二顺序		第三顺序		第四顺序		第五顺序		第六顺序		第七顺序		第八顺序	
	人数	比例%	人数	比例%	人数	比例%	人数	比例%	人数	比例%	人数	比例%	人数	比例%	人数	比例%
A.	349	82. 90	8	1. 90	6	1. 43	11	2. 61	7	1. 66	2	0. 48	4	0. 95	2	0. 48
B.	2	0. 48	87	20. 67	18	4. 28	9	2. 14	16	3. 80	10	2. 38	118	28. 03	79	18. 76
C.	17	4. 04	198	47. 03	70	16. 63	42	9. 98	11	2. 61	8	1. 90	5	1. 19	8	1. 90
D.	15	3. 56	41	9. 74	166	39. 43	110	26. 13	16	3. 80	3	0. 71	12	2. 85	1	0. 24
E.	0	0. 00	37	8. 79	19	4. 51	188	44. 66	44	10. 45	24	5. 70	14	3. 33	9	2. 14
F.	9	2. 14	14	3. 33	23	5. 46	50	11. 88	164	38. 95	22	5. 23	13	3. 09	28	6. 65
G.	2	0. 48	7	1. 66	11	2. 61	9	2. 14	28	6. 65	200	47. 51	40	9. 50	24	5. 70
H.	8	1. 90	6	1. 43	180	42. 76	20	4. 75	24	5. 70	24	5. 70	32	7. 60	24	5. 70

关于遗产债务清偿顺序的民间习惯，统计数据显示，各顺序以被调查者选择占比最高的作为统计依据，在被调查者所在地区，遗产债务按如下顺序清偿：第一顺序为 A 项“丧葬费用”（82.90%）；第二顺序为 C 项“欠债”（47.03%）；第三顺序为 D 项“欠付工资”（39.43%）、H 项“遗赠扶养协议写明遗赠的遗产”（42.76%）；第四顺序为 E 项“受被继承人扶养人的生活费”（44.66%）；第五顺序为 F 项“税款”（38.95）；第六顺序为 G 项“对被继承人扶养较多的人之酌情分配遗产份额”（47.51%）；第七顺序为 B 项“遗产管理等费用”（28.03%）。

2. 遗产债务清偿顺序的民众观念情况统计

表 9-49　遗产债务清偿顺序的民众观念情况统计（多选）

费用	第一顺序		第二顺序		第三顺序		第四顺序		第五顺序		第六顺序		第七顺序		第八顺序	
	人数	比例%	人数	比例%	人数	比例%	人数	比例%	人数	比例%	人数	比例%	人数	比例%	人数	比例%
A.	328	77.91	10	2.38	8	1.90	15	3.56	8	1.90	6	1.43	6	1.43	3	0.71
B.	10	2.38	79	18.76	16	3.80	26	6.18	15	3.56	14	3.33	10	2.38	12	2.85
C.	21	4.99	78	18.53	88	20.90	155	36.82	14	3.33	5	1.19	5	1.19	6	1.43
D.	18	4.28	40	9.50	39	9.26	144	34.20	100	23.75	17	4.04	4	0.95	3	0.71
E.	3	0.71	10	2.38	186	44.18	49	11.64	60	14.25	34	8.08	18	4.28	10	2.38
F.	10	2.38	18	4.28	20	4.75	32	7.60	24	5.70	36	8.55	18	4.28	22	5.23
G.	5	1.19	147	34.92	22	5.23	13	3.09	23	5.46	30	7.13	53	12.59	26	6.18
H.	10	2.38	14	3.33	10	2.38	20	4.75	115	27.32	124	29.45	21	4.99	34	8.08

关于遗产债务清偿顺序的民众观念，统计数据显示，各顺序以被调查者选择占比最高的作为统计依据，被调查者认可的遗产债务清偿顺序是：第一顺序为 A 项“丧葬费用”（77.91%）；第二顺序为 B 项“遗产管理等费用”（18.76%）、G 项“对被继承人扶养较多的人之酌情分配遗产份额”（34.92%）；第三顺序为 E 项“受被继承人扶养人的生活费”（44.18%）；第四顺序为 C 项“欠债”（36.82%）、D 项“欠付的工资”（34.20%）；第五顺序为 F 项“税款”（8.55%）、H 项“遗赠扶养协议写明遗赠的遗产”（29.45%）。

十、遗产分割之调查数据统计情况

关于遗产分割之调查数据统计，我们主要从遗产分割的自由与限制、遗产分割瑕疵的担保责任两个方面进行调查数据的统计情况汇总分析。

（一）遗产分割的自由与限制

问题【十、（一）1.】“按您当地的民间习惯，一般如何开始分割遗产？A. 由各继承人共同协商后进行分割；B. 只要有继承人要求分割遗产，就得进行分割；C. 对于被继承人以遗嘱禁止分割的遗产，不得进行分割；D. 其他。（多选）理由是什么？”

1. 遗产分割自由与限制的民间习惯与理由情况统计

（1）遗产分割自由与限制的民间习惯情况统计。

表 9-50 遗产分割自由与限制的民间习惯情况统计（多选）

选项	人数	比例
A. 由各继承人共同协商后进行分割	326	77.43%
B. 只要有继承人要求分割遗产，就得进行分割	20	4.75%
C. 对于被继承人以遗嘱禁止分割的遗产，不得进行分割	200	47.51%
D. 其他	4	0.95%

关于遗产分割自由与限制的民间习惯，统计数据显示，被调查者所在地区的继承习惯是：①A 项各继承人共同协商后分割遗产的，占近八成（77.43%）；C 项遗嘱禁止分割则不得分割的遗产，占近五成（47.51%）；②B 项只要有继承人要求分割遗产，就进行分割的，仅占不到一成（4.75%）。

（2）遗产分割自由与限制的民间习惯之理由情况统计。

表 9-51 遗产分割自由与限制的民间习惯之理由情况统计

项目	人数	比例
A. 遗产由各继承人共同继承，遗产分割关系各继承人的利益，故遗产的分割应共同协商	109	52.40%
B. 每位继承人享有的继承权受法律保护，同时基于效率原则考虑，故继承开始后，基于继承人的要求就可以分割遗产	29	13.94%
C. 遗产是被继承人死亡时遗留的个人财产，其当然有权通过遗嘱决定遗产的归属和分割	70	33.66%
合计	208	100%

关于遗产分割自由与限制的民间习惯之理由，统计数据显示，在 208 名被调查者中，①认为遗产由各继承人共同协商后进行分割的理由是，A 项遗产由各继承人共同继承，遗产分割关系各继承人的利益，故应共同协商的，占五成以上（52.40%）；②认为被继承人以遗嘱禁止分割的遗产，不得进行分割的理由是，C 项遗产是被继承人死亡时遗留的个人财产，所以有权通过遗嘱决定遗产的归属和分割的，占近三成半（33.66%）；③认为只要有继承人要求分割遗产就应进行分割的理由是，B 项每位继承人享有的继承权受法律保护，这是基于效率原则考虑的，占近一成半（13.94%）。

2. 提出遗产分割请求时间的民间习惯情况统计

问题【十、（一）2.】“老王去世时留有一套家庭居住的房屋（价值 50 万元）、存款 20 万元以及小汽车一辆（价值 10 万元）。老王去世时，其配偶和唯一的儿子小王均在世。请问：如果在您所在的地区，老王去世后，其儿子小王是否会马上向其母亲提出分割遗产的请求？A. 会；B. 不会；C. 会提出分割其他遗产的请求，但对其母正在居住的房屋的分割需等其母去世后进行；D. 其他。(单选)”

表 9-52　提出遗产分割请求时间的民间习惯情况统计（单选）

选项	人数	比例
A. 会	14	3.32%
B. 不会	320	76.01%
C. 会提出分割其他遗产的请求，但对其母正在居住的房屋的分割需等其母去世后进行	85	20.19%
D. 其他	2	0.48%
合计	421	100%

关于提出遗产分割请求时间的民间习惯，统计数据显示，421 名被调查者所在地区的继承习惯是：(1) B 项子女不会提出遗产分割请求的，占七成半以上（76.01%）；(2) C 项子女会提出分割其他遗产的请求，但对其母正在居住的房屋的分割需等其去世后进行的，占二成以上（20.19%）；(3) 仅有不到一成（3.32%）的极少数地区有子女会马上向其母亲提出分割遗产的习惯。

3. 遗嘱可否限制遗产分割的民众观念情况统计

(1) 遗嘱可否限制遗产分割的民众观念情况统计。

问题【十、(一) 3. (1)】“甲乙是夫妻，育有一子丙。甲系个体工商户，他生前立了一份遗嘱，指定由乙和丙共同继承遗产，但其死后遗产中的商铺门面房和家庭住房在 20 年内不能进行分割。甲死亡时留下的遗产有：商铺门面房一间（价值 100 万元）；一套三室一厅的家庭住房（价值 50 万元）、存款 20 万元以及小汽车一辆（价值 10 万元）。您认为，甲是否可以在遗嘱中写明在其死后上述商铺门面房和住房在一定期间内不能进行分割？A. 可以；B. 不可以。(单选)”

表 9-53　遗嘱可否限制遗产分割的民众观念情况统计（单选）

选项	人数	比例
A. 可以	402	95.49%
B. 不可以	19	4.51%
合计	421	100%

关于遗嘱可否限制遗产分割的民众观念，统计数据显示，在 421 名被调查者中，①选择 A 项可以限制的，占九成半（95.49%）；②选择 B 项不可以限制的，仅占不到一成（4.51%）。

(2) 遗嘱限制遗产分割之具体期限的民众观念情况统计。

问题【十、(一) 3. (2)】“在上题中，如果您选择 A 项，那么该期限多久合适？A. 5 年；B. 10 年；C. 15 年；D. 其他。(单选)”

表 9-54 遗嘱限制遗产分割之具体期限的民众观念情况统计（单选）

选项	人数	比例
A. 5 年	98	24.38%
B. 10 年	95	23.63%
C. 15 年	39	9.70%
D. 其他	170	42.29%
合计	402	100%

关于遗嘱限制遗产分割之具体期限的民众观念，统计数据显示，在被调查者中，①选择 A 项 5 年内的，占近二成半（24.38%）；②选择 B 项 10 年内的，占二成以上（23.63%）；③选择 C 项 15 年内的，仅占不到一成（9.70%）。

（3）继承人协商能否变更遗嘱限制的民间习惯情况统计

问题【十、（一）3.（3）】"在您所在的地区，如果乙和丙一致同意分割上述财产，那么，他们是否可以不遵守甲的遗嘱在一定期限内禁止分割上述房产的规定而进行分割？A. 可以不遵守遗嘱；B. 不可以不遵守遗嘱。（单选）"

表 9-55 继承人协商能否变更遗嘱限制的民间习惯情况统计（单选）

选项	人数	比例
A. 可以不遵守遗嘱	173	41.09%
B. 不可以不遵守遗嘱	248	58.91%
合计	421	100%

关于继承人协商能否变更遗嘱限制的民间习惯，统计数据显示，421 名被调查者所在地区的继承习惯是：①A 项可以不遵守遗嘱限制的，占四成以上（41.09%）；②B 项会遵守遗嘱限制的，占近六成（58.91%）。

（二）遗产分割瑕疵的担保责任

问题【十、（二）】"村民老王于 2016 年 12 月 10 日因病去世，死亡时留有 50 只羊。老王有两个儿子甲和乙，故老王死后，甲、乙各分得 25 只羊。但在双方分完羊两天之后，乙分得的 25 只羊中就有 2 只暴病死亡，这 2 只羊的死亡原因是在兄弟俩分割前就已经得了羊痘（一种急性传染病）。请问：在您所在的地区，如果出现此种情况，这 2 只羊死亡的损失应该由谁承担？A. 由乙自行承担，羊群已分配完毕，乙分到了 2 只病羊，应该自认倒霉；B. 由甲和乙共同承担，甲应再分给乙 1 只羊或按照 1 只羊的价格进行补偿；C. 甲按 1 只羊的价格进行补偿，但乙承担大部分损失，甲承担小部分损失；D. 其他。（单选）"

表 9-56　遗产分割瑕疵的担保责任之民间习惯情况统计（单选）

选项	人数	比例
A. 由乙自行承担，羊群已分配完毕，乙分到了 2 只病羊，应该自认倒霉	124	29. 45%
B. 由甲和乙共同承担，甲应再分给乙 1 只羊或按照 1 只羊的价格进行补偿	256	60. 81%
C. 甲按 1 只羊的价格进行补偿，但乙承担大部分损失，甲承担小部分损失	27	6. 41%
D. 其他	14	3. 33%
合计	421	100%

关于遗产分割瑕疵的担保责任之民间习惯，统计数据显示，421 名被调查者所在地区的民间习惯是：（1）B、C 两项共同继承人之间相互承担遗产分割瑕疵担保责任的，合计占六成半以上（67. 22%）；（2）A 项由“乙自行承担”，即共同继承人之间不会相互承担遗产分割瑕疵担保责任的，占近三成（29. 45%）。

十一、无人承受遗产之调查数据统计情况

关于无人承受的遗产之调查数据统计，我们主要从无人承受遗产归属和无人承受遗产的处理两个方面进行调查数据的统计情况汇总分析。

（一）无人承受遗产的归属

1. 城镇居民无人承受遗产的归属主体之民众观念情况统计

问题【十一、（一）1.】“甲生前系城镇居民，其生前未婚且无其他继承人，其死后留下部分遗产，属于无人承受的遗产。您认为甲的遗产归属于下列哪一主体更合适？A. 国家；B. 死者生前所在地的国库；C. 死者生前所在地民政部门的社会福利机构；D. 死者生前所在地的居委会；E. 不是继承人的其他亲属；F. 其他。（单选）”

表 9-57　城镇居民无人承受遗产的归属主体之民众观念情况统计（单选）

选项	人数	比例
A. 国家	123	29. 22%
B. 死者生前所在地的国库	63	14. 96%
C. 死者生前所在地民政部门的社会福利机构	90	21. 38%
D. 死者生前所在地的居委会	70	16. 63%
E. 不是继承人的其他亲属	67	15. 91%
F. 其他（您认为更合适的归属主体）	8	1. 90%
合计	421	100%

关于城镇居民无人承受遗产的归属主体的民众观念，统计数据显示，在421名被调查者中，（1）选择A、B、C、D四项认为城镇居民无人继承遗产应收归社会公共组织（包括国家、死者生前所在地的国库、死者生前所在地民政部门的社会福利机构和死者生前所在地的居委会）的，合计占八成以上（82.19%）；（2）选择E、F两项认为城镇居民无人继承遗产应归自然人（不是继承人的其他亲属等）的，合计只占近二成（17.81%）。

2. 农村居民无人承受遗产的归属主体的民众观念情况统计

问题【十一、（一）2.】“甲生前系农村居民，其生前未婚且无其他继承人，其死后留下部分遗产，属于无人承受的遗产。您认为甲的遗产归属于下列哪一主体更合适？A. 死者生前所在地的国库；B. 死者生前所在地民政部门的社会福利机构；C. 死者生前所在的集体经济组织；D. 死者生前所在的村委会；E. 死者生前所在的村民小组；F. 不是继承人的其他亲属；G. 其他（您认为更合适的归属主体）。（单选）？”

表9-58　农村居民无人承受遗产的归属主体的民众观念情况统计（单选）

选项	人数	比例
A. 死者生前所在地的国库	74	17.58%
B. 死者生前所在地民政部门的社会福利机构	79	18.76%
C. 死者生前所在的集体经济组织	76	18.05%
D. 死者生前所在的村委会	93	22.09%
E. 死者生前所在的村民小组	27	6.41%
F. 不是继承人的其他亲属	56	13.30%
G. 其他	16	3.80%
合计	421	100%

关于农村居民无人继承遗产的归属主体之民众观念，统计数据显示，在421名被调查者中，（1）选择A、B、C、D、E五项认为农村居民无人继承遗产应收归社会公共组织（死者生前所在地的国库、死者生前所在地民政部门的社会福利机构和死者生前所在的集体经济组织、村委会或村民小组）的，合计占八成以上（82.89%）；（2）选择F、G两项，认为农村居民无人继承遗产应归自然人（不是继承人的其他亲属等）的，合计只占近二成（17.10%）。

（二）无人承受遗产的处理

1. 无人承受遗产管理人的产生方式的民众观念与民间习惯情况统计

问题【十一、（二）1.】“对于无人继承遗产的管理人，您认为下列哪一种产生方式更合适？A. 死者户籍所在地的居委会、村委会或所在单位指定遗产管理人；B. 人民法院指定遗产管理人；C. 民政部门指定遗产管理人。（单选）请问：您所在地区的人们一般如何确定无人继承遗产的管理人？”

（1）无人承受遗产管理人的产生方式之民众观念情况统计。

表 9-59　无人承受遗产管理人的产生方式之民众观念情况统计（单选）

选项	人数	比例
A. 死者户籍所在地的居委会、村委会或所在单位指定遗产管理人	302	71.73%
B. 人民法院指定遗产管理人	92	21.85%
C. 民政部门指定遗产管理人	27	6.42%
合计	421	100%

关于无人承受遗产的管理人的产生方式的民众观念，统计数据显示，在 421 名被调查者中，①选择 A 项应由居委会、村委会或所在单位指定的，占七成以上（71.73%）；②选择 B、C 两项应由人民法院或民政部门指定的，合计占近三成（28.27%）。

（2）无人承受遗产的管理人的产生方式之民间习惯情况统计。

表 9-60　无人承受遗产管理人的产生方式之民间习惯情况统计（单选）

选项	人数	比例
A. 由法院指定	10	43.48%
B. 由村委会或居委会指定	8	34.78%
C. 有亲属的则由亲属指定	3	13.04%
D. 由德高望重者指定	1	4.35%
E. 一般无人管理	1	4.35%
合计	23	100%

关于无人承受遗产管理人的产生方式之民间习惯，统计数据显示，23 名被调查者所在地区的民间习惯是：①A 项由法院指定产生的，占近四成半（43.48%）；②B 项由村委会或居委会指定的，占近三成半（34.78%），即由社会公共组织指定的，合计占近八成（78.26%）；③C、D 两项由自然人（其他亲属或家庭中德高望重者）指定产生的，合计占近二成（17.39%）。

2. 无人承受遗产的酌分请求权主体的民众观念与民间习惯情况统计

问题【十一、（二）2.】"您认为下列哪些人可以酌情分得无人继承的遗产？A. 依靠死者扶养的人；B. 与死者共同生活的人；C. 与死者有密切联系且对其帮助较多的人；D. 其他。（多选）请问：您所在地区的人们一般是如何分配此类遗产的？"

（1）无人承受遗产之酌分请求权主体的民众观念情况统计。

表 9-61 无人承受遗产之酌分请求权主体的民众观念情况统计（多选）

选项	人数	比例
A. 依靠死者扶养的人	357	84.80%
B. 与死者共同生活的人	321	76.25%
C. 与死者有密切联系且对其帮助较多的人	350	83.14%
D. 其他	6	1.43%

关于无人承受遗产之酌分请求权主体的民众观念，统计数据显示，在被调查者中，有七至八成以上的人分别认为 A 项“依靠死者扶养的人”（84.80%）、C 项“与死者有密切联系且对其帮助较多的人”（83.14%）和 B 项“与死者共同生活的人”（76.25%），他们都可以成为无人承受遗产的酌分请求权主体。

（2）无人承受遗产之酌分请求权主体的民间习惯情况统计。

表 9-62 无人承受遗产之酌分请求权主体的民间习惯情况统计（多选）

选项	人数	比例
A. 分给依靠死者扶养的人	12	44.44%
B. 照顾赡养被继承人和对其有扶养行为的人可分得遗产，否则就将遗产上交给国家	5	18.52%
C. 上交国家	4	14.81%
D. 分给其他亲人	3	11.11%
E. 酌情分给与死者共同生活、有密切关系且对其帮助较多的人	2	7.41%
F. 其他	1	3.71%
合计	27	100%

关于无人承受遗产之酌分请求权主体的民间习惯，统计数据显示，27 名被调查者所在地区的继承习惯是：①A、B、D、E 四项，依靠死者扶养的人、照顾赡养被继承人和对其有扶养行为的人、其他亲人、与死者共同生活、有密切关系且对其帮助较多的人分别可以酌情分得遗产的，各占一至四成左右；②还有不到一成半（14.81%）的人认为，无人承受的遗产应该上交国家。

十二、遗产处理相关案例的简介与评析

（一）涉及遗产范围界定案例的简介与评析

案情简介：2006 年 6 月，被继承人钟某明因车祸死亡，死亡时未留有遗产，但钟某明的父亲钟某辉、母亲姜某、儿子钟某甲、女儿钟某乙获得了事故责任方支付的包括丧葬

费等在内的死亡赔偿金、精神损害抚慰金、被扶养人生活费共计45万余元。钟某明生前因生产经营欠陈某50万元，现原告陈某提起诉讼，要求儿子钟某甲、女儿钟某乙以此45万元偿还钟某明的生前欠债。

一审法院经审理认为：被继承人钟某明生前未留有遗产，被继承人的死亡赔偿金、精神损害抚慰金不属于遗产，是为给被继承人近亲属的精神抚慰性质的财产。因此，判决钟某甲、钟某乙对上述债务无须承担偿还责任。后陈某不服一审判决，提起上诉。二审人民法院审理后认为，一审法院认定事实清楚，适用法律正确，依法维持原判。[①]

适用法律分析：本案的争议焦点在于对交通事故赔偿款、精神抚慰金性质的认定。一审、二审人民法院依据我国《继承法》第3条以及1985年《执行继承法意见》第3条所明确列举的遗产种类及我国现行《工伤保险条例》第39条[②]，认定被继承人钟某明的死亡赔偿金不属于遗产。并且根据1985年《执行继承法意见》第61条规定："继承人中有缺乏劳动能力又没有生活来源的人，即使遗产不足清偿债务，也应为其保留适当遗产。"该判决符合法律规定，依法保护了被继承人近亲属的合法权益。我们认为，从此案可以看出，交通事故的死亡赔偿金等依法不属于被继承人的遗产，但原告却诉至法院要求将此赔偿款用于清偿被继承人生前的债务。这说明我国《继承法》采取概括加列举的方式规定遗产的种类，但未作反面排除式规定，导致部分继承人或债权人对遗产范围的认定不清，此为我国立法之不足。

（二）涉及继承开始的通知和公告案例的简介与评析

案情简介：吕某宗于1989年2月25日购置一套位于×省×市×街道的房屋。被继承人吕某宗于1991年5月2日死亡，未留遗嘱。被继承人有儿子吕某超、吕某昌、吕某甲、吕某乙及女儿吕某英。1991年8月15日，吕某甲、吕某乙在未向吕某英发出继承开始通知的情况下，对房屋予以分割并进行了处分，当时吕某超、吕某昌明确表示放弃继承权，该房屋实际由吕某甲、吕某乙占有并处置。吕某英不知道吕某甲、吕某乙已经对该房屋进行了处分，误以为吕某甲、吕某乙只是居住在该房屋。2016年9月，原告吕某英向法院起诉，认为二人在没有对其发出继承开始通知的情况下，私自处分了共有财产，要求被告吕某甲、吕某乙返还其应继份额的售房款；而被告认为该案已过诉讼时效，应驳回起诉。

法院审理后认为：根据我国《民法通则》第135条之规定，当事人向法院请求保护民事权利的诉讼时效期间为2年，法律另有规定的除外。由于吕某甲、吕某乙并未向吕某英发出继承开始的通知，导致她不知道自己的权利被侵害，因此该案不适用诉讼时效。根据我国《继承法》第23条的规定，继承人吕某甲、吕某乙分割遗产房屋时，有义务通知居住在外地的吕某英。因此，判决认定吕某英对遗产房屋享有1/3的份额，被告吕某甲、

---

① 参见中国裁判文书网：（2013）韶×法民一终字第×号，《陈某与钟某甲、钟某乙继承纠纷二审民事判决书》，http://wenshu.court.gov.cn/content/content? DocID=90f78e73-abee-41d7-8b4b-ab6205dd3e52&KeyWord=(2013)×法民一终字第×号，访问日期：2019年3月7日。限于本章篇幅，作者对原案情内容有酌情删改。

② 我国现行《工伤保险条例》第39条："职工因工死亡，其近亲属按照下列规定从工伤保险基金领取丧葬补助金、供养亲属抚恤金和一次性工亡补助金：（一）丧葬补助金为6个月的统筹地区上年度职工月平均工资；（二）供养亲属抚恤金按照职工本人工资的一定比例发给由因工死亡职工生前提供主要生活来源、无劳动能力的亲属。标准为：配偶每月40%，其他亲属每人每月30%，孤寡老人或者孤儿每人每月在上述标准的基础上增加10%。核定的各供养亲属的抚恤金之和不应高于因工死亡职工生前的工资。供养亲属的具体范围由国务院社会保险行政部门规定；（三）一次性工亡补助金标准为上一年度全国城镇居民人均可支配收入的20倍。"

吕某乙应返还该部分售房款。①

适用法律分析：本案的争议焦点在于继承人吕某甲、吕某乙是否负有继承开始的通知义务。由于本案的共同继承人吕某英常年身居外地，根据我国《继承法》第23条规定："继承开始后，知道被继承人死亡的继承人应当及时通知其他继承人和遗嘱执行人。继承人中无人知道被继承人死亡或者知道被继承人死亡而不能通知的，由被继承人生前所在单位或者住所地的居民委员会、村民委员会负责通知。"该案中，对遗产房屋实际掌握的吕某甲、吕某乙在开始继承时，有义务对吕某英进行通知。审理此案的法院认为，该案吕某甲、吕某乙没有及时地通知吕某英，侵害了其继承权，并且由于吕某英不知道自己的继承权被侵害，因此该案不适用诉讼时效。

我们认为，该判决符合法律规定，保障了共同继承人吕某英的合法财产权益。导致吕某英继承权被侵害的主要原因，是本案两个被告没有及时履行继承开始的通知或公告的义务。我国的法定继承是当然继承，继承自被继承人死亡后开始，继承开始后，共同继承人即当然地继承了遗产。至于遗产分割其共同继承人依照当地习惯分配遗产，只要没有大的纠纷一般不会诉诸法院。在这样的继承习惯中，全体继承人是否在被继承人死亡后都被通知参与继承，涉及各自继承权益的保护问题，有的继承人可能被侵权多年而不知。我国《继承法》在继承开始的通知中没有规定不履行通知义务的法律后果，这是我国立法之不足。

（三）涉及遗产管理案例的简介与评析

案情简介：被继承人李某玉于2012年12月16日向原告张某借款，并出具欠条欠原告机械费等60万元。李某玉于2013年2月去世。被告李某1、李某2系李某玉与前妻沙某梅的婚生子女，李某玉与沙某梅于2007年12月24日登记离婚。原告向李某1、李某2索要李某玉生前欠债，李某1、李某2均表示放弃继承，也没有义务管理与被继承人债务相关的任何事宜。后原告张某向法院起诉，认为李某1、李某2作为继承人即使其放弃继承，也有义务管理财产并偿还相应的遗产债务。

法院经审理认为：在查明没有其他法定继承人的情况下，即使李某1、李某2放弃继承，也应在李某玉所留遗产范围内负责清偿其生前所欠债务。法院支持了原告的主张，根据我国《继承法》第2、5、10、33条的规定，判决李某1、李某2有义务管理被继承人遗产，在被继承人遗产限度内协助、配合向原告张某偿还被继承人生前债务。②

适用法律分析：本案的争议焦点在于被告李某1、李某2是否有义务作为李某玉的遗产管理人，在李某玉的遗产范围内承担清偿该债务的责任。根据我国《继承法》第24条规定："存有遗产的人，应当妥善保管遗产，任何人不得侵吞或者争抢。"人民法院认为，被告李某1、李某2系李某玉的婚生子女，虽然两位被告均表示放弃继承李某玉的遗产，但是在李某玉的遗产没有其他继承人或遗产管理人的情况下，他俩应当作为李某玉的遗产管理人，有义务管理父亲的遗产，并用该遗产对其父亲生前所欠的债务承担清偿责任。

---

① 参见中国裁判文书网：（2016）粤×民初×号，《吕某英等法定继承纠纷一审民事判决书》，http://wenshu.court.gov.cn/content/content? DocID=b466a910-22b2-4652-bac0-a85900ab2a91&KeyWord=(2016)粤×民初×号，访问日期：2019年3月7日。限于本章篇幅，作者对原案情内容有酌情删改。

② 参见北大法宝：《张某与李某1、李某2欠款纠纷案》，http://www.pkulaw.cn/case_es/pfnl_1970324857176490.html? match=Exact，访问日期：2019年3月7日。限于本章篇幅，作者对原案情内容有酌情删改。

我们认为，在我国没有设立遗产管理制度的情况下，本案人民法院的判决具有合理性，这样能够有效保护相关遗产权利人的利益。由此案可知，由于我国《继承法》中没有确立遗产管理制度，导致现实中遗产债权人的利益可能难以得到保障，此为我国立法之不足。

（四）涉及法定继承案例的简介与评析

案情简介：陆某与彭某是夫妻，两人生育有两个子女陆某1和陆某2。彭某于2004年7月死亡，陆某于2009年2月死亡，两人生前没有立下遗嘱，留下位于×市×区的房屋一套及存款等。因两子女对父母遗产的分配产生分歧，遂起诉到法院。原告陆某2认为，对涉案房屋和存款因父母未留有遗嘱，应按法定继承分割处理；被告陆某1认为，其作为长子，按照传统观念和当地习俗，遗产应由其一人继承，原告已嫁到外地不应再享有继承权。人民法院审理后认为，被继承人陆某、彭某没有立下遗嘱，其遗产应按照法定继承办理，由第一顺序继承人平均分配。陆某1主张长子继承没有法律依据，人民法院不予采纳，故依法判决涉案遗产应由陆某1、陆某2平均分割。①

适用法律分析：本案涉及在未立遗嘱的情况下，即法定继承中被继承人遗产应如何分配的问题。此案已故父母双方没有订立遗嘱，应该按照法定继承办理，问题是本案是否应考虑适用“长子继承”这一民间习惯。我国封建社会时期，为了有利于家庭财富的聚集和传承，长期以来形成了长子继承的习惯，以致如今我国部分地区民间仍残留着长子继承的观念。根据我国《继承法》第10条的规定，父母死亡后，由第一顺序法定继承人继承遗产。并且我国《继承法》第13条已经规定了特殊情况下的不均等继承，而不能因为是长子就继承全部遗产。本案人民法院认定事实清楚，依法进行判决，是符合法律规定的。该案说明我国民间的普法宣传应当继续，也说明并非民间的继承习惯都应该被吸收入法。我国《继承法》第13条对法定继承人之间的继承份额有明确的规定，且考虑了特殊情况下的非均等份额的遗产分配，符合公平、权利义务相一致的现代法治精神，在我国“民法典继承编”中应予保留。

（五）涉及遗嘱继承案例的简介与评析

案情简介：黄某环的母亲梁老太与父亲黄某早年在×区购买了一套房子。父亲黄某去世后，梁老太一人在该房独居，生活起居由5名子女轮流照顾。2014年4月，黄某环姐弟三人带母亲前往公证处欲办理老人的遗嘱继承公证，出门前老人称遗产由长女黄某环、长子黄某光和次子黄某胜共同继承。到了公证处后，老人改口说遗嘱只由长子和次子继承，对此黄某环表示，若只把遗产给儿子，那么遗嘱公证就不需要办了，因此老人最后没有办理公证遗嘱。2014年9月，梁老太因病去世，子女五人对继承梁老太遗产的份额产生争议，诉至人民法院。原告长子黄某光认为，母亲没有立遗嘱应该按照法定继承，由姐弟5人共同继承。被告长女黄某环则认为，母亲曾立了遗嘱，遗产应归其所有，理由是其手上有一份母亲生前所立的遗嘱，其内容载明梁老太的全部遗产由黄某环继承，与其他子女无关。

---

① 参见中国裁判文书网：（2014）穗×法民一初字第×号，《陆某1与陆某2法定继承纠纷一审民事判决书》，http://wenshu.court.gov.cn/content/content? DocID=24cd013c-22d1-4920-80a3-a97400b3899d&KeyWord=穗×法民一初字第×号，访问日期：2019年3月7日。限于本章篇幅，作者对原案情内容有酌情删改。

法院经审理查明：被告黄某环所持遗嘱的落款处只有梁老太所按指印，并无老人的签名，遗嘱的代书人、见证人等均为黄某环的多年好友，且没有写明见证该遗嘱的代书过程以及是否全文通读给遗嘱人本人听，并由其自愿表示予以确认是其本人的真实意思。人民法院认为，该遗嘱不符合我国《继承法》规定的遗嘱形式要件，故不能作为遗产继承的依据，依法判决梁老太所留遗产应当依照法定继承的规定由各子女均等继承。①

适用法律分析：本案的争议焦点是代书遗嘱只有遗嘱人的指印而没有本人签名的是否有效，代书遗嘱的见证人是继承人的朋友时该遗嘱是否有效。我国《继承法》第 17 条第 3 款规定："代书遗嘱必须要求有两个以上见证人在场见证，由其中一人代书注明年、月、日，并由代书人、其他见证人和遗嘱人签名。"我国《继承法》未规定可以用按指印代替签名的方式。人民法院认为，结合本案证据分析，梁老太应属于文盲，连本人姓名也无法自行书写，对一般的书面文义也缺乏基本的辨识能力，无法核实由他人代写的遗嘱是否如实记录其真实的意思表示。对此类签名问题，广东省民间大多认为，有书写能力的遗嘱人不得用按指印取代签名，但如果遗嘱人连自己的名字也不会书写的时候，应允许用按指印代替签名。

我们认为，立法及司法机关要求代书遗嘱中的遗嘱人须亲自签名是正确的。因为当遗嘱人不识字时，不仅无法签署名字，而且不能辨别由他人代写的遗嘱内容，特别是当遗嘱人意识不清或无法控制躯体时，有可能发生遗嘱内容与本人意愿严重不符甚至伪造本人遗嘱的情况，用按指印代替签名是草率的。何况我国的遗嘱形式并非只有代书遗嘱一种形式，当遗嘱人不能签名时可以采取其他形式的遗嘱，如公证遗嘱等。因此，代书遗嘱的遗嘱人亲笔签字应该是代书遗嘱有效性的要件之一。关于遗嘱见证人问题，根据我国《继承法》第 18 条和 1985 年《执行继承法意见》第 36 条的规定，遗嘱见证人与继承人有利害关系的不能作为见证人在场见证。但是，"与继承人有利害关系"的具体标准缺失，是否可由司法机关自由裁量？本案中黄某环所邀请的代书人和见证人皆为其多年好友，但朋友关系是否属于法律规定的"与继承人有利害关系"？现实生活中民众立遗嘱时的见证人往往与遗嘱人或继承人是亲朋好友，不可能是陌生人，如何更加具体地规范遗嘱见证人的身份，如何具体写明见证的遗嘱制作过程，以及宣读遗嘱等要求，我国《继承法》并无规定，此为立法之不足。

（六）涉及继承和遗赠的接受与放弃案例的简介与评析

案情简介：涉案房产×市×区×号商铺产权登记在郭某北名下。郭某佳和郭某北是兄弟关系，两人无其他兄弟姐妹，父母均早已去世。兄长郭某佳与妻子共生育郭某 1、郭某 2 和郭某 3 等六名子女，1999 年，终身未婚未育的弟弟郭某北立下公证遗嘱，将其上述房产遗留给侄子郭某 3。上述房产在郭某北生前系由郭某 3 代为管理。郭某北去世后，郭某北上述商铺应得租金由郭某 3 收取。后郭某 1、郭某 2、郭某 3 因对该商铺的继承问题发生纠纷，原告郭某 1、郭某 2 诉至法院。原告郭某 1、郭某 2 认为，虽然郭某北立有遗赠的遗嘱，但被告郭某 3 未在知道受遗赠后两个月内作出接受遗赠的意思表示，应视为放弃受遗赠，因此对郭某北的上述商铺请求按照法定继承处理。被告郭某 3 认为其已实际作出

① 参见潘玲娜、黄海磊：《这份代书遗嘱为何不能作为继承依据》，载《人民法院报》2016 年 8 月 19 日第 3 版。限于本章篇幅，作者对原案情内容有酌情删改。

接受遗赠的行为，即在被继承人去世后对诉争房屋收取租金。

法院审理后查明：被告郭某3在郭某北订立遗嘱将房产赠与给他时已经知情，在郭某北去世后就开始收取房产出租所得的租金，应当视为郭某3以收取租金的实际行为作出了接受遗赠的表示。因此，法院认定被告在知道受遗赠后两个月内作出了接受遗赠的表示，判决该房产应归郭某3所有。[①]

适用法律分析：本案的争议焦点在于被告郭某3是否依法接受了遗赠。本案中，郭某北生前没有婚育，父母早于其去世，故其没有第一顺序法定继承人。郭某北立下公证遗嘱，将名下房产遗留给非法定继承人的侄子郭某3。我国《继承法》第25条第2款规定："受遗赠人应当在知道受遗赠后两个月内作出接受或者放弃受遗赠的表示。到期没有表示的，视为放弃受遗赠。"本案中应当解决两个问题：一是如何认定"知道受遗赠后两个月内"的起算点；二是被告是否作出了接受遗赠的表示。

首先，关于认定"知道受遗赠后两个月内"的起算点，应当依据遗赠的法律性质进行判断。遗赠属于遗赠人死亡之后才生效的法律行为。即使受遗赠人在遗赠人生前知情并表示接受遗赠，也不产生实际接受遗赠的法律后果，且遗赠人还有变更或者撤回遗赠的权利。因此，受遗赠人应当在被继承人死亡后表达自己愿意接受遗赠的意愿，即其"知道受遗赠后两个月内"的起算点应当从被继承人死亡后知道自己受遗赠时起计算。其次，在本案中，被告郭某3在郭某北去世后两个月内以收取租金的行为，实际作出了接受遗赠的表示。人民法院认为应当根据郭某3实际收租金的客观事实和被继承人处分遗产的意愿，只要有证据证明受遗赠人在知道受遗赠后两个月内确有接受遗赠的行为即可。我们认为，该判决是符合法律规定的。本案争议的焦点表明了我国《继承法》关于接受遗赠的接受方式存在一定问题，我国《继承法》及相关司法解释中均没有规定接受遗赠的意思表示应当向何人作出，并且到期没有表示的视为放弃受遗赠，这不利于维护受遗赠人之利益，此为我国立法的不足。

（七）涉及继承权的丧失、被继承人的宥恕与代位继承案例的简介与评析

案情简介：被告李某与丈夫胡某寿于××××年×月×日登记结婚，结婚后没有子女。原告胡某的父亲胡某忠于1952年出生，与胡某寿是叔侄关系。2011年，原告胡某的父亲胡某忠去世，原告母子两人搬到被告李某和胡某寿处，共同居住。2016年，胡某寿因病去世。原告胡某与被告李某因遗产分配问题发生纠纷，诉至法院。原告胡某认为，胡某寿婚后没有子女，自己的父亲作为其侄子被过继给被继承人胡某寿，与被继承人是养子关系。原告的父亲死亡，请求法院判决胡某对胡某寿的遗产享有代位继承权。被告李某认为，原告胡某的父亲与被告夫妇存在收养关系的主张不成立，原告也不是胡某寿的代位继承人。

法院审理后查明：原告的父亲胡某忠与被告李某和胡某寿之间，并未向县级以上人民政府民政部门登记存在收养关系或订立收养协议。由于胡某寿与胡某忠均已去世，无法查明胡某忠从小有没有与被告李某夫妇共同生活，从证据上看，2011年胡某忠去世后，原告及其母亲才搬到胡某寿处居住。被告李某也不承认与胡某忠存在收养或扶养的关系。综

① 参见中国裁判文书网：(2015) 佛×民初字第×号，《郭某1、郭某2等与郭某3继承纠纷一审民事判决书》，http://wenshu.court.gov.cn/content/content? DocID=5f4416b4-9aef-460b-b523-a78400964b97&KeyWord=佛×民初字第×号，访问日期：2019年3月7日。限于本章篇幅，作者对原案情内容有酌情删改。

上所述，审理法院根据我国《继承法》第 10 条、第 11 条的规定，认定原告胡某的父亲与被告夫妇不存在收养关系，原告胡某也不是被继承人胡某寿的代位继承人，判决驳回原告胡某的诉讼请求。①

适用法律分析：本案的争议焦点在于原告的父亲与被继承人胡某寿是否形成了养父母子女关系，以及原告胡某是否是被继承人的代位继承人。根据我国现行《收养法》第 15 条规定："收养应当向县级以上人民政府民政部门登记。收养关系自登记之日起成立。收养关系当事人愿意订立收养协议的，可以订立收养协议。"审理法院查明，原告父亲胡某忠 1952 年出生，至 1984 年到钦州某地工作，其间，并没有证据证明胡某忠与被告夫妇共同生活过，以及有相关的过继、收养的事实，据此认定原告胡某的父亲与被告夫妇不存在收养关系。虽然原告称其父亲胡某忠于 1984 年始与被上诉人夫妇共同居住在涉案房屋，但并不能就此证实双方构成收养、扶养关系。根据我国《继承法》第 11 条规定："被继承人的子女先于被继承人死亡的，由被继承人的子女的晚辈直系血亲代位继承。"本案原告的父亲胡某忠不是被继承人的养子，故原告胡某不是被继承人的代位继承人。我们认为，该案审理法院认定事实清楚，判决符合法律规定。

（八）涉及继承协议案例的简介与评析

案情简介：高某与张某系夫妻，生有两子一女，长子高甲、次子高乙、长女高丙。2006 年，张某因病去世。三子女一致同意母亲张某的财产由父亲高某一人继承。2012 年，高某结识李某，二人于 2013 年 4 月结婚。婚后二人感情融洽、生活和睦，但再婚配偶李某担心高某去世后，高某子女将自己赶出家门，高某也为了让李某尽心尽力地照顾自己，经过商议，由高某出具一份《遗赠扶养协议》，其中约定，李某照顾高某的生活起居直至高某去世，在高某去世后，李某和高某现居住的房屋归李某所有，高某存款中的 15 万元归李某所有。2015 年冬天，高某因脑淤血导致半身不遂，生活不能自理，高某的日常起居完全由李某照顾，后于 2018 年 1 月去世。高某去世后，其继承人因遗产继承发生纠纷，李某提交了上述《遗赠扶养协议》用以证明其已按照协议约定履行了照顾高某的义务，其与高某生前共同居住的房屋及高某存款中的 15 万元应归其所有。

法院审理后认为：我国《继承法》第 31 条规定："公民可以与扶养人签订遗赠扶养协议。按照协议，扶养人承担该公民生养死葬的义务，享有受遗赠的权利。公民可以与集体所有制组织签订遗赠扶养协议。按照协议，集体所有制组织承担该公民生养死葬的义务，享有受遗赠的权利。"被扶养人即被继承人本人，而扶养人必须是法定继承人以外的公民或集体组织。因此，李某作为配偶与丈夫高某之间签订的协议不符合我国法律的规定，该协议应被认定为无效。根据我国《继承法》第 13 条规定："对被继承人尽了主要扶养义务或者与被继承人共同生活的继承人，分配遗产时，可以多分。"本案法院依法判决，对于被继承人高某的遗产，李某应予多分。②

适用法律分析：本案涉及被继承人高某与再婚配偶李某之间签订的继承扶养协议是否

① 参见北大法宝：（2017）桂×民×号，《胡某与李某代位继承权纠纷案》，https://www.pkulaw.com/pfnl/a25051f3312b07f3835ec3475f5bae3554ff315840f96920bdfb.html？keyword=代位继承，访问日期：2019 年 7 月 24 日。限于本章篇幅，作者对原案情内容有酌情删改。

② 参见林瀚：《从典型案例看法定继承人签订遗赠扶养协议的效力问题》，载《新西部》2018 年第 24 期，第 103 页。限于本章篇幅，作者对原案情内容有酌情删改。

有效的问题。根据我国《继承法》第 31 条和 1985 年《执行继承法意见》第 56 条之规定，签订遗赠扶养协议的主体只能是法定继承人之外的公民和集体所有制组织。本案签订遗赠扶养协议的主体为高某与再婚配偶李某，不符合遗赠扶养协议的法定主体要求，因此，本案高某与再婚配偶间签订的并非是遗赠扶养协议，而是域外法如德国、瑞士立法中被继承人与法定继承人间的继承扶养协议。目前，我国立法并没有规定继承扶养协议的效力，审理该案的人民法院以我国立法没有规定为由，不承认该协议的效力，是有法律依据的。但是，我们认为，高某与再婚配偶李某之间签订的继承扶养协议是高某的真实意思表示，由于我国遗赠扶养协议的主体范围过窄，又没有规定继承扶养协议制度，导致再婚配偶李某依该继承扶养协议约定的继承权益不受法律保护，是为我国立法之不足。

（九）涉及遗产债务清偿案例的简介与评析

案情简介：2017 年 6 月 26 日，武某乙向原告张某借款 16 万元，并出具借据。但武某乙未按照约定还款，2017 年 12 月 18 日，武某乙因发生交通事故导致死亡。现查明，被继承人遗产仅有小轿车一辆，价值 122600 元。武某 1、武某 2 为被继承人的子女，武某乙的父亲武某甲为无劳动能力人，一直由武某乙赡养。本案原告张某起诉至法院，请求判令被告武某 1、武某 2 和武某甲在继承遗产范围内偿还被继承人生前欠债。

法院审理后认为：根据我国《继承法》第 33 条规定："继承遗产应当清偿被继承人依法应当缴纳的税款和债务，缴纳税款和清偿债务以他的遗产实际价值为限。超过遗产实际价值部分，继承人自愿偿还的不在此限。继承人放弃继承的，对被继承人依法应当缴纳的税款和债务可以不负偿还责任。"法庭辩论终结前，三被告并未作出放弃继承的意思表示，依据前述法律规定，三被告应在继承小轿车产权价值范围内向原告张某承担清偿责任。另外，因被继承人武某乙的父亲武某甲为无劳动能力人，一直由武某乙赡养，考虑到武某甲实际生活需要，即使被继承人遗产不足以清偿全部欠债，也应为武某甲保留适当遗产，以维持其生活。依照我国《合同法》第 210 条、《继承法》第 33 条、现行《民事诉讼法》第 124 条的规定，判决武某 1、武某 2 在继承小轿车产权价值限额内向原告张某共同偿付 84236 元。①

适用法律分析：本案的争议焦点是遗产债务的清偿与受被继承人扶养人的生活费如何处理的问题。案涉债务是武某乙生前合法债务，三被告未明确放弃继承武某乙遗留小轿车产权，应在该价值范围内向原告张某承担清偿责任，根据我国《继承法》第 33 条的规定，法院认为原告张某要求三被告在继承遗产范围内承担偿还债务责任的诉讼请求，理由正当。但根据 1985 年《执行继承法意见》第 61 条规定："继承人中有缺乏劳动能力又没有生活来源的人，即使遗产不足清偿债务，也应为其保留适当遗产，然后再按继承法第三十三条和民事诉讼法第一百八十条的规定清偿债务。"武某乙父亲武某甲为无劳动能力人，一直由武某乙赡养，人民法院判决应为其保留必要的遗产份额，于法有据。

我们认为，审理法院考虑到依靠被继承人扶养人的实际生活需要，即使遗产不足以清偿全部债务，也应为其保留一定的遗产份额，以维持其基本生活，是符合法律规定的。该

---

① 参见中国裁判文书网：（2018）鄂×民初×号，《张某与武某 1 等被继承人债务清偿纠纷一审民事判决书》，http://wenshu.court.gov.cn/content/content? DocID=f88a4586-184f-4110-b94c-a99b0102147a&KeyWord=遗产债务清偿%7C法定继承人，访问日期：2019 年 4 月 6 日。限于本章篇幅，作者对原案情内容有酌情删改。

判决既依法维护了债权人的合法权益，也保障了依靠被继承人扶养人的基本生活需要，是合理的。但如果存在扶养费、工资及其他欠债，我国《继承法》并没有规定遗产债务的清偿顺序，不利于引导继承人按顺序清偿遗产债务，这是我国立法之不足。

（十）涉及遗产分割案例的简介与评析

案情简介：张某与黄某于1976年登记结婚，与黄某生育了黄某威。张某与前夫曾生育了三子女，即朱某凤、朱某建、黄某新，他们与继父黄某均形成了事实上的扶养关系。黄某于1992年死亡，未留遗嘱。×村1号房屋、2号房屋均为黄某与张某共同共有，但生前黄某与张某共同居住在×村1号房屋；×村2号房屋自儿子朱某建婚后一直由其居住。黄某去世后，各继承人间因遗产分割产生纠纷，诉至法院。原告张某诉称，涉案房屋是黄某与其的夫妻共同财产，但儿子朱某建一直居住在该房屋，并阻碍对该房屋进行分割。被告朱某建称，朱某建因母亲改嫁而随继父一起生活，1991年其结婚时才从家庭成员中分家出来居住在×村2号房屋，家里将涉讼房屋已经分配给自己，因此，涉讼房屋是其分户所取得的财产，并非黄某的遗产，也不应对房屋进行分割。

法院审理后认为：虽然被告朱某建主张其居住的位于×村2号房屋是分家所得的财产，并非被继承人的遗产，但朱某建没有向不动产登记部门申请变更登记，也没有提交相应证据证明该房屋由其所有，故对被告朱某建的陈述不予采信。涉案房屋系原告张某与黄某婚后所建，为夫妻共同财产，根据我国《继承法》第26条的规定，判决×村2号房屋中一半为被继承人的遗产，应由其继承人共同继承。[①]

适用法律分析：本案的争议焦点在于讼争房屋是否应进行分割的问题。审理法院认为，我国对于不动产所有权的变更和确权要求进行变更登记，被告朱某建虽然一直居住于×村2号房屋，但并未进行过产权变更登记，因此认定遗产房屋尚未分割。根据我国《继承法》第26条规定："夫妻在婚姻关系存续期间所得的共同所有的财产，除有约定的以外，如果分割遗产，应当先将共同所有的财产的一半分出为配偶所有，其余的为被继承人的遗产。"人民法院认定×村2号房屋是原告张某与被继承人的夫妻共同财产，其中一半为被继承人的遗产，由其继承人共同继承的判决是符合法律规定的。

（十一）涉及无人承受遗产案例的简介与评析

案情简介：汪某是孤寡老人王老伯的外甥，多年来，汪某始终照顾着王老伯的饮食起居。2011年冬天，王老伯因病去世，汪某为其操办了后事。王老伯去世后未留有遗嘱，其名下有某银行股份及红利价值50万余元，但王老伯终身未婚也无子女，该笔财产无人继承。原告汪某认为，王老伯是孤寡老人，无妻无子，生前主要由他这个外甥照顾扶养，其可以作为王老伯的继承人，故诉至法院请求继承该笔财产。

法院审理后认为：汪某只是王老伯的外甥，不属于王老伯的法定继承人，不能继承该笔财产。但汪某有主动赡养孤老的善举，汪某的情况符合我国现行《民事诉讼法》第192条及我国《继承法》第14条和第32条关于无主财产认定及非继承人之义务赡养者酌情分得遗产的规定。人民法院根据前述相关规定认定王老伯的遗产属于无主财产，在确认汪

① 参见中国裁判文书网，（2014）江×民初字第×号，《张某与朱某建法定继承纠纷一审民事判决书》，http://wenshu.court.gov.cn/content/content? DocID=78b4a043-69cb-4218-a15e-11bb10aec1de&KeyWord=江×民初字第×号，访问日期：2019年3月7日。限于本章篇幅，作者对原案情内容有酌情删改。

某对王老伯生前有赡养事实后，依法判决王老伯的50万余元遗产酌情分配给汪某所有。①

适用法律分析：本案是因被继承人死亡无人继承其遗产而发生的遗产处理问题。所谓无人继承遗产的处理，主要是被继承人既无遗嘱继承人又无法定继承人（包括丧失或放弃等情形）的情况下，其遗产被国家收归国有的遗产处理制度。本案法院审理后认定了汪某作为外甥对孤寡老人王老伯多年照顾的事实。根据我国《继承法》第14条规定："对继承人以外的依靠被继承人扶养的缺乏劳动能力又没有生活来源的人，或者继承人以外的对被继承人扶养较多的人，可以分给他们适当的遗产。"和1985年《执行继承法意见》第57条规定："遗产因无人继承收归国家或集体组织所有时，按继承法第十四条规定可以分给遗产的人提出取得遗产的要求，人民法院应视情况适当分给遗产。"审理法院将王老伯50万余元遗产依法酌情分给外甥汪某所有的判决是符合法律规定的，体现了权利与义务相一致的原则。如前所述，相较于域外一些国家立法，目前我国《继承法》规定的法定继承人范围较窄，仅为直系两亲等及旁系两亲等内。法定继承人范围越窄，无人继承遗产的发生概率会越大。我们认为，我国法定继承人范围和无人承受遗产的酌分请求权主体范围均较窄，不利于鼓励非继承人的其他近亲属照顾孤寡无依的继承人，也不能激励自然人积极创造财富，此为我国立法之不足。

第三节　当代中国广东省民众财产继承观念与遗产处理习惯的特点与原因分析

根据本次调查统计数据的汇总分析，广东省被调查者对前述11个问题所体现出的财产继承观念与遗产处理习惯之特点与原因分析如下：

一、遗产范围界定之特点与原因分析

（一）遗产的种类之特点与原因分析

关于属于遗产种类的民众观念，统计数据显示，（1）认为住房（96.67%）、小汽车（93.35%）、存款（95.96%）、股票（91.92%）四种财产形式属于遗产的占九成以上，此认识与我国现行法的规定相一致；（2）认为欠款（63.18%）、死亡赔偿金（73.40%）、家庭日常生活用品（47.51%）和单位出租给某甲的午休住房（33.97%）属于遗产的，各占三至七成以上，此认识与我国现行法的规定不一致；（3）认为某甲以其姓名注册的邮箱、QQ账号等属于遗产的占近三成（29.45%），但其是否属于遗产我国现行法无规定（见表9-4）。

以上特点的原因分析，在广东省被调查者中，（1）九成以上的人对住房、小汽车、存款和股票等属于遗产具有较为清晰的认识，其原因可能是我国《继承法》对遗产范围采取概括加列举式的立法模式，使民众对遗产的范围有所了解。（2）三至七成以上的人对部分财产是否属于遗产的认识与我国现行法的规定不一致。其原因可能是：其一，对于死亡赔偿金的性质，根据2004年《关于审理人身损害赔偿案件适用法律若干问题的解

① 参见新浪博客：《外甥赡养舅舅直至去世50万遗产"继承"有点难》，http://blog.sina.com.cn/s/blog_637616b70101g4lk.html，访问日期：2019年3月7日。限于本章篇幅，作者对原案情内容有酌情删改。

释》第 1 条第 2 款规定："本条所称'赔偿权利人'，是指因侵权行为或者其他致害原因直接遭受人身损害的受害人、依法由受害人承担扶养义务的被扶养人以及死亡受害人的近亲属。"第 17 条第 3 款规定："受害人死亡的，赔偿义务人除应当根据抢救治疗情况赔偿本条第一款规定的相关费用外，还应当赔偿丧葬费、被扶养人生活费、死亡补偿费以及受害人亲属办理丧葬事宜支出的交通费、住宿费和误工损失等其他合理费用。"以上规定表明，死者的人身损害死亡补偿费是对死亡受害人的近亲属的补偿费，其不属于遗产。其二，对于欠债的性质，通说认为我国遗产范围的界定采取"积极财产说"，即不包括消极性质的被调查者的生前欠债。其三，近五成的人认为家庭日常生活用品属于遗产，被继承人对这些物品也在使用。但此认识存在一定偏差，因为只有其中被继承人享有的份额才属于遗产，但被调查者对此范围的认识不够清楚，而认为全部属于遗产。其三，还有三成以上的人认为单位出租给某甲的午休住房属于遗产，与我国现行法的规定不一致，其原因可能是我国《继承法》对遗产的界定没有反面排除规定，因此部分被调查者对于身份性质财产是否属于遗产还存在一定分歧。(3) 对于邮箱、QQ 账号等，近三成的人认为其属于遗产，但七成以上的人认为其不属于遗产，其原因可能是邮箱、QQ 账号等是与人身密切相关的物，如其被继承可能会侵犯被继承人的个人隐私。

关于遗产的种类之我国立法，我国《继承法》第 3 条规定："遗产是公民死亡时遗留的个人合法财产，包括：(一) 公民的收入；(二) 公民的房屋、储蓄和生活用品；(三) 公民的林木、牲畜和家禽；(四) 公民的文物、图书资料；(五) 法律允许公民所有的生产资料；(六) 公民的著作权、专利权中的财产权利；(七) 公民的其他合法财产。"我国《继承法》第 4 条和 1985 年《执行继承法意见》第 3 条还规定，个人承包应得的个人收益、有价证券和履行标的为财物的债权也属于遗产范围。

从域外立法例看，许多国家对遗产的种类之立法模式规定不一，可以分为三种方式：即概括式、列举式和结合式三种，但纯粹的概括式或列举式立法模式均不多见，多为结合式立法模式。① 例如，《俄罗斯联邦民法典》规定，遗产包括继承开始之日属于被继承人的物和其他财产，包括财产权利和义务；遗产不包括与被继承人的人身不可分割的权利和义务；遗产不包括人身非财产权和其他非物质利益。② 还有学者指出，结合式立法模式根据其列举的方式不同，又可分为排除性的结合与直陈式的结合。排除性的结合，是指正面概括性地规定什么是遗产，再从反面排除哪些不是遗产。直陈式的结合，是指正面概括性地规定什么是遗产，再以正面陈述的方式列举哪些是遗产。③

从我国诸继承法学者建议稿看，主要有以下两种建议：第一种是概括式和排除式相结合，如"陈稿"第 25 条规定："遗产是被继承人死亡时遗留的个人所有财产。与被继承人人身不可分割的财产和法律规定不得继承的财产，不属于遗产。"第二种是概括式、列举式和排除式相结合，如"杨稿"第 7 条规定："遗产是被继承人死亡时遗留的个人财产，包括：(一) 房屋、林木、牲畜、储蓄等不动产或动产的所有权；(二) 个人享有的土地承包经营权和承包收益；(三) 建设用地使用权；(四) 可继承的财产债权及其担保；

---

① 参见梁慧星主编：《中国民法典草案建议稿附理由·继承编》，法律出版社 2013 年版，第 21~23 页。

② 参见《俄罗斯联邦民法典》第 1112 条。

③ 参见麻昌华：《遗产范围的界定及其立法模式选择》，载陈苇主编：《中国继承法修改热点难点问题研究》，群众出版社 2013 年版，第 367 页。

（五）有价证券载有的财产权利；（六）股权或合伙中的财产权益；（七）知识产权中的财产权益；（八）被继承人享有的人格权衍生的财产利益；（九）互联网络中的虚拟财产；（十）被继承人的其他财产权益。被继承人的专属性权利和法律规定不得继承的权利不属于遗产。涉及被继承人个人信息权、隐私权的互联网络虚拟财产不属于遗产。”其主要理由是认为单纯的概括模式比较抽象，不能明确回答现实中突出的急需回答的问题；而概括式和排除式相结合也不能明确正面回应。也即该观点认为这样的立法模式既能够有针对性地回应现实问题，又避免了遗漏。①

我们认为，对于遗产范围的立法，争议焦点在于是否还有必要对遗产范围作正面列举。从本次实证调查的统计数据来看，广东省被调查者对于传统的财产形式是否属于遗产并没有太大疑惑，真正有疑惑、可能需要立法“明确正面回应”的是新的财产形式。另外，列举式立法虽然直观，但它如果真要实现“明确正面回应”的功能，势必要随着新财产形式的出现不断修正，如此必然要增加立法成本。因此，相比之下，立法模式以概括式与排除式相结合更合适。上述建议增加反面排除规定的广东省被调查民众的观念、域外立法例和我国学者建议稿的观点，可供我国立法参考。此外，关于遗产范围的排除性规定，涉及被继承人个人信息权、隐私权等物是否需要排除尚有争议，广东省被调查者中认为其属于遗产的占近三成（见表9-4）。在学界对此问题的认识也存在分歧，尽管多数观点认为涉及个人隐私的物不应当被继承，但也有观点认为法定继承人等与过世用户关系密切的人士才是占有和维护过世用户隐私的最佳人选。② 我们认为涉及个人隐私的物不应当被继承，以保护被继承人的隐私权。

（二）被继承人生前特种赠与财产的归扣之特点与原因分析

第一，关于被继承人生前特种赠与财产是否应归入遗产范围的民众观念，统计数据显示，在被调查者中，（1）认为被继承人去世时遗留的个人财产才可算作遗产，不包括被继承人生前对子女的特种赠与财产的，占八成半以上（86.46%）；（2）认为被继承人生前资助子女的财产与死亡时其遗留的住房、存款，均应当合并计算为遗产的，仅占一成以上（13.54%）（见表9-5）。

以上特点的原因分析，在被调查者中，（1）八成半以上的多数人从思想观念上不承认特种赠与财产的归扣制度，原因可能是认为遗产应以被继承人死亡时遗留的财产为准，生前给子女的财产是一种自愿的赠与行为；（2）一成以上的人承认特种赠与财产的归扣制度，其原因可能是被调查民众认为该制度有利于在共同继承人之间公平分配遗产。

第二，关于生前特种赠与财产是否归扣纳入遗产范围的民间习惯，统计数据显示，在被调查者所在地区，（1）没有归扣习惯的占七成（70.07%）；（2）而有归扣习惯的占近三成（29.93%）（见表9-7）。

以上特点的原因分析，根据广东省被调查者填写的生前特种赠与财产不纳入遗产范围分配之理由（见表9-9），（1）八成半以上的人认为应平均分配，即不赞成遗产归扣，其原因是平均分配所有遗产，有利于遗产的分割或符合法律规定；（2）一成以上的人赞成

① 参见孙毅：《继承法修正中的理论变革与制度创新——对〈继承法修正草案建议稿〉的展开》，载《北方法学》2012年第5期。

② 参见梅夏英、许可：《虚拟财产继承的理论与立法问题》，载《法学家》2013年第6期。

遗产归扣或乙应该适当多分，其原因是这体现公平原则。

关于遗产归扣制度之我国立法，我国《继承法》对此无规定。

从域外立法例看，许多国家继承法普遍规定了这一制度，主要是认为它能够保证遗产在共同继承人之间公平分配。[①] 例如，《法国民法典》对这一制度作出详细规定，其原则上确认继承人无论是否为享有有限责任继承权人，都应当对其他共同继承人返还死者生前直接或间接赠与的一切财产；并设置例外，即当赠与物被明示为应继份以外的特殊权益的，或规定免除返还的。[②] 再如，《德国民法典》对继承人的结算义务进行规定，其首先规定法定继承人原则上都有结算义务，其次补充规定特定类型费用超过一定标准的应予结算，最后，其规定除此外其他生前赠与是否有结算义务都应以被继承人是否指示应结算为准。[③]

从我国诸继承法学者建议稿看，多数学者建议稿都认为遗产归扣制度应当入法，但在具体规定上存在分歧：对于可纳入归扣范围的财产利益的免除条件，一种观点认为，如果被继承人生前有相反意思表示，则不予归扣，即遗产归扣为依被继承人的意愿可予免除，如“陈稿”第27条规定：“以上应予归扣的财产利益，被继承人生前有免除返还的意思表示的，不予归扣，但该意思表示以不超出其可处分份额为限”；另一种观点则认为，必须是被继承人生前同意归扣或根据风俗习惯应当归扣的，才予以归扣，即要根据被继承人的意愿或习俗确定。例如，“杨稿”第9条规定：“继承开始前，晚辈继承人因结婚、分家、营业、教育、生育等事项，接受被继承人生前赠与的财产，依据被继承人生前的意思表示或者风俗习惯，属于提前处分遗产的，应当按照赠与时的价值归入遗产计算价额。赠与的价额在遗产分割时应当从该继承人的应继承数额中扣除。但超过应继承数额的部分不必返还。”

我们认为，尽管域外立法例和我国继承法学者建议稿对该项制度多有规定，但结合本次实证调查中，不赞成遗产归扣制度的广东省被调查者占八成以上。要设立一项新制度，必须首先确认设立的必要性和现实基础。广东省被调查者对遗产归扣制度的认同度较低，在立法中设立归扣制度可能导致法律脱离现实土壤，在继承中引发纠纷。因此，我国立法机关可结合其他被调查者所在地区的民众观念，充分考虑该制度的实践价值和可行性，再确定是否将遗产归扣制度入法。

二、继承开始的通知和公告之特点与原因分析

（一）继承开始的通知和公告的主体之特点与原因分析

关于继承开始的通知和公告主体的民间习惯，统计数据显示，在被调查者所在地区，（1）由继承人作为主体的，各占五至七成以上，具体包括：“知道被继承人死亡的继承人”（71.02%）和“保管遗产的继承人”（58.91%）；（2）由知道被继承人死亡的单位、村（居）委会作为主体的，占五成半（55.58%）；（3）由处理被继承人死亡事件的机构作为主体的，占三成（30.40%）（见表9-10）。

---

① 参见梁慧星主编：《中国民法典草案建议稿附理由·继承编》，法律出版社2013年版，第24页。

② 参见《法国民法典》第843条。

③ 参见《德国民法典》第2050条至第2053条。

以上特点的原因分析，在广东省被调查者所在地区，（1）有关继承开始的通知和公告的主体较为广泛，其原因可能是受我国立法之影响，知道被继承人死亡的继承人和被继承人生前所在单位或者其住所地的居民委员会、村民委员会是继承开始的通知主体；（2）三成的地区有处理被继承人死亡事件的机构可以作为通知主体的习惯，其原因可能是被调查民众希望尽快发出继承开始的通知和公告，以及时通知相关权利人，这符合实际生活需要。

关于继承开始的通知和公告主体之我国立法，我国《继承法》第23条规定，由知道被继承人死亡的继承人通知，继承人不知或不能通知的，由被继承人生前所在单位或者其住所地的居民委员会、村民委员会负责通知。我国2015年《关于适用民事诉讼法的解释》第55条规定："在诉讼中，一方当事人死亡，需要等待继承人表明是否参加诉讼的，裁定中止诉讼。人民法院应当及时通知继承人作为当事人承担诉讼，被继承人已经进行的诉讼行为对承担诉讼的继承人有效。"

从域外立法例看，关于继承开始的通知和公告主体，大陆法系的许多国家多有规定，在催告继承和遗赠的接受或放弃、催告债权人、无人继承遗产的处理等相关规定中有所体现。例如，《意大利民法典》规定，任何利害关系人均可以请求司法机关为有权取得遗产的人确定一个表示接受或拒绝接受继承的期限；任何利害关系人也可以请求司法机构，为受遗赠人确定一个行使放弃遗赠权利的期限。①

从我国诸继承法学者建议稿看，主要有三种观点：第一，保留我国《继承法》的规定，即以知道被继承人死亡的继承人首先通知为原则，以被继承人生前所在单位或者住所地的居民委员会、村民委员会为补充通知；第二，在前者基础上，补充规定其他利害关系人的通知义务；第三，保留我国《继承法》的原则性规定，即以知道被继承人死亡的继承人首先通知为原则，但当继承人无法通知时，以负责处理被继承人死亡事件的部门或基层组织补充通知。②

我们认为，我国继承开始的通知和公告主体的范围较窄，这是其立法之不足。继承开始的通知和公告的规定是要求通知和公告尽快到达继承人而为通知和公告者设定的义务。因此，为及时发出继承开始的通知和公告，主体范围可以适当扩大。上述主张扩大主体范围的广东省被调查民众的习惯、域外立法例和我国学者建议稿的观点，可供我国立法参考。

（二）继承开始的通知和公告的方式之特点与原因分析

关于继承开始的通知和公告方式的民间习惯，统计数据显示，在被调查者所在地区，（1）分别由"口头、电话、微信等方式通知"（75.30%）和"信件、告知函等书面通知"（57.24%）的，各占五至七成以上；（2）分别通过"申请人民法院以公告程序进行公告"（44.89%）、"在报纸、电视、网络等平台上发布被继承人死亡的公告"（36.34%）和"在被继承人所在地的村（居）委会公告栏公告"（33.01%）的，各占三至四成以上（见表9-11）。

以上特点的原因分析，在广东省被调查者所在地区，（1）五至七成以上的地区有通

① 参见《意大利民法典》第481、650条。

② 参见"陈稿"第5条；"杨稿"第70条；"王稿"第547条；"梁稿"第2001条。

过口头、电话、微信通知或信件、告知函等书面通知的习惯，其原因可能是现代电子通信技术较为发达，通过电话、微信等电子通信方式，便于方便、及时发出继承开始的通知，而通过信件、告知函等发出继承开始的通知则更为正式；（2）三至四成以上的地区有通过公告方式发布继承开始的习惯，其原因可能是在继承人有无不明时，公告方式更便于寻找相关继承人。

关于继承开始的通知和公告方式之我国立法，我国《继承法》对此无规定。

从域外立法例看，在催告继承人或遗产债权人、受遗赠人或其他遗产利害关系人的相关规定中有通知或公告的方式。例如，《意大利民法典》规定，按遗产清单接受继承的继承人，如果知晓债权人和受遗赠人的住所或居所，则申报债权的通知应当用挂号信直接送达，同时，还应当将申报债权的通知刊登在省级法律公报上。①

从我国诸继承法学者建议稿看，“王稿”“张稿”“陈稿”“杨稿”均规定在继承人有无不明时，应以公告的方式发出通知。具体又有三种公告的方式，一是由遗产管理人向人民法院提出申请，然后由人民法院进行公告，如“王稿”“张稿”的规定。② 二是由遗产管理人发出继承开始的公告，如“杨稿”的规定。③ 三是由遗产管理人视遗产价值多少，选择不予公告、在村或社区公告栏公告、在省一级报纸登报公告或申请法院公告，如“陈稿”的规定。④

我们认为，继承开始的通知规定的目的在于使通知尽快到达继承人，而由于各地实际情况、习俗不同，关于继承开始的通知和公告的具体方式，建议无须作统一规定，以免掣肘实践。

（三）继承开始的通知和公告的期间之特点与原因分析

关于继承开始的通知和公告期间的民众观念，统计数据显示，在被调查者中，（1）认为应在15日以内发出的，合计占四成半以上（占46.78%）；（2）认为应在30日以内发出的，占近四成（37.53%）（见表9-12）。

以上特点的原因分析，四成半以上的广东省被调查者认为应在15日以内发出继承开始的通知和公告，占比最高，其原因可能是他们希望尽快发出继承开始的通知和公告，以便通知相关权利人参与继承、参加吊唁等活动，这符合实际生活的需要。

关于继承开始的通知和公告的期间之我国立法，我国《继承法》第23条仅规定“及时”发出继承开始的通知，并没有明确规定继承开始的通知期间。另外，关于票据被盗、遗失或灭失的公示催告程序，我国现行《民事诉讼法》第219条规定：“人民法院决定受理申请，应在三日内发出公告，催促利害关系人申报权利。公示催告的期间，由人民法院根据情况决定，但不得少于六十日。”

从域外立法例看，大陆法系国家和英美法系国家对于继承开始的通知和公告期间多有规定。⑤ 例如，《意大利民法典》对继承开始的通知和公告期间之规定，主要体现在对继承开始后继承人接受或放弃继承、催告债权人和受遗赠人的规定之中。第一，按遗产清单

① 参见《意大利民法典》第498条。

② 参见“王稿”第662条；“张稿”第67条。

③ 参见“杨稿”第92条。

④ 参见“陈稿”第85条。

⑤ 参见陈苇主编：《中国遗产处理制度系统化构建研究》，中国人民公安大学出版社2019年版，第52~53页。

接受继承时的债权人和受遗赠人催告期间，继承人应当自接到异议通知之日起 1 个月内，由继承开始地的公证人确定的不少于 30 日的期限内，召集债权人和受遗赠人进行债权申报。第二，催告继承人接受或放弃继承的期间，任何利害关系人均可请求司法机构为有权取得遗产的人确定一个表示接受或拒绝接受继承的期限。第三，对遗赠的催告期间，任何利害关系人均可请求司法机构为有权取得遗赠的人确定一个表示接受或拒绝接受遗赠的期限。① 而对于继承人有无不明的情况，则多对公告期间作了规定。例如，德国法规定的公示期间为 3 个月，日本法规定为 6 个月，瑞士法规定为 1 年。②

从我国诸继承法学者建议稿看，关于继承开始的通知和公告期间，“王稿”规定，在有无继承人不明时，遗产管理人需从速向人民法院申请公示催告，法院决定受理申请后 3 日内发出公告，催告期间为不少于 60 日③，而“张稿”“陈稿”“杨稿”均主张公告期限不得少于 6 个月。④

我们认为，我国欠缺继承开始的通知和公告期间，这是其立法之不足。因此，上述主张在较短期间内发出继承开始通知和公告的广东省被调查民众的观念、域外立法例和我国学者建议稿的观点，可供我国立法参考。

三、遗产管理之特点与原因分析

（一）遗产管理人的确定之特点与原因分析

关于遗产管理人的确定的民间习惯，统计数据显示，在被调查者所在地区：（1）由死者的法定继承人作为遗产管理人的，占近七成（69.59%）；（2）由“死者的儿媳或女婿”（7.36%）、“死者家族中的德高望重者”（18.29%）、“死者的其他亲戚朋友”（13.78%）和“死者所在的单位或村、居委会”（13.78%）作为遗产管理人的，各占一成左右（见表 9-13）。

以上特点的原因分析，在广东省被调查者所在地区，（1）近七成的地区有由法定继承人中的配偶担任遗产管理人的习惯，占比最高，其原因可能是认为配偶与被继承人关系亲近，更便于管理和清算遗产；（2）占一成左右的地区有由死者的儿媳或女婿、死者家族中的德高望重者、死者的其他亲戚朋友或死者所在的单位或村/居委会担任遗产管理人的习惯，其原因可能是出于及时管理遗产的需要，遗产管理人的主体较为广泛，便于对遗产进行妥善保存和管理分配。

关于遗产管理人的产生方式之我国立法，我国《继承法》对此无规定。

从域外立法例看，法国、瑞士、日本、德国、意大利等国家都对遗产管理人制度有所规定，在需要处理遗产的情况下，通过特定的法定程序任命遗产管理人进行处理。例如，《德国民法典》规定，遗产管理人的确立有三种情况：一是遗嘱指定遗产管理人，如被继承人在遗嘱中确立了遗嘱执行人的，则由其承担管理遗产的职责。二是继承人担任遗产管理人。继承人在接受继承后对遗产享有权利和负担义务，继承人有多人的，则由其共同管理遗产。三是法院指定遗产管理人。法院可以根据继承人以享受限定继承利益为目的的申

---

① 参见《意大利民法典》第 481、650、498 条。

② 参见《日本民法典》第 958 条；《瑞士民法典》第 555 条；《德国民法典》第 1965 条。

③ 参见“王稿”第 547、661、662 条。

④ 参见“张稿”第 67 条、“陈稿”第 85 条、“杨稿”第 92 条。

请，或者根据遗产债权人以其权利有受到继承人的行为或资产情况的不良影响为由的申请，发布指定遗产管理人进行遗产管理的命令。①

从我国诸继承法学者建议稿看，都建议在立法中明确规定遗产管理人的确定方式，如"杨稿"第72条规定："继承人可以在继承开始后协商推选遗产管理人。有遗嘱执行人的，由遗嘱执行人担任遗产管理人。遗嘱未指定遗嘱执行人，继承人对遗产管理人选任有争议的，由有完全民事行为能力的法定继承人共同管理遗产。有证据证明继承人的行为已经或将要损害其他遗产承受权利人、遗产债权人等利害关系人利益的，经利害关系人申请，人民法院可以在继承人之外指定遗产管理人。"

我们认为，我国欠缺遗产管理人制度，这是其立法不足。因此，上述主张明确遗产管理人产生方式的广东省被调查民众的习惯、域外立法例和我国学者建议稿的观点，可供我国立法参考。

（二）遗产管理人的职责与报酬之特点与原因分析

第一，关于遗产管理人职责的民众观念，统计数据显示，在被调查者中，认为遗产管理人的职责包括清查遗产，制作遗产清单（92.64%）、妥善保管遗产（91.92%）、查明被继承人生前的债权和债务，积极追讨债权或清偿债务（65.80%）、查明被继承人是否留有遗嘱，并且确定遗嘱是否真实合法（65.32%）、可以原告或被告的身份参加因遗产引起的诉讼（57.48%）、定期制作遗产管理报告，向继承人报告遗产管理情况（41.80%）的，各占四至九成以上（见表9-15）。

以上特点的原因分析，四至九成以上的广东省被调查民众认为，遗产管理人的职责包括清查遗产，制作遗产清单、妥善保管遗产、查明被继承人生前的债权和债务，积极追讨债权或清偿债务等，责任较为广泛，其原因可能是出于规范遗产管理人行为，促使遗产管理人积极行使职责的需要。

关于遗产管理人的职责之我国立法，我国《继承法》对此无规定。

从域外立法例看，域外国家对遗产管理规定有较为全面的职责要求，如《意大利民法典》规定，遗产管理人的职责主要有如下：其一，遗产管理人应编制并执行遗产清册。其二，适当的处分和管理遗产，如将处理遗产收获的现金存放在指定的金融机构。其三，催告遗产债权人和受遗赠人在一定期间内申报权利，如知道债权人和受遗赠人的住所或居所的，申报债权的通知应当用挂号信直接送达，同时还应当将申报债权的通知刊登在省级法律公报。其四，对债权人和受遗赠人承担报告管理遗产账目的义务，债权人和受遗赠人还可以为其指定一个报告账目的期限。其五，在遗产状况有必要的情况下，以原告的身份向法院提起诉讼，或者以被告的身份加入因遗产引起的诉讼。其六，在公证人的协助下编制清偿顺序表并进行公示，按照债权人各自享有的先取特权顺序进行清偿。②

从我国诸继承法学者建议稿看，"梁稿"认为，遗产管理人的职责应当包括妥善保管遗产、编制遗产清册和移转遗产，以及为保存遗产价值进行必要的处分。③"杨稿"认为，遗产管理人的职责包括：查明被继承人是否留有遗嘱并确定遗嘱是否真实合法、查明并通

① 参见《德国民法典》第1981条、第2197~2200条。

② 参见《意大利民法典》第528~531条。

③ 参见"梁稿"第2004~2006条。

知遗产承受权利人以及被继承人的债权人和债务人、管理遗产，制作遗产清单并公示、清偿遗产债务、分割和移交遗产、在管理权限之内采取必要的措施或通过诉讼保全遗产、进行与管理遗产有关的其他必要行为。①

我们认为，我国《继承法》未规定遗产管理人的具体职责，这是其立法之不足。对此问题，主张明确遗产管理人职责的上述广东省被调查民众的观念、域外立法例和我国学者建议稿的观点，可供我国立法参考。

第二，关于遗产管理人是否有权取得报酬的民间习惯，统计数据显示，在被调查者所在地区，（1）继承人担任的遗产管理人，近三成（28.27%）的地区有管理人不能请求给付报酬的习惯；（2）法院指定的遗产管理人，六成半（65.08%）的地区有可以请求给付报酬的习惯；（3）继承人选任的第三人作为遗产管理人，近六成（57.48%）的稍多数地区有是否给付报酬应当由继承人决定的习惯（见表9-16）。

以上特点的原因分析，在广东省被调查者所在地区，（1）对于继承人担任遗产管理人的，近三成的地区有不能请求给付报酬的习惯，其原因可能是继承人要参与遗产分配且亲人之间不必斤斤计较讲报酬；（2）对于法院指定遗产管理人的，六成半的地区有可以请求给付报酬的习惯，其原因可能是遗产管理人为管理遗产付出了自己的劳动和时间，应该给予一定的费用；（3）对于继承人选任的第三人作为遗产管理人，近六成的地区有是否给付报酬，应当由继承人决定的习惯，其原因可能是决定是否给付管理报酬是继承人的权利，谁选任谁有权决定是否给付报酬。

关于遗产管理人是否有权取得报酬之我国立法，我国《继承法》对此无规定。

从域外立法例看，大陆法系的一些国家均规定了遗产管理人的报酬请求权。例如，《德国民法典》规定遗产管理人可以为其职务的履行而请求适当的报酬，但是对于遗嘱执行人的报酬被继承人生前在遗嘱中另作规定的除外。②《日本民法典》规定，遗产管理人的报酬由家庭法院根据继承财产状况及其他情况确定。③

从我国诸继承法学者建议稿看，我国学者建议稿多规定了遗产管理人的报酬请求权。例如，“梁稿”“王稿”规定遗嘱人没有在遗嘱中对遗嘱执行人指定报酬的，遗嘱执行人原则上不得请求报酬，但继承人或者受遗赠人自愿支付报酬的除外。④“徐稿”规定，遗嘱执行人的报酬由遗嘱确定，遗嘱未确定的，由法院考虑财产量及执行职务的劳动量确定报酬额。⑤

我们认为，我国欠缺遗产管理人之报酬的规定，这是其立法之不足。因此，上述主张区别不同情况确定是否给予遗产管理者报酬的广东省被调查者所在地区的习惯，域外立法例和我国学者建议稿的观点，可供我国立法参考。

（三）遗产管理人的损害赔偿责任之特点与原因分析

关于遗产管理人的损害赔偿责任之民间习惯，统计数据显示，在被调查者所在地区，（1）有故意或重大过失，才承担损害赔偿责任的，占五成以上（52.25%）；（2）无论是

① 参见“杨稿”第74条。

② 参见《德国民法典》第2003条。

③ 参见《日本民法典》第1018条。

④ 参见“梁稿”第2003条；“王稿”第639条。

⑤ 参见“徐稿”第四分编第397条。

故意、重大过失或一般轻过失，都要承担损害赔偿责任的，占四成半以上（47.03%）（见表9-17）。

以上特点的原因分析，在广东省被调查者所在地区，（1）五成以上的地区有遗产管理人有故意或重大过失，才承担损害赔偿责任的习惯，其原因可能是这符合权责一致原则，遗产管理人不应承担过重的损害赔偿责任；（2）四成半以上的地区有无论遗产管理人是故意、重大过失或一般轻过失，都要承担损害赔偿责任的习惯，其原因可能是为严格规范遗产管理人的行为，因此无论故意或一般轻过失都应承担损害赔偿责任。

关于遗产管理人的损害赔偿责任之我国立法，我国《继承法》对此无规定。

从域外立法例看，《德国民法典》规定，继承人和法院任命的遗产管理人需就其所实施的遗产管理行为向债权人负责，如因其违反申请开始支付不能程序的义务而导致债权人的损失，则应就该损害向债权人负责；遗嘱执行人因其过错违反其所担负的义务的，对因此而发生的损害向继承人和受遗赠人负责。①《法国民法典》规定，遗嘱执行人承担一个无报酬的委托代理人应负的责任。②

从我国诸继承法学者建议稿看，多数认为应当规定遗产管理人的损害赔偿责任，如“陈稿”第10条规定：“遗产管理人因故意或过失未尽遗产管理义务，从而造成遗产毁损或灭失的，应当承担损害赔偿责任。”

我们认为，我国《继承法》未规定遗产管理人的损害赔偿责任，这是其立法之不足。因此，上述主张遗产管理人应承担一定损害赔偿责任的广东省被调查民众的习惯、域外立法例和我国学者建议稿的观点，可供我国立法参考。

四、法定继承之特点与原因分析

（一）法定继承人的范围与顺序之特点与原因分析

第一，关于法定继承人范围与顺序的民众观念，统计数据显示，被调查者认可的法定继承人的范围与顺序是：第一顺序为配偶（97.86%）、父母（82.66%）、子（82.90%）、女（72.68%）；第二顺序为孙子女（70.31%）、外孙子女（58.91%）、祖父母（57.72%）、外祖父母（46.08%）、兄弟（42.52%）、姐妹（46.08%）；第三顺序为堂兄弟（34.44%）、堂姐妹（36.58%）；第四顺序为表兄弟（47.03%）、表姐妹（48.46%）；第五顺序为侄子女（47.51%）、外甥子女（52.49%）、伯叔姑（37.77%）、舅姨（34.20%）（见表9-18）。

第二，关于配偶与血亲继承人顺序的民众观念，统计数据显示，在被调查者中，（1）选择C项第一继承顺序为配偶、子女、父母，配偶为固定的第一顺序继承人的，占五成以上（51.31%）；（2）选择A、B两项第一顺序为子女，第二顺序为父母，第三顺序为兄弟姐妹、祖父母、外祖父母、兄弟姐妹的子女，配偶为无固定继承顺序继承人，可以参与第一、第二（或第三）顺序继承的，合计占近五成（48.69%）（见表9-19）。

以上特点的原因分析，在广东省被调查者中，（1）与我国现行立法相比，被调查者认可的法定继承人的范围更广且顺序更多，其原因可能是在“一对夫妻只生育一个孩子”

---

① 参见《德国民法典》第1985、2219条。

② 参见《法国民法典》第1033条。

的计划生育政策引导下，我国家庭结构已经呈现小型化的特点。如果血亲继承人的范围太窄，就很容易出现被继承人死亡后无人继承遗产的情况；（2）五成以上的人主张第一继承顺序为配偶、子女、父母，配偶为固定的第一顺序继承人，其原因可能是受我国现行立法之影响；近五成的人主张第一顺序为子女，第二顺序为父母，第三顺序为兄弟姐妹、祖父母、外祖父母、兄弟姐妹的子女，配偶为无固定继承顺序继承人，可以参与第一、第二（或第三）顺序继承，其原因可能是配偶作为无固定顺序继承人，更有助于兼顾各继承人的利益，防止特殊情况下配偶一人取得全部遗产。

关于法定继承人的范围与顺序之我国立法，我国《继承法》第10条规定："遗产按照下列顺序继承：第一顺序：配偶、子女、父母；第二顺序：兄弟姐妹、祖父母、外祖父母。继承开始后，由第一顺序继承人继承，第二顺序继承人不继承。没有第一顺序继承人继承的，由第二顺序继承人继承。"

从域外立法例看，各国法规定法定继承人，均以血缘关系和婚姻关系为基础，大体有以下两种情况：一是采取"亲属继承无限制主义"。此种立法不受亲等限制，如《德国民法典》规定，第一顺序法定继承人是被继承人的晚辈直系血亲；第二顺序法定继承人是被继承人的父母和父母的晚辈直系血亲；第三顺序法定继承人是被继承人的祖父母、外祖父母及其晚辈直系血亲；第四顺序法定继承人是被继承人的祖父母的父母及其晚辈直系血亲，外祖父母的父母及其晚辈直系血亲；第五顺序和更远顺序的法定继承人，是被继承人之辈分比上述四个顺序的法定继承人更大的祖先及其晚辈直系血亲。[①] 二是采取"亲属继承限制主义"。采此种做法的国家有法国（以十二亲等为限）与意大利（以六亲等为限）等。例如，《法国民法典》规定，在没有配偶继承人的情况下，亲属按照以下顺序继承遗产：（1）子女和他们的直系卑血亲；（2）父母、兄弟姐妹以及他们的直系卑血亲；（3）父母之外的直系尊血亲；（4）除兄弟姐妹以及他们的直系卑血亲以外的旁系亲属。[②]

从我国诸继承法学者建议稿看，关于法定继承的范围和顺序，均主张应当扩大法定继承的范围，有的认为应扩大至四代以内的亲属。例如，"杨稿"第57条规定："遗产按照下列顺序继承：第一顺序：配偶、子女、父母；第二顺序：孙子女、外孙子女、兄弟姐妹、祖父母、外祖父母；第三顺序：曾祖父母、外曾祖父母、伯、叔、姑、舅、姨、堂兄弟姐妹、表兄弟姐妹、侄子女、甥子女等四代以内的其他直系或者旁系血亲。"

我们认为，如今家庭规模不断缩小、法定继承序列的亲属数量越来越少，可能导致大量遗产成为无人承受的遗产，我国法定继承人范围较窄，这不利于保护自然人的私有财产继承权，是其立法之不足。从本次调查情况来看，广东省被调查民众对扩大法定继承人范围并无异议。广东省被调查者认可的法定继承人范围较为广泛，包括四代以内亲属：除现有范围继承人外还包括孙子女、外孙子女、堂兄弟、堂姐妹、舅姨、表兄弟、表姐妹、伯叔姑、侄子女、外甥子女。因此，上述主张适当扩大我国法定继承人范围的广东省被调查民众的观念，域外立法例和我国学者建议稿的观点，可供我国立法参考。

（二）配偶与血亲继承人的法定应继份之特点与原因分析

关于配偶与血亲继承人法定应继份的民众观念，统计数据显示，在被调查者中，

① 参见《德国民法典》第1924~1929条。

② 参见《法国民法典》第734条。

（1）配偶应无固定继承顺序，参与前三顺序或前二顺序继承并取得不同份额的，合计占六成半以上（65.55%）；（2）配偶应有固定继承顺序，与第一顺序继承人共同继承并均分遗产的，占近三成半（34.20%）（见表9-20）。

以上特点的原因分析，在广东省被调查者中，（1）六成半以上的人认为配偶应当不固定继承顺序，与不同顺序的血亲继承人共同继承，且随顺序不同取得的法定应继份也不同，其原因可能是当配偶固定顺序时如果被继承人没有直系卑亲属和父母而仅有兄弟姐妹等近亲属时，处于第一顺序的配偶将取得全部遗产，遗产可能流出被继承人的家庭之外，不利于保障遗产在家庭内部传承。可见，广东省被调查民众该方面的财产继承观念与我国现行立法的规定存在一定出入；（2）近三成半的人认为配偶应为固定顺序继承，其原因可能是当配偶固定继承顺序时，受我国现行立法之影响。

关于配偶与血亲继承人的法定应继份之我国立法，根据我国《继承法》第10、13条的规定，配偶是第一顺序继承人，并且同一顺序继承人继承遗产的份额，一般应当均等。

从域外立法例看，对配偶的继承顺序主要有两种不同的立法例，一是德国、法国和日本立法规定的配偶无固定继承顺序[①]。例如，《日本民法典》第900条规定："1. 子女及配偶为继承人时，子女及配偶的继承份额各为二分之一；2. 配偶及直系尊亲属为继承人时，配偶的继承份额为三分之二；3. 配偶及兄弟姐妹为继承人时，配偶的继承份额为四分之三，兄弟姐妹的继承份额为四分之一。"二是配偶有固定继承顺序，如《俄罗斯联邦民法典》第1142条规定："第一顺序的法定继承人是被继承人的子女、配偶和父母。"

从我国诸继承法学者建议稿看，学者建议稿的观点也分为两种：第一，继续保留配偶的第一顺序继承人地位，如"杨稿"第57、58条规定，遗产按照下列顺序继承：第一顺序：配偶、子女、父母。同一顺序继承人有数人时，原则上平均分得遗产；第二，将配偶作为不固定顺序的继承人与其他顺序继承人共同继承并在不同顺序取得不同应继份，如"陈稿"第47条规定，配偶与第一顺序继承人共同继承时，遗产按人数均分。配偶与第二顺序继承人共同继承时，其应继份为遗产的1/2，其余血亲继承人的应继份为遗产的1/2。配偶与第三顺序继承人共同继承时，其应继份额为遗产的2/3，其余血亲继承人的应继份为遗产的1/3。在无配偶和第三顺序继承人时，配偶继承全部遗产。其理由主要包括符合习俗、加大对配偶继承权的保护力度同时兼顾其他血亲继承人的继承权益。[②]

我们认为，我国将配偶固定为第一顺序法定继承人，这是其立法之不足。当第一顺序继承人中的父母、子女均去世时，配偶一个人将继承全部遗产，可能导致被继承人遗产流出家庭内部。因此，上述主张配偶为无固定继承顺序继承人的广东省被调查民众的观念、域外立法例和我国学者建议稿的观点，可供我国立法参考。

（三）配偶对遗产中家庭住房的先取权与终生使用权之特点与原因分析

第一，关于配偶对遗产中家庭住房的先取权与终生使用权的民间习惯，统计数据显示，在被调查者所在地区，（1）有该习惯的占七成以上（72.92%）；（2）无此习惯的占近三成（27.08%）（见表9-21）。

以上特点的原因分析，在广东省被调查者所在地区，关于配偶对遗产中家庭住房的先

---

① 参见《德国民法典》第1931条；《法国民法典》第765条。

② 参见陈苇、冉启玉：《完善我国法定继承人范围和顺序立法的思考》，载《法学论坛》2013年第2期。

取权与终生使用权，(1) 七成以上的地区有该习惯，其原因可能是被继承人死亡后，原本属于夫妻共同财产的家庭住房将面临着因继承而被分割的处境，这将不利于生存配偶利益的保护，尤其是当该住房为夫妻唯一的居住用房时，如果该住房因继承而被分割，不利于保障生存配偶的居住权；(2) 近三成的地区没有该习惯，其原因可能是受我国现行法无此制度之影响，认为应一律平等地分割遗产。

第二，关于配偶对遗产中家庭住房的先取与终生使用是否付费的民间习惯，统计数据显示，在被调查者所在地区，(1) 适当补偿的占近五成（49.89%）；(2) 无须进行补偿的占近五成（48.93%），也就是说，如配偶无经济补偿能力的，可不予补偿而终生使用此房屋（见表 9-22）。

以上特点的原因分析，在广东省被调查者所在地区，(1) 近五成的地区对此有无须补偿的习惯，其原因可能是出于体现尊老敬老的传统美德，并且生存配偶去世后，其继承人仍然可以继承遗产房屋；(2) 近五成的地区有适当补偿的习惯，其原因可能是这样分割遗产对其他继承人更为公平。

关于配偶对遗产中家庭住房的先取权与终生使用权之我国立法，我国《继承法》对此无规定。

从域外立法例看，许多国家对此制度多有规定。例如，《德国民法典》第 1932 条规定，生存配偶和第二顺序直系血亲或祖父母与外祖父母同为法定继承人的，除应继份外，以属于婚姻家计的标的而不是土地从物为限。这些标的和结婚礼物作为先取份归属于生存配偶。生存配偶和第一顺序直系血亲同为法定继承人的，这些标的归属于生存配偶，但以生存配偶为维持适当的家计而需要它们为限。

从我国诸继承法学者建议稿看，“王稿”第 580 条规定了配偶用益权，即配偶尚生存且没有自己住房的，如果没有继承遗产中的房屋，则对遗产中的房屋享有法定用益物权。“张稿”第 32 条规定设立配偶先取权，配偶对遗产中供自己使用的住房和日常生活用品有先取特权，若配偶的先取特权超过其应继份，则以先取特权作为其应继份。

我们认为，我国法律对此没有必要作详细规定，交由习惯来处理即可。

(四) 后顺序特殊法定继承人对遗产中原使用的住房及日常生活用品的终生使用权之特点与原因分析

第一，关于后顺序特殊法定继承人对特殊遗产的终生使用权的民间习惯，统计数据显示，在被调查者所在地区，有该习惯的占九成以上（94.06%）（见表 9-23）。

以上特点的原因分析，关于后顺序特殊法定继承人对特殊遗产的终生使用权，九成以上的广东省被调查者所在地区有该继承习惯，其原因可能是我国目前隔代居住的情况仍然较为多见，与被继承人生前共同生活的继承顺序在后的近血亲继承人，如祖父母、外祖父母不能参与继承遗产时，其无法获得遗产中的家庭住房，可能使后顺序该特殊法定继承人晚年居无定所。故应允许他们继续居住，以保证他们维持一贯的生活方式而安度晚年。

第二，关于后顺序特殊法定继承人对特殊遗产的终生使用是否付费及使用期限的民间习惯，统计数据显示，在被调查者所在地区，(1) 无须支付租金的占九成（90.50%）；(2) 可以无偿终生使用的占九成以上（92.87%）（见表 9-24、表 9-25）。

以上特点的原因分析，在广东省被调查者所在地区，(1) 九成的地区对此有无须支付租金的习惯，其原因可能是认为长辈居住房屋还需要支付租金不符合伦理人情；(2) 九成以上的地区对其期限有可以终生使用的习惯，其原因可能是保护后顺序特殊法定继承人居住权之需要，使老人可以安度晚年。

关于后顺序特殊法定继承人对特殊遗产的终生使用权之我国立法，我国《继承法》对此无规定。

从域外立法例看，遗产住房的先取特权及遗产终身使用权的主体多为生存配偶，不包括后顺位特殊法定继承人，但《俄罗斯联邦民法典》对此有规定。例如，《俄罗斯联邦民法典》第1168条第3款规定："如果遗产中的住房（房屋、住宅）等不能实物分割，则在遗产分割时，继承开始前居住在该处而且没有其他住房的继承人对于不是住房所有人的其他继承人享有作为其继承份额取得该住房的优先权。"

从我国诸继承法学者建议稿看，有的学者建议稿认为遗产住房的先取特权及遗产终身使用权的主体仅包括生存配偶，如"徐稿""王稿"。① 有的学者建议稿中规定了后顺序特殊法定继承人对遗产住房的先取特权和终生使用权。例如，"张稿"规定，父母因顺序在后未参加继承时，对遗产中供其个人日常生活使用的住房和其他物品有终生使用权。②"陈稿"规定依靠被继承人扶养的法定继承人在未参加继承时，对遗产中供其个人日常生活使用的物品和住房享有终生使用权或用益权。③

我们认为，我国欠缺后顺序特殊法定继承人对特殊遗产的终身使用权，这是其立法之不足。目前，我国有2.22亿老年人口，在我国已经进入人口老龄化社会的当下，设立特殊法定继承人对遗产中原供其使用的住房及家庭生活用品的先取权和终生使用权，有利于保障老年生存配偶、与被继承人共同生活的父母、祖父母维持其一贯的生活方式，有利于解决他们的养老问题。④ 因此，上述赞成设立该制度的广东省被调查民众的习惯、域外立法例和我国学者建议稿的观点，可供我国立法参考。

（五）尽了主要赡养义务的丧偶儿媳或女婿的遗产分配方式之特点与原因分析

关于尽了主要赡养义务的丧偶儿媳或女婿的遗产分配方式的民间习惯，统计数据显示，在被调查者所在地区，（1）其可以与第一顺序继承人共同继承且平均分配遗产的，占近六成（59.85%）；（2）其不能作为第一顺序继承人，但可以酌情分得遗产的，占近四成（38.72%）（见表9-26）。

以上特点的原因分析，根据尽了主要赡养义务的丧偶儿媳或女婿遗产分配的民间习惯之理由（见表9-27），在广东省被调查者所在地区，（1）近六成的地区有其能与第一顺序继承人共同继承且平均分配遗产的习惯，其原因是儿媳丁孝敬公公的行为符合中国的孝道文化和道德观念，并且法律规定该情形下有权继承遗产；（2）近四成的地区有其不能作为第一顺序继承人的习惯，其原因是丧偶儿媳或丧偶女婿与被继承人不具有血缘关系，遗产不能给了"外人"。

关于尽了主要赡养义务的丧偶儿媳或女婿的遗产分配方式之我国立法，我国《继承法》第12条规定："丧偶儿媳对公、婆，丧偶女婿对岳父、岳母，尽了主要赡养义务的，

① 参见"徐稿"第四分编第289条；"王稿"第580条。

② 参见"张稿"第33条。

③ 参见"陈稿"第48条。

④ 参见陈苇、董思远：《民法典编纂视野下法定继承制度的反思与重构》，载《河北法学》2017年第7期，第18页。

作为第一顺序继承人。”

从域外立法例看，域外立法多无“尽了主要赡养义务的丧偶儿媳或女婿可以作为第一顺序继承人”的规定。但苏联立法对此有所规定，1964 年开始施行的《苏俄民法典》第 532 条规定：“在死亡人生前扶养不少于一年的无劳动能力的人也为法定继承人。在有其他继承人的情况下，他们与应召继承的其他继承人按同一顺序继承。”[①]

从我国诸继承法学者建议稿看，关于尽了主要赡养义务的丧偶儿媳或女婿的遗产分配，主要有三种观点：第一种观点，主张维持我国现有立法，如“杨稿”第 60 条规定：“丧偶儿媳对公、婆，丧偶女婿对岳父、岳母，尽了主要赡养义务的，无论是否再婚，作为第一顺序继承人。”即保留我国《继承法》第 12 条和 1985 年《执行继承法意见》第 29 条的规定，且继续规定“是否再婚”不影响其继承权，主要目的在于鼓励丧偶儿媳、女婿赡养公婆或岳父母。第二种观点，主张仅赋予尽了主要赡养义务的丧偶儿媳与女婿“可以请求酌情分给适当的遗产”的请求权，如“陈稿”第 50 条规定：“丧偶儿媳对公婆，丧偶女婿对岳父母，尽了主要赡养义务的，可以请求酌情分给适当的遗产。”主要理由是，其一，如果死者的父母、子女均已死亡或丧失继承权，且子女没有直系卑血亲代位继承，该丧偶的儿媳或女婿，则可能因其尽了主要赡养义务而独享全部遗产所有权，而将第二、三顺序的血亲继承人排除在外。例如，其继承遗产后再婚，就会造成死者的遗产流出死者家庭之外。这不符合由氏族社会发展至今的传统继承习惯，即财产应尽可能被保留在本家庭内部的原则，也不符合世界各国均不承认姻亲有继承权的立法通例。[②] 其二，他们作为第一顺序法定继承人可能导致该丧偶的儿媳或女婿与代位继承人共同继承了“双份遗产”，产生继承利益的分配不公。[③] 第三种观点，主张建议规定“丧偶儿媳对公、婆或丧偶女婿对岳父、岳母尽了主要赡养义务，没有代位继承人的，为第一顺序继承人。”其旨在保留我国《继承法》鼓励弘扬道德传统同时，解决第二种观点中提出的继承利益不公平的问题。[④]

我们认为，从本次实证调查情况来看，有近六成的广东省被调查者所在地区，有尽了主要赡养义务的丧偶儿媳或女婿能与第一顺序继承人共同继承且平均分配遗产的习惯，该遗产处理习惯和我国《继承法》的规定相一致。上述我国学者建议稿中第三种观点更为可取，可供我国立法参考。

五、遗嘱继承之特点与原因分析

(一) 公证遗嘱与其他形式遗嘱的效力之特点与原因分析

关于公证遗嘱与其他形式遗嘱适用效力的民众观念，统计数据显示，在被调查者中，(1) 认为后遗嘱的适用效力优先于前一公证遗嘱的，合计占六成半（65.08%）；(2) 认为公证遗嘱适用效力优先的，占近三成半（34.92%）（见表 9-28）。

以上特点的原因分析，在广东省被调查者中，(1) 六成半的人认为后遗嘱的适用效力优先于前一公证遗嘱，此认识与我国现行法的规定不一致，其原因可能在于被调查民众

---

① 参见中国社会科学院法学研究所民法研究室编：《苏俄民法典》，中国社会科学出版社 1980 年版，第 172 页。

② 参见陈苇、杜江涌：《我国法定继承制度的立法构想》，载《现代法学》2002 年第 3 期。

③ 参见陈苇、冉启玉：《完善我国法定继承人范围和顺序立法的思考》，载《法学论坛》2013 年第 2 期。

④ 参见杨立新：《民法分则继承编立法研究》，载《中国法学》2017 年第 2 期。

认为后遗嘱反映了被继承人最后的真实意愿；（2）近三成半的人认为公证遗嘱的适用效力优先，其原因可能在于受我国现行法的影响。

关于公证遗嘱与其他形式遗嘱的效力之我国立法，我国《继承法》第 20 条第 2 款规定，继承人立有数份遗嘱，内容相抵触的，以最后的遗嘱为准；第 3 款规定，自书、代书、录音、口头遗嘱，不得撤销、变更公证遗嘱。1985 年《执行继承法意见》第 42 条规定，被继承人订立的数份内容相抵触的遗嘱中有公证遗嘱的，以最后所立公证遗嘱为准；没有公证遗嘱的，以最后所立的遗嘱为准。

从域外立法例看，《日本民法典》规定："前遗嘱与后遗嘱相抵触的，就该抵触的部分，视为之后遗嘱撤销之前遗嘱。"①《瑞士民法典》规定，如果立遗嘱人设立了新遗嘱，则即使该遗嘱未明确废除原遗嘱，也应视为新遗嘱取代了原遗嘱，但能够确定新遗嘱为原遗嘱之补充的除外。②

从我国诸继承法学者建议稿看，"梁稿"规定："遗嘱人得以任何一种法定遗嘱形式撤销其在先前依其他法定形式所设立的遗嘱。"③ 其他继承法学者建议稿，如"张稿""陈稿""杨稿"对此也有规定。④

我们认为，我国《继承法》规定公证遗嘱的适用效力优先，这有可能违反遗嘱人以后遗嘱变更前遗嘱自由处分其个人财产的意愿，此为我国立法之不足。对于此问题，上述主张后遗嘱的适用效力优先于前一公证遗嘱的广东省被调查民众的观念、域外立法例和我国学者建议稿的观点，可供我国立法参考。

（二）遗嘱自由的限制——特留份之特点与原因分析

关于以遗嘱将个人遗产全部赠给他人的民众观念，统计数据显示，在被调查者中，对被继承人以遗嘱处分个人财产全部给第三人的行为，（1）认为不适当的，占五成半以上（56.77%）；（2）认为适当的，占四成以上（41.33%）（见表 9-29）。

以上特点的原因分析，在广东省被调查者中，对被继承人以遗嘱处分个人财产全部给第三人的行为，（1）五成半以上的人认为该行为不适当，其原因可能是认为被继承人所作的财产处分行为不符合情理或风俗习惯，或未保障亲人的基本生活；（2）四成以上的人认为该行为适当的，其原因可能是保障被继承人对个人财产处分的自由。

关于遗嘱自由与限制之我国立法，我国《继承法》第 19 条规定："遗嘱应当对缺乏劳动能力又没有生活来源的继承人保留必要的遗产份额。"1985 年《执行继承法意见》第 37 条规定："遗嘱人未保留缺乏劳动能力又没有生活来源的继承人的遗产份额，遗产处理时，应当为该继承人留下必要的遗产，所剩余的部分，才可参照遗嘱确定的分配原则处理。"

从域外立法例看，"西方国家的继承法普遍规定了'特留份'制度。"⑤ 例如，《法国民法典》第 913 条规定："如财产处分时仅留有子女一人，其可以通过生前赠与或遗嘱无偿处分的财产部分不超过其全部财产的二分之一；如处分人留有子女两人，其有权以此种

① 参见《日本民法典》第 1023 条。

② 参见《瑞士民法典》第 509 条。

③ 参见"梁稿"第 1980 条。

④ 参见"张稿"第 42 条；"陈稿"第 38 条；"杨稿"第 33 条。

⑤ 参见梁慧星主编：《中国民法典草案建议稿附理由·继承编》，法律出版社 2013 年版，第 71 页。

方式无偿处分的财产部分不得超过其全部财产的三分之一；如留有子女三人或三人以上，可以无偿处分的财产不得超过本人所有的财产的四分之一。"

从我国诸继承法学者建议稿看，他们均认可对遗嘱自由需作出一定限制，具体分为两种：一是仅规定特留份制度，但内容上有所修正和扩充，不规定必留份制度的理由主要是必留份对主体范围规定不确定且过窄，且其对"必要的遗产份额"的规定缺乏明确性，实践中不易操作，如"梁稿"第 1961 条规定："遗嘱人设立遗嘱时，应当为特留份继承人预留法律规定的份额，且不得为特留份设定负担……"二是同时规定特留份和必留份制度。例如"陈稿"第 32、33 条规定了特留份和必留份两种制度，理由是两者的功能不同。两者被同时保留，既有利于实现特留份制度"将遗产保留于家庭或家族成员手中"的目的，又能够保证"必留份"对双缺乏继承人扶养的目的。①

我们认为，从本次调查情况来看，对于是否设立特留份制度广东省被调查民众的上述观念分歧较大，并未形成普遍的共识。结合我国没有该方面继承传统的情况，立法应保持慎重，以不规定此制度为宜。

（三）夫妻共同遗嘱之特点与原因分析

关于夫妻间能否设立共同遗嘱的民众观念与民间习惯，统计数据显示，（1）在被调查者的观念上，赞成设立的，占近六成半（63.90%），不赞成设立的，占三成半以上（36.10%）；（2）在被调查者所在地区，没有该习惯的，占八成以上（81.71%）；而有该习惯的，占近二成（18.29%）（见表 9-30、表 9-31）。

以上特点的原因分析，（1）近六成半的广东省被调查者赞成设立夫妻共同遗嘱，但只有近二成的少数该省被调查者所在地区有设立夫妻共同遗嘱的习惯，其原因可能是该遗嘱为甲乙双方共同设立，反映了双方的共同意愿，理应为双方所遵守，但我国并无该制度，所以被调查者所在地区有该习惯的只占近二成；（2）三成半以上的广东省被调查者反对设立夫妻共同遗嘱，八成以上该省被调查者所在地区也没有该习惯，其原因可能是夫妻共同遗嘱无法应对出现的新情况和新问题，限制了双方对各自财产的处分权。

关于夫妻共同遗嘱之我国立法，我国《继承法》对此无规定。仅我国司法部《遗嘱公证细则》第 15 条规定："两个以上的遗嘱人申请办理共同遗嘱公证的，公证处应当引导他们分别设立遗嘱。遗嘱人坚持申请办理共同遗嘱公证的，共同遗嘱中应当明确遗嘱变更、撤销及生效的条件。"

从域外立法例看，关于夫妻共同遗嘱主要有两种立法主张：一是承认夫妻共同遗嘱。例如，《德国民法典》规定，夫妻可以订立共同遗嘱。夫妻双方在其据以相互指定为继承人的共同遗嘱中，规定生存配偶死亡后，双方的遗产应归属于第三人的，有疑义时，必须认为该第三人系就全部遗产而被指定为最后死亡的配偶的继承人。② 二是否定夫妻共同遗嘱。例如，《法国民法典》规定，二人或二人以上不得以同一书证订立遗嘱。③

从我国诸继承法学者建议稿看，主要也有两种观点：一是承认夫妻共同遗嘱的效力，主要理由是我国传统的一般夫妻共同财产制、父母双方过世后子女方能继承的习惯以及对

---

① 参见孙毅：《继承法修正中的理论变革与制度创新——对〈继承法修正草案建议稿〉的展开》，载《北方法学》2012 年第 5 期。

② 参见《德国民法典》第 2265~2269 条。

③ 参见《法国民法典》第 968 条。

遗嘱自由的尊重，此外还有实践需求。[①] 例如，“徐稿”规定：“夫妻共同遗嘱应采取夫妻共同自书遗嘱的形式。夫妻一方按照本分编第 96 条及以下数条的普通规则为自书遗嘱规定的形式表达他们共同的最后愿望，他方在这一共同文件上签名，遗嘱即告成功。签名的夫妻一方应注明签署遗嘱的时间和地点。”[②] 二是不承认其效力，理由主要是夫妻共同遗嘱妨碍遗嘱撤回自由、给继承立法和实践带来复杂与不便等。[③] “王稿”“张稿”“陈稿”等没有规定夫妻共同遗嘱。

我们认为，我国欠缺夫妻共同遗嘱，这是其立法之不足。因此，上述主张设立夫妻共同遗嘱的广东省被调查民众的观念与习惯、域外立法例和我国学者建议稿的观点，可供我国立法参考。

六、继承和遗赠的接受与放弃之特点与原因分析

（一）继承的接受与放弃的时间与方式之特点与原因分析

关于继承的接受与放弃的时间与方式之民众观念，统计数据显示，在被调查者中，继承人接受或放弃继承的意思表示，（1）应当在遗产处理前作出的，占近六成半（64.13%）；（2）应在知道继承开始的两个月内作出的，占三成半（35.87%）（见表 9-32）。

以上特点的原因分析，在广东省被调查者中，（1）近六成半的人认为继承人放弃继承，应当在遗产处理前作出意思表示，其原因可能是该期间可保证继承活动顺利进行、不影响其他继承人利益、保证继承人行使放弃权利、避免纠纷等；（2）三成半的人认为继承人放弃继承，应在知道继承开始的两个月内作出意思表示，其原因可能是两个月的时间既可给继承人一定的时间考虑，又可督促其及时行使该权利。

关于继承的接受与放弃的时间与方式之我国立法，我国《继承法》第 25 条规定：“继承开始后，继承人放弃继承的，应当在遗产处理前，作出放弃继承的表示。没有表示的，视为接受继承。受遗赠人应当在知道受遗赠后两个月内，作出接受或者放弃受遗赠的表示。到期没有表示的，视为放弃受遗赠。”1985 年《执行继承法意见》第 47 条规定：“继承人放弃继承应当以书面形式向其他继承人表示。用口头方式表示放弃继承，本人承认，或有其他充分证据证明的，也应当认定其有效。”

从域外立法例看，《日本民法典》规定，继承人应自知道继承开始之时起 3 个月内，为单纯或限定的承认，或者表示放弃，但此期间，因利害关系人或检察官的请求，得由家庭法院予以延长，其放弃的方式是将其意旨向家庭法院申述。[④]《德国民法典》规定，在继承开始时，继承人即可作出接受或放弃的表示，在知悉继承开始后 6 个星期内可以为拒绝，拒绝的方式是以意思表示向遗产法院表示，不拒绝则视为接受。[⑤]

从我国诸继承法学者建议稿看，主要有两种观点：第一，必须在知道继承开始后两个月内作出意思表示，如“梁稿”第 2008 条规定，继承人放弃继承的，应当在知道继承开

---

① 参见郭明瑞：《论遗嘱形式瑕疵对遗嘱效力的影响——兼论遗嘱形式的立法完善》，载《求是学刊》2013 年第 2 期。

② 参见“徐稿”第四分编第 61 条。

③ 参见梁慧星主编：《中国民法典草案建议稿附理由·继承编》，法律出版社 2013 年版，第 70~76 页。

④ 参见《日本民法典》第 915、938 条。

⑤ 参见《德国民法典》第 1943~1946 条。

始后两个月内以书面形式作出放弃继承的意思表示，逾期未表示的，视为接受继承。“陈稿”对此也有规定。[①] 第二，必须在自知道或者应当知道继承开始并有资格继承遗产之日起3个月内作出，如根据“杨稿”第12条规定，继承人应当自知道或者应当知道继承开始并有资格继承遗产之日起3个月内，作出是否接受继承的表示。逾期未表示或者已经接受遗产分配的，视为接受继承。

我们认为，修改该方面立法的目标在于保障继承人的选择自由[②]，如果现有制度已经获得民众认可、形成一套行为规范，不必刻意改变。近六成半的广东省被调查者有关继承的接受与放弃的观念和我国《继承法》规定的“遗产处理前”相一致，应维持现行立法不做修改。

（二）遗赠的接受与放弃的方式与效力之特点与原因分析

关于遗赠的接受与放弃的方式与效力之民众观念与民间习惯，统计数据显示，（1）在被调查者的观念上，认为受遗赠人不作表示应视为放弃遗赠的，占近五成半（53.92%），而认为受遗赠人不作表示应视为接受遗赠的，占四成半以上（46.08%）；（2）被调查者所在地区的继承习惯是：受遗赠人只要不明示拒绝即为接受遗赠的，占近六成（57.63%），受遗赠人接受遗赠须通过口头或书面方式明示或登记或见证，否则视为放弃遗赠的，合计占四成以上（42.37%）（见表9-33、表9-34）。

以上特点的原因分析，（1）近五成半的广东省被调查者认为，受遗赠人没有作出任何意思表示应该视为放弃遗赠，四成以上的该省被调查者所在地区也有此习惯，其原因可能是明确地表示才能准确地反映被遗赠人的真实意思，也可能是受我国现行立法之影响；（2）四成半以上的广东省被调查者认为，受遗赠人没有作出任何意思表示应该视为接受遗赠，近六成的该省调查者所在地区也有此习惯，其原因可能是接受遗赠是一种纯获利行为，未表示放弃的就应视为接受，这既符合死者的遗赠意愿，也有利于受遗赠人的利益。

关于遗赠的接受与放弃的方式与效力之我国立法，我国《继承法》第25条规定，受遗赠人在知道或应该知道受遗赠之日起两个月内没有表示的，视为放弃受遗赠。

从域外立法例看，关于遗赠的接受与放弃的方式与效力，《意大利民法典》规定，遗赠不需要承认而取得，遗赠的标的，在遗嘱人死亡瞬间从遗嘱人移转于受遗赠人。[③]

从我国诸继承法学者建议稿看，关于遗赠的接受与放弃的方式与效力，主要有两种观点：一是遵循现有规定，即逾期未表示视为放弃受遗赠，如“梁稿”第2008条规定：“受遗赠人接受遗赠的，应当在知道受遗赠后两个月内作出接受遗赠的意思表示；逾期未表示的，视为放弃受遗赠。”二是规定未明确表示视为接受遗赠，如“杨稿”第12条规定，受遗赠人在知道或者应当知道受遗赠后未作出放弃表示的，视为接受遗赠。后者的理由主要是，接受既是遗赠人的真实意愿，也是常态，放弃才是例外。

我们认为，我国立法有关遗赠的接受方式之规定存在不足，因此，上述主张受遗赠人未作出表示应被视为接受遗赠的广东省被调查民众的观念与习惯、域外立法例和我国学者建议稿的观点，可供我国立法参考。

---

① 参见“陈稿”第11条第3款。

② 参见杨立新：《民法分则继承编立法研究》，载《中国法学》2017年第2期。

③ 参见《意大利民法典》第649条。

（三）继承的放弃与债权人的撤销权之特点与原因分析

关于继承的放弃能否被债权人撤销的民众观念与民间习惯，统计数据显示，（1）在被调查者的观念上，对于继承人放弃继承的行为，认为债权人可以撤销的，占近五成半（54.87%），而认为债权人不可以撤销的，占四成半（45.13%）；（2）被调查者所在地区的继承习惯是：对于继承人放弃继承的行为，债权人可以撤销的，占近六成（59.52%），而债权人不可以撤销的，占四成（40.48%）（见表9-35、表9-36）。

以上特点的原因分析，（1）近五成半的广东省被调查者认为，继承人放弃继承的行为可以被债权人撤销，近六成的该省被调查者所在地区也有此习惯，其原因可能是出于保护相关债权人利益的考量；（2）四成半的广东省被调查者认为，继承人放弃继承的行为不可以被债权人撤销，四成的该省被调查者所在地区也有此习惯，其原因可能是保障其他继承人的生存利益。

关于继承的放弃与债权人的撤销权之我国立法，我国《继承法》对此无规定。

从域外立法例看，主要有两种立法模式：一是肯定债权人有撤销权。例如，《法国民法典》第788条规定，继承人放弃继承有损债权人利益时，债权人可以请求法院准许其以债务人的名义，代替其地位接受继承，且得为债权人的利益，在债权额的限度内对继承人的放弃行为予以撤销。二是否定债权人有撤销权，代以财产分离的方式保护债权人的利益。例如，《日本民法典》第941条规定，在继承人可作出限定继承的期间，或者继承的财产与继承人的固有财产未混合期间，继承人的债权人可以向法院申请继承人的个人财产与遗产相分离。

从我国诸继承法学者建议稿看，“梁稿”第2012条规定：“继承人放弃继承损害其债权人利益的，债权人可以申请人民法院撤销……但继承人提供充分担保的除外”，主要理由是立法规定的一概无效不符合意思表示的尊重和保护。

我们认为，我国没有规定对继承人放弃继承的行为债权人是否享有撤销权，这是其立法之不足。因此，上述主张债权人享有撤销权的广东省被调查民众的观念与习惯、域外立法例和我国学者建议稿的观点，可供我国立法参考。

七、继承权的丧失、被继承人的宥恕与代位继承之特点与原因分析

（一）继承权的丧失与被继承人的宥恕之特点与原因分析

关于继承权的丧失与被继承人的宥恕的民众观念与民间习惯，统计数据显示，（1）在被调查者的观念上，对于继承人因欺诈或者胁迫而丧失继承权，获得被继承人的宥恕，可以恢复继承权的，占六成以上（61.75%），而不可以恢复继承权的，占近四成（38.25%）；（2）被调查者所在地区的继承习惯是：对于继承人因欺诈或者胁迫而丧失继承权，获得被继承人的宥恕后，可以恢复继承权的，占七成半以上（76.19%），不可以恢复继承权的，占近二成半（23.81%）（见表9-37、表9-38）。

以上特点的原因分析，（1）六成以上的广东省被调查者认为该种情况获得被继承人宥恕后可以恢复继承权，并且七成半以上的该省被调查者所在地区有该习惯，其原因可能是认为该行为的过错性相对较小，并且既然被继承人已经表示宥恕，就应当尊重被继承人的意愿；（2）近四成的广东省被调查者认为该种情况即使获得被继承人的宥恕也不可以恢复继承权，并且近二成半的该省被调查者所在地区也有该习惯，其原因可能是对继承人

的过错行为应当予以一定惩戒。

关于继承权的丧失与被继承人的宥恕之我国立法，我国《继承法》第7条规定："继承人有下列行为之一的，丧失继承权：（一）故意杀害被继承人的；（二）为争夺遗产而杀害其他继承人的；（三）遗弃被继承人的，或者虐待被继承人情节严重的；（四）伪造、篡改或者销毁遗嘱，情节严重的。"当存在丧失继承权的法定情形时，如果获得被继承人谅解，能否恢复继承权的问题上，1985年《执行继承法意见》第13条规定："继承人虐待被继承人情节严重的，或者遗弃被继承人的，如以后确有悔改表现，而且被虐待人、被遗弃人生前又表示宽恕，可不确认其丧失继承权。"而对于继承人因欺诈或者胁迫而丧失继承权，获得被继承人的宥恕后可否恢复继承权的问题，我国《继承法》没有规定。

从域外立法例看，对于丧失继承权的法定事由，域外国家的规定有所不同。例如，《法国民法典》规定的无资格继承人包括：因杀害被继承人既遂或未遂而被判刑者；控告被继承人应受死刑，而该控告纯属诬陷者；成年的继承人知悉被继承人被谋杀而不向司法机关告发者。①《德国民法典》规定继承不够格的原因包括，有故意或者违法致被继承人死亡，故意或违法妨碍被继承人为死因处分或者撤销死因处分，以恶意欺诈或违法以胁迫促使被继承人为死因处分或者撤销死因处分等。②

从我国诸继承法学者建议稿看，关于继承权丧失与恢复的法定情形，主要有三种观点：第一，可宥恕情形较为广泛，如"陈稿"第17条规定："……继承人有前款丧失继承权的法定情形，但被继承人在遗嘱或公证书中明确表示宽恕的，不丧失继承权。被继承人知道继承人丧失继承资格的事由后，仍然在遗嘱中对其进行遗嘱处分的，视为宽恕。"第二，认为大多数情形下可以恢复继承权，但继承人"为争夺遗产而杀害其他继承人的"情形除外，理由是其他情形下被继承人宽恕的是继承人对自己的不法行为，因此法律无须加以干涉，如"梁稿"第1940条之规定。第三，认为大多数情形下可以构成继承权恢复的理由，但在继承人"为争夺遗产而杀害其他继承人的"或者"故意不法杀害被继承人的"情形下除外，如"杨稿"第11条之规定。

我们认为，我国欠缺继承人因欺诈或胁迫而丧失继承权，获得被继承人宥恕后是否可以恢复继承权之规定，这是其立法之不足。"当事人不能因违法行为而获得利益原则"③，继承立法还要考虑民众习惯与被继承人的意愿。因此，上述主张在该种情形下可以恢复继承权的广东省被调查民众的观念与习惯、域外立法例和我国学者建议稿的观点，可供我国立法参考。

（二）继承权的丧失与代位继承之特点与原因分析

关于继承权丧失的效力是否及于代位继承人的民众观念与民间习惯，统计数据显示，（1）在被调查者的观念上，认为效力及于代位继承人的占近七成（69.59%），而认为效力不及于代位继承人的占三成（30.41%）；（2）被调查者所在地区的继承习惯是：效力及于代位继承人的占六成以上（62.86%）；效力不及于代位继承人的占三成以上（31.42%）（见表9-39、表9-40）。

---

① 参见《法国民法典》第727条。

② 参见《德国民法典》第2339条。

③ 参见杨立新：《民法分则继承编立法研究》，载《中国法学》2017年第2期。

以上特点的原因分析，(1) 近七成的广东省被调查者认为，继承权丧失的效力及于代位继承人，并且六成以上的该省被调查者所在地区有该习惯，其原因可能是继承人已经丧失继承权，导致其晚辈直系血亲代位继承的前提丧失；(2) 三成以上的广东省被调查者认为，继承权丧失的效力不及于代位继承人，并且三成以上的该省被调查者所在地区有该习惯，其原因可能是认为代位继承人作为独立的民事主体，其可以自己独立的身份继承祖父的遗产，与其父丧失继承权没有关系。

关于继承权丧失的效力是否及于代位继承人之我国立法，1985 年《执行继承法意见》第 28 条规定："继承人丧失继承权的，其晚辈直系血亲不得代位继承。"

从域外立法例看，德国、法国、瑞士、意大利等多国均明确规定，继承人丧失继承权的，其晚辈直系血亲仍有代位继承权。例如，《意大利民法典》第 465 条规定，丧失继承权的父母，其子女仍可以代位继承遗产，父母不再享有法律赋予的用益权和管理权。

从我国诸继承法学者建议稿看，多数认为应当允许代位继承。其理由是对丧失继承权人的惩罚不应牵连无辜的晚辈直系亲属，同时避免遗产无人继承。① 例如，"王稿"第 572 条规定："被继承人的子女在继承开始前先于或同时与被继承人死亡的或者丧失继承权的，由被继承人子女的直系卑亲属代位继承。"

我们认为，让子女享有代位继承权有可能导致财产最终回流到该丧失继承权的继承人手里，而且很可能导致最终的继承结果超出被继承人的预料范围。关于继承人丧失继承权后子女的代位继承，鉴于近七成的广东省被调查民众的观念和六成以上的被调查者所在地区的习惯与我国现行法的规定相一致，对此我们认为无须修改，即继承人继承权丧失的，其子女也不得代位继承。

八、继承协议之特点与原因分析

(一) 继承协议的订立主体与方式之特点与原因分析

第一，关于继承协议的订立主体与方式的民众观念，统计数据显示，在被调查者中，(1) 认为应由被扶养人与全部继承人共同协商签订的占七成以上 (71.02%)；(2) 认为共同继承人之间协商签订继承协议即可而无须被扶养人知晓或同意的占近二成 (16.39%)；(3) 认为应由被扶养人与扶养人协商签订的占一成以上 (12.59%) (见表 9-41)。

第二，关于继承协议的民间习惯，统计数据显示，在被调查者所在地区，从没听说或经历过签订继承协议情况的占七成以上 (71.73%)；听说过或经历过以上情况的占近三成 (28.27%) (见表 9-43)。

以上特点的原因分析，在广东省被调查者中，(1) 七成以上的人认为继承协议应由被扶养人与全部继承人共同协商签订，其原因可能是这样更加公平合理，可以保障所有利害相关人的利益，避免纠纷；(2) 近二成的人认为继承人之间协商签订继承协议即可，无须被扶养人知晓或同意，其原因可能是子女协商即可，更为简便易行；(3) 一成以上的少数人认为继承协议应由被扶养人与扶养人协商签订，其原因可能是这样遵从了当事人双方的意愿。但是，七成以上的广东省被调查者所在地区并没有订立继承协议的习惯，其

① 参见孙毅：《继承法修正中的理论变革与制度创新——对〈继承法修正草案建议稿〉的展开》，载《北方法学》2012 年第 5 期。

原因可能是受我国现行立法之影响。

关于继承协议制度之我国立法，我国《继承法》仅规定了遗赠扶养协议制度，并没有继承协议的规定。

从域外立法例看，部分域外法对该制度有规定。例如，《德国民法典》第1941条规定："被继承人可以以合同指定继承人以及指示遗赠和负担（继承合同）。订立合同的另一方和第三人均可以被指定为继承人（合同所定的继承人）或受遗赠人。"

从我国诸继承法学者建议稿看，多数认为应当规定该制度。例如，"杨稿"第69条规定："被继承人可以与继承人订立继承扶养协议，由继承人承担比法定扶养义务更高的扶养义务，并继承约定的遗产。"其理由是"在民间，有多个子女却只有个别子女尽扶养义务的情况并不罕见。被扶养人可于生前以合同的形式而非遗嘱，将遗产留给尽义务的扶养人继承。"①

我们认为，继承协议入法需要重点考虑它对继承行为可能造成的影响。有学者认为，继承协议亟需入法，因为"司法实践不承认继承协议的效力，导致按照合同履行了赡养义务的继承人于继承开始后不能取得约定的遗产，而当初放弃继承又未履行赡养义务的继承人主张继承遗产却可以得到支持的事例屡见不鲜。"② 但从广东省被调查民众的遗产处理习惯来看，七成以上被调查者表示"从没有听说或经历过"该类协议（见表9-42）。而且通过继承协议免去子女的法定义务，既不合法也不符合传统道德观念。如果确实有必要通过确立继承协议的法律效力来保障部分继承人的合法继承权益，可考虑引导被继承人设立有负担的遗嘱。

（二）继承协议的变更方式及效力之特点与原因分析

关于继承协议的变更方式与效力的民众观念，统计数据显示，在被调查者中，（1）认为该协议可有条件继续履行，如原扶养人的子女有扶养能力的，在原扶养人的子女和被扶养人双方同意的情况下，可由原扶养人的子女继续履行该继承协议的，此即代位扶养，占近四成（37.44%）；（2）认为该协议效力终止，须签订新的继承协议，由新的扶养人履行扶养义务并继承遗产的，合计占三成半稍多（36.99%），其中，认为需要对原扶养人的继承人补偿超过其扶养义务部分费用的，占三成以上（31.34%），认为不需要对原扶养人的继承人补偿超过其扶养义务部分费用的，占不到一成（5.65%）；（3）认为该协议终止，应补偿原扶养人的继承人补偿超过其扶养义务部分费用后，由所有法定继承人共同扶养的，即实行法定赡养的，占二成半（25.35%）（见表9-44）。

以上特点的原因分析，根据广东省被调查者填写的继承协议的变更方式与效力的民众观念之理由（见表9-45），（1）近四成的人认为继承协议可有条件继续履行，其原因是王二家人已长期照顾老人，更了解老人的习惯，使继承协议继续履行，有利于维持原扶养人一贯的生活方式，使其安度晚年；（2）合计五成半以上的人认为王一、王三应补偿原扶养人家人一定费用，其原因是赡养王某是王一和王三的法定义务，根据权利义务相一致原则，王一、王三应当补偿王二家人6万元；（3）不到一成的人认为对原扶养人的家人

① 参见孙毅：《继承法修正中的理论变革与制度创新——对〈继承法修正草案建议稿〉的展开》，载《北方法学》2012年第5期。

② 参见杨立新：《民法分则继承编立法研究》，载《中国法学》2017年第2期。

无须补偿，其原因是王二已死，原继承协议效力终止，其他两人无须补偿赡养费6万元。

关于继承协议的变更方式及效力之我国立法，我国《继承法》对此无规定。

从域外立法例看，《德国民法典》规定，被继承人可以在订立合同的当事人另一方死亡后，以被继承人有权解除为限，以遗嘱废止合同的处分。[①]《瑞士民法典》规定，继承人或受遗赠人在处分人之前先死亡的，继承协议自然解除。[②]

从我国诸继承法学者建议稿看，“徐稿”“陈稿”均规定继承合同中扶养人一方先于被扶养人死亡后合同即可解除，“陈稿”同时还规定了继承合同解除的效力，即受扶养人应当对扶养人已经履行的扶养义务适当支付补偿费用。[③]

我们认为，广东省被调查者所在地区少有签订继承协议的习惯，继承协议入法应慎重。就继承协议的变更方式及效力，被调查民众的看法也比较分散，没有形成共识性意见。因此，我国立法以暂不规定继承协议制度为宜。

九、遗产债务清偿之特点与原因分析

（一）遗产债务清偿责任的类型之特点与原因分析

关于遗产债务清偿责任的类型之民众观念，统计数据显示，在被调查者中，（1）主张实行有限清偿责任的，占近八成（77.91%）；（2）主张对有侵害遗产违法行为者应当实行强制的无限清偿责任的，占七成以上（70.97%）；（3）主张实行自愿的无限清偿责任的，合计占三成半以上（36.10%）（见表9-46）。

以上特点的原因分析，在广东省被调查者中，（1）近八成的人主张实行有限清偿责任，其原因可能是受我国现行法的影响；（2）七成以上的人主张对有侵害遗产违法行为者应当实行强制的无限清偿责任，其原因可能是继承人隐匿、转移财产的违法行为应当予以一定惩罚；（3）三成半以上的人主张实行自愿的无限清偿责任，其原因可能是我国有“父债子偿”的传统习惯，并且这有利于保护债权人的利益。

关于遗产债务清偿责任的类型之我国立法，我国《继承法》第33条第1款规定：“继承遗产应当清偿被继承人依法应当缴纳的税款和债务，缴纳税款和清偿债务以他的遗产实际价值为限。超过遗产实际价值部分，继承人自愿偿还的不在此限。”1985年《执行继承法意见》第59条规定，人民法院对故意隐匿、侵吞或争抢遗产的继承人，可以酌情减少其应继承的遗产。

从域外立法例看，对于遗产债务清偿责任的类型一般分为：有限清偿责任、自愿的或强制的无限清偿责任三种类型。例如，《法国民法典》规定，其一，关于有条件的有限清偿责任，继承人应在法定期限内向法院提交忠实而明确的遗产清册，然后声明限定继承或放弃继承。其二，关于自愿的无限责任继承，无条件接受继承的方式得为明示或为默示的方式。无条件接受继承的概括继承人，对遗产的债务承担无限清偿责任。其三，关于强制的无限责任继承，如果继承人不在法定期限内声明放弃继承或声明限定继承并提交遗产清册，或编制遗产清册不忠实，则强制其对遗产债务负无限责任。[④]

---

① 参见《德国民法典》第2297条。

② 参见《瑞士民法典》第515条。

③ 参见“徐稿”第四分编第516条；“陈稿”第65条。

④ 参见《法国民法典》第782~785条。

从我国诸继承法学者建议稿看，他们都规定了以遗产为限清偿债务的有限责任，但“徐稿”“张稿”“陈稿”还具体规定了承担有限清偿责任与无限清偿责任需要具备的条件。例如，“徐稿”第四分编第331条规定，未做成财产清册的，继承人得负无限清偿责任。“张稿”第16、17、23条规定了继承人应当依法制作和提交遗产清单的才能承担有限清偿责任，以及强制继承人承担无限清偿责任的具体情形。“陈稿”第69条规定，继承人选择有条件限定继承且依法制作遗产清册的，仅以遗产为限清偿债务。继承人自愿选择无条件概括继承的，以继承的遗产和个人财产清偿遗产债务。已全部或部分处分遗产，或未在法定期间制作遗产清册的，或故意未将遗产计入遗产清册的，承担无限清偿责任。

我们认为，我国欠缺有限责任继承的条件和遗产债务的强制无限清偿责任，这是其立法之不足。因此，上述主张增补遗产债务清偿责任类型的广东省被调查民众的观念、域外立法例和我国学者建议稿的观点，可供我国立法参考。

（二）被继承人丧葬费的支付之特点与原因分析

关于被继承人丧葬费支付的民间习惯，统计数据显示，在被调查者所在地区，（1）丧葬费由全体继承人共同支付的，占近七成（69.12%）；（2）丧葬费从被继承人的遗产中支付的，占近三成（29.45%）（见表9-47）。

以上特点的原因分析，在广东省被调查者所在地区，（1）近七成的地区有丧葬费由全体继承人共同支付的习惯，其原因可能是被调查民众认为这样符合传统道德观念；（2）近三成的地区有丧葬费从被继承人的遗产中支付的习惯，其原因可能是从遗产中支付丧葬费对各继承人更为公平。

关于被继承人丧葬费的支付方式之我国立法，我国《继承法》对此无规定。

从域外立法例看，关于丧葬费的支付方式，主要有两种立法例，一是由继承人承担被继承人的丧葬费用，如《德国民法典》规定：“继承人负担被继承人的丧葬费用。”① 二是从遗产中支付被继承人的丧葬费，如《瑞士民法典》规定：“被继承人得处分之部分，依其死亡时的财产状况，计算之。计算时，应从遗产中，扣除被继承人的债务、丧葬费、遗产的封存费、财产目录的编制费，以及家庭成员一个月的生活费。”②

从我国诸继承法学者建议稿看，也存在两种不同的立法观点，一是由继承人承担被继承人的丧葬费。例如，“王稿”规定被继承人的丧葬费由继承人负担。③ 二是从遗产中支付被继承人的丧葬费。例如，“陈稿”“杨稿”规定丧葬费应被作为继承费用而在第一顺序进行清偿。④

我们认为，我国《继承法》虽然未规定丧葬费的支付方式，但丧葬费没有必要规定到遗产债务中，因此，主张丧葬费由全体继承人共同承担的上述广东省被调查民众的习惯、域外立法例和我国学者建议稿的观点，可供我国立法参考。

（三）遗产债务的清偿顺序之特点与原因分析

关于遗产债务清偿顺序的民众观念，统计数据显示，被调查者认可的遗产债务清偿顺序是：第一顺序为丧葬费用（77.91%）；第二顺序为遗产管理等费用（18.76%）、对被

---

① 参见《德国民法典》第1968条。

② 参见《瑞士民法典》第474条。

③ 参见“王稿”第651条。

④ 参见“陈稿”第68条；“杨稿”第83条。

继承人扶养较多的人之酌情分配遗产份额（34.92%）；第三顺序为受被继承人扶养人的生活费（44.18%）；第四顺序为欠债（36.82%）、欠付的工资（34.20%）；第五顺序为税款（5.70%）、遗赠扶养协议写明遗赠的遗产（27.32%）（见表9-49）。

以上特点的原因分析，（1）被调查民众认为应优先清偿丧葬费和遗产管理等费用，其原因可能是二者属于共益性费用，由遗产承担较为公平。（2）被调查民众认为应清偿受被继承人扶养人的生活费，其原因可能是保护家庭中弱势群体的生存权，且1985年《执行继承法意见》第61条规定："继承人中有缺乏劳动能力又没有生活来源的人，即使遗产不足清偿债务，也应为其保留适当遗产。"（3）被调查民众认为应清偿欠债、工资等，其原因可能是保护债权人利益和维护职工的生存权。（4）而被调查民众认为税款应在后清偿，其原因可能是被调查民众认为在遗产债务清偿方面，国家利益应一定程度上让位于个人利益。

关于遗产债务的清偿顺序之我国立法，我国《继承法》对此无规定。我国《企业破产法》第113条第1、2款规定："破产财产在优先清偿破产费用和共益债务后，依照下列顺序清偿：（一）破产人所欠职工的工资和医疗、伤残补助、抚恤费用，所欠的应当划入职工个人账户的基本养老保险、基本医疗保险费用，以及法律、行政法规规定应当支付给职工的补偿金；（二）破产人欠缴的除前项规定以外的社会保险费用和破产人所欠税款；（三）普通破产债权。破产财产不足以清偿同一顺序的清偿要求的，按照比例分配。"

从域外立法例看，域外一些国家立法对于遗产债务的清偿顺序有相应的规定，如《日本民法典》第564条规定，被继承人债权人的请求权，优先于受遗赠人的请求权。《俄罗斯联邦民法典》第1174条规定，第一顺序偿付被继承人的疾病和丧葬所支出的费用；第二顺序偿付保护遗产和管理遗产所指出的费用；第三顺序偿付与执行遗嘱有关的费用。第1138条规定，被遗嘱人责成负有遗赠义务的继承人，应在转移给他的遗产价值范围内扣除他应支付的遗嘱人的债务后执行遗赠。

从我国诸继承法学者建议稿看，"张稿"认为，遗产债务清偿顺序为遗产管理费用、被继承人生前扶养的、无劳动能力的人的必要生活费用、被继承人生前所负债务、遗赠。[①]"杨稿"认为，遗产债务的清偿顺序为遗产管理费用、遗嘱执行费用；被继承人生前所负债务；遗赠扶养协议与继承扶养协议中扶养人取得遗产的权利；受遗赠人取得遗赠的权利。[②]

我们认为，我国欠缺遗产债务的清偿顺序之规定，这是其立法之不足。因此，上述有关遗产债务清偿顺序的广东省被调查民众的观念、域外立法例和我国学者建议稿的观点，可供我国立法参考。

十、遗产分割之特点与原因分析

（一）遗产分割的自由与限制之特点与原因分析

第一，关于遗产分割的自由与限制的民间习惯，统计数据显示，在被调查者所在地区，（1）各继承人共同协商后分割遗产的，占近八成（77.43%）；（2）遗嘱禁止分割则

① 参见"张稿"第20条。

② 参见"杨稿"第83条。

不得分割的遗产的，占近五成（47.51%）；（3）只要有继承人要求分割遗产就进行分割的，仅占不到一成（4.75%）（见表9-50）。

以上特点的原因分析，根据广东省被调查者填写的遗产分割的自由与限制的民间习惯之理由（见表9-51），（1）近八成的地区有遗产由各继承人共同协商后进行分割的习惯，其原因是遗产由各继承人共同继承，遗产分割关系各继承人的利益，故应共同协商；（2）近五成的地区有被继承人以遗嘱禁止分割的遗产，不得进行分割的习惯，其原因是遗产是被继承人死亡时遗留的个人财产，所以有权通过遗嘱决定遗产的归属和分割；（3）近一成半的地区有只要继承人要求分割遗产就应进行分割的习惯，其原因是每位继承人享有的继承权受法律保护，这是基于效率原则的考虑。

第二，关于提出遗产分割请求时间的民间习惯，统计数据显示，在被调查者所在地区，（1）子女不会提出遗产分割请求的，占七成半以上（76.01%）；（2）子女会提出分割其他遗产的请求，但对其母正在居住的房屋需要等其去世后进行分割的，占二成以上（20.19%）；（3）仅有不到一成（3.32%）的极少数地区有子女会马上向其母亲提出分割遗产的习惯（见表9-52）。

以上特点的原因分析，在广东省被调查者所在地区，（1）七成半以上的地区有子女不会提出遗产分割请求的习惯，其原因可能是我国民间有父母均去世后才分家析产的习惯；（2）二成以上的地区有子女会提出分割其他遗产，但对其母正在居住的房屋需要等其母去世后进行分割的习惯，其原因可能是这样有助于保证生存配偶晚年居有定所；（3）仅有不到一成的地区有子女会马上向其母亲提出分割遗产的习惯，其原因可能是及时分割遗产有利于防止日后发生不必要的纠纷。

第三，关于遗嘱可否限制遗产分割的民众观念，统计数据显示，在被调查者中，（1）认为可以限制的占九成半（95.49%），认为不可以限制的仅占不到一成（4.51%）；（2）关于遗嘱限制遗产分割之具体期限的民众观念，认为应在5年内的占近二成半（24.38%），认为应在10年内的占二成以上（23.63%），认为应在15年内的仅占不到一成（9.70%）（见表9-53、表9-54）。

以上特点的原因分析，在广东省被调查者中，（1）九成半的人认为遗嘱可以限制遗产分割，其原因可能是继承人依据遗嘱取得遗产也应该相应地遵守遗嘱中的分割限制；（2）各有二成以上的人认为遗嘱限制分割的期限应在5年或10年以内，期限不宜过长，其原因可能是遗嘱限制遗产分割的期限过长，不利于充分发挥遗产的效用。

关于遗产分割的自由与限制之我国立法，我国《继承法》第15条规定“遗产分割的时间、办法和份额，由继承人协商确定。协商不成的，可以由人民调解委员会调解或者向人民法院提起诉讼”。但我国立法对于被继承人可否立遗嘱限制遗产分割、继承人之间合意可否突破该限制等问题没有规定。

从域外立法例看，“遗产分割自由原则是继承法的一项重要原则，为世界各国立法所尊重”[①]，但此种遗产分割的自由要受到一定限制。例如，《日本民法典》第907条规定，共同继承人，除规定由被继承人以遗嘱禁止的情形外，可以随时以协议分割遗产。《德国民法典》对遗产分割时间的限制，主要有三类：首先，遗嘱对遗产分割时间的限制。被

① 梁慧星主编：《中国民法典草案建议稿附理由·继承编》，法律出版社2013年版，第193页。

继承人得以遗嘱禁止遗产或个别遗产标的的分割，或者使其取决于是否遵守通知的终止期间。[①] 其次，法律对遗产分割时间的限制。（1）为保护胎儿利益不得分割。[②]（2）在继承人身份关系确定前不得分割。在应继份尚未确定是因为关于申请收养、废止收养关系或被继承人所设立权利能力的裁判尚未完成的限度内，不得分割。[③]（3）遗产债务必须先从遗产中予以清偿。在遗产债务清偿后，剩余的遗产按比例归属于继承人。[④] 最后，继承人的协议或请求对遗产分割时间的限制。请求终止共同关系的权利可以被共有人的协议永久或暂时排除。[⑤]

从我国诸继承法学者建议稿看，多数认为继承开始后，继承人可随时请求分割，但也需要受一定限制。例如，“梁稿”第2021条规定：“继承开始后，继承人可以随时请求分割遗产，但有下列情况之一的除外：（一）遗产债务尚未清偿完毕；（二）遗嘱指定遗产于一定期间内不得分割，但该期间不得超过五年；超过五年的，缩短为五年；（三）继承人协商同意于一定期间内不分割遗产。”对于遗嘱中不允许分割或限期不允许分割特定财产的规定，继承人是否必须遵守，能否通过继承人协商一致推翻等问题，现有多数观点均认为应当允许遗嘱限制遗产分割，但只能限制在一定期限内不能分割，如五年，主要理由是平衡被继承人与继承人或其他利益人之间的利益。[⑥]

我们认为，我国《继承法》有关遗产分割自由的限制之规定，存在不足，我国立法有规范的必要，这有助于为民众处理遗产分割问题和司法审判工作提供指引，减少纠纷。因此，上述主张增补遗产分割自由限制条款的广东省被调查民众的观念与习惯、域外立法例和我国学者建议稿的观点，可供我国立法参考。

（二）遗产分割瑕疵的担保责任之特点与原因分析

关于遗产分割瑕疵的担保责任之民间习惯，统计数据显示，在被调查者所在地区，（1）共同继承人之间相互承担遗产分割瑕疵担保责任的，合计占六成半以上（67.22%）；（2）共同继承人之间不会相互承担遗产分割瑕疵担保责任的，占近三成（29.45%）（见表9-56）。

以上特点的原因分析，在广东省被调查者所在地区，（1）六成半以上的地区有共同继承人之间相互承担遗产分割瑕疵担保责任的习惯，其原因可能是被继承人的遗产（50只羊）是由甲和乙共同继承的，对于两只病羊的损失也应该由甲和乙共同承担，如果让乙一个人承担，则有悖公平原则；（2）近三成的地区有上述情况由乙自行承担，即共同继承人之间不会相互承担遗产分割瑕疵担保责任的习惯，其原因可能是对此遗产瑕疵继承人甲并非故意为之，所以无须承担相应的担保责任。

关于遗产分割瑕疵的担保责任之我国立法，我国《继承法》对此无规定。

从域外立法例看，对于遗产瑕疵的担保责任，许多国家立法都有相应的规定。例如，《日本民法典》第911~912条规定，各共同继承人，对其他共同继承人与出卖人相同，按

---

① 《德国民法典》第2044条。

② 《德国民法典》第2043条第1款。

③ 《德国民法典》第2043条第2款。

④ 《德国民法典》第2046、2047条。

⑤ 《德国民法典》第2045条。

⑥ 参见梁慧星主编：《中国民法典草案建议稿附理由·继承编》，法律出版社2013年版，第193~194页。

其应继份负担保责任。并就其他共同继承人因分割而受的债权，按其应继份担保债务人于分割时的资力。再如，《法国民法典》第884条规定，共同继承人仅就分割财产由于分割前的原因所发生的纠纷和追夺，相互负担保的责任。例如，被追夺的诉讼事件已经分割证书以特定且明示的条款免除担保时，不发生担保责任。再如，共同继承人中的一人因自己的过失而被追夺时，担保即终止。

从我国诸继承法学者建议稿看，对遗产瑕疵的担保责任也多有认可，理由主要是保护继承人的利益，防止由于分得遗产的瑕疵而造成实质的不公平。例如，“梁稿”第2025条规定：“遗产分割后，各继承人以其所得的遗产份额为限，对其他继承人分得的遗产，承担与出卖人相同的担保责任。受遗赠人接受的遗产为种类物的，有权要求继承人承担前款规定的责任。”

我们认为，我国欠缺共同继承人之间遗产分割瑕疵的担保责任，这是其立法之不足。因此，上述主张规定该担保责任的广东省被调查民众的习惯、域外立法例和我国学者建议稿的观点，可供我国立法参考。

十一、无人承受遗产之特点与原因分析

（一）无人承受遗产的归属之特点与原因分析

关于无人承受遗产的归属主体的民众观念，统计数据显示，在被调查者中，（1）无论是城镇居民还是农村居民，认为无人承受遗产应归属社会公共组织所有的，均占八成以上（82.19%、82.89%）；（2）认为无人承受遗产应归属自然人所有的，均占近二成（17.81%、17.10%）（见表9-57、表9-58）。

以上特点的原因分析，在广东省被调查者中，（1）八成以上的人认为城镇居民或农村居民的无人承受遗产应归属于社会公共组织，其原因可能是这样可以用于社会公共事业建设，使全体民众受益；（2）近二成的人认为城镇居民或农村居民的无人承受遗产应归属于自然人，其原因可能是这样有利于维护财产私有，维系家庭成员间的伦理亲情。

关于无人承受遗产的归属主体之我国立法，我国《继承法》第32条规定：“无人继承又无人受遗赠的遗产，归国家所有；死者生前是集体所有制组织成员的，归所在集体所有制组织所有。”

从域外立法例看，不少国家都规定无人继承的遗产将归属国库或国家。例如，《德国民法典》第1964条规定，在法定期间内没能查明继承人，遗产法院应该确定除国库之外不存在其他继承人；以此推定国库为法定继承人。《法国民法典》第811条规定，如果被继承人没有按其亲等可以继承的血亲，也没有非婚生子女，更没有生存的配偶时，遗产归属国家。

从我国诸继承法学者建议稿看，“梁稿”第2029条规定，无人承受的遗产，在人民法院指定的遗产管理人依本法规定清偿了遗产债务和继承费用之后仍有剩余的，由遗产管理人移交有关部门上缴国库所有；如果死者生前是集体所有制组织成员的，移交所在的集体所有制组织。“王稿”第666条规定，公告期满，无继承人承认继承时，其遗产在清偿债权并交付遗赠物后，如有剩余，由遗产管理人移交有关部门上缴国库所有；如果死者生前是集体所有制组织成员的，则应移交所在的集体所有制组织并归其所有。

我们认为，结合广东省被调查民众对无人承受的遗产收归社会公共组织具有较高的认

可度，我国无人承受遗产的归属主体可维持我国现行立法的规定。

（二）无人承受遗产的处理之特点与原因分析

第一，关于无人承受遗产管理人的产生方式之民众观念与民间习惯，统计数据显示，（1）在被调查者的观念上，认为应由居委会、村委会或所在单位指定的，占七成以上（71.73%），认为应由人民法院或民政部门指定的，合计占近三成（28.27%）；（2）被调查者所在地区的继承习惯是：由法院指定产生的占近四成半（43.48%）；由村委会或居委会指定的，占近三成半（34.78%），即由社会公共组织指定的，合计占近八成（78.26%）；而由自然人（其他亲属或家庭中德高望重者）指定产生的，合计占近二成（17.39%）（见表9-59、表9-60）。

以上特点的原因分析，（1）七成以上的广东省被调查者认为，无人承受遗产的管理人应由居委会、村委会或所在单位指定产生，近三成半的该省被调查者所在地区也有此习惯，其原因可能是居委会、村委会等对被继承人的遗产状况较为了解，这有利于对遗产进行清算、管理和利用；（2）近三成的广东省被调查者认为，无人承受遗产的管理人应由人民法院或民政部门指定，近四成半的该省被调查者所在地区也有该习惯，其原因可能是这样有利于公平保护相关债权人的利益；（3）近二成的广东省被调查者所在地区还有由自然人（其他亲属或家庭中德高望重者）指定无人承受遗产管理人的习惯，其原因可能是这些人与被继承人关系较为亲密，由其指定更符合被继承人的愿意。

关于无人承受遗产管理人的产生方式之我国立法，我国《继承法》对此无规定。

从域外立法例看，《德国民法典》规定遗产的保全和遗产保佐人或保护人制度，即在接受继承前，以有需要为限，遗产法院应负责保全遗产；继承人不明或不能肯定其是否接受遗产的，应设立遗产保佐人并对遗产进行保全。①《法国民法典》规定，无人主张继承遗产，也无已知的继承人，或已知的继承人抛弃继承时，该遗产为无人承认继承的遗产。继承开始地法院得依据利害关系人或检察官的请求，选任财产管理人。②

从我国诸继承法学者建议稿看，“梁稿”第2029条规定，没有继承人或者继承人下落不明，而遗嘱中又未指定遗嘱执行人的，经利害关系人申请，法院可以指定遗产管理人。“王稿”第661条规定，继承开始时，有无继承人不明时，由村委会或居委会作为遗产管理人。

我们认为，我国欠缺无人承受遗产管理人的产生方式之规定，这是其立法之不足。因此，上述主张明确无人承受遗产管理人产生方式的广东省被调查民众的观念与习惯、域外立法例和我国学者建议稿的观点，可供我国立法参考。

第二，关于无人承受的遗产之酌分请求权主体的民众观念与民间习惯，统计数据显示，（1）在被调查者的观念上，有七至八成以上的人认为，依靠死者扶养的人（84.80%）、与死者有密切联系且对其帮助较多的人（83.14%）和与死者共同生活的人（76.25%），都可以成为无人承受遗产的酌分请求权主体；（2）被调查者所在地区的继承习惯是：一至四成的地区，依靠死者扶养的人、照顾赡养被继承人和对其有扶养行为的人、其他亲人、与死者共同生活、有密切关系且对其帮助较多的人，他们可以请求酌情分

① 参见《德国民法典》第1960条。

② 参见《法国民法典》第809-1~809-3条。

得无人承受的遗产（见表 9-61、表 9-62）。

以上特点的原因分析，广东省被调查民众认可的无人承受遗产之酌分请求权主体范围要广于我国现行立法的规定，其原因可能在于依靠死者扶养的人、与死者共同生活的人、与死者有密切联系且对其帮助较多的人等都可酌情分得遗产，能够充分发挥遗产的扶养功能和经济价值，有利于维护财产私有。

无人承受遗产的酌分请求权主体之我国立法，1985 年《执行继承法意见》第 57 条规定："遗产因无人继承收归国家或集体组织所有时，按继承法第十四条规定可以分给遗产的人提出取得遗产的要求，人民法院应视情况适当分给遗产。"

从域外立法例看，有的国家立法明确规定对与被继承人有密切关系者可以请求酌情分配遗产。例如，《日本民法典》第 958-3 条规定，遗产无人继承时，家庭法院应考虑与被继承人共谋生计者、悉心治疗护养被继承人者及其他与被继承人有特别关系者的请求，向其分配清算后剩余财产的全部或一部分。

从我国诸继承法学者建议稿看，"梁稿""徐稿""王稿"中无人承受遗产的酌分请求权人仍然为法定继承中的酌分遗产请求权人。而"张稿""陈稿"专门规定了无人承受遗产的酌分请求权人。例如，"张稿"第 70 条规定，财产无人继承后，清偿债务和执行遗赠后剩余的财产，法院可将其全部或部分分配给与被继承人共同生活或精心照顾被继承人的人。"陈稿"第 87 条规定，无人承受遗产，经清偿债务、执行遗赠后有剩余的，遗产管理人经书面请求居民委员会或村民委员会主任并获同意及签字后，遗产管理人可依情况将遗产的全部或部分酌情分配给依靠被继承人扶养的人、对被继承人扶养较多的人、与被继承人一同生活的人或其他与被继承人有密切关系的人。

我们认为，我国无人承受遗产之酌分请求权主体较窄，这是其立法之不足。因此，上述主张扩大无人承受遗产之酌分请求权主体的广东省被调查民众的观念与习惯、域外立法例和我国学者建议稿的观点，可供我国立法参考。

第四节　当代中国广东省民众财产继承观念与遗产处理习惯对中国民法典继承编制定的立法启示

以上，我们针对广东省被调查者的财产继承观念与遗产处理习惯的调查统计的汇总数据，分析归纳其特点，研究其特点的产生原因，考察和分析我国司法实践的相关案例，研究我国继承法律制度的适用情况，进而结合考察域外立法例和我国诸继承法学者建议稿的观点，剖析我国《继承法》相关制度存在的优点与不足。以下，我们将以广东省被调查者的财产继承观念与遗产处理习惯为参考基础，借鉴域外立法例和我国诸继承法学者建议稿的有益观点，对我国"民法典继承法编"中相关继承制度的修改完善或予以保留，提出立法建议，以供我国立法机关参考。

一、我国遗产范围界定之不足与立法完善建议

（一）我国遗产范围界定制度之不足

有关遗产的范围，我国《继承法》采用概括加列举的方式规定遗产的范围，但欠缺排除性规定，这是其立法之不足。从本次调查的统计数据来看，三至七成以上的广东省被调查

民众对欠款、死亡赔偿金等是否属于遗产的认识，与我国现行法存在不一致（见表9-4）。前述涉及遗产范围界定案例之司法审判实践，也反映出我国遗产范围界定制度存在此不足。

（二）我国遗产范围界定制度之立法完善建议

针对以上立法之不足，我们提出以下两个方面完善建议：

1. 遗产范围界定模式之立法建议

建议采取概括式和排除式相结合的规定：遗产为被继承人死亡时遗留的个人的合法财产。但与被继承人人身不可分割的财产不属于遗产。

2. 被继承人生前特种赠与财产归扣之立法建议

从数据调查情况来看，近七成的广东省被调查者对于遗产归扣并不认同，而且有七成的被调查者所在地区，没有归扣的习惯（见表9-5、表9-7）。因此，立法可结合其他被调查者所在地区民众观念，充分平衡制度的实践价值和可行性，再确定是否将遗产归扣制度入法，暂不建议入法。

二、我国继承开始的通知和公告制度之不足与立法完善建议

（一）我国继承开始的通知和公告制度之不足

关于继承开始的通知与公告，我国立法之不足表现为：第一，我国继承开始的通知与公告主体范围较窄。从本次调查的统计数据看，广东省被调查民众认可的通知和公告主体，除现行法已规定的知道被继承人死亡的继承人、被继承人生前所在单位或者住所地的居民委员会、村民委员会外，还有处理被继承人死亡的组织机构等（见表9-10）。并且欠缺义务人不履行通知或公告义务的法律责任。前述涉及继承开始的通知与公告案例之司法审判实践也反映出我国该方面欠缺相应的损害赔偿责任。第二，我国继承开始的通知和公告的期间不明确，不利于及时通知相关权利人参与继承和遗产处理。

（二）我国继承开始的通知和公告制度之立法完善建议

针对以上立法之不足，我们提出以下三个方面完善建议：

1. 继承开始的通知和公告的主体之立法建议

建议保留我国《继承法》现有规定，适当增加通知主体，具体做以下规定：首先，知道或应当知道被继承人死亡的继承人负有通知义务；其次，继承人不知道被继承人死亡的，由被继承人生前所在单位或者其住所地的居民委员会、村民委员会和负责处理被继承人死亡事件的机构进行通知。

如果不履行法定通知或公告义务造成遗产损害的，上述义务人应承担损害赔偿责任。

2. 继承开始的通知和公告的方式之立法建议

建议保留我国《继承法》“及时通知”的规定，无须作出统一规定，以免掣肘实践。

3. 继承开始的通知和公告的期间之立法建议

建议规定继承开始后负有通过与公告义务的主体，应当在得知继承开始的事实之日起7日内将此事实通知其明知或应当知道被通知的对象；在被通知对象不明、不知下落或用其他方式无法通知时，应在7日内在被继承人生前住所地村（居）民委员会公告栏中公告，或在省一级报纸、电视、网络上公告[①]，或申请被继承人生前住所地或遗产的不动产

① 参见陈苇主编：《外国继承法比较与中国民法典继承编制定研究》，北京大学出版社2011年版，第678页。

所在地的人民法院发出继承开始申报对遗产相关权利的公示催告，公告期间不少于60日。

三、我国遗产管理制度之不足与立法完善建议

（一）我国遗产管理制度之不足

我国《继承法》对于遗产管理，仅第24条规定，存有遗产的人，应当妥善保管遗产。对于遗产管理人有什么职责、能否获得报酬、管理不善是否承担责任等内容均没有规定，此为立法之不足。前述涉及遗产管理案例之司法审判实践，也反映出我国无人承受遗产管理制度也存在此不足。

（二）我国遗产管理制度之立法完善建议

针对以上立法之不足，我们提出以下三个方面完善建议：

1. 遗产管理人的确定之立法建议

建议规定，被继承人生前可以遗嘱指定遗产管理人；被继承人生前没有指定的，由与遗产最密切联系的法定继承人或有关单位和组织担任。如果法定继承人为多人的，由法定继承人协商确定由其中一人或多人担任遗产管理人，协商不成的，由人民法院指定。

关于无人承受遗产的管理人，详见后述。

2. 遗产管理人的管理职责与报酬之立法建议

遗产管理人的职责包含：清查遗产，制作遗产清单、妥善保管遗产、查明被继承人生前的债权和债务，积极地追讨债权或清偿债务、查明被继承人是否留有遗嘱，并且确定遗嘱是否真实合法、可以原告或被告的身份参加由遗产引起的诉讼等。

非继承人担任遗产管理人的，享有报酬请求权。继承人担任遗产管理人的，应该根据遗产管理事务的情况酌情给予适当报酬。

3. 遗产管理人的损害赔偿责任之立法建议

遗产管理人在管理被继承人遗产过程中因故意或重大过失造成遗产的毁损，应承担赔偿责任。

四、我国法定继承制度之不足与立法完善建议

（一）我国法定继承制度之不足

关于法定继承，我国立法的不足表现为：第一，血亲继承人范围太窄。这不能使遗产尽可能被保留给予被继承人有一定血缘关系的亲属，却有可能被收归集体或国家所有，而遗产归公所有不符合国家保护私有财产的理念与被继承人的意愿。第二，配偶实行固定的继承顺序不合理。如果第一顺序继承人中，被继承人的父母、子女均已经去世，配偶将继承全部遗产，这会导致被继承人的其他近血亲，如兄弟姐妹、父系祖父母、母系祖父母均不能取得任何遗产。从本次调查的统计数据来看，主张配偶应无固定继承顺序，随参与继承顺序不同而取得不同份额的广东省被调查者，合计占六成半以上（见表9-20）。第三，我国立法没有规定后顺序特殊法定继承人对特殊遗产的终生使用权，这不利于保障后顺位特殊继承人的居住权。从本次调查的统计数据来看，有该习惯的地区占九成以上（见表9-23）。

（二）我国法定继承制度之立法完善建议

针对以上立法之不足，我们提出以下五个方面完善建议：

1. 法定继承范围与顺序之立法建议

建议适当扩大法定继承人的范围，在保留现有法定继承人范围的基础上，将其他三代以内旁系血亲都纳入法定继承人的范围，并增加继承顺序。

2. 配偶与血亲继承人的法定应继份之立法建议

建议把配偶作为无固定顺序继承人与其他顺序继承人共同继承，当然配偶参与不同继承顺序继承时其法定继承份额也应不同。具体继承份额建议规定：配偶与第一顺序的继承人共同继承时，其取得遗产的一半；配偶与第二顺序的继承人共同继承时，其取得遗产的三分之二；配偶与第三顺序的继承人共同继承时，其取得遗产的四分之三。

3. 配偶对遗产中的家庭住房的先取权与终身使用权之立法建议

配偶对遗产中家庭住房的先取权与终生使用权，我国现行法律没有规定，但从广东省的调研情况看，七成以上的大部分被调查者所在地区有该习惯，也如此执行。因此，建议法律没有必要对此作规定，交由习惯来处理即可。

4. 后顺序特殊法定继承人对遗产中原使用的住房及日常生活用品的终生使用权之立法建议

建议规定，如果后顺序特殊继承人无其他房屋居住的可继续居住原使用的遗产房屋（含日常生活用品）。

5. 尽了主要赡养义务的丧偶儿媳或女婿的遗产分配方式之立法建议

我国《继承法》第12条对丧偶儿媳与女婿第一顺序法定继承人地位的确立，执行了三十多年，已基本被民众接受。从弘扬赡养老人的传统美德出发，建议在现有规定的基础上，进行适当调整：丧偶儿媳对公、婆或丧偶女婿对岳父、岳母尽了主要赡养义务，没有代位继承人的，为第一顺序继承人。

五、我国遗嘱继承制度之不足与立法完善建议

（一）我国遗嘱继承制度之不足

关于遗嘱继承，我国立法的不足表现为：第一，公证遗嘱效力的适用优先且只能采用公证的形式进行变更，不符合遗嘱继承自由原则，不利于实现遗嘱人设立、变更遗嘱的自由权利。从本次调查的统计数据看，六成半的广东省被调查者认为后遗嘱的效力优先于前一公证遗嘱（见表9-28）。第二，没有规定夫妻共同遗嘱的效力，而实践中时有夫妻共同遗嘱的纠纷，这给我国司法审判造成了一定的困境。从本次调查的统计数据看，近六成半的广东省被调查者赞成夫妻共同遗嘱（见表9-30）。

（二）我国遗嘱继承制度之立法完善建议

针对以上立法之不足，我们提出以下三个方面完善建议：

1. 不同类型遗嘱的效力之立法建议

建议将我国《继承法》第20条修改为：遗嘱人以不同形式立有数份内容相抵触的遗嘱，以最后所立的有效的遗嘱为准。

2. 遗嘱自由的限制——特留份之立法建议

在我国是否需要增加规定特留份制度，或以特留份取代必留份，需进一步综合考量决定。对于是否设立特留份制度民众观念上分歧较大，并未形成普遍的共识。结合我国没有该方面继承传统，建议立法暂不规定为宜。

3. 夫妻共同遗嘱之立法建议

建议规定两个以上的遗嘱人共同订立的遗嘱有效，但应当在共同遗嘱中明确遗嘱变更、撤销及生效的条件等内容。

六、我国继承和遗赠的接受与放弃制度之不足与立法完善建议

（一）我国继承和遗赠的接受与放弃制度之不足

关于继承和遗赠的接受与放弃，我国立法的不足表现为：第一，我国接受遗赠需以明示的方式作出，未作表示则视为放弃遗赠，这不利于保护当事人的合法权利。并且该规定与五成以上的广东省被调查民众该方面的观念与习惯也存在出入（见表9-33、表9-34）。前述涉及继承和遗赠的接受与放弃案例之司法审判实践，也反映出我国有关遗赠的接受方式之规定存在此不足。第二，继承人放弃继承债权人是否享有撤销权，我国立法没有规定。然而在司法实践中，已多有类似案件的发生，给我国司法审判带来了一定的困境，此为我国立法之不足。从本次调查的统计数据看，近五成半的广东省被调查者认为，对继承人放弃继承的行为债权人享有撤销权（见表9-35）。

（二）我国继承和遗赠的接受与放弃制度之立法完善建议

针对以上立法之不足，我们提出以下三个方面完善建议：

1. 继承的接受与放弃制度之立法建议

关于继承的接受与放弃制度，广东省被调查民众的财产继承观念和遗产处理习惯与现行立法基本一致，建议应当维持现行法有关继承的接受与放弃的相关规定。

2. 遗赠的接受与放弃制度之立法建议

建议将现行立法修改为：受遗赠人在知道或者应该知道受遗赠后未作表示的，视为接受遗赠。

3. 继承的放弃与债权人的撤销权之立法建议

债权人对继承人放弃继承权的有提出撤销的权利，但以下情形除外：（1）继承人的放弃是为了其他继承人生存的；（2）继承人继承权的放弃先于债务产生的。

七、我国继承权的丧失、被继承人的宥恕与代位继承制度之不足与立法完善建议

（一）我国继承权的丧失、被继承人的宥恕与代位继承制度之不足

关于继承权的丧失与宥恕的法定情形，我国立法的不足表现为，继承权丧失后可以宥恕的情形规定不足。从本次调查的统计数据看，六成以上的广东省被调查者认为，即使某甲以欺诈或者胁迫的手段，迫使或者妨碍其父乙设立、变更或者撤销遗嘱，情节较为严重，但后来其获得乙的原谅，甲仍有资格继承其父遗产（见表9-37）。

（二）我国继承权的丧失、被继承人的宥恕与代位继承制度之立法完善建议

针对以上立法之不足，我们提出以下两个方面完善建议：

1. 继承权的丧失与被继承人的宥恕之立法建议

建议修改现行法律，不限制继承权相对丧失的情形，做出如下规定：继承人虽有继承权丧失的法定事由发生，如以后确有悔改表现，而且被继承人生前表示宽恕的，可不确认其丧失继承权。

2. 继承权的丧失与代位继承权之立法建议

关于继承人丧失继承权后子女的代位继承，鉴于广东省被调查民众的继承观念与我国现行立法规定较为一致，故建议维持现行立法，即继承人继承权丧失的，其子女也不得代位继承。

八、我国继承扶养协议制度之立法建议

我国《继承法》第31条规定的遗赠扶养协议订立主体，一方为受扶养人，另一方为受扶养人的继承人之外的自然人和集体经济组织。关于继承扶养协议制度，我国《继承法》无规定，这导致在司法实践中缺乏对继承扶养协议效力认定的统一标准。前述涉及继承协议案例的司法审判实践中，也反映出我国继承扶养协议制度存在此不足。对此我国有学者认为，继承扶养协议亟需入法。但从本次调查的统计数据看，七成以上的广东省被调查者表示“从没有听说或经历过”该类协议（见表9-42）。因为其在我国现实存在较少，其入法要慎重。继承扶养协议不仅涉及遗产的分配，更重要的是以扶养（赡养）为前提，可能会导致继承人通过金钱交易摆脱扶养义务的情形。因此，建议我国立法暂不规定继承扶养协议制度。

九、我国遗产债务清偿制度之不足与立法完善建议

（一）我国遗产债务清偿制度之不足

关于遗产债务清偿，我国立法的不足表现为：第一，我国规定的是无条件的有限清偿责任，此偏重于保护继承人的合法利益，但却忽视了对遗产债权人的利益保护。并且，欠缺强制的无限清偿责任。从本次调查的统计数据看，七成以上的广东省被调查者对有侵害遗产违法行为的主张实行强制的无限清偿责任（见表9-46）。第二，我国立法未对丧葬费的支付和遗产债务清偿顺序作出明确规定。在具体案件审理中在有限遗产内如何确定被继承人债务清偿顺序，这往往成为司法实务中的难点。前述涉及遗产债务清偿案例司法审判实践中，也反映出我国遗产债务清偿制度存在此不足。

（二）我国遗产债务清偿制度之立法完善建议

针对以上立法之不足，我们提出以下三个方面完善建议：

1. 遗产债务清偿责任的类型之立法建议

对被继承人的债务，继承人自愿选择实行有条件的限定继承且依法制作遗产清册的，仅在遗产的实际价值范围内承担有限清偿责任。①

建议增加强制的无限清偿责任制度，经查明，继承人存在转移遗产、隐瞒遗产的，对遗产债务负无限清偿责任。

2. 被继承人丧葬费的支付之立法建议

对于被继承人丧葬费的支付，可以由继承人协商；协商不成的，应由全体继承人共同支付。

3. 遗产债务的清偿顺序之立法建议

建议在现行立法的基础上，借鉴我国《企业破产法》对破产债务清偿的规定对遗产

① 参见“陈稿”第69条。

债务清偿的顺序进行规定。

十、我国遗产分割制度之不足与立法完善建议

（一）我国遗产分割制度之不足

关于遗产分割，我国立法的不足表现为：第一，我国对遗产分割自由的限制条款之规定存在不足。从本次调查的统计数据看，九成半的广东省被调查民众认为遗嘱可以对遗产分割进行限制（见表9-53）。第二，对遗产分割瑕疵缺少担保责任的规定。从本次调查的统计数据看，六成半以上的广东省被调查者所在地区有共同继承人之间互相承担遗产分割瑕疵担保责任的习惯（见表9-56）。

（二）我国遗产分割制度之立法完善建议

针对以上立法之不足，我们提出以下两个方面完善建议：

1. 遗产分割自由及其限制之立法建议

建议规定遗产分割的时间、方法等由同一顺序的继承人协商决定。但有下列情形之一的，遗产可暂不分割：（1）被继承人的生存配偶所居住的遗产房屋；（2）对于被继承人在遗嘱中要求不分割或设定限期不分割的特定财产，不分割不影响继承人生活的。但遗嘱限制分割的时间不得超过5年。

2. 遗产分割瑕疵的担保责任之立法建议

基于公平原则，建议在立法上明确遗产分割中的瑕疵担保责任。

十一、我国无人承受遗产制度之不足与立法完善建议

（一）我国无人承受遗产制度之不足

关于无人承受遗产的处理，我国立法的不足表现为：首先，我国未设立完善的无人承受遗产管理制度，未就无人承受遗产管理人的选任、职责、管理报酬、损害赔偿责任等进行规定。其次，无人承受遗产的酌分请求主体较窄。从本次调查的统计数据看，广东省被调查民众认可的参与酌分无人承受遗产的请求权主体范围要广于我国现行法的规定（见表9-61）。前述涉及无人承受遗产案例之司法审判实践，也反映出我国无人承受遗产的酌分请求主体存在此不足。

（二）我国无人承受遗产制度之立法完善建议

针对以上立法之不足，我们提出以下两个方面完善建议：

1. 无人承受遗产的归属之立法建议

鉴于广东省被调查民众对无人承受遗产收归社会公共组织具有较高的认可度，建议我国立法维持现有无人承受遗产归属主体的规定。

2. 无人承受遗产的处理之立法建议

建议规定遗产有无继承人不明时，由死者户籍所在地的居委会、村委会或所在单位发出寻找无人承受遗产继承人及其他遗产利害关系人的公告和指定遗产管理人。遗产利害关系人申请法院指定遗产管理人的，由法院确定的遗产管理人。

建议增加依靠死者扶养的人、与死者共同生活的人、与死者有密切联系且对其帮助较多的人，作为无人承受遗产的酌分请求权主体。

第十章　当代中国海南省民众财产继承观念与遗产处理习惯实证调查研究*

第一节　当代中国海南省民众财产继承观念与遗产处理习惯实证调查概况

一、被调查地区概况

（一）海南省社会经济发展水平情况

2018年海南省全省地区生产总值为4832.05亿元，其中，第一产业增加值为1000.11亿元；第二产业增加值为1095.79亿元；第三产业增加值为2736.15亿元。三次产业增加值占地区生产总值的比重分别为20.7∶22.7∶56.6。

（二）海南省人口结构情况

2018年，海南省城镇常住人口551.81万人，乡村常住人口382.51万人；城镇人口占总人口比重（城镇化率）为59.06%，比上年年末提高1.02个百分点。海南省人口男女性别比例为100∶110.12。2017年，海南省人口年龄抽样调查数据显示，0~14岁人口占海南省总人口的19.51%，15~64岁人口占海南省总人口的72.35%，65岁及以上人口占海南省总人口的8.14%。①

（三）海南省城乡人口的年均收入情况

2018年，全省常住居民人均可支配收入24579元，比上年增长9.0%，其中，城镇常住居民人均可支配收入33349元，实际增长5.7%；农村常住居民人均可支配收入13989元，实际增长5.8%。

二、实证调查情况简介

2016年11月，西南政法大学陈苇教授主持申报的司法部科研项目“我国遗产处理制度系统化构建研究”被批准立项。为了给此项目的理论研究和制度研究提供国情资料，必须调查了解当代中国民众的财产继承观念和遗产处理习惯。考虑到课题组人力、物力的

* 作者简介：胡明玉，女，海南大学法学院讲师，法学硕士，海南省妇女理论研究基地主要成员；叶英萍，女，海南大学法学院教授，法学博士，海南省妇女理论研究基地主要成员，中国法学会婚姻法学研究学会常务理事，博士生导师；贺海燕，女，西南政法大学2017级民商法博士研究生；王彦翔，男，海南大学法学院2016级硕士研究生；文灿，女，海南大学法学院2016级硕士研究生。

① 数据来自海南省统计局，http://stats.hainan.gov.cn/tjsu/ndsj/，访问日期：2019年5月22日。

限制，陈苇教授选择我国十省市包括东北部的吉林省、东部的上海市、北部的河北省、中部的湖北省和江西省、南部的广东省和海南省、东南部的福建省、西南部的重庆市和四川省作为被调查地区，然后联系确定了各省市调查组组长共同组织开展本项目的子课题“当代中国民众财产继承观念与遗产处理习惯实证调查研究”。本次“当代中国海南省民众财产继承观念与遗产处理习惯实证调查研究”是西南政法大学陈苇教授主持的“当代中国民众财产继承观念与遗产处理习惯实证调查研究”的组成部分之一，由海南大学法学院叶英萍教授担任海南省调查组组长。

（一）调查问卷的设计和学生调查员的召集与培训

2016 年 11 月中旬，陈苇教授组织重庆市课题组成员分工合作，设计制作“当代中国民众财产继承观念与遗产处理习惯实证调查研究”的调查问卷，至 2016 年 12 月中旬完成了调查问卷的设计工作。然后，陈苇教授把调查问卷通过电子邮件发送给参与本次实证调查的十省市调查组组长，以供开展实地调查时十省市被调查地区统一使用。2016 年 12 月下旬，根据陈苇教授撰写的“当代中国民众财产继承观念与遗产处理习惯社会调查动员和培训会”的说明书，海南省调查组组长叶英萍教授负责召集、遴选海南省籍的学生调查员 100 名，然后组织召开“当代中国海南省民众财产继承观念与遗产处理习惯实证调查动员暨社会调查知识培训会”。在会上，叶英萍教授给每位学生调查员发放了 6 份调查问卷，针对问卷的问题，逐一讲解调查要点和具体的调查方法，要求被调查者应当具有海南省户籍，且必须是男女各 3 名，分为老、中、青（61 岁以上、41～60 岁、20～40 岁）三个年龄段，并且要求每名学生调查员利用 2017 年的寒假各自在家乡开展实地社会调查。

（二）实地社会调查的方式

2017 年 1 月至 2 月寒假，海南省籍的学生调查员回到各自家乡开展实地社会调查。本次调查主要采取学生调查员“入户问卷调查”和“个人访谈”的方式进行。

一是入户问卷调查。学生调查员在 2017 年寒假回到自己的家乡，向当地民众进行入户问卷调查。每位被调查对象必须符合培训会说明的条件要求，而且其只能填写一份调查问卷。学生调查员入户首先向被调查者讲解说明本次调查的目的、意义和调查问卷填写的相关问题，采取让被调查者自己填写问卷或者学生调查员向被调查者询问后代为填写两种方式完成问卷的填写。

二是个人访谈。要求采取“一对一”的个人访谈方式，以收集与遗产继承有关的纠纷或案例。本次实地调查，除填写调查问卷外，还要求辅以“一对一”的个人访谈，收集和记录典型的继承纠纷或相关案例的内容。因为调查问卷涉及客观选择与主观理由两部分内容，采取“一对一”的个人访谈方式，可以避免被调查者受他人的影响，以便能够较为客观深入地了解被调查民众的真实想法。

（三）调查问卷数据的录入、统计汇总、复核与撰写调查研究报告

2017 年 3 月开学后，本调查组统一回收了调查问卷与典型案例的访谈记录，然后组织学生统计员进行数据统计工作。本次实地调查实际发放问卷 600 份，剔除无效问卷后，共计回收有效问卷 421 份，有效问卷率为 70.16%。随后，根据有效问卷进行调查数据的录入、制作统计汇总表，并且进行统计汇总数据的复核。2017 年 4 月底完成《〈当代中国民众财产继承观念与遗产处理习惯实证调查问卷〉海南省民众实证调查统计数据汇总表》的定稿。我们在此需要特别说明，关于各项调查问题之统计人数的合计，凡单选题的人数

合计均为100%，均合计在统计表中；凡多选题的人数合计均超过100%，故不予进行合计的统计。本调查研究报告的撰写就是根据此次调查统计数据汇总表进行分析和研究而成的。在此，特向所有参与此次调查活动的老师和同学表示衷心的感谢!①

2017年4月，陈苇教授拟定了“当代中国民众财产继承观念与遗产处理习惯实证调查研究的写作提纲和写作要求”。2017年5月起，我们根据此写作提纲和写作要求，进入参考文献资料的收集和调查报告的写作与修改阶段。本章由叶英萍教授、胡明玉讲师和法学硕士研究生王彦翔、文灿同学共同撰写初稿和第二稿，其间，根据陈苇教授对初稿和第二稿的修改意见和中期评审专家的意见，多次对稿件进行了相应的修改和补充，最后向课题负责人陈苇教授交稿。2019年1月，陈苇教授继续对海南省调查研究报告进行了审阅和修改补充，然后组织重庆市调查组博士生对海南省调查研究报告统一进行了三次修改和补充，最终于2019年6月完成定稿。

三、被调查者的基本情况

（一）被调查者的性别情况

表10-1　被调查者的性别情况统计

性别	人数	比例
男	199	47.27%
女	222	52.73%
合计	421	100%

关于被调查者的性别，统计数据显示，被调查者421人中，男性有199人，占47.27%；女性有222人，占52.73%。可见，被调查者的性别结构比例大体持平。

（二）被调查者的年龄情况

表10-2　被调查者年龄情况统计

年龄段	人数	比例
20~30岁	194	46.08%
31~40岁	55	13.06%
41~50岁	72	17.11%
51~60岁	55	13.06%
61~70岁	21	4.99%
71岁以上	24	5.70%
合计	421	100%

关于被调查者的年龄，统计数据显示，在421名被调查者中，20~40岁的青年人约占

① 参与海南省民众财产继承观念与遗产处理习惯的实地调查以及调查数据统计汇总等工作的师生名单，详见“鸣谢”。

六成（59.14%）；41～60 岁的中年人占三成（30.17%）；60 岁以上的老年人占一成（10.69%）。即本次被调查者以中青年为主体，合计占近九成（89.31%）。

（三）被调查者的职业情况

表 10-3　被调查者职业情况统计

职业	人数	比例
农民	96	22.80%
工人	33	7.84%
经商者	36	8.55%
公务员	21	4.99%
企事业单位	75	17.81%
其他（打工等不固定职业）	160	38.01%
合计	421	100%

关于被调查者的职业，统计数据显示，在 421 名被调查者中，农民占二成多（22.80%）；工人和经商者合计占一成半（16.39%）；公务员和企事业单位人员合计占二成多（22.80%）；其他职业的人员占近四成（38.01%）。

综上所述，本次被调查者的男女性别比例大体持平，老、中、青各年龄段的均有，但以中青年为主体，且他们的职业涉及广泛，本次调查数据基本上能够反映不同性别、年龄和职业的被调查者的意愿。

第二节　当代中国海南省民众财产继承观念与遗产处理习惯实证调查的数据统计情况

一、遗产范围界定之调查数据统计情况

关于遗产范围界定之调查数据统计，我们主要从遗产的种类和被继承人生前特种赠与财产的归扣两个方面进行调查数据的统计情况汇总分析。

（一）遗产的种类

问题【一、（一）】“2016 年 2 月某甲因车祸死亡，经清理某甲个人名下的遗物如下，您认为，以下哪些属于某甲的遗产？A. 住房一套；B. 小汽车一辆；C. 家庭日常生活用品若干；D. 存款 10 万元；E. 股票 10 万元；F. 某甲以其姓名注册的邮箱、QQ 账号等；G. 单位出租给某甲的午休住房一间；H. 某甲向某公司购货的欠款 5 万元；I. 某甲因交通事故死亡获得 50 万元赔偿金。（多选）”

表 10-4　属于遗产种类的民众观念统计情况（多选）

选项	遗产	
	人数	比例
A. 住房一套	417	99.05
B. 小汽车一辆	403	95.72
C. 家庭日常生活用品若干	248	58.91
D. 存款 10 万元	405	96.20
E. 股票 10 万元	336	79.81
F. 某甲以其姓名注册的邮箱、QQ 账号等	131	31.12
G. 单位出租给某甲的午休住房一间	39	9.26
H. 某甲向某公司购货的欠款 5 万元	156	37.05
I. 某甲因交通事故死亡获得 50 万元赔偿金	220	52.26

关于属于遗产种类的民众观念，调查统计数据显示，在 421 名被调查者中，（1）有近八至九成以上的人认为 A 项住房（99.05%）、B 项汽车（95.72%）、D 项存款（96.20%）和 E 项股票（79.81%）属于遗产。（2）约一至六成的人认为 C 项家庭日常生活用品若干（58.91%）、I 项交通事故死亡赔偿金（52.26%）、H 项债务（37.05%）、G 项单位出租房（9.26%）属于遗产。（3）有三成以上的人认为 F 项以被继承人的姓名注册的邮箱和 QQ 账号等（31.12%）属于遗产。

（二）被继承人生前特种赠与财产的归扣

1. 被继承人生前特种赠与财产是否应归入遗产范围的民众观念情况统计

问题【一、（二）1.】“张老汉有三个儿子，在 10 年前大儿子甲结婚时，张老汉给其资助购买婚房的现金 20 万元；二儿子乙一直未结婚，但 5 年前在其开办豆腐坊时，张老汉资助其营业资金 10 万元。在两年前小儿子丙结婚时，张老汉为其购买一套价值 30 万元的房屋（产权登记在小儿子丙名下）；2016 年 1 月张老汉去世时遗留有个人所有的住房一套和 50 万元存款。上述哪些财产应当计算入遗产？A. 张老汉生前给三个儿子不同资助的财产与死亡时遗留的住房、存款，均应当合并计算为遗产；B. 张老汉去世时遗留的个人所有的住房和 50 万元存款，才可以计算为遗产；C. 其他。（单选）”

表 10-5　被继承人生前特种赠与财产是否应归入遗产范围的民众观念情况统计（单选）

选项	人数	比例
A. 张老汉生前给三个儿子不同资助的财产与死亡时遗留的住房、存款，均应当合并计算为遗产	69	16.39%
B. 张老汉去世时遗留的个人所有的住房和 50 万元存款，才可以计算为遗产	335	79.57%

续表

选项	人数	比例
C. 其他	17	4.04%
合计	421	100%

关于被继承人生前特种赠与财产是否应归入遗产范围的民众观念，统计数据显示，在421名被调查者中，（1）选择B项持否定观点的，占近八成（79.57%）；（2）选择A项持肯定观点的，只占一成半以上（16.39%）。

2. 归扣遗产的价值计算时间的民众观念情况统计

问题【一、（二）2.】“如果上述答案您选A，请问张老汉为小儿子丙买房的价值应该按何时计算？A. 买房时；B. 张老汉去世时；C. 实际分割遗产时；D. 其他。（单选）”

表10-6 归扣遗产的价值计算时间的民众观念情况统计（单选）

选项	人数	比例
A. 买房时	24	34.78%
B. 张老汉去世时	18	26.09%
C. 实际分割遗产时	27	39.13%
D. 其他	0	0%
总计	69	100%

关于归扣遗产的价值计算时间的民众观念，统计数据显示，在填写该问题的69名被调查者中，根据其占比高低排序如下：（1）选择C项应以分割遗产时为准的，占近四成（39.13%）；（2）选择A项认为应以赠与时为准的，占近三成半（34.78%）；（3）选择B项认为以继承开始时为准的，占二成半以上（26.09%）。即认为应以分割遗产时计算归扣财产价值的占比居于第一位。

3. 生前特种赠与财产是否归扣纳入遗产范围的民间习惯情况统计

问题【一、（二）3.】“在您所在地区，如果发生上述张老汉生前给三个儿子不同资助财产的情况，在继承遗产时这些资助财产是否被合计到遗产范围内？A. 是；B. 不是。（单选）”

表10-7 生前特种赠与财产是否归扣纳入遗产范围的民间习惯情况统计（单选）

选项	人数	比例
A. 是	124	29.95%
B. 不是	290	70.05%
总计	414	100%

关于生前特种赠与财产是否归入遗产范围的民间习惯，统计数据显示，填写该问题的414名被调查者所在地区的习惯是：（1）B项不是，即无归扣习惯的，占七成（70.05%）；（2）A项是，即有归扣习惯的，占近三成（29.95%）。

4. 生前特种赠与财产不归入遗产情况下的分配方式之民间习惯情况统计

问题【一、（二）4.】“上一题如果您选择B项，即这些资助财产不是被合计到遗产范围内，三个儿子是如何分配父亲张老汉的遗产的？A. 平均分配；B. 乙应该适当多分；C. 其他。（单选）”

表10-8 生前特种赠与财产不归入遗产情况下的分配方式之民间习惯情况统计（单选）

选项	人数	比例
A. 平均分配	191	65.86%
B. 乙应该适当多分	67	23.10%
C. 其他	32	11.04%
总计	290	100%

关于生前特种赠与财产不归入遗产情况下的分配方式之民间习惯，统计数据显示，填写该问题的290名被调查者所在地区的习惯是：（1）A项有继承人之间平均分配习惯的，占六成半（65.86%）；（2）B项有获得被继承人生前特种赠与较少的继承人可以多分习惯的，占二成多（23.10%）。

二、继承开始的通知和公告之调查数据统计情况

关于继承开始的通知和公告之调查数据统计，我们主要从继承开始的通知和公告的主体、继承开始的通知和公告的方式、继承开始的通知和公告的期间三个方面进行调查数据的统计情况汇总分析。

（一）继承开始的通知和公告的主体

问题【二、（一）】“被继承人死亡后，在您所在的地区一般由下列哪些人通知涉及遗产分配的相关人员？A. 知道被继承人死亡的继承人；B. 保管遗产的继承人；C. 知道被继承人死亡的单位、村（居）委会；D. 处理被继承人死亡事件的机构，如公安交警部门；E. 其他。（多选）”

表10-9 继承开始的通知和公告的主体的民间习惯情况统计（多选）

选项	人数	比例
A. 知道被继承人死亡的继承人	246	58.43%
B. 保管遗产的继承人	235	55.82%
C. 知道被继承人死亡的单位、村（居）委会	156	37.05%
D. 处理被继承人死亡事件的机构，如公安交警部门	157	37.29%
E. 其他	16	3.80%

关于继承开始的通知和公告的主体的民间习惯，统计数据显示，421 名被调查者填写的所在地区的习惯分别是：（1）A 项知道被继承人死亡的继承人的，占近六成（58.43%）；（2）B 项保管遗产的继承人的，占五成半（55.82%）；（3）C 项知道被继承人死亡的单位、村（居）委会的，占三成半以上（37.05%）；（4）D 项处理被继承人死亡事件的机构（如公安交警部门）的，占三成半以上（37.29%）。

（二）继承开始的通知和公告的方式

问题【二、（二）】“被继承人死亡后，您所在地区的人们一般采取以下哪些方式通知涉及遗产处理的相关人员？A. 口头、电话、微信等方式通知；B. 信件、告知函等书面通知；C. 在报纸、电视、网络等平台上发布被继承人死亡的公告；D. 在被继承人所在地的村（居）委会公告栏公告；E. 申请人民法院以公告程序进行公告；F 其他。（多选）”

表 10-10　继承开始的通知和公告的方式的民间习惯统计情况（多选）

选项	人数	比例
A. 口头、电话、微信等方式通知	272	64.61%
B. 信件、告知函等书面方式通知	216	51.31%
C. 在报纸、电视、网络等平台上发布被继承人死亡的公告	55	13.06%
D. 在被继承人所在地的村（居）委会公告栏公告	137	32.54%
E. 申请人民法院以公告程序进行公告	131	31.12%
F. 其他	13	3.09%

关于继承开始的通知和公告的方式的民间习惯，统计数据显示，421 名被调查者填写的所在地区的习惯是：（1）A 项使用口头、电话、微信等方式通知的，占近六成半（64.61%）；（2）B 项使用书信、告知函等方式通知的，占五成以上（51.31%）；（3）C 项使用在报纸、电视、网络等平台上发布被继承人的死亡公告方式的，占一成以上（13.06%）；（4）D 项采用在被继承人所在地的村（居）民委员会公告栏公告方式的，占三成以上（32.54%）；（5）E 项采用申请人民法院以公告程序进行公告方式的，占三成以上（31.12%）。

（三）继承开始的通知和公告的期间

问题【二、（三）】“您认为，通知人应在被继承人死亡后几日内发出通知？A. 3 日；B. 7 日；C. 15 日；D. 30 日；E. 其他。（单选）”

表 10-11　继承开始的通知和公告的期间的民间观念情况统计（单选）

选项	人数	比例
A. 3 日	104	24.71%
B. 7 日	117	27.79%
C. 15 日	96	22.80%

续表

选项	人数	比例
D. 30 日	68	16. 15%
E. 其他	36	8. 55%
合计	421	100%

关于继承开始的通知和公告的期间之民间观念，统计数据显示，在 421 名被调查者中，对于被继承人死亡后发出继承开始的通知的时间，（1）选择 A 项和 B 项认为应在 7 日内发出的，合计占五成以上（52. 50%）；（2）选择 C 项和 D 项认为应在 15 或 30 日内发出的，合计约占四成（38. 95%）。

三、遗产管理之调查数据统计情况

关于遗产管理之调查数据统计，我们主要从遗产管理人的确定、遗产管理人的职责与报酬、遗产管理人的损害赔偿责任三个方面进行调查数据的统计情况汇总分析。

（一）遗产管理人的确定

问题【三、（一）】“您所在地区人们处理遗产继承时，一般由谁清点和管理遗产？A. 死者的法定继承人：配偶、子女、父母、兄弟姐妹、孙子女或外孙子女、祖父母或外祖父母；B. 死者的儿媳或女婿；C. 死者家族中的德高望重者；D. 死者的其他亲戚朋友；E. 死者所在的单位或村/居委会；F. 其他。（多选）”

表 10-12 遗产管理人的确定的民间习惯情况统计（多选）

<table>
<tr><th colspan="2">选项</th><th colspan="2">人数</th><th colspan="2">比例</th></tr>
<tr><td rowspan="6">A. 死者的法定继承人：配偶、子女、父母、兄弟姐妹、孙子女或外孙子女、祖父母或外祖父母</td><td>配偶</td><td rowspan="6">374</td><td>119</td><td rowspan="6">88. 84%</td><td>28. 27%</td></tr>
<tr><td>子女</td><td>114</td><td>27. 08%</td></tr>
<tr><td>父母</td><td>99</td><td>23. 52%</td></tr>
<tr><td>兄弟姐妹</td><td>53</td><td>12. 59%</td></tr>
<tr><td>孙子女或外孙子女</td><td>15</td><td>3. 56%</td></tr>
<tr><td>祖父母或外祖父母</td><td>5</td><td>1. 19%</td></tr>
<tr><td colspan="2">B. 死者的儿媳或女婿</td><td colspan="2">85</td><td colspan="2">20. 19%</td></tr>
<tr><td colspan="2">C. 死者家族中的德高望重者</td><td colspan="2">145</td><td colspan="2">34. 44%</td></tr>
<tr><td colspan="2">D. 死者的其他亲戚朋友</td><td colspan="2">69</td><td colspan="2">16. 39%</td></tr>
<tr><td colspan="2">E. 死者所在的单位或村/居委会</td><td colspan="2">108</td><td colspan="2">25. 65%</td></tr>
<tr><td colspan="2">F. 其他</td><td colspan="2">15</td><td colspan="2">3. 56%</td></tr>
</table>

关于遗产管理人的确定的民间习惯，统计数据显示，421 名被调查者所在地区的习惯排在前两位的是：（1）A 项由死者的法定继承人担任的，占近九成（88.84%）；（2）C 项由死者家族中的德高望重者担任的，占近三成半（34.44%）。

（二）遗产管理人的职责与报酬

问题【三、（二）1.】“您认为，遗产管理人的职责有哪些？A. 清查遗产，制作遗产清单；B. 妥善保管遗产；C. 查明被继承人生前的债权和债务，积极地追讨债权或清偿债务；D. 查明被继承人是否留有遗嘱，并且确定遗嘱是否真实合法；E. 可以原告或被告的身份参加因遗产引起的诉讼；F. 定期制作遗产管理报告，向继承人报告遗产管理的情况；G. 其他。（多选）”

1. 遗产管理人的职责的民众观念情况统计

表 10-13　遗产管理人职责的民众观念情况统计（多选）

选项	人数	比例
A. 清查遗产，制作遗产清单	381	90.50%
B. 妥善保管遗产	390	92.64%
C. 查明被继承人生前的债权和债务，积极地追讨债权或清偿债务	254	60.33%
D. 查明被继承人是否留有遗嘱，并且确定遗嘱是否真实合法	178	42.28%
E. 可以原告或被告的身份参加因遗产引起的诉讼	262	62.23%
F. 定期制作遗产管理报告，向继承人报告遗产管理的情况	246	58.43%
G. 其他	8	1.90%

关于遗产管理人的职责的民众观念，统计数据显示，在 421 名被调查者中，占四至九成的人认为其职责包括：（1）A 项清查遗产，制作遗产清单的，占 90.50%；（2）B 项妥善保管遗产的，占 92.64%；（3）E 项可以原告或被告的身份参加因遗产引起的诉讼，占 62.23%；（4）C 项查明被继承人生前的债权和债务，积极地追讨债权或清偿债务的，占 60.33%；（5）F 项定期制作遗产管理报告，向继承人报告遗产管理的情况的，占 58.43%；（6）D 项查明被继承人是否留有遗嘱，并且确定遗嘱是否真实合法的，占 42.28%。

2. 遗产管理人是否可取得报酬的民间习惯与理由情况统计

问题【三、（二）2.】“您所在地区，负责管理遗产的人是否可以获得报酬？A. 继承人担任遗产管理人的，不能请求给付报酬；B. 法院指定的遗产管理人，有权请求给付报酬；C. 继承人选任的第三人作为遗产管理人，是否给付报酬，应当由继承人决定；D. 继承人选任的第三人作为遗产管理人，一律有权请求给付报酬；E. 其他。（多选）其理由是什么？”

（1）遗产管理人是否可取得报酬的民间习惯情况统计。

表 10-14　遗产管理人是否可取得报酬的民间习惯情况统计（多选）

选项	人数	比例
A. 继承人担任遗产管理人的，不能请求给付报酬	175	41.57%
B. 法院指定的遗产管理人，有权请求给付报酬	221	52.49%
C. 继承人选任的第三人作为遗产管理人，是否给付报酬，应当由继承人决定	127	30.17%
D. 继承人选任的第三人作为遗产管理人，一律有权请求给付报酬	161	38.24%
E. 其他	8	1.90%

关于遗产管理人可否取得报酬的民间习惯，统计数据显示，421 名被调查者所在地区的习惯是：①A 项继承人担任遗产管理人不可以取得报酬的，占四成以上（41.57%）；②B 项法院指定的遗产管理人可以取得报酬的，占五成以上（52.49%）；③继承人选任的第三人担任的管理人，其中，D 项一律可以取得报酬的，占近四成（38.24%），C 项是否可以取得报酬由继承人决定的，占三成（30.17%）。

（2）遗产管理人是否取得报酬的民间习惯之理由情况统计。

表 10-15　遗产管理人是否取得报酬的民间习惯之理由情况统计

项目	人数	比例
A. 管理遗产是继承人的义务，因此，管理遗产不需要报酬	27	17.09%
B. 遗产管理人为管理遗产付出了自己的劳动，应该给予一定的费用	26	16.46%
C. 继承人托付给遗产管理人的工作，所以应该由继承人决定	39	24.68%
D. 第三人被选任为管理者，付出劳动，应当有权请求给付报酬	66	41.77%
合计	158	100%

关于遗产管理人是否取得报酬的民间习惯之理由，统计数据显示，在 158 名被调查者中，①有遗产管理人可以获得报酬的习惯之理由是，B 项和 D 项，遗产管理人为管理遗产付出了劳动和时间的，合计占近六成（58.23%）；②有遗产管理人不可获得报酬的习惯之理由是，A 项管理遗产是继承人的义务的，占一成半以上（17.09%）；③有遗产管理人是否取决报酬应由继承人决定的习惯之理由是，C 项管理遗产的工作是由继承人委托的，占近二成半（24.68%）。

（三）遗产管理人的损害赔偿责任

问题【三、（三）】“在您所在地区，负责管理遗产的人对因其过错造成的较大财产损失，是否承担赔偿责任？A. 只有故意或重大过失的，才承担赔偿责任；B. 无论是故意或重大过失或一般轻过失的，都要承担赔偿责任；C. 其他。（单选）”

表 10-16 遗产管理人的损害赔偿责任之民间习惯情况统计（单选）

选项	人数	比例
A. 只有故意或重大过失的，才承担赔偿责任	195	46.32%
B. 无论是故意或重大过失或一般轻过失的，都要承担赔偿责任	209	49.64%
C. 其他	17	4.04%
合计	421	100%

关于遗产管理人对遗产损害的赔偿责任的民间习惯，统计数据显示，421 名被调查者所在地区的习惯是：（1）A 项只有管理人有故意或重大过失才承担赔偿责任的，占四成半以上（46.32%）；（2）B 项无论管理人是故意或重大过失或一般轻过失的都要承担赔偿责任的，占近五成（49.64%）。

四、法定继承之调查数据统计情况

关于法定继承之调查数据统计，我们主要从法定继承人的范围和顺序、配偶与血亲继承人的法定应继份、配偶对遗产中家庭住房的先取权和终生使用权、后顺序特殊法定继承人对遗产中原使用的住房及日常生活用品的终生使用权、尽了主要赡养义务的丧偶儿媳或女婿的遗产分配方式五个方面进行调查数据的统计情况汇总分析。

（一）法定继承人的范围与顺序

1. 法定继承人的范围与顺序的民众观念情况统计

问题【四（一）1.】“下列亲属，您认为哪些应当作为法定继承人？他们各自的继承顺序如何？请根据您认为适当的先后顺序填写数字：1. 2. 3. ……例如，父母（1）；子女（2）；祖父母、外祖父母（3）。如果您认为应当在同一顺序的人，可以填写相同的数字，例如，配偶（1）；父母（1）；子女（1）；祖父母、外祖父母（1）。”

配偶（ ）	父母（ ）	儿子（ ）女儿（ ）
孙子女（ ）外孙子女（ ）	祖父母（ ）外祖父母（ ）	兄弟（ ）姐妹（ ）
侄子女（ ）外甥子女（ ）	伯叔姑舅姨（ ）	堂兄弟姐妹（ ）
表兄弟姐妹（ ）	其他亲属（称谓）（ ）	其他亲属（称谓）（ ）

表 10-17 法定继承人的范围与顺序的民众观念情况统计（多选）

亲属名称	第一顺序		第二顺序		第三顺序		第四顺序		第四顺序以上	
	人数	比例	人数	比例	人数	比例	人数	比例	人数	比例
配偶	364	86.46	22	5.23	11	2.61	7	1.66	0	0
父母	268	63.66	89	21.14	42	9.98	8	1.90	0	0

续表

亲属名称	第一顺序		第二顺序		第三顺序		第四顺序		第四顺序以上	
	人数	比例	人数	比例	人数	比例	人数	比例	人数	比例
子	298	70.78	75	17.81	30	7.13	0	0	0	0
女	273	64.85	81	19.24	31	7.36	6	1.43	0	0
孙子女	22	5.23	182	43.23	79	18.76	35	8.31	31	7.36
外孙子女	17	4.04	154	36.58	95	22.57	37	8.79	34	8.08
祖父母	9	2.14	187	44.42	74	17.58	33	7.84	39	9.26
外祖父母	8	1.90	161	38.24	80	19.00	38	9.03	40	9.50
兄弟	22	5.23	191	45.37	75	17.81	36	8.55	32	7.60
姐妹	18	4.28	187	44.42	76	18.05	33	7.84	31	7.36
侄子女	1	0.24	13	3.09	113	26.84	63	14.96	73	17.34
外甥子女	1	0.24	8	1.90	112	26.60	58	13.78	71	16.86
伯叔姑	2	0.48	8	1.90	109	25.89	58	13.78	75	17.81
舅姨	2	0.48	8	1.90	109	25.89	58	13.78	75	17.81
堂兄弟	5	1.19	11	2.61	115	27.32	52	12.35	69	16.39
堂姐妹	5	1.19	11	2.61	115	27.32	52	12.35	69	16.39
表兄弟	3	0.71	7	1.66	73	17.34	65	15.44	89	21.14
表姐妹	3	0.71	7	1.66	73	17.34	65	15.44	89	21.14
其他亲属	0	0	0	0	1	0.24	2	0.48	3	0.71

关于法定继承人的范围与顺序的民众观念，在421名被调查者中，各顺序以被调查者选择占比最高的作为统计依据，被调查者较认可的法定继承范围为：第一顺序为配偶(86.46%)、父母（63.66%）、儿子（70.78%）和女儿（64.85%）；第二顺序为孙子女(43.23%)、外孙子女（36.58%)、祖父母（44.42%)、外祖父母（38.24%）和兄弟(45.37%)、姐妹（44.42%)；第三顺序为侄子女（26.84%)、外甥子女（26.60%)、伯叔姑舅姨（25.89%)、堂兄弟姐妹（27.32%)；第四顺序为表兄弟姐妹（21.14%）和其他亲属（0.71%)。

2. 配偶与血亲继承人顺序的民众观念情况统计

问题【四、(一）2.】“以下三种法定继承人的范围和顺序，您认为哪一个更为适当?(单选）”

A.	B.	C.
第一顺序：子女	第一顺序：子女	第一顺序：配偶、子女、父母
第二顺序：父母	第二顺序：父母	第二顺序：兄弟姐妹、祖父母、外祖父母

续表

A.	B.	C.
第三顺序：兄弟姐妹、祖父母、外祖父母 兄弟姐妹的子女（侄子女、外甥子女为代位继承人）	第三顺序：兄弟姐妹、祖父母、外祖父母 兄弟姐妹的子女（侄子女、外甥子女为代位继承人）	第三顺序：侄子女、外甥子女
配偶无固定顺序，能够参与第一顺序、第二顺序、第三个顺序的继承	配偶无固定顺序，能够参与第一顺序、第二顺序的继承	配偶有固定顺序，只能参与第一顺序的继承

表 10-18　配偶与血亲继承人顺序的民众观念情况统计（单选）

选项	人数	比例
A. 配偶无固定顺序，可以参与第一、第二、第三顺序继承	79	18.99%
B. 配偶无固定顺序，可以参与第一、第二顺序继承	41	9.86%
C. 配偶与子女、父母同为第一顺序，共同继承	296	71.15%
合计	416	100%

关于配偶与血亲继承人顺序的民众观念，统计数据显示，在填写该问题的 416 名被调查者中，（1）选择 C 项顺序为，第一顺序：配偶、子女、父母；第二顺序：兄弟姐妹，祖父母、外祖父母；第三顺序：侄子女、外甥子女；配偶有固定顺序，其属于第一顺位继承人的，占七成以上（71.15%）。（2）选择 A、B 两项顺序为，第一顺序为子女；第二顺序为父母；第三顺序为兄弟姐妹、祖父母、外祖父母、兄弟姐妹的子女（侄子女、外甥子女为代位继承人）；配偶无固定的继承顺序，可分别与第一、第二（或第三）顺序的法定继承人共同继承的，合计占近三成（28.85%）。

（二）配偶与血亲继承人的法定应继份

问题【四、（二）】“生存配偶与血亲继承人共同继承各取得遗产的份额，您认为以下哪一项更为适当？（单选）”

A. 生存配偶无固定继承顺序	B. 生存配偶无固定继承顺序	C. 生存配偶有固定继承顺序	D. 其他（您认为适当的生存配偶继承份额）
生存配偶与第一顺序的子女共同继承时，其取得遗产的一半，另一半由子女按人数平均继承	生存配偶与第一顺序的子女共同继承时，其取得遗产的一半，另一半由子女按人数平均继承	第一顺序继承人为配偶、子女、父母，共同继承时按人数均分遗产	

续表

A. 生存配偶无固定继承顺序	B. 生存配偶无固定继承顺序	C. 生存配偶有固定继承顺序	D. 其他（您认为适当的生存配偶继承份额）
生存配偶与第二顺序的父母共同继承时，其取得遗产的三分之二，另外三分之一由父母平均继承	生存配偶与第二顺序的父母共同继承时，其取得遗产的三分之二，另外三分之一由父母平均继承	无第一顺序血亲继承人时，生存配偶继承全部遗产	
生存配偶与第三顺序的兄弟姐妹、祖父母和外祖父母共同继承时，其取得遗产的四分之三，另外四分之一由兄弟姐妹、祖父母、外祖父母，按人数平均继承	无第一、第二顺序血亲继承人时，生存配偶继承全部遗产		
无上述三个顺序血亲继承人时，生存配偶取得全部遗产			

表 10-19　配偶与血亲继承人法定应继份的民众观念情况统计（单选）

选项	人数	比例
A. 配偶无固定继承顺序，参与前三顺位的继承并取得不同份额；无上述三个顺序血亲继承人时，配偶取得全部遗产	141	34.39%
B. 配偶无固定继承顺序，参与前二顺位的继承并取得不同份额；无第一、第二顺序血亲继承人时，配偶继承全部遗产	87	21.22%
C. 配偶有固定继承顺序并均分遗产，与第一顺序继承人共同继承	182	44.39%
D. 其他	0	0%
合计	410	100%

关于配偶与血亲继承人的法定应继份的民众观念，统计数据显示，在填写该问题的410名被调查者中，（1）选择A项和B项配偶为无固定继承顺序，可参与第一、第二（或第三）顺序且在不同顺序其应继份不同的，合计占五成半（55.61%）；（2）选择C项配偶为固定顺序的继承人，与第一顺序的继承人共同继承并平均分配遗产的，占近四成半（44.39%）。

（三）配偶对遗产中家庭住房的先取权与终生使用权

1. 配偶对遗产中家庭住房的先取权与终生使用权的民间习惯情况统计

问题【四、（三）1.】“甲乙是夫妻，育有一子丙。甲因病去世时留下的遗产包括：价值50万元的住房一套（原由甲乙夫妻共同居住，丙已结婚分家另过）、价值10万元小汽车一辆和20万元存款。如果上述情况发生在您所在的地区，被继承人甲的妻子乙是否可以优先继承这套房屋（配偶先取权）？A. 是；B. 否。（单选）”

表10-20　配偶对遗产中家庭住房的先取权与终生使用权的民间习惯情况统计（单选）

选项	人数	比例
A. 是	351	84.38%
B. 否	65	15.62%
总计	416	100%

关于配偶对遗产中家庭住房的先取权与终生使用权的民间习惯，统计数据显示，填写该问题的416名被调查者所在地区的习惯是：（1）A项是，即有此习惯的，占近八成半（84.38%）；（2）B项否，即无此习惯的，仅占一成半（15.62%）。

2. 配偶对遗产中家庭住房的先取权与终生使用是否付费的民间习惯情况统计

问题【四、（三）2.】“如果甲的妻子乙可以优先继承这套房屋，但该住房的价值超过其应当继承的遗产份额40万元，在您所在地区是按照下列哪种情况处理的？A. 乙有权继承该住房，且无须向另一法定继承人丙进行补偿；B. 如果乙有经济补偿能力，则应当向另一法定继承人丙适当进行补偿；C. 其他。（单选）”

表10-21　配偶对遗产中家庭住房的先取权与终生使用是否付费的民间习惯情况统计（单选）

选项	人数	比例
A. 乙有权继承该住房，且无须向其他共同应召继承人丙进行补偿	181	43.83%
B. 如果乙有经济补偿能力，则应当向其他共同应召继承人丙适当进行补偿	216	52.30%
C. 其他	16	3.87%
总计	413	100%

关于配偶对遗产中家庭住房的先取与终生使用是否付费的民间习惯，统计数据显示，填写该问题的413名被调查者所在地区的习惯是：（1）B项如果配偶有经济补偿能力则应当补偿费用的，占五成以上（52.30%）；（2）A项配偶无须进行补偿的，占四成以上（43.83%）。

（四）后顺序特殊法定继承人对遗产中原使用的住房及日常生活用品的终生使用权

关于后顺序特殊法定继承人对遗产中原使用的住房及日常生活用品的终生使用权，也可称为后顺序特殊法定继承人对特殊遗产的终生使用权。

1. 后顺序特殊法定继承人对遗产中原使用的住房及日常生活用品的终生使用权的民间习惯情况统计

问题【四、(四) 1.】“某甲死亡时遗留下若干遗产，其中包括一套三室一厅的住房(其中一间房屋一直由某甲的祖父居住)。由于某甲的祖父属于后顺序继承人而不能参加继承，遗产全部由某甲的第一顺序继承人即其配偶及子女等继承。请问：在您所在地区，如果发生了上述情况，有哪些处理方式？甲的祖父对该供其居住的房屋，是否可以继续居住？A. 是；B. 否。(单选)”

表 10-22　后顺序特殊法定继承人对特殊遗产的终生使用权的民间习惯情况统计（单选）

选项	人数	比例
A. 是	350	85. 16%
B. 否	61	14. 84%
总计	411	100%

关于后顺序特殊法定继承人对特殊遗产的终生使用权的民间习惯，统计数据显示，填写该问题的 411 名被调查者所在地区的习惯是：（1）A 项是，即有该习惯的，占八成半(85. 16%)；（2）B 项否，即无此习惯的，占近一成半（14. 84%）。

2. 后顺序特殊法定继承人对遗产中原使用的住房及日常生活用品的终生使用是否付费的民间习惯情况统计

问题【四、(四) 2.】“如果某甲的祖父可以继续居住，是否其可以不交租金？A. 是；B. 否。(单选)”

表 10-23　后顺序特殊法定继承人对特殊遗产的终生使用是否付费的民间习惯情况统计（单选）

选项	人数	比例
A. 是	304	76. 00%
B. 否	96	24. 00%
总计	400	100%

关于后顺序特殊法定继承人对特殊遗产的终生使用是否付费的民间习惯，统计数据显示，填写该问题的 400 名被调查者所在地区的习惯是：（1）A 项是，即无须付费的，占七成半以上（76. 00%）；（2）B 项否，即需要付费的，仅占近二成半（24. 00%）。

3. 后顺序特殊法定继承人对遗产中原使用的住房及日常生活用品的终生使用权之期限的民间习惯情况统计

问题【四、(四) 3.】“如果某甲的祖父可以继续居住，是否可以居住到其死亡时为止（终生使用权）？A. 是；B. 否。(单选)”

表 10-24　后顺序特殊法定继承人对特殊遗产的终生使用权之期限的民间习惯情况统计（单选）

选项	人数	比例
A. 是	306	73.56%
B. 否	110	26.44%
总计	416	100%

关于后顺序特殊法定继承人对特殊遗产的使用权之期限的民间习惯，统计数据显示，填写该问题的 416 名被调查者所在地区的习惯是：（1）A 项是，即有此习惯的，占近七成半（73.56%）；（2）B 项否，即无此习惯的，仅占二成半以上（26.44%）。

（五）尽了主要赡养义务的丧偶儿媳或女婿的遗产分配方式

问题【四、（五）】“村民某甲，老伴因病早年去世，膝下有两个儿子乙和丙。2003 年乙与丁结婚后和某甲共同生活。2012 年 1 月乙因交通事故死亡，但乙的妻子丁仍一直照料公公某甲的晚年生活，直至 2015 年 1 月某甲去世。请问：在您所在的地区，如发生上述情况，因乙的妻子丁对公公某甲尽了主要赡养义务，如何处理某甲的遗产分配问题？A. 丁可以与某甲的二儿子丙共同继承，并且平均分配遗产；B. 丁不能与某甲的二儿子丙共同继承，但其可分得适当的遗产；C. 其他。（单选）”

表 10-25　尽了主要赡养义务的丧偶儿媳或女婿的遗产分配方式的民间习惯之情况统计（单选）

选项	人数	比例
A. 丁可以与某甲的二儿子丙共同继承，并且平均分配遗产	164	46.72%
B. 丁不能与某甲的二儿子丙共同继承，但其可分得适当的遗产	169	48.15%
C. 其他	18	5.13%
合计	351	100%

关于尽了主要赡养义务的丧偶儿媳或女婿的遗产分配方式的民间习惯，统计数据显示，填写该问题的 351 名被调查者所在地区的习惯是：（1）A 项其与被继承人其他子女共同继承并且平均分配遗产的，占四成半以上（46.72%）；（2）B 项其不可与被继承人其他子女共同继承但可分得适当遗产的，占近五成（48.15%）。

五、遗嘱继承之调查数据统计情况

关于遗嘱继承之调查数据统计，我们主要从公证遗嘱与其他形式遗嘱的效力、遗嘱自由的限制——特留份、夫妻共同遗嘱三个方面进行调查数据的统计情况汇总分析。

（一）公证遗嘱与其他形式遗嘱的效力

问题【五、（一）】“退休职工甲有一套个人住房，其于 2011 年 2 月立了一份遗嘱，写明由其妻子乙一人继承该住房，并将该遗嘱进行了公证。后来，甲改变了主意，他重新写了一份遗嘱，写明由其妻子乙和儿子丙共同继承该房屋。2016 年 3 月甲住院病危期间，当着两位医生的面在现场立下口头遗嘱，指定其个人住房由儿子丙继承，两个小时后其抢救无效死亡。请问：您认为，甲的个人住房应该由谁继承？A. 乙；B. 乙和丙；C. 丙。(单选) 其理由是什么？”

1. 公证遗嘱与其他形式遗嘱适用效力的民众观念情况统计

表 10-26　公证遗嘱与其他形式遗嘱适用效力的民众观念情况统计（单选）

选项	人数	比例
A. 乙（公证遗嘱有效）	101	24.22%
B. 乙和丙（后成立的未公证的自书遗嘱有效）	171	41.01%
C. 丙（最后的口头遗嘱有效）	145	34.77%
总计	417	100%

关于公证遗嘱与其他形式遗嘱适用效力的民众观念，统计数据显示，在填写该问题的417名被调查者中，(1) 选择B项和C项后遗嘱应当优先于前一遗嘱（包括公证遗嘱）适用的，合计占七成半（75.78%）；(2) 选择A项公证遗嘱应当优先适用的，占近二成半（24.22%）。

2. 公证遗嘱与其他形式遗嘱适用效力的民众观念之理由情况统计

表 10-27　公证遗嘱与其他形式遗嘱适用效力的民众观念之理由情况统计

项目	人数	比例
A. 公证遗嘱的程序规范，具有较强的公示效力和证明效力	72	37.70%
B. 书面遗嘱（第二份遗嘱）比较正式，容易取证，且其订立在公证遗嘱之后，反映了被继承人的真实意愿	20	10.47%
C. 口头遗嘱形式灵活，且有证人作证，能够反映被继承人最后的真实意愿	80	41.88%
D. 口头遗嘱形式不固定，很难准确、完全地反映被继承人最后的真实意愿，且有被篡改或修改的可能性	19	9.95%
总计	191	100%

关于公证遗嘱与其他形式遗嘱适用效力的民众观念的理由，统计数据显示，在填写该理由的191名被调查者中，(1) 认为后遗嘱应当优先于前一遗嘱（包括公证遗嘱）适用之理由是B项和C项，后遗嘱更能反映遗嘱人最后真实意愿的，合计占五成以上(52.35%)；(2) 认为公证遗嘱应当优先适用之理由是，A项公证遗嘱的程序规范，具有较强的公示公信力和证明效力的，占三成半以上（37.70%）。

(二) 遗嘱自由的限制——特留份

特留份制度是指法律规定遗嘱人不得以遗嘱取消的由特定法定继承人应继承的遗产份额，其实质是通过对特定的法定继承人规定一定的应继承份额来限制遗嘱人处分个人财产的范围，它是对遗嘱自由的限制。

问题【五、(二)】“甲生前立了一份遗嘱，将自己死后遗留下的财产全部赠给他的一个好朋友乙，而他的配偶和子女不能取得甲的任何遗产。请问：您认为甲的这一做法是否适当？A. 适当；B. 不适当；C. 其他。(单选) 其理由是什么？”

1. 以遗嘱将个人遗产全部赠给他人的民众观念之情况统计

表 10-28　以遗嘱将个人遗产全部赠给他人的民众观念之情况统计（单选）

选项	人数	比例
A. 适当	116	27.81%
B. 不适当	292	70.02%
C. 其他	9	2.17%
总计	417	100%

关于以遗嘱将个人遗产全部赠给他人的民众观念，统计数据显示，在填写该问题的 417 名被调查者中，(1) 选择 B 项该行为不适当，即应对遗嘱的自由予以限制的，占七成（70.02%）；(2) 选择 A 项该行为适当，即不应对遗嘱的自由予以限制的，占近三成（27.81%）。

2. 以遗嘱将个人遗产全部赠给他人的民众观念之理由情况统计

表 10-29　以遗嘱将个人遗产全部赠给他人的民众观念之理由情况统计

项目	人数	比例
A. 财产外流，不利于保护继承人利益	65	30.23%
B. 甲有自由处分权	131	60.93%
C. 其他	19	8.84%
总计	215	100%

关于以遗嘱将个人遗产全部赠给他人的民众观念之理由，统计数据显示，在填写该理由的 215 名被调查者中，(1) 认为该行为不适当之理由是，B 项该做法会造成家庭财产外流，不利于保障被继承人的生存配偶及其子女的生活，同时也不符合风俗习惯，为常人难以接受的，占六成（60.93%）；(2) 认为该行为是适当之理由是，A 项被继承人对自己的财产享有自由处分的权利，其他人无权干涉的，占三成（30.23%）。

(三) 夫妻共同遗嘱

所谓共同遗嘱也称合立遗嘱，是指两个人或两个以上的遗嘱共同订立的一份遗嘱，在遗嘱中同时处分共同遗嘱人的各自的或共同的财产。①

① 参见杨立新：《对修正〈继承法〉十个问题的意见》，载《法律适用》2012 年第 8 期。

1. 夫妻共同遗嘱的民众观念与理由情况统计

问题【五、(三) 1.】"甲乙是夫妻，双方在生前共同设立一份遗嘱，对死后的遗产处理进行安排。甲乙双方在遗嘱中约定，不管谁先去世，另一方都不得改变此遗嘱对遗产的处理安排。请问：您是否认同甲乙夫妻双方共同设立遗嘱的此约定？A. 赞同；B. 不赞同。(单选) 其理由是什么？"

(1) 夫妻共同遗嘱的民众观念情况统计。

表 10-30　夫妻共同遗嘱的民众观念情况统计（单选）

选项	人数	比例
A. 赞同	324	77. 14%
B. 不赞同	96	22. 86%
总计	420	100%

关于夫妻共同遗嘱的民众观念，统计数据显示，在 420 名被调查者中，①选择 A 项持赞成态度的，占七成半以上（77. 14%）；②选择 B 项即持不赞同态度的，占二成以上(22. 86%)。

(2) 夫妻共同遗嘱的民众观念之理由情况统计。

表 10-31　夫妻共同遗嘱的民众观念之理由情况统计

项目	人数	比例
A. 夫妻共同设立，反映夫妻共同意愿	152	70. 37%
B. 限制了权利人的处分权	50	23. 15%
C. 共同遗嘱不能很好体现个人意愿	9	4. 17%
D. 效力取决于法律是否规定	3	1. 39%
E. 遗产处理权属于丈夫	2	0. 92%
总计	216	100%

关于夫妻能否设立共同遗嘱的民众观念的理由，统计数据显示，在填写该理由的 216 名被调查者中，①持赞成态度的理由是，A 项该遗嘱反映了双方的共同意愿故应为双方遵守的，占七成（70. 37%）；②持不赞同态度的理由是 B 项和 C 项，该遗嘱无法应对出现的新情况和新问题且限制了双方对各自财产的处分权的，合计占二成半以上（27. 32%）。

2. 夫妻共同遗嘱的民间习惯情况统计

问题【五、(三) 2.】"在您所在地区，有无夫妻共同设立遗嘱的情况发生？A. 有；B. 无。(单选)"

表 10-32　夫妻共同遗嘱的民间习惯情况统计（单选）

选项	人数	比例
A. 有	100	23.75%
B. 无	321	76.25%
总计	421	100%

关于夫妻共同遗嘱的民间习惯，统计数据显示，421 名被调查者填写的所在地区的习惯是：（1）A 项有此习惯的，仅占二成以上（23.75%）；（2）B 项无此习惯的，占七成半以上（76.25%）。

六、继承和遗赠的接受与放弃之调查数据统计情况

关于继承和遗赠的接受与放弃之调查数据统计，我们主要从继承的接受与放弃的时间与方式、遗赠的接受与放弃的方式与效力、继承的放弃与债权人的撤销权三个方面进行调查数据的统计情况汇总分析。

（一）继承的接受与放弃的时间与方式

问题【六、（一）】“对于继承人放弃继承的时间，您认为下列哪一个更为适当？A. 继承人放弃继承的，应在知道继承开始的两个月内作出放弃继承的表示；B. 继承开始后继承人放弃继承的，应当在遗产处理前，作出放弃继承的意思表示。（单选）其理由是什么？在您所在地区的人们是如何确定继承人放弃继承的？”

1. 继承的接受与放弃的时间之民众观念情况统计

表 10-33　继承的接受与放弃的时间之民众观念情况统计（单选）

选项	人数	比例
A. 继承人放弃继承的，应在知道继承开始的两个月内作出放弃继承的意思表示	139	33.90%
B. 继承开始后继承人放弃继承的，应当在遗产处理前，作出放弃继承的意思表示	271	66.10%
总计	410	100%

关于继承的接受与放弃的时间之民众观念，统计数据显示，在填写该问题的 410 名被调查者中，（1）选择 B 项继承人应在遗产处理前作出意思表示的，占近六成半以上（66.10%）；（2）选择 A 项继承人应在知道继承开始的两个月内作出意思表示的，仅占三成以上（33.90%）。

2. 继承的接受与放弃的时间之民众观念之理由情况统计

表 10-34　继承的接受与放弃的时间之民众观念之理由情况统计

项目	人数	比例
A. 两个月的时间较为合适，既能有较充分的时间考虑是否放弃又能督促继承人积极行使权力	15	35.71%
B. 遗产处理前放弃继承，既不影响其他继承人的利益又能保证继承人行使放弃继承的权利	27	64.29%
总计	42	100%

关于继承人放弃继承的时间之民众观念之理由，统计数据显示，在填写该理由的 91 名被调查者中，(1) 认为继承人应在遗产处理前做出放弃继承意思表示之理由是，B 项这样既不影响其他继承人的利益，又能保证继承人行使放弃继承的权利的，占近六成半（64.29%）；(2) 认为继承人应在知道继承开始的两个月内做出放弃继承的表示之理由是，A 项两个月的时间较为合适，可以让继承人有一定的时间去考虑是否放弃继承权，同时又可以督促继承人积极行使权利的，占三成半（35.71%）。

3. 继承的接受与放弃的方式的民间习惯情况统计

表 10-35　继承的接受与放弃的方式的民间习惯情况统计（单选）

选项	人数	比例
A. 口头表示	34	22.82%
B. 书面表示	18	12.08%
C. 口头或书面表示	8	5.37%
D. 明确表示	74	49.66%
E. 法院证明或公证	15	10.07%
总计	149	100%

关于继承的接受与放弃的方式的民间习惯，统计数据显示，填写该问题的 149 名被调查者所在地区的习惯是：(1) 填写 A、B、C 和 D 项，应以明确表示等方式（包括书面和口头等方式）作出的，合计占近九成（89.93%）；(2) 填写 E 项应以法院证明或公证方式作出的，占一成（10.07%）。

（二）遗赠的接受与放弃的方式与效力

问题【六、（二）】"甲生前设立一份遗嘱，其内容为：在甲死后，将一辆小汽车赠给其侄子乙。后来甲去世，乙得知遗嘱的内容后，对此遗赠没有作出任何意思表示，既没有说接受，也没有说放弃。您认为下列哪一项更为适当？A. 乙无权取得该小汽车，乙的行为应该被视为放弃该遗赠；B. 乙有权取得该小汽车，乙的行为应该被视为接受该遗赠。

（单选）其理由各是什么？请问您所在地区的民众是如何接受遗赠的？”

1. 遗赠的接受与放弃的方式与效力的民众观念情况统计

表 10-36　遗赠的接受与放弃的方式与效力的民众观念情况统计（单选）

选项	人数	比例
A. 乙无权取得该小汽车，乙的行为应该被视为放弃该遗赠	117	27.79%
B. 乙有权取得该小汽车，乙的行为应该被视为接受该遗赠	304	72.21%
总计	421	100%

关于遗赠的接受与放弃的方式与效力的民众观念，对于受遗赠人未作表示，统计数据显示，在421名被调查者中，（1）选择B项应认定为接受遗赠的，占七成以上（72.21%）；（2）选择A项应认定为放弃遗赠的，占近三成（27.79%）。

2. 遗赠的接受与放弃的方式与效力的民众观念之理由情况统计

表 10-37　遗赠的接受与放弃的方式与效力的民众观念之理由情况统计

项目	人数	比例
A. 接受遗赠是一种纯获利行为，如其不接受，会作出不接受的意思表示，没有表示即视为接受	23	25.00%
B. 乙有权选择是否接受甲的遗赠，如乙没有表示，就应该视为放弃遗赠，这与现行法规定一致	69	75.00%
总计	92	100%

关于遗赠的接受与放弃的方式与效力的民众观念之理由，在填写该理由的92名被调查者中，（1）认为受遗赠人未作表示应推定为接受遗赠的理由是，A项接受遗赠是一种纯获利行为的，占二成半（25.00%）；（2）受遗赠未作表示应推定为放弃遗赠的理由是，B项这与现行法规定一致，占七成半（75.00%）。

3. 遗赠的接受与放弃的方式与效力的民间习惯情况统计

表 10-38　遗赠的接受与放弃的方式与效力的民间习惯情况统计（单选）

选项	人数	比例
A. 明确表示接受或放弃	65	36.72%
B. 默认接受或放弃	86	48.59%
C. 明示或默认	8	4.52%
D. 经法院认定或公证	5	2.82%
E. 依照遗嘱	12	6.78%

续表

选项	人数	比例
F. 与法定继承人协商	1	0.56%
总计	177	100%

关于遗赠的接受与放弃的方式与效力的民间习惯，统计数据显示，填写该问题的177名被调查者所在地区的习惯是：（1）填写A项和D项，接受遗赠必须以明示方式，而未作表示则视为放弃遗赠的，合计占近四成（39.54%）；（2）填写B项、C项和E项，明示或未作表示即视为接受遗赠的，合计占近六成（59.89%）。

（三）继承的放弃与债权人的撤销权

问题【六、（三）】“甲为乙的父亲，2015年年底，乙因病住院治疗，医治无效去世，留下遗产5万元及房屋一套。此时，甲经营的摩配厂已经负债累累，拖欠工人的工资已有10个月，但他考虑儿媳在其丈夫去世后独自抚养年幼的女儿有经济困难，于是主动提出放弃继承其儿子乙的遗产。甲的债权人却认为甲不应该放弃继承其儿子的遗产，这实际上是逃避债务，侵犯了债权人的利益。为此，甲的债权人起诉至人民法院，要求撤销甲放弃继承儿子乙遗产的行为。您认为下列哪一项更为恰当？A. 甲放弃继承乙遗产的行为，可以被撤销；B. 甲放弃继承乙遗产的行为，不可以被撤销。（单选）”

表10-39 继承的放弃行为能否被债权人撤销的民众观念情况统计（单选）

选项	人数	比例
A. 甲放弃继承乙遗产的行为，可以被撤销	196	46.89%
B. 甲放弃继承乙遗产的行为，不可以被撤销	222	53.11%
合计	418	100%

关于继承的放弃行为能否被债权人撤销的民众观念，统计数据显示，在418名被调查者中，（1）选择B项不可以被撤销的，占五成以上（53.11%）；（2）选择A项可以被撤销的，占四成半以上（46.89%）。

七、继承权的丧失、被继承人的宥恕与代位继承之调查数据统计情况

关于继承权的丧失、被继承人的宥恕与代位继承之调查数据统计，我们主要从继承权的丧失与被继承人的宥恕、继承权的丧失与代位继承两个方面进行调查数据的统计情况汇总分析。

（一）继承权丧失与被继承人的宥恕

问题【七、（一）】“某甲如果以欺诈或者胁迫的手段，迫使或者妨碍其父乙设立、变更或者撤销遗嘱，情节较为严重，但后来其获得乙的原谅。您认为以下哪一种处理更为适当？A. 某甲有资格继承其父遗产；B. 某甲仍然不能继承其父遗产。（单选）

表 10-40　继承权丧失与被继承人的宥恕的民众观念情况统计（单选）

选项	人数	比例
A. 某甲有资格继承其父遗产	273	65.63%
B. 某甲仍然不能继承其父遗产	143	34.37%
合计	416	100%

关于继承权丧失与被继承人的宥恕的民众观念，即因欺诈、胁迫行为丧失继承权的，如获得被继承人谅解其继承权是否可以恢复，统计数据显示，在 416 名被调查者中，（1）选择 A 项可以恢复的，占六成半（65.63%），（2）选择 B 项不可以恢复的，占近三成半（34.37%）。

（二）继承权的丧失与代位继承

问题【七、（二）】“村民甲死亡后，其子乙因实施伪造遗嘱的行为导致丧失了对其父甲的继承权，乙的儿子丙能否代替其父亲乙去继承祖父甲的遗产？您认为以下哪一种处理更为适当？A. 丙能够代替其父亲乙继承祖父甲遗产；B. 丙不能代替其父亲乙继承祖父甲遗产。（单选）请问：您所在地区的人们是如何处理此情况的？理由是什么？”

1. 继承权丧失的效力是否及于代位继承人的民众观念情况统计

表 10-41　继承权丧失的效力是否及于代位继承人的民众观念情况统计（单选）

选项	人数	比例
A. 丙能够代替其父亲乙继承祖父甲遗产	206	49.76%
B. 丙不能代替其父亲乙继承祖父甲遗产	208	50.24%
总计	414	100%

关于继承权丧失的效力是否及于代位继承人的民众观念，对于被代位人丧失继承权后是否可以代位继承，统计数据显示，在 414 名被调查者中，（1）选择 B 项认为不可以代位继承的，占五成（50.24%）；（2）选择 A 项认为可以代位继承的，占近五成（49.76%）。

2. 继承权丧失的效力是否及于代位继承人的民众观念之理由情况统计

表 10-42　继承权丧失的效力是否及于代位继承人的民众观念之理由情况统计

项目	人数	比例
A. 因为乙已经丧失继承权，导致丙代替乙继承的前提丧失，所以丙不能代替乙继承甲的遗产	54	64.28%
B. 丙作为独立的民事主体，可以孙子的身份来继承祖父甲的遗产，与乙丧失继承权没有关系	30	35.72%
总计	84	100%

关于继承权丧失后其代位继承人可否代位继承的民众观念之理由，对于被代位人丧失继承权后是否可以代位继承，统计数据显示，在填写该理由的84名被调查者中，（1）认为不可以代位继承的理由是，A项继承人丧失继承权将导致其晚辈直系血亲代位继承的前提消失的，占近六成半（64.28%）；（2）认为可以代位继承的理由是，B项晚辈直系血亲是独立的民事主体，可以孙子女的身份进行继承，与继承人丧失继承权没有关系的，合计占三成半（35.72%）。

3. 继承权丧失的效力是否及于代位继承人的民间习惯情况统计

表10-43　继承权丧失的效力是否及于代位继承人的民间习惯情况统计（单选）

选项	人数	比例
A. 丙能代替其父亲继承祖父甲遗产	93	60.78%
B. 丙不能代替其父亲继承祖父甲遗产	54	35.29%
C. 协商解决	6	3.92%
总计	153	100%

关于继承权丧失的效力是否及于代位继承人的民间习惯，对于被代位人丧失继承权后是否可以代位继承，统计数据显示，填写该问题的153名被调查者所在地区的习惯是：（1）A项和C项，可以代位继承的，合计占近六成半（64.70%）；（2）B项不可以代位继承的，占三成半（35.29%）。

八、继承协议之调查数据统计情况

必须说明，本节研究的对象是狭义的继承协议（又称继承扶养协议），是被继承人与继承人之间，就扶养与继承事项签订的协议。关于继承协议之调查数据统计，我们主要从继承协议的订立主体与方式、继承协议的变更方式及效力两个方面进行调查数据的统计情况汇总分析。

（一）继承协议的订立主体与方式

1. 继承协议的订立主体与方式的民众观念与理由情况统计

问题【八、（一）1.】“王某，现年70岁，有长子王一，次女王二，两个子女均已成家且分家另过。王某的老伴因患癌症花费了大量医药费后去世，老夫妻的共同财产现所剩无几，仅有郊区的一套住房是王某个人财产。虽然王某退休金不多，但身体没有大病，基本生活还是能够维持的。由于长子王一长期在外地工作，为解决父亲王某的养老送终问题，您认为，以下三种做法哪些较为妥当？A. 父亲王某与次女王二，双方协商并签订协议，由次女王二一人承担赡养父亲王某的义务，王某的全部遗产指定由王二继承。B. 父亲王某与子女王一、王二，三人协商并签订协议，由次女王二一人承担赡养父亲王某的义务，王某的全部遗产商定由王二继承；王一放弃对父亲王某遗产的继承权。C. 子女王一与王二，两人协商并签订协议，由次女王二一人承担赡养父亲王某的义务，王某的全部遗产商定由王二继承；王一放弃对父亲王某遗产的继承权。（单选）理由是什么？”

（1）继承协议的订立主体与方式的民众观念情况统计。

表 10-44　继承协议的订立主体与方式的民众观念情况统计（单选）

选项	人数	比例
A. 父亲王某与次女王二协商一致即可签订协议（第一种方式）	47	17.47%
B. 父亲王某需与全部继承人协商，共同签订协议（第二种方式）	169	62.83%
C. 共同继承人间签订协议而无须被继承人知晓或同意（第三种方式）	53	19.70%
合计	269	100%

关于继承协议的订立主体与方式的民众观念，统计数据显示，在填写该问题的 269 名被调查者中，对于继承协议的订立，①选择 B 项由被继承人与全体法定继承人共同订立的，占六成以上（62.83%）；②选择 A 项由被继承人与扶养义务人共同签订的，占一成半以上（17.47%）；③选择 C 项由共同继承人之间签订而无须被继承人知晓或同意的，占近二成（19.70%）。

（2）继承协议的订立主体与方式的民众观念之理由情况统计。

表 10-45　继承协议的订立主体与方式的民众观念之理由情况统计

项目	人数	比例
A. 尽了主要的赡养义务	36	30.25%
B. 尊重共同继承人之间的协议	65	54.62%
C. 考虑周全	18	15.13%
合计	119	100%

关于继承协议的订立主体与方式的民众观念之理由，统计数据显示，在填写该理由的 119 名被调查者中，①认可继承协议应由被继承人和全体法定继承人共同订立的理由是，B 项可以尊重共同继承人之间的协议约定的，占近五成半（54.62%）；②认可继承协议应由被扶养人与扶养义务人共同签订的理由是，A 项扶养人才是尽了主要赡养义务的主体，即其与被扶养人才是继承协议的双方当事人，占三成（30.25%）。

2. 继承协议的民间习惯情况统计

问题【八、（一）2.】“您过去是否听说或者经历过有以上类似的情况？A. 听说过或经历过；B. 从没听说或经历过以上情况。（单选）在听说过或经历过签订继承协议的人中，听说过经历过的方式是哪一种？A. 第一种方式；B. 第二种方式；C. 第三种方式。（多选）”

（1）继承协议的民间习惯情况统计。

表 10-46　继承协议的民间习惯情况统计（单选）

选项	人数	比例
A. 听说过或经历过	217	51.54%
B. 从没听说或经历过以上情况	204	48.46%
合计	421	100%

关于继承协议的民间习惯，对于签订继承协议，统计数据显示，421 名被调查者填写的所在地区的习惯是：①A 项即听说过或经历过的，占五成以上（51.54%）；②B 项没有听说或经历过的，占近五成（48.46%）。

（2）听说过或经历过签订继承协议的方式之民间习惯的情况统计。

表 10-47　听说过或经历过签订继承协议的方式之民间习惯情况统计（多选）

选项	人数	比例
A. 第一种方式	42	20.89%
B. 第二种方式	104	51.74%
C. 第三种方式	55	27.37%

关于听说过或经历过签订继承协议的方式之民间习惯，对于继承协议的订立方式，统计数据显示，填写该问题的 201 名被调查者所在地区的习惯是：①B 项由被继承人与全体法定继承人共同订立的，占五成以上（51.74%）；②C 项由共同继承人之间签订而无须受扶养人参与的，占二成半以上（27.37%）；③A 项由被扶养人与扶养义务人共同签订的，占二成（20.89%）。

（二）继承协议的变更方式与效力

问题【八、(二)】"王某，现年 70 岁，有长子王一，次女王二，三子王三，三个子女均已成家且分家另过。王某的老伴因患癌症花费了大量医疗费后去世，现有郊区的一套住房是王某个人财产，市场价约为 30 万元，王某有少量退休金。王某与王二协商并签订继承协议，由王二主要赡养父亲王某，王某的所有遗产由王二继承。协议签订后，王二全家与父亲王某共同生活了五年，后王二因意外交通事故死亡。王二全家在与王某共同生活的期间已为王某花费生活费、医疗费等扶养费共 9 万元。为解决王某的养老，您同意下列哪一做法？A. 王二的儿子有继续扶养外祖父王某的能力，王某也愿意与王二的儿子共同生活，应当由王二的儿子继续履行扶养义务，并继承王某的全部遗产。B. 王一、王三共同补偿王二家人 6 万元扶养费后（另有 3 万元扶养费应当由王二承担的），如果王一与父亲王某签订新的继承协议，并与王某共同生活一直扶养至其去世，就由王一继承王某的全部遗产。C. 对王二已经支付的扶养费不予补偿，如果王一与父亲王某签订新的继承协议，并与王某共同生活一直扶养至其去世，就由王一继承王某的全部遗产。D. 王一、王三共同补偿王二家人 6 万元扶养费后，由两人共同扶养父亲王某。E. 其他。（单选）您做出以上选择的理由是什么？"

1. 继承协议的变更方式与效力的民众观念情况统计

表 10-48 继承协议的变更方式与效力的民众观念情况统计（单选）

选项	人数	比例
A. 原扶养人的子女有扶养能力，在双方自愿的情况下，可由原扶养的子女继续扶养被扶养人，并继承全部遗产	158	37.62%
B. 原签订的继承协议效力终止，补偿原扶养人一定费用后，由某一有扶养能力的法定继承人，在双方自愿的情况下签订新协议，继续扶养被扶养人，并继承遗产	117	27.86%
C. 原签订的继承协议效力终止，对原扶养人无须补偿，应由某一有扶养能力的法定继承人与被扶养人，在双方自愿的情况下签订新协议，继续扶养被扶养人并继承全部遗产	44	10.48%
D. 原签订的继承协议效力终止，补偿原扶养人一定费用后，应由有扶养能力的全体法定继承人共同依法对被扶养人尽扶养义务，并依法定继承取得遗产	96	22.86%
E. 其他	5	1.19%
合计	420	100%

关于继承协议的变更方式与效力的民众观念，即在继承协议的履行中，如扶养人先于被扶养人去世，被调查者对于该协议的变更方式与效力的认识，统计数据显示，在 420 名被调查者中，（1）选择 A 项，认为该协议可有条件继续履行，如原扶养人的子女有扶养能力的，在原扶养人的子女和被扶养人双方同意的情况下，可由原扶养人的子女继续履行该继承协议的，此即代位扶养的，占三成半以上（37.62%）；（2）选择 B 项和 C 项，认为该协议终止，须签订新的继承协议，由新的扶养人履行扶养义务并继承遗产的，合计占近四成（38.34%），其中，B 项认为需要对原扶养人的继承人补偿超过其扶养义务部分费用的，占近三成（27.86%），C 项认为不需要对原扶养人的继承人补偿超过其扶养义务部分费用的，占一成（10.48%）；（3）选择 D 项，认为该协议终止，应补偿原扶养人的继承人补偿超过其扶养义务部分费用后，由所有法定继承人共同扶养的，即实行法定赡养的，占二成以上（22.86%）。可见，海南省被调查者对于该协议终止且应重新签订继承协议的认可度最高，合计占近四成。

2. 继承协议的变更方式与效力的民众观念之理由情况统计

表 10-49 继承协议的变更方式与效力的民众观念之理由情况统计

项目	人数	比例
A. 由王二的儿子继续抚养王某，可以使继承协议继续履行，避免产生不必要的纠纷，有利于维持被扶养人一贯的生活方式而安享晚年	10	8.33%

续表

项目	人数	比例
B. 赡养王某是王一和王三的法定义务，根据公平原则，王一、王三应当补偿王二家人6万元	42	35.00%
C. 子女有赡养父母的义务，应当由大家共同赡养	47	39.17%
D. 应按照老人意愿协商解决	21	17.50%

关于继承协议的变更方式与效力的民众观念之理由，即在继承协议履行过程中，如扶养人先于被扶养人去世，统计数据显示，在填写该理由的120名被调查者中，（1）认为继承协议终止后，应由全体继承人共同赡养的理由是，C项子女有赡养父母的法定义务，应当由大家共同赡养的，占近四成（39.17%）；（2）认为该继承协议因扶养人死亡已终止，被扶养人的其他法定扶养义务人对已去世的扶养人支付的超出其法定扶养义务的扶养费进行合理补偿的理由是，B项基于公平原则的，占三成半（35.00%）；（3）认为无论是否重新签订协议应按照老人意愿处理的理由是，D项继承协议事关被扶养人的切身利益，理应按照被扶养人的意愿协商解决的，占一成半以上（17.50%）；（4）认为如原扶养人的子女有扶养能力的，在原扶养人的子女和被扶养人双方同意的情况下，可由原扶养人的子女继续履行该继承协议的理由是，A项这样可以避免产生不必要的纠纷，有利于维持被扶养人一贯的生活方式而安享晚年的，占不到一成（8.33%）。

九、遗产债务清偿之调查数据统计情况

关于遗产债务清偿之调查数据统计，我们主要从遗产债务清偿责任的类型、被继承人丧葬费的支付、遗产债务的清偿顺序三个方面进行调查数据的统计情况汇总分析。

（一）遗产债务清偿责任的类型

问题【九、（一）】“对于‘继承遗产，应当清偿被继承人的债务’，您是怎么理解的？A. 对被继承人的生前所有债务，继承人都应当予以偿还；B. 对被继承人的生前所有债务，继承人应先用所有遗产偿还债务，不足部分由继承人以个人财产偿还；C. 对被继承人的生前所有债务，继承人只以继承的遗产为限予以偿还；D. 对被继承人的生前所有债务，继承人如果存在转移遗产、隐瞒遗产的情形，则其应当负责以遗产和其个人财产偿还所有的债务。（多选）您所在的地区，人们遇到继承人有转移遗产、隐瞒遗产的情况时，一般是如何处理的？理由是什么？”

1. 继承人清偿遗产债务责任类型的民众观念情况统计

表10-50 继承人清偿遗产债务责任类型的民众观念情况统计（多选）

选项	人数	比例
A. 对被继承人的生前所有债务，继承人都应当予以偿还	178	42.28%

续表

选项	人数	比例
B. 对被继承人的生前所有债务，继承人应先用所有遗产偿还债务，不足部分由继承人以个人财产偿还	160	38.00%
C. 对被继承人的生前所有债务，继承人只以继承的遗产为限予以偿还	247	58.67%
D. 对被继承人的生前所有债务，继承人如果存在转移遗产、隐瞒遗产的情形，则其应当负责以遗产和其个人财产偿还所有的债务	180	42.76%

关于继承人清偿遗产债务责任类型的民众观念，统计数据显示，在421名被调查者中，（1）选择A项和B项，认为继承人应承担自愿的无限清偿责任的，合计占八成（80.28%）；（2）选择C项，认为继承人只以继承的遗产承担有限清偿责任的，占近六成（58.67%）；（3）选择D项，认为继承人如有侵害遗产的行为应承担强制的无限清偿责任的，占四成以上（42.76%）。

2. 继承人侵害遗产的法律责任的民间习惯情况统计

表10-51　继承人侵害遗产的法律责任的民间习惯情况统计（单选）

选项	人数	比例
A. 禁止此继承人继承遗产	2	10.00%
B. 债务全由此继承人承担	11	55.00%
C. 此继承人少分遗产	2	10.00%
D. 到法院起诉	5	25.00%
合计	20	100%

关于继承人侵害遗产的法律责任的民间习惯，即继承人有转移遗产、隐瞒遗产的应如何处理，统计数据显示，填写该问题的20名被调查者所在地区的习惯是：（1）B项该继承人应对遗产债务承担无限清偿责任的，占五成半（55.00%），理由是为了保护其他继承人的利益；（2）A项和C项该继承人应不分或少分遗产的，合计占二成（20.00%），理由是该继承人主观恶性大应予惩戒；（3）D项应起诉由法院处理的，占二成半（25.00%）。

（二）被继承人丧葬费的支付

问题【九、（二）】"在您所在地区，死者的丧葬费一般是如何支付的？A. 由全体继承人共同支付；B. 从被继承人的遗产中支付；C. 其他。（单选）"

表 10-52　被继承人丧葬费支付的民间习惯情况统计（单选）

选项	人数	比例
A. 全体继承人共同支付	280	66.51%
B. 从被继承人遗产中支付	106	25.18%
C. 其他	35	8.31%
总计	421	100%

关于被继承人丧葬费支付的民间习惯，统计数据显示，421 名被调查者填写的所在地区的民间习惯是：（1）A 项由全体继承人共同支付的，占六成半以上（66.51%）；（2）B 项从被继承人的遗产中支付的，占二成半（25.18%）。

（三）遗产债务的清偿顺序

问题【九、（三）】“在您所在地区，对被继承人死亡后遗留的以下费用，一般是按照哪种先后顺序进行清偿的？（1）对民间习惯的处理方式；（2）您认为，按照哪种先后顺序进行清偿比较合理？（多选）”

A. 丧葬费用	D. 欠付的工资	G. 对被继承人扶养较多的人之酌情分配遗产份额
B. 遗产管理等费用	E. 受被继承人扶养人的生活费	H. 遗赠扶养协议写明遗赠的遗产
C. 欠债	F. 税款	

1. 遗产债务清偿顺序的民间习惯情况统计

表 10-53　遗产债务清偿顺序的民间习惯情况统计（多选）

费用	第一顺序		第二顺序		第三顺序		第四顺序		第五顺序		第六顺序		第七顺序		第八顺序	
	人数	比例%	人数	比例%	人数	比例%	人数	比例%	人数	比例%	人数	比例%	人数	比例%	人数	比例%
A.	267	63.4	14	3.3	8	1.9	15	3.6	6	1.4	3	0.7	1	0.2	5	1.2
B.	10	2.4	94	22.3	20	4.8	20	4.8	21	5.0	11	2.6	12	2.9	8	1.9
C.	42	10.0	66	15.7	91	21.6	28	6.7	22	5.2	12	2.9	6	1.4	1	0.2
D.	17	4.0	95	22.6	57	13.5	66	15.7	11	2.6	7	1.7	4	1.0	2	0.5
E.	7	1.7	33	7.8	32	7.6	31	7.4	33	7.8	26	6.2	13	3.1	11	2.6
F.	16	3.8	12	2.9	21	5.0	31	7.4	25	5.9	6	1.4	7	1.7	14	3.3
G.	11	2.6	16	3.8	24	5.7	26	6.2	24	5.7	31	7.4	25	5.9	32	7.6
H.	4	1.0	21	5.0	24	5.7	15	3.6	25	5.9	25	5.9	26	6.2	19	4.5

关于遗产债务清偿顺序的民间习惯，各顺序以被调查者选择占比最高的作为统计依据，421 名被调查者填写的所在地区的遗产债务清偿顺序的习惯是：（1）第一顺序“A. 丧葬费用”（占 63.4%）；（2）第二顺序“B. 遗产管理等费用”（占 22.30%）和“D. 欠付

的工资”（占 22.6%）；（3）第三顺序“C. 欠债”（占 21.60%）；（4）第四顺序“F. 税款”（占 7.4%）；（5）第五顺序“E. 受被继承人扶养人的生活费”（占 7.8%）；（6）第六顺序“H. 遗赠扶养协议写明遗赠的遗产”（占 6.2%）；（7）第七顺序“G. 对被继承人扶养较多的人之酌情分配遗产份额”（占 7.6%）。（备注：因统计表中第六顺序的选项轮空，故第七顺序和第八顺序依次上升一个顺序，分别为第六顺序和第七顺序）

2. 遗产债务清偿顺序的民众观念情况统计

表 10-54　遗产债务清偿顺序的民众观念情况统计（多选）

费用	第一顺序		第二顺序		第三顺序		第四顺序		第五顺序		第六顺序		第七顺序		第八顺序	
	人数	比例%	人数	比例%	人数	比例%	人数	比例%	人数	比例%	人数	比例%	人数	比例%	人数	比例%
A.	230	54.6	22	5.2	24	5.7	45	10.7	15	3.6	7	1.7	11	2.6	4	1.0
B.	18	4.3	91	21.6	35	8.3	46	10.9	77	13.1	31	5.3	17	4.0	13	3.1
C.	43	10.2	56	13.3	93	22.1	77	18.3	45	10.7	22	5.2	7	1.7	2	0.5
D.	23	5.5	95	22.6	67	15.9	75	17.8	39	9.3	18	4.3	11	2.6	4	1.0
E.	12	2.9	27	6.4	45	10.7	60	14.3	78	18.5	60	14.3	10	2.4	8	1.9
F.	40	9.5	35	8.3	56	13.3	46	10.9	30	7.1	35	8.3	12	2.9	23	5.5
G.	11	2.6	22	5.2	19	4.5	24	5.7	40	9.5	56	13.3	55	13.1	34	8.1
H.	14	3.3	16	3.8	23	5.5	30	7.1	40	9.5	56	13.3	70	16.6	52	12.4

关于遗产债务清偿顺序的民众观念，各顺序以被调查者选择占比最高作为统计依据，421 名被调查者观念中的遗产债务清偿顺序如下：（1）第一顺序“A. 丧葬费用”（占 54.60%）；（2）第二顺序“B. 遗产管理等费用”（占 21.60%）和“D. 欠付的工资”（占 22.60%）；（3）第三顺序“C. 欠债”（占 22.10%）和“F. 税款”（占 13.30%）；（4）第四顺序“E. 受被继承人扶养人的生活费”（占 18.5%）；（5）第五顺序“G. 对被继承人扶养较多的人之酌情分配遗产份额”（占 13.30%）和“H. 遗赠扶养协议写明遗赠的遗产”（占 13.30%）。

十、遗产分割之调查数据统计情况

关于遗产分割之调查数据统计，我们主要从遗产分割的自由与限制、遗产分割瑕疵的担保责任两个方面进行调查数据的统计情况汇总分析。

（一）遗产分割的自由与限制

问题【十、（一）1.】“按您当地的民间习惯，一般如何开始分割遗产？A. 由各继承人共同协商后进行分割；B. 只要有继承人要求分割遗产，就得进行分割；C. 对于被继承人以遗嘱禁止分割的遗产，不得进行分割；D. 其他。（多选）理由是什么？”

1. 遗产分割自由与限制的民间习惯与理由情况统计

（1）遗产分割自由与限制的民间习惯情况统计。

表 10-55 遗产分割自由与限制的民间习惯情况统计（多选）

选项	人数	比例
A. 由各继承人共同协商后进行分割	325	77.20%
B. 只要有继承人要求分割遗产，就得进行分割	84	19.95%
C. 对于被继承人以遗嘱禁止分割的遗产，不得进行分割	199	47.27%
D. 其他	31	7.36%

关于遗产分割自由与限制的民间习惯，统计数据显示，填写该问题的421名被调查者所在地区的习惯是：①A项由各继承人共同协商后进行遗产分割的，占七成半以上（77.2%）；②C项当被继承人以遗嘱禁止分割遗产而习惯上不分割遗产的，占四成半以上（47.27%）；③B项只要有继承人要求分割遗产就得进行分割的，占近二成（19.95%）。

（2）遗产分割自由与限制的民间习惯之理由情况统计。

表 10-56 遗产分割自由与限制的民间习惯之理由情况统计

项目	人数	比例
A. 遗产由各继承人共同继承，遗产分割涉及各继承人的利益，故遗产的分割应共同协商	57	50.00%
B. 每位继承人享有的继承权受法律保护，同时基于效率原则考虑，故继承开始后，基于继承人的要求就可以分割遗产	20	17.54%
C. 遗产是被继承人死亡时遗留下来的个人财产，其当然有权通过遗嘱决定遗产的归属和分割	37	32.46%
总计	114	100%

关于遗产分割自由与限制的民间习惯之理由，统计数据显示，在填写该理由的114名被调查者中，①遗产的分割应当由各遗产继承人共同协商的理由是，A项遗产由各继承人共同继承，遗产分割涉及各继承人的利益的，占五成（50.00%）；②遗嘱人有权通过遗嘱禁止分割遗产的理由是，C项遗产是被继承人死亡时遗留下来的个人财产，其有权自由处分包括一定期限内禁止分割的，占三成以上（32.46%）；③只要有继承人要求分割遗产就得进行分割的理由是，B项每位继承人享有的继承权受法律保护，同时基于效率原则考虑的，占一成半以上（17.54%）。

2. 提出遗产分割请求时间的民间习惯与理由情况统计

问题【十、(一) 2.】“老王去世时留有一套家庭居住的房屋（价值50万元）、存款20万元以及小汽车一辆（价值10万元）。老王去世时，其配偶和唯一的儿子小王均在世。请问：如果在您所在的地区，老王去世后，其儿子小王是否会马上向其母亲提出分割遗产的请求？A. 会；B. 不会；C. 会提出分割其他遗产的请求，但对其母正在居住的房屋的分割需等其母去世后进行；D. 其他。（单选）理由是什么？”

（1）提出遗产分割请求时间的民间习惯情况统计。

表 10-57 提出遗产分割请求时间的民间习惯情况统计（单选）

选项	人数	比例
A. 会	74	17.58%
B. 不会	279	66.27%
C. 会提出分割其他遗产的请求，但对其母正在居住的房屋的分割需等其母去世后进行	55	13.06%
D. 其他	13	3.09%
总计	421	100%

关于提出遗产分割请求的时间的民间习惯，即当被继承人死亡后，其子女继承人是否可以向其母亲（即被继承人的生存配偶）提出分割遗产请求，统计数据显示，421 名被调查者填写的所在地区的习惯是：①B 项不可以提出遗产分割请求的，占六成半以上（66.27%）；②A 项和 C 项可以提出遗产分割请求的，合计占三成（30.64%）。

（2）提出遗产分割请求时间的民间习惯之理由情况统计。

表 10-58 提出遗产分割请求时间的民间习惯之理由情况统计

项目	人数	比例
A. 遗产是由小王及其母亲共同继承的，继承开始后，小王有权根据法律规定提出遗产分割的请求，并且有利于防止日后发生不必要的纠纷	13	12.62%
B. 根据当地观念，小王父亲的遗产就应该由其母亲全部继承，故小王不能向其母亲提出遗产分割的请求，如果提出会被视作不孝敬老人的表现	64	62.14%
C. 体现孝敬老人，保证老人的晚年生活，小王可以提出分割其他遗产，但对其母正在居住房屋的分割需等其母去世后进行	14	13.59%
D. 尊重双方协商结果	12	11.65%
总计	103	100%

关于提出遗产分割请求时间的民间习惯之理由，即当被继承人死亡后，关于其子女可否与母亲提出分割遗产的理由，统计数据显示，填写该理由的 103 名被调查者所在地区，①认为不可以提出遗产分割请求之习惯的理由是，B 项根据当地观念，被继承人的遗产应由其生存配偶全部继承，故其子女不能向母亲提出遗产分割的请求，如果提出会被视作不孝敬老人的表现的，占六成以上（62.14%）；②认为可以提出遗产分割请求之习惯的，

分为两种民间习惯：其一，可有条件地提出遗产分割，即其子女不可分割母亲正在居住的房屋但可提出分割其他遗产的理由是，C 项体现孝敬老人，保证老人的晚年生活，占一成以上（13.59%）；其二，可无条件地提出遗产分割的理由是，A 项符合法律规定并且有利于防止日后发生不必要的纠纷的，占一成以上（12.62%）。

3. 遗嘱可否限制遗产分割的民众观念情况统计

（1）遗嘱可否限制遗产分割的的民众观念情况统计。

问题【十、（一）3.（1）】“甲乙是夫妻，育有一子丙。甲系个体工商户，他生前立了一份遗嘱，指定由乙和丙共同继承遗产，但其死后遗产中的商铺门面房和家庭住房在 20 年内不能进行分割。甲死亡时留下的遗产有：商铺门面房一间（价值 100 万元）；一套三室一厅的家庭住房（价值 50 万元）、存款 20 万元以及小汽车一辆（价值 10 万元）。您认为，甲是否可以在遗嘱中写明在其死后上述商铺门面房和住房在一定期间内不能进行分割？A. 可以；B. 不可以。（单选）”

表 10-59　遗嘱可否限制遗产分割的民众观念情况统计（单选）

选项	人数	比例
A. 可以	153	36.78%
B. 不可以	263	63.22%
总计	416	100%

关于遗嘱可否限制遗产分割的民众观念，统计数据显示，在填写该问题的 416 名被调查者中，①选择 A 项可以的，占六成以上（63.22%）；②选择 B 项不可以的，占三成半以上（36.78%）。

（2）遗嘱限制遗产分割之具体期限的民众观念情况统计。

问题【十、（一）3.（2）】“在上题中，如果您选择 A 项，那么该期限多久合适？A. 5 年；B. 10 年；C. 15 年；D 其他。（单选）”

表 10-60　遗嘱限制遗产分割之具体期限的民众观念情况统计（单选）

选项	人数	比例
A. 5 年	62	40.52%
B. 10 年	55	35.95%
C. 15 年	18	11.76%
D. 其他	16	10.46%
合计	153	100%

关于遗嘱限制遗产分割之具体期限的民众观念，统计数据显示，在填写该问题的 153 名被调查者中，①选择 A 项 5 年之内的，占四成（40.52%）；②选择 B 项 10 年之内的，占三成半（35.95%）；③选择 C 项 15 年之内的，占一成以上（11.76%）。

（3）继承人协商能否变更遗嘱限制的民间习惯情况统计。

问题【十、（一）3.（3）】“在您所在地区，如果乙和丙一致同意分割上述财产，那么，他们是否可以不遵守甲的遗嘱在一定期限内禁止分割上述房产的规定而进行分割？A. 可以不遵守遗嘱；B. 不可以不遵守遗嘱。（单选）”

表 10-61　继承人协商能否变更遗嘱限制的民间习惯情况统计（单选）

选项	人数	比例
A. 可以不遵守遗嘱	153	36. 78%
B. 不可以不遵守遗嘱	263	63. 22%
合计	416	100%

关于继承人协商能否变更遗嘱限制的民间习惯，即对于遗嘱对遗产分割的限制是否可以不遵守，统计数据显示，填写该问题的 416 名被调查者所在地区的习惯是：①A 项可以不遵守的，占三成半以上（36. 78%）；②B 项不可以不遵守的，占六成以上（63. 22%）。

（二）遗产分割瑕疵的担保责任

问题【十、（二）】“村民老王于 2016 年 12 月 10 日因病去世，死亡时留有 50 只羊。老王有两个儿子甲和乙，故老王死后，甲、乙各分得 25 只羊。但在双方分完羊两天之后，乙分得的 25 只羊中就有 2 只暴病死亡，这 2 只羊的死亡原因是在兄弟俩分割前就已经得了羊痘（一种急性传染病）。请问：在您所在地区，如果出现此种情况时，这 2 只羊死亡的损失应该由谁承担？A. 由乙自行承担，羊群已分配完毕，乙分到了 2 只病羊，应该自认倒霉；B. 由甲和乙共同承担，甲应再分给乙 1 只羊或按照 1 只羊的价格进行补偿；C. 甲按 1 只羊的价格进行补偿，但乙承担大部分损失，甲承担小部分损失；D. 其他。（单选）其理由是什么？”

1. 遗产分割瑕疵的担保责任的民间习惯情况统计

表 10-62　遗产分割瑕疵的担保责任的民间习惯情况统计（单选）

选项	人数	比例
A. 由乙自行承担，羊群已分配完毕，乙分到了 2 只病羊，应该自认倒霉	168	40. 19%
B. 由甲和乙共同承担，甲应再分给乙 1 只羊或按照 1 只羊的价格进行补偿	172	41. 15%
C. 甲按 1 只羊的价格进行补偿，但乙承担大部分损失，甲承担小部分损失	76	18. 18%
D. 其他	2	0. 48%
总计	418	100%

关于遗产分割瑕疵担保责任的民间习惯，对于遗产分割的瑕疵，统计数据显示，填写该问题的418名被调查者所在地区的民间习惯是：（1）B项和C项由共同继承人相互承担的，合计占近六成（59.33%）；（2）A项由分得瑕疵遗产的继承人自行承担，即继承人间不相互承担遗产分割瑕疵担保责任的，占四成（40.19%）。

2. 遗产分割瑕疵的担保责任的民间习惯之理由情况统计

表10-63 遗产分割瑕疵的担保责任的民间习惯之理由情况统计

项目	人数	比例
A. 乙分得的25只羊是随机分配的，事先甲乙两人都不知道，因此，对于2只病羊的损失，与甲无关，只能由乙自己承担	118	54.88%
B. 50只羊是由甲和乙共同继承的，对于2只病羊的损失也应该由甲和乙共同承担；如果让乙一个人承担，则有悖公平原则	73	33.95%
C. 其他理由	24	9.80%
总计	215	100%

关于遗产分割瑕疵的担保责任的民间习惯之理由，统计数据显示，在填写该理由的215名被调查者中，（1）由共同继承人相互承担的理由是，A项如果让分得瑕疵遗产的继承人一个人承担有悖公平原则的，占近五成半（54.88%）；（2）由分得瑕疵遗产的继承人自行承担，即继承人之间不相互承担遗产分割瑕疵担保责任的理由是，B项被继承人分得瑕疵遗产是随机分配的，事先所有继承人都不知晓，因此只能由分得瑕疵遗产的继承人自行承担责任，占三成以上（33.95%）。

十一、无人承受遗产之调查数据统计情况

关于无人承受遗产之调查数据统计，我们主要从无人承受遗产归属和无人承受遗产的处理两个方面进行调查数据的统计情况汇总分析。

（一）无人承受遗产的归属

1. 城镇居民无人承受遗产的归属主体的民众观念与理由情况

问题【十一、（一）1.】“甲生前系城镇居民，其生前未婚且无其他继承人，其死后留下部分遗产，属于无人承受的遗产。您认为甲的遗产归属于下列哪一主体更合适？A. 国家；B. 死者生前所在地的国库；C. 死者生前所在地民政部门的社会福利机构；D. 死者生前所在地的居委会；E. 不是继承人的其他亲属；F. 其他（您认为更合适的归属主体）。（单选）理由是什么？”

（1）城镇居民无人承受遗产的归属主体的民众观念情况统计。

表 10-64　城镇居民无人承受遗产的归属主体的民众观念情况统计（单选）

选项	人数	比例
A. 国家	131	32.11%
B. 死者生前所在地的国库	38	9.31%
C. 死者生前所在地民政部门的社会福利机构	82	20.10%
D. 死者生前所在地的居委会	29	7.11%
E. 不是继承人的其他亲属	119	29.17%
F. 其他	9	2.20%
总计	408	100%

关于民众对城镇居民无人承受遗产的归属主体的民众观念，统计数据显示，在填写该问题的408名被调查者中，①选择A、B、C、D四项，即主张归属主体为社会公共组织（包括归属于国家、死者生前所在地的国库、死者生前所在地民政部门的社会福利机构和死者生前所在地的居委会）的，合计占七成（70.83%）；②选择E项，即主张归属主体为自然人（归属于不是继承人的其他亲属）的，占近三成（29.17%）。

（2）城镇居民无人承受遗产的归属主体的民众观念之理由情况统计。

表 10-65　城镇居民无人承受遗产的归属主体的民众观念之理由情况统计

项目	人数	比例
A. 甲的遗产没有人继承，为规范财产秩序，甲的遗产只能归国家所有，同时这也与部分国家的做法相一致	45	37.82%
B. 甲的遗产归甲生前所在地的国库，有利于对遗产的清算、管理和利用	4	3.36%
C. 甲的其他亲属是与甲有一定亲属关系且有较密切联系的人，甲的遗产归其他亲戚所有，符合情理	35	29.41%
D. 捐给福利机构，有利于社会和谐	35	29.41%
总计	119	100%

关于城镇居民无人承受遗产的归属主体的民众观念之理由，统计数据显示，在填写该理由的119名被调查者中，①主张归属主体为社会公共组织，主要理由包括：其一，归国家的理由是，A项可以规范财产秩序，也与部分国家的做法相一致，占比约有四成（37.82%）；其二，归被继承人生前所在地的国库理由是，B项有利于对遗产的清算、管理和利用的，占比不到半成（3.36%）；其三，归民政部门的社会福利机构的理由是，D项捐赠给慈善机构做公益而有利于社会和谐的，占近三成（29.41%）；②主张归属主体为自然人的，即归于不

是继承人的其他亲戚所有的理由是，C 项符合情理，占近三成（29.41%）。

2. 农村居民无人承受遗产的归属主体的民众观念与理由情况

问题【十一、（一）2.】“甲生前系农村居民，其生前未婚且无其他继承人，其死后留下部分遗产，属于无人承受的遗产。您认为甲的遗产归属于下列哪一主体更合适？A. 死者生前所在地的国库；B. 死者生前所在地民政部门的社会福利机构；C. 死者生前所在的集体经济组织；D. 死者生前所在的村委会；E. 死者生前所在的村民小组；F. 不是继承人的其他亲属；G. 其他（您认为更合适的归属主体）。（单选）理由是什么？”

（1）农村居民无人承受遗产的归属主体的民众观念情况统计。

表 10-66 农村居民无人承受遗产的归属主体的民众观念情况统计（单选）

选项	人数	比例
A. 死者生前所在地的国库	91	22.14%
B. 死者生前所在地民政部门的社会福利机构	94	22.87%
C. 死者生前所在的集体经济组织	21	5.11%
D. 死者生前所在地的村委会	45	10.95%
E. 死者生前所在的村民小组	6	1.46%
F. 不是继承人的其他亲属	146	35.52%
G. 其他	8	1.95%
总计	411	100%

关于对农村居民无人承受遗产的归属主体的民众观念，统计数据显示，在填写该问题的 411 名被调查者中，①选择 A、B、C、D、E 项，即归属主体为社会公共组织（包括归属于死者生前所在地的国库、死者生前所在地民政部门的社会福利机构和死者生前所在的集体经济组织、村委会或村民小组）的，合计占六成以上（62.53%）；②选择 F 项不是继承人的其他亲属，即主张归属主体为自然人的，占三成半（35.52%）。

（2）农村居民无人承受遗产的归属主体的民众观念之理由情况统计。

表 10-67 农村居民无人承受遗产的归属主体的民众观念之理由情况统计

项目	人数	比例
A. 甲的遗产归甲生前所在地的集体经济组织，有利于对遗产的清算、管理和利用	37	31.09%
B. 甲的其他亲属是甲最为亲近的人，甲的遗产归其他亲戚所有，符合情理	47	39.50%
C. 归属福利机构有利于造福社会	35	29.41%
总计	119	100%

关于农村居民无人承受遗产的归属主体的民众观念之理由，统计数据显示，在填写该理由的119名被调查者中，①主张归属主体为社会公共组织的理由中，其一，认为应归死者生前所在地的集体经济组织的理由是，A项有利于对遗产的清算、管理和利用的，占三成以上（31.09%）；其二，认为应归属于民政部门的理由是，C项有利于造福社会的，占近三成（29.41%）。②主张归属主体为自然人，即不是继承人的其他亲属的理由是，B项其与死者有一定亲属关系且有较密切联系的人，死者的遗产归其他亲戚所有且符合情理的，占近四成（39.50%）。

（二）无人承受遗产的处理

1. 无人承受遗产管理人的产生方式的民众观念及理由与民间习惯情况统计

问题【十一、（二）1.】“对于无人继承遗产的管理人，您认为下列哪一种产生方式更合适？A. 死者户籍所在地的居委会、村委会或所在单位指定遗产管理人；B. 人民法院指定遗产管理人；C. 民政部门指定遗产管理人。（单选）请问：您所在地区的人们一般如何确定无人承受遗产的管理人？理由是什么？”

（1）无人承受遗产管理人产生方式的民众观念情况统计。

表10-68 无人承受遗产管理人产生方式的民众观念情况统计（单选）

选项	人数	比例
A. 死者户籍所在地的居委会、村委会或所在单位指定遗产管理人	204	49.64%
B. 人民法院指定遗产管理人	157	38.20%
C. 民政部门指定遗产管理人	50	12.16%
总计	411	100%

关于无人承受遗产的管理人产生方式的民众观念，统计数据显示，在411名被调查者中，①选择A项由死者户籍所在地的居委会、村委会或所在单位指定的，占近五成（49.64%）；②选择B项由人民法院指定的，占近四成（38.20%）；③选择C项由民政部门指定的，占一成以上（12.16%）。

（2）无人承受遗产管理人的产生方式的民众观念之理由情况统计。

表10-69 无人承受遗产的管理人的产生方式的民众观念之理由情况统计

项目	人数	比例
A. 死者户籍所在地的居委会、村委会或所在单位对死者及其遗产的情况比较清楚，由其指定遗产管理人，有利于对遗产进行清算、管理和利用	48	38.40%
B. 人民法院通过法定程序，对遗产进行清算和管理，由其指定遗产管理人，有利于公平保护相关债权人利益的	53	42.40%
C. 习惯做法	24	19.20%
总计	125	100%

关于无人承受遗产管理人的产生方式的民众观念之理由，统计数据显示，在填写该理由的125名被调查者中，①认为由死者户籍所在地的居委会、村委会或所在单位指定遗产管理人的理由是，A项上述单位对死者及其遗产的情况比较清楚，由其指定遗产管理人有利于对遗产进行清算、管理和利用的，占近四成（38.40%）；②认为由人民法院指定遗产管理人的理由是，B项有利于公平保护相关债权人利益的，占四成以上（42.40%）。

（3）无人承受遗产管理人产生方式的民间习惯情况统计。

表10-70　无人承受遗产管理人产生方式的民间习惯情况统计（单选）

选项	人数	比例
A. 居委会、村委会或所在单位指定	54	45.00%
B. 人民法院指定	34	28.33%
C. 民政部门指定	10	8.33%
D. 协商解决	3	2.5%
E. 其他亲属担任	15	12.5%
F. 家族指定	2	1.67%
G. 被继承人指定	2	1.67%
总计	120	100%

关于无人承受遗产管理人产生方式的民间习惯，统计数据显示，填写该问题的120名被调查者所在地区的习惯是：①由社会公共组织指定的，其一，A项由死者户籍所在地的居委会、村委会或所在单位指定的，占四成半（45.00%）；其二，B项由人民法院指定的，占近三成（28.33%）；其三，C项由当地民政部门指定的，占近一成（8.33%）。②由自然人指定或担任的，E、F和G项，由其他亲属担任、由家族指定和被继承人指定的，合计占一成半（15.84%）。

2. 无人承受遗产的酌分请求权主体的民众观念和民间习惯情况统计

问题【十一、（二）2.】“您认为下列哪些人可以酌情分得无人继承的遗产？A. 依靠死者扶养的人；B. 与死者共同生活的人；C. 与死者有密切联系且对其帮助较多的人；D. 其他（填写您认为其他适当人选）。（多选）您所在地区，一般是如何分配此类遗产的？”

（1）无人承受遗产酌分请求权主体的民众观念情况统计。

表10-71　无人承受遗产的酌分请求权主体的民众观念情况统计（多选）

选项	人数	比例
A. 依靠死者抚养的人	263	62.47%
B. 与死者共同生活的人	224	53.21%
C. 与死者关系密切且对其帮助较多的人	314	74.58%

续表

选项	人数	比例
D. 其他	16	3.8%

关于无人承受遗产酌分请求权主体的民众观念，统计数据显示，在421名被调查者中，分别占五至七成的人认为无人承受的遗产的酌分请求权主权包括：A项依靠死者扶养的人（占62.47%）；B项与死者共同生活的人（占53.21%）；C项与死者有密切联系且对其帮助较多的人（占74.58%）。

（2）无人承受遗产酌分请求权主体的民间习惯情况统计。

表10-72　无人承受遗产酌分请求权主体的民间习惯情况统计（单选）

选项	人数	比例
A. 依靠死者抚养的人	16	12.12%
B. 与死者共同生活的人	23	17.42%
C. 与死者关系密切且对其帮助较多的人	37	28.03%
D. 协商解决	5	3.79%
E. 归村委会或居委会或国家	34	25.76%
F. 宗族处理	17	12.88%
总计	132	100%

关于无人承受遗产酌分请求权主体的民间习惯，统计数据显示，填写该问题的132名被调查者所在地区的民间习惯是：①将A、B、C三项作为酌分请求权主体的（即归自然人所有）的，合计五成以上（57.57%），其中，酌分给依靠死者扶养的人（占12.12%）、酌分给与死者共同生活的人（占17.42%）、酌分给与死者关系密切且对其帮助较多的人（占28.03%）；②将E项村委会或居委会或国家作为酌分请求权主体（归社会公共组织的）的，占二成半以上（25.76%）。

十二、遗产处理相关案例的简介与评析

（一）涉及遗产范围界定案例的简介与评析

案情简介：被继承人李某某、杨某某是夫妻，俩人共生育李某1、李某2、李某3、李某4等子女。1995年村委进行土地调整，李某2与其父李某某、母杨某某作为一个家庭承包户以李某某的名义承包本村两块土地，面积共计1.95亩，承包期30年。李某某于2000年去世，杨某某于2008年去世。2008年10月20日至2012年7月1日，李某2与村民委员会共签订《反租土地合同》4份，涉案土地共计1.885亩，包含在1995年村委进行土地调整时确定的李某某名下1.95亩范围内。李某1于2017年5月8日提起诉讼，认为李某2私自将承包地与村委会签订《反租承包合同》，将收益占为已有侵犯了李某1的

继承权。李某1作为原告遂诉至法院，请求依法分割被继承人李某某、杨某某土地租赁费、青苗补偿费等遗产共计59378.2元，按照1/4的比例确定继承份额。被告李某2辩称，在双方父母去世之前，承包地的收益不在李某2手中，双方父母去世后不存在土地承包经营权，谈不上收益，所以李某2没有侵犯李某1的继承权。法院追加李某3、李某4为共同被告。李某3、李某4出庭时未作答辩。

一审法院审理后认为：家庭承包的承包方是本集体经济组织的农户，家庭户中部分成员死亡的，由于作为承包方的户仍然存在，故不发生承包地继承问题，而是由家庭中的其他成员继续承包。涉案的承包地应由李某2继续承包耕种，因此村委会租赁土地产生的土地租赁费、青苗补偿费应由李某2享有。故判决李某1要求分割该土地租赁费、青苗补偿费，于法无据，不予支持。一审法院遂判决：驳回李某1的诉讼请求。原告李某1不服一审判决，遂提起上诉。

二审法院审理后认为：我国现行《民事诉讼法》第64条规定："当事人对自己提出的主张，有责任提供证据。"但李某1对其父母去世时上述土地收益是否存在以及数额多少，均未提交证据证实，证据不足，不予支持。因此，二审法院认为一审判决认定事实清楚，判决结果正确，应予维持。二审法院遂判决，驳回上诉，维持原判。①

法律适用评析：本案争议的焦点是涉案承包地产生的土地租赁费、青苗补偿费是否属于遗产，能否进行分割。我们认为，土地承包经营权是对集体资源的使用权，不能继承。家庭承包的承包方是集体经济组织的农户，家庭户中部分成员死亡的，由于作为承包方的户仍然存在，由家庭中的其他成员继续承包。根据我国《继承法》第4条的规定，个人承包应得的个人收益，依照本法规定继承。1985年《执行继承法意见》第4条规定，承包人死亡时尚未取得承包收益的，可把死者生前对承包所投入的资金和所付出的劳动及其增值和孳息，由发包单位或者接续承包合同的人合理折价、补偿，其价额作为遗产。即承包收益是可以继承的。本案中，李某2与其父李某某、母杨某某作为一个家庭承包户承包的涉案土地，其父李某某、母杨某某去世后，涉案的承包地应由李某2继续承包耕种，因此村委会租赁土地产生的土地租赁费、青苗补偿费应由李某2享有。一审法院判决认为承包地不发生继承问题，于法有据，这是合理的，但对承包收益的继承和分割问题未涉及则是有所遗漏。个人承包的收益虽然可以继承，根据"谁主张，谁举证"的诉讼原则，遗产是公民死亡时遗留的个人合法财产，李某1应对其父母去世时上述土地收益是否存在以及数额多少提交证据证实，否则，很难获得法院的支持。二审法院判决并无不当。

我们认为，上述案例反映了我国遗产范围规定的不足之处：未从反面对遗产作出反面排除性规定，缺乏明确的指引。

（二）涉及继承开始的通知和公告案例的简介与评析

案情简介：林某的生父早年去世，母亲于2000年改嫁，林某当时14岁，姐姐已婚，林某仍与姐姐住在生父的房子中，生活费由继父和母亲供给。林某16岁到继父家生活，后来又回到原籍继承了生父的房屋，但在经济上仍与继父有来往。继父建房时林某姐弟俩

① 参见中国裁判文书网：（2017）鲁×民终×号，《李某1、李某2继承纠纷二审民事判决书》，http://wenshu.court.gov.cn/content/content?DocID=6b78ae37-e80c-4df3-853c-a81d017b4dfb，访问日期：2019年2月23日。限于本章篇幅，作者对原案情内容有酌情删改。

出资，继父、母亲的生活均由他们照料。继父临终时把房产证给林某并嘱咐其料理后事。2015 年 10 月，继父去世后，林某继承了继父的全部遗产。2016 年 6 月，继父从未尽过义务的亲生儿子周某得知父亲已经死亡的消息，要求继承全部房屋。双方因遗产继承问题产生了争议。2016 年 7 月，周某作为原告将林某作为被告诉至法院，要求继承全部房屋，因为被继承人去世后，林某作为唯一知道被继承人死亡的继承人，未及时告知原告参与继承。被告林某辩称，其与被继承人形成了有扶养关系的继父与继女的关系，理应有权继承被继承人的遗产。且原告周某从未尽过义务，故无权继承被继承人的遗产。

法院审理后认为：根据我国《继承法》第 7 条①的规定，本案中原告虽然长期未与其亲生父亲共同生活，也未对其尽赡养义务，但其不符合继承权丧失的法定情形。因此，原告周某有权作为第一顺序的法定继承人继承其生父遗产。根据我国《继承法》第 10 条②的规定，本案中被告林某与其继父（被继承人）之间形成了扶养关系，依法应作为第一顺序的法定继承人参与继承。故法院判决，由原告与被告二人平均分配遗产。③

法律适用评析：本案争议的焦点之一为继承开始的通知和公告的期间问题。我国《继承法》第 23 条规定，继承开始后，知道被继承人死亡的继承人应当及时通知其他继承人和遗嘱执行人。继承人中无人知道被继承人死亡或者知道被继承人死亡而不能通知的，由被继承人生前所在单位或者住所地的居民委员会、村民委员会负责通知。本案中，继父死后，林某姐弟应当立即通知继父的亲生儿子周某。林某姐弟未及时通知其他继承人的行为违反了我国《继承法》的规定。

通过上述案例，我们认为我国关于继承开始的通知立法的不足之处在于，关于具体的通知时间欠缺规定，不利于督促相关主体履行通知义务。

（三）涉及遗产管理案例的简介与评析

案情简介：上诉人（原审原告）：苏某，男。被上诉人（原审被告）：郝某，男；江某，女。被继承人郝甲，某年出生，2017 年 7 月 19 日死亡，生前从事信贷员工作，系郝某、江某之子。2017 年 1 月 10 日，苏某（债权人）与郝甲（借款人）签订借款合同一份，约定借款金额为人民币 67 万元，借款期限为 3 个月，自 2017 年 1 月 10 日起至 2017 年 4 月 10 日止，郝甲出具收条：今收到现金人民币陆拾柒万元整（67 万元整），收款人郝甲，2017 年 1 月 10 日。郝甲名下登记财产有：涉案房屋一套；福特牌车一辆。郝甲去世后，苏某向人民法院提起诉讼，要求被告郝某和江某偿还郝甲生前债务。被告郝某和江某辩称：依照法律规定，郝某、江某对本案承担债务清偿范围在遗产继承范围内，超出部分不承担责任。

在诉讼中，郝某、江某已向法院表示放弃继承权利。

一审法院审理后认为：我国《继承法》第 33 条规定：继承遗产应当清偿被继承人依

---

① 我国《继承法》第 7 条规定：“继承人有下列行为之一的，丧失继承权：（一）故意杀害被继承人的；（二）为争夺遗产而杀害其他继承人的；（三）遗弃被继承人的，或者虐待被继承人情节严重的；（四）伪造、篡改或者销毁遗嘱，情节严重的。”

② 我国《继承法》第 10 条第 1、2 款规定：“遗产按照下列顺序继承：第一顺序：配偶、子女、父母。第二顺序：兄弟姐妹、祖父母、外祖父母。继承开始后，由第一顺序继承人继承，第二顺序继承人不继承。没有第一顺序继承人继承的，由第二顺序继承人继承。本法所说的子女，包括婚生子女、非婚生子女、养子女和有扶养关系的继子女。”

③ 参见陈苇主编：《婚姻家庭继承法学案例教程》（第三版），群众出版社 2017 年版，第 167 页。

法应当缴纳的税款和债务，缴纳税款和清偿债务以他的遗产实际价值为限。超过遗产实际价值部分，继承人自愿偿还的不在此限。继承人放弃继承的，对被继承人依法应当缴纳税款和债务可以不负偿还责任。郝某、江某作为郝甲的继承人，虽然在遗产处理前表示放弃继承，但仍应作为郝甲的遗产管理人，并应承担以其所管理的遗产的实际价值为限偿还被继承人债务的责任。一审法院遂判决：被告郝某、江某在本判决生效后10日内以郝甲遗留的涉案房产和涉案车辆的价值为限偿还郝甲生前所欠原告苏某的借款670000元。原告苏某不服一审判决，遂提起上诉。

二审法院审理后认为：一审判决认定事实清楚，适用法律正确，应予维持。遂判决驳回上诉，维持原判。①

法律适用评析：本案争议焦点为遗产管理人的选任与职责问题。我国《继承法》并未规定遗产管理人的产生或确认方式。一审法院判决认为即使继承人放弃继承，也应承担遗产管理人的职责，在遗产范围内清偿遗产债务，这是合理的。但这也凸显了我国《继承法》欠缺遗产管理人制度的立法之不足：第一，未规定遗产管理人的产生方式，特别是在继承人放弃继承时，如无人管理遗产，会使遗产债权人的利益无法得到保障。第二，未明确规定遗产管理人的职责内容，除了清偿遗产债务外，遗产管理人是否还具有其他的管理职责，无法周全地维护各类遗产利害关系人的权益。第三，对遗产管理人是否有权获得报酬未作规定，不利于遗产管理人积极履行职责。

（四）涉及法定继承案例的简介与评析

案情简介：被继承人王某甲与被告王某乙于1989年7月再婚居住于深圳，原告王一、王二、王三、王四、王五是王某甲与前妻婚生子女，第三人王丙、王丁为王某乙与前夫婚生子女。王丙于1986年7月去香港定居，王丁于1989年2月去日本留学。被继承人王某甲于1991年6月1日病逝，未留下遗嘱，被告王某乙在王某甲生前与其共同生活，直至王某甲死亡。就王某甲所留遗产如何继承，原被告双方当事人发生了争议。原告五人遂向法院提起诉讼，请求法院依法判令被告丧失其继承权，被继承人的全部遗产及被告出租遗产房屋所得之收益应由原告继承。被告辩称，被告与王某甲登记结婚，在王某甲晚年与其共同生活，相依为命，相敬如宾，不仅应作为第一顺序继承人继承王某甲的遗产，依法还应多分。在王某甲晚年陷入孤独和潦倒之时，只有第三人出于人道主义每月给王某甲500元港币作为生活费。被告与王某甲结婚后，第三人王丙及其弟王丁作为王某甲的继子女，承担了对王某甲的赡养义务，因此均应作为第一顺序继承人继承遗产。

法院审理后认为：原告王一、王二、王三、王四、王五都是被继承人王某甲的亲生子女，被告王某乙是王某甲的妻子，依照我国《继承法》第10条第1款和第13条第1款的规定，均为王某甲的第一顺序继承人，有平等的继承权。王丙、王丁因在王某甲与王某乙结婚前，就已分别去香港和日本定居，且没有足够的证据证实两人与王某甲之间已形成扶养关系，依照我国《继承法》第10条第3款的规定，不能成为王某甲的继承人。王某甲的遗产，应由五原告与被告共同继承。另外，被告王某乙在王某甲生前与其共同生活，直

① 参见中国裁判文书网：（2018）陕×民终×号，《苏某与庞某、郝某等被继承人债务清偿纠纷二审民事判决书》，载 http://wenshu. court. gov. cn/content/content? DocID = 891c27be - 966f - 4c31 - a559 - a91400b9905a，访问日期：2018年12月1日。限于本章篇幅，作者对原案情内容有酌情删改。

至王某甲死亡，且未有丧失继承权的法定情形，依照我国《继承法》第13条第3款的规定，可以多分遗产。据此，法院在查清事实的基础上，依照我国现行《民事诉讼法》第85条的规定，对此案进行了调解。双方当事人于1992年3月31日自愿达成遗产分割协议。①

法律适用评析：本案的争议焦点之一是王丙、王丁是否有继承资格，二是涉案财产如何分割。根据我国《继承法》的规定，生子女、养子女和形成抚养关系的继子女都享有继承权。本案中，王一、王二、王三、王四、王五都是被继承人王某甲的亲生子女，毫无疑问，他们都享有继承权。至于王丙、王丁，由于他们和王某甲之间未形成事实上的抚养教育关系，故彼此仅为姻亲关系，相互之间并不存在法律上的权利义务，也无继承权。另根据我国《继承法》第13条的规定，对被继承人尽了主要扶养义务或者与被继承人共同生活的继承人，分配遗产时，可以多分。本案中，王某乙与王某甲一直共同生活在一起，可以适当多分。故法院的判决于法有据。

通过上述案例，可以发现我国关于继父母子女之间继承权规定的优点。我国《继承法》规定，形成扶养关系的继父母子女之间的继承关系与生父母子女的继承关系相同，该规定有利于保护形成扶养关系继子女的平等继承权，防止对继子女的歧视。

（五）涉及遗嘱继承案例的简介与评析

案情简介：××××年×月×日，被继承人郑某与卓某登记结婚，两人共同生育郑某1。后郑某与李某婚外同居。被继承人郑某于2013年10月16日因病去世。

李某出示一份郑某的自书《遗嘱》："本人因病几年前在医院动大手术，后来在李某的照顾下，我的身体健康情况有所改善，现在病情恶化，我担心身体不行了，我最担心和放不下的是李某。在我不在后，我的个人全部财产，全部留给李某所有，任何人不得干涉。"《遗嘱》下方"立遗嘱人"处手写签名为"郑某"，落款为"2013年2月19日"。卓某等人对上述遗嘱的真实性不予认可，故双方因为遗产分割产生纠纷。原告卓某和郑某1诉至法院，请求确认涉案遗嘱无效，并依法定继承分割遗产。被告李某辩称，涉案遗嘱是被继承人郑某的真实意思表示，请求法院确认该遗嘱有效。

一审法院审理后认为：郑某生前未与卓某离婚，且将其个人所有遗产遗赠给婚外同居者李某，有违公序良俗，故该遗嘱无效。因此，被继承人郑某的遗产应按法定继承处理。一审法院判决，被继承人郑某的遗产应由卓某与郑某1二人共同继承。被告李某不服一审判决，遂提起上诉。

二审法院审理后认为：一审判决查明事实清楚，适用法律正确。故二审法院判决，驳回上诉，维持原判。②

法律适用评析：本案争议的焦点是对遗嘱自由的限制的问题。我们认为，本案中遗嘱人将其所有遗产均遗赠与其婚外同居的人，有违公序良俗原则，一审、二审法院处理并无不当。

---

① 参见最高法公报案例：《王一等五人诉王某乙继承纠纷一审案》，载《中华人民共和国最高人民法院公报》1993年第2期（总第34期）。限于本章篇幅，作者对原案情内容有酌情删改。

② 参见中国裁判文书网：（2016）粤民终×号，《郑某1、郑某2继承纠纷二审民事判决书》，http://wenshu.court.gov.cn/content/content? DocID=ddecb75b-9755-4ba7-befd-a82000a1e84b，访问日期：2019年2月23日。限于本章篇幅，作者对原案情内容有酌情删改。

通过上述案例，我们认为，此案的司法审判中反映出我国关于遗嘱自由限制的优点与不足。我国《继承法》第19条规定，遗嘱应当对缺乏劳动能力又没有生活来源的继承人保留必要的遗产份额。即为缺乏劳动能力和无生活来源的继承人保留必要的份额，有利于保障弱势继承人的生存权。但其不足之处在于，未规定遗嘱人应对父母、配偶和子女等第一顺序的法定继承人保留必要份额的遗产（特留份），这不利于保障被继承人的上述近亲属对遗产的合法权益，也不利于维护家庭的亲情伦理。

（六）涉及继承和遗赠的接受与放弃案例的简介与评析

案情简介：××××年×月×日，被继承人郑某与卓某登记结婚，两人共同生育郑某2。郑某某、陈某是被继承人郑某的父母。郑某3的出生医学证明上所载父母为李某、郑某。被继承人郑某于2013年10月16日因病去世。经卓某申请，某公证处于2013年11月20日出具《公证书》，载明："……现卓某表示要求继承被继承人的遗产，郑某2、郑某某、陈某均表示放弃对被继承人郑某的遗产的继承权。"2014年8月14日《法医物证鉴定意见书》鉴定意见为：郑某某、陈某与郑某2、郑某3之间存在祖孙关系。李某、郑某3与郑某某、陈某、郑某2、卓某就郑某的遗产继承产生纠纷。此后，原告李某和郑某3诉至法院，认为郑某某、陈某、郑某2已经明确表示放弃继承被继承人郑某的遗产，该放弃继承权的行为经过公证，有效。因此，要求按照法定继承参加被继承人的遗产分割。被告郑某某、陈某、郑某2辩称，涉案公证中放弃继承权的意思表示是在未确定郑某3为继承人的情况下作出的，并明确若郑某3被认定为郑某的法定继承人，则上述放弃继承的意思表示自动失效。

一审法院审理后认为：根据1985年《执行继承法意见》第50条的规定："遗产处理前或在诉讼进行中，继承人对放弃继承翻悔的，由人民法院根据其提出的具体理由，决定是否承认。"郑某某、陈某、郑某2在办理继承公证时称放弃继承郑某的遗产，其真实意思是要将郑某的遗产交由卓某一人继承，只是对卓某作出的声明，而并非要放弃继承郑某的遗产，若他们知道还存在其他继承人时，绝不会作出放弃继承的意思表示。故一审法院判决郑某某、陈某、郑某2、桌某和郑某3均可作为第一顺序的法定继承人，平均分配继承人郑某的遗产。原告不服一审法院判决，遂提起上诉。

二审法院审理后认为：一审判决查明事实清楚，适用法律正确。故二审法院判决，驳回上诉，维持原判。①

法律适用评析：本案争议的焦点是郑某某、陈某、郑某2放弃继承权的意思表示是否生效，是否能够翻悔。根据1985年《执行继承法意见》第50条的规定："遗产处理前或在诉讼进行中，继承人对放弃继承翻悔的，由人民法院根据其提出的具体理由，决定是否承认。遗产处理后，继承人对放弃继承翻悔的，不予承认。"本案中，郑3是郑某与李某的非婚生子女。依照我国《继承法》的规定，非婚生子女与婚生子女享有同等的继承权。郑某某、陈某、郑某2则以放弃继承时不知道存在其他继承人（郑某的非婚生子女）为由而翻悔，即他们放弃继承的真实意思是针对特定继承人卓某的。一审法院认为，若不允

① 参见中国裁判文书网：（2016）粤×民终×号，《郑某1、郑某2继承纠纷二审民事判决书》，http://wenshu.court.gov.cn/content/content? DocID=ddecb75b-9755-4ba7-befd-a82000a1e84b，访问日期：2019年2月23日。限于本章篇幅，作者对原案情内容有酌情删改。

许其翻悔，势必会使卓某等继承人的利益受损，故判决郑某某、陈某、郑某2、桌某和郑某3均作为第一顺序法定继承人而平分遗产；二审法院的判决也维持一审判决。我们认为，虽然我国《民法总则》第147条规定："基于重大误解实施的民事法律行为，行为人有权请求人民法院或者仲裁机构予以撤销。"但由于继承权的放弃涉及身份性质，因此放弃继承的行为是否可以适用我国《民法总则》关于因重大误解而撤销民事行为的规定，是存在疑问的。并且，从域外立法来看，法国、日本、意大利和俄罗斯的继承立法均明确规定放弃继承不得附条件和附期间。[①] 在我国，根据《执行继承法意见》第51条的规定："放弃继承的效力，追溯到继承开始的时间。"也就是说，放弃继承人被视为自始没有参加继承，其当然无权指定他人继承。因此，本案被告郑某某、陈某、郑某2表示他们放弃继承的真实意思是要将郑某的遗产交由卓某一人继承，即他们是属于附条件的放弃继承，此理由是不能被法院所承认的。因此，该一、二审法院的适用法律是否妥当、判决是否合理，还有待商榷。

通过上述案例，可以发现我国关于继承放弃的规定存在的优点与不足。其优点有：一是明确了继承放弃的时间。我国《继承法》第25条第1款规定，继承开始后，继承人放弃继承的，应当在遗产处理前，作出放弃继承的表示。没有表示的，视为接受继承。二是明确了翻悔的处理办法。但其缺点有：一是关于放弃继承的时间规定过于宽泛；二是没有明确规定放弃继承不能附条件和期限。

（七）涉及继承权的丧失、被继承人的宥恕与代位继承案例的简介与评析

案情简介：黄某丁与马某于××××年×月×日登记结婚，育有黄某乙（被告）一女。两人于1985年解除夫妻关系，黄某乙跟随马某共同生活。后来黄某丁与廖某（原告）再婚，育有黄某甲（原告），廖某与黄某甲一直和黄某丁共同生活。黄某丁于2015年去世。后黄某甲、廖某与黄某乙就遗产分割问题产生纠纷。原告黄某甲、廖某遂诉至法院，要求被继承人黄某丁的遗产应该由廖某、黄某甲共同继承。被告黄某乙辩称，其作为被继承人黄某丁的婚生子女，理应作为其第一顺序的法定继承人参与继承。

在审理期间，黄某甲与廖某主张黄某乙多年来没有履行对父亲的赡养义务，其不闻不问的行为构成遗弃行为，应当依法剥夺其继承黄某丁遗产的权利。

一审法院审理后认为：有关证人（黄某甲与廖某提供的证人）的证言只能证明他们没有见过黄某乙，并不足以直接证明黄某乙有故意遗弃被继承人的行为，故不能认定黄某乙的行为是遗弃行为。因此，黄某甲、廖某与黄某乙均为黄某丁的第一顺序法定继承人，应均有权继承黄某丁1/3的遗产，但黄某丁因对被继承人尽了赡养义务，应适当少分遗产。一审法院遂判决驳回原告诉讼请求。原告黄某甲、廖某不服一审法院判决，遂提起上诉。

二审法院审理后认为：一审判决查明事实清楚，适用法律正确。故二审法院判决，驳回上诉，维持原判。[②]

---

① 参见陈苇主编：《外国继承法比较与中国民法典继承编制定研究》，北京大学出版社2010年版，第89、101、105、109页。

② 参见中国裁判文书网：（2016）粤×民终×号，《廖某与黄某甲、黄某乙法定继承纠纷二审民事裁定书》，http://wenshu.court.gov.cn/content/content?DocID=a4813e06-26aa-4643-97f1-a66b05723bb1，访问日期：2019年2月23日。限于本章篇幅，作者对原案情内容有酌情删改。

法律适用评析：本案的争议焦点是黄某乙是否存在遗弃行为并导致其丧失继承权。我国《继承法》第7条规定：遗弃被继承人的，或者虐待被继承人情节严重的，丧失继承权。我们认为，遗弃是指对于家庭成员中年老、年幼或患病不能独立生活者不履行扶养照料义务的行为。本案中，黄某乙从小因父母离婚而随母亲生活，由于客观原因对父亲未尽赡养义务，没有证据证明黄某乙有故意遗弃被继承人的行为，因此不能认定黄某乙的行为构成遗弃，但考虑到其对被继承人未尽赡养义务，应适当少分遗产。法院判决于法有据。

通过上述案例，我们认为我国关于继承权丧失与恢复的规定存在的优点，继承法不是单纯的财产法，与继承人人身关系有密切的联系，具有较强的伦理性。我国《继承法》将虐待和遗弃被继承人的行为规定为继承权丧失的法定事由，可以发挥惩恶扬善和弘扬孝老赡老的优良传统的功能。

（八）涉及继承协议案例的简介与评析

案情简介：2009年11月29日，张某、钱某夫妻二人与张1、张2、张3、张4四名子女签订关于老人赡养养老协议，约定：老人由二女儿张2赡养，老人生前所有经济由张2一人支配，老人过世后，老人享有的一切待遇由张2一人继承。协议签订后，张2开始履行赡养义务，并自2009年起至2017年止，逐年领取张某、钱某征地补偿款、新农保基础养老金每人4955元。张某生前生活不能自理，钱某患有胸膜炎、脑血栓等疾病。2017年2月24日，张某去世；2017年5月5日，钱某患病入院治疗，住院期间，于2017年5月14日订立遗嘱，言明其去世后财产都给大女儿张1。2017年5月16日，钱某去世。张某、钱某去世所花丧葬费用均由张2支付。后张1与张2因遗产继承事宜产生纠纷。遂张1作为原告诉至法院，要求按照遗嘱继承遗产。被告张2辩称，对涉案遗嘱有异议，请求按照《赡养养老协议》继承遗产。

一审法院审理后认为：该协议应属于附义务的遗嘱。张2履行了对张某、钱某生前的赡养义务，并支付了两位老人去世的丧葬费用，依约享有对两位老人遗产的继承权。另张1提交的遗嘱系钱某的自书遗嘱。立有数份遗嘱，内容相抵触的，以最后的遗嘱为准。由此，张2丧失对钱某遗产的继承权，但张某所立遗嘱部分仍然有效，张2依法对张某的遗产仍享有继承权。被告张2不服一审法院判决，遂提起上诉。

二审法院审理后认为：《赡养养老协议》系各方的真实意思表示，不违反法律行政法规强制性规定，合法有效。张2按该约定领取了张某、钱某的土地补偿款及养老保险金，并赡养了张某、钱某，办理了两位老人的后事，故对张1请求将两位老人的土地补偿款及养老保险金作为遗产进行分割的上诉请求不予支持。故二审法院判决，由张2依据《赡养养老协议》继承遗产。①

法律适用评析：本案争议的焦点之《赡养养老协议》性质的认定。遗嘱是单方行为，遗嘱可以附义务。附义务的遗嘱是遗嘱人在指定遗嘱继承人时，要求其履行一定的义务才能继承遗产的遗嘱。显然，本案中的养老协议不属于遗嘱，因它不是单方行为，而是典型的双方行为。一审法院对该养老协议的性质认定不当。本案是一个典型的继承协议。继承

---

① 参见中国裁判文书网：（2015）海×民初字第×号，《张1与张2等遗嘱继承纠纷一审民事判决书》，http://wenshu.court.gov.cn/content/content? DocID=ebe4ea1d-d8ec-45b5-ad6d-0e3a69cb2408，访问日期：2019年2月23日。限于本章篇幅，作者对原案情内容有酌情删改。

协议又称继承扶养协议，是由继承人与被继承人或者继承人之间签订的关于被继承人如何赡养和被继承人遗产如何分配的协议，通常由负责履行赡养义务的继承人取得被继承人的遗产。对于继承协议，我国《继承法》并无规定，致使司法实践中对其性质认定于法无据。本案中，法院认为当事人签订的《赡养养老协议》的约定的内容并不违法，扶养义务人张2依照约定履行了对两位老人生养死葬的义务，根据权利义务相一致的原则，张2应当有权依据继承协议继承相关遗产。

通过上述案例及分析，我们认为，继承协议或者继承赡养协议在社会实践中确实存在，但我国《继承法》对此并没有规定是其立法不足，目前部分民众和司法审判人员对其效力的认识还存在分歧，这不能满足我国社会现实中部分民众以协议约定方式，确定养老扶养义务和遗赠财产的需要。

（九）涉及遗产债务清偿案例的简介与评析

案情简介：李某某、常某某是夫妻关系，李某某是李某（被告）的父亲，常某某是李某的继母；解某是常某某的姨夫（原告），刘某是常某某的妹夫（原告）。2012年2月9日，李某某以四户联保的形式（四户包括李某某、李某、解某、刘某）从中国邮政储蓄银行前所支行贷款20万元，其中解某名下5万元，刘某名下5万元。贷款手续完成以后，存折等手续直接由李某某拿走，并由李某某支取存折内余款20万元。2013年2月11日，李某某、常某某因煤气中毒死亡。2月9日之前的银行利息都是由李某某偿还，2013年3月8日，李某为解某、刘某分别偿还了两笔利息，各300元。以后的利息及本金都是解某、刘某各自偿还的，并全部结清各自名下的贷款。李某某、常某某死后留有房屋等遗产，暂由李某居住。原告解某和刘某将李某诉至法院，要求被告李某偿还李某某、常某某的借款10万元。被告李某未参加答辩。

一审法院审理后认为：由于李某某、常某某意外死亡，解某、刘某自己偿还了借款，贷款合同终止，解某、刘某取得了代位求偿权。李某某、常某某的遗产继承人即李某应在继承遗产的范围内首先偿还解某、刘某的借款。故，判决李某在继承遗产的范围内分别偿还解某、刘某借款50000元本金及利息。被告李某不服而提起上诉。

二审法院审理后认为：一审认定的事实清楚，判决无误。故二审法院判决，判决驳回上诉，维持原判。①

法律适用评析：案件争议的焦点是李某某、常某某对解某、刘某的借款10万元如何清偿，即继承人对被继承人的债务承担何种责任。我国《继承法》第33条第1款规定："继承遗产应当清偿被继承人依法应当缴纳的税款和债务，缴纳税款和清偿债务以他的遗产实际价值为限。超过遗产实际价值部分，继承人自愿偿还的不在此限。"即我国继承人依法只在遗产范围内对被继承人的债务承担有限清偿责任。但该规定存在的不足是，不问继承人的诚信如何，有无损害遗产债权人利益的行为，"一刀切"地实行无条件的有限清偿责任，有可能会损害遗产债权人的利益。

（十）涉及遗产分割案例的简介与评析

案情简介：徐某、李某系夫妻关系，二人有三个子女：长子徐某1，女儿徐某2，次

① 参见北大法宝：《李某等与解某等追偿权纠纷上诉案》，http://www.pkulaw.cn，访问日期：2017年11月10日。限于本章篇幅，作者对原案情内容有酌情删改。

子徐某3。徐某、李某去世后，原、被告三人于2016年11月1日，就遗产问题达成如下分割协议："徐某名下有楼房一套（涉案房屋），徐某和李某夫妇均已过世，二老膝下有三个子女，长子徐某1，女儿徐某2，次子徐某3。徐某3在高碑店市，经徐某3调查，认为该涉案房产市值32万元。为避免日后纷争，现商定该房产归徐某3，徐某3给付徐某1和徐某2每人6万元，为方便过户约定事后徐某1、徐某2到公证处办理放弃继承公证。"2016年11月2日，徐某1、徐某2签署了《放弃继承权声明书》，二人自愿放弃徐某、李某的遗产即涉案房屋的继承权。同日，被告给付二原告每人6万元。后被告将涉案房屋高于其调查价格售出。后，原告徐某1、徐某2以被告徐某3欺诈为由诉至法院，请求撤销该遗产分割协议。被告徐某3辩称，该遗产分割协议的签订是原、被告双方真实的意思表示，并不存在欺诈。

法院审理后认为：该份协议系各方自愿签订，且已经履行完毕。该遗产分割协议中载明房屋价格为被告调查所得，在签订遗产分割协议时二原告并未对此提出异议，二原告自愿以被告所说价格为准达成分割协议，被告之后出售房屋的价格高于协议中约定的价格的事实不足以证实被告在双方签订遗产分割协议时存在欺诈。房屋价格询问或调查对原被告三人来讲不属于专业知识范畴，三人均可以通过市场询问等途径得知，且房屋价格会因买方、市场需求等因素发生变化。二原告未提交充分证据证实被告在签订遗产分割协议时存在欺诈行为，故对二原告要求撤销该遗产分割协议的诉讼请求，法院依法不予支持。法院遂判决驳回原告的诉讼请求。①

法律适用评析：本案的争议焦点是原、被告之间签订的遗产分割协议的效力问题。我国《继承法》第15条规定："继承人应当本着互谅互让、和睦团结的精神，协商处理继承问题。遗产分割的时间、办法和份额，由继承人协商确定。协商不成的，可以由人民调解委员会调解或者向人民法院提起诉讼。"因此，本案中共同继承人之间签订的遗产分割协议有效，法院的判决于法有据。同时，可以看到我国《继承法》对遗产分割立法的优点，即继承人享有对遗产分割进行协商处理的自由。

（十一）涉及无人承受遗产案例的简介与评析

案情简介：被继承人陈某于1917年9月6日出生，为香港居民。陈某与何某某结婚，但没有生育、收养子女，何某某于1952年死亡。陈某的父母及祖父母均早于其死亡，陈某没有兄弟姐妹。何某1是何某某的堂侄，陈某自1992年长期在小山村定居直到终老，期间多由何某1照顾，陈某于1996年3月26日死亡，其丧葬事宜也由何某1处理。陈某死亡时遗留有位于该村的房屋一间。2016年10月21日，村委会曾在村内张贴公示，因何某1申请继承案涉房屋，要求如有异议在公示之日起15日内提出，公示期满村委会未收到异议。何某1于2016年12月14日提起本案诉讼。陈某所在的村委会已出具声明表示不对上述房屋主张权利，何某1其他兄弟姐妹也声明不对此房屋主张权利。何某1于2016年12月14日提起本案诉讼，请求法院判令陈某的涉案房屋由原告取得。

法院审理后认为，1985年《执行继承法意见》第57条规定："遗产因无人继承收归

---

① 参见中国裁判文书网：（2017）青×民初×号，《徐某1、徐某2等与徐某3法定继承纠纷一审民事判决书》，http://wenshu.court.gov.cn/content/content? DocID=c0d37f7e-9262-4e64-83ac-a84200110d60，访问日期：2019年4月8日。限于本章篇幅，作者对原案情内容有酌情删改。

国家或集体组织所有时，按我国《继承法》第十四条[①]规定可以分给遗产的人提出取得遗产的要求，人民法院应视情况适当分给遗产”。故何某1的诉讼请求于法有据。遂法院判决涉案房屋由何某1取得。[②]

法律适用评析：本案争议的焦点问题是原告何某1是否有权取得死者陈某的遗产房屋。被继承人陈某与何某1为婶侄关系。陈某生前只与何某某结婚，何某某已于1952年死亡，两人没有生育子女，也没有收养子女。陈某的父母早于其本人死亡。综上所述，陈某没有法定继承人。陈某也未留下遗嘱。陈某自1992年后正式回小山村定居直到终老，期间一直由其侄子何某1及何某1的家属照顾，陈某死亡后的丧葬事宜及各项手续也由何某1办理。对于既无法定继承人又无遗嘱继承人及受遗赠人的遗产，何某1作为继承人以外的对被继承人照顾扶养较多的人，依照我国《继承法》第14条的规定，可分得适当的遗产，考虑陈某所在的村委会已出具声明表示不对上述房屋主张权利，还有何某1其他兄弟姐妹也声明不对此主张权利，因此，陈某上述房屋遗产应由何某1取得。法院的判决于法有据。

通过上述案例，我们认为我国关于无人承受遗产的规定既有符合我国国情之处，也存在某些不足。1985年《执行继承法意见》第57条规定，遗产因无人继承收归国家或集体组织所有时，按我国《继承法》第14条[③]规定可以分给遗产的人提出取得遗产的要求，人民法院应视情况适当分给遗产。在民间，基于互助精神，民众间相互扶助、照料的现象非常普遍，当被继承人去世，留下无人继承又无人受遗赠的遗产，在收归公有时，考虑到依靠其扶养的缺乏劳动能力又没有生活来源的人，或者继承人以外的对其扶养较多的人可予以酌情分配遗产，这种做法值得肯定。但该规定的适用仅限于有“扶养关系”的人，把与被继承人没有扶养关系的其他共同生活关系人和密切交往且有互助关系的人等排除在外，适用主体过窄。

第三节 当代中国海南省民众财产继承观念与遗产处理习惯的特点与原因分析

根据本次调查统计数据的汇总分析，海南省被调查者对前述11个问题所体现出的财产继承观念与遗产处理习惯之特点与原因分析如下：

一、遗产范围界定之特点与原因分析

（一）遗产的种类之特点与原因分析

关于属于遗产种类的民众观念，统计数据显示，在海南省被调查者中，（1）有八成

---

① 我国《继承法》第14条：“对继承人以外的依靠被继承人扶养的缺乏劳动能力又没有生活来源的人，或者继承人以外的对被继承人扶养较多的人，可以分给他们适当的遗产。”

② 参见中国裁判文书网：（2016）粤×民初×号，《何某1与×市×区×镇×村民委员会法定继承纠纷一审民事判决书》，http://wenshu.court.gov.cn/content/content?DocID=cd6f7c32-b8bb-4094-9cfb-a751008eb2dd，访问日期：2019年2月23日。限于本章篇幅，作者对原案情内容有酌情删改。

③ 我国《继承法》第14条：“对继承人以外的依靠被继承人扶养的缺乏劳动能力又没有生活来源的人，或者继承人以外的对被继承人扶养较多的人，可以分给他们适当的遗产。”

至九成以上的人认为住房（99.05%）、汽车（95.72%）、存款（96.20%）和股票（79.81%）属于遗产，此认识符合我国《继承法》的规定。（2）一至近六成的人认为家庭日常生活用品（58.91%）、交通事故死亡赔偿金（52.26%）、债务（37.05%）、单位出租房（9.26%）属于遗产，此认识与我国《继承法》的规定不一致。（3）有三成以上的人认为以被继承人的姓名注册的邮箱和QQ账号等（31.12%）属于遗产，对此我国《继承法》无规定（见表10-4）。

以上特点之原因分析：在海南省被调查者中，（1）有八至九成以上的人认为住房、汽车、存款等传统财产属于遗产的，其原因可能是受到我国立法的影响。（2）有近七成的人认为该邮箱和QQ账号等不属于遗产，其原因可能是认为这些特殊遗物具有人身性，承载着死者生前的个人信息甚至个人隐私，因此不能作为遗产继承。（3）有近六成的人认为家庭日常生活用品属于遗产，其原因可能是被继承人也在使用，所以应当属于其遗产。但此认识有误，因为“家庭日常生活用品”中只有属于被继承人的份额部分，才能属于遗产。（4）五成以上的人认为死亡赔偿金属于遗产，其原因可能是认为死亡赔偿金是对死者生命损害的补偿，理应属于死者的财产。但此认识与法律规定不一致，对于死亡赔偿金的性质，根据我国2004年《关于审理人身损害赔偿案件适用法律若干问题的解释》第1条第2款规定：“本条所称‘赔偿权利人’，是指因侵权行为或者其他致害原因直接遭受人身损害的受害人、依法由受害人承担扶养义务的被扶养人以及死亡受害人的近亲属。”第17条第3款规定：“受害人死亡的，赔偿义务人除应当根据抢救治疗情况赔偿本条第一款规定的相关费用外，还应当赔偿丧葬费、被扶养人生活费、死亡补偿费以及受害人亲属办理丧葬事宜支出的交通费、住宿费和误工损失等其他合理费用。”以上规定中表明，死者的人身损害死亡补偿费是对死亡受害人近亲属的补偿费，其不属于遗产。（5）三成半以上的人认为债务属于遗产的范围，其原因可能是受我国“父债子偿”传统观念的影响。可见，我国立法对于遗产的范围欠缺排除性规定，是导致民众对某些遗产认识不一的原因。

关于遗产的种类之我国立法，我国《继承法》第3条规定：“遗产是公民死亡时遗留的个人合法财产，包括：（一）公民的收入；（二）公民的房屋、储蓄和生活用品；（三）公民的林木、牲畜和家禽；（四）公民的文物、图书资料；（五）法律允许公民所有的生产资料；（六）公民的著作权、专利权中的财产权利；（七）公民的其他合法财产。”1985年《执行继承法意见》第3条和第4条规定：“公民可继承的其他合法财产包括有价证券和履行标的为财物的债权等。承包人死亡时尚未取得承包收益的，可把死者生前对承包所投入的资金和所付出的劳动及其增值和孳息，由发包单位或者接续承包合同的人合理折价、补偿，其价额作为遗产。”

从域外立法看，就遗产种类的立法模式而言，不少国家对遗产的界定均是在两个基础上进行的：一是遗产必须是自然人死亡后遗留下来的；二是必须具有财产性。例如，《德国民法典》第1922条第1款规定：“因人之死亡（继承之开始），其财产（遗产）概括移转于其他一人或数人继承（继承人）。”遗产范围的立法模式也不尽相同，但大体上可以分为三类：概括式、列举式和结合式，其中结合式立法模式又分为排除性的结合和直陈式的结合，但大多数国家采取结合式立法模式。[①] 例如，《俄罗斯联邦民法典》第1112条规定："遗产由继承开始时属于被继承人的物、其他财产构成；与被继承人紧密联系不可分割的权利义务不构成遗产。"

从我国诸继承法学者建议稿看，关于遗产种类的立法模式，主要有两种立法模式：一是概括式、列举式和排除式相结合，如"杨稿"中即采取此种立法模式。[②] 该模式在我国《继承法》现有立法规定的基础上，在列举项中增加了数项遗产类型，比较清晰明了，并概括性地排除了不属于遗产的范围。二是概括式和排除式相结合，如"梁稿"和"陈稿"采取了此种模式。"梁稿"规定，遗产是自然人死亡时遗留的个人合法财产，包括自然人因其死亡而获得的未指定受益人的保险金、补偿金、赔偿金以及其他基于该自然人生前行为而应获得的财产利益。下列权利义务不得作为继承的标的：与被继承人人身不可分割的人身权利；与被继承人人身有关的专属性债权债务；法律规定不得继承的其他财产。[③]

我们认为，我国立法欠缺遗产种类的排除性规定，此为立法之不足。关于遗产种类的立法模式，采用概括式和排除式相结合的立法模式更为合理，对属于遗产范围的财产种类可以清晰明了，又避免挂一漏万。因此，上述海南省被调查者关于应排除人身性、隐私性财产于遗产范围外的民众观念、对遗产范围有反面排除的俄罗斯的立法及"梁稿"和"陈稿"的观点可供我国立法参考。

（二）被继承人生前特种赠与财产的归扣之特点与原因分析

关于被继承人生前特种赠与财产归扣的民众观念与民间习惯，统计数据显示，（1）在海南省被调查者的观念中，持否定观点的占比近八成（79.57%），持肯定观点的占比一成半以上（16.39%）；（2）被调查者所在地区的习惯是：有不归入遗产习惯的，占七成（70.05%）；有归入遗产习惯的，占近三成（29.95%）（见表10-5、表10-7）。

以上特点之原因分析，在海南省被调查者中，七至八成的人在观念上不认可归扣制度，且只有三成的被调查者所在地区有归扣习惯，其原因可能是，（1）海南省被调查者对该制度并不了解；（2）遗产顾名思义是被继承人死后所遗留下来的财产，将之前赠与出去的财产追回归扣，不符合遗产形成的时间特性。

关于归扣制度之我国立法，我国《继承法》对此无规定。

遗产归扣制度是对继承人从被继承人处受领的特种赠与应计入遗产总额并从其应继份额中扣除的制度，源于罗马法，由于这种制度可以平衡继承人之间的利益分配，保证在遗产分配上的公平合理，为大多数大陆法系国家所采纳，并在其立法中予以确认。例如，《法国民法典》第843条规定，任何继承人在参与继承时，应对其他继承人返还死者生前赠与的全部财产，除死者在赠与时已明确此种财产为应继份之外的先取利益或免除返还，继承人不得保留死者赠与的财产。此外，还规定了免予归扣的财产范围。此外，《德国民法典》第2050条、《日本民法典》第903条等都规定了遗产归扣制度。

从我国诸继承法学者建议稿看，有的学者建议增设遗产归扣制度。例如，"梁稿"第1942条规定，继承开始之前，继承人因结婚、分居、营业以及其他事由而由被继承人处

---

① 参见麻昌华：《遗产范围的界定及其立法模式选择》，载《法学》2012年第8期，第27~28页。

② 参见"杨稿"第7条。

③ 参见"梁稿"第941条；"陈稿"第25条。

获得的赠与的财产应当列入遗产范围，但被继承人生前有相反意思表示的除外。前款规定的赠与数额应在遗产分割时从该继承人的应继份中扣除。赠与的具体数额应依赠与当时的价值计算。此外，“杨稿”第9条和“陈稿”第78条等均对此有所规定。但也有学者持反对意见，认为此种制度与现有的继承制度、赠与制度及所有权制度均有不同程度的冲突，认为它对现有制度损伤较大。①

我们认为，遗产归扣制度是否可以在我国立法中予以规定，根据海南省被调查者的民众观念与习惯难以给出明确答案。有待对遗产归扣制度进行深入的研究，考察其特点、成因，分析其利弊，结合我国本土的实际国情和现有法律制度的规定，综合考虑其他各省市的财产继承观念与遗产处理习惯，做出合适的选择。

二、继承开始的通知和公告之特点与原因分析

（一）继承开始的通知和公告的主体之特点与原因分析

关于继承开始的通知和公告的主体的民间习惯，统计数据显示，被调查者所在地区的习惯分别是：（1）知道被继承人死亡的继承人的，占近六成（58.43%）；保管遗产的继承人的，占五成半（55.82%）；（2）知道被继承人死亡的单位、村（居）委会的，占三成半以上（37.05%）；（3）处理被继承人死亡事件的机构（如公安交警部门）的，占三成半以上（37.29%）（见表10-9）。

以上特点之原因分析，在海南省被调查者所在地区，关于通知开始的通知和公告主体，五成半至六成的地区有由继承人担任之习惯，三成半以上的地区由有的单位、村（居）委会或处理被继承人死亡事件的机构担任之习惯，其原因可能是：海南省被调查民众的家族观念较强，遗产继承属于家族内部的事务，主要应由继承人接手处理，只有在继承人不知道或者无法通知的情况下，才由知道被继承人死亡的单位、村（居）委会或处理被继承人死亡事件的机构（如公安交警部门）进行通知与公告。

关于继承开始的通知和公告的主体之我国立法，我国《继承法》第23条规定：“继承开始后，知道被继承人死亡的继承人应当及时通知其他继承人和遗嘱执行人。继承人中无人知道被继承人死亡或者知道被继承人死亡而不能通知的，由被继承人生前所在单位或者住所地的居民委员会、村民委员会负责通知。”

从域外立法看，不少国家对于继承开始的通知和公告主体均有规定。例如，《日本民法典》规定，继承人在做出限定继承的表示后5日以内，应发出公告，催促遗产债权人和受遗赠人在规定的期限内申报权利。②《瑞士民法典》规定，当遗嘱继承时，主管机构开启遗嘱时应当通知全部已知的继承人；对于住所不明的权利人，应当以公示催告的方式通知。③

从我国诸继承法学者建议稿看，“陈稿”规定，知道被继承人死亡的继承人为继承开始通知的义务人，无继承人知道被继承人死亡，或知道被继承人死亡的继承人无民事行为能力，由被继承人死亡地的居民委员会、村民委员作会为继承开始通知义务人。④ 此外，

① 参见沈星：《也谈归扣制度——兼论我国是否应当引入归扣制度》，载《学术论坛》2008年第1期，第151页。

② 参见《日本民法典》第927条。

③ 参见《瑞士民法典》第555、557条。

④ 参见“陈稿”第5条。

"梁稿""张稿""杨稿"均建议在我国《继承法》规定的前述主体外，增加其他类型的通知主体。[①]

我们认为，我国继承开始的通知和公告主体范围较窄，此为立法之不足。因此，上述海南省被调查者所在地区扩大继承开始的通知与公告主体的民间习惯、域外立法和我国学者建议稿的观点可供我国立法参考。

（二）继承开始的通知和公告方式之特点与原因分析

关于继承开始的通知和公告方式的民间习惯，统计数据显示，被调查者所在地区的习惯是：（1）使用口头、电话、微信等方式的，占近六成半（64.61%）；（2）使用书信、告知函等方式通知的，占五成以上（51.31%）；（3）使用在报纸、电视、网络等平台上发布被继承人的死亡公告方式的，占一成以上（13.06%）；（4）采用在被继承人所在地的村（居）民委员会公告栏公告方式的，占三成以上（32.54%）；（5）采用申请人民法院以公告程序进行公告方式的，占三成以上（31.12%）（见表10-10）。

以上特点之原因分析：在海南省被调查者所在地区，（1）近六成半的地区有使用新型通讯工具作为通知方式的习惯，其原因可能是该种方式方便快捷，能够及时告知其他参与继承分配的人员。（2）有五成以上的地区有采用书面通知方式的习惯，其原因可能是该种方式较口头、电话、微信等方式正式，也是海南省被调查者运用较多的传统通知方式。（3）仅有三成多的地区有选择报纸、公告方式的习惯，其原因可能是这些方式效率低、成本较高。

关于继承开始的通知和公告方式之我国立法，我国《继承法》无此规定。

从域外立法看，《德国民法典》第1965条规定，继承人向遗产债权人发出的公示催告必须以《联邦公报》和为遗产法院发布公告而指定的报纸予以公布。《日本民法典》第927条规定，限定继承人对所有遗产债权人及受遗赠人的公告应当在官方报纸上登载。

从我国诸继承法学者建议稿看，"梁稿"第2017条规定，催告遗产债权人应申请人民法院使用公示催告程序。"王稿"第547条规定，继承开始后，知道被继承人死亡的继承人应当采取适当的方式及时通知其他继承人。"徐稿"规定，继承开始的通知方式为在遗产所在地的报纸刊登，无此报纸的情形下，在省报纸刊登3次。[②]

我们认为，对于继承开始的通知和公告方式之选择，民众只要根据本地区的具体情况选择最合适的方式通知与公告即可，立法无须统一规定。

（三）继承开始的通知和公告的期间之特点与原因分析

关于继承开始的通知和公告的期间之民间观念，统计数据显示，在被调查者中，对于被继承人死亡后发出继承开始的通知的时间，（1）认为应在7日内发出的，合计占五成以上（52.50%）；（2）认为应在15或30日内发出的，合计占近四成（38.95%）（见表10-11）。

以上特点之原因分析，七成的海南省被调查者认为应7日内发出继承的通知，其原因可能是被调查者普遍认为发出继承开始的时间不能太长，以便及时通知其他参与遗产分配的人员，告知其相关权利义务，做好遗产分配的准备工作。

---

① 参见"梁稿"第2001条第2款；"杨稿"第74、54条；"张稿"第18条。

② 参见"徐稿"第四分编第48条。

关于继承开始的通知和公告的期间之我国立法，我国《继承法》第23条仅规定“及时”发出继承开始的通知，并没有具体的期间规定。另外，关于公示催告程序，根据我国现行《民事诉讼法》第219条有关票据被盗、遗失的公告程序规定，人民法院决定受理申请，应在3日内发出公告，催促利害关系人申报权利，公示催告的期间，由人民法院根据情况决定，但不得少于60日。

从域外立法看，发出继承开始的通知和公告的期间有所不同。例如，《日本民法典》规定，限定继承人催告遗产债权人和受遗赠人的公示催告期间不得少于2个月。[①]《瑞士民法典》规定，当继承人不明时，催告继承人的期间为1年；制作遗产清单的机构催告遗产债权人时，公示催告期间不得少于1个月。[②]

从我国诸继承法学者建议稿看，第一，关于发出通知的期间，“梁稿”第2001条规定，继承开始后，知道被继承人死亡的继承人应当采取适当的方式及时通知其他继承人。继承开始的通知和公告主体应在继承开始后3个月内向人民法院申请适用公示催告程序催告遗产债权人。[③] 第二，关于通知或公告的期间，“陈稿”规定，继承开始通知的主体可采用书面通知或发布通知与公告方式，催告遗产利害关系人在2个月的期限内申报权利。[④]“杨稿”则规定，催告未知债权人的公告期间不得少于3个月。[⑤]

我们认为，我国欠缺继承开始的通知和公告的期间，此为立法之不足。因为只有明确规定继承开始的通知和公告期间，才能避免通知主体怠于履行通知义务，同时又给通知人留足必要的准备时间。因此，上述海南省被调查者认为应在7日内发出继承开始的通知与公告的民众观念、域外立法及我国学者建议稿的观点可供我国立法参考。

三、遗产管理之特点与原因分析

（一）遗产管理人的确定之特点与原因分析

关于遗产管理人的确定的民间习惯，统计数据显示，关于遗产管理人，被调查者所在地区的习惯排在前两位的是：（1）由死者的法定继承人担任的，占近九成（88.84%）；（2）由死者家族中的德高望重者担任的占近，三成半（34.44%）（见表10-12）。

以上特点之原因分析：在海南省被调查者所在地区，（1）近九成的地区有由法定继承人担任遗产管理人的习惯，其原因可能是法定继承人，即配偶、子女、父母都是被继承人最亲近的人，对被继承人的遗产比较了解，便于遗产的清点和管理，提高遗产处理的效率。（2）近三成半的地区有由家族中的德高望重者担任遗产管理人的习惯，其原因可能是这类人威望高，且不参与继承，可以更好地站在客观公正的立场履行好遗产管理职责。

关于遗产管理人的确定之我国立法，我国《继承法》无此规定。

从域外立法看，法国、德国、瑞士等国家都规定了遗产管理人的选任。在不同的国家，指定遗产管理人的机关不同，或为法院，或为行政机关。例如，《法国民法典》第812条规定，继承开始于其辖区内的大审法院，应利害关系人的请求，或应王国初级检察

---

① 参见《日本民法典》第957条。

② 参见《瑞士民法典》第555条。

③ 参见“王稿”第547条；“梁稿”第2001、2017条。

④ 参见“陈稿”第70条。

⑤ 参见“杨稿”第81条。

官（共和国检察官）的请求，任命一名财产管理人。《瑞士民法典》规定：当继承人长期不在且没有代理人，为维护其利益确有必要时，主管机构应当命令对遗产进行代管。例如，被继承人指定了遗嘱执行人的，则主管机构应当将遗产交由遗嘱执行人管理，被继承人的财产由监护人管理的，如果被监护人死亡，则由监护人管理其遗产，但主管机关另有命令的除外。①

从我国诸继承法学者建议稿看，其均对遗产管理人的确定提出了建议。例如，“王稿”和“陈稿”认为，遗嘱指定了遗产管理人的，由遗嘱指定的人担任遗产管理人，遗嘱未指定的，由所有继承人协商确定，协商不成的，具体情况下可由人民法院指定。② 此外，“张稿”第 24 条、“杨稿”第 72 条均对遗产管理人的选任进行了规定。

我们认为，我国欠缺遗产管理人的产生方式，此为立法之不足。对遗产管理人的选任，首先应考虑遗嘱人的意思表示，其次通过法定继承人推选，最后将法院指定遗产管理人作为选任遗产管理人的兜底方式。因此，上述海南省被调查者所在地区由法定继承人担任遗产管理人的民间习惯、域外立法和我国学者建议稿的观点可供我国立法参考。

（二）遗产管理人的职责与报酬之特点与原因分析

第一，关于遗产管理人职责的民众观念，统计数据显示，被调查者认为其主要职责包括：清查遗产，制作遗产清单（90.50%）；妥善保管遗产（92.64%）；可以原告或被告的身份参加因遗产引起的诉讼（62.23%）；查明被继承人生前的债权和债务，积极地追讨债权或清偿债务（60.33%）；定期制作遗产管理报告，向继承人报告遗产管理的情况（58.43%）；查明被继承人是否留有遗嘱，并且确定遗嘱是否真实合法（42.28%）（见表 10-13）。

以上特点之原因分析：海南省被调查者认为遗产管理人的职责有多样性，其原因可能是：(1) 遗产管理人最重要的职责就是管理好遗产，制作遗产清单，保障以遗产依顺序清偿债务并在利害关系人之间合理分配。(2) 遗产管理人的职责越多，就可以更全面地保障继承人、遗产债权人等遗产利害关系人的利益。

关于遗产管理人的职责之我国立法，我国《继承法》未作规定；仅在第 24 条规定存有遗产的人，应当妥善保管遗产，任何人不得侵吞或者争抢。

从域外立法看，根据《德国民法典》第 1985、1986 条的规定，遗产管理人应管理遗产，处理遗产债务清偿，遗产管理人向遗产债务人负责，准用继承人对原管理的责任、费用的偿还、遗产债务的清偿、申请开始支付不能程序的相关规定。遗产管理人在特定条件下才可以向继承人移交遗产。《瑞士民法典》第 551 条规定遗产的保全措施主要包括：在法律规定的情形下，应采取的封存遗产、编制财产目录、指定遗产管理人和开启遗嘱等措施。

从我国诸继承法学者建议稿看，如“梁稿”第 2003～2006 条规定，遗产管理人的职责主要包括妥善保管遗产、编制遗产清册、清偿遗产债务，报告财产状况、分割、移交遗产，参与有关遗产的诉讼等。“陈稿”第 8、9 条规定，遗产管理人的权利与义务包括以下七项：收集遗产，编制财产清册；在遗产管理期间忠实且谨慎地保护和管理遗产；发出

① 参见《瑞士民法典》第 554 条。

② 参见“王稿”第 549 条；“陈稿”第 7 条。

继承公告，催促相关债权人和债务人，申报遗产债权和债务；向继承人报告管理账目；清偿各种由遗产负担的费用、债务和税款；将剩余财产分配给继承人；负责与待继承遗产有关的起诉和应诉。

我们认为，我国欠缺遗产管遗产人职责的规定，此为立法之不足。因此，我国立法需要明确遗产管理人的职责规定，使遗产管理人在继承管理实践中得到法律的引导，进一步规范其行为，以利于督促遗产管理人积极履行职责，保障继承人和被继承人的债权人的利益，依法有效地处理遗产。因此，上述海南省被调查者遗产管理人的职责有多样性的民众观念、域外立法和我国学者建议稿的观点可供我国立法参考。

第二，关于遗产管理人报酬的民间习惯，统计数据显示，被调查者所在地区的习惯是：（1）继承人担任管理人不可以取得报酬的，占四成以上（41.57%）；（2）法院指定的管理人可以取得报酬的，占五成以上（52.49%）；（3）继承人选任的第三人担任的管理人，其中，一律可以取得报酬的，占近四成（38.24%），是否可以取得报酬由继承人决定的，占三成（30.17%）（见表10-14）。

以上特点之原因分析，根据关于遗产管理人是否取得报酬的民间习惯之理由（见表10-15），在海南省被调查者所在地区，（1）五成以上的地区有遗产管理人可以获得报酬的习惯，其原因是遗产管理人为管理遗产付出了劳动和时间；（2）四成以上的地区有遗产管理人不可获得报酬的习惯，其原因是管理遗产是继承人的义务；（3）三成的地区有遗产管理人是否取决报酬应由继承人决定的习惯，其原因是管理遗产的工作是由继承人委托。

关于遗产管理人的报酬之我国立法，我国《继承法》无此规定。

从域外立法看，一些国家明确规定了遗产管理人的报酬请求权。例如，《日本民法典》第29条规定，家庭法院根据管理人与不在者的关系及其他事由，可以从死者的财产中付给管理人相当的报酬。《德国民法典》第1987条明确规定，遗产管理人所执行之职务可以请求相当之报酬。

从我国诸继承法学者建议稿看，“梁稿”主张继承人和遗嘱执行人以外的人担任遗产管理人的，有权请求与其所执行职务相当的报酬。①“陈稿”主张遗产管理人在一定条件下享有报酬请求权。非继承人担任遗产管理人的，应支付相应的报酬，其报酬从遗产内支付，遗产不足时，由接受继承的继承人负担。②

我们认为，我国欠缺遗产管理人的报酬，此为立法之不足。因为无论遗产管理人是否是继承人，其管理和清点遗产的行为相对于其他继承人而言，付出了一定的劳动和心血，基于公平原则，遗产管理人应该获得与其劳力相对应的报酬。这样一方面在一定程度上可以通过调整报酬的高低减少家族内部无人员管理遗产现象的发生；另一方面有利于调动遗产管理人管理遗产的积极性。因此，上述海南省被调查者所在地区区别不同情况确定是否给予遗产管理人报酬的民间习惯、域外立法及我国学者建议稿的观点可供我国立法参考。

（三）遗产管理人的损害赔偿责任之特点与原因分析

关于遗产管理人的损害赔偿责任的民间习惯，统计数据显示，被调查者所在地区的习惯

① 参见“梁稿”第2003条。

② 参见“陈稿”第9条。

是：(1) 只有故意或重大过失才承担赔偿责任的占四成半以上（46.32%）；(2) 无论是故意或重大过失或一般轻过失的都要承担赔偿责任的占近五成（49.64%）(见表10-16)。

以上特点之原因分析：在海南省被调查者所在地区，四成半以上的地区有故意或重大过失遗产管理人才承担赔偿责任的习惯，其原因可能是：(1) 如果继承人担任遗产管理人，因其付出劳力和心血，且往往无报酬，故只有在故意或重大过失导致遗产重大损害时才需要承担赔偿责任。(2) 如果非继承人担任遗产管理人但未取得相应报酬，那么理应只有在故意或重大过失导致遗产重大损害时才需要承担赔偿责任。

关于遗产管理人的损害赔偿责任之我国立法，我国《继承法》无此规定。

从域外立法看，《法国民法典》规定，因受托人对其受委托的任务履行不力的情况下解除委托时，受托人可能有义务返还其作为报酬受领的款项之全部或一部分，且不影响损害赔偿。①《意大利民法典》第491条规定，在遗产管理中，享有遗产清单利益的继承人在管理遗产中存在重大过失的才承担责任。

从我国诸继承法学者建议稿看，"梁稿"规定，继承人和遗产管理人违反管理义务，对遗产债权人和受遗赠人造成损害的，应当承担赔偿责任。②"陈稿"规定："遗产管理人因故意或过失未尽遗产管理义务，从而造成遗产毁损或灭失的，应当承担损害赔偿责任。"③"王稿"规定："遗产管理人不当履行职责给遗产债权人造成损失的，遗产债权人可以要求遗产管理人承担民事责任。"④

我们认为，我国欠缺遗产管理人的损害赔偿责任，此为立法之不足。但对于遗产管理人的损害赔偿责任，可以借鉴保管合同中有关保管人责任的条款⑤来规定。如果是有偿管理，则采取严格的损害赔偿责任；如果是无偿管理，遗产管理人能证明自己无重大过失的，则不承担损害赔偿责任。因此，上述海南省被调查者所在地区有遗产管理人在故意或重大过失才承担赔偿责任的民间习惯、域外的立法及我国学者建议稿的观点均可供我国立法参考。

四、法定继承之特点与原因分析

(一) 法定继承人的范围与顺序之特点与原因分析

第一，关于法定继承人的范围与顺序的民众观念，统计数据显示，被调查者较认可的法定继承范围为：第一顺序为配偶（86.46%）、父母（63.66%）、儿子（70.78%）和女儿（64.85%）；第二顺序为孙子女（43.23%）、外孙子女（36.58%）、祖父母（44.42%）、外祖父母（38.24%）和兄弟（45.37%）、姐妹（44.42%）；第三顺序为侄子女（26.84%）、外甥子女（26.60%）、伯叔姑舅姨（25.89%），堂兄弟姐妹（27.32%）；第四顺序为表兄弟姐妹（21.14%）和其他亲属（0.71%）(见表10-17)。

第二，关于配偶与血亲继承人顺序的民众观念，在海南省被调查者中，(1) 认为配

---

① 参见《法国民法典》第812-5条第2款。

② 参见"梁稿"第2019条。

③ 参见"陈稿"第10条。

④ 参见"王稿"第551条。

⑤ 我国《合同法》第374条规定：保管期间，因保管人保管不善造成保管物毁损、灭失的，保管人应当承担损害赔偿责任，但保管是无偿的，保管人证明自己没有重大过失的，不承担损害赔偿责任。

偶应当为固定顺序的，即第一顺序：配偶、子女、父母；第二顺序：兄弟姐妹、祖父母外祖父母；第三顺序：侄子女、外甥子女；配偶有固定顺序，其属于第一顺位继承人的，占七成以上（71.15%）；（2）认为配偶应当为不固定顺序的，即第一顺序为子女，第二顺序为父母，第三顺序为兄弟姐妹、祖父母、外祖父母、兄弟姐妹的子女（侄子女、外甥子女为代位继承人），配偶无固定的继承顺序，可分别与第一、第二（或第三）顺序的法定继承人共同继承的，合计占近三成（28.85%）（见表10-18）。

以上特点之原因分析：（1）海南省被调查者认为应扩大法定继承人的范围、增加法定继承人的顺序，其原因可能是：其一，目前我国家庭结构的简化，家庭人口规模的减少，现在大多数家庭以一家三口为主，在现有法定继承人范围的情形下，较容易出现财产无人继承的情况，因此被调查者认为应扩大法定继承人的范围；其二，为了让家族财产不外流，扩大法定继承人的范围，尽可能让与死者有血缘关系的人参与继承。（2）关于配偶与血亲继承人的顺序，在海南省被调查者中：其一，七成以上的人认为配偶应当为固定顺序的，其原因可能是基于配偶间的亲密关系，且受我国立法之影响。其二，近三成的人认为配偶应当为不固定顺序的，其原因可能是考虑兼顾保护配偶与血亲继承人的继承利益。

关于法定继承人的范围与顺序之我国立法，我国《继承法》第10条规定，配偶、父母、子女为第一顺顺继承人，兄弟姐妹、祖父母、外祖父母为第二顺序继承人。继承开始后由第一顺序继承人继承，第二顺序继承人不继承，没有第一顺序继承人的，由第二顺序继承人继承。第11、12条分别规定：“被继承人的子女先于被继承人死亡的，由被继承人的子女的晚辈直系血亲代位继承。代位继承人一般只能继承他的父亲或者母亲有权继承的遗产份额。”“丧偶儿媳对公、婆，丧偶女婿对岳父、岳母，尽了主要赡养义务的，作为第一顺序继承人。”

从域外立法看，各国规定的法定继承人的范围都比较宽。例如，《俄罗斯联邦民法典》法定继承人的范围包括：长辈血亲止于被继承人的曾祖父母和外曾祖父母及表、堂祖父母，表、堂外祖父母的子女，晚辈血亲止于被继承人的表、堂孙子女的子女，此外还包括被继承人的继父、继母以及继承人之外受被继承人扶养的人等。①《德国民法典》规定了5个继承顺序，其血亲继承人范围是非常广泛，最大限度地避免了遗产无人继承而归属于国家的情形出现。②

从我国诸继承法学者建议稿看，普遍认为我国《继承法》关于法定继承人的范围过窄，继承顺序设置不合理，应该扩大法定继承人的范围，调整和完善法定继承人的继承顺序。至于扩大到哪些血亲，学者建议稿的观点不尽一致，主要有两种不同的立法建议：一是主张扩大到四亲等以内的血亲，如“杨稿”第57条、“梁稿”第1946条。二是主张只增加兄弟姐妹的子女（侄子女、外甥子女）作为法定继承人，如“张稿”第28条和“陈稿”第45条规定的继承人之范围和顺序如下：第一顺序为子女及其晚辈直系血亲；第二顺序为父母；第三顺序为兄弟姐妹及其子女；第四顺序为祖父母，包括父系祖父母和母系祖父母；配偶可以和任一顺序或前三顺序的血亲继承人共同继承。

---

① 参见陈苇、冉启玉：《完善我国法定继承人范围和顺序立法的思考》，载《法学论坛》2013年第2期，第54页。

② 参见《德国民法典》第1924~1929条。

我们认为，我国《继承法》规定的法定继承人的范围过窄，继承顺序过少，此为立法之不足。因此，应适当扩大法定继承人的范围，调整和增加法定继承人的顺序。上述海南省被调查者扩大法定继承人范围和增加法定继承顺序的民众观念、域外立法及“张稿”“陈稿”的观点可供我国立法参考。

（二）配偶与血亲继承人的法定应继份之特点与原因分析

关于配偶与血亲继承人的法定应继份的民众观念，统计数据显示，在被调查者中，认为配偶无固定继承顺序，可参与第一、第二（或第三）顺序且在不同顺序其应继份不同的，合计占五成半（55.61%）；认为配偶为固定顺序的继承人，与第一顺序的继承人共同继承并平均分配遗产的，占四成半（44.39%）（见表10-19）。值得注意的是，由前述关于法定继承顺序的调查统计数据可知，有七成以上（71.15%）的被调查者是赞成配偶固定为法定继承的第一顺序继承人的（见表10-18）。而关于法定应继份，却有五成半（55.61%）的被调查者主张配偶不固定继承顺序。也就是说，在实际分配遗产时，有占五成半的被调查者主张配偶不固定继承顺序，其应当与不同顺序的血亲继承人共同继承，且不同顺序其应继份不同。

以上特点之原因分析：在海南省被调查者中，（1）五成半的人认为配偶作为无固定顺序的继承人，可以与不同顺序的继承人共同继承遗产，且参与顺序不同，其份额也不所不同，其原因可能是兼顾保护配偶继承人与血亲继承人的利益。（2）四成半的人认为应将配偶作为第一顺序的法定继承人，其原因可能是受我国《继承法》规定的影响。

关于配偶与血亲继承人的法定应继份之我国立法，我国《继承法》第10条和第13条规定，配偶、子女、父母均为第一顺序，且同一顺序继承人继承遗产的份额，一般应当均等。对生活有特殊困难的缺乏劳动能力的继承人，分配遗产时，应当予以照顾。对被继承人尽了主要扶养义务或者与被继承人共同生活的继承人，分配遗产时，可以多分；有扶养能力和有扶养条件的继承人，不尽扶养义务的，分配遗产时，应当不分或者少分；继承人协商同意的，也可以不均等。

从域外立法看，关于配偶的继承顺序及其应继份额，大致有两种情况：一是将配偶固定列入第一继承顺序，由其与其他同一顺序的继承人均分遗产。例如，《韩国民法典》有此规定。①二是不固定配偶的继承顺序，将所有法定继承人分别列入不同的继承顺序，配偶可与某些顺序或任何一个顺序在先参加继承的血亲继承人共同继承，其应继份额因其参与继承顺序的不同而不同。再如，《瑞士民法典》规定，配偶无固定顺序，参与一、二、三顺序的继承。配偶与第一顺序继承人共同继承时，取得遗产的二分之一，与第二顺序继承人共同继承时，取得遗产的四分之三。父系或母系均无继承人的，配偶取得全部遗产。②此外，《日本民法典》第900条对此也有规定。可见，世界上大多数国家均将配偶列为无固定顺序法定继承人，只有少数国家将配偶列为固定顺序法定继承人。③

从我国诸继承法学者建议稿看，主要有两种观点：一种观点认为，配偶为无固定继承顺序，其可以与任何一个顺序在先参加继承的血亲继承人共同继承，其应继份额因其参与

① 参见《韩国民法典》第1003条。

② 参见《瑞士民法典》第462条。

③ 参见胡明玉、叶英萍：《法定继承人顺序和范围的立法修正》，载《海南大学学报人文社会科学版》2014年第2期，第77页。

继承的顺序不同而不同。例如，“张稿”规定，配偶与第一顺序血亲继承人共同继承时，各继承人应继份均等；配偶与第二顺序血亲继承人共同继承时，其应继份为遗产二分之一；配偶与第三顺序血亲继承人共同继承时，其应继份为遗产的三分之二；配偶与第四顺序血亲继承人共同继承时，其应继份为遗产的四分之三；无血亲继承人时，配偶继承全部遗产。[①] 另一种观点则认为，配偶有固定的继承顺序，且配偶为第一顺序继承人，与父母和子女平均分配遗产，如“梁稿”“王稿”“徐稿”“杨稿”[②]，这种观点与我国《继承法》的规定相一致。

我们认为，将配偶固定于第一继承顺序，在某些情况下可能会阻断遗产在被继承人其他血亲之间的传承，此为立法之不足。为了保障配偶继承权益，同时兼顾到其他血亲继承人的利益，将配偶作为无固定配偶的继承顺序，配偶可与某些或任何一个顺序在先参加继承的血亲继承人共同继承，其应继份额因其参与继承的顺序不同而不同，这更为合理。因此，关于配偶为不固定顺序且在不同顺序其应继份不同的上述海南省被调查者的民众观念、日本和瑞士的立法以及“张稿”“陈稿”的观点可供我国立法参考。

（三）配偶对遗产中家庭住房的先取权与终生使用权之特点与原因分析

关于配偶对遗产中家庭住房的先取权与终生使用权的民间习惯，统计数据显示，(1) 被调查者所在地区的习惯是：有此习惯的，占近八成半（84.38%）；无此习惯的，仅占一成半（15.62%）；(2) 关于配偶对遗产中家庭住房的先取或终生使用是否付费的民间习惯，在被调查者所在地区的习惯是：如果配偶有经济补偿能力则应当补偿费用的，占五成以上（52.30%）；配偶无须进行补偿的，占四成以上（43.83%）（见表10-20、表10-21）。

以上特点之原因分析：在海南省被调查者所在地区，(1) 近八成半的地区有配偶对遗产中家庭住房享有的先取权与终生使用权的习惯，其原因可能是配偶是被继承人的终生伴侣，长期相互依靠，共同生活，特别是当配偶和被继承人作为家里的长者，被继承人去世，理应优先保障配偶的利益，给予其应有的住房保障，保障其基本的生活需求；同时也彰显了子女孝敬父母的家庭美德。(2) 五成以上的地区有如果配偶有经济补偿能力则需要补偿费用的习惯，其原因可能是对于配偶因此获得的遗产价值超过其应当继承的遗产份额时，生存配偶应当适当向其他法定继承人进行补偿，这样能体现公平原则。

关于配偶对遗产中家庭住房的先取权与终生使用权之我国立法，我国《继承法》无此规定。

从域外立法看，关于配偶对遗产中家庭住房的先取权与终生使用权，《俄罗斯联邦民法典》明确规定：直至继承开始之日与被继承人共同生活的继承人，在遗产分割时享有作为其继承份额取得家居用品及日常生活用品的优先权。[③]《德国民法典》也规定了配偶之先取遗产权，即生存配偶与第二顺序血亲或与祖父母为共同继承人时，除其法定应继份外，并取得不属于土地从物之婚姻生活用具及结婚赠与物作为其先取遗产。生存配偶与第一顺序法定血亲继承人为共同继承人时，前段所定之遗产系处理适当家务所必需者，也归属于生存配偶。[④]

---

① 参见“张稿”第31条。

② 参见“梁稿”第1945、1955条；“王稿”第564条；“徐稿”第四分编第495条；“杨稿”第57条。

③ 参见《俄罗斯联邦民法典》第1169条。

④ 参见《德国民法典》第1932条。

从我国诸继承法学者建议稿看，如“张稿”第32条规定，配偶对遗产中供自己使用的住房和日常生活用品有先取权，此先取权不受清偿遗产债务的影响。如果配偶的先取物权超过其应继份，则以先取物权作为其应继份。“王稿”规定，被继承人的配偶尚生存且无自己的住房的，如果未继承被继承人的房屋，则对遗产中的住房享有用益物权。生存配偶需支付给继承该房屋的继承人不超过市价的租金，具体数额可以由双方协商，协商不成可以提起诉讼。①

我们认为，我国欠缺配偶对遗产中家庭住房的先取权与终生使用权，此为立法之不足。生存配偶应当享有对遗产中家庭住房的先取权与终生使用权，为体现公平精神，在配偶有经济补偿能力，且其他法定继承人生活贫困的条件下，可以适当进行补偿；除此情形之外，无须向其他法定继承人补偿。因此，关于配偶对遗产中家庭住房的先取权与终生使用权的上述海南省被调查者的民间习惯、域外立法以及我国学者建议稿的观点可供我国立法参考。

（四）后顺序特殊法定继承人对遗产中原使用的住房及日常生活用品的终生使用权之特点与原因分析

关于后顺序特殊法定继承人对特殊遗产的终生使用权的民间习惯，统计数据显示，（1）被调查者所在地区的习惯是：有此习惯的，占八成半（85.16%）；无此习惯的，占近一成半（14.84%）；（2）关于后顺序特殊法定继承人对特殊遗产的终生使用是否付费，被调查者所在地区的习惯是：无须付费的，占七成半以上（76.00%）；需要付费的，占二成半以上（24.00%）（见表10-22、表10-23）。

以上特点之原因分析：在海南省被调查者所在地区，八成半的地区有后顺序特殊法定继承人对特殊遗产的终生使用权的习惯、七成半以上的地区无须付费，其原因可能是：被调查者所在地区民风淳朴，尊老爱幼，优先考虑老年人的利益，保障其安度晚年生活。

关于后顺序特殊法定继承人对特殊遗产的终生使用权之我国立法，我国《继承法》未作规定。

从域外立法看，《德国民法典》第1969条规定，在继承开始后的30日内，继承人有义务向在被继承人死亡时属于被继承人家计并受其扶养的被继承人家属给予扶养费，并许可其使用住宅和家庭用具。

从我国诸继承法学者建议稿来看，如“张稿”规定，父母因顺序在后未参加继承的，对遗产中供其个人日常生活使用的住房和其他物品有终生使用权。②“陈稿”规定，依靠被继承人扶养的无遗嘱继承人没有参加继承的，对遗产中供其个人日常生活适用的物品和住房享有终生使用权和用益权。③

我们认为，我国欠缺后顺序特殊法定继承人对特殊遗产的终生使用权，此为立法之不足。基于人文关怀，我国应当对依靠被继承人扶养的缺乏劳动能力又没有生活来源的尊血亲，仅保留供其个人日常生活使用的物品和基本生活住房的终生无偿使用权即可，以保障其安度晚年生活。因此，关于后顺序特殊法定继承人对特殊遗产的终生使用权的上述海南

① 参见“王稿”第580条。

② 参见“张稿”第33条。

③ 参见“陈稿”第48条第2款。

省被调查者所在地区的民间习惯、域外立法及“张稿”“陈稿”的观点可供我国立法参考。

（五）尽了主要赡养义务的丧偶儿媳或女婿的遗产分配方式之特点与原因分析

关于尽了主要赡养义务的丧偶儿媳或女婿的遗产分配方式的民间习惯，统计数据显示，被调查者所在地区的习惯是：（1）其与被继承人其他子女共同继承并且平均分配遗产的，占四成半以上（46.72%）；（2）其不可与被继承人其他子女共同继承但其可分得适当的遗产的，即可酌分遗产的，占近五成（48.15%）（见表10-25）。

以上特点之原因分析：关于尽了主要赡养义务的丧偶儿媳或女婿的遗产分配方式，在海南省被调查者所在地区，（1）四成半以上的地区有赋予其继承权的习惯的，其原因可能是有利于鼓励丧偶儿媳和女婿赡养老人，保障失去子女的老人的晚年生活，且法律的规定也合情合理，应当遵循照办。（2）近五成的地区有赋予其酌情分配请求权的习惯的，其原因可能是受传统观念的影响，认为相对于配偶和其他血亲继承人，儿媳、女婿是姻亲，是外来人员，不可将他们与配偶及子女、父母等血亲继承人放在同一地位，应该根据他们的赡养情况，分得适当的财产。

关于尽了主要赡养义务的丧偶儿媳或女婿的遗产分配方式之我国立法，根据我国《继承法》第12条规定，丧偶儿媳对公婆或丧偶女婿对岳父母尽了主要赡养义务的，才可以作为第一顺序继承人，与其他第一顺序继承人共同继承遗产。1985年《执行继承法意见》第29规定：“丧偶儿媳对公婆、丧偶女婿对岳父、岳母，无论其是否再婚，依继承法第十二条规定作为第一顺序继承人时，不影响其子女代位继承。”第30条规定：“对被继承人生活提供了主要经济来源，或在劳务等方面给予了主要扶助的，应当认定其尽了主要赡养义务或主要扶养义务。”

从域外立法看，儿媳与公婆、女婿与岳父母之间是一种姻亲关系，没有血缘联系。从婚姻家庭法律关系上讲，他们相互之间并无扶养、赡养的权利义务。因此，许多国家的继承法一般都不赋予儿媳、女婿以继承权，无论丧偶与否都不能继承公婆或岳父母的遗产。①

从我国诸继承法学者建议稿看，对尽了主要赡养义务的儿媳或女婿的遗产分配方式分为三种观点。第一种是不赞同赋予丧偶儿媳和女婿以遗产继承权，认为姻亲不是继承发生的依据，且不利于遗产在配偶继承人与血亲继承人之间的公平分配。例如，“陈稿”。② 第二种是有条件地保留尽了主要赡养义务的丧偶儿媳和女婿的遗产继承权，认为只有在没有代位继承人时，尽了主要赡养义务的丧偶儿媳和女婿才可以作为第一顺位继承人参与继承，当有代位继承人时，只能作为酌分遗产请求权人。这样既可以鼓励丧偶儿媳或女婿承担赡养和照料老人的义务，又可以保障遗产在继承人之间公平分配，如“王稿”③。第三种是沿用现行立法，仍将其作为第一顺序的继承人，如此既符合我国尊老、敬老的道德传统，又有利于老年人的幸福生活，还有利于减轻社会负担。例如，“杨稿”④。

我们认为，我国《继承法》已经实施了30多年，多数条款的规定已经深入人心，形

① 参见于恩忠：《浅议丧偶儿媳和丧偶女婿的继承权》，载《政法论坛》1997年第6期，第27页。

② 参见“陈稿”第48条第2款。

③ 参见“王稿”第569条。

④ 参见“杨稿”第60条。

成习惯性的做法，所以不宜直接否定尽了主要赡养义务的丧偶儿媳和女婿的遗产继承权。但可以通过立法技术或者设定一些条件，调整其与代位继承制度的矛盾。因此，关于承认尽了主要赡养义务的丧偶儿媳或丧偶女婿为第一顺序法定继承人的上述海南省被调查者的民间习惯、"王稿"的观点可供我国立法参考。

五、遗嘱继承之特点与原因分析

（一）公证遗嘱与其他形式遗嘱的效力之特点与原因分析

关于公证遗嘱与其他形式遗嘱适用效力的民众观念，统计数据显示，在被调查者中，(1) 认为后遗嘱应当优先于前一遗嘱（包括公证遗嘱）适用的，合计占七成半(75.78%)；(2) 认为公证遗嘱应当优先适用的，占近二成半（24.22%）(见表10-26)。

以上特点之原因分析：根据关于公证遗嘱与其他形式遗嘱适用效力的民众观念之理由(见表10-27)，(1) 认为后遗嘱应当优先于前一遗嘱（包括公证遗嘱）适用之理由是后遗嘱更能反映遗嘱人最后真实意愿；(2) 认为公证遗嘱应当优先适用之理由是，公证遗嘱的程序规范，具有较强的公示公信力和证明效力。

关于公证遗嘱与其他形式遗嘱的适用效力之我国立法，我国《继承法》第20条规定："遗嘱人可以撤销、变更自己所立的遗嘱。立有数份遗嘱，内容相抵触的，以最后的遗嘱为准。自书、代书、录音、口头遗嘱，不得撤销、变更公证遗嘱。"1985年《执行继承法意见》第42条规定："遗嘱人以不同形式立有数份内容抵触的遗嘱，其中有公证遗嘱的，以最后所立公证遗嘱为准；没有公证遗嘱的，以最后所立的遗嘱为准。"

从域外立法看，一些国家对遗嘱形式的规定各有不同。《俄罗斯联邦民法典》规定，在多份遗嘱相抵触的情况下，后来的遗嘱如未明确说明废止原来的遗嘱或原来遗嘱中某些内容，则完全废止原来的遗嘱或废止其与后来遗嘱相抵触的部分。[①]《韩国民法典》规定了公证遗嘱、自书遗嘱、口头遗嘱、录音遗嘱和秘密遗嘱5种遗嘱形式；前后的遗嘱相抵触或立遗嘱后的生前行为与遗嘱相抵触的，就该相抵触部分的前遗嘱，视为撤回。即对于不同遗嘱的效力，以最后时间成立的遗嘱为准。[②]

从我国诸继承法学者建议稿看，对公证遗嘱与其他形式遗嘱并存的适用效力问题，可分为两种观点。第一种是赞同根据遗嘱成立时间的先后来确定其效力，只要遗嘱的订立符合法律规定的条件。例如，"梁稿"规定，遗嘱人立有数份遗嘱，且内容相抵触的，以最后的遗嘱为准；遗嘱人生前的行为与遗嘱的内容相抵触的，遗嘱就相抵触的部分视为撤销；遗嘱人故意销毁遗嘱的，视为撤销遗嘱。第二种是沿用现行立法，认为公证遗嘱应具有优先效力。例如，"王稿"规定，遗嘱人立有数份遗嘱，内容相抵触的，有公证遗嘱的，以公证遗嘱为准，无公证遗嘱的，以最后设立的遗嘱为准。[③]

我们认为，我国公证遗嘱比其他形式的遗嘱具有优先适用的效力，此为立法之不足。因为法律应当尊重遗嘱人的意思自治，并赋予其同等的法律效力，而不应强行规定公证遗嘱有最高效力。[④] 因此，关于后遗嘱优先于前一遗嘱适用的上述海南省被调查者的民众观

---

① 参见《俄罗斯联邦民法典》第1130条。

② 参见《韩国民法典》第1109条。

③ 参见"王稿"第604~606条。

④ 吴国平：《我国遗嘱继承制度的不足与完善》，载《南通大学学报·社会科学版》2001年第1期，第46页。

念、域外立法以及我国学者建议稿的观点均可供我国立法参考。

（二）遗嘱自由的限制——特留份之特点与原因分析

关于遗嘱处分个人财产是否应予限制的民众观念，统计数据显示，对于被继承人以遗嘱将个人遗产全部赠给他人的做法，被调查者中，（1）认为该行为不适当，即应对遗嘱的自由予以限制的占七成（70.02%）；（2）认为该行为适当，即不应对遗嘱的自由予以限制的占近三成（27.81%）（见表10-28）。

以上特点之原因分析：根据关于以遗嘱将个人遗产全部赠给他人的民众观念之理由（见表10-29），在海南省被调查者中，（1）七成的人认为该行为不适当，其原因是该做法会造成家庭财产外流，不利于保障被继承人的生存配偶及其子女的生活，同时也不符合风俗习惯，为常人所难接受；（2）近三成的人认为该行为是适当，其原因是被继承人对自己的财产享有自由处分的权利，其他人无权干涉。

关于特留份制度之我国立法，我国《继承法》无此规定。但我国《继承法》第16条第2、3款规定："公民可以立遗嘱将个人财产指定由法定继承人的1人或数人继承。公民可以立遗嘱将财产赠给国家、集体或者法定继承人以外的人"。第19条规定："遗嘱应当对缺乏劳动能力又没有生活来源的继承人保留必要的遗产份额。"此外，1985年《执行继承法意见》第37条规定："遗嘱人未保留缺乏劳动能力又没有生活来源的继承人的遗产份额，遗产处理时，应当为该继承人留下必要的遗产，所剩余的部分，才可参照遗嘱确定的分配原则处理。"

从域外立法看，许多国家的继承法普遍都确立了遗嘱自由原则。例如，《法国民法典》规定，不问生前赠与或遗赠，如处分人即赠与人或遗赠人，仅有婚生子女1人时，其赠与或遗赠不得超过其所有财产的半数；如有婚生子女2人，不得超过三分之一；如有婚生子女3人或3人以上时，不得超过四分之一。[①] 依英国1975年《遗产法（家庭和被扶养人条款）》的规定，法院可依据死者的财产，对某些特定的家庭成员或被扶养的人作出经济扶养的判决，但必须以死者没有根据其遗嘱或根据无遗嘱继承的法律为他们作出合理的经济扶养为前提。[②]

从我国诸多继承法学者建议稿看，关于特留份的观点有三类：一是主张我国的遗嘱继承立法应当抛弃个人本位的必留份制度，采取世界上大多数国家都普遍使用的家庭本位的特留份制度，如"梁稿"规定，特留份继承人为第一顺序、第二顺序法定继承人。第一顺序法定继承人的特留份为其应继份的二分之一；第二顺序法定继承人的特留份为其应继份的三分之一。[③] 二是主张我国应当坚持《继承法》秉持"扶养"理念的必留份模式，而不应当采取特留份制度。但应当对必留份制度进行修改，应适当扩大必留份权利人的范围；明确确定必留份份额时应当考量的具体相关因素；增加遗产处理过程中临时保护措施以及反规避必留份制度的保障措施，如"张稿"。[④] 三是增设特留份制度，并且修正必留份制度，将必留份制度适用于"依靠被继承人扶养者"，如"陈稿""杨稿"。[⑤]

---

① 参见《法国民法典》第913条。

② 参见陈苇主编：《外国继承法比较与中国民法典继承编制定研究》，北京大学出版社2011年版，第307页。

③ 参见"梁稿"第1961~1964条。

④ 参见"张稿"第38条。

⑤ 参见"陈稿"第48条第2款；"杨稿"第48~50条。

我们认为，我国欠缺特留份制度，此为立法之不足。因为增设特留份制度，一方面可以使家庭财产不至于全部外流，另一方面可以使配偶、子女等直系血亲的生活有一定的保障，使之符合人之常情，利于家庭和谐和社会稳定。因此，关于对遗嘱的自由必须予以适当的限制的上述海南省被调查者的民众观念、德国的立法以及“陈稿”和“杨稿”的观点可供我国立法参考。

（三）夫妻共同遗嘱之特点与原因分析

关于夫妻共同遗嘱的民众观念与习惯，统计数据显示，（1）在被调查者的观念中，持赞同态度的，占七成半以上（77.14%），持不赞同态度的，占二成以上（22.86%）。（2）被调查者所在地区的习惯是：有夫妻共同遗嘱习惯的，仅占二成以上（23.75%）；无夫妻共同遗嘱习惯的，占七成半以上（76.25%）（见表10-30、表10-32）。

以上特点之原因分析：根据关于夫妻共同遗嘱的民众观念之理由（见表10-31），在海南省被调查者中，（1）七成半的人持赞成态度、二成以上的地区有此习惯的，其原因是该遗嘱反映了双方的共同意愿故应为双方遵守；（2）二成以上的人持不赞同态度、七成的地区无此习惯的，其原因是该遗嘱无法应对出现的新情况和新问题且限制了双方对各自财产的处分权。

关于夫妻共同遗嘱之我国立法，虽然我国《继承法》并未加以规定，但基于遗嘱自由原则，夫妻之间设立共同遗嘱并不违法。

从域外立法看，一些国家的民法对夫妻共同遗嘱的效力持有两种截然不同的态度。第一种是明文禁止共同遗嘱包括夫妻共同遗嘱。例如，《法国民法典》第968条规定，禁止二人或二人以上以同一文书，为第三人利益或相互处分遗产的名义订立遗嘱。第二种是认可夫妻共同遗嘱并做出相关规定。例如，《德国民法典》第2269条规定，配偶在共同遗嘱中相互指定为继承人的，规定生存配偶死亡后，双方遗产归属于第三人的，有疑义时，必须认为，该第三人就全部遗产被指定为最后死亡的配偶的继承人。

从我国诸继承法学者建议稿看，有两种不同的观点：第一种是“肯定说”，如“杨稿”夫妻可以设立共同遗嘱，共同遗嘱的效力以配偶一方死亡前婚姻关系存续为前提。在共同遗嘱中，夫妻互相指定对方为继承人的，自配偶一方死亡时生效。配偶一方撤回指定的，另一方的指定也失效。夫妻可以通过共同遗嘱共同指定遗嘱继承人或受遗赠人。[①]第二种是“否定说”，如“王稿”规定，两人以上不得订立同一遗嘱。[②]

我们认为，我国立法未规定夫妻共同遗嘱，此为立法之不足。因为夫妻共同遗嘱是双方合意处理财产的行为，应遵从当事人的意愿。故有必要确立其法律地位，规定夫妻共同遗嘱这一特殊的遗嘱形式。关于承认夫妻共同遗嘱效力的上述海南省被调查者的民众观念、德国的立法以及“杨稿”的观点可供我国立法参考。

六、继承和遗赠的接受与放弃之特点与原因分析

（一）继承的接受与放弃的时间与方式之特点与原因分析

关于继承的接受与放弃的时间之民众观念，统计数据显示，在被调查者中，（1）认

---

① 参见“杨稿”第37条。

② 参见“王稿”第597条。

为继承人放弃继承应在遗产处理前做出意思表示的，占六成半以上（66.10%）；（2）认为继承人放弃继承应在知道继承开始的2个月内做出表示的，仅三成以上（33.90%）（见表10-33）。

以上特点之原因分析：根据关于继承人放弃继承的时间的民众观念之理由（见表10-34），在海南省被调查者中，（1）六成半以上的认为继承人应在遗产处理前做出放弃继承意思表示之理由是，这样既不影响其他继承人的利益，又能保证继承人行使放弃继承的权利；（2）三成以上的人认为继承人应在知道继承开始的2个月内做出放弃继承的表示之理由是，2个月的时间较为合适，可以让继承人有一定的时间去考虑是否放弃继承权，同时又可以督促继承人积极行使权利。

关于继承的接受与放弃的时间与方式之我国立法，我国《继承法》第25条第1款规定："继承开始后，继承人放弃继承的，应当在遗产处理前，作出放弃继承的表示。没有表示的，视为接受继承。"此外，1985年《执行继承法意见》第47条规定："继承人放弃继承应当以书面形式向其他继承人表示。用口头方式表示放弃继承，本人承认，或有其它充分证据证明的，也应当认定其有效。"第48条规定："在诉讼中，继承人向人民法院以口头方式表示放弃继承的，要制作笔录，由放弃继承的人签名。"第49条规定："继承人放弃继承的意思表示，应当在继承开始后、遗产分割前作出。遗产分割后表示放弃的不再是继承权，而是所有权。"

从域外立法看，多数国家规定，接受与放弃继承的表示必须在继承开始后一定的时间内，以法定方式作出。例如，《日本民法典》规定，继承人自知悉自己有继承开始时起3个月内，应作出接受或者放弃继承的表示。[①]《德国民法典》规定："若继承人未在法定期间内表示拒绝或接受遗产，则视为遗产已被接受。继承人拒绝接受继承的意思表示只能在六个星期内作出。"[②]

从我国诸继承法学者建议稿看，关于作出接受与放弃继承的意思表示的方式和时间，学者建议可分为以下几类：第一，自继承人知道自己为应召继承人时起，或者自遗嘱开启时起2个月内，继承人可以声明放弃继承或者以制作遗产清单的方式接受继承，继承人在国外的，放弃继承的期限应为6个月。继承人没有在上述期限内提出声明接受继承或放弃继承，也没有以制作遗产清册的方式接受继承，放弃继承的声明必须以书面形式向人民法院作出，如"陈稿"。[③] 第二，继承人放弃继承的，应当在知道继承开始后2个月内以书面形式作出放弃继承的意思表示；逾期未表示的，视为接受继承，如"梁稿"。[④] 第三，必须在自知道或者应当知道继承开始并有资格继承遗产之日起3个月内作出，逾期未表示或者已经接受遗产分配的，视为接受继承，如"杨稿"。[⑤]

我们认为，关于接受和放弃继承的时间与方式，我国放弃继承的期限过长且方式未做具体规定，此为立法之不足。为了保护被继承人的债权人和其他继承人的利益，理应明确规定继承人放弃继承的合理期间和方式。因此，上述海南省被调查者主张继承开始后两个

---

① 参见《日本民法典》第915条。

② 参见《德国民法典》第1943~1944条。

③ 参见"陈稿"第11条、第12条第2款。

④ 参见"梁稿"第2008、2012条。

⑤ 参见"杨稿"第12条。

月内做出继承的接受与放弃的民众观念、日本的立法和我国学者建议稿的观点可供我国立法参考。

（二）遗赠的接受与放弃的方式与效力之特点与原因分析

关于遗赠的接受与放弃的方式和效力的民众观念与习惯，统计数据显示，（1）在被调查者的观念上，认为受遗赠人未作表示应认定为接受遗赠的，占七成以上（72.21%）；认为受遗赠人未作表示应认定为放弃遗赠的，占近三成（27.79%）；（2）被调查者所在地区的习惯是：接受遗赠必须以明示方式，即未作表示是放弃遗赠的，占近四成（39.54%）；受遗赠人未作表示即视为接受遗产的，占近六成（59.89%）（见表10-36、表10-38）。

以上特点之原因分析，根据关于遗赠的接受与放弃的方式与效力的民众观念之理由，在海南省被调查者中，（1）七成以上的人认为受遗赠人未作表示应推定为接受遗赠、近六成的地区有此习惯的，其原因是接受遗赠是一种纯获利行为的，占二成半（25.00%）；（2）近三成的人认受遗赠未作表示应推定为放弃遗赠、近四成的地区有此习惯的，其原因是这与现行法规定一致，占七成半（75.00%）。

关于遗赠的接受与放弃的方式和效力之我国立法，我国《继承法》第25条第2款规定："受遗赠人应当在知道受遗赠后两个月内，作出接受或者放弃受遗赠的表示。到期没有表示的，视为放弃受遗赠。"此规定表明，受遗赠人需要在规定的时间内以明示的方式接受遗赠，到期未作出意思表示的即视为放弃受遗赠。

从域外立法看，一些国家对遗赠的接受与放弃规定有所不同。例如，《日本民法典》规定，受遗赠人于遗嘱人死后，可以随时放弃遗赠。遗赠义务人及其他利害关系人可以约定相当的期间，催告受遗赠人于期间内作出承认或放弃遗赠的表示，若未在期间内作出意思表示，则视为接受遗赠。[①]《葡萄牙民法典》规定，有关接受及放弃遗产之规定适用于遗赠。即遗赠的接受得以明示或默示为之，且遗赠接受与放弃不得附条件或期限。[②]

从我国诸继承法学者建议稿看，关于遗赠的接受或放弃应以何种方式表示，现有观点可分为如下几类：第一，沿用现有法律规定，即应在知道受遗赠后两个月内作出接受的意思表示，逾期未表示视为放弃，如"王稿"[③]；第二，受遗赠人在知道或者应当知道受遗赠后未作出放弃表示的，视为接受遗赠；接受遗赠后，取得遗赠财产之前，可以放弃受遗赠，如"杨稿"[④]；第三，"受遗赠人表示放弃遗赠的意思表示应该在知道或应当知道受遗赠后1年内作出，1年内未作出的视为接受遗赠；遗赠义务人及其他利害关系人可以催告受遗赠人在两个月内作出接受或放弃的表示，受遗赠人在此期间没有表示的，视为接受遗赠"，如"陈稿"。[⑤]

我们认为，我国对于遗赠的接受与放弃的方式与效力之规定存在不足。因为遗赠属于单方的法律行为，当被继承人作出遗赠时遗赠即成立并在被继承人死亡后生效。故受遗赠人如拒绝接受遗赠，应在法定期间内明确作为放弃遗赠的意思表示。如未作表示的，视为

① 参见《日本民法典》第986、987条。

② 参见《葡萄牙民法典》第2249、2055、2056、2064条。

③ 参见"梁稿"第554页。

④ 参见"杨稿"第12条。

⑤ 参见"陈稿"第59条。

接受遗赠，既是对被继承人意志的尊重，也是对受遗赠人权利的保护，更为合理。因此，上述海南省被调查者认为受遗赠人未作表示应认定为接受遗赠的民众观念和民间习惯、域外立法以及“陈稿”“杨稿”的观点可供我国立法参考。

（三）继承的放弃与债权人的撤销权之特点与原因分析

关于债权人是否可以撤销继承人放弃继承的行为之民众观念，统计数据显示，在被调查者中，（1）认为可以被撤销的，占五成以上（53.11%）；（2）认为不可以被撤销的，占四成半以上（46.89%）（见表10-39）。

以上特点之原因分析：在海南省被调查者中，（1）四成半以上的人认为债权人可以撤销放弃继承行为，其原因可能是考虑到放弃继承对债权人的不利影响；（2）五成以上的人认为债权人可以撤销放弃继承行为，其原因可能是对继承人意愿的尊重和其他继承人利益的维护。

关于继承的放弃与债权人的撤销权之我国立法，虽然我国《继承法》无规定，但1985年《执行继承法意见》第46条规定：“继承人因放弃继承权，致使不能履行法定义务的，放弃继承权的行为无效。”

从域外立法看，《瑞士民法典》规定，债务超过继承财产的继承人，以妨害债权人的利益为目的而抛弃继承权时，债权人可以在6个月内提起撤销抛弃继承权之诉，债权得到担保的除外。①《意大利民法典》规定，放弃继承损害债权人利益的，该债权人可以为了用遗产进行清偿，请求准许以放弃继承的人的名义和顺序接受遗产，但是以满足债权额为限。债权人请求准许以放弃继承的人的名义和顺序接受遗产的权利，自放弃继承之日起经过5年不行使而消灭。②

从我国诸继承法学者建议稿和相关论文看，对继承人放弃继承的行为是否可以被债权人撤销的规定可分为以下几类：第一，“肯定说”认为，继承人放弃继承损害其债权人利益的，债权人得向法院申请放弃继承无效的裁定，继承人提供担保的除外，如“王稿”第562条和“梁稿”第2012条。第二，“否定说”认为，放弃继承行为因具有身份行为的性质，不能允许继承人之债权人撤销。因为现代社会不允许“强制继承”，而且继承人放弃继承并未损害自己的固有财产（债权人的责任财产），所以，继承人放弃继承的行为不能被撤销。③

我们认为，第一，民事活动中当事人的真实意思表示应当被优先保护，故对于因欺诈、胁迫、乘人之危或重大误解而作出的意思表示应当可以撤销，但出于对遗产归属稳定性以及其他遗产继承人信赖利益的保护，当经济情况严重恶化时不宜撤销先前的意思表示，但是当事人均同意撤销的情况除外。第二，当继承人放弃继承的行为损害到债权人利益的时候，对此债权人可以撤销的原因在于，放弃继承是对既得财产权利的放弃。我国实行当然继承主义，即继承开始后，除继承人明确表示放弃外，继承人当然取得遗产，故放弃继承是对既得财产权利的放弃，类似于债权人撤销“无偿转让财产”的情形，当放弃继承危及债权人债权时，债权人当然可以行使撤销权保障其债权。因此，允许债权人撤销

① 参见《瑞士民法典》第578条。

② 参见《意大利民法典》第524条。

③ 参见陈苇、王巍：《论放弃继承行为不能成为债权人撤销权的标的》，载《甘肃社会科学》2015年第5期，第165页。

继承人放弃继承的行为有利于保护债权人的合法利益，从而维护社会秩序的稳定。因此，上述海南省被调查者认为放弃继承的行为可以被债权人撤销的民众观念、瑞士和意大利的立法以及“王稿”和“梁稿”的观点可供我国立法参考。

七、继承权的丧失、被继承人宥恕与代位继承之特点与原因分析

（一）继承权的丧失与被继承人宥恕之特点与原因分析

关于继承权的丧失与被继承人宥恕的民众观念，统计数据显示，关于因欺诈、胁迫行为丧失继承权的，如获得被继承人谅解其继承权是否可以恢复，在被调查者中，（1）认为可以恢复的，占六成半（65.63%）；（2）认为不可以恢复的，占近三成半（34.37%）（见表10-40）。

以上特点之原因分析：对于因欺诈、胁迫行为的继承人丧失继承权的，如获得被继承人谅解的情况下其继承权是否可以恢复，在海南省被调查者中，（1）六成半的人认为可以恢复，其原因可能是遗产本来就属于被继承人，被继承人有处分自己遗产的自由，只要被继承人谅解了，便应当尊重被继承人的意愿，不能剥夺继承人的继承权。（2）近三成半的人认为不可以恢复，其原因可能是继承人的行为已造成了恶劣影响，即使被继承人原谅也不可以恢复。

关于继承权的丧失与被继承人宥恕之我国立法，我国《继承法》第7条规定：“继承人有下列行为之一的，丧失继承权：（一）故意杀害被继承人的；（二）为争夺遗产而杀害其他继承人的；（三）遗弃被继承人的，或者虐待被继承人情节严重的；（四）伪造、篡改或者销毁遗嘱，情节严重的。”1985年《执行继承法意见》第13条规定：“继承人虐待被继承人情节严重的，或者遗弃被继承人的，如以后确有悔改表现，而且被虐待人、被遗弃人生前又表示宽恕，可不确认其丧失继承权。”

从域外立法看，相比较而言，对于继承权丧失法定事由，瑞士和德国限制最严，范围最小，仅仅包括杀害被继承人和严重妨碍被继承人行使遗嘱处分权的情形。[①] 就严重妨碍被继承人行使遗嘱处分权的情形，国外许多国家也将此种情形列入丧失继承权的事由之一，如《日本民法典》第891、894条规定，以诈欺或胁迫，妨碍被继承人订立、撤销或变更关于继承的遗嘱者，以诈欺或胁迫，使被继承人订立、撤销或变更关于继承的遗嘱者，不得成为继承人；被继承人可以随时请求法院撤销推定继承人的废除。再如，《瑞士民法典》第540条规定：“采用欺诈、威胁、暴力等手段，促使或阻止被继承人进行遗嘱处分或取消处分的人没有资格成为继承人，或依据死因处分而取得任何财产。如果取得了被继承人的宽恕，可以重新取得继承资格。”

从我国诸继承法学者建议稿看，关于被继承人的谅解能否构成继承权恢复主要观点分为以下几类：第一，继承人为争夺遗产杀害其他继承人而丧失继承权的情形外，其他情形下均为相对丧失，即继承人有悔改表现并且被继承人生前表示宽恕的，可以不丧失继承权，如“梁稿”。[②] 第二，除继承人故意不法杀害被继承人和为争夺遗产杀害其他继承人

① 参见郭明瑞、房绍坤、关涛：《继承法研究》，中国人民大学出版社2003年版，第21页。

② 参见“梁稿”第1841条。

而丧失继承权的情形外，其他情形下均为相对丧失，如“杨稿”。[①] 第三，所有丧失继承权的法定情形均可以作为相对丧失继承权，因被继承人的宽恕而恢复，如“陈稿”。[②]

我们认为，我国对相对丧失继承权范围的规定过于狭窄，此为立法之不足。继承人以欺诈或胁迫手段，迫使或妨碍被继承人设立、变更或者撤销遗嘱，情节较为严重的，应当列入丧失继承权的法定事由之一。但当被继承人愿意谅解时，应当恢复继承人的继承权，因为继承权的丧失与恢复属于民事私权领域，法律不应给予太多干涉。但是为了维护社会公共秩序和善良风俗，发挥法律惩恶扬善的作用，对于“故意杀害被继承人的”以及“为争夺遗产而杀害其他继承人”的严重犯罪行为，应该构成继承权的绝对丧失，即便得到被继承人的谅解，也不能恢复其继承权。因此，关于继承权的丧失与被继承人的宥恕，即对于因欺诈、胁迫行为的继承人丧失继承权的，如获得被继承人谅解，上述海南省被调查者认为其继承权可以恢复的民众观念、日本和瑞士的立法以及我国学者建议稿的观点可供我国立法参考。

（二）继承权的丧失与代位继承之特点与原因分析

关于继承权的丧失与代位继承的民众观念与习惯，统计数据显示，关于继承权丧失的人其晚辈直系血亲可否代位继承，（1）在被调查者的观念中，认为可以代位继承的，占近五成（49.76%）；认为不可以代位继承的，占五成（50.24%）；（2）被调查者所在地区的习惯是：可以代位继承的，占近六成半（64.70%）；不可以代位继承的，占三成半（35.29%）（见表10-41、表10-43）。

以上特点之原因分析：根据关于继承权丧失后其代位继承人可否代位继承的民众观念之理由（见表10-42），在海南省被调查者中，对于被代位人丧失继承权后是否可以代位继承，（1）五成的人认为不可以代位继承、三成半的地区有此习惯的，其原因是被代位继承人丧失继承权将导致其晚辈直系血亲代位继承的前提消失；（2）近五成的人认为可以代位继承、近六成半的地区有此习惯的，其原因是晚辈直系血亲是独立的民事主体，可以孙子女本人固有继承人的身份进行继承，与被代位继承人丧失继承权没有关系。

关于继承权的丧失与代位继承之我国立法，我国《继承法》第11条规定：“被继承人的子女先于被继承人死亡的，由被继承人的子女的晚辈直系血亲代位继承。代位继承人一般只能继承他的父亲或者母亲有权继承的遗产份额。”1985年《执行继承法意见》第28条规定：“继承人丧失继承权的，其晚辈直系血亲不得代位继承。如该代位继承人缺乏劳动能力又没有生活来源，或对被继承人尽赡养义务较多的，可适当分给遗产。”可见，我国立法采取的是“代表权说”。

从域外立法看，不少国家的立法均规定，继承人丧失继承权后其直系亲属仍可以代位继承。例如，《日本民法典》规定：“被继承人的子女，在继承开始之前已经死亡，或者适用于第891条的规定，抑或因废除而丧失其继承权时，由被继承人的子女代袭为继承人。但并非被继承人的直系卑亲属的人，不在此限。”[③]《瑞士民法典》规定：“如果继承权被剥夺，按照其先于被继承人死亡之情形进行相同的处理，即其直系血亲卑亲属有权继

① 参见“杨稿”第16条。

② 参见“陈稿”第17条。

③ 参见《日本民法典》第887条第2款。

承自己的特留份。丧失继承资格的人，其直系卑亲属可以对被继承人进行继承；其情形与丧失继承资格的人先于被继承人死亡的情形同。”① 又如，《葡萄牙民法典》规定：“属依法继承者，失格之人无继承能力不影响其直系血亲卑亲属之代位继承权。”②

从我国诸继承法学者建议稿看，“梁稿”规定，被继承人的子女在继承开始前死亡或者丧失继承权的，由被继承人子女的直系血亲卑亲属代位继承。③“陈稿”认为继承人丧失继承权的，其晚辈直系血亲仍得代位继承，但该继承人不得对其子女代位继承的遗产享有用益权。④“杨稿”认为被继承人的子女先于被继承人死亡、丧失继承权或者放弃继承权的，由被继承人的子女的晚辈直系血亲代位继承。⑤

我们认为，我国被代位继承人丧失继承权的其子女不可代位继承，此为立法之不足。代位继承人的继承权来自其自身的继承人资格，而不是被代位人的继承权，当被代位继承人丧失继承权的，应当允许代位继承，对丧失继承权人的惩罚不应株连其无辜的晚辈直系亲属，同时避免遗产无人继承。⑥ 因此，关于被代位继承人丧失继承权的其子女可代位继承的上述海南省被调查者的民众观念和民间习惯、域外立法和我国学者建议稿的观点均可供我国立法参考。

八、继承协议之特点与原因分析

（一）继承协议的订立主体与方式之特点与原因分析

关于继承协议的订立主体与方式的民众观念与习惯，统计数据显示，（1）关于继承协议的订立，在被调查者的观念中，认可由被继承人与全体法定继承人共同订立的，占六成以上（62.83%）；认可由被继承人与扶养义务人共同签订的，占一成半以上（17.47%）；认可由共同继承人之间签订而无须被继承人知晓或同意的，占近二成（19.70%）（见表10-44）。（2）关于是否听说过或经历过签订继承协议，被调查者所在地区的习惯是：听说过或经历过的，占五成以上（51.54%）；没有听说或经历过的，占近五成（48.46%）（见表10-46）。（3）关于听说过或经历过签订继承协议的方式，被调查者所在地区的习惯是：由被扶养人与扶养义务人共同签订的，占二成（20.89%）；由被继承人与全体法定继承人共同订立的，占五成以上（51.74%）；由共同继承人之间签订而无须受扶养人参与的，占二成半以上（27.37%）（见表10-47）。

以上特点之原因分析：根据关于继承协议的订立主体与方式的民众观念之理由（见表10-45），在海南省被调查者中，（1）对于继承协议的订立：其一，六成以上的人认为应由被继承人和全体法定继承人共同订立、五成以上的地区有此习惯的，其原因是这可以尊重共同继承人之间的协议约定；其二，一成半以上的人认为应由被扶养人与扶养义务人共同签订、二成的地区有此习惯的，其原因是扶养人才是尽了主要赡养义务的主体，即其

---

① 参见《瑞士民法典》第478条第3款、第541条第2款。

② 参见《葡萄牙民法典》第2037条第2款。

③ 参见“梁稿”第1940条。

④ 参见“陈稿”第17条。

⑤ 参见“杨稿”第11条。

⑥ 参见孙毅：《继承法修正中的理论变革与制度创新——对〈继承法修正草案建议稿〉的展开》，载《北方法学》2012年第5期。

与被扶养人才是继承协议的双方当事人。(2) 占五成以上的海南省被调查者所在地区有听说过或经历过签订继承协议之习惯，其原因可能是现实生活中被扶养人有与其法定继承人签订继承协议的需要，故现实生活中仍有继承协议签订的习惯。

关于继承协议之我国立法，我国《继承法》无此规定。

从域外立法看，对继承协议的立法态度分为两类：一是持禁止态度。例如，《法国民法典》规定，任何人不得预先放弃未开始的继承，也不得就类似的继承订立条款。① 二是持肯定态度。例如，《德国民法典》对于继承协议从订立、撤销到废止作了极其详细的规定，其规定继承协议须由合同双方均在场的情况下订立，且应经过公证。②《瑞士民法典》也对继承协议作出了规定，即继承协议的签订要求被继承人须为具有完全民事行为能力的成年人；形式上要求必须采用公证遗嘱的方式，即继承协议当事人在作出意思表示时必须有公证官员及两名证人在场并签署证书。③

从我国诸继承法学者建议稿看，“陈稿”规定，自然人、法人和其他组织，可以与被继承人签订继承合同。继承合同的当事人必须具有完全民事行为能力。订立合同时必须双方意思表示真实。合同的内容不得违反法律和社会公共利益。继承合同的订立，必须采取书面形式，应当有两名以上无利害关系的见证人在场或进行公证。④ “张稿”第 54 条和“杨稿”第 69 条对此也有规定。

我们认为，继承协议往往会免除一个或几个继承人的赡养义务，这与赡养义务不可约定排除相矛盾。赡养义务是法定义务，是每个子女应尽的义务，不能以排除其继承权为由而免除。子女对父母的赡养义务是法定的，不得附加任何条件⑤。而继承协议实际上是将赡养义务条件化，有可能会冲击我们的传统孝道。

（二）继承协议的变更方式及效力之特点与原因分析

关于继承协议的变更方式及效力的民众观念，统计数据显示，即在继承协议履行过程中，如扶养人先于被扶养人去世，(1) 认为该协议可有条件继续履行，如原扶养人的子女有扶养能力的，在原扶养人的子女和被扶养人双方同意的情况下，可由原扶养人的子女继续履行该继承协议的，此即代位扶养的，占三成半以上（37.62%）；(2) 认为该协议终止，须签订新的继承协议，由新的扶养人履行扶养义务并继承遗产的，合计占近四成(38.34%)，其中，认为需要对原扶养人的继承人补偿超过其扶养义务部分费用的，占近三成（27.86%），认为不需要对原扶养人的继承人补偿超过其扶养义务部分费用的，占一成（10.48%）；(3) 认为该协议终止，应补偿原扶养人的继承人补偿超过其扶养义务部分费用后，由所有法定继承人共同扶养的，即实行法定赡养的，占二成以上(22.86%)（见表 10-48）。

以上特点之原因分析：根据关于继承协议的变更方式与效力的民众观念之理由（见表 10-49），即在继承协议履行过程中，如扶养人先于被扶养人去世，在海南省被调查者中，(1) 三成半的人认为如原扶养人的子女有扶养能力的，在原扶养人的子女和被扶养

① 参见《法国民法典》第 1130 条。

② 参见《德国民法典》第 2274、2275 条。

③ 参见《瑞士民法典》第 512 条。

④ 参见“陈稿”第 61、62 条。

⑤ 参见巫昌祯：《婚姻与继承法学》，中国政法大学出版社 2007 年版，第 191 页。

人双方同意的情况下，可由原扶养人的子女继续履行该继承协议的，其原因是这样可以避免产生不必要的纠纷，有利于维持被扶养人一贯的生活方式而安享晚年。（2）二成以上的人认为继承协议终止后，应由全体继承人共同赡养的，其原因是子女有赡养父母的法定义务，应当由大家共同赡养；（3）近三成的人认为该继承协议因扶养人死亡已终止，被扶养人的其他法定扶养义务人对已去世的扶养人支付的超出其法定扶养义务的扶养费进行合理补偿的，其原因是基于公平原则；（4）认为无论是否重新签订协议均应按照老人意愿处理的，其原因是继承协议事关被扶养人的切身利益，理应按照被扶养人的意愿协商解决。

关于继承协议的变更方式及效力之我国立法，我国《继承法》无此规定。

从域外立法看，在赞成继承协议的国家中，《瑞士民法典》规定，继承人在被继承人死亡前死亡的，继承合同自动失效。在继承人死亡后，被继承人对于因继承合同所得的利益，应返还给死者的继承人，另有约定的除外。①

从我国诸继承法学者建议稿看，“张稿”认为，当出现扶养义务人无法或不愿按照约定履行继承协议，法律应允许被继承人解除继承协议。对于扶养人已经支付的扶养费用，扶养人可以要求该费用在共同继承人之间结算并分摊，并且由其他法定扶养义务人承担对被继承人的扶养义务。②“杨稿”虽然未明确规定继承扶养协议的变更与效力，但因为继承扶养协议准用遗赠扶养协议的相关规定，因此，继承扶养协议的扶养人丧失扶养能力的，被扶养人或扶养人可以单方解除遗赠扶养协议；被扶养人应当偿还扶养人已支付的扶养费用。③

我们认为，我国立法不宜规定继承协议，当承担扶养义务的继承人死亡后，对于继承协议是否继续履行或终止，首先应尊重被继承人的意愿。

九、遗产债务清偿之特点与原因分析

（一）遗产债务清偿责任的类型之特点与原因分析

关于继承人的债务清偿责任类型的民众观念，统计数据显示，在被调查者中，（1）认为继承人应承担自愿的无限清偿责任的，合计占八成（80.28%）；（2）认为继承人只以继承的遗产承担有限清偿责任的，占近六成（58.67%）；（3）认为继承人如有侵害遗产的行为应承担强制的无限清偿责任的，占四成以上（42.76%）（见表10-50）。

以上特点之原因分析：在海南省被调查者中，（1）八成的人认为继承人应承担自愿的无限清偿责任，其原因可能是受到我国“父债子偿”的传统观念影响；（2）近六成的人认为继承人应其继承的遗产承担有限清偿责任，其原因可能是受我国《继承法》规定的影响；（3）四成以上的人认为如有侵害遗产的行为应承担强制的无限清偿责任，其原因可能是继承人的行为损害了债权人的利益，且主观恶性较大。

关于继承人的债务清偿责任之我国立法，我国《继承法》第33条第1款规定：“继承遗产应当清偿被继承人依法应当缴纳的税款和债务，缴纳税款和清偿债务以他的遗产实

---

① 参见《瑞士民法典》第515条。

② 参见“张稿”第55条。

③ 参见“杨稿”第67、69条。

际价值为限。超过遗产实际价值部分，继承人自愿偿还的不在此限。”这说明在被继承人债务的清偿责任类型上，我国《继承法》采用的是无条件的有限清偿责任和自愿的无限清偿责任。

从域外立法看，继承可分为限定责任继承和无限责任继承。前者可分为有条件的限定继承和无条件的限定继承；而后者可分为意定的无限责任继承（又称概括继承、单纯继承）与法定的无限继承（又称强制概括继承）。① 在现代社会，许多大陆法系国家均规定了继承人有条件的有限继承和法定的无限继承。例如，《德国民法典》规定，继承人对遗产债务的有条件的有限清偿责任，即到遗产分割时为止，各共同继承人可以拒绝从他所拥有的除遗产应有部分以外的财产中清偿遗产债务；强制的无限清偿责任，即如果继承人故意造成包含在遗产清册中的对遗产标的的说明显著不完备，或出于使遗产债权人受不利益的意图而写入并不存在的遗产债务的，或继承人拒绝或故意显著地拖延答复询问时间的，则强制继承人对遗产债务负无限责任。② 日本规定，继承人表示限定继承时，应在继承所得财产的限度内清偿被继承人的债务及遗赠。但继承人不在规定的期间内表示接受或放弃继承时，或继承人做出限定继承或放弃继承后，隐匿继承财产的全部或部分，私自消费或者恶意不将其记载于继承财产目录时，须无限制地继承被继承人的权利义务（含债务）。③

从我国诸继承法学者建议稿看，对于遗产债务清偿责任的类型，“梁稿”“王稿”均主张沿用现行法的做法，采用无条件的有限清偿责任和自愿的无限清偿责任，即继承人以其所接受遗产的实际价值为限对遗产债务承担责任；超过遗产实际价值部分继承人自愿偿还的不在此限。④ “陈稿”建议采用有条件的有限清偿责任、自愿的无限清偿责任和强制的无限清偿责任，即主张赋予继承人以选择权，继承人自愿选择有条件的限定继承且依法制作遗产清册的，在遗产的实际价值内承担有限清偿责任；继承人自愿选择无条件概括继承的，如果遗产的实际价值不足以清偿债务的，应当以继承人个人所有的财产承担无限清偿责任，并列举了三种强制承担无限清偿责任的情形。⑤ “杨稿”也有类似规定。⑥

我们认为，我国立法规定无条件的有限责任继承，此为立法之不足。因为我国《继承法》出台时，市场经济不发达，民众的财产关系比较简单，遗产债务纠纷比较少。随着市场经济的发展，民众的财产关系日益复杂，遗产债务纠纷增多，遗产债权的保护显得越发重要，如何平衡继承人和债权人的利益关系，成为我国《继承法》修改的重要任务之一。相比较而言，确立有条件的限定继承制度，既有利于降低继承人的债务负担，又有利于保护债权人的利益。因此，关于继承人清偿遗产债务责任类型，应设立强制的无限清偿责任的上述海南省被调查者的民众观念、域外立法以及“陈稿”“杨稿”的观点可供我国立法参考。

（二）被继承人丧葬费支付之特点与原因分析

关于被继承人丧葬费支付的民间习惯，统计数据显示，海南省被调查者所在地区的习

---

① 参见陈苇主编：《中国遗产处理制度系统化构建研究》，中国人民公安大学出版社 2019 年版，第 300 页。

② 参见《德国民法典》第 2058、2059、2005 条。

③ 参见《日本民法典》第 921 条。

④ 参见“梁稿”第 2014 条；“王稿”第 658 条。

⑤ 参见“陈稿”第 12、69 条。

⑥ 参见“杨稿”第 77、80 条。

惯是，（1）由全体继承人共同支付的，占六成半以上（66.51%）；（2）从被继承人的遗产中支付的，占二成半（25.18%）（见表10-52）。

以上特点之原因分析，六成半以上的海南省被调查者所在地区有由全体继承人共同承担被继承人丧葬费的习惯，其原因可能是受中国传统道德观念的影响，即子女对父母负有生养死葬的义务，包括生前的赡养和死后的殡葬。

关于被继承人丧葬费的支付之我国立法，我国《继承法》无此规定。

从域外立法看，对丧葬费的支付有不同的规定。第一，将丧葬费列入继承费用，由遗产支付。例如，《俄罗斯联邦民法典》规定，被继承人死亡的丧葬费（包括被继承人墓地的必要费用），用遗产进行偿付，但以遗产的价值为限。① 第二，丧葬费不是继承费用，应由继承人支付。例如，《德国民法典》规定："被继承人的、与其社会地位相称的丧葬费用，由继承人负担。"②

从我国诸继承法学者建议稿看，对丧葬费支付主体的观点也有所不同。其中，有的学者主张丧葬费列入继承费用，且继承费用被列入遗产债务，如"陈稿""杨稿"③；有的则主张丧葬费应由继承人支付，如"王稿"④。

我们认为，我国立法未规定被继承人丧葬费的支付，此为立法之不足。丧葬费用既不宜列入继承费用，也不宜列入遗产债务。因为无论从法律上来说，还是从伦理道德上讲，继承人都有义务殡葬已故的被继承人。"百善孝为先"，这符合中国几千年以来的普遍观念和道德文化。丧葬费由继承人承担，不管其是否继承了遗产都应当承担丧葬费用，即便继承人放弃遗产继承时，也应当承担丧葬费。因此，上述被继承人丧葬费由继承人共同支付的海南省被调查者的民间习惯、德国的立法及"王稿"的观点可供我国立法参考。

（三）遗产债务的清偿顺序之特点与原因分析

关于遗产债务清偿顺序的民间习惯与民众观念，统计数据显示，在海南省被调查者所在地区，习惯上的遗产债务清偿顺序如下：第一顺序"丧葬费用"；第二顺序"遗产管理等费用"和"欠付的工资"；第三顺序"欠债"；第四顺序"税款"；第五顺序"受被继承人扶养人的生活费"；第六顺序"遗赠扶养协议写明遗赠的遗产"；第七顺序"对被继承人扶养较多的人之酌情分配遗产份额"（见表10-53）。在海南省被调查者的观念上，遗产债务清偿顺序如下：第一顺序"丧葬费用"；第二顺序"遗产管理等费用"和"欠付的工资"；第三顺序"欠债"和"税款"；第四顺序"受被继承人扶养人的生活费"；第五顺序"对被继承人扶养较多的人之酌情分配遗产份额"和"遗赠扶养协议写明遗赠的遗产"（见表10-54）。可见，海南省被调查者观念中和习惯中的遗产债务清偿的顺序为：丧葬费用、遗产管理费用和欠付的工资、欠债等都排在遗产债务清偿顺序的前三位；受被继承人扶养人的生活费、对被继承人扶养较多的人之酌情分配遗产份额和遗赠扶养协议写明遗赠的遗产都排在后三位。

以上特点之原因分析：首先，将遗产用于支付丧葬费用体现了"死者为大"的中国传统孝道，符合公序良俗原则；其次，清偿遗产管理费用、欠付的工资和欠债，则体现了

① 参见《俄罗斯联邦民法典》第1174条。

② 参见《德国民法典》第1968条。

③ 参见"陈稿"第71条；"杨稿"第83条。

④ 参见"王稿"第651条。

诚实信用的原则；再次，清偿被继承人扶养的人的生活费，体现了关怀弱势群体的精神；最后，将遗产用于支付遗赠扶养协议写明遗赠的遗产和对被继承人扶养较多的人之酌情分配遗产份额，这可能是因为遗赠只能由遗产清偿债务后的剩余积极财产交付。但关于"税款"，被调查者在习惯中将其放置于"欠款"之后，可能是认为"税款"是公法上的义务，出于保障民生的考虑，私法上的扶养义务应当优先得到保护。

关于遗产债务清偿的顺序之我国立法，我国《继承法》第 33 条规定"继承遗产应当清偿被继承人依法应当缴纳的税款和债务"。1985 年《执行继承法意见》第 61 条规定"继承人中有缺乏劳动能力又没有生活来源的人，即使遗产不足清偿债务，也应为其保留适当遗产，然后再按继承法第三十三条和民事诉讼法第一百八十条的规定清偿债务。"

从域外立法看，仅有少数国家的立法明确规定被继承人遗产清偿的顺序。例如，根据《俄罗斯联邦民法典》规定①，遗产债务的清偿顺序如下：一是继承费用包括因被继承人患病和丧葬而发生的费用、遗产保护和管理费、遗嘱执行费用；二是被继承人的债务；三是必继份；四是遗赠。②

从我国诸继承法学者建议稿看，对于遗产债务清偿顺序的建议，存在多种观点。例如，"杨稿"为"五顺序说"，即遗产债务清偿顺序为：（1）合理的丧葬费用、遗产管理费用、遗嘱执行费用等继承费用；（2）被继承人生前欠缴的税款；（3）被继承人生前所负债务；（4）遗赠扶养协议与继承扶养协议中扶养人取得遗产的权利；（5）受遗赠人取得遗赠的权利；有缺乏劳动能力又没有生活来源的继承人的，即使遗产不足清偿债务和税款，也应在清偿前为其保留必要遗产份额。③"陈稿"为"八顺序说"，即遗产债务清偿顺序为：（1）继承费用；（2）有优先权的债务；（3）必留份、确为维持生存所需要的酌给遗产；（4）劳动工资等债务；（5）死者生前所欠的税款及第二、三顺序以外的普通债务，其中，已行使财产分离请求权人的债务优先于本顺序的其他普通债务受偿；（6）遗赠扶养协议之债；（7）特留份之债；（8）遗赠之债。④

我们认为，我国欠缺遗产债务清偿的顺序，此为立法之不足。关于遗产债务的清偿顺序，上述海南省被调查者的民间习惯与民众观念、域外立法和我国学者建议稿的观点可供我国立法参考。

十、遗产分割之特点与原因分析

（一）遗产分割的自由与限制之特点与原因分析

第一，关于遗产分割自由与限制的民间习惯，统计数据显示，在被调查者所在地区的习惯是：（1）由各继承人共同协商后进行遗产分割的，占七成半以上（77.2%）；（2）当被继承人以遗嘱禁止分割遗产而习惯上不分割遗产的，占四成半以上（47.27%）；（3）只要有继承人要求分割遗产就得进行分割的，占近二成（19.95%）（见表 10-55）。

以上特点之原因分析：根据关于遗产分割自由与限制的民间习惯之理由（见表 10-56），在海南省被调查者所在地区，（1）七成半以上的地区有遗产的分割应当由各遗

① 参见《俄罗斯联邦民法典》第 1174、1175、1149 条。

② 参见陈苇主编：《中国遗产处理制度系统化构建研究》，中国人民公安大学出版社 2019 年版，第 310 页。

③ 参见"杨稿"第 83 条。

④ 参见"陈稿"第 71 条。

产继承人共同协商的习惯，其原因是遗产由各继承人共同继承，遗产分割涉及各继承人的利益；（2）四成半以上的地区有遗嘱人有权通过遗嘱禁止分割遗产的习惯，其原因是遗产是被继承人死亡时遗留下来的个人财产，其有权自由处分包括一定期限内禁止分割的遗产；（3）四成半以上的地区有只要有继承人要求分割遗产就得进行分割的习惯，其原因是每个继承人享有的继承权受法律保护，同时基于效率原则考虑。

关于遗产分割自由与限制之我国立法，我国《继承法》第 15 条规定，遗产分割的时间、办法和份额，由继承人协商确定。协商不成的，可以由人民调解委员会调解或向人民法院提起诉讼。

从域外立法看，“遗产分割自由是继承法的一项重要原则，为世界各国立法所尊重。”① 例如，《法国民法典》规定，任何人随之可以提出遗产分割的要求，但判决或契约另行规定暂缓分割遗产的除外。②《日本民法典》规定：“除被继承人依第 908 条规定，以遗嘱禁止分割的外，共同继承人可以随时以其协议分割遗产。”③《瑞士民法典》规定，共同继承人可随时请求分割遗产，但依契约或法律规定有共有义务的除外。对遗产中某一物的分割将会严重损害其价值的，法官应继承人中一人的要求，可以暂缓遗产的分割。对于有即将出生的胎儿时，考虑到胎儿的利益，分割推迟至其出生时。④

从我国诸继承法学者建议稿及相关著述看，遗产分割的自由，指继承人可以随时请求分割遗产，任何继承人不得拒绝。否则，请求分割遗产的继承人可通过诉讼程序请求分割遗产。⑤ 多数学者建议稿认为继承开始后，继承人可以随时请求分割遗产，即遗产分割应当遵循自由原则，但是此自由并非绝对的自由，是有一定的限制的。例如，“杨稿”第 85 条规定，继承开始后，继承人可以随时请求分割遗产。有以下情形的，遗产不得分割：共同继承人约定不得分割的；遗嘱禁止分割的，但是禁止分割的期限不得超过 5 年，超过 5 年的，缩短为 5 年；遗产被债权人申请禁止分割保全的；依遗产性质不得分割的；依法律规定禁止分割的。此外，“梁稿”“王稿”“陈稿”对此均有规定。⑥

我们认为，我国对遗产分割限制的立法存在不足。从立法上确定遗产分割自由原则，并明确在特殊情况下对该自由原则的限制，有利于更好地引导继承人开展遗产分割活动，减少不必要的纠纷。因此，关于遗产分割的自由予以适当限制的上述海南省被调查者的民间习惯、域外立法和我国学者建议稿的观点可供我国立法参考。

第二，关于提出遗产分割请求的时间之民间习惯，统计数据显示，关于提出遗产分割的时间，即当被继承人死亡后，其子女继承人是否可以向其母亲（被继承人的生存配偶）提出分割遗产请求，被调查者所在地区的习惯是：（1）不可以提出遗产分割请求的，占六成半以上（66.27%）；（2）可以提出遗产分割请求的，合计占三成（30.64%）（见表 10-57）。

以上特点之原因分析：根据关于提出遗产分割请求的时间的民间习惯之理由（见表

① 参见梁慧星（课题负责人）：《中国民法典草案建议稿附理由 · 继承编》，法律出版社 2013 年版，第 193 页。
② 参见《法国民法典》第 815 条。
③ 参见《日本民法典》第 907 条第 1 款。
④ 参见《瑞士民法典》第 604、605 条。
⑤ 郭明瑞、房绍坤、关涛：《继承法研究》，中国人民大学出版社 2003 年版，第 168 页。
⑥ 参见“梁稿”第 2021 条；“王稿”第 645 条；“杨稿”第 85 条；“陈稿”第 85 条。

10-58)，即当被继承人死亡后，关于其子女可否与母亲提出分割遗产的理由，在海南省被调查者所在地区，(1) 六成半以上的地区有不可以提出遗产分割之习惯的，其原因是根据当地观念，被继承人的遗产应由其生存配偶全部继承，故其子女不能向母亲提出遗产分割的请求，如果提出会被视作不孝敬老人的表现；(2) 三成的地区有可以提出遗产分割遗产习惯，分为两种民间习惯：其一，可有条件地提出遗产分割，即其子女不可分割母亲正在居住的房屋但可提出分割其他遗产的习惯，其原因是体现孝敬老人，保证老人的晚年生活；其二，可无条件地提出遗产分割的习惯，其原因是符合法律规定并且有利于防止日后发生不必要的纠纷。

关于提出遗产分割请求的时间之我国立法，我国《继承法》无此规定。

从域外立法看，《德国民法典》第 2042 条规定："以第 2043 条至第 2045 条不另有规定为限，各共同继承人可以随时请求分割遗产。"① 例如，依照《法国民法典》规定，在对居住场所之遗产分割达不成一致意见的情况下，生存配偶可以请求法院判决房屋维持共有现状。②

从我国诸继承法学者建议稿看，关于提出遗产分割的时间，"杨稿""徐稿""王稿""张稿"规定，继承开始后，继承人可以随时请求分割遗产，但"杨稿""徐稿""张稿"均认为当继承人另有约定、遗嘱禁止分割、或法律禁止分割时例外，"王稿"则认为继承人协商禁止分割的除外；"陈稿"规定，遗产分割的时间、办法和份额，被继承人遗嘱的指定优先于共同继承人协商，协商不成的，可请求人民调解委员会调解或者向人民法院提起诉讼。③

我们认为，我国欠缺提出遗产分割请求的时间的规定，此为立法之不足。因此，关于提出遗产分割请求的时间，上述海南省被调查者的民间习惯、域外立法和我国学者建议稿的观点可供我国立法参考。

第三，关于遗嘱可否限制遗产分割的民众观念，统计数据显示，(1) 在海南省被调查者中，认为可以的，占六成以上 (63.22%)；认为不可以的，占三成半以上 (36.78%)；(2) 关于遗嘱限制遗产分割之具体期限的民众观念，5 年之内的，占四成 (40.52%)；10 年之内的，占三成半 (35.95%)；15 年之内的，占一成以上 (11.76%)；(3) 关于继承人协商能否变更遗嘱限制的民间习惯，被调查者所在地区的习惯是：可以不遵守遗嘱对遗产分割的限制的，占三成半以上 (36.78%)；不可以不遵守被继承人遗嘱限制遗产分割限制的，占六成以上 (63.22%) (见表 10-59、表 10-60、表 10-61)。

以上特点之原因分析：在海南省被调查者中，(1) 关于遗嘱可否限制遗产分割，其一，六成以上的认可被继承人用遗嘱限制遗产分割，其原因可能是其从"死者为大"的传统观念出发，遗产在死者生前本就属于被继承人所有，所以应当尊重死者的意愿；其二，三成半以上的人认为不可遗嘱限制遗产分割，其原因可能是其认为这种做法不利于发挥遗产的效用价值，继承人共同享有遗产的所有权，只要继承人协商同意分割便可以分割。(2) 关于遗嘱限制遗产分割之具体期限，三成半的人认为遗嘱限制遗产分割的期限

① 参见《德国民法典》第 2043~2045 条。

② 参见《法国民法典》第 851 条第 1 款。

③ 参见"杨稿"第 85 条；"徐稿"第四分编第 406、407 条；"王稿"第 645 条；"张稿"第 58 条第 1 款；"陈稿"第 73 条。

以5年内为宜，其原因可能是有利于发挥遗产的价值。

关于遗嘱对遗产分割的限制之我国立法，我国《继承法》无此规定。

从域外立法看，如《日本民法典》规定，被继承人可以以遗嘱指定或者委托第三人确定分割方法，或者以遗嘱禁止自继承开始起不超过5年的期间内实行分割。①《意大利民法典》规定，全体或部分继承人是未成年人的，遗嘱人可规定最后出生的继承人成年后1年内不得分割遗产；遗嘱人还可规定其死亡后在5年内不得分割遗产。但在上述两种情况下，司法机关可因重大事由，依据继承人的请求分割遗产。②

从我国诸继承法学者建议稿看，"梁稿"规定，遗嘱指定遗产于一定期间内不得分割，但此期间不得超过5年；超过5年的，缩短为5年。③"张稿""杨稿"有类似规定。但"杨稿"还规定，虽然有禁止分割遗产的遗嘱，任何一个继承人仍然可以基于正当理由请求法院准许分割遗产。④

我们认为，我国未规定遗嘱可否限制遗产分割，此为立法之不足。遗产分割作为遗嘱处分的一部分，被继承人当然可以在不违背法律的情况下对遗产的分割作出限制性规定。但立法应该在承认遗嘱人之遗产分割限制权的同时，规定限制分割的期间，超过此期间的，缩短为法定期间。因此，关于遗嘱对遗产分割的限制，上述海南省被调查者的民众观念与习惯、域外的立法及我国学者建议稿的观点可供我国立法参考。

（二）遗产分割瑕疵的担保责任之特点与原因分析

关于遗产分割瑕疵的担保责任的民间习惯，统计数据显示，在被调查者所在地区的习惯是：（1）由分得瑕疵遗产的继承人自行承担，即继承人之间不相互承担遗产分割瑕疵担保责任的，合计占四成（40.19%）；（2）由共同继承人相互承担的，占近六成（59.33%）（见表10-62）。

以上特点之原因分析：根据关于遗产分割瑕疵的担保责任的民间习惯之理由（见表10-63），在海南省被调查者所在地区，（1）近六成的地区有由分得瑕疵遗产的继承人自行承担，即继承人之间不相互承担遗产分割瑕疵担保责任的习惯，其原因是被继承人分得瑕疵遗产是随机分配的，事先所有继承人都不知晓，因此只能由分得瑕疵遗产的继承人自行承担责任；（2）四成的地区有由共同继承人相互承担的习惯，其原因是如果让分得瑕疵遗产的继承人一个人承担有悖公平原则。

关于遗产分割瑕疵的担保责任之我国立法，我国《继承法》无此规定。

从域外立法看，《法国民法典》规定，共同继承人均按照其继承遗产的比例，对其他共同继承人因继承遗产被追夺受到的损失负偿还责任。如共有继承人之一无支付能力，由被担保人或其他有清偿能力的被继承人分担。⑤《日本民法典》规定："各共同继承人对其他共同继承人，与出卖人相同，按其继承份额负担保责任。"⑥

从我国诸继承法学者建议稿看，"杨稿"认为，各继承人以其所得遗产的价值为限，

---

① 参见《日本民法典》第908条。

② 参见《意大利民法典》第713条。

③ 参见"梁稿"第2021条。

④ 参见"张稿"第58条；"杨稿"第85条。

⑤ 参见《法国民法典》第885条。

⑥ 参见《日本民法典》第911条。

对其他继承人分得的遗产，按继承比例承担与出卖人相同的瑕疵担保责任；“陈稿”“梁稿”也有类似规定。①

我们认为，我国欠缺遗产分割瑕疵的担保责任，此为立法之不足。遗产分割前遗产为所有继承人共同共有，对于遗产分割后的瑕疵，继承人之间应当互负担保责任，才可以保障遗产分配实质上的公平。因此，上述海南被调查者所在地区对遗产分割的瑕疵由共同继承人相互承担的民间习惯、域外立法例和我国学者建议稿的观点可供我国立法参考。

十一、无人承受遗产之特点与原因分析

（一）无人承受遗产的归属之特点与原因分析

关于无人承受遗产的确认和归属的民众观念，统计数据显示，在被调查者中，（1）主张归属主体为社会公共组织（包括归属于国家、死者生前所在地的国库、死者生前所在地民政部门的社会福利机构和死者生前所在的居委会）的，合计占六成至七成（城镇居民70.83%，农村居民62.53%）；（2）主张归属主体为自然人（归属于不是继承人的其他亲属）的，占三成左右（城镇居民29.17%，农村居民35.52%）（见表10-64、表10-66）。

以上特点之原因分析：根据关于城镇居民无人承受遗产的归属主体的民众观念之理由和关于农村居民无人承受遗产的归属主体的民众观念之理由（见表10-65、表10-67），在海南省被调查者中，（1）六至七成的人主张归属主体为社会公共组织，主要理由包括：其一，归国家，其原因是可以规范财产秩序，也与部分国家的做法相一致；其二，归被继承人生前所在地的国库或死者生前所在地的集体经济组织，其原因是有利于对遗产的清算、管理和利用；其三，归民政部门的社会福利机构，其原因是捐赠给慈善机构做公益，有利于社会和谐。（2）三成左右的人主张归属主体为自然人的，即归于不是继承人的其他亲戚所有，其原因是符合情理。

关于无人承受遗产归属之我国立法，我国《继承法》第32条规定：“无人继承又无人受遗赠的遗产，归国家所有；死者生前是集体所有制组织成员的，归所在集体所有制组织所有。”

从域外立法看，国外立法对于无人承受的遗产归属主体，很少就城镇居民和农村居民之身份作出区分，一般统一规定为遗产最终确定无人承受时归国库所有。例如，《日本民法典》规定：“未能依前条规定处分的财产，归属于国库”。②《瑞士民法典》规定，被继承人无继承人的，其遗产归属于其最后住所地所在地的州，或依州法归属于有权利的乡镇。③

从我国诸继承法学者建议稿看，对无人承受遗产的归属的看法基本上与我国《继承法》的规定一致，即认为遗产无人继承或受遗赠时，城镇居民的无人承受遗产归国家所有，或者上缴国库；农村居民无人继承又无人受遗赠的遗产，归国家所有，死者生前是集体所有制组织成员的，归所在集体所有制组织所有，如“杨稿”“梁稿”等。④并且“陈稿”规定，财产无人继承时，清偿债务、执行遗赠后剩余的财产，可以根据情况，将其

① 参见“杨稿”第89条；“陈稿”第79条；“梁稿”第2025、2026条。

② 参见《日本民法典》第959条。

③ 参见《瑞士民法典》第466条。

④ 参见“杨稿”第93条；“梁稿”第2029条。

全部或部分分配给与被继承人共同生活或者精心照顾被继承人的人或与被继承人有密切关系的人，只有在无上述人员的情况下才收归国有或集体组织所有。[①]

我们认为，针对国家或国库而言，将无人承受的遗产归属于死者所在地的州或乡镇，归属主体更加具体，同时也有利于无人承受的遗产的处理。并且将无人承受的遗产适当分配给依靠被继承人扶养的人、对被继承人扶养较多的人、与被继承人一同生活的人或其他与被继承人有密切联系的人，有利于充分发挥遗产的扶养作用，也可以维系与被继承人生前有密切关系人的情谊。因此，关于无人承受遗产的归属主体，上述瑞士的立法和“陈稿”的观点可供我国立法参考。

(二) 无人承受遗产的处理之特点与原因分析

第一，关于无人承受的遗产管理人产生方式的民众观念，统计数据显示，在被调查者中，（1）主张由死者户籍所在地的居（村）委会或所在单位指定的，占近五成(49.64%)；(2) 主张由人民法院指定的，占近四成（38.20%）(见表10-68)。

以上特点之原因分析：根据关于无人承受遗产管理人的产生方式的民众观念之理由，在海南省被调查者中，(1) 近五成的人认为由死者户籍所在地的居委会、村委会或所在单位指定遗产管理人，其原因是上述单位对死者及其遗产的情况比较清楚，由其指定遗产管理人有利于对遗产进行清算、管理和利用；(2) 近四成的人认为由人民法院指定遗产管理人，其原因是有利于公平保护相关债权人的利益。

关于无人承受遗产管理人的产生方式之我国立法，我国《继承法》无此规定。

从域外立法看，在德国，继承人不明时，由遗产法院负责保全遗产，可指定遗产保佐人。[②] 在日本，继承人有无不明时，家庭法院因利害关系人或检察官的请求选任继承财产管理人。[③]

从我国诸继承法学者建议稿看，对无人承受遗产的管理人的选任方式主要存在三种建议。第一种建议由法院指定遗产管理人，如“梁稿”[④]；第二种建议考虑到法院工作量太大，无暇顾及，所以建议民政部门指定遗产管理人管理遗产，如“杨稿”[⑤]。第三种建议是由被继承人住所地（死者户籍所在地）的村（居）委会作为无人继承遗产的管理人。例如，“王稿”和“陈稿”。[⑥]

我们认为，我国立法未规定无人承受遗产人的产生方式，此为立法之不足。但民政部门可以指定死者户籍所在地的居委会或村委会担任遗产管理人，或者委托死者户籍所在地的居委会或村委会指定具体的遗产管理人，这样更有利于遗产的管理和分配。关于无人承受遗产管理人的产生方式的上述海南省被调查者的民众观念、“杨稿”的观念可供我国立法参考。

第二，关于无人承受遗产的酌分请求权主体的民众观念，统计数据显示，被调查者无人承受的遗产的酌分请求权人包括：依靠死者扶养的人占62.47%；与死者共同生活的人

---

① 参见“陈稿”第87条。

② 参见《德国民法典》第1960条。

③ 参见《日本民法典》第952条。

④ 参见“陈稿”第83条。

⑤ 参见“杨稿”第91条。

⑥ 参见“王稿”第661条；“陈稿”第83、84条。

占53.21%；与死者有密切联系且对其帮助较多的人占74.58%（见表10-71）。

以上特点之原因分析，六至七成半的海南省被调查者认为靠死者扶养的人、与死者共同生活的人、与死者有密切联系且对死者帮助较多的人可以酌分无人继承的遗产，其原因可能是：(1) 为了充分发挥遗产的养老育幼的作用；(2) 由于我国民众历来重视家庭血缘观念和扶养亲情，希望将遗产留给生前不是法定继承人的其他关系亲密的人；(3) 为了避免将无人承受的遗产归属于国家。

关于无人承受遗产的酌分请求权主体之我国立法，根据我国《继承法》第14条①和1985年《执行继承法意见》第57条规定，遗产因无人继承收归国家或集体组织所有时，按继承法第十四条规定可以分给遗产的人提出取得遗产的要求，人民法院应当视情况适当分给遗产。即我国无人承受遗产的酌分请求权主体被限定在继承人以外的依靠被继承人扶养的缺乏劳动能力又没有生活来源的人、继承人以外的对被继承人扶养较多的这两类人中。

从域外立法看，关于无人承受遗产的酌情分配请求权主体，《日本民法典》规定，在遗产归属国库前，经家庭法院认为适当，再根据曾与被继承人共同生活的人、为被继承人治疗和护理有付出的人和其他与死者有特别关系的人的请求，可将经清算后的财产全部或部分的分给请求人。② 英国规定，王室可以自由裁量，将遗产给实际上依靠无遗嘱死亡者的人，不论其是否和无遗嘱死亡者有关系，或者其他无遗嘱死亡者希望供养的人。③

从我国诸继承法学者建议稿看，均对无人承受遗产的酌分请求权主体有所规定。例如，"杨稿"建议，对继承人以外的依靠被继承人扶养的缺乏劳动能力又没有生活来源的人，或者继承人以外的对被继承人扶养较多的人，可以作为遗产酌分请求权人。④"张稿"主张，酌分请求权的主体应为与被继承人共同生活或者精心照顾被继承人的人。⑤"陈稿"则认为依靠被继承人扶养的人、对被继承人扶养较多的人、与被继承人一同生活的人或其他与被继承人有密切关系的人都可以成为无人承受遗产的酌分请求权人。⑥

我们认为，我国规定的无人承受的遗产之酌情分配请求主体范围较窄，此为立法之不足。我国历来家庭观念较为浓厚，根据我国老百姓的习惯，比起将本人遗产归于国家或者集体组织，更愿意将遗产留给对自己照顾较多的远亲或者是与自己同居或者共同生活的非血缘关系的人。因此，上述海南省被调查者主张扩大无人承受的遗产之酌情分配请求主体的民众观念、域外立法和我国学者建议稿的观点可供我国立法参考。

第四节　当代中国海南省民众财产继承观念与遗产处理习惯对中国民法典继承编制定的立法启示

以上，我们根据海南省被调查者的财产继承观念与遗产处理习惯实证调查的统计汇总

① 我国《继承法》第14条：对继承人以外的依靠被继承人扶养的缺乏劳动能力又没有生活来源的人，或者继承人以外的对被继承人扶养较多的人，可以分给他们适当的遗产。

② 《日本民法典》第958条。

③ 参见陈苇主编：《外国继承法比较与中国民法典继承编制定研究》，北京大学出版社2011年版，第669页。

④ 参见"杨稿"第61条。

⑤ 参见"张稿"第70条。

⑥ 参见"陈稿"第87条。

数据，分析归纳其特点，研究其特点的产生与原因，并考察我国司法实践相关案例，分析我国继承法律制度的适用情况，进而结合考察域外立法例和我国诸继承法学者建议稿的观点，总结我国《继承法》相关制度的优点并剖析其不足。以下，我们将以海南省被调查者的财产继承观念与遗产处理习惯为参考基础，从中国实际出发，借鉴域外立法例和我国诸继承法学者建议稿的有益观点，对我国“民法典继承法编”中相关继承制度的修改完善或予以保留，提出立法建议，以供我国立法机关参考。

一、我国遗产范围界定制度之不足与立法完善建议

（一）我国遗产范围界定制度之不足

关于遗产范围界定制度，我国《继承法》主要存在的不足为：第一，对遗产种类的范围界定，采取概括式和正面列举式相结合的立法方式，欠缺反面排除的规定，这导致民众对遗产的范围认识发生偏差，可能会引起纠纷；例如，在海南省被调查者中，一至五成的人认为家庭日常生活用品、交通事故死亡赔偿金、债务、单位出租房、以被继承人的姓名注册的邮箱和 QQ 账号等属于遗产（见表 10-4）。并且前述涉及遗产范围界定制度的案例之司法审判实践中，也反映出我国遗产范围欠缺反面排除之不足。第二，未规定遗产特种赠与的归扣制度，不利于在共同继承人之间公平地分配遗产。

（二）我国遗产范围界定制度之立法完善建议

综上所述，我们针对我国遗产范围制度的修改完善提出以下建议：

1. 遗产范围界定模式之立法建议

建议立法采取概括式、列举式和排除式相结合的立法模式，将与被继承人人身有关的专属性权利（债权与债务）、人身不可分离的权利、死亡抚恤金等排除在外。为了顺应民众的呼声，将虚拟财产进行界定后纳入遗产的种类，并明确排除涉及被继承人个人隐私的数据、信息。

2. 被继承人生前特种赠与财产之归扣之立法建议

遗产归扣制度对我国来说是一项新的制度，是否可以在我国立法中予以规定，有待对遗产归扣制度进行深入的研究，考察其特点、成因，分析其利弊，结合我国本土的实际国情和现有法律制度的规定，综合考虑其他各省市的财产继承观念与遗产处理习惯，做出合适的选择。

二、我国继承开始的通知和公告制度之不足与立法完善建议

（一）我国继承开始的通知和公告制度之不足

关于继承开始的通知和公告制度，我国《继承法》主要存在两个方面的不足：第一，继承开始的通知和公告的义务主体范围狭窄，这不利于及时告知继承利害关系人参与继承；近六成的海南省被调查者所在地区由法定继承人作为继承开始的通知和公告的主体，且实践中的通知主体范围较我国立法规定更广（见表 10-9）。第二，欠缺继承通知与公告的期间之规定，不利于督促相关主体及时有效地履行义务。五成以上的海南省被调查者主张在 7 日内发出继承开始的通知（见表 10-11）。前述涉及继承开始的通知和公告制度的案例之司法审判实践中，也反映出我国继承开始的通知和公告期间之不足。

（二）我国继承开始的通知和公告制度之立法完善建议

综上所述，我们针对我国继承开始的通知和公告制度的修改完善提出以下建议：

1. 继承开始的通知和公告的主体之立法建议

我国《继承法》目前规定了两类主体：第一类主体是知道被继承人死亡的继承人；第二类主体是被继承人生前所在单位或者住所地的居民委员会、村民委员会，且有先后顺序。除了上述两类主体，建议增加其他利害关系人（包括但不限于遗产管理人、遗产执行人等）为通知义务人从而扩大通知与公告主体的范围。

2. 继承开始的通知和公告期间之立法建议

建议规定继承开始的通知和公告的时限，通知义务人应当在被继承人死亡后 7 日内发出通知。

三、我国遗产管理制度之不足与立法完善建议

（一）我国遗产管理制度之不足

关于遗产管理制度，我国《继承法》主要存在以下不足：第一，未规定遗产管理人的产生方式；近九成的海南省被调查者所在地区有由法定继承人担任遗产管理人之习惯（见表 10-12）。第二，未具体规定遗产管理人的职责和报酬；海南省被调查者认为遗产管理人的职责具有多样性，对于遗产管理人是否有权获得报酬得具体情况具体分析（见表 10-13、表 10-14）。第三，未规定遗产管理人的损害赔偿责任；四成半以上的海南省被调查者认为遗产管理人在有故意或重大过错时应承担损害赔偿责任（见表 10-16）。前述涉及遗产管理制度的案例之司法审判实践中，也反映出我国遗产管理制度存在此不足。

（二）我国遗产管理制度之立法完善建议

综上所述，我们针对我国遗产管理制度的完善提出以下建议：

1. 遗产管理人的确定之立法建议

关于遗产管理人的选定，首先考虑遗嘱中指定的遗嘱执行人或遗产管理人。其次由继承人和其他可以参与遗产分配的人共同选任遗产管理人，也可以选择家族中的德高望重者。如果继承人之间无法达成一致意见，由继承人和其他可以参与遗产分配的人共同担任遗产管理人，或者由法院指定遗产管理人。另外，在特殊情况下，如债权人对遗产管理人提出异议的，或者无人承受遗产的，应该由法院指定遗产管理人。

2. 遗产管理人的职责与报酬之立法建议

第一，建议规定遗产管理人的职责。其职责包括：妥善保管遗产、清查遗产并制作遗产清单、以当事人的身份参加因遗产引起的诉讼，积极追讨债权或清偿债务，查明遗嘱的有无及其真实性，定期向继承人报告遗产管理情况等。

第二，建议增加遗产管理人的报酬请求权。当非继承人担任遗产管理人时，有权获得报酬。但当继承人担任遗产管理人时，是否支付报酬，应该由继承人进行协商。

3. 遗产管理人的损害赔偿责任之立法建议

建议将遗产管理人的损害赔偿责任入法，如果是有偿管理，则采取严格的损害赔偿责任，即无论是因为故意或重大过失或一般轻过失造成的损失，都要承担赔偿责任。如果是无偿管理，遗产管理人能证明自己无重大过失，则不承担损害赔偿责任。

四、我国法定继承制度之不足与立法完善建议

（一）我国法定继承制度之不足

关于法定继承制度，我国《继承法》主要存在的不足之处有：第一，法定继承人的范围过窄，继承顺序太少；海南省被调查者认为应扩大法定继承人的范围、增加法定继承人的顺序（见表10-17、表10-18）。第二，将配偶规定在第一继承顺序，不利于保障配偶及后顺序的兄弟姐妹等近血亲的继承权益；五成半的海南省被调查者认同配偶无固定继承顺序，与不同顺序的人共同继承时其法定应继份有所不同（见表10-19）。第三，未规定配偶对遗产中家庭住房的先取权与终生使用权；海南省近八成半的被调查者认可配偶对遗产中家庭住房享有先取权与终生使用权，五成半以上的地区有此习惯且无须付费（见表10-20、表10-21）。第四，未规定后顺序特殊法定继承人对特殊遗产的终生使用权；八成半的海南省被调查者认可后顺序特殊法定继承人对特殊遗产享有无偿的终生使用权（见表10-22）。第五，赋予尽了主要赡养义务的丧偶儿媳或女婿以继承权的规定存在不足，不利于保护血亲继承人之继承权；近五成的海南省被调查者认为尽了主要赡养义务的丧偶儿媳或女婿可酌情分给遗产（见表10-25）。

（二）我国法定继承制度之立法完善建议

综上所述，我们针对我国法定继承制度的修改完善提出以下建议：

1. 法定继承人的范围和顺序之立法建议

建议扩大法定继承人的范围，增加侄子女、外甥子女、叔伯姑舅姨、曾祖父、外曾祖父母、堂兄弟姐妹、表兄弟姐妹等四亲等以内的直系或旁系血亲为法定继承人。具体而言，在保留父母、子女的第一继承顺序，祖父母、外祖父母、兄弟姐妹的第二继承顺序的基础上，将配偶作为无固定顺序的法定继承人；将侄子女、外甥子女规定为第三继承顺序，将叔伯姑舅姨、曾祖父、外曾祖父母规定为第四继承顺序，将堂兄弟姐妹、表兄弟姐妹及其他四亲等直系或旁系血亲规定为第五继承顺序。

2. 配偶与血亲继承人的法定应继份之立法建议

建议将配偶作为不固定顺序的法定继承人，配偶可与前三个法定继承顺序的血亲继承人共同继承，其应继份额因其参与的继承顺序的不同而不同。具体而言，生存配偶与第一顺序的子女、父母共同继承时，平均分配；生存配偶与第二顺序祖父母、外祖父母、兄弟姐妹共同继承时，其取得遗产的三分之二；生存配偶与第三顺序侄子女、外甥子女共同继承时，其取得遗产的四分之三。无上述三个顺序血亲继承人时，生存配偶取得全部遗产。

3. 配偶对遗产中家庭住房的先取权与终生使用权之立法建议

建议立法增设配偶对遗产中家庭住房的先取权与终生使用权。在配偶有经济补偿能力，对于该家庭住房的价值超过配偶的应继份额时可以向其他法定继承人进行适当补偿。

4. 后顺序特殊法定继承人对遗产中原使用的住房及日常生活用品的终生使用权之立法建议

建议立法增设对依靠被继承人扶养的缺乏劳动能力又有没有生活来源的尊血亲等后顺序特殊法定继承人，对其遗产中原使用的住房及日常生活用品享有终生的无偿使用权。

5. 尽了主要赡养义务的丧偶儿媳或女婿的遗产分配之立法建议

就对公婆、岳父母尽了主要赡养义务的丧偶儿媳或女婿的遗产继承权，我国《继承

法》已经实施了30多年，该规定已经深入人心，所以不宜直接否定。建议设定一些条件，调整其与代位继承制度的矛盾，即当尽了主要赡养义务的丧偶儿媳或女婿的继承权与其子女的代位继承权同时存在时，由其子女行使代位继承权，赋予其遗产酌情分配请求权；当不存在子女代位继承权或者其子女放弃代位继承权的，应准许其以第一顺序继承人参与继承。

五、我国遗嘱继承制度之不足与立法完善建议

（一）我国遗嘱继承制度之不足

关于遗嘱继承制度，我国《继承法》主要存在三个方面的不足：第一，规定公证遗嘱具有优先适用效力，无法保证被继承人最终意愿的实现；七成半的海南省的被调查者认为公证遗嘱并不具有当然的优先适用效力（见表10-26）。第二，未规定特留份制度，不利于防止遗嘱自由的滥用和发挥遗产养老育幼的功能。七成的海南省被调查者认为被继承人以遗嘱将个人遗产全部赠给他人的行为不妥，即遗嘱人应为自己的配偶、子女等近亲属保留一定遗产（见表10-28）。前述涉及遗嘱继承制度的案例之司法审判实践中，也反映出我国对遗嘱自由的限制存在欠缺特留份制度之不足。第三，未规定夫妻共同遗嘱，不利于规范夫妻共同遗嘱行为，容易引发继承纠纷；七成半以上的海南省被调查者认可夫妻共同遗嘱，但在实践中有设立夫妻共同遗嘱习惯的较少，仅有二成（见表10-30、表10-32）。

（二）我国遗嘱继承制度之立法完善建议

综上所述，我们针对我国遗嘱继承制度的修改完善提出以下建议：

1. 公证遗嘱与其他形式遗嘱的适用效力之立法建议

建议删除我国《继承法》第20条第3款“自书、代书、录音、口头遗嘱，不得撤销、变更公证遗嘱”的规定。对于内容相抵触的多份遗嘱，以最后的遗嘱为准。

2. 遗嘱自由的限制——特留份之立法建议

建议增设特留份制度。对特留份制度的规定主要包括以下几个方面：第一，适用主体，限于被继承人的配偶、晚辈直系血亲、父母；第二，特留份额，在继承开始时所存遗产的价值基础上，扣除债务额后，依据法定应继份计算；第三，特留份的丧失，继承人按照本法的规定丧失继承权的，其享有的特留份权利同时消灭；第四，不适用特留份的情形：一是特留份继承人丧失继承权的；二是有扶养能力和有扶养条件的特留份继承人，不尽扶养义务的；三是特留份继承人依遗嘱继承而取得相当于特留份的遗产的。既符合特留份又符合必留份的，优先适用必留份的规定。

3. 夫妻共同遗嘱之立法建议

建议增设夫妻共同遗嘱制度。夫妻共同遗嘱的生效以夫妻关系存续为前提。夫妻可以互相指定对方为继承人；可以作出效力上相关联的遗产处分。夫妻可以共同指定遗嘱继承人或受遗赠人。若无相反内容，共同遗嘱在夫妻一方生存时对遗嘱继承人和受遗赠人不产生效力。在夫妻一方死亡后，共同遗嘱不得撤回。

六、我国继承和遗赠的接受与放弃制度之不足与立法完善建议

（一）我国继承和遗赠的接受与放弃制度之不足

关于继承和遗赠的接受与放弃制度，我国《继承法》主要存在三方面的不足：第一，

继承人放弃继承的期间规定不合理，过于宽泛，不利于债权人利益的保护。前述涉及继承和遗赠的接受与放弃制度的案例之司法审判实践中，也反映出我国继承放弃的时间与方式之不足。第二，以明示方式接受遗赠，不利于保护当事人的合法权利；七成以上的海南省被调查者认为受遗赠人未作表示可推定为接受遗赠（见表 10-36）。第三，对继承人放弃继承的行为债权人能否申请撤销缺乏明确的规定，不利于指导司法实践；五成以上的海南省被调查者认为债权人不可以撤销继承人放弃继承的行为（见表 10-39）。

（二）我国继承和遗赠的接受与放弃制度之立法完善建议

综上所述，我们针对我国继承和遗赠的接受与放弃制度的修改完善提出以下建议：

1. 继承的接受与放弃的方式与时间之立法建议

建议规定继承人放弃继承的，应当在知道继承开始后 2 个月内以书面声明的形式作出放弃继承的意思表示。没有表示的，视为接受继承。放弃继承的翻悔不能附条件和期限。

2. 遗赠的接受与放弃的方式与效力之立法建议

建议规定受遗赠人放弃受遗赠的，应在遗产处理前以书面方式作出；受遗赠人未明确表示放弃的，视为接受遗赠。

3. 继承的放弃与债权人的撤销权之立法建议

就继承人放弃继承能否撤销的问题，建议立法规定原则上不允许撤销，但因欺诈、胁迫、乘人之危或重大误解而作出的除外。

就继承人放弃继承的行为，债权人能否撤销的问题，建议立法明确规定，当继承人放弃继承权的行为损害其债权人利益的，债权人得行使撤销权，但继承人提供担保的除外。

七、我国继承权的丧失、被继承人宥恕与代位继承制度之不足与立法完善建议

（一）我国继承权的丧失、被继承人宥恕与代位继承制度之不足

关于继承权的丧失、被继承人宥恕与代位继承制度，我国《继承法》存在的不足之处有：第一，继承权丧失的法定情形不全面，允许被继承人通过宥恕而使继承权恢复的法定情形过少；六成半的海南省被调查者认为继承人因欺诈、胁迫的手段迫使或者妨碍被继承人设立、变更或者撤销遗嘱，情节较为严重而丧失继承权的，在得到被继承人谅解的情况下，其继承权可以恢复（见表 10-40）。第二，1985 年《执行继承法意见》规定继承权丧失的效力及于代位继承人的内容不合理，近五成的海南省被调查者认为被代位继承人丧失继承权后其代位继承人仍可以代位继承（见表 10-41）。

（二）我国继承权的丧失、被继承人宥恕与代位继承制度之立法完善建议

综上所述，我们针对我国继承权的丧失、被继承人宥恕与代位继承制度的修改完善提出以下建议：

1. 继承权的丧失与被继承人宥恕之立法建议

建议增加继承权丧失的法定事由，将“以欺诈或胁迫的手段，迫使或者妨碍被继承人设立、变更或者撤销遗嘱的”行为规定为继承权丧失的法定事由。关于继承权恢复的法定情形，建议规定继承人故意杀害被继承人和为争夺遗产而杀害其他继承人的情形下，构成继承权的绝对丧失。除此之外，对于其他情形，当继承人获得被继承人的谅解、宽宥时，应当恢复其继承权。

2. 继承权的丧失与代位继承之立法建议

建议规定被代位的继承人丧失继承权的，由被代位继承人的晚辈直系血亲代位继承。

八、我国继承扶养协议制度之立法建议

关于继承扶养协议制度，我国《继承法》无规定。虽然海南省六成以上的被调查者认为继承协议应由被继承与所有继承人协商一致签订，在海南省被调查者所在地区，听说过或者经历过签订继承协议的，占五成以上（见表 10-44、表 10-46）。并且前述涉及继承协议制度的案例之司法审判实践中，也反映出我国欠缺继承协议制度之不足。但我们认为，继承扶养协议往往会免除一个或几个继承人的赡养义务，这与赡养义务不可约定排除相矛盾。赡养义务是法定义务，是每个子女应尽的义务，不能以排除其继承权为由而免除。子女对父母的赡养义务是法定的，不得附加任何条件。[①] 而继承扶养协议实际上是将赡养义务条件化，有可能会冲击我们的孝道传统。因此，建议立法应明确禁止继承人与被继承人之间签订继承扶养协议。

九、我国遗产债务清偿制度之不足与立法完善建议

（一）我国遗产债务清偿制度之不足

关于遗产债务清偿制度，我们《继承法》主要存在三个方面的不足：一是单一的无条件的有限清偿原则不足以保护债权人的合法权益。八成的海南省被调查者认为应增设有条件的有限清偿责任和强制的无限清偿责任（见表 10-50）。前述涉及遗产债务清偿制度的案例之司法审判实践中，也反映出我国遗产债务清偿责任的类型之不足。二是未规定被继承人的丧葬费的支付方式。六成半以上的海南省被调查者所在地区的习惯是死者的丧葬费应由继承人共同支付（见表 10-52）。三是未规定遗产债务的清偿顺序，不利于维护遗产债权人的权益。海南省被调查者观念和习惯中的遗产债务清偿的顺序为：丧葬费、遗产管理和欠付的工资、欠债等都排在遗产债务清偿顺序的前三位；受被继承人扶养人的生活费、对被继承人扶养较多的人之酌情分配遗产份额和遗赠扶养协议写明遗赠的遗产都排在后三位（见表 10-53、见表 10-54）。

（二）我国遗产债务清偿制度之立法完善建议

综上所述，我们针对我国遗产债务清偿制度的修改完善提出以下建议：

1. 遗产债务清偿责任类型之立法建议

我们建议改采有条件的限定清偿责任，并且增补强制的无限清偿责任。继承开始后，要求继承人按照规定制作遗产清单的，其在遗产清单所列的遗产实际价值范围内负有限清偿责任；未按照规定制作遗产清单，或者转移遗产、隐瞒遗产，违规处分遗产的，处分遗产损害遗产债权人的权利的，则应对全部遗产债务承担责任。

2. 被继承人丧葬费的支付之立法建议

建议规定被继承人的丧葬费用，由全体继承人共同支付。

3. 遗产债务清偿顺序之立法建议

建议规定遗产债务的清偿顺序如下：第一，丧葬费不属于遗产债务，丧葬费是对被继

① 参见巫昌祯：《婚姻与继承法学》，中国政法大学出版社 2007 年版，第 191 页。

承人负有赡养义务的继承人应负的法定义务。第二，继承费用应优先清偿，继承费用类似于财团债权，属于共益费用，这样做符合国际惯例。第三，受被继承人扶养人的生活费用应优先于其他债权，这既是人文关怀和社会伦理道德的要求，也是为了减轻国家和社会的负担。第四，税款与普通之债应置于同一顺序，当遗产不足以清偿税款和普通债务时，应按比例清偿。第五，工资之债应该优先于普通之债。

十、我国遗产分割制度之不足与立法完善建议

（一）我国遗产分割制度之不足

关于遗产分割制度，我国《继承法》主要存在两个方面的不足：第一，未规定对继承人自由分割遗产的限制。在海南省被调查者中，七成半以上的人认可对于遗产分割的自由应当有一定限制；六成半以上的地区的习惯是子女继承人不会向生存配偶立即提出分割遗产住房的请求；六成以上的人认为遗嘱可以限制遗产分割（见表10-55、表10-57、表10-59）。第二，未规定遗产分割瑕疵的担保责任，不利于保护分到瑕疵遗产的继承人继承权益的保护。近六成的海南省被调查者认为应由共同继承人相互承担遗产分割瑕疵的担保责任（见表10-62）。

（二）我国遗产分割制度之立法完善建议

综上所述，我们针对我国遗产分割制度的修改完善提出以下建议：

1. 遗产分割的自由与限制之立法建议

建议规定继承人可以随时请求分割遗产，但共同继承人另有协议或者遗嘱禁止分割的、遗产债务尚未清偿完毕的、依遗产性质不得分割的除外。被继承人可以禁止继承人分割遗产，但禁止分割的期间以5年为限，超过5年的，缩短为5年。继承人或受遗赠人因生活困难、疾病治疗等特殊情形向人民法院请求分割遗产的，则不应受遗产分割时间限制，人民法院应予支持。

2. 遗产分割瑕疵的担保责任之立法建议

建议规定遗产分割后，当遗产存在瑕疵时，继承人以分得的遗产为限对彼此承担瑕疵担保责任。各继承人对其他继承人分得的债权，就债务人在遗产分割时的清偿能力承担担保责任；如果债权未届清偿期，则就债务人在清偿期届至时的清偿能力承担担保责任。

十一、我国无人承受遗产制度之不足与立法完善建议

（一）我国无人承受遗产制度之不足

关于无人承受遗产制度，我国《继承法》主要存在两个方面的不足：第一，未设置无人承受遗产的管理人，容易导致无人承受遗产长时间无人管理而造成遗产价值的流失。四至五成的海南省被调查者认为应由死者户籍所在地的居委会、村委会或所在单位和人民法院指定无人承受遗产的管理人（见表10-68）。二是无人承受遗产的酌分请求权主体的范围过窄。五至七成的海南省被调查者认为依靠死者扶养的人、与死者共同生活的人、与死者有密切联系且对其帮助较多的人均可以作为无人承受遗产的酌分请求权人（见表10-71）。前述涉及无人承受遗产案例制度的案例之司法审判实践中，也反映出我国无人承受遗产酌分请求权主体范围较窄的不足。

（二）我国无人承受遗产制度之立法完善建议

综上所述，我们针对我国无人承受遗产制度的修改完善提出以下建议：

1. 无人承受遗产的管理人之立法建议

建议规定民政部门可以指定死者户籍所在地的居委会或村委会担任遗产管理人，或者委托死者户籍所在地的居委会或村委会指定具体的遗产管理人，这样更有利于遗产的管理和分配。

2. 无人承受遗产酌分请求权主体之立法建议

建议规定对于无人承受的遗产，首先，酌情分配给继承人以外的依靠被继承人扶养的缺乏劳动能力又没有生活来源的人、对被继承人扶养较多的人和与被继承人共同生活的人。其次，酌情分配给被继承人三代以内的旁系亲属，包括姻亲，如婶侄、侄媳等。最后的剩余遗产，收归国有或集体经济组织所有。

第十一章　当代中国福建省民营企业主财产继承观念与遗产处理习惯实证调查研究*

第一节　当代中国福建省民营企业主财产继承观念与遗产处理习惯实证调查概况

一、被调查地区概况

在我国，福建省是经济发展较为迅速的东部沿海省份，有相当大比例的民众从事商业活动，形成大大小小的民营企业。这些民营企业主较之从事其他职业的民众而言，有较多的财富积累，加之受到闽商文化的影响，其继承观念和遗产处理形成有自己的特色。我国《民法总则》第 10 条也特别强调习惯的适用，[①] 故福建地区民众的继承习惯，尤其是民营企业主的继承习惯对中国民法典“继承编”的编纂具有一定的参考性。

（一）福建省社会经济发展水平情况

2018 年，福建省生产总值为 35804. 04 亿元，其中，第一产业增加值为 2379. 82 亿元，第二产业增加值为 17232. 36 亿元，第三产业增加值为 16191. 86 亿元。全年人均地区生产总值为 91197 元，比上年增长 7. 4%。[②]

（二）福建省人口结构情况

2018 年年末，福建省常住人口 3941 万人，比上年年末增加 30 万人。其中，城镇常住人口 2594 万人，占总人口比重（常住人口城镇化率）为 65. 8%。男性人口数为 2016 万人，占比 51. 2%，女性人口数为 1925 万人，占比 48. 8%；0～14 岁人口数为 658 万人，占比 16. 7%；15～64 岁人口数为 2928 万人，占比 74. 3%；65 岁及以上人口数为 355 万人，占比 9. 0%。[③]

---

* 作者简介：何丽新，女，厦门大学法学院教授；贺海燕，女，西南政法大学 2017 级民商法博士研究生；孙菁，女，厦门大学法学院 2016 级民商法学硕士研究生；余虹宇，女，厦门大学法学院 2016 级法律硕士；王思颖，女，厦门大学法学院 2016 级法律硕士。

① 我国《民法总则》第 10 条：处理民事纠纷，应当依照法律；法律没有规定的，可以适用习惯，但是不得违背公序良俗。

② 参见福建省统计局：《2018 年福建省国民经济和社会发展统计公报》，http://tjj. fujian. gov. cn/xxgk/tjgb/201902/t20190228_4774952. htm，访问日期：2019 年 6 月 10 日。

③ 参见福建省统计局：《2018 年福建省国民经济和社会发展统计公报》，http://tjj. fujian. gov. cn/xxgk/tjgb/201902/t20190228_4774952. htm，访问日期：2019 年 6 月 10 日。

（三）福建省城乡人口的年均收入状况

2018 年，福建省居民年人均可支配收入为 32644 元，比上年增长 8.6%。按常住地分，农村居民年人均可支配收入为 17821 元，比上年增长 9.1%；城镇居民人均年可支配收入为 42121 元，比上年增长 8.0%。①

（四）福建省民营企业主及个体劳动者的人数及平均劳动报酬

2017 年，福建省城镇民营企业主及个体劳动者人数（年底数）为 697.53 万人，占福建省总人口的 24.86%。其中第一产业 12.54 万人，占 0.17%；第二产业 126.95 万人，占 18.19%；第三产业 558.04 万人，占 80.00%。② 2017 年，民营企业单位从业人员平均劳动报酬为 48830 元。按三大产业分民营企业单位从业人员平均劳动报酬，其中第一产业为 39158 元，第二产业为 49629 元，第三产业为 46164 元。③

随着人们可支配收入的增长，民众的合法财产也进一步积累。而财产继承关系，牵涉到千家万户、男女老少的切身利益，也与交易安全密切相关。因此，我国“民法典继承编”的编撰必须“反映一国民众在长期日常生活中形成的财产继承观念和财产继承习惯，才能适应调整人们财产继承行为的需要，并被人们自觉地遵守”。④

二、实证调查情况简介

2016 年 11 月，西南政法大学陈苇教授主持申报的司法部科研项目“我国遗产处理制度系统化构建研究”被批准立项。为了给此项目的理论和制度研究提供国情资料，必须调查了解当代中国民众的财产继承观念与遗产处理习惯。考虑到课题组人力、物力的限制，陈苇教授选择我国十省市包括东北部的吉林省、东部的上海市、北部的河北省、中部的湖北省和江西省、南部的广东省和海南省、东南部的福建省、西南部的重庆市和四川省作为被调查地点，然后联系确定了各省市调查组组长共同组织开展本项目的子课题“当代中国民众财产继承观念与遗产处理习惯实证调查研究”。本次“当代福建省民营企业主财产继承观念与遗产处理习惯实证调查研究”是西南政法大学陈苇教授主持的“当代中国民众财产继承观念与遗产处理习惯实证调查研究”的组成部分之一，由厦门大学何丽新教授担任福建省调查组组长。因为福建省从事商事活动的民营企业主占有相当大的比例，所以我们在福建地区的被调查对象全部选取的民营企业主。

（一）调查问卷的设计和学生调查员的召集与培训

2016 年 11 月中旬，陈苇教授组织重庆市课题组成员分工合作，设计制作“当代中国民众财产继承观念与遗产处理习惯实证调查研究”的调查问卷，至同年 12 月中旬完成了调查问卷的设计工作。然后，陈苇教授把调查问卷通过电子邮件发送给参与本次实证调查的十省市调查组组长，以供开展实地调查时十省市被调查地区统一使用。同年 12 月下旬，

① 参见福建省统计局：《2018 年福建省国民经济和社会发展统计公报》，http://tjj.fujian.gov.cn/xxgk/tjgb/201902/t20190228_4774952.htm，访问日期：2019 年 6 月 10 日。

② 参见福建省统计局：《福建统计年鉴-2018》，http://tjj.fujian.gov.cn/tongjinianjian/dz2018/index-cn.htm，访问日期：2019 年 6 月 10 日。

③ 参见福建省统计局：《福建统计年鉴-2018》，http://tjj.fujian.gov.cn/tongjinianjian/dz2018/index-cn.htm，访问日期：2019 年 6 月 10 日。

④ 陈苇主编：《当代中国民众继承习惯调查实证研究》，群众出版社 2008 年版，第 1 页。

根据陈苇教授撰写的“当代中国民众财产继承观念与遗产处理习惯社会调查动员和培训会”的说明书，福建省调查组组长何丽新教授召集、遴选福建省籍的学生调查员 29 名，然后组织召开“当代中国福建省民众继承观念和遗产处理习惯实证调查动员暨社会调查知识培训会”。在会上，何丽新教授给每位学生调查员发放了 6 份调查问卷，针对问卷的问题，逐一讲解调查要点和具体的调查方法，要求被调查者应当以民营企业主为职业背景，且必须是男女各 3 名，分为老、中、青（61 岁以上、41~60 岁、20~40 岁）三个年龄段，并且要求每名学生调查员利用 2017 年的寒假各自在家乡开展实地社会调查。

（二）实地社会调查的方式

2017 年 1 月至 2 月寒假，福建省籍的学生调查员回到各自家乡开展实地社会调查。本次调查主要采取学生调查员“入户问卷调查”和“个人访谈”的方式进行。

一是入户问卷调查。学生调查员在 2017 年寒假回到自己的家乡，向当地民众进行入户问卷调查。每位被调查对象必须符合培训会说明的条件要求，而且其只能填写一份调查问卷。学生调查员入户后，首先向被调查者讲解说明本次调查的目的意义和调查问卷填写的相关问题，采取让被调查者自己填写问卷或者学生调查员向被调查者询问后代为填写两种方式完成问卷的填写。

二是个人访谈。要求采取“一对一”的个人访谈方式，以收集与遗产继承有关的纠纷或案例。本次实地调查，除填写调查问卷外，还要求辅以“一对一”的个人访谈，收集和记录典型的继承纠纷或相关案例的内容。因为调查问卷涉及客观选择与主观理由两部分内容，采取“一对一”的个人访谈方式，可以避免被调查者受他人的影响，以便能够较为客观深入地了解被调查民众的真实想法。

（三）调查问卷数据的录入、统计汇总、复核与撰写调查研究报告

2017 年 3 月开学后，本调查组统一回收了调查问卷与典型案例的访谈记录，然后组织学生统计员进行调查数据统计工作。本次实地调查实际发放问卷 150 份，剔除无效问卷后，共计回收有效问卷 133 份，有效问卷率为 88.67%。随后，根据有效问卷进行调查数据的录入、制作统计汇总表，并且进行统计汇总数据的复核。2017 年 4 月底完成了《〈当代中国民众财产继承观念与遗产处理习惯实证调查问卷〉福建省民众实证调查统计数据汇总表》的定稿。我们在此需要特别说明，关于各项调查问题之统计人数的合计，凡单选题的人数合计均为 100%，均合计在统计表中；凡多选题的人数合计均超过 100%，故不予进行合计的统计。本调查报告的撰写就是根据此次调查统计数据汇总表作为基础资料进行分析和研究而成。在此，特向所有参与此次调查活动的老师和同学表示衷心的感谢![①]

2017 年 4 月，陈苇教授拟定了“当代中国民众财产继承观念与遗产处理习惯实证调查研究的写作提纲和写作要求”。2017 年 5 月起我们据此写作提纲和写作要求，进入参考文献资料的收集和调查报告的写作与修改阶段。本章由何丽新教授和孙菁、余虹宇、王思颖等法学硕士研究生共同撰写初稿至第八稿，其间，根据陈苇教授对初稿至第八稿的历次修改意见和中期评审专家意见，多次对稿件进行了相应的修改和补充，最后向课题负责人

① 参与福建省民众财产继承观念与遗产处理习惯的实地调查以及调查数据统计汇总等工作的师生名单，详见“鸣谢”。

陈苇教授交稿。2019年1月，陈苇教授继续对福建省调查研究报告进行审阅和修改和补充，然后组织重庆市调查组博士生对福建省调查研究报告统一进行了三次修改补充，最终于2019年6月完成定稿。

三、被调查对象的基本情况

统计数据显示，本次调查对象均为福建省常住人口，133名被调查者的居住地区主要分布在福州、厦门、泉州、漳州、龙岩、南平、三明、宁德共计8个市县。

（一）被调查者的性别情况

表11-1　被调查者的性别情况

性别	人数	比例
男性	91	68.42%
女性	42	31.58%
合计	133	100%

关于被调查者的性别，统计数据显示，在133名被调查者中，男性91人，占68.42%；女性42人，占31.58%。可见，在被调查者中，男性占近七成（68.42%）；女性占三成以上（31.58%）。

（二）被调查者的年龄情况

表11-2　被调查者的年龄情况统计

年龄段	人数	比例
20~30岁	25	18.80%
31~40岁	18	13.53%
41~50岁	69	51.88%
51~60岁	20	15.04%
61~70岁	1	0.75%
71岁以上	0	0%
合计	133	100%

关于被调查者的年龄，统计数据显示，在133名被调查者中，20~40岁的青年人占三成以上（32.33%）；41~60岁的中年人占六成半以上（66.92%）；60岁以上的老年人占比不到一成（0.75%）。即本次被调查者以中年人为主体，占六成半以上（66.92%）。

综上所述，本次被调查者以男性为多占近七成，老、中、青各年龄段的均有，但以中年为主体，本次调查数据基本上能够反映男女均有但以男性为主、以中年人为主体的民营企业主的被调查者的意愿。

第二节　当代中国福建省民营企业主财产继承观念与遗产处理习惯实证调查的数据统计情况

一、遗产范围界定之调查数据统计情况

关于遗产范围界定之调查数据统计，我们主要从遗产的种类和被继承人生前特种赠与财产的归扣两个方面进行调查数据的统计情况汇总分析。

（一）遗产的种类

问题【一、（一）】“2016 年 2 月某甲因车祸死亡，经清理某甲个人名下的遗物，您认为，以下哪些属于某甲的遗产？A. 住房一套；B. 小汽车一辆；C. 家庭日常生活用品若干；D. 存款 10 万元；E. 股票 10 万元；F. 某甲以其姓名注册的邮箱、QQ 账号等；G. 单位出租给某甲的午休住房一间；H. 某甲向某公司购货的欠款 5 万元；I. 某甲因交通事故死亡获得 50 万元赔偿金。（多选）”

表 11-3　属于遗产种类的民众观念的情况统计（多选）

选项	属于遗产	
	人数	比例
A. 住房一套	127	95.49%
B. 小汽车一辆	126	94.74%
C. 家庭日常生活用品若干	80	60.15%
D. 存款 10 万元	131	98.50%
E. 股票 10 万元	119	89.47%
F. 某甲以其姓名注册的邮箱、QQ 账号等	45	33.83%
G. 单位出租给某甲的午休住房一间	11	8.27%
H. 某甲向某公司购货的欠款 5 万元	68	51.13%
I. 某甲因交通事故死亡获得 50 万元赔偿金	90	67.67%

关于属于遗产种类的民众观念，统计数据显示，在 133 名被调查者中，（1）有六至九成以上的大多数人认为 A 项住房（95.49%）、B 项汽车（94.74%）、D 项存款（98.50%）和 E 项股票（89.47%）属于遗产。（2）一至六成的人认为 C 项家庭日常生活用品（60.15%）、I 项交通事故死亡赔偿金（67.67%）、H 项债务（51.13%）、G 项单位出租房（8.27%）属于遗产。（3）有三成以上的人认为 F 项以被继承人的姓名注册的邮箱和 QQ 账号等（33.83%）属于遗产。

（二）被继承人生前特种赠与财产的归扣

1. 被继承人生前特种赠与财产是否归入遗产范围的民众观念情况统计

问题【一、（二）1.】“张老汉有三个儿子，在 10 年前大儿子甲结婚时，张老汉给其

资助购买婚房的现金 20 万元；二儿子乙一直未结婚，但 5 年前在其开办豆腐坊时，张老汉资助其营业资金 10 万元。在两年前小儿子丙结婚时，张老汉为其购买一套价值 30 万元的房屋（产权登记在小儿子丙名下）；2016 年 1 月张老汉去世时遗留有个人所有的住房一套和 50 万元存款。上述哪些财产应当算入遗产？A. 张老汉生前给三个儿子不同资助的财产与死亡时遗留的住房、存款，均应当合并计算为遗产；B. 张老汉去世时遗留的个人所有的住房和 50 万元存款，才可以计算为遗产；C. 其他。（单选）”

表 11-4　被继承人生前特种赠与财产是否归入遗产范围的民众观念情况统计（单选）

选项	人数	比例
A. 张老汉生前给三个儿子不同资助的财产与死亡时遗留的住房、存款，均应当合并计算为遗产	16	12.03%
B. 张老汉去世时遗留的个人所有的住房和 50 万元存款，才可以计算为遗产	113	84.96%
C. 其他	4	3.01%
合计	133	100%

关于被继承人生前特种赠与财产是否归入遗产范围的民众观念，统计数据显示，在 133 名被调查者中，（1）选择 B 项即持否定观点的，占近八成半（84.96%）；（2）选择 A 项即持肯定观点的，只占一成以上（12.03%）。

2. 归扣遗产的价值计算时间的民众观念情况统计

问题【一、（二）2.】“如果上述答案您选 A，请问张老汉为小儿子丙买房的价值应该按何时计算？A. 买房时；B. 张老汉去世时；C. 实际分割遗产时；D. 其他。（单选）”

表 11-5　归扣遗产的价值计算时间的民众观念情况统计（单选）

选项	人数	比例
A. 买房时	5	31.25%
B. 张老汉去世时	5	31.25%
C. 实际分割遗产时	6	37.50%
D. 其他	0	0%
合计	16	100%

关于归扣遗产的价值计算时间的民众观念，统计数据显示，在 16 名被调查者中，根据其占比高低排序如下：（1）选择 C 项认为应以分割遗产时为准的，占近四成（37.50%）；（2）选择 A 项认为应以赠与时为准的，占三成以上（31.25%）；（3）选择 B 项认为以继承开始时为准的，占三成以上（31.25%）。即认为应以分割遗产时计算归扣财产价值的占比居于第一位。

3. 生前特种赠与财产是否归扣纳入遗产范围的民间习惯情况统计

问题【一、(二) 3.】“在您所在地区，如果发生上述张老汉生前给三个儿子不同资助财产的情况，在继承遗产时这些资助财产是否被合计到遗产范围内？A. 是；B. 不是。(单选)”

表 11-6　生前特种赠与财产是否归扣纳入遗产范围的民间习惯情况统计（单选）

选项	人数	比例
A. 是	28	21.37%
B. 不是	103	78.63%
合计	131	100%

关于生前特种赠与财产是否归扣纳入遗产范围的民间习惯，统计数据显示，填写该问题的 131 名被调查者所在地区的习惯是：(1) B 项不是，即无归扣习惯的，占近八成 (78.63%)；(2) A 项是，即有归扣习惯的，只占二成以上 (21.37%)。

4. 生前特种赠与财产不归扣纳入遗产情况下的分配方式之民间习惯情况统计

问题【一、(二) 4.】“上一题如果您选择 B 项，即这些资助财产不是被合计到遗产范围内，三个儿子是如何分配父亲张老汉的遗产的？A. 平均分配；B. 乙应该适当多分；C. 其他。(单选)”

表 11-7　生前特种赠与财产不归扣纳入遗产情况下的分配方式之民间习惯情况统计（单选）

选项	人数	比例
A. 平均分配	81	78.64%
B. 乙应该适当多分	22	21.35%
C. 其他	0	0%
合计	103	100%

关于生前特种赠与财产不归扣纳入遗产情况下的分配方式之民间习惯，统计数据显示，填写该问题的 103 名被调查者所在地区的习惯是：(1) A 项在继承人之间平均分配的，占近八成 (78.64%)；(2) B 项获得被继承人生前特种赠与较少的继承人可以多分的，占二成以上 (21.35%)。

二、继承开始的通知和公告之调查数据统计情况

关于继承开始的通知和公告之调查数据统计，我们主要从继承开始的通知和公告的主体、继承开始的通知和公告的方式、继承开始的通知和公告的期间三个方面进行调查数据的统计情况汇总分析。

(一) 继承开始的通知和公告的主体

问题【二、(一)】“被继承人死亡后，在您所在的地区一般由下列哪些人通知涉及

遗产分配的相关人员？A. 知道被继承人死亡的继承人；B. 保管遗产的继承人；C. 知道被继承人死亡的单位、村（居）委会；D. 处理被继承人死亡事件的机构，如公安交警部门；E. 其他。（多选）”

表 11-8　继承开始的通知主体和公告的主体之民间习惯情况统计（多选）

选项	人数	比例
A. 知道被继承人死亡的继承人	85	63.91%
B. 保管遗产的继承人	65	48.87%
C. 知道被继承人死亡的单位、村（居）委会	38	28.57%
D. 处理被继承人死亡事件的机构，如公安交警部门	62	46.62%
E. 其他	2	1.50%

关于继承开始的通知主体和公告的主体之民间习惯，统计数据显示，133 名被调查者填写的所在地区的习惯分别是：（1）A 项由知道被继承人死亡的继承人发出的，占近六成半（63.91%）；（2）B 项由保管遗产的继承人发出的，占近五成（48.87%）；（3）C 项由知道被继承人死亡的单位、村（居）委会发出的，占近三成（28.57%）；（4）D 项由处理被继承人死亡事件的机构（如公安交警部门）发出的，占四成半以上（46.62%）。

（二）继承开始的通知和公告方式

问题【二、（二）】“被继承人死亡后，您所在地区的人们一般采取以下哪些方式通知涉及遗产处理的相关人员？A. 口头、电话、微信等方式通知；B. 信件、告知函等书面通知；C. 在报纸、电视、网络等平台上发布被继承人死亡的公告；D. 在被继承人所在地的村（居）委会公告栏公告；E. 申请人民法院以公告程序进行公告；F. 其他。（多选）”

表 11-9　继承开始的通知和公告方式的民间习惯情况统计（多选）

选项	人数	比例
A. 口头、电话、微信等方式通知	98	73.68%
B. 信件、告知函等书面方式通知	68	51.13%
C. 在报纸、电视、网络等平台上发布被继承人死亡的公告	25	18.80%
D. 在被继承人所在地的村（居）委会公告栏公告	20	15.03%
E. 申请人民法院以公告程序进行公告	41	30.83%
F. 其他	2	1.50%

关于继承开始的通知和公告方式的民间习惯，统计数据显示，133 名被调查者所在地区的习惯是：(1) A 项使用口头、电话、微信等方式通知的，占近七成半（73.68%）；B 项使用书信、告知函等方式的，占五成以上（51.13%）；(2) C 项使用在报纸、电视、网络等平台上发布被继承人死亡公告方式的，占近二成（18.80%）；(3) D 项采用在村（居）民委员会公告栏公告方式的，占一成半（15.03%）；(4) E 项采用申请人民法院以公告程序进行公告方式的，占三成（30.83%）。

（三）继承开始的通知和公告的期间

问题【二、（三）】“您认为，通知人应在被继承人死亡后几日内发出通知？A. 3 日；B. 7 日；C. 15 日；D. 30 日；E. 其他。（单选）”

表 11-10　继承开始的通知和公告的期间之民众观念情况统计（单选）

选项	人数	比例
A. 3 日	54	41.86%
B. 7 日	28	21.71%
C. 15 日	20	15.50%
D. 30 日	23	17.83%
E. 其他	4	3.10%
合计	129	100%

关于继承开始的通知和公告的期间之民众观念，统计数据显示，在 129 名被调查者中，对于被继承人死亡后发出继承开始的通知的时间，(1) 选择 A 项和 B 项认为应在 7 日内发出的，合计占六成以上（63.57%）；(2) 选择 C 项和 D 项认为应在 15 或 30 日内发出的，合计占三成以上（33.33%）。

三、遗产管理之调查数据统计情况

关于遗产管理之调查数据统计，我们主要从遗产管理人的确定、遗产管理人的职责与报酬、遗产管理人的损害赔偿责任三个方面进行调查数据的统计情况汇总分析。

（一）遗产管理人的确定

问题【三、（一）】“您所在地区人们处理遗产继承时，一般由谁清点和管理遗产？A. 死者的法定继承人：配偶、子女、父母、兄弟姐妹、孙子女或外孙子女、祖父母或外祖父母；B. 死者的儿媳或女婿；C. 死者家族中的德高望重者；D. 死者的其他亲戚朋友；E. 死者所在的单位或村（居）委会；F. 其他。（多选）”

表 11-11 关于遗产管理人确定的民间习惯情况统计（多选）

<table>
<tr><th colspan="2">选项</th><th colspan="2">人数</th><th colspan="2">比例</th></tr>
<tr><td rowspan="6">A. 死者的法定继承人：
配偶、子女、父母、兄弟姐妹、孙子女或外孙子女、祖父母或外祖父母</td><td>配偶</td><td rowspan="6">114</td><td>58</td><td rowspan="6">85.71%</td><td>43.61%</td></tr>
<tr><td>子女</td><td>57</td><td>42.85%</td></tr>
<tr><td>父母</td><td>45</td><td>33.83%</td></tr>
<tr><td>兄弟姐妹</td><td>21</td><td>15.79%</td></tr>
<tr><td>孙子女或外孙子女</td><td>9</td><td>6.77%</td></tr>
<tr><td>祖父母或外祖父母</td><td>7</td><td>5.26%</td></tr>
<tr><td colspan="2">B. 死者的儿媳或女婿</td><td colspan="2">14</td><td colspan="2">10.52%</td></tr>
<tr><td colspan="2">C. 死者家族中的德高望重者</td><td colspan="2">52</td><td colspan="2">39.10%</td></tr>
<tr><td colspan="2">D. 死者的其他亲戚朋友</td><td colspan="2">14</td><td colspan="2">10.52%</td></tr>
<tr><td colspan="2">E. 死者所在的单位或村（居）委会</td><td colspan="2">34</td><td colspan="2">25.56%</td></tr>
<tr><td colspan="2">F. 其他</td><td colspan="2">6</td><td colspan="2">4.51%</td></tr>
</table>

关于遗产管理人确定的民间习惯，统计数据显示，133 名被调查者填写的所在地区的习惯排在前两位的是：（1）A 项由死者的法定继承人担任的，占八成半（85.71%）；（2）C 项由死者家族中的德高望重者担任的，占近四成（39.10%）。

（二）遗产管理人的职责与报酬

1. 遗产管理人的职责的民众观念情况统计

问题【三、（二）1.】“您认为，遗产管理人的职责有哪些？A. 清查遗产，制作遗产清单；B. 妥善保管遗产；C. 查明被继承人生前的债权和债务，积极地追讨债权或清偿债务；D. 查明被继承人是否留有遗嘱，并且确定遗嘱是否真实合法；E. 可以原告或被告的身份参加因遗产引起的诉讼；F. 定期制作遗产管理报告，向继承人报告遗产管理的情况；G. 其他。（多选）”

表 11-12 遗产管理人的职责的民众观念情况统计（多选）

选项	人数	比例
A. 清查遗产，制作遗产清单	126	94.73%
B. 妥善保管遗产	125	93.98%
C. 查明被继承人生前的债权和债务，积极地追讨债权或清偿债务	104	78.20%
D. 查明被继承人是否留有遗嘱，并且确定遗嘱是否真实合法	107	80.45%
E. 可以原告或被告的身份参加因遗产引起的诉讼	78	58.65%
F. 定期制作遗产管理报告，向继承人报告遗产管理的情况	83	62.41%
G. 其他	2	1.50%

关于遗产管理人的职责的民众观念，统计数据显示，在133名被调查者中，占六至九成的人认为主要职责包括：A项清查遗产，制作遗产清单的，占94.73%；B项妥善保管遗产的，占93.98%；C项查明被继承人生前的债权和债务，积极地追讨债权或清偿债务的，占78.20%；D项查明被继承人是否留有遗嘱，并且确定遗嘱是否真实合法的，占80.45%；E项可以原告或被告的身份参与因遗产引起的诉讼的，占58.65%；F项定期制作遗产管理报告，向继承人报告遗产管理的情况的，占62.41%。

2. 遗产管理人是否有权取得报酬的民间习惯情况统计

问题【三、(二) 2.】“您所在地区，负责管理遗产的人是否可以获得报酬？A. 继承人担任遗产管理人的，不能请求给付报酬；B. 法院指定的遗产管理人，有权请求给付报酬；C. 继承人选任的第三人作为遗产管理人，是否给付报酬，应当由继承人决定；D. 继承人选任的第三人作为遗产管理人，一律有权请求给付报酬；E. 其他。(多选)”

表11-13 遗产管理人是否有权取得报酬的民间习惯情况统计（多选）

选项	人数	比例
A. 继承人担任遗产管理人的，不能请求给付报酬	56	42.11%
B. 法院指定的遗产管理人，有权请求给付报酬	61	45.86%
C. 继承人选任的第三人作为遗产管理人，是否给付报酬，应当由继承人决定	70	52.63%
D. 继承人选任的第三人作为遗产管理人，一律有权请求给付报酬	36	27.07%
E. 其他	2	1.50%

关于遗产管理人可否取得报酬的民间习惯，统计数据显示，133名被调查者填写的所在地区的习惯是：(1) A项继承人担任的管理人不可以取得报酬的，占四成以上（42.11%）；(2) B项法院指定担任的管理人可以取得报酬的，占四成半（45.86%）；(3) 继承人选任的第三人的担任管理人，有C、D两项，其中，C项是否可以取得报酬由继承人决定的，占五成以上（52.63%），D项一律可以取得报酬的，占二成半以上（27.07%）。

(三) 遗产管理人的损害赔偿责任

问题【三、(三)】“在您所在地区，负责管理遗产的人对因其过错造成的较大财产损失，是否承担赔偿责任？A. 只有故意或重大过失的，才承担赔偿责任；B. 无论是故意或重大过失或一般轻过失的，都要承担赔偿责任；C. 其他。(单选)”

表11-14 遗产管理人的损害赔偿责任之民间习惯情况统计（单选）

选项	人数	比例
A. 只有故意或重大过失的才承担赔偿责任	62	46.62%
B. 无论是故意或重大过失或一般轻过失的都要承担赔偿责任	68	51.13%
C. 其他	3	2.25%

续表

选项	人数	比例
合计	133	100%

关于遗产管理人的损害赔偿责任的民间习惯，统计数据显示，133 名被调查者所在地区的习惯是：（1）A 项只有故意或重大过失才承担赔偿责任的，占四成半以上（46.62%）；（2）B 项无论是故意或重大过失或一般轻过失的都要承担赔偿责任的，占五成以上（51.13%）。

四、法定继承之调查数据统计情况

关于法定继承之调查数据统计，我们主要从法定继承人的范围与顺序、配偶与血亲继承人的法定应继份、配偶对遗产中家庭住房的先取权和终生使用权、后顺序特殊法定继承人对遗产中原使用的住房及日常生活用品的终生使用权、尽了主要赡养义务的丧偶儿媳或女婿的遗产分配方式五个方面进行调查数据的统计情况汇总分析。

（一）法定继承人的范围与顺序

1. 法定继承人的范围与顺序的民众观念的情况统计

问题【四、（一）1.】“下列亲属，您认为哪些应当作为法定继承人？他们各自的继承顺序如何？请根据您认为适当的先后顺序填写数字：1. 2. 3. ……例如，父母（1）；子女（2）；祖父母、外祖父母（3）。如果您认为应当在同一顺序的人，可以填写相同的数字，例如，配偶（1）；父母（1）；子女（1）；祖父母、外祖父母（1）。”

配偶（ ）	父母（ ）	儿子（ ）女儿（ ）
孙子女（ ）外孙子女（ ）	祖父母（ ）外祖父母（ ）	兄弟（ ）姐妹（ ）
侄子女（ ）外甥子女（ ）	伯叔姑舅姨（ ）	堂兄弟姐妹（ ）
表兄弟姐妹（ ）	其他亲属（称谓）（ ）	其他亲属（称谓）（ ）

表 11-15 法定继承人的范围与顺序的民众观念情况统计

亲属名称	第一顺序		第二顺序		第三顺序		第四顺序		第四顺序以上	
	人数	比例	人数	比例	人数	比例	人数	比例	人数	比例
配偶	127	95.49	7	5.26	0	0	0	0	0	0
父母	85	63.91	29	21.80	13	9.77	3	2.26	0	0
子	85	63.91	33	24.81	15	11.28	0	0	0	0
女	82	61.65	30	22.56	18	13.53	1	0.75	0	0
孙子女	3	2.26	61	45.86	22	16.54	20	15.04	7	5.26
外孙子女	1	0.75	47	35.34	28	21.05	20	15.04	12	9.02

续表

亲属名称	第一顺序		第二顺序		第三顺序		第四顺序		第四顺序以上	
	人数	比例	人数	比例	人数	比例	人数	比例	人数	比例
祖父母	3	2.26	60	45.11	22	16.54	5	3.76	16	12.03
外祖父母	2	1.50	47	35.34	20	15.04	7	5.26	17	12.78
兄弟	2	1.50	51	38.35	24	18.05	11	8.27	21	15.79
姐妹	2	1.50	50	37.59	25	18.80	11	8.27	21	15.79
侄子女	0	0	0	0	37	27.82	19	14.29	27	20.30
外甥子女	0	0	0	0	33	24.81	18	13.53	28	21.05
伯叔姑	0	0	0	0	29	21.80	17	12.78	32	24.06
舅姨	0	0	0	0	29	21.80	17	12.78	32	24.06
堂兄弟	0	0	0	0	31	23.31	13	9.77	30	22.56
堂姐妹	0	0	0	0	31	23.31	13	9.77	32	24.06
表兄弟	0	0	0	0	13	9.77	23	17.29	38	28.57
表姐妹	0	0	0	0	13	9.77	23	17.29	38	28.57
其他亲属	0	0	0	0	1	0.75	3	2.26	1	0.75

关于法定继承人的范围与顺序的民众观念，各顺序以被调查者选择占比最高的作为统计依据，133 名被调查者较认可的法定继承人的范围与顺序为：第一顺序为配偶（95.49%）、父母（63.91%）、子（63.91%）女（61.65%）；第二顺序为孙子女（45.86%）、外孙子女（35.34%）、祖父母（45.11%）、外祖父母（35.34%）和兄弟（38.35%）、姐妹（37.59%）；第三顺序为侄子女（27.82%）、外甥子女（24.81%）、堂兄弟（23.31%）；第四顺序及以上为伯叔姑舅姨（24.06%）、堂姐妹（24.06%）、表兄弟姐妹（28.57%）。

2. 配偶与血亲继承人顺序的民众观念的情况统计

问题【四、（一）2.】“以下三种法定配偶继承人的范围和顺序，您认为哪一个更为适当？（单选）”

A	B	C
第一顺序：子女	第一顺序：子女	第一顺序：配偶、子女、父母
第二顺序：父母	第二顺序：父母	第二顺序：兄弟姐妹、祖父母、外祖父母
第三顺序：兄弟姐妹、祖父母、外祖父母 兄弟姐妹的子女（侄子女、外甥子女为代位继承人）	第三顺序：兄弟姐妹、祖父母、外祖父母 兄弟姐妹的子女（侄子女、外甥子女为代位继承人）	第三顺序：侄子女、外甥子女

续表

A	B	C
配偶无固定顺序，能够参与第一顺序、第二顺序、第三个顺序的继承	配偶无固定顺序，能够参与第一顺序、第二顺序的继承	配偶有固定顺序，只能参与第一顺序的继承

表 11-16　配偶与血亲继承人顺序的民众观念情况统计（单选）

选项	人数	比例
A. 配偶无固定顺序，可以参与第一、第二、第三顺序继承	15	11.28%
B. 配偶无固定顺序，可以参与第一、第二顺序继承	4	3.00%
C. 配偶与子女、父母同为第一顺序，共同继承	114	85.72%
合计	133	100%

关于配偶与血亲继承人的顺序之民众观念，统计数据显示，在133名被调查者中，(1) 选择C项顺序为：第一顺序：配偶、子女、父母；第二顺序：兄弟姐妹，祖父母、外祖父母；第三顺序：侄子女、外甥子女；配偶有固定顺序，其属于第一顺位继承人的，占八成半（85.72%）。(2) 选择A、B两项顺序为：第一顺序为子女；第二顺序为父母；第三顺序为兄弟姐妹、祖父母、外祖父母、兄弟姐妹的子女（侄子女、外甥子女为代位继承人）；配偶无固定的继承顺序，可分别与第一、第二（或第三）顺序的法定继承人共同继承的，合计占近一成半（14.28%）。

（二）配偶与血亲继承人的法定应继份

问题【四、(二)】"生存配偶与血亲继承人共同继承各取得遗产的份额，您认为以下哪一项更为适当？(单选)"

A. 生存配偶无固定继承顺序	B. 生存配偶无固定继承顺序	C. 生存配偶有固定继承顺序	D. 其他（您认为适当的生存配偶继承份额）
生存配偶与第一顺序的子女共同继承时，其取得遗产的一半。另一半由子女按人数平均继承	生存配偶与第一顺序的子女共同继承时，其取得遗产的一半，另一半由子女按人数平均继承	第一顺序继承人为配偶、子女、父母，共同继承时按人数均分遗产	
生存配偶与第二顺序的父母共同继承时，其取得遗产的三分之二。另外三分之一由父母平均继承	生存配偶与第二顺序的父母共同继承时，其取得遗产的三分之二，另外三分之一由父母平均继承	无第一顺序血亲继承人时，生存配偶继承全部遗产	

续表

A. 生存配偶无固定继承顺序	B. 生存配偶无固定继承顺序	C. 生存配偶有固定继承顺序	D. 其他（您认为适当的生存配偶继承份额）
生存配偶与第三顺序的兄弟姐妹、祖父母和外祖父母共同继承时，其取得遗产的四分之三。另外四分之一由兄弟姐妹、祖父母、外祖父母按人数平均继承	无第一、第二顺序血亲继承人时，生存配偶继承全部遗产		
无上述三个顺序血亲继承人时，生存配偶取得全部遗产			

表 11-17　配偶与血亲继承人的法定应继份民众观念的情况统计（单选）

选项	人数	比例
A. 配偶无固定继承顺序，参与前三顺位的继承并取得不同份额；无上述三个顺序血亲继承人时，配偶取得全部遗产	48	36.36%
B. 配偶无固定继承顺序，参与前二顺位的继承并取得不同份额；无第一、第二顺序血亲继承人时，配偶继承全部遗产	28	21.21%
C. 配偶有固定继承顺序并均分遗产，与第一顺序继承人共同继承	56	42.43%
D. 其他	0	0%
合计	132	100%

关于配偶与血亲继承人的法定应继份的民众观念，统计数据显示，在 132 名被调查者中，（1）选择 A 项和 B 项配偶为无固定继承顺序，可参与第一、第二（或第三）顺序且在不同顺序其应继份不同的，合计占五成半以上（57.57%）；（2）选择 C 项配偶为固定顺序的继承人，与第一顺序的继承人共同继承并平均分配遗产的，占四成以上（42.43%）。

（三）配偶对遗产中家庭住房的先取权与终生使用权

1. 配偶对遗产中家庭住房的先取权与终生使用权的民间习惯情况统计

问题【四、（三）1.】“甲乙是夫妻，育有一子丙。甲因病去世时留下的遗产包括：价值 50 万元的住房一套（原由甲乙夫妻共同居住，丙已结婚分家另过）、价值 10 万元小汽车一辆和 20 万元存款。如果上述情况发生在您所在的地区，被继承人甲的妻子乙是否可以优先继承这套房屋（配偶先取权）？A. 是；B. 否。（单选）”

表 11-18　配偶对遗产中家庭住房的先取权与终生使用权的民间习惯情况统计（单选）

选项	人数	比例
A. 是	116	87.22%
B. 否	17	12.78%
合计	133	100%

关于配偶对遗产中家庭住房的先取权与终生使用权的民间习惯，统计数据显示，133名被调查者所在地区的习惯是：（1）A项是，即有此习惯的，占八成半以上（87.22%）；（2）B项否，即无此习惯的，仅占一成以上（12.78%）。

2. 配偶对遗产中家庭住房的先取与终生使用是否付费的民间习惯情况统计

问题【四、（三）2.】“如果甲的妻子乙可以优先继承这套房屋，但该住房的价值超过其应当继承的遗产份额40万元，您所在地区是按照下列哪种情况处理的？A. 乙有权继承该住房，且无须向另一法定继承人丙进行补偿；B. 如果乙有经济补偿能力，则应当向另一法定继承人丙适当进行补偿；C. 其他。（单选）”

表 11-19　配偶对遗产中家庭住房的先取与终生使用是否付费的民间习惯情况统计（单选）

选项	人数	比例
A. 乙有权继承该住房，且无须向其他共同应召继承人丙进行补偿	61	45.86%
B. 如果乙有经济补偿能力，则应当向其他共同应召继承人丙适当进行补偿	63	47.37%
C. 其他	9	6.77%
合计	133	100%

关于配偶对遗产中家庭住房的先取与终生使用是否付费的民间习惯，统计数据显示，133名被调查者所在地区的习惯是：（1）B项如果配偶有经济补偿能力则需要补偿费用的，占四成半以上（47.37%）；（2）A项配偶无须进行补偿的，占四成半（45.86%）。

（四）后顺序特殊法定继承人对遗产中原使用的住房及日常生活用品的终生使用权

关于后顺序特殊法定继承人对遗产中原使用的住房及日常生活用品的终生使用权，也可称为后顺序特殊法定继承人对特殊遗产的终生使用权。

1. 后顺序特殊法定继承人对遗产中原使用的住房及日常生活用品的终生使用权的民间习惯情况统计

问题【四、（四）1.】“某甲死亡时遗留下若干遗产，其中包括一套三室一厅的住房（其中一间房屋一直由某甲的祖父居住）。由于某甲的祖父属于后顺序继承人而不能参加继承，遗产全部由某甲的第一顺序继承人即其配偶及子女等继承。请问：在您所在地区，如果发生了上述情况，有哪些处理方式？某甲的祖父对该供其居住的房屋，是否可以继续居住？A. 是；B. 否。（单选）”

表 11-20　后顺序特殊法定继承人对特殊遗产的终生使用权的民间习惯特殊情况统计（单选）

选项	人数	比例
A. 是	118	88.72%
B. 否	15	11.28%
合计	133	100%

关于后顺序特殊法定继承人对遗产中原使用的住房及日常生活用品的终生使用权的民间习惯，统计数据显示，133 名被调查者所在地区的习惯是：（1）选择 A 项是，即有此习惯的，占近九成（88.72%）；（2）选择 B 项否，即无此习惯的，占一成（11.28%）。

2. 后顺序特殊法定继承人对遗产中原使用的住房及日常生活用品的终生使用是否付费的民间习惯统计情况

问题【四、（四）2.】“如果某甲的祖父可以继续居住，其是否可以不交租金？A. 是；B. 否。（单选）”

表 11-21　后顺序特殊法定继承人对特殊遗产的终生使用权之民间习惯情况统计（单选）

选项	人数	比例
A. 是	105	86.07%
B. 否	17	13.93%
合计	122	100%

关于后顺序特殊法定继承人对特殊遗产的终生使用是否付费的民间习惯，统计数据显示，填写该问题的 122 名被调查者所在地区的习惯是：（1）A 项是，即无须支付费用的，占八成半以上（86.07%）；（2）B 项否，即需要支付费用的，占近一成半（13.93%）。

3. 后顺序特殊法定继承人对遗产中原使用的住房及日常生活用品的终生使用权之期限的民间习惯情况统计

问题【四、（四）3.】“如果某甲的祖父可以继续居住，是否可以居住到其死亡时为止（终生使用权）？A. 是；B. 否。（单选）”

表 11-22　后顺序特殊法定继承人对特殊遗产的终生使用权之期限的民间习惯情况统计（单选）

选项	人数	比例
A. 是	110	83.97%
B. 否	21	16.03%
合计	131	100%

关于后顺序特殊法定继承人对特殊遗产的终生使用权之期限的民间习惯，统计数据显示，131 名被调查者所在地区的习惯是：（1）A 项是，即有此习惯的，占八成以上

(83.97%);(2)B 项否,即无此习惯的,仅占一成半以上(16.03%)。

(五)尽了主要赡养义务的丧偶儿媳或女婿的遗产分配方式

问题【四、(五)】“村民某甲,老伴因病早年去世,膝下有两个儿子乙和丙。2003 年乙与丁结婚后和某甲共同生活。2012 年 1 月乙因交通事故死亡,但乙的妻子丁仍一直照料公公某甲的晚年生活,直至 2015 年 1 月某甲去世。请问:在您所在的地区,如发生上述情况,因乙的妻子丁对公公某甲尽了主要赡养义务,如何处理某甲的遗产分配问题?A. 丁可以与某甲的二儿子丙共同继承,并且平均分配遗产;B. 丁不能与某甲的二儿子丙共同继承,但其可分得适当的遗产;C. 其他。(单选)”

表 11-23 尽了主要赡养义务的丧偶儿媳或女婿的遗产分配方式的民间习惯的情况统计(单选)

选项	人数	比例
A. 丁可以与某甲的二儿子丙共同继承,并且平均分配遗产	87	65.91%
B. 丁不能与某甲的二儿子丙共同继承,但其可分得适当的遗产	43	32.58%
C. 其他	2	1.51%
合计	132	100%

关于尽了主要赡养义务的丧偶儿媳或女婿的遗产分配方式的民间习惯,统计数据显示,填写该问题的 132 名被调查者所在地区的习惯是:(1)A 项其与被继承人其他子女共同继承并且平均分配遗产的,占六成半(65.91%);(2)B 项其不可与被继承人其他子女共同继承但其可分得适当遗产的,占三成以上(32.58%)。

五、遗嘱继承之调查数据统计情况

关于遗嘱继承之调查数据统计,我们主要从公证遗嘱与其他形式遗嘱的效力、遗嘱自由的限制——特留份、夫妻共同遗嘱三个方面进行调查数据的统计情况汇总分析。

(一)公证遗嘱与其他形式遗嘱的效力

问题【五、(一)】“退休职工甲有一套个人住房,其于 2011 年 2 月立了一份遗嘱,写明由其妻子乙一人继承该住房,并将该遗嘱进行了公证。后来,甲改变了主意,他重新写了一份遗嘱,写明由其妻子乙和儿子丙共同继承该房屋。2016 年 3 月甲住院病危期间,当着两位医生在现场立下口头遗嘱,指定其个人住房由儿子丙继承,两个小时后其抢救无效死亡。请问:您认为,甲的个人住房应该由谁继承?A. 乙;B. 乙和丙;C. 丙。(单选)”

表 11-24 公证遗嘱与其他形式遗嘱适用效力的民众观念情况统计(单选)

选项	人数	比例
A. 乙(公证遗嘱有效)	32	24.06%
B. 乙和丙(后成立的未公证书面遗嘱有效)	51	38.35%
C. 丙(最后的口头遗嘱有效)	50	37.59%

续表

选项	人数	比例
合计	133	100%

关于公证遗嘱与其他形式遗嘱适用效力优先的民众观念，统计数据显示，在133名被调查者中，（1）选择B项和C项后遗嘱优先于前一遗嘱（包括公证遗嘱）适用的，合计占七成半（75.94%）；（2）选择A项公证遗嘱应当优先适用的，占近二成半（24.06%）。

（二）遗嘱自由的限制——特留份

特留份制度是指法律规定遗嘱人不得以遗嘱取消特定的法定继承人继承的份额，遗嘱人在设立遗嘱时，如果没有给特留份权利人保留法定份额，将会导致其相应部分的遗嘱处分无效，该制度渊源于罗马法的“不合义务遗嘱之告诉”。①

问题【五、（二）】“甲生前立了一份遗嘱，将自己死后遗留下的财产全部赠给他的一个好朋友乙，而他的配偶和子女不能取得甲的任何遗产。请问：您认为甲的这一做法是否适当？A. 适当；B. 不适当；C. 其他。（单选）”

表11-25 以遗嘱将个人遗产全部赠给他人之民众观念情况统计（单选）

选项	人数	比例
A. 适当	49	36.85%
B. 不适当	80	60.15%
C. 其他	4	3.00%
合计	133	100%

关于以遗嘱将个人遗产全部赠给他人的民众观念，统计数据显示，在133名被调查者中，（1）选择B项该行为不适当，即应对遗嘱的自由予以限制的，占六成（60.15%）；（2）选择A项该行为适当，即不应对遗嘱的自由予以限制的，占三成半以上（36.85%）。

（三）夫妻共同遗嘱

所谓共同遗嘱也称合立遗嘱，是指两个人或两个以上的遗嘱共同订立的一份遗嘱，在遗嘱中同时处分共同遗嘱人的各自的或共同的财产。②

1. 夫妻共同遗嘱的民众观念情况统计

问题【五、（三）1.】“甲乙是夫妻，双方在生前共同设立一份遗嘱，对死后的遗产处理进行安排。甲乙双方在遗嘱中约定，不管谁先去世，另一方都不得改变此遗嘱对遗产的处理安排。请问：您是否认同甲乙夫妻双方共同设立遗嘱的此约定？A. 赞同；B. 不赞同。（单选）其理由是什么？”

（1）夫妻共同遗嘱的民众观念情况统计。

① 参见夏吟兰：《特留份制度之伦理价值分析》，载《现代法学》2012年第5期，第42页。

② 参见杨立新：《对修正〈继承法〉十个问题的意见》，载《法律适用》2012年第8期。

表 11-26 夫妻共同遗嘱的民众观念情况统计（单选）

选项	人数	比例
A. 赞同	106	79. 70%
B. 不赞同	27	20. 30%
合计	133	100%

关于夫妻共同遗嘱的民众观念，统计数据显示，在 133 名被调查者中，①选择 A 项持赞成态度的，占近八成（79. 70%）；②选择 B 项持不赞同态度的，占二成（20. 30%）。

（2）夫妻共同遗嘱的民众观念之理由情况统计。

表 11-27 夫妻共同遗嘱的民众观念之理由情况统计

项目	人数	比例
A. 该遗嘱为甲乙双方共同设立，为共同意愿，应为双方所遵守	53	82. 81%
B. 该遗嘱无法应对出现的新情况和新问题，限制双方对自己财产的处分权	11	17. 19%
合计	64	100%

关于夫妻能否设立共同遗嘱的民众观念之理由，统计数据显示，在填写该理由的 64 名被调查者中，①认可夫妻共同遗嘱的理由是，A 项该遗嘱反映了双方的共同意愿故应为双方所遵守的，占八成以上（82. 81%）；②不赞同夫妻共同遗嘱的理由是，B 项该遗嘱无法应对出现的新情况和新问题且限制了双方对自己财产的处分权的，占一成半以上（17. 19%）。

2. 夫妻共同遗嘱的民间习惯情况统计

问题【五、（三）2.】“在您所在地区，有无夫妻共同设立遗嘱的情况发生？A. 有；B. 无。（单选）”

表 11-28 夫妻共同遗嘱的民间习惯情况统计（单选）

选项	人数	比例
A. 有	43	36. 13%
B. 无	76	63. 87%
总计	119	100%

关于夫妻共同遗嘱的民间习惯，统计数据显示，填写该问题的 119 名被调查者所在地区的习惯是：（1）A 项有此习惯的，占三成半以上（36. 13%）；（2）B 项无此习惯的，占六成以上（63. 87%）。

六、继承和遗赠的接受与放弃之调查数据统计情况

关于继承和遗赠的接受与放弃之调查数据统计，我们主要从继承的接受与放弃的时间

与方式、遗赠的接受与放弃的方式与效力、继承的放弃与债权人的撤销权三个方面进行调查数据的统计情况汇总分析。

（一）继承的接受与放弃的时间与方式

问题【六、（一）】“对于继承人放弃继承的时间，您认为下列哪一个更为适当？A. 继承人放弃继承的，应在知道继承开始的两个月内做出放弃继承的表示；B. 继承开始后继承人放弃继承的，应当在遗产处理前，做出放弃继承的意思表示。（单选）”

表 11-29　继承的接受与放弃的时间与方式之民众观念情况统计（单选）

选项	人数	比例
A. 继承人放弃继承的，应在知道继承开始的两个月内做出放弃继承的意思表示	45	34.35%
B. 继承开始后继承人放弃继承的，应当在遗产处理前，做出放弃继承的意思表示	86	65.65%
合计	131	100%

关于继承的接受与放弃的时间与方式之民众观念，统计数据显示，在 131 名被调查者中，（1）选择 B 项继承人应在遗产处理前做出放弃继承的意思表示的，占六成半以上（66.65%）；（2）选择 A 项继承人应在知道继承开始的两个月内做出放弃继承的意思表示的，占近三成半（34.35%）。

（二）遗赠的接受与放弃的方式与效力

问题【六、（二）】“甲生前设立一份遗嘱，其内容为：在甲死后，将一辆小汽车赠给其侄子乙。后来甲去世，乙得知遗嘱的内容后，对此遗赠没有做出任何意思表示，既没有说接受，也没有说放弃。您认为下列哪一项更为适当？A. 乙无权取得该小汽车，乙的行为应该被视为放弃该遗赠；B. 乙有权取得该小汽车，乙的行为应该被视为接受该遗赠。（单选）”

表 11-30　遗赠的接受与放弃的方式与效力的民众观念的情况统计（单选）

选项	人数	比例
A. 乙无权取得该小汽车，乙的行为应该被视为放弃该遗赠	23	17.56%
B. 乙有权取得该小汽车，乙的行为应该被视为接受该遗赠	108	82.44%
合计	131	100%

关于遗赠的接受与放弃的方式与效力的民众观念，统计数据显示，在填写该问题的 131 名被调查者中，（1）选择 B 项受遗赠人未作表示应认定为接受遗赠的，占八成以上（82.44%）；（2）选择 A 项受遗赠人未作表示应认定为放弃遗赠的，占一成半以上（17.56%）。

（三）继承的放弃与债权人的撤销权

问题【六、（三）】“甲为乙的父亲，2015 年年底，乙因病住院治疗，医治无效去世，留下遗产5万元及房屋一套。此时，甲经营的摩配厂已经负债累累，拖欠工人的工资已有10个月，但他考虑儿媳在其丈夫乙去世后独自抚养年幼的女儿有经济困难，于是主动提出放弃继承其儿子乙的遗产。甲的债权人却认为甲不应该放弃继承儿子的遗产，这实际上是逃避债务，侵犯了债权人的利益。为此，甲的债权人起诉至人民法院，要求撤销甲放弃继承儿子乙遗产的行为。您认为下列哪一项更为恰当？A. 甲放弃继承乙遗产的行为，可以被撤销；B. 甲放弃继承乙遗产的行为，不可以被撤销。（单选）”

表11-31 继承的放弃能否被债权人撤销的民众观念情况统计（单选）

选项	人数	比例
A. 甲放弃继承乙遗产的行为，可以被撤销	67	50.76%
B. 甲放弃继承乙遗产的行为，不可以被撤销	65	49.24%
合计	132	100%

关于继承的放弃行为能否被债权人撤销的民众观念，统计数据显示，在填写该问题的132名被调查者中，（1）选择A项可以被撤销的，占五成（50.76%）；（2）选择B项不可以被撤销的，占近五成（49.24%）。

七、继承权的丧失、被继承人宥恕与代位继承的调查数据统计情况

关于继承权的丧失、被继承人宥恕与代位继承之调查数据统计，我们主要从继承权的丧失与被继承人宥恕、继承权的丧失与代位继承两个方面进行调查数据的统计情况汇总分析。

（一）继承权的丧失与被继承人的宥恕

问题【七、（一）】“某甲如果以欺诈或者胁迫的手段，迫使或者妨碍其父乙设立、变更或者撤销遗嘱，情节较为严重，但后来其获得乙的原谅。您认为以下哪一种处理更为适当？A. 某甲有资格继承其父遗产；B. 某甲仍然不能继承其父遗产。（单选）”

表11-32 继承权的丧失与被继承人宥恕的民众观念情况统计（单选）

选项	人数	比例
A. 某甲有资格继承其父遗产	91	68.42%
B. 某甲仍然不能继承其父遗产	42	31.58%
合计	133	100%

关于继承权的丧失与被继承人宥恕的民众观念，即因欺诈、胁迫行为丧失继承权的，如获得被继承人谅解其继承权是否可以恢复，统计数据显示，在133名被调查者中，（1）选择A项可以恢复的，占近七成（68.42%）；（2）选择B项不可以恢复的，占三成以上（31.58%）。

（二）继承权的丧失与代位继承

问题【七、（二）】“村民甲死亡后，其子乙因实施伪造遗嘱的行为导致丧失了对其

父甲的继承权，乙的儿子丙能否代替其父亲乙去继承祖父甲的遗产？您认为以下哪一种处理更为适当？A. 丙能够代替其父亲乙继承祖父甲的遗产；B. 丙不能代替其父亲乙继承祖父甲遗产。（单选）”

表 11-33　继承权的丧失的效力是否及于代位继承人的民众观念情况统计（单选）

选项	人数	比例
A. 丙能够代替其父亲乙继承祖父甲遗产	66	50%
B. 丙不能代替其父亲乙继承祖父甲遗产	66	50%
合计	132	100%

关于继承权的丧失的效力是否及于代位继承人的民众观念，统计数据显示，在 132 名被调查者中，（1）选择 B 项认为不可以代位继承的，占五成（50%）；（2）选择 A 项认为可以代位继承的，占五成（50%）。

八、继承协议之调查数据统计情况

必须说明，本节研究的对象是狭义的继承协议（又称继承扶养协议），是被继承人与继承人之间，就扶养与继承事项签订的协议。关于继承协议之调查数据统计，我们主要从继承协议的订立主体与方式、继承协议的变更方式及效力两个方面进行调查数据的统计情况汇总分析。

（一）继承协议的订立主体与方式

1. 继承协议的订立主体与方式的民众观念情况统计

问题【八、（一）1.】“王某，现年 70 岁，有长子王一，次女王二，两个子女均已成家且分家另过。王某的老伴因患癌症花费了大量医药费后去世，老夫妻的共同财产现所剩无几，仅有郊区的一套住房是王某个人财产。虽然王某退休金不多，但身体没有大病，基本生活还是能够维持的。由于长子王一长期在外地工作，为解决父亲王某的养老送终问题，您认为，以下三种做法哪些较为妥当？A. 父亲王某与次女王二，双方协商并签订协议，由次女王二一人承担赡养父亲王某的义务，王某的全部遗产指定由王二继承。B. 父亲王某与子女王一、王二，三人协商并签订协议，由次女王二一人承担赡养父亲王某的义务，王某的全部遗产商定由王二继承；王一放弃对父亲王某遗产的继承权。C. 子女王一与王二，两人协商并签订协议，由次女王二一人承担赡养父亲王某的义务，王某的全部遗产商定由王二继承；王一放弃对父亲王某遗产的继承权。（单选）”

表 11-34　继承协议的订立主体与方式的民众观念情况统计（单选）

选项	人数	比例
A. 父亲王某与次女王二协商一致即可签订协议（第一种方式）	14	10.53%
B. 父亲王某需与全部继承人协商，共同签订协议（第二种方式）	98	73.68%

续表

选项	人数	比例
C. 共同继承人间签订协议即无须被继承人知晓或同意（第三种方式）	21	15.79%
合计	133	100%

关于继承协议的订立主体与方式的民众观念，统计数据显示，在133名被调查者中，对于继承协议的订立的民众观念，（1）选择B项由被继承人与全体法定继承人共同订立的，占七成以上（73.68%）；（2）选择A项由被扶养人与扶养义务人共同签订的，占一成（10.53%）；（3）选择C项由继承人之间签订而无须被继承人知晓或同意的，占一成半（15.79%）。

2. 继承协议存在的民间习惯情况统计

问题【八、（一）2.】“您过去是否听说或者经历过有以上类似的情况？A. 听说过或经历过；B. 从没听说或经历过以上情况。（单选）在听说过或经历过签订继承协议的人中，听说过经历过的方式是哪一种？A. 第一种方式；B. 第二种方式；C. 第三种方式。（多选）”

（1）继承协议存在的民间习惯情况统计。

表11-35　继承协议存在的民间习惯情况统计（单选）

选项	人数	比例
A. 听说过或经历过	77	57.89%
B. 从没听说或经历过以上情况	56	42.11%
合计	133	100%

关于继承协议的民间习惯，对于签订继承协议，统计数据显示，填写该问题的133名被调查者所在地区的民间习惯是：①A项听说过或经历过的，占五成半以上（57.89%）；②B项没有听说或经历过的，占四成以上（42.11%）。

（2）听说过或经历过签订继承协议的方式的民间习惯情况统计。

表11-36　听说过或经历过签订继承协议的方式的民间习惯情况统计（多选）

选项	人数	比例
A. 第一种方式	16	17.78%
B. 第二种方式	53	58.89%
C. 第三种方式	21	23.33%

关于听说过或经历过签订继承协议的方式的民间习惯，对于继承协议的签订方式，统

计数据显示，填写该问题的77名被调查者所在地区的习惯是：①A项由被扶养人与扶养义务人共同签订的，占一成半以上（17.78%）；②B项由被继承人与全体法定继承人共同订立的，占近六成（58.89%）；③C项由继承人之间签订的，占二成以上（23.33%）。

（二）继承协议的变更方式及效力

问题【八、（二）】“王某，现年70岁，有长子王一，次女王二，三子王三，三个子女均已成家且分家另过。王某的老伴因患癌症花费了大量医疗费后去世，现有郊区的一套住房是王某个人财产，市场价约为30万元，王某有少量退休金。王某与王二协商并签订继承协议，由王二主要赡养父亲王某，王某的所有遗产由王二继承。协议签订后，王二全家与父亲王某共同生活了五年后，后王二因意外交通事故死亡。王二全家在与王某共同生活的期间已为王某花费生活费、医疗费等扶养费共9万元。为解决王某的养老，您同意下列哪一做法？A. 王二的儿子有继续扶养外祖父王某的能力，王某也愿意与王二的儿子共同生活，应当由王二的儿子继续履行扶养义务，并继承王某的全部遗产；B. 王一、王三共同补偿王二家人6万元扶养费后（另有3万元扶养费属于应当由王二承担的），如果王一与父亲王某签订新的继承协议，并与王某共同生活一直扶养至其去世，就由王一继承王某的全部遗产；C. 对王二已经支付的扶养费不予补偿，如果王一与父亲王某签订新的继承协议，并与王某共同生活一直扶养至其去世，就由王一继承王某的全部遗产；D. 王一、王三共同补偿王二家人6万元扶养费后，由两人共同扶养父亲王某；E. 其他。（单选）”

表11-37 继承协议的变更方式与效力的民众观念情况统计（单选）

选项	人数	比例
A. 原扶养人的子女有扶养能力，在双方自愿的情况下，可由原扶养的子女继续扶养被扶养人，并继承全部遗产	52	39.10%
B. 补偿原扶养人一定费用后，由某一有扶养能力的法定继承人，与受扶养人双方签订新协议后，继续扶养被扶养人，并继承遗产	42	31.58%
C. 对原扶养人无须补偿，原签订的继承协议终止，应由某一有扶养能力的法定继承人，继续扶养被扶养人，并继承全部遗产	9	6.77%
D. 补偿原扶养人一定费用后，原签订的继承协议终止，应由有扶养能力的全体法定继承人共同扶养被扶养人并继承遗产	28	21.05%
E. 其他	2	1.50%
总计	133	100%

关于继承协议的变更方式与效力的民众观念，即在继承协议的履行中，如扶养人先于被扶养人去世，被调查者对于该协议的变更方式与效力的认识，统计数据显示，在133名被调查者中，（1）选择A项，认为该协议可有条件继续履行，如原扶养人的子女有扶养能力的，在原扶养人的子女和被扶养人双方同意的情况下，可由原扶养人的子女继续履行该继承协议的，此即代位扶养的，占近四成（39.10%）；（2）选择B项和C项，认为该协议终止，须签订新的继承协议，由新的扶养人履行扶养义务并继承遗产的，合计占近四成（38.35%），其中，B项认为需要对原扶养人的继承人补偿超过其扶养义务部分费用

的，占三成以上（31.58%），C 项认为不需要对原扶养人的继承人补偿超过其扶养义务部分费用的，占不到一成（6.77%）；（3）选择 D 项，认为该协议终止，应补偿原扶养人的继承人补偿超过其扶养义务部分费用后，由所有法定继承人共同扶养的，即实行法定赡养的，占二成以上（21.05%）。可见，福建省被调查者对于代位扶养的认可度最高，占近四成。

九、遗产债务清偿之调查数据统计情况

关于遗产债务清偿之调查数据统计，我们主要从遗产债务清偿责任的类型、被继承人丧葬费的支付、遗产债务的清偿顺序三个方面进行调查数据的统计情况汇总分析。

（一）遗产债务清偿责任的类型

问题【九、（一）】“对于‘继承遗产，应当清偿被继承人的债务’，您是怎么理解这句话的？A. 对被继承人的生前所有债务，继承人都应当予以偿还；B. 对被继承人的生前所有债务，继承人应先用所有遗产偿还债务，不足部分由继承人以个人财产偿还；C. 对被继承人的生前所有债务，继承人只以继承的遗产为限予以偿还；D. 对被继承人的生前所有债务，继承人如果存在转移遗产、隐瞒遗产的情形，则其应当负责以遗产和其个人财产偿还所有的债务。(多选）”

表 11-38　继承人清偿遗产债务责任类型的民众观念情况统计（多选）

选项	人数	比例
A. 对被继承人的生前所有债务，继承人都应当予以偿还	31	23.31%
B. 对被继承人的生前所有债务，继承人应先用所有遗产偿还债务，不足部分由继承人以个人财产偿还	50	37.59%
C. 对被继承人的生前所有债务，继承人只以继承的遗产为限予以偿还	63	47.36%
D. 对被继承人的生前所有债务，继承人如果存在转移遗产、隐瞒遗产的情形，则其应当负责以遗产和其个人财产偿还所有的债务	46	34.59%

关于继承人清偿遗产债务责任类型的民众观念，对于被继承人的债务清偿责任，统计数据显示，在 133 名被调查者中，（1）选择 A 项和 B 项，认为继承人应承担自愿的无限清偿责任的，合计占六成（60.90%）；（2）选择 C 项，认为继承人只以其继承的遗产承担有限清偿责任的，占四成半以上（47.36%）；（3）选择 D 项，认为继承人如有侵害遗产的行为应承担强制的无限清偿责任的，占近三成半（34.59%）。

（二）被继承人丧葬费的支付

问题【九、（二）】“在您所在地区，死者的丧葬费一般是如何支付的？A. 由全体继承人共同支付；B. 从被继承人的遗产中支付；C. 其他。(单选）”

表 11-39　被继承人丧葬费的民间支付习惯情况统计（单选）

选项	人数	比例
A. 全体继承人共同支付	92	69.17%
B. 从被继承人遗产中支付	38	28.57%
C. 其他	3	2.26%
合计	133	100%

关于被继承人丧葬费的民间支付的民间习惯，统计数据显示，133 名被调查者所在地区的习惯是：（1）A 项由全体继承人共同支付的，占近七成（69.17%）；（2）B 项从被继承人遗产中支付的，占近三成（28.57%）。

（三）遗产债务的清偿顺序

问题【九、（三）】“在您所在地区，对被继承人死亡后遗留的以下费用，一般是按照哪种先后顺序进行清偿的？对民间习惯的处理方式，您认为，按照哪种进行先后顺序清偿比较合理？请依个人看法填写。（多选）”

A. 丧葬费用	D. 欠付的工资	G. 对被继承人扶养较多的人之酌情分配遗产份额
B. 遗产管理等费用	E. 受被继承人扶养人的生活费	H. 遗赠扶养协议写明遗赠的遗产
C. 欠债	F. 税款	

1. 遗产债务清偿顺序的民间习惯情况统计

表 11-40　遗产债务清偿顺序的民间习惯情况统计（多选）

费用	第一顺序		第二顺序		第三顺序		第四顺序		第五顺序		第六顺序		第七顺序		第八顺序	
	人数	比例%	人数	比例%	人数	比例%	人数	比例%	人数	比例%	人数	比例%	人数	比例%	人数	比例%
A	69	51.88	13	9.77	2	1.50	8	6.02	4	3.01	1	0.75	5	3.76	1	0.75
B	1	0.75	31	23.31	7	5.26	15	11.28	14	10.53	11	8.27	5	3.76	7	5.26
C	5	3.76	16	12.03	35	26.32	14	10.53	15	11.28	13	9.77	6	4.51	2	1.50
D	13	9.77	25	18.80	25	18.80	25	18.80	10	7.52	2	1.50	7	5.26	2	1.50
E	0	0	11	8.27	25	18.80	8	6.02	19	14.29	20	15.04	7	5.26	3	2.26
F	14	10.53	5	3.76	13	9.77	10	7.52	11	8.27	15	11.28	24	18.05	14	10.53
G	1	0.75	4	3.01	6	4.51	12	9.02	13	9.77	14	10.53	28	21.05	12	9.02
H	0	0	4	3.01	8	6.02	7	5.26	9	6.77	11	8.27	19	14.29	30	22.56

关于遗产债务清偿顺序的民间习惯，各顺序以被调查者选择占比最高的作为统计依据，133 名被调查者所在地区的遗产债务清偿顺序的习惯是：第一顺序“A. 丧葬费用”

（占 51.88%）；第二顺序“B. 遗产管理等费用”（占 23.31%）；第三顺序“C. 欠债”（占 26.32%）和“E. 受被继承人扶养人的生活费”（占 18.80%）；第四顺序“D. 欠付的工资”（占 18.80%）；第五顺序“F. 税款”（18.05%）和“G. 对被继承人扶养较多的人之酌情分配遗产份额”（占 21.05%）；第六顺序“H. 遗赠扶养协议写明遗赠的遗产”（占 22.56%）。

2. 遗产债务清偿顺序的民间观念情况统计

表 11-41 遗产债务清偿顺序的民间观念情况统计（多选）

费用	第一顺序		第二顺序		第三顺序		第四顺序		第五顺序		第六顺序		第七顺序		第八顺序	
	人数	比例%	人数	比例%	人数	比例%	人数	比例%	人数	比例%	人数	比例%	人数	比例%	人数	比例%
A	61	45.86	7	5.26	6	4.51	12	9.02	6	4.51	1	0.75	2	1.50	1	0.75
B	1	0.75	19	14.29	7	5.26	11	8.27	13	9.77	19	14.29	5	3.76	7	5.26
C	7	5.26	28	21.05	24	18.05	16	12.03	8	6.02	10	7.52	1	0.75	1	0.75
D	14	10.53	22	16.54	31	23.31	13	9.77	11	8.27	1	0.75	3	2.26	0	0
E	1	0.75	8	6.02	16	12.03	17	12.78	10	7.52	19	14.29	12	9.02	3	2.26
F	12	9.02	4	3.01	10	7.52	11	8.27	14	10.53	6	4.51	8	6.02	12	9.02
G	0	0	5	3.76	3	2.26	7	5.26	10	7.52	26	19.55	16	12.03	0	0
H	3	2.26	7	5.26	2	1.50	7	5.26	8	6.02	15	11.28	3	2.26	23	17.29

关于遗产债务清偿顺序的民众观念，各顺序以被调查者选择占比最高作为统计依据，133 名被调查者观念中的遗产债务清偿顺序如下：第一顺序“A. 丧葬费用”（占 45.86%）；第二顺序“B. 遗产管理等费用”（占 14.29%）和“C. 欠债”（占 21.05%）；第三顺序“D. 欠付的工资”（占 23.31%）；第四顺序“F. 税款”（占 10.53%）；第五顺序“E. 受被继承人扶养人的生活费”（占 14.29%）和“G. 对被继承人扶养较多的人之酌情分配遗产份额”（占 19.55%）；第六顺序“H. 遗赠扶养协议写明遗赠的遗产”（占 17.29%）。

十、遗产分割之调查数据统计情况

关于遗产分割之调查数据统计，我们主要从遗产分割的自由与限制、遗产分割瑕疵的担保责任两个方面进行调查数据的统计情况汇总分析。

（一）遗产分割的自由与限制

1. 遗产分割的自由与限制的民间习惯情况统计

问题【十、（一）1.】“按您当地的民间习惯，一般如何开始分割遗产的？A. 由各继承人共同协商后进行分割；B. 只要有继承人要求分割遗产，就得进行分割；C. 对于被继承人以遗嘱禁止分割的遗产，不得进行分割；D. 其他。（多选）”

表 11-42　遗产分割的自由与限制的民间习惯情况统计（多选）

选项	人数	比例
A. 由各继承人共同协商后进行分割	118	88. 72%
B. 只要有继承人要求分割遗产，就得进行分割	25	18. 80%
C. 对于遗嘱禁止分割的遗产，不得进行分割	55	41. 35%
D. 其他	0	0%

关于遗产分割的自由与限制的民间习惯，统计数据显示，被调查者所在地区的习惯是：（1）A 项由各继承人共同协商后进行遗产分割的，占近九成（88. 72%）；（2）C 项当遗嘱禁止分割遗产则不得分割遗产的，占四成以上（41. 35%）；（3）B 项只要有继承人要求分割遗产就得进行分割的，占近二成（18. 80%）。

2. 提出遗产分割请求时间的民间习惯情况统计

问题【十、（一）2.】“老王去世时留有一套家庭居住的房屋（价值 50 万元）、存款 20 万元以及小汽车一辆（价值 10 万元）。老王去世时，其配偶和唯一的儿子小王均在世。请问：如果在您所在的地区，老王去世后，其儿子小王是否会马上向其母亲提出分割遗产的请求？A. 会；B. 不会；C. 会提出分割其他遗产的请求，但对其母正在居住的房屋的分割需等其母去世后进行；D. 其他。（单选）”

表 11-43　提出遗产分割请求时间的民间习惯情况统计（单选）

选项	人数	比例
A. 会	9	6. 82%
B. 不会	112	84. 85%
C. 会提出分割其他遗产，但对其母正在居住房屋的分割需要等其母去世后进行	10	7. 58%
D. 其他	1	0. 75%
合计	132	100%

关于提出遗产分割请求时间的民间习惯，即当被继承人死亡后，其子女继承人是否可以向其母亲（被继承人的生存配偶）提出分割遗产请求，统计数据显示，132 名被调查者所在地区的习惯是：（1）A 项会提出遗产分割请求的，占不到一成（6. 82%）；（2）B 项不会提出遗产分割请求的，占近八成半（84. 85%）；（3）C 项会提出分割其他遗产，但对其母正在居住房屋的分割需要等其母去世后进行的，占不到一成（7. 58%）。可见，B 项和 C 项，即习惯对其母正在居住房屋在其生存期间不予分割的，合计占九成以上（92. 43%）。

3. 遗嘱可否限制遗产分割的民众观念情况统计

（1）遗嘱可否限制遗产分割的民众观念情况统计。

问题【十、(一) 3. (1)】“甲乙是夫妻，育有一子丙。甲系个体工商户，他生前立了一份遗嘱，指定由乙和丙共同继承遗产，但其死后遗产中的商铺门面房和家庭住房在20年内不能进行分割。甲死亡时留下的遗产有：商铺门面房一间（价值100万元）；一套三室一厅的家庭住房（价值50万元）、存款20万元以及小汽车一辆（价值10万元）。您认为，甲是否可以在遗嘱中写明在其死后上述商铺门面房和住房在一定期间内不能进行分割？A. 可以；B. 不可以。(单选)”

表 11-44　遗嘱可否限制遗产分割的民众观念情况统计（单选）

选项	人数	比例
A. 可以	114	86.36%
B. 不可以	18	13.64%
合计	132	100%

关于遗嘱可否限制遗产分割的民众观念，统计数据显示，在132名被调查者中，①选择A项主张可以的，占八成半以上（86.36%）；②选择B项主张不可以的，仅占一成以上（13.64%）。

（2）遗嘱限制遗产分割之具体期限的民众观念情况统计。

问题【十、(一) 3. (2)】“在上题中，如果您选择A选项，那么该期限多久合适？A. 5年；B. 10年；C. 15年；D其他。(单选)”

表 11-45　遗嘱限制遗产分割之具体期限的民众观念情况统计（单选）

选项	人数	比例
A. 5年	49	42.24%
B. 10年	45	38.79%
C. 15年	22	18.97%
D. 其他	0	0%
合计	114	100%

关于遗嘱限制遗产分割之具体期限的民众观念，统计数据显示，在114名被调查者中，①选择A项5年之内的，占四成以上（42.24%）；选择B项10年之内的，占近四成（38.79%）；②选择C项15年之内的，占近二成（18.97%）。

（3）继承人协商能否变更遗嘱限制的民间习惯情况统计。

问题【十、(一) 3. (3)】“在您所在地区，如果乙和丙一致同意分割上述财产，那么，他们是否可以不遵守甲的遗嘱在一定期限内禁止分割上述房产的规定而进行分割？A. 可以不遵守遗嘱；B. 不可以不遵守遗嘱。(单选)”

表 11-46　继承人协商能否变更遗嘱限制的民间习惯情况统计（单选）

选项	人数	比例
A. 可以不遵守遗嘱	59	44.70%
B. 不可以不遵守遗嘱	73	55.30%
合计	132	100%

关于继承人协商能否变更遗嘱限制的民间习惯，对于遗嘱对遗产分割的限制是否可以不遵守，统计数据显示，132 名被调查者所在地区的习惯是：①A 项可以不遵守的，占近四成半（44.70%）；②B 项不可以不遵守的，占五成半（55.30%）。

（二）遗产分割瑕疵的担保责任

问题【十、（二）】"村民老王于2016 年12 月10 日因病去世，死亡时留有50 只羊。老王有两个儿子甲和乙，故老王死后，甲、乙各分得 25 只羊。但在双方分完羊两天之后，乙分得的 25 只羊中就有 2 只暴病死亡，这 2 只羊死亡的原因是在兄弟俩分割前就已经得了羊痘（一种急性传染病）。请问：在您所在地区，如果出现此种情况时，这 2 只羊死亡的损失应该由谁承担？A. 由乙自行承担，羊群已分配完毕，乙分到了 2 只病羊，应该自认倒霉；B. 由甲和乙共同承担，甲应再分给乙 1 只羊或按照 1 只羊的价格进行补偿；C. 甲按 1 只羊的价格进行补偿，但乙承担大部分损失，甲承担小部分损失；D. 其他。（单选）"

表 11-47　遗产分割瑕疵的担保责任的民间习惯情况统计（单选）

选项	人数	比例
A. 由乙自行承担，羊群已分配完毕，乙分到了 2 只病羊，应该自认倒霉	62	46.62%
B. 由甲和乙共同承担，甲应再分给乙 1 只羊或按 1 只羊的价格进行补偿	31	23.31%
C. 按 1 只羊的价格进行补偿，但乙承担大部分损失，甲承担小部分损失	40	30.07%
D. 其他	0	0%
合计	133	100%

关于遗产分割瑕疵的担保责任的民间习惯，对于遗产分割的瑕疵，统计数据显示，133 名被调查者所在地区的习惯是：（1）B 项和 C 项由共同继承人相互承担的，合计占五成以上（53.38%）；（2）A 项由分得瑕疵遗产的继承人自行承担，即继承人之间不相互承担遗产分割瑕疵担保责任的，占四成半以上（46.62%）。

十一、无人承受遗产之调查数据统计情况

关于无人承受遗产之调查数据统计，我们主要从无人承受遗产的归属和无人承受遗产

的处理两个方面进行调查数据的统计情况汇总分析。

（一）无人承受遗产的归属

1. 城镇居民无人承受遗产的归属主体的民众观念情况统计

问题【十一、（一）1.】“甲生前系城镇居民，其生前未婚且无其他继承人，其死后留下部分遗产，属于无人承受的遗产。您认为甲的遗产归属于下列哪一主体更合适？A. 国家；B. 死者生前所在地的国库；C. 死者生前所在地民政部门的社会福利机构；D. 死者生前所在的居委会；E. 不是继承人的其他亲属；F. 其他（您认为更合适的归属主体）。（单选）”

表 11-48　城镇居民无人承受遗产的归属主体的民众观念情况统计（单选）

选项	人数	比例
A. 国家	31	24. 80%
B. 死者生前所在地的国库	6	4. 80%
C. 死者生前所在地民政部门的社会福利机构	31	24. 80%
D. 死者生前所在的居委会	8	6. 40%
E. 不是继承人的其他亲属	43	34. 40%
F. 其他	6	4. 80%
合计	125	100%

关于城镇居民无人承受遗产的归属主体，统计数据显示，在 125 名被调查者中，（1）A、B、C、D 四个选项，即主张归属主体为社会公共组织（包括归属于国家、死者生前所在地的国库、死者生前所在地民政部门的社会福利机构和死者生前所在的居委会）的，合计占六成以上（60. 80%）；（2）选择 E 项，即主张归属主体为自然人（归属于不是继承人的其他亲属）的，占近三成半（34. 40%）。

2. 农村居民无人承受遗产的归属主体的民众观念情况统计

问题【十一、（一）2.】“甲生前系农村居民，其生前未婚且无其他继承人，其死后留下部分遗产，属于无人承受的遗产。您认为甲的遗产归属于下列哪一主体更合适？A. 死者生前所在地的国库；B. 死者生前所在地民政部门的社会福利机构；C. 死者生前所在的集体经济组织；D. 死者生前所在的村委会；E. 死者生前所在的村民小组；F. 不是继承人的其他亲属；G. 其他（您认为更合适的归属主体）。（单选）”

表 11-49　农村居民无人承受遗产的归属主体的民众观念情况统计（单选）

选项	人数	比例
A. 死者生前所在地的国库	15	11. 90%
B. 死者生前所在地民政部门的社会福利机构	33	26. 19%
C. 死者生前所在集体经济组织	3	2. 38%
D. 死者生前所在的村委会	19	15. 08%

续表

选项	人数	比例
E. 死者生前所在村民小组	2	1.59%
F. 不是继承人的其他亲属	51	40.48%
G. 其他	3	2.38%
合计	126	100%

关于农村居民承受遗产的归属主体的民众观念，统计数据显示，在填写该问题的126名被调查者中，（1）A、B、C、D、E五个选项，即归属主体为社会公共组织（包括归属于死者生前所在地的国库、死者生前所在地民政部门的社会福利机构和死者生前所在的集体经济组织、村委会或村民小组）的，合计占五成半以上（57.14%）；（2）选择F项不是继承人的其他亲属，即主张归属于主体为自然人的，占四成（40.48%）。

（二）无人承受遗产的处理

1. 无人承受遗产管理人的产生方式的民众观念情况统计

问题【十一、（二）1.】“对于无人继承遗产的管理人，您认为下列哪一种产生方式更合适？A. 死者户籍所在地的居委会或村委会或所在单位指定遗产管理人；B. 人民法院指定遗产管理人；C. 民政部门指定遗产管理人。（单选）请问：您所在地区的人们一般如何确定无人继承遗产的管理人？”

表11-50　无人承受遗产管理人产生方式的民众观念情况统计

选项	人数	比例
A. 死者户籍所在地的居委会或村委会或所在单位指定遗产管理人	47	37.60%
B. 人民法院指定遗产管理人	61	48.80%
C. 民政部门指定遗产管理人	17	13.60%
合计	125	100%

关于无人承受遗产管理人产生方式的民众观念，统计数据显示，在125名被调查者中，（1）选择A项由死者户籍所在地的居委会或村委会或所在单位指定的，占三成半以上（37.60%）；（2）选择B项由人民法院指定的，占近五成（48.80%）；（3）选择C项由民政部门指定的，占一成以上（13.60%）。

2. 无人承受遗产的酌分请求权主体的民众观念情况统计

问题【十一、（二）2.】“您认为下列哪些人可以酌情分得无人继承的遗产？A. 依靠死者扶养的人；B. 与死者共同生活的人；C. 与死者有密切联系且对其帮助较多的人；D. 其他（填写您认为其他适当人选）。（多选）”

表 11-51 无人承受遗产酌分请求权主体的民众观念情况统计（多选）

选项	人数	比例
A. 依靠死者扶养的人	83	62.41%
B. 与死者共同生活的人	87	65.41%
C. 与死者关系密切且对其帮助较多的人	108	81.20%
D. 其他	0	0%

关于无人承受遗产酌分请求权主体的民众观念，统计数据显示，在133名被调查者中，分别占六至八成的人认为无人承受的遗产的酌分请求权人包括：（1）A项依靠死者扶养的人（占62.41%）；（2）B项与死者共同生活的人（占65.41%）；（3）C项与死者有密切联系且对其帮助较多的人（占81.20%）。

十二、遗产处理相关案例的简介与评析

（一）涉及遗产范围界定案例的简介与评析

案情简介：原告刘某甲和赵某系夫妻关系，有一女儿刘某乙。刘某乙与被告何某甲结婚，并育有一子何某乙。后何某甲婚内出轨，于2008年12月16日与刘某乙离婚。因其具有过错，就将夫妻双方名下的共同房产过户登记为刘某乙。刘某乙与赵某共同名下的房产有三套，刘某乙一人名下的房产有一套。2005年3月24日，刘某甲和赵某立公证遗嘱，其名下财产指定由何某乙继承。

2011年8月14日，刘某乙因病去世。2011年8月19日，赵某的证券账户之中售出股票数支，所得款项240万元于转入何某乙的银行账户之中。2011年8月23日刘某甲和赵某签署赠与合同，将名下财产赠与给何某乙，并且经过公证。同日，刘某甲还签署声明书，声明放弃继承刘某乙名下一切财产，且经公证。2011年9月2日，某公证处公证刘某甲放弃继承刘某乙名下的财产。后该四套房产均登记于何某乙名下。

2013年3月15日，何某乙因病去世。2013年7月30日，刘某甲和赵某以其作为被继承人的外祖父母享有酌情分得遗产权为由诉至法院要求依法分割被继承人何某乙的遗产。2014年5月4日，法院判决将原在刘某乙和赵某共同名下的三处房产由刘某甲和赵某夫妻继承取得所有权，将原属于刘某乙一人名下的房产由何某甲继承取得所有权。2014年10月31日，原告刘某甲和赵某夫妻以被继承人何某乙与其存在240万元的债权债务关系，诉至法院要求继承人被告何某甲在继承遗产范围内对被继承人何某乙生前所欠债务承担清偿责任。被告何某甲辩称，何某甲与原告之间不存在债权债务关系，原告主张的债务不成立。

法院审理后认为，2011年8月19日，原告赵某账户中的股票系于一日内悉数出售，所得款项并于同日全部转至被继承人何某乙名下，如若结合该转账行为前后几日内刘某甲和赵某所作的几份公证，则该股票变现以及转账的行为，应为二原告配合被继承人何某乙所做的一系列处置财产措施之一，因此对于两原告关于其与被继承人何某乙之间存在债权债务关系的主张，法院不予采纳。故法院判决驳回原告诉讼请求。既然不能认定原告刘某

甲和赵某与被继承人何某乙之间存在240万元的债权债务关系，被告何某甲作为继承人也就无须担负清偿240万元债务的责任。故法院判决，驳回原告刘某、赵某的全部诉讼请求。①

法律适用分析：本案的主要争议为赵某的股票变现及其转账240万能否作为何某乙的遗产。原告赵某于2011年8月19日将其股票售出并将所得款项240万元于转入何某乙的银行账户之中，又于同年8月23日同刘某甲签署赠与合同，将名下财产赠与给何某乙，并且经过公证。尽管赠与合同的赠与人享有任意撤销权，但其限制的条件是赠与人在赠与财产的权利转移之前可以撤销赠与，此外，具有救灾、扶贫等社会公益、道德义务性质的赠与合同或者经过公证的赠与合同的赠与人亦不享有任意撤销权。本案中，刘某甲与赵某不仅已经将其名下财产交付给何某乙，并且该赠与合同亦经过公证，因此刘某甲和赵某是不享有任意撤销权的，也就无法通过行使撤销权取回财产，故上述财产只能作为被继承人何某乙的遗产。虽然我国《继承法》第3条规定："遗产是公民死亡时遗留的个人合法财产，包括：（一）公民的收入……公民的其他合法财产"，即采用概括加列举式规定，虽然未明确规定接受赠与的财产是遗产，但"其他合法财产"是可以涵盖"接受赠与的财产"等未明确规定的遗产范围，此为我国《继承法》立法之优点。

（二）涉及继承开始的通知和公告案例的简介与评析

案情简介：徐某系被继承人杜某某的配偶，杜某甲、杜某乙、杜某丙、杜某丁为徐某和杜某某的子女，其中杜某乙、杜某丙为本案原告，杜某甲为本案被告。杜某某于2012年9月24日病逝，生前有遗产366386.33元存放于杜某甲处。原被告之间因遗产分割事宜产生纠纷。原告杜某乙、杜某丙遂向法院提起诉讼，要求将存放于被告杜某甲处的杜某某留下的遗产进行分割。被告杜某甲辩称，被继承人存放于其处的款项是被继承人生前赠与其的财产，不能作为遗产处理。

一审法院审理后查明，徐某与被继承人杜某某系合法夫妻关系，在婚姻关系存续期间所取得的财产，除有特别约定外，均属夫妻共同财产。本案诉争的钱款366386.33元中的一半即183193.17元属于徐某的财产，另一半183193.16元属于被继承人杜某某的遗产范围。本案中，徐某、杜某乙、杜某丁、杜某丙与杜某甲作为被继承人杜某某的第一顺序继承人，有权均等继承杜某某的遗产，即五位法定继承人可分别继承20%的份额36638.6元。

故一审法院判决：被告杜某甲应当于本判决生效后30内向原告徐某、杜某乙、杜某丁、杜某丙各支付36638.6元。宣判后，杜某甲认为原审原告徐某在起诉状签字并非其本人真实意愿，而是被上诉人杜某丙蒙骗下所签，导致本案共同诉讼不能成立，原审程序明显违法，应由原审原告徐某另行主张，遂提起上诉。

二审法院审理后查明：双方当事人对一审判决查明的事实均无异议，本院予以确认。原审法院确实未将杜某丁、徐某列为原审共同原告的书面通知送达上诉人杜某甲。另查明，原审法院于2013年1月4日立案受理杜某乙、杜某丙、徐某诉杜某甲继承纠纷一案。

---

① 参见中国裁判文书网：（2014）三民初字第×号，《刘某、赵某与何某被继承人债务清偿纠纷一审民事判决书》，http://wenshu.court.gov.cn/content/content? DocID=0b129dbf-b508-4f81-9060-814d8d08b0f6，访问日期：2019年4月23日。限于本章篇幅，作者对原案情内容有酌情删改。

原审法院于2013年1月12日将参加诉讼通知书送达杜某丁。2013年4月7日，原审法院向徐某调查并形成一份询问笔录，载明原审原告徐某陈述提起诉讼时是杜某丙叫其签字，但不知道是起诉杜某甲，她不想起诉杜某甲，但属于她的继承份额不放弃。原审法院于同日将参加诉讼通知书送达徐某。[①] 但根据我国2015年《关于适用民事诉讼法的解释》第58条规定："人民法院追加共同诉讼的当事人时，应通知其他当事人。应当追加的原告，已明确表示放弃实体权利的，可不予追加；既不愿意参加诉讼，又不放弃实体权利的，仍追加为共同原告，其不参加诉讼，不影响人民法院对案件的审理和依法作出判决。"该规定并未明确该"通知"必须以书面形式送达，原审法院于开庭审理时明确告知杜某丁、徐某作为共同原告参加诉讼及宣读当事人在法庭上的诉讼权利义务，应理解为进行了"通知"。上诉人既未当庭也未于庭审后及再次开庭审理时明确表示异议以及提出相应诉讼请求申请，原审程序并未严重影响上诉人诉讼权利的行使及案件的审理。上诉人的该项上诉理由不能成立，本院不予支持。

法律适用分析：本案争议的焦点为在诉讼过程中法院作为继承开始的通知主体，其通知的方式有无特殊要求？1985年《执法继承法意见》第60条规定："继承诉讼开始后，如继承人、受遗赠人中有既不愿参加诉讼，又不表示放弃实体权利的，应追加为共同原告；已明确表示放弃继承的，不再列为当事人。"我国2015年《关于适用民事诉讼法的解释》第58条规定："人民法院追加共同诉讼的当事人时，应通知其他当事人。应当追加的原告，已明确表示放弃实体权利的，可不予追加；既不愿意参加诉讼，又不放弃实体权利的，仍追加为共同原告，其不参加诉讼，不影响人民法院对案件的审理和依法作出判决。"该规定并未明确该"通知"必须以书面形式送达。且原审法院于开庭审理时明确告知杜某丁、徐某作为共同原告参加诉讼及宣读当事人在法庭上的诉讼权利义务，可以理解为该法院已经对其当庭进行了"通知"。但由于立法有关通知方式的不明确，对法院的通知义务是否完成容易造成误解，不利于引导当事人积极参与遗产事宜的处理。综上所述，可知我国《继承法》关于继承开始的通知和公告的方式存在不足，即没有明确规定特殊情况下，继承开始的通知主体应采用何种方式履行通知义务。

（三）涉及遗产管理案例的简介与评析

案情简介：原告陈某甲是案外人陈某某的孙子。陈某甲的法定代理人容某于2002年4月1日与陈某某的儿子陈1结婚，2003年8月14日生育原告陈某甲。2010年4月27日陈1不幸病逝，之后陈某某就一直由原告的母亲容某一人赡养，直至2015年7月17日陈某某去世。被告吴某1系陈某某的妹妹陈某的儿子，即原告父亲陈1的表哥。

2015年7月12日陈某某因患肝癌经医生诊断已无法救治，于是出院回到家中安排后事。次日下午，陈某某在原告陈某甲的三个堂伯陈2、陈3和陈4，姑妈陈某等人的见证下，将一张存有39万元的银行卡、现金1万元、一本存有7万元的存折以及一张约有6000元的工资存折全部交给吴某1，并要求吴某1将7万元存折的钱取出用于办理后事，将1万元现金和银行卡里的39万元取出存入由原告、原告的一个堂伯以及吴某1共同开

① 参见中国裁判文书网：(2013)三民终字第×号，《杜某甲与杜某乙、杜某丙、杜某丁、徐某继承纠纷二审民事判决书》，http://wenshu.court.gov.cn/content/content? DocID=09541df8-c1ac-4f0f-b7e5-5b7328f985a0，访问日期：2019年4月23日。限于本章篇幅，作者对原案情内容有酌情删改。

具的联名账户中，待原告陈某甲年满 25 周岁时再取出用于原告成家立业之用。陈某某还特意交代吴某 1 在第二天事情办完之后就要将所有的财物归还，在所有在场人的见证下，被告吴某 1 答应了陈某某的上述请求，并且采用视频的形式将整个过程录下。但被告吴某 1 在获得上述存折、银行卡和现金以及陈某某的身份证后，却未按照陈某某的要求去办理联名账户，而是将 39 万元存款及利息 703 元分两笔转到自己及案外人余某名下（其中被告吴某 190703 元、余某 20 万元）。

陈某某去世后，原告陈某甲的法定代理人容某及多位亲戚多次要求被告吴某 1 按陈某某的生前遗嘱去做联名账户，但他总以各种理由推脱，拒不履行陈某某的生前嘱托，亦不返还上述款项。现原告陈某甲诉至法院，请求判令被告吴某 1 依照陈某某的口头遗嘱，将陈某某的遗产 40 万元存入原告陈某甲法定代理人容某与陈 4 于中国工商银行某支行的联名账户内。被告吴某 1 未作答辩，也未举证、质证。

法院审理后认为，按照陈某某的口头遗嘱，原告陈某甲系陈某某上述遗产的唯一继承人，被告吴某 1 不但未按照陈某某的遗嘱将该 40 万元存到联名账户中，反而将上述款项转到自己及他人名下，不仅违背了陈某某委托其办理联名账户的初衷，亦严重侵害了原告的合法权益。因原告属于未成年人，根据银行规定不能做联名账户，而被告的行为表明其若作为联名账户人之一必将损害原告的合法权益。为实现陈某某的遗嘱，维护原告的合法权益，上述款项应存入由原告法定代理人容某及原告的堂伯陈 4 于中国工商银行的联名账户中为妥。遂法院判决，被告吴某 1 于判决生效之日起 15 日内将其保管的应由原告陈某甲继承的陈某某的遗产人民币 40 万元，存入原告陈某甲法定代理人容某与其堂伯陈 4 共同开设的账户名下。①

法律适用分析：本案争议的焦点为遗产管理人的管理职责及其损害赔偿责任问题。被继承人陈某某生前将其作为遗产的现金 1 万元及存有 39 万元的银行卡交给被告并指示其将 40 万元款项存入三人联名账户保管，应视为其指定被告作为其遗嘱执行人和遗产管理人，被告以实际行为接受指定担任该遗嘱执行人和遗产管理人。因此，被告有权利也有义务妥善保管遗产，并应在合理期限内联系其他遗产保管人共同办理联名账户以保管遗产。现被告将上述款项取走后长期占有，至今未返还给原告或联系原告等人办理联名账户，根据我国《继承法》第 24 条规定："存有遗产的人，应当妥善保管遗产，任何人不得侵吞或争抢。"被告的做法不仅有违诚信，违背了陈某某的真实意愿且违反了法律的规定，侵害了原告作为遗产继承人的合法权益。可见，我国《继承法》关于遗产管理之规定，缺少对遗产管理人的职责及损害赔偿责任的规定，不能引导和规范遗产管理行为，如果遗产管理人不正当履职而侵犯继承人合法权益时对其处理于法无据，此为立法之不足。

（四）涉及法定继承案例的简介与评析

案情简介：被继承人安某某与原告辛某 1、辛某 2 及案外人辛某 3（被告李某的丈夫、第三人辛某 4 父亲，于 2003 年 10 月 14 日死亡）系母子、母女关系。2005 年 10 月 1 日，被继承人安某某、原告辛某 1、辛某 2、被告李某共同签订"养老协议"，约定由原告辛

① 参见中国裁判文书网：（2016）闽×民初×号，《陈某甲与吴某保管合同纠纷一审民事判决书》，http://wenshu. court. gov. cn/content/content? DocID=881ae82f-d605-437e-995e-a2536eaae836，访问日期：2019 年 4 月 24 日。限于本章篇幅，作者对原案情内容有酌情删改。

某1、辛某2、被告李某共同照顾被继承人安某某，如不在协议上签字或签字后不履行协议，则视为放弃继承遗产的权利。2006年11月15日，被继承人在某公证处立下遗嘱，将涉案房屋所有权和土地使用权留给辛某1、辛某2共同继承。被继承人安某某去世前，原告辛某1、辛某2、被告李某均尽了部分赡养老人的义务。被继承人安某某于2011年12月18日去世，留下涉案房产。某市社会保障管理局发放抚恤金41730元、丧葬费4932元，由原告辛某2领取。后辛某1、辛某2在依照遗嘱继承房屋时，李某提出异议，致使辛某1、辛某2无法办理房产过户手续。原告辛某1、辛某2遂诉至法院，请求判令依法按照被继承人安某某所留公证遗嘱内容分割遗产。被告李某反诉称，其作为丧偶儿媳有权继承本案争议房屋，第三人辛某4称，其作为法定代位继承人应当继承丧葬费和抚恤金的部分份额。

一审法院审理后认为：原告辛某1、辛某2作为被继承人安某某的子女，依法享有继承遗产的权利。被告李某作为被继承人安某某的丧偶儿媳，无赡养婆婆的法定义务。被继承人安某某与被告李某签订协议，由被告李某承担部分赡养义务，并约定违反协议或拒签协议者视为放弃继承权。原告辛某1、辛某2均在协议上签字，说明在达成协议时被继承人安某某及原告辛某1、辛某2均认可被告李某具有继承的权利。遗产范围为签订协议时被继承人所有的房产及其他财产。"养老协议"对被告李某来说满足遗赠扶养协议的条件。被告李某自协议签订后一起与原告辛某1、辛某2共同赡养老人，对老人投入了情感和金钱。被告李某尽了赡养老人的义务，应优先于遗嘱享有部分继承遗产的权利。被继承人安某某未通知被告李某，重新订立遗嘱，将房产留给原告辛某1、辛某2，继续接受被告李某的照顾，侵犯了被告李某的合法权益。第三人辛某4依法享有代位继承的权利，但被继承人留有遗嘱，未将第三人辛某4列为继承人，故第三人辛某4不享有继承权。遗产应由原告辛某1、辛某2、被告李某按份均等分割。"养老协议"未明确约定遗产如何分配，根据被告李某所尽赡养义务的情况，李某、辛某1、辛某2三人应平均分配遗产。故原审法院判决，被告李某对遗产享有三分之一的继承权利，其余三分之二由原告辛某1、辛某2按照公证遗嘱共同继承。原告辛某1、辛某2不服遂提出上诉。

二审法院审理后认为：依照我国《继承法》第5条的规定："继承开始后，按照法定继承办理；有遗嘱的，按照遗嘱继承或者遗赠办理；有遗赠扶养协议的，按照协议办理。"而遗赠扶养协议的扶养义务人为法定继承人之外的公民。原审中被上诉人李某认为自己尽了赡养老人安某某的主要义务，对此上诉人辛某1、辛某2表示认可。作为丧偶儿媳可以作为第一顺序法定继承人继承婆婆安某某的遗产。辛某1、辛某2作为安某某的儿女当然作为第一顺序法定继承人。故上诉人辛某1、辛某2、被上诉人李某三人不具备签订遗赠扶养协议的主体资格，2005年10月1日由安某某、辛某1、辛某2、李某共同签订的"养老协议"并非遗赠扶养协议。该协议中约定了给付老人安某某各项赡养费的方式及数额，是法定继承人之间关于赡养方式的约定及具有部分书面遗嘱的性质。2006年11月15日安某某作出的公证遗嘱形式合法，且顺序在后，立有数份遗嘱，内容相抵触的，以最后的遗嘱为准，公证遗嘱效力大于《养老协议》中遗嘱约定的内容。该公证遗嘱是老人真实的意思表示，法院予以尊重。故二审法院判决：撤销一审民事判决；认为被继承人生前的公证遗嘱合法有效，即由上诉人辛某1、辛某2共同继承遗产。被上诉人李某不服，遂提起再审。

再审法院审理后认为：被申请人辛某1、辛某2作为被继承人安某某的儿女享有法定继承权，申请再审人李某作为被继承人安某某的丧偶儿媳，无赡养婆婆的法定义务，亦无法定继承权。2005年10月1日，被继承人安某某与辛某1、辛某2及李某共同签订“养老协议”，并在“协议”第六条明确约定，如不在协议上签字或不履行协议，则视为放弃继承权。该“协议”是被继承人安某某与申请再审人李某双方的法律行为，具有合同的双务性。对李某而言，先履行对安某某的赡养义务，才能在被继承人安某某去世后获得其遗产。再审申请人李某作为丧偶儿媳，完全履行了“协议”约定的赡养义务，应当享有分得部分遗产的权利，“养老协议”约定：“安某某老人在生前由辛某1、辛某2、李某三人对其各项生活开支进行均摊。”根据民事合同权利义务相一致的原则，法院酌定，由申请再审人李某对被继承人安某某所留遗产（房产）份额享有三分之一的继承权利。2006年11月15日被继承人安某某在某公证处立的遗嘱，是在未通知申请再审人李某的情况下，且已签订“养老协议”并开始履行后取得的，而在该遗嘱公证后的长达二年多的时间内被继承人安某某仍与申请再审人李某共同生活，重立遗嘱的行为侵犯了李某的合法权益，亦违反我国《合同法》关于诚实守信的基本原则及我国《继承法》关于遗嘱与遗赠扶养协议共存的特别规定。因此再审法院判决，被继承人的遗产由辛某1、辛某2和李某三人共同继承。①

法律适用分析：本案争议焦点在于李某是否为安某某的第一顺序法定继承人。通过该案例分析可知，我国《继承法》第12条规定：“丧偶儿媳对公、婆，丧偶女婿对岳父、岳母，尽了主要赡养义务的，作为第一顺序继承人。”因此，再审法院的终审判决是有法律依据的。但我国立法将尽了主要赡养义务的丧偶儿媳或女婿作为第一顺序的法定继承人，其立法存在不足。因为儿媳、女婿是姻亲，将其列为第一顺序法定继承人，不利于将被继承人的遗产保留在其子孙的家庭内部，特别是在无其他第一顺序的法定继承人时，那么尽了主要赡养义务的丧偶儿媳或女婿即可能获得全部遗产，对于其他第二顺序的血亲继承人来说有失公正。

（五）涉及遗嘱继承案例的简介与评析

案情简介：被继承人董某与前夫叶某共生育四男一女，其中长女叶1系本案原告，长子叶2、次子叶3（本案被告）、三子叶4、四子叶5（本案被告，自幼送养他人）。叶某于1963年2月12日去世。后被继承人董某与姚某（本案被告）于×年×月×日登记结婚，婚后生育一女姚1（本案被告）。1989年，被继承人董某为房1（诉争房屋）办理了房产证，所有权人为董某。

1994年11月22日，姚某立下公证书1号：“我于1976年与董某某分居时曾约定：房2属于我所有，现已赠与姚1。房1和房3是董某依靠环卫工作置办的，属董某所有，房3已经以叶1、叶2、叶4作为所有权人进行登记。现为了避免今后子女对房屋发生纠纷，我至诚声明，以上情况属实，并声明同意妻子董某将房1遗嘱指定给继女叶1继承”。

1994年11月23日，董某立下公证书2号：“房1是我个人财产，但我曾于1993年

① 参见中国裁判文书网：（2014）塔民一再终字第×号，《李某、辛4与辛1、辛2继承纠纷再审民事判决书》，http://wenshu.court.gov.cn/content/content? DocID=c0bb567f-91f0-482a-91ba-c7168798e446，访问日期：2019年4月24日。限于本章篇幅，作者对原案情内容有酌情删改。

10月26日在某公证处误以（夫姚某）夫妻共同财产立有遗嘱，指定属于我的部分给长女叶1继承，实际上该房屋全部产权属于我所有，我丈夫也表示承认该房产权属属于我一人所有（详见姚某1994年11月22日公证声明书）。现我表示终止1993年10月26日所立公证遗嘱，重新立此遗嘱，将上述全部房屋指定给长女叶1继承，其他人不得干涉”。

2015年2月28日，董某死亡。因遗产分割产生纠纷，原告叶1诉至法院，要求判令诉争房屋归其所有；被告姚某辩称其是在不知情的情况下在公证书1号上签名，并非真实意思表示，诉争房屋为夫妻共同财产，非董某个人所有。

原审法院审理后认为，讼争房屋系被告姚某与被继承人董某在夫妻关系存续期间添置的房产，故可以认定系被告姚某与被继承人董某的夫妻共同财产。被告姚某在公证处公证员面前作出的公证声明书依法应当认定属其个人真实意思表示。因被继承人立有公证遗嘱，根据我国《继承法》第5条规定，故讼争房屋应按遗嘱继承方式继承。被告姚某辩称在不知情的情况下在该公证书1号声明上签名，该声明不是其真实意思表示，违背诚实信用原则，法院不予采信。被告姚某在未经合法程序撤销其在公证处作出的公证声明书情况下，其对讼争房屋所有权提出主张违反了其与被继承人在分居时的约定，也违背诚实信用原则，法院不予采纳。故原审法院判决，诉争房屋由原告叶1继承，归原告叶1所有。被告姚某不服，仍以其不知在公证书1号上签名为由提出上诉，请求撤销原判，改判驳回被上诉人叶1的诉讼。

二审法院审理后认为，原审法院认定被继承人立遗嘱的真实意思表示为讼争房屋全部由被上诉人继承，并无不当。故二审法院判决驳回上诉，维持原判。①

法律适用分析：本案争议焦点在于，姚某能否反悔变更其公证遗嘱的内容。我国《继承法》第20条规定，遗嘱人可以撤销、变更自己所立的遗嘱。自书、代书、录音、口头遗嘱，不得撤销、变更公证遗嘱。本案中的诉争房屋是姚某与董某在夫妻关系存续期间添置的，故本系夫妻共同财产，但因姚某作出的公正声明已对诉争房屋归属作出约定，归董某个人所有，是其真实意思表示的体现。姚某既未经法定程序撤销其公正声明，其对诉争房屋的所有权主张权利违背了其与董某的生前约定，违背了诚实信用的基本原则，故法院不予支持是合理的。必须说明，我国《继承法》第20条确立了公证遗嘱比自书、代书、录音、口头遗嘱优先被适用的效力，但从法理角度来看，公证遗嘱效力高于其他形式的遗嘱并没有充分的理由；从实践角度来看，公证遗嘱只能通过公证遗嘱变更或撤销，对民众来说多有不便。因此，规定公证遗嘱只能通过公证程序予以变更或撤销为我国《继承法》立法之不足。

（六）涉及继承和遗赠的接受与放弃的案例的简介与评析

案情简介：被继承人郑某与其妻子张某（已故）生前育有二子，长子郑1（本案被告），次子郑2（已故），原告郑甲、吴某系郑2的女儿和妻子。1993年，郑某的工作单位实行集资房政策，按当时讼争房屋估价的三分之一，由租户郑某出资，共享产权。由于郑1无房，郑某便有意将房产留给郑1，所以，由郑1出资支付集资款，由于郑1当时资

① 参见中国裁判文书网：（2016）闽×民终×号，《姚某、叶1遗嘱继承纠纷二审民事判决书》，http://wenshu.court.gov.cn/content/content?DocID=bbb93e55-96d8-418b-9f08-a85900cf0de6，访问日期：2019年4月24日。限于本章篇幅，作者对原案情内容有酌情删改。

金紧张，只支付了4053元，尚欠1449.55元，直到1996年12月，才在交付11986.8元购房款时，补缴了这部分欠款，所以，郑1当时缴纳的款项是13436.36元。福州市房改始于1996年，1993年支付的是集资款，不是购房款。1996年下半年，郑某已经死亡，郑某的工作单位实行房改，郑1考虑到房改政策中包含有对郑某的工龄等优惠在内，故征求胞弟郑2意见，郑2表示，父亲的房改优惠由郑1享受，房款由郑1去交，而郑2自己也在房改，也要交钱，资金有困难。此后，郑2于2015年10月27日猝死。郑甲、吴某向一审法院起诉，请求依法确认原告郑甲、吴某对涉案房产享有二分之一的产权份额。被告郑1辩称，郑某2在郑某去世20年内均未提出继承遗产或分割遗产，应视为放弃继承，故原告郑甲、吴某均无权转继承。

一审法院审理后认为，被继承人郑某于1994年购买的涉案房屋，属于其合法财产，亦为其死后合法遗产。因其妻子张某已故，故该房产的合法继承人为其两个儿子郑1、郑2。次子郑2于被继承人郑某死后遗产分割之前（2015年10月27日）去世，根据我国转继承的相关规定，1985年《执行继承法意见》第52条规定："继承开始后，继承人没有表示放弃继承，并于遗产侵害前死亡的，其继承遗产的权利转移给他的合法继承人。"本案继承人郑2在继承开始后实际分割遗产前死亡，其合法继承人代其实际接受其有权继承的遗产。故本案原告郑甲、吴某作为郑2的女儿和妻子，为其合法继承人，有权继承郑2应分得的遗产。故一审法院判决，原告郑甲、吴某对涉案房产享有二分之一的产权。郑1不服，遂提出上诉。请求撤销一审法院判决，改判驳回原告一审诉讼请求。

二审法院查明的事实与一审法院认定的事实一致。故二审法院判决驳回上诉，维持原判。①

法律适用分析：本案争议焦点在于：郑2在被继承人郑某离世后接近20年的时间里，从未主张过对该房屋的继承权，是否可视为其放弃继承权？我国《继承法》第25条第1款规定："继承开始后，继承人放弃继承的，应当在遗产处理前，作出放弃继承的表示。没有表示的，视为接受继承。"郑某去世前没有订立遗嘱，郑某去世后，讼争房屋由郑某的两个儿子郑1、郑2法定继承。由于没有证据证实郑2明确表示放弃继承，所以依法应视为其接受继承。由此可见，我国《继承法》存在以下两点不足：一是未明确规定放弃继承采用的方式，如放弃继承必须采用书面的明示的方式；二是未明确规定放弃继承的时间。虽然规定了遗产处理前可作放弃继承的意思表示，但"遗产处理前"的时间是不确定的，因为在每个案件中继承人处理遗产的时间都有所不同，或长或短，无法预知，不利于引导民众及时处理继承事务，容易引发继承纠纷。

（七）涉及继承权的丧失、被继承人的宥恕与代位继承案例的简介与评析

案情简介：被继承人林某系俞某的妻子，林某的遗产继承人有四人：丈夫俞某，长女俞1，长子俞2，次子俞3。俞3曾篡改过林某的遗嘱且情节严重。事后，俞3真心悔改并对林某精心照顾。后林某去世前另立遗嘱，同时将俞1、俞2和俞3指定作为遗嘱继承人参与部分遗产的分配。现俞某以本人年迈，尚需经济和房产养老为由，请求法院将妻子的

---

① 参见中国裁判文书网：（2017）闽×民终×号，《郑某1、郑某2继承纠纷二审民事判决书》，http://wenshu.court.gov.cn/content/content?DocID=e59dfead-e911-4de4-93ec-a82b00bfb432，访问日期：2019年4月24日。限于本章篇幅，作者对原案情内容有酌情删改。

涉案房产判与俞某本人一人所有。同时俞1、俞2均已经同意把遗嘱继承的份额无偿赠与俞某所有，但俞3不同意将其遗嘱继承的份额赠与俞某，所以原告俞某请求法院确认涉案房产归俞某个人所有，理由是被告俞3篡改过林某的遗嘱，继承权已丧失，对此被告俞3未作答辩。

法院审理查明，涉案房产系俞某与林某的夫妻共同财产，现登记于原告俞某及被继承人林某名下，夫妻二人为按份共有，各享有50%的份额。俞1、俞2称，该房产中应由其遗嘱继承的遗产份额，现同意全部交由俞某处置。

法院审理后认为，继承自被继承人死亡时开始，因此，被继承人林某2016年1月8日死亡后，继承即开始，现遗嘱继承人俞1、俞2均到庭表示其继承的财产愿交由原告处置，故二人应继承的部分由原告继承。另，我国《继承法》第7条规定："继承人有下列行为之一的，丧失继承权：（一）故意杀害被继承人的；（二）为争夺遗产而杀害其他继承人的；（三）遗弃被继承人的，或者虐待被继承人情节严重的；（四）伪造、篡改或者销毁遗嘱，情节严重的。"本案中，被告俞3因篡改被继承人的遗嘱且情节严重，故认定俞3丧失继承权。故法院判决，对于本案讼争房产，原告俞某继承所得份额为该房产的二分之一。①

法律适用分析：本案争议焦点在于被告俞3丧失继承权后能否因为被继承人的遗嘱指定继承而恢复继承？根据我国《继承法》第7条规定："继承人有下列行为之一的，丧失继承权：（一）故意杀害被继承人的；（二）为争夺遗产而杀害其他继承人的；（三）遗弃被继承人的，或者虐待被继承人情节严重的；（四）伪造、篡改或者销毁遗嘱，情节严重的。"本案中，被告俞3因篡改遗嘱的行为而丧失继承权。但林某在生前又另立遗嘱，指定将俞3作为遗嘱继承人分给其部分遗产。我国《继承法》和1985年《执行继承法意见》均未规定因伪造、篡改或者销毁遗嘱情节严重而丧失继承权后，能否通过遗嘱的形式或被继承人的宥恕而恢复继承权。但1985年《执行继承法意见》第13条规定："继承人虐待被继承人情节严重的，或者遗弃被继承人的，如以后确有悔改表现，而且被虐待人、被遗弃人生前又表示宽恕，可不确认其丧失继承权。"即因虐待或遗弃被继承人都可以因确有悔改表现或被继承人生前表示宽恕而恢复继承权（该情节较为严重，涉及侵害被继承人的生命权），我国现行法却未规定伪造、篡改或者销毁遗嘱情节严重的可因确有悔改表现或被继承人生前表示宽恕而恢复继承权（该情节相对较轻，只妨碍了被继承人的遗嘱自由权），不尽合理，此为立法之不足。

（八）涉及继承协议案例的简介与评析

案情简介：原告柯乙、柯丙、柯丁与被告柯甲及被继承人蔡甲系同胞兄弟姐妹关系，其父亲蔡某于1962年去世，母亲柯某于1996年去世。被继承人蔡甲没有配偶，也没有生育子女。被继承人蔡甲生前留有二处房产，即房1和房2。

2010年4月7日，被继承人蔡甲因病住院治疗。2010年4月10日，被继承人与柯甲签订协议，约定"……蔡甲逝世后，由柯甲料理其后事，并获得所有遗产。"2011年5月

---

① 参见中国裁判文书网：（2016）闽×民初×号，《俞某与俞3继承纠纷一审民事判决书》，http://wenshu.court.gov.cn/content/content? DocID=ca494a42-1484-47ca-a28d-a79d001fcecc，访问日期：2019年4月24日。限于本章篇幅，作者对原案情内容有酌情删改。

10 日被继承人蔡甲因病情恶化，办理出院回家，当天在家中去世。被继承人蔡甲住院期间由柯乙、柯丙、柯丁等亲属轮番照料；亡故后，柯甲按本地风俗为其墓地立碑，履行了办理丧葬事宜的义务。被继承人蔡甲亡故后，柯乙、柯丙、柯丁要求与柯甲共同行使继承权而引发纠纷。原告柯乙、柯丙、柯丁遂诉至法院，要求分别按照原告柯乙继承份额为 25%，原告柯丙继承份额为 25%，原告柯丁继承份额为 35%，被告柯甲继承份额为 15% 确认各自继承份额。被告柯甲辩称，该财产不是被继承人蔡甲的遗产，而是该协议约定归柯甲的个人财产。

一审法院审理后认为：原告柯乙、柯丙、柯丁及被告柯甲同系被继承人蔡甲的兄弟姐妹，为被继承人蔡甲的第二顺序继承人，在蔡甲没有第一顺序继承人的情况下，依法享有继承被继承人蔡甲遗产的权利。但被继承人与柯甲的签订协议约定由柯甲承担被继承人生养死葬的义务，并获得所有遗产。该协议合法有效，且柯甲已按照约定履行了义务，故其遗产理应由柯甲一人继承。因此，原告柯乙、柯丙、柯丁请求确认与被告柯甲同为被继承人蔡甲的遗产继承人缺乏法律依据，不予支持。故一审法院判决，被继承人蔡甲的遗产由被告柯甲继承。原告柯乙、柯丙、柯丁三人不服一审判决遂上诉至二审法院。

二审法院审理后认为：原审认定事实清楚，适用法律正确，审判程序合法，所作判决并无不当。遂二审法院判决驳回上诉，维持原判。①

法律适用分析：本案争议焦点在于柯甲与被继承人签订的是继承协议是否有效？根据我国《继承法》第 16 条规定，“公民可以立遗嘱将个人财产指定由法定继承人的一人或者数人继承”为遗嘱继承；“公民可以立遗嘱将个人财产赠给国家、集体或者法定继承人以外的人”为遗赠。再根据我国《继承法》第 31 条规定，“公民可以与扶养人签订遗赠扶养协议，按照协议，扶养人承担该公民生养死葬义务，享有受遗赠的权利”。由此可知，法定继承人范围内的人与被继承人签订生养死葬的扶养协议，既不同于通常意义上的遗嘱继承，也不同于我国的遗赠扶养协议。虽然被继承人与继承人之间签订了继承协议，我国立法未规定。但在现实生活中，这种情形时有发生。本案法院根据扶养义务方实际履行继承协议的情况，且该协议的内容并不违法，承认了继承协议的效力，这符合权利与义务一致原则。法院判决是合情合理的。可见，我国《继承法》欠缺继承协议制度，不能满足现实生活中民众的需要，此为立法之不足。

（九）涉及遗产债务清偿案例的简介与评析

案情简介：原告刘某，被告周某、严某 1、严某 2、严某 3 和杨某。被告周某与严某是夫妻关系，生育三个子女，分别为严某 1、严某 2、严某 3。严某的母亲杨某，父亲严某甲早年去世。2014 年 1 月 29 日，严某以归还银行贷款缺乏续贷资金为由向原告刘某借款 100 万元，当日原告通过银行转款 82 万元至严某的账户（其中 20 万元是案外人徐某转至严某建行账户），交付严某现金 18 万元，严某出具借条给原告，借条写明：今向刘某借用人民币 100 万元。原告与严某在借条中未约定借款利息，但双方口头约定借款利息为月利率 3%，严某按约定支付原告利息至 2014 年 12 月。严某于 2015 年 2 月 13 日死亡，

① 参见中国裁判文书网：（2016）闽×民初×号，《柯乙、柯丙等与柯甲法定继承纠纷二审民事判决书》，http://wenshu.court.gov.cn/content/content? DocID=2e8b6a44-0a43-409a-a156-6f80dc21d0bf，访问日期：2019 年 4 月 24 日。限于本章篇幅，作者对原案情内容有酌情删改。

其法定继承人有周某、严某1、杨某、严某2、严某3。后刘某作为原告向法院提起诉讼，要求周某偿还被继承人所欠借款100万元及利息，要求周某、严某1、杨某、严某2、严某3在遗产范围内对上述借款承担清偿责任。被告周某辩称，严某向原告借款100万元，被告周某并不知情，但愿意与原告协商解决。被告周某、严某1、严某2、严某3和杨某未作答辩。

法院审理后认为：原告刘某与借款人严某之间的债权债务，发生在借款人严某与被告周某夫妻关系存续期间，现借款人严某死亡，被告周某应当对夫妻共同债务承担连带清偿责任，原告刘某要求被告周某偿还借款100万元及利息（自2015年5月6日起按银行同期贷款利率计算至还清借款之日止），符合法律规定，法院予以支持；被继承人严某遗产的继承从严某死亡时开始，被告周某、严某1、严某2、严某3、杨某均为严某遗产的法定继承人，对严某的遗产享有继承权，现上述被告未明确表示放弃继承的权利，故被告周某、严某1、杨某、严某2、严某3应当在继承遗产限额内承担偿还被继承人严某债务的义务。原告刘某与被继承人存在民间借贷关系，原告刘某与被继承人的继承人周某、严某1、严某2、严某3、杨某之间存在以遗产清偿债务的关系。被告杨某、严某2、严某3经本院合法传唤无正当理由拒不到庭参加诉讼，应视为放弃诉讼权利，法院依法缺席审理和判决。遂法院判决，周某应于本判决生效之日起10日内归还原告刘军借款100万元及利息，被告周某、严某1、严某2、严某3、杨某在继承被继承人严某的实际遗产范围内承担偿还100万元债务的义务。[①]

法律适用分析：本案争议焦点是诸被告是否应当在遗产范围内清偿遗产债务？根据我国《继承法》第10条的规定，被告周某、严某1、严某2、严某3、杨某均未放弃或丧失继承权，依法将成为严某遗产的第一顺序法定继承人参与继承，对严某的遗产享有继承权。根据我国《继承法》第33条的规定，继承遗产应当清偿被继承人依法应当缴纳的税款和债务，缴纳税款和清偿债务以他的遗产实际价值为限。超过遗产实际价值部分，继承人自愿偿还的不在此限。因此，以上诸被告依法应当承担在遗产范围内清偿被继承人债务责任。必须说明，目前我国《继承法》规定的是无条件的有限清偿责任和自愿的无限清偿责任，也就是说，即使继承人在继承开始后，有转移、隐藏等侵害遗产的行为，也不会强制其对遗产债务承担无限清偿责任。此有利于保障继承人的利益，但对遗产债务人的利益保护却有不周，此为我国立法之不足。

（十）涉及遗产分割案例的简介与评析

案情简介：葛2（原审被告，上诉人）、葛3、葛4、葛5、葛6（四人均为原审原告，被上诉人）系兄弟姐妹关系，均系刘某的子女。涉案房屋系刘某通过单位的房改购买的。2005年12月7日，刘某立下遗嘱，将涉案房屋留给葛2继承，并办理公证。2010年6月24日刘某死亡。

2010年11月4日，葛2、葛3、葛4、葛5、葛6五人签订《房屋遗产分割协议》，协议载明：经兄妹们商议，一致同意将刘某留下的房屋遗产暂转过户到葛2名下，将房屋出

---

① 参见中国裁判文书网：（2015）浦民初字第×号，《刘某与周某、严某1等民间借贷纠纷一审民事判决书》，http://wenshu.court.gov.cn/content/content?DocID=22a61e8d-499b-44c2-93f6-be293083a140，访问日期：2019年4月24日。限于本章篇幅，作者对原案情内容有酌情删改。

售，出售房屋总金额以兄妹五人按比例分成，分别为葛2占24%，葛4占31%（含当年购房款预付给予补偿），葛3占15%，葛5占15%，葛6占15%；具体实施，售房的相关手续后售房款，现委托代理由葛2负责办理，葛5负责监督办理，售房款不及时分配到账，姐妹们委托葛4负责，通过法律程序起诉葛2；以上协议经兄妹五人签字盖章认可，具体事宜一律按协议执行，一式5份，具有同等法律效力。说明，如售房款130万元，按分配比例，葛2分31.2万元，葛4分40.3万元，葛3分19.5万元，葛5分19.5万元，葛6分19.5万元。同日，在葛4等人的协助下葛2办理了继承房产公证。2010年11月25日葛2办理产权登记。2011年12月，葛2将涉案房屋出售给其子葛×7，并已办理过户手续。后因遗产分配问题发生纠纷，遂作为原告的葛3、葛4、葛5、葛6诉至法院，要求确认《房屋遗产分割协议》有效。葛2辩称其作为遗嘱继承人，需要其他兄弟姐妹帮助办理过户手续，只有其签订《房屋遗产分割协议》，其他兄弟姐妹才同意协助其办理过户手续，其不愿意通过司法途径解决，为了过户，不得已才与其他兄妹签订了上述协议；该协议实际上系赠与协议，并且其已经撤销赠与行为，故上述协议应无效。葛3、葛4、葛5、葛6对此不予认可，称《房屋遗产分割协议》的内容是在其母刘某去世前，兄弟姐妹就协商同意了的。

一审法院审理后认为：根据《房屋遗产分割协议》签订的时间及内容，认定《房屋遗产分割协议》系在继承开始后，刘某的继承人之间就涉案房屋的处理达成的一致意见，而非葛2主张的赠与协议，故不存在因葛2行使撤销权而无效的问题。故一审法院判决葛3、葛4、葛5、葛6与葛2签订的《房屋遗产分割协议》有效。判决后，葛2不服，上诉至二审法院。

二审法院审理后认为：原审法院的判决并无不当，应予维持。故二审法院判决驳回上诉，维持原判。①

法律适用分析：本案争议的焦点为《房屋遗产分割协议》是否有效？根据我国《继承法》第15条的规定，继承人可就遗产分割时间、办法和份额等协商确定；协商不成的，可以由人民调解委员会调解或向人民法院提起诉讼。我国《继承法》第16条规定："公民可以依照本法规定立遗嘱处分个人财产，并可以指定遗嘱执行人。公民可以立遗嘱将个人财产指定由法定继承人的一人或者数人继承。公民可以立遗嘱将个人财产赠给国家、集体或者法定继承人以外的人。"在我国遗产分割的依据有三种，分别为遗嘱、当事人的协议和法院的判决。本案中，上诉人葛2本来是遗嘱继承人，可依据该公证遗嘱继承遗产。由于葛2不懂法，与其他法定继承人签订了遗产分割协议，从而损害了自己的遗嘱继承权益。此案说明我国在推进法治国家建设中，继续大力开展普法宣传很重要。

（十一）涉及无人承受遗产案例的简介与评析

案情简介：原告某村16小组、某村25小组。被告陈1、陈2、陈3、陈4、陈5、黄1。被继承人罗某生前拥有私有住房一间。某村16小组、某村25小组（本案原告）诉称，罗某生前是某村原16生产小队（现改为某村16小组、某村25小组）的成员，其无

---

① 参见北京法院审判信息网：（2015）二民终字第×号，《葛2与葛3等确认合同有效纠纷二审民事判决书》，http://www.bjcourt.gov.cn/cpws/paperView.htm? id=100257848737，访问日期：2019年4月24日。限于本章篇幅，作者对原案情内容有酌情删改。

父母、子女、兄弟姐妹。罗某的丈夫去世后，就一直由某村16小组、某村25小组，按五保政策进行供养。某村委会出具证明并加盖公章，证实："罗某系五保户孤寡老人，无亲属及扶养人，由第16生产队负责生活及粮食给养，1973年罗某去世也是生产队给予安葬，去世后其房产无人继承。"罗某生前没有与任何人形成"收养或扶养"关系，也没有订立遗嘱和遗赠扶养协议。故罗某死后，其遗产属无人继承且无人受遗赠的房产，应归属其所在的农村集体经济组织，即本案原告某村16小组和某村25小组所有。2014年11月26日，陈1等六户、原16组与拆迁方代表三方与会人员共同签订了一份《某村公共部分协议委托书》，注明：各方必须按该项目征收补偿方案所规定的相关政策、补偿标准按时签约，方能享受相关优惠奖励政策。而今，六被告公然违背《某村公共部分协议委托书》里的内容，要将罗某全部房产的"征地补偿款352157.5元"占为己有。为此，原告某村16小组、某村25小组诉至法院，请求判令：依法确认罗某房产拆迁征用补偿款为352157.5元；且该征用补偿款352157.5元应归原告所有。

被告陈1、陈2、陈3、陈4、陈5、黄1辩称，某村第16小组、第25小组不具有原告诉讼主体资格。原告向法庭提供的所有证据中看不出原告与罗某之间存在任何联系，更看不出罗某属于某村第几小组。原告声称自己系罗某的继承人也无证据证实，故原告无诉讼主体资格。此外，原告对罗某的五保供养及其财产继承的陈述缺乏事实依据。原告主张罗某无子女及其他亲属系"五保户"，没有证据，其主张继承取得罗某遗产没有证据，讼争的地块是否系罗某房屋地块也没有证据证明，故此，原告陈述没有任何证据支持，原告诉讼主体不适格，原告讼争的土地权利不具有法律上的利害关系，所以，原告无权主张任何权利。①

法院审理后认为：本案中原告提供的2014年12月22日某村委会出具的证明，其内容无档案资料可查，属传来证据，而待证的是1973年的事实，相隔了40多年，证明力低，不能够直接证明案件事实，不能单独作为证据使用。原告提供的《某村公共部分协议委托书》仅能证实陈1等六户、原16组对某村土地使用证地号为113010111的房屋拆迁补偿款的归属存在争议，但不能证明原告对讼争房屋拆迁补偿款享有必然的权利，故该证据不能证实原告的主张。综上，原告提供的证据不足以证实其主张："罗某无子女及其他亲属，系'五保户'，原告应继承取得罗某遗产且讼争地块即为罗某房屋地块等事实。"故人民法院裁定驳回原告诉讼请求。

法律适用分析：本案争议焦点为某村16小组和某村25小组是否为本案的适格原告？即村民小组是否为无人承受遗产的归属主体？根据我国《继承法》第32条的规定，无人继承又无人受遗赠的遗产，归国家所有；死者生前是集体所有制成员的，归所在集体所有制组织所有。又根据2006年《农村五保供养工作条例》第2条之规定，农村五保供养，是指依照本条例规定，在吃、穿、住、医、葬方面给予村民的生活照顾和物质帮助；第6条规定，老年、残疾或者未满16周岁的村民，无劳动能力、无生活来源又无法定赡养、抚养、扶养义务人，或者其法定赡养、抚养、扶养义务人无赡养、抚养、扶养能力的，享

---

① 参见中国裁判文书网：(2016) 闽×民初×号，《某村第16小组、某村第25小组与陈某1、陈某2等物权保护纠纷一审民事裁定书》，http://wenshu.court.gov.cn/content/content? DocID=38b6bcfc-96b4-4ca0-b02f-f53696379926，访问日期：2019年4月24日。限于本章篇幅，作者对原案情内容有酌情删改。

受农村五保供养待遇。再根据2006年《农村五保供养工作条例释义》中关于农村五保供养对象财产问题的补充说明的规定，农村五保供养对象死亡后，五保供养对象的动产及房屋等合法财产作为其遗产……没有法定继承人的，无人继承又无人受遗赠的遗产，归所在集体所有制组织或农村五保供养服务机构所有。

从上述规定来看，对于既无人继承又无人受遗赠的五保户的遗产，归所在集体所有制组织或者农村五保户供养服务机构所有。但根据我国《民法总则》关于民事主体的分类，已经不存在“集体所有制组织”这一类主体。那么在司法实践中，无人继承遗产又无人接受遗赠的被继承人的遗产归属于何种主体，此为我国《继承法》有待修改之处。

第三节 当代中国福建省民营企业主财产继承观念与遗产处理习惯的特点与原因分析

根据本次调查统计数据的汇总分析，福建省被调查者对前述十一个问题所体现出的财产继承观念与遗产处理习惯之特点与原因分析如下：

一、遗产范围界定之特点与原因分析

（一）遗产的种类之特点与原因分析

关于属于遗产种类的民众观念，统计数据显示，在被调查者中，（1）有九成左右的人认为住房（95.49%）、汽车（94.74%）、存款（98.50%）、股票（89.47%）属于遗产，此认识符合我国《继承法》的规定。（2）有一至六成的人认为家庭日常生活用品（60.15%）、交通事故死亡赔偿金（67.67%）、债务（51.13%）、单位出租房（8.27%）属于遗产，此认识与我国《继承法》的规定不一致；（3）有三成以上的人认为以被继承人的姓名注册的邮箱和QQ账号等（33.83%）属于遗产，对此我国《继承法》无规定（见表11-3）。

以上特点之原因分析：在福建省被调查者中，（1）九成以上的人认为住房、汽车、存款等传统财产是生活中常见的积极财产属于遗产，其原因可能是受到我国《继承法》第3条和第33条规定的影响。（2）五成以上的人认为债务不属于遗产，可能是受到我国《继承法》第33条“继承遗产应当在遗产实际价值范围内清偿被继承人债务”规定的影响，即认为遗产与债务并列，两者互不包含；（3）有六成的人认为家庭日常生活用品属于遗产，其原因可能是因为被继承人也在使用，所以应当属于其遗产。但此认识有误，因为“家庭日常生活用品”中只有属于被继承人的份额部分，才能属于遗产。（4）六成半以上的人认为交通事故死亡赔偿金属于遗产，其原因可能是其认为死亡赔偿金是对死者生命的补偿，理应属于死者的财产。但此认识与法律规定不一致，对于死亡赔偿金的性质，根据我国2004年《关于审理人身损害赔偿案件适用法律若干问题的解释》第1条第2款的规定：“本条所称‘赔偿权利人’，是指因侵权行为或者其他致害原因直接遭受人身损害的受害人、依法由受害人承担扶养义务的被扶养人以及死亡受害人的近亲属。”第17条第3款规定：“受害人死亡的，赔偿义务人除应当根据抢救治疗情况赔偿本条第一款规定的相关费用外，还应当赔偿丧葬费、被扶养人生活费、死亡补偿费以及受害人亲属办理丧葬事宜支出的交通费、住宿费和误工损失等其他合理费用。”以上规定中表明，死者的

人身损害死亡补偿费是对死亡受害人的近亲属的补偿费，其不属于遗产。（5）只有近一成的人认为单位出租的午休住房属于遗产，这说明被调查者对于具有身份性质的财产的使用权具有较为清晰的认识，认为其仅由特定人享有使用权而无所有权。（6）有近三成半的人认为以被继承人的姓名注册的邮箱和 QQ 账号等属于遗产，可能是因为我国《继承法》对虚拟财产的范围及其是否属于遗产未予以规定，且在理论上，其能否作为遗产也仍然存在争议。我国《民法总则》第 127 条虽然提及了有关虚拟财产的保护，但在继承问题上并未作出进一步的详细规定。综上所述，针对各类财产是否属于遗产，被调查者主要基于我国《继承法》的相关规定和日常生活经验进行判断。当我国《继承法》予以明确规定时，认可程度较高；当我国《继承法》没有规定及日常经验无法判断时，认识的差异较大。

关于遗产的种类之我国立法，我国《继承法》第 3 条规定："遗产是公民死亡时遗留的个人合法财产，包括：（一）公民的收入；（二）公民的房屋、储蓄和生活用品；（三）公民的林木、牲畜和家禽；（四）公民的文物、图书资料；（五）法律允许公民所有的生产资料；（六）公民的著作权、专利权中的财产权利；（七）公民的其他合法财产。"1985 年《执行继承法意见》第 3 条和第 4 条规定："公民可继承的其他合法财产包括有价证券和履行标的为财物的债权等。承包人死亡时尚未取得承包收益的，可把死者生前对承包所投入的资金和所付出的劳动及其增值和孳息，由发包单位或者接续承包合同的人合理折价、补偿，其价额作为遗产。"

从域外立法来看，许多国家均对遗产的种类有所规定。例如，《瑞士民法典》规定，除法律有特别规定外，被继承人的债权、所有权其他物权及占有物，无例外地移交给继承人。被继承人的债务即为继承人的债务。[①]《日本民法典》第 896 条规定继承人自继承开始时起，承受属于被继承人财产的一切权利、义务。但是，专属于被继承人者，不在此限。[②]

从我国诸继承法学者建议稿来看，关于遗产的种类的立法模式，有以下几种观点：第一种观点认为，应当采用"概括式加排除式"的立法模式。例如，"何稿"对遗产的种类的规定为：遗产是被继承人死亡时转移给继承人的财产。自然人死亡时遗留下来的财产均可作为遗产，下列财产除外：（一）与被继承人人身不可分割的人身性质的财产；（二）与被继承人相关的专属性债权债务；（三）法律规定不得继承的其他财产。但是自然人死亡时候获取的未指定受益人的保险金、补偿金、赔偿金以及其他基于自然人生前行为而获得的财产权益属于遗产所列范围。[③] 第二种观点认为，对于遗产的种类应采用"列举加兜底加排除式"的立法模式。例如，"杨稿"中对遗产的种类规定如下：遗产是被继承人死亡时遗留的个人财产，包括：（一）房屋、林木、牲畜、储蓄等不动产或动产的所有权；（二）个人享有的土地承包经营权和承包收益（三）建设用地使用权；（四）可继承的财产债权及其担保；（五）有价证券载有的财产权利；（六）股权或合伙中的财产权益；（七）知识产权中的财产权益；（八）被继承人享有的人格权衍生的财产利益；（九）互联网络中的虚拟财产；

① 参见《瑞士民法典》第 560 条。

② 参见《日本民法典》第 896 条。

③ 参见"何稿"第 10 条。

（十）被继承人的其他财产权益。被继承人的专属性权利和法律规定不得继承的权利不属于遗产。涉及被继承人个人信息权、隐私权的互联网络虚拟财产不属于遗产。①

我们认为，我国《继承法》中对于遗产范围的规定已经无法适应现代社会的需要，导致对于遗产的种类无法全面加以列举，此为立法之不足。而采取“概括式加排除式”的立法模式则更有利于保护公民的合法财产，可在一定程度上减少争议。因此，对遗产的种类即其范围界定，上述福建省被调查者关于应排除人身性、隐私性财产于遗产范围外的民众观念、日本的立法和“何稿”的观点可供我国立法参考。

（二）被继承人生前特种赠与财产的归扣之特点与原因分析

关于被继承人生前特种赠与财产是否应归入遗产的民众观念与民间习惯，统计数据显示，(1) 从福建省被调查者的观念上看，持否定观点的占近八成半（84.96%），即持肯定观点的占一成以上（12.03%）；(2) 从被调查者所在地区的习惯来看：无归扣习惯的占近八成（78.63%），有归扣习惯的占二成以上（21.37%）；(3) 关于被继承人生前特种赠与的财产价值的计算时间，在观念上，认为应以赠与时为准的占三成以上（31.25%）；认为以继承开始时为准的占三成（31.25%）；认为应以分割遗产时为准的占近四成（37.50%）（见表 11-4、表 11-5、表 11-6）。

以上特点之原因分析，八成左右的福建省被调查者在观念上不认可归扣制度，且有归扣习惯较少的原因可能是：我国《继承法》第 3 条规定：“遗产是公民死亡时遗留的个人合法财产”。由该条规定可以看出，遗产具有一定的限定性，即时间限定、性质限定、主体限定、来源限定。换言之，遗产是被继承人死亡时已经存在；作为遗产的客体必须具有财产性，能够依法转移给他人享有；他人的财产不能作为遗产予以继承；同时，作为遗产的个人财产来源必须合法，如此才可被称为遗产。② 因此，遗产是被继承人生前对该财产享有所有权，若无法转移给他人或他人所有的财产，则不能作为遗产予以继承。被继承人在生前对直系血亲继承人的资助，可视为其将财产赠与他的继承人，赠与发生所有权转移的法律后果。被继承人将其财产赠与其多个直系血亲继承人，所有权已经发生转移，即由直系血亲继承人分别所有，已不属于其个人财产，而不属于遗产，不应归入遗产以作重新分配。

关于归扣制度之我国立法，我国《继承法》无规定。

在域外立法中，许多大陆法系国家都对归扣制度有所规定。例如，《德国民法典》2050 条规定：“被继承人的直系卑亲属接受被继承人生前财产赠与的，应当在遗产分割时予以扣除”。此外，《法国民法典》《瑞士民法典》以及《日本民法典》都对遗产归扣有所规定。③

在我国诸继承法学者建议稿中，部分学者建议稿的主要观点为被继承人的生前特种赠与财产应当归入遗产范围。例如，“梁稿”规定，继承开始之前，继承人因结婚、分居、营业以及其他事由而由被继承人赠与的财产应当列入遗产范围，但被继承人生前有相反意

① 参见“杨稿”第 7 条。

② 麻昌华：《遗产范围的界定及其立法模式选择》，载《法学》2012 年第 8 期，第 26~27 页。

③ 参见《德国民法典》第 2050 条；《法国民法典》第 843 条；《瑞士民法典》第 696 条；《日本民法典》第 903 条。

思表示的除外。[①]“何稿”和“陈稿”与“梁稿”对于该特种赠与财产的归扣均有规定。[②]

我们认为，我国立法未规定归扣制度，此为立法之不足。归扣制度扩大了遗产的范围，对维持共同继承人之间的公平也具有重要的意义，我国应增加对于归扣制度的规定。关于被继承人生前特种赠与财产的归扣，上述域外立法和“梁稿”的观点可供我国立法参考。

二、继承开始的通知和公告之特点与原因分析

（一）继承开始的通知和公告的主体之特点与原因分析

关于继承开始的通知和公告的主体的民间习惯，统计数据显示的特点是，填写该问题的被调查者所在地区的习惯分别是：（1）由知道被继承人死亡的继承人发出的，占近六成半（63.91%）；（2）由保管遗产的继承人发出的，占近五成（48.87%）；（3）由知道被继承人死亡的单位、村（居）委会发出的，占近三成（28.57%）；（4）由处理被继承人死亡事件的机构（如公安交警部门）发出的，占四成半以上（46.62%）（见表11-8）。

以上特点之原因分析：在福建省被调查者所在地区，（1）近五至六成以上地区的习惯是，由知道被继承人死亡的继承人、保管遗产的继承人作为继承开始的通知和公告的主体，其原因可能是继承人在大多数情况下与被继承人共同生活或联系紧密，对于被继承人的生活状况和财产状况具有较为清晰的了解。（2）近三成地区的习惯是，由村委会与居委会作为通知主体，其原因可能是：其一，村委会与居委会作为基层群众自治组织，基于其所具有的公信力；其二，村委会与居委会作为被继承人生前所居住的地方单位，由其进行遗产管理较为便宜；其三，受到我国《继承法》规定的影响。（3）四成半以上地区的习惯是，由选择处理被继承人死亡事件的机构，如公安交警部门作为通知主体，其原因可能是上述处理机构能够在被继承人死亡时无继承人知晓其死亡时，第一时间获取被继承人死亡的信息，能够及时发出通知。

关于继承开始的通知和公告的主体之我国立法，我国《继承法》第23条规定：“继承开始后，知道被继承人死亡的继承人应当及时通知其他继承人和遗嘱执行人。继承人中无人知道被继承人死亡或者知道被继承人死亡而不能通知的，由被继承人生前所在单位或者住所地的居民委员会、村民委员会负责通知。”

从域外立法看，许多的大陆法系国家均对继承开始的通知和公告有所规定。例如，法国规定，继承开始后，在规定的期限届满时，由遗产债权人、共同继承人、后一顺序的其他继承人或者国家采取行动，催告继承人做出决定。[③]日本规定，继承人有无仍然不明时，管理人或检察官可向家庭法院提出请求，由家庭法院发出催告继承权的公告。[④]

从我国诸继承法学者建议稿来看，亦对继承开始的通知和公告的主体有所规定。例如，“梁稿”规定，继承开始的通知和公告的主体分为三类：一是知道被继承人死亡的继承人；二是被继承人生前所在单位或者住所地的居民委员会、村民委员会；三是其他知道

---

① 参见“梁稿”第1844条。

② 参见“何稿”第10条；“陈稿”第78条。

③ 参见《法国民法典》第771条。

④ 参见《日本民法典》第958条。

继承开始的事实的利害关系人。在发布遗产债权的公告时，继承人和遗产管理人应当于知道继承开始后三个月内向人民法院递交遗产清册，由人民法院依公示催告程序催促债权人申报债权。① “何稿” 规定继承开始的通知和公告的主体可以继续延续我国《继承法》中第 23 条的规定，由继承人和村委会、居委会作为通知的主体，无须增加或变更。②

我们认为，我国继承开始后的通知与公告的主体范围较窄，此为立法之不足。因此，上述福建省被调查者所在地区扩大继承开始的通知与公告的主体的民间习惯、域外立法和 “梁稿” 的观点可供我国立法参考。

（二）继承开始的通知和公告的方式之特点与原因分析

关于继承开始的通知和公告的方式的民间习惯，统计数据显示，填写该问题的被调查者所在地区的习惯是：（1）使用口头、电话、微信等方式的，占近七成半（73.68%）；（2）使用书信、告知函等书面方式通知的，占五成以上（51.13%）；（3）使用在报纸、电视、网络等平台上发布被继承人死亡的公告方式的，占近二成（18.80%）；（4）采用在被继承人所在地的村（居）委会公告栏公告方式的，占一成半（15.03%）；（5）采用申请人民法院以公告程序进行公告方式的，占三成（30.83%）（见表 11-9）。

以上特点之原因分析，福建省被调查者所在地区的习惯是继承开始的通知和公告的方式多样化特点，其原因可能是我国《继承法》对此无具体规定。且在当下社会中，通讯工具的普及以及科学技术水平的不断提高，使得在被继承人死亡之后，通知涉及遗产处理的相关人员的方式呈现出多样化的特征，不再拘泥于较为原始的通告或书信的方式，这也使得更多人用手机微信、QQ、电话的方式通知遗产处理的相关人员。

关于继承开始的通知和公告的方式之我国立法，我国《继承法》无规定。

从域外立法来看，对继承开始的通知和公告的方式有所规定。例如，法国规定继承开始的通知方式有书面声明或请求、公告（公示）或电子公示等，具体而言，第一，当催告继承人做出接受或放弃继承的选择时，采用的方式是书面催告（司法外文书催告）；第二，当继承人以净资产为限接受继承时做出的声明，该声明应进行登记并在国内进行公示，且声明可以经电子途径公示。③ 日本规定，限定继承人对所有遗产债权人及受遗赠人的公告应当在官方报纸上登载。④

从我国诸继承法学者建议稿来看，如 “梁稿” 规定，继承开始的通知和公告的方式为继承人和遗产管理人向人民法院递交遗产清册，由人民法院依公示催告程序催促债权人申报债权。⑤ “王稿” 和 “张稿” 均有类似规定。⑥

我们认为，立法的目的之一在于协调社会关系、解决社会矛盾，若对遗产的通知方式加以具体规定并不利于遗产的处理，反而会对遗产的处理产生负面影响，限制公民的权利和自由。因此，在这一问题上应当尊重公民的自由，由其选用其认为最好的通知方式进行通知即可，无须通过立法加以规定。

---

① 参见 “梁稿” 第 2001、2017 条。

② 参见 “何稿” 第 53 条。

③ 参见《法国民法典》第 711、788 条。

④ 参见《日本民法典》第 927 条。

⑤ 参见 “梁稿” 第 2017 条。

⑥ 参见 “王稿” 第 652 条；“张稿” 第 18 条。

（三）继承开始的通知和公告的期间之特点与原因分析

关于继承开始的通知和公告期间的民众观念，统计数据显示，对于被继承人死亡后发出继承开始通知的时间，在福建省被调查者中，（1）认为应在7日内发出的，合计占六成以上（63.57%）；（2）认为应在15日或30日内发出的，合计占三成以上（33.33%）（见表11-10）。

以上特点之原因分析，六成以上的福建省被调查者认为应在7日以内发出继承开始的通知和公告，其原因可能是，部分被调查者认为若继承开始的通知和公告过晚发出，将可能导致遗产价值的贬损、管理费用增加和一些不必要的纷争等，亦有可能会导致部分继承人对通知人产生不信任感。因此，通知与公告应当尽早发出。

关于继承开始的通知和公告的期间之我国立法，我国《继承法》第23条仅规定“及时”发出继承开始的通知，并没有具体的期间规定。另外，关于公示催告程序，根据我国现行《民事诉讼法》第219条有关票据被盗、遗失的公告程序规定，人民法院决定受理申请，应在3日内发出公告，催促利害关系人申报权利，公示催告的期间，由人民法院根据情况决定，但不得少于60日。

从域外立法来看，对继承开始的通知和公告的期间有所规定。例如，德国规定，公开催告遗产债权人时，如果继承人为多数继承人时，各共同继承人通过公开催告遗产债权人的期间是6个月。[①] 日本规定，限定继承人催告遗产债权人和受遗赠人的公示催告期间不得少于2个月。[②]

从我国诸继承法学者建议稿来看，“梁稿”和“王稿”均规定发出催告债权人的期间为继承开始后的3个月内，且催告期间不少于3个月。[③] “陈稿”则建议，继承开始的通知和公告期间因通知或公告的对象不同而时间长短不同，其中，对继承人、受遗赠人、债权人、遗嘱保管人、遗嘱执行人的催告期间为2个月；无人承受遗产时，公告期间为6个月。[④]

我们认为，继承开始的通知和公告的期间依然无须通过法律条文加以规定，尊重当事人的意思自治即可。

三、遗产管理之特点与原因分析

（一）遗产管理人的确定之特点与原因分析

关于遗产管理人的确定的民间习惯，统计数据显示，福建省被调查者所在地区的习惯排在前两位的是：（1）由死者的法定继承人担任的占八成半（85.71%）；（2）由死者家族中的德高望重者担任的占近四成（39.10%）（见表11-11）。

以上特点之原因分析：在福建省被调查者所在地区，（1）八成半的地区习惯由法定继承人作为遗产管理人，其原因可能是一方面，死者的法定继承人对于被继承人生前的财产较为了解且往往实际掌握进行管理，可在一定程度上减轻查询遗产时所耗费的人力和物力；另一方面，法定继承人作为继承关系中的重要主体，与遗产具有直接利害关系，由其

① 参见《德国民法典》第1965、2061条。

② 参见《日本民法典》第957条。

③ 参见“梁稿”第2001、2017条；“王稿”第652条。

④ 参见“陈稿”第59、70、85条。

进行遗产清点和管理，有利于遗产效用的最大化。（2）近四成的地区习惯由死者家族中的德高望重者担任遗产管理人，其原因可能是福建省家族观念浓厚，家族中的德高望重者具有极强的公信力和威望。

关于遗产管理人的确定之我国立法，我国《继承法》无规定。但1985年《执行继承法意见》第44条规定："人民法院在审理继承案件时，如果知道有继承人而无法通知的，分割遗产时，要保留其应继承的遗产，并确定该遗产的保管人或保管单位。"

从域外立法来看，《德国民法典》规定遗嘱管理人的产生方式主要有三种：一是遗嘱指定；二是继承人担任；三是法院选任。具体而言，在有被继承人指定遗产管理人的情况下，由该遗嘱执行人担任遗产管理人。没有遗嘱执行人的，多个共同继承人则共同享有遗产管理的权利。在继承人不明或者不能肯定其是否已经接受遗产的情况下，德国遗产法院可以根据继承人或遗产债权人的申请，发布遗产管理的命令，依法为待继承遗产选任遗产管理人。[①]《法国民法典》规定遗产管理人的产生方式有三种：一是遗嘱指定；二是继承人担任或推选；三是法院指定。被继承人可以经过委托代理人管理遗产或指定遗嘱执行人管理遗产，在没有指定的情况下，可由概括继承人或限定继承人承担遗产管理的责任。若经概括继承人一致同意，可指定他们中的一人或第三人管理遗产，如至少有一人是限定继承人的，应由法院指定遗产管理人。继承人怠于管理遗产或其他损害遗产的情况下，由法院指定遗产管理人。[②] 从上述两个国家的立法例来看，遗产管理人的产生方式基本相同。

从我国诸继承法学者建议稿来看，对遗产管理人的确定亦有所规定。例如，"梁稿"规定遗产管理人的产生方式有三种：一是继承人共同推选；二是遗嘱中指定的遗嘱执行人；三是人民法院指定。即继承开始后的两个月内，继承人应当共同推选遗产管理人，未推选的，则由全体继承人共同行使遗产管理人的职责，遗嘱中有指定的，由遗嘱执行人行使遗产管理人的职责；而在下列情况下，经过利害关系人申请，法院可以指定遗产管理人：（一）遗嘱未指定遗嘱执行人，继承人对遗产管理人的选任有争议的；（二）没有继承人或者继承人下落不明，而遗嘱中又未指定遗嘱执行人的；（三）遗产债权人有证据证明继承人的行为已经或将要损害其利益的。[③] 而"何稿"则认为遗产管理人产生的方式为以下3种：一是被继承人指定；二是继承人协商确定；三是人民法院指定。被继承人可以委托或指定第三人为遗产管理人，当被继承人没有指定或者指定的遗产管理人不能执行遗产的管理，则由继承人之间协商确定遗产管理人。当指定遗产管理人的遗嘱效力招致争议或未指定遗产管理人，继承人对遗产管理人的选任有争议时，法院可以指定遗产管理人，在没有继承人或者继承人下落不明，而遗嘱中又未指定遗产管理人的情况下，法院也可以指定遗产管理人。[④]

我们认为，遗产管理制度具有管理和保全遗产、维护遗产债权人的利益、实现遗产公平分配、保障交易安全的功能。[⑤] 遗产管理人是对死者的财产进行妥善保存和管理分配的人，兼具遗嘱执行人和遗产保管人的特征，适用于死者未留遗嘱，留有遗嘱但未指定遗嘱

---

① 参见《德国民法典》第1959~1961、1981、2032、2038、2197、2205条。

② 参见《法国民法典》第785、800、809-1、812-813、813-1、815-3、1025条。

③ 参见"梁稿"第1888条。

④ 参见"何稿"第55条。

⑤ 参见陈苇、石婷：《我国设立遗产管理制度的社会基础及其制度构建》，载《河北法学》2013年第7期。

执行人，或者遗嘱执行人不能或不愿意承担责任等情形。[①] 根据1985年《执行继承法意见》第44条[②]的规定，可见我国继承法中的遗产管理人是存有遗产的人，原则上采取法定主义。[③] 因此，我国《继承法》欠缺遗产管理人的确定之规定，此为立法之不足。关于遗产管理人确定方式，上述福建省被调查者所在地区由法定继承人担任遗产管理人的民间习惯、域外立法和我国学者建议稿的观点可供我国立法参考。

（二）遗产管理人的职责与报酬之特点与原因分析

第一，关于遗产管理人的管理职责的民众观念，统计数据显示，六至九成的福建省被调查者认为遗产管理人的主要职责包括：清查遗产，制作遗产清单的，占94.73%；妥善保管遗产的，占93.98%；查明被继承人生前的债权和债务，积极地追讨债权或清偿债务的，占78.20%；查明被继承人是否留有遗嘱，并且确定遗嘱是否真实合法的，占80.45%；可以原告或被告的身份参与因遗产引起的诉讼的，占58.65%；定期制作遗产管理报告，向继承人报告遗产管理的情况的，占62.41%（见表11-12）。

以上特点之原因分析：福建省被调查者认为遗产管理人的职责具有多样性，其原因可能是：（1）对于继承人而言，希望遗产管理人的职责越多越好，这有利于保护继承人的利益。（2）对于被继承人而言，其选择遗产管理人管理遗产的目的是维护遗产的最大价值，希望遗产管理人能够恪尽职守，为此需要明确遗产管理人的职责，增强遗产管理人的注意义务。

关于遗产管理人的管理职责之我国立法，我国《继承法》第24条仅规定："存有遗产的人，应当妥善保管遗产，任何人不得侵吞或者争抢。"

从域外立法来看，《德国民法典》规定，遗产管理人的职责有：妥善管理遗产；将遗产交付给继承人；清偿遗产债务；编制遗产清册；对遗产债权人就遗产状态答复询问等。[④]《法国民法典》规定，遗产管理人的职责有：妥善保管遗产；制作遗产目录；追偿遗产债务等。[⑤]

在我国诸继承法学者建议稿中，"杨稿"规定了遗产管理人的七项职责：遗产管理人应当勤勉谨慎地履行以下职责：查明被继承人是否留有遗嘱，并且确定遗嘱是否真实合法；查明并通知遗产承受权利人、被继承人的债权人、债务人；管理遗产，制作遗产清单并公证；清偿遗产债务；分割、移交遗产；在管理权限以内，可以采取必要的措施或通过诉讼保全遗产；进行与管理遗产有关的其他必要行为。[⑥] "何稿"中则规定了遗产管理人的六项职责：遗产管理人应当以善良管理人的注意义务履行以下职责：查明死者是否留有遗嘱，并且确定遗嘱是否合法真实；查明并通知继承人；管理遗产；监督遗嘱条款的执行；清偿遗产债务；分割、移交遗产。[⑦]

---

① 参见杜江涌：《遗产管理人制度研究》，载陈苇主编：《中国继承法修改热点难点问题研究》，群众出版社2013年版，第437页。

② 1985年《执行继承法意见》第44条规定：人民法院在审理继承案件时，如果知道有继承人而无法通知的，分割遗产时，要保留其应继承的遗产，并确定该遗产的保管人或保管单位。

③ 参见张平华、刘耀东：《继承法原理》，中国法制出版社2009年版，第114页。

④ 参见《德国民法典》第1985~1986、1993、2012条。

⑤ 参见《法国民法典》第812~813条。

⑥ 参见"杨稿"第74条。

⑦ 参见"何稿"第59条。

我们认为，我国立法欠缺遗产管理人的职责规定，此为立法之不足。对于遗产管理人的职责，若规定得太少，则不利于保护继承人与被继承人的合法权益，可能导致其权益受到损害；若规定得太多，则过多地增加了遗产管理人的压力，导致职责与报酬不成正比。因此，上述福建省被调查者遗产管理人的职责有多样性的民众观念、域外立法和我国学者建议稿的观点可供我国立法参考。

第二，关于遗产管理人可否取得报酬的民间习惯，统计数据显示，福建省被调查者所在地区的习惯是，（1）继承人担任的管理人不可以取得报酬的，占四成以上（42.11%）；（2）法院指定担任的管理人可以取得报酬的，占四成半（45.86%）；（3）继承人选任第三人担任的管理人，其中，是否可以取得报酬由继承人决定的，占五成以上（52.63%），一律可以取得报酬的二成半以上（27.07%）（见表11-13）。

以上特点之原因分析：（1）五成以上的福建省被调查者所在地区习惯是由继承人担任的遗产管理人不可以取得报酬，其原因可能是继承人作为遗产管理人管理遗产是其义务，因其将继承遗产故不应取得报酬。（2）福建省被调查者认为若被继承人以外的第三人作为遗产管理人是否给付报酬不可一概而论，其原因可能是应由继承人决定，这是尊重当事人的意思自治，并且遗产管理人妥善的对遗产进行管理，其付出了时间和劳力，遗产管理人有权要求继承人给予其报酬。

关于遗产管理人的报酬之我国立法，我国《继承法》无规定。

从域外立法来看，对于遗产管理人的报酬，《德国民法典》规定，以被继承人未另做规定为限，遗嘱执行人可以为执行其职务而请求适当的报酬。[①]《日本民法典》第29条规定，家庭法院根据管理人与不在者的关系及其他事由，可以从死者的财产中付给管理人相当的报酬。[②]

从我国诸继承法学者建议稿来看，“梁稿”规定继承人和遗嘱执行人以外的人担任遗产管理人的，有权请求与其所执行职务相当的报酬。遗产管理人的报酬应列入继承费用优先受清偿。[③]“何稿”中规定遗产管理人以完成的工作符合遗嘱、继承人间的协议或法院规定的条件的，他有权取得报酬。[④]

我们认为，关于遗产管理人的报酬，我国立法无规定，此为立法之不足。若遗产管理人的行为符合遗嘱、继承人间的协议或法律规定的管理条件的，遗产管理人尽到了善良管理人义务的情况下，其有权获得报酬。上述福建省被调查者所在地区的区别不同情况确定是否给予遗产管理人报酬的民间习惯、域外立法和我国继承法学者建议稿的观点可供我国立法参考。

（三）遗产管理人的损害赔偿责任之特点与原因分析

关于遗产管理人的损害赔偿责任的民间习惯，统计数据显示，福建省被调查者所在地区的习惯是：（1）只有故意或重大过失的才承担赔偿责任的，占四成半以上（46.62%）；（2）无论是故意或重大过失或一般轻过失的都要承担赔偿责任的，占五成以上（51.13%）（见表11-14）。

---

① 参见《德国民法典》第2221条。

② 参见《日本民法典》第29条。

③ 参见“梁稿”第1900条。

④ 参见“何稿”第61条。

以上特点之原因分析：在福建省被调查者所在地区，（1）四成半以上地区的习惯是只有故意或重大过失的才承担赔偿责任，其原因可能是若遗产管理人尽到其应尽的职责，却又未取得报酬，在此情况下轻过失导致财产损失还要求遗产管理人进行赔偿，不符合权利与义务相一致的规定。（2）占五成以上地区的习惯是无论是故意或重大过失或一般轻过失的都要承担赔偿责任，其原因可能是若因遗产管理人的管理不善导致遗产遭受损失的，应承担赔偿责任，否则对于继承人是不公平的。

关于遗产管理人的损害赔偿责任之我国立法，我国《继承法》无规定。

从域外立法来看，《德国民法典》规定，在遗产支付不能或者负债过度的情况下，遗产管理人没有申请遗产支付不能程序的，对因此而发生的损害向债权人负责任。继承人在编制遗产清册时有法定不当行为的，对遗产债务负无限责任。[①]《法国民法典》规定，限定继承人于其负责管理中仅对于重大过失负赔偿损害的责任。[②]

从我国诸继承法学者建议稿来看，"王稿"规定，遗产管理人违反规定催告债权或清偿遗产债务，对遗产债权人和受遗赠人造成损害的，应当承担赔偿责任；且遗产管理人不当履行职责给遗产债权人造成损失的，遗产债权人可以要求遗产管理人承担民事责任。[③]"陈稿"规定"遗产管理人因故意或过失未尽遗产管理义务，从而造成遗产毁损灭失的，应当承担损害赔偿责任"。[④]

我们认为，我国欠缺遗产管理人的赔偿责任，这是其立法之不足。因此，上述福建省被调查者所在地区有遗产管理人在故意或重大过失才承担赔偿责任的民间习惯、域外立法和我国学者建议稿的观点可供我国立法参考。

四、法定继承之特点与原因分析

（一）法定继承人的范围与顺序之特点与原因分析

第一，关于法定继承人的范围与顺序的民众观念，统计数据显示，被调查者较认可的法定继承人的范围与顺序为：第一顺序为配偶（95.49%）、父母（63.91%）、子（63.91%）、女（61.65%）；第二顺序为孙子女（45.86%）、外孙子女（35.34%），祖父母（45.11%）、外祖父母（35.34%）和兄弟（38.35%）、姐妹（37.59%）；第三顺序为侄子女（27.82%）、外甥子女（24.81%），堂兄弟姐妹（23.31%）；第四顺序及以上为伯叔姑舅姨（24.06%）、堂姐妹（24.06%）、表兄弟姐妹（28.57%）（见表11-15）。

第二，关于配偶与血亲继承人的顺序，在福建省被调查者中，（1）认为配偶应当为固定顺序的，即第一顺序：配偶、子女、父母；第二顺序：兄弟姐妹、祖父母、外祖父母；第三顺序：侄子女、外甥子女；配偶有固定顺序，其属于第一顺位继承人的，占八成半（85.72%）。（2）认为配偶应当为不固定顺序的，即第一顺序为子女；第二顺序为父母；第三顺序为兄弟姐妹、祖父母、外祖父母、兄弟姐妹的子女（侄子女、外甥子女为代位继承人），配偶无固定的继承顺序，可分别与第一、第二（或第三）顺序的法定继承人共同继承的，合计占近一成半（14.28%）（见表11-16）。

---

① 参见《德国民法典》第1985、2005条。

② 参见《法国民法典》第804条。

③ 参见"王稿"第654条。

④ 参见"陈稿"第10条。

以上特点之原因分析：(1) 关于法定继承人的范围与顺序，被调查者依照生活的紧密性与关系的亲疏远近进行选择。除配偶外，被继承人希望尽量将其遗产分配至直系亲属(父母、子女)手中。(2) 八成半的福建省被调查者认为配偶应固定顺序，配偶与子女、父母同为第一顺序的法定继承人，其原因可能是配偶与被继承人之间，或基于婚姻关系、或基于血缘关系，他们在生活上、经济上的相互依赖性都很大，其权利义务关系也最为密切。① (3) 福建省被调查者认为应扩大法定继承人的范围、增加法定继承人的顺序，其原因可能是由于受计划生育政策的影响，我国亲属关系日趋简单，家庭单位日趋缩小至三口之家，如果坚持原来的两顺序继承人，则可能导致无人承受的遗产增多。为了避免遗产被收归国家，被调查者主张扩大法定继承人的范围，并增加法定继承人的顺序，将侄子女、外甥子女、叔伯姑舅姨、堂兄弟姐妹、表兄弟姐妹、其他亲属也列为继承人。

关于法定继承人的范围与顺序之我国立法，我国《继承法》第 10 条规定："遗产按照下列顺序继承：第一顺序：配偶、子女、父母。第二顺序：兄弟姐妹、祖父母、外祖父母。"第 11、12 条规定："被继承人的子女先于被继承人死亡的，由被继承人的子女的晚辈直系血亲代位继承。代位继承人一般只能继承他的父亲或者母亲有权继承的遗产份额。丧偶儿媳对公、婆，丧偶女婿对岳父、岳母，尽了主要赡养义务的，作为第一顺序继承人。"

从域外立法来看，大陆法系的许多国家对于法定继承人的顺序较我国更多，范围更广。例如，《德国民法典》对于法定继承的顺序和范围的规定为：第一顺序继承人是被继承人的晚辈直系血亲；第二顺序是被继承人的父母和父母的晚辈直系血亲；第三顺序是被继承人的祖父母、外祖父母及其晚辈直系血亲；第四顺序是被继承人的祖父母的父母及其晚辈直系血亲、外祖父母的父母及其晚辈直系血亲；第五顺序和更远顺序的法定继承人，是被继承人之辈分比上述四个顺序的法定继承人更大的祖先及其晚辈直系血亲；配偶无固定顺序，可参与第一、二、三顺序的继承。②《法国民法典》规定的法定继承人的顺序和范围为：第一顺序为子女及其直系卑血亲；第二顺序为父母、兄弟姐妹及其直系卑亲；第三顺序为父母以外的直系尊血亲；第四顺序为除兄弟姐妹及其直系卑亲以外的其他六等以内的旁系亲属；配偶无固定继承顺序，其与被继承人的子女及其直系卑血亲或父母共同继承。③

在我国诸继承法学者建议稿中，"梁稿"中规定法定继承人的范围和顺序为：第一顺序是配偶、父母、子女；第二顺序是兄弟姐妹、祖父母、外祖父母；第三顺序是四亲等以内的亲属。④"何稿"中规定法定继承人的范围和顺序为：第一顺序是被继承人的子女及其直系卑亲属、被继承人的父母；第二顺序是被继承人的兄弟姐妹和被继承人的祖父母、外祖父母。第三顺序是被继承人的四亲等以内的亲属。配偶为法定继承人，可以与任一顺序的参加继承的继承人共同继承（配偶不固定继承顺序）。⑤

我们认为，我国法定继承人的范围较窄，法定继承的顺序较少，这是其立法之不足。

---

① 参见刘春茂：《中国民法学·财产继承》，人民法院出版社 2008 年版，第 182 页。

② 参见《德国民法典》第 1922~1931 条。

③ 参见《法国民法典》第 734、756-757 条。

④ 参见"梁稿"第 1848 条。

⑤ 参见"何稿"第 11~15 条。

因此，上述福建省被调查者扩大法定继承人的范围和增加法定继承的顺序的民众观念、域外立法和我国学者建议稿的观点可供我国立法参考。

（二）配偶与血亲继承人的法定应继份之特点与原因分析

关于配偶与血亲继承人的法定应继份的民众观念，统计数据显示，（1）认为配偶为无固定继承顺序，可参与第一、第二（或第三）顺序且在不同顺序其应继份不同的合计占五成半以上（57.57%）；（2）认为配偶为固定顺序的继承人，与第一顺序的继承人共同继承并平均分配遗产的占四成以上（42.43%）（见表 11-17）。但在前述法定继承人的顺序统计数据显示，有八成半（85.72%）的被调查者选择配偶为固定顺序继承人（第一顺序的法定继承人）；而此时在配偶与血亲继承人的应继份的统计数据显示，却有五成半以上（57.57%）的被调查者认为配偶应当无固定顺位且其份额应与不同顺位继承人共同继承而有所不同，在这意味着前后两种选择是自相矛盾的（见表 11-16）。即在实际分配遗产时，占五成以上的被调查者是主张配偶不固定继承顺序，其应当与不同顺序的血亲继承人共同继承，且不同顺序其应继份不同，以兼顾保护配偶继承人与血亲继承人的利益。

以上特点之原因分析：在福建省被调查者中，（1）四成半以上的人认为配偶应为固定的第一顺序继承人，且与该序的继承人共同继承而平均分配遗产，其原因可能是：其一，现代社会的家庭已经突破了传统社会的四世同堂或五世同堂，几代人共同生活的模式，家庭的结构越来越简单，配偶双方在家庭中也具有核心的地位，理应在配偶一方过世时，配偶他方作为第一顺序的法定继承人参加继承。[①] 其二，可能受到我国《继承法》第10 条将配偶的继承权固定于第一顺位的影响。（2）五成半以上的人认为，配偶应不固定顺序且在不同顺序其应继份不同，其原因可能是：其一，配偶位于第一顺位且固定时，其分得的份额与其他第一顺位继承人并无差别，当第一顺位其他继承人人数较多时，配偶的利益无法得到确切的保障，在此情况下，对与被继承人共同生活且与被继承人之间互有扶助义务的配偶来说是不公平的。其二，兄弟姐妹、祖父母毕竟曾经与被继承人共同生活，亲情较重。尤其在婚姻关系短暂的情形下，在无其他第一顺序继承人时，由配偶一人继承被继承人遗产的不合理性表现得更为明显。因此，必须兼顾保护血亲继承人与配偶的继承权益。

关于配偶与血亲继承人的法定应继份之我国立法，我国《继承法》第 10 条和第 13 条规定，配偶、子女、父母均为第一顺序，且同一顺序继承人继承遗产的份额，一般应当均等。对生活有特殊困难的缺乏劳动能力的继承人，分配遗产时，应当予以照顾。对被继承人尽了主要扶养义务或者与被继承人共同生活的继承人，分配遗产时，可以多分；有扶养能力和有扶养条件的继承人，不尽扶养义务的，分配遗产时，应当不分或者少分；继承人协商同意的，也可以不均等。

从域外立法来看，对配偶的继承顺序和法定应继份主要规定了两种立法例：一是配偶无固定继承顺序，如德国、法国、瑞士的立法例。德国的立法规定，配偶无固定的继承顺序，其与第一、第二、第三顺序的血亲继承人共同继承遗产时，其分配的份额也因继承人顺序的不同而不同。[②] 二是配偶有固定继承顺序，如俄罗斯立法例，配偶只与第一顺序的

① 参见王肃元：《法定继承制度的重塑》，载《法学》2003 年第 11 期，第 85 页。

② 参见《德国民法典》第 1931 条。

血亲继承人共同继承遗产。①

从我国诸继承法学者建议稿来看，也主要分为以上两种体例。第一，建议配偶为无固定顺序的。例如，“何稿”第15条规定配偶为法定继承人，可以与任一顺序的参加继承的继承人共同继承。配偶与第一顺序的继承人共同继承时，应继承遗产的四分之一；与第二顺序的继承人共同继承时，应继承遗产的二分之一；与第三顺序的继承人共同继承时，应继承遗产的三分之二；无第三顺序继承人时，生存配偶取得全部的遗产。第二，建议配偶为固定顺序的。例如，“梁稿”和“杨稿”则均规定配偶的继承顺序固定，且位于第一顺序当中。②

我们认为，我国现行立法将配偶固定于第一顺序继承人中，不能平衡配偶与血亲属的利益，这是其立法之不足。立法者既应关注和保护配偶继承人利益，也应兼顾保护第二顺序及其以后顺序的血亲继承人的利益。承认配偶为不固定顺序，其与其他顺序的法定继承人共同继承，顺序越远，继承份额越大，可以平衡与其他血亲属的利益。③ 因此，关于配偶为不固定顺序且在不同顺序其应继份不同的上述福建省被调查者的民众观念、域外立法和我国学者建议稿的观点可供我国立法参考。

（三）配偶对遗产中家庭住房的先取权与终生使用权之特点与原因分析

关于配偶对遗产中家庭住房的先取权与终生使用权的民间习惯，统计数据显示，（1）在福建省被调查者所在地区，有此习惯的，占八成半以上（87.22%）；无此习惯的，仅占一成以上（12.78%）（见表11-18）。（2）关于配偶对遗产中家庭住房的先取或终生使用是否付费的习惯，福建省被调查者所在地区的习惯是：如果配偶有经济补偿能力则需要补偿费用的，占四成半以上（47.37%）；配偶无须进行补偿的，占四成半（45.86%）（见表11-19）。

以上特点之原因分析，八成半以上的福建省被调查者所在地区有配偶对遗产中家庭住房的先取权与终生使用权的民间习惯，其原因可能是在被继承人死亡后，若将家庭住房中由被继承人享有的部分进行分割，将会影响到与被继承人共同生活的人，特别是被继承人的配偶。从我国的民间习惯来看，在配偶一方死亡后，在世的一方配偶对于能够满足其与被继承人共同居住的住房和其他基本生活资料一般由生存的配偶享有使用权，由其继续居住和使用。

关于配偶对遗产中家庭住房的先取权与终生使用权之我国立法，我国《继承法》无规定。

在域外立法中，《德国民法典》规定生存配偶和第二顺序的直系血亲或祖父母、外祖父母同为法定继承人的，除应继份外，以属于婚姻家计的标的不是土地从物为限，这些标的和结婚礼物作为先取份归属于生存配偶。④

从我国诸继承法学者建议稿来看，关于配偶对遗产中家庭住房的先取权，学者们持不同的观点。“王稿”规定被继承人的配偶尚生存而没有自己的住房的，如果没有继承继承

① 参见《俄罗斯联邦民法典》第1142条。

② 参见“梁稿”第1848条；“徐稿”第四分编第495条；“王稿”第564条；“杨稿”第57条。

③ 参见党竹琴：《论我国法定继承的相关问题》，载《求实》2006年第1期，第104页。

④ 参见《德国民法典》第1932条。

人遗产中的房屋，则对于遗产中的房屋享有法定用益物权。生存配偶为此需要支付取得房屋所有权的继承人不超过市价的租金。具体租金数额及期限由配偶与房屋所有权人协商。协商不成的，双方均可以提起诉讼。① “陈稿”认为依靠被继承人扶养的法定继承人在未参加继承时，对遗产中供其个人日常生活使用的物品和住房享有终身的使用权和用益权。②

我们认为，我国立法欠缺配偶对遗产中家庭住房的先取权与终生使用权，这是立法之不足。上述福建省被调查者所在地区有配偶对遗产中家庭住房的先取权与终生使用权的民间习惯、域外立法和我国学者建议稿的观点可供我国立法参考。

（四）后顺序特殊法定继承人对遗产中原使用的住房及日常生活用品的终生使用权之特点与原因分析

关于后顺序特殊法定继承人对特殊遗产的终生使用权的民间习惯，统计数据显示，(1) 被调查者所在地区的习惯是，有此习惯的，占近九成（88.72%）；无此习惯的，占一成（11.28%）。(2) 关于后顺序特殊法定继承人对特殊遗产的终生使用是否付费的民间习惯，被调查者所在地区的习惯是：无须付费的，占八成半以上（86.07%）；需要付费的，占近一成半（13.93%）（见表 11-20、表 11-21）。

以上特点之原因分析，近九成的福建省被调查者所在地区有后顺序特殊法定继承人对特殊遗产终生使用权并且无须支付费用，其原因可能是敬老、养老是中华民族的传统美德，被继承人死亡时，其父母（如果父母的继承顺序修改为第二顺序）、祖父母或外祖父母如果不是应召继承人，但他们往往处于年龄较大的状态，丧失了一定的生活能力，在此情况下，为了更好地保障老年人的晚年生活，对其原使用的被继承人的生活资料应当继续允许其使用，使其生活不受影响。如果后顺序继承人不享有使用权，则可能导致他们无法按照其惯有的方式继续生活，老年生活无法得到保障进而无法安度晚年，也就无法实现遗产的养老职能。

关于后顺序特殊法定继承人对特殊遗产的终生使用权之我国立法，我国《继承法》未作规定。

从域外立法来看，《德国民法典》规定，继承人有义务在继承开始后最初 30 日内，在被继承人所为的同一范围内，向在被继承人死亡时属于被继承人的家计并受其扶养的被继承人家属给予抚养费，并许可使用住宅和家庭用具。被继承人可以终意处分另做指示。③

从我国诸继承法学者建议稿来看，“陈稿”第 48 条规定，依靠被继承人扶养的法定继承人在未参加继承时，对遗产供其个人日常生活使用的物品和房屋享有终生使用权或用益权。

我们认为，我国立法欠缺后顺序特殊法定继承人对特殊遗产的终生使用权的规定，这是其立法之不足。如果后顺序继承人其生前与被继承人共同生活，因被继承人的死亡导致后顺序继承人生活受到影响，则不利于社会的安定团结，也与我国传统的“尊老敬老”

① 参见“王稿”第 580 条。
② 参见“陈稿”第 48 条。
③ 参见《德国民法典》第 1969 条。

社会价值观念相违背。因此，上述关于后顺序特殊法定继承人对特殊遗产的终生使用权之福建省被调查者的民间习惯、“陈稿”的观点可供我国立法参考。

（五）尽了主要赡养义务的丧偶儿媳或女婿的遗产分配方式之特点与原因分析

关于尽了主要赡养义务的丧偶儿媳或女婿的遗产分配方式的民间习惯，统计数据显示，福建省被调查者所在地区的习惯是，（1）其作为第一顺序的继承人与被继承人其他子女共同继承并且平均分配遗产的，占六成半（65.91%）；（2）其不可与被继承人其他子女共同继承但其可分得适当的遗产的，占三成以上（32.58%）（见表11-23）。

以上特点之原因分析：关于尽了主要赡养义务的丧偶儿媳或女婿的遗产分配方式，在福建省被调查者所在地区，（1）六成半的地区的习惯是其作为第一顺序的法定继承人，其原因可能是受到公平原则的影响，即在对岳父母或公婆尽了主要赡养义务后，丧偶儿媳与丧偶女婿在对老人的赡养过程中付出了较大的劳力与物力，基于公平原则，应当对丧偶儿媳与丧偶女婿给予一定的补偿，因此，被调查者认同将其列为第一顺位继承人参与继承。（2）三成以上的地区的习惯是其可适当分得遗产，其原因可能是丧偶儿媳或女婿虽尽了主要赡养义务，但公婆或岳父母与其儿媳或女婿并无血缘关系，若将其列为第一顺位继承人，在第一顺位其他继承人也尽了主要义务的情况下，对其他继承人来说是不公平的。

关于尽了主要赡养义务的丧偶儿媳或女婿的遗产分配方式之我国立法，我国《继承法》第12条规定：“丧偶儿媳对公、婆，丧偶女婿对岳父、岳母，尽了主要赡养义务的，作为第一顺序继承人。”1985年《执行继承法意见》第29条规定：“丧偶儿媳对公婆、丧偶女婿对岳父、岳母，无论其是否再婚，依继承法第十二条规定作为第一顺序继承人时，不影响其子女代位继承。”

从域外立法看，德国、法国等主要大陆法系国家并未规定尽了主要赡养义务的丧偶的儿媳或女婿可以作为第一顺序继承人。

在我国诸继承法学者建议稿中，“王稿”规定丧偶儿媳对公、婆，丧偶女婿对岳父、岳母，尽了主要赡养义务的，没有代位继承人时，作为第一顺序的法定继承人参加继承。[①]“杨稿”规定丧偶儿媳对公、婆，丧偶女婿对岳父、岳母，尽了主要赡养义务的，无论是否再婚，作为第一顺序继承人。[②]“何稿”只规定了对被继承人生前扶养较多的人可以适当分得遗产。[③]

我们认为，我国《继承法》12条规定将对公婆（岳父母）尽了主要赡养义务的丧偶儿媳（丧偶女婿）作为第一顺序继承人，这条被认为是我国《继承法》的一个重要特色。当初立法的目的在于鼓励丧偶儿媳或女婿扶养老人，使得老有所养，这一规定在一定程度上也达到了这一目的。但是，丧偶儿媳与女婿与被继承人之间并无血缘关系，在尽了主要赡养义务的情况下可以酌情分给适当财产。因此，我们认为，只规定对被继承人生前扶养较多的人可以适当分得遗产的规定较为适宜。关于尽了主要赡养义务的丧偶儿媳或丧偶女婿可分得适当的遗产的上述福建省被调查者所在地区民间习惯、“何稿”的观点可供我国

① 参见“王稿”第569条。

② 参见“杨稿”第60条。

③ 参见“何稿”第18条。

立法参考。

五、遗嘱继承之特点与原因分析

（一）公证遗嘱与其他形式遗嘱的效力之特点与原因分析

关于公证遗嘱与其他形式遗嘱适用效力优先的民众观念，统计数据显示，（1）认为后遗嘱优先于前一遗嘱（包括公证遗嘱）适用的，合计占七成半（75.94%）；（2）认为公证遗嘱应当优先适用的，占近二成半（24.06%）（见表11-24）。

以上特点之原因分析：在福建省被调查者中，（1）七成半的人认为后遗嘱优先于前一遗嘱（包括公证遗嘱）适用，其原因可能是这可以尊重遗嘱人处分财产的自由意愿。（2）近二成半的人认为公证遗嘱应当优先适用，其原因可能是受到我国《继承法》关于公证遗嘱效力最高的规定的影响。

关于公证遗嘱与其他形式遗嘱的适用效力之我国立法，我国《继承法》第20条规定："遗嘱人可以撤销、变更自己所立的遗嘱。立有数份遗嘱，内容相抵触的，以最后的遗嘱为准。自书、代书、录音、口头遗嘱，不得撤销、变更公证遗嘱。"1985年《执行继承法意见》第42条规定："遗嘱人以不同形式立有数份内容相抵触的遗嘱，其中有公证遗嘱的，以最后所立公证遗嘱为准；没有公证遗嘱的，以最后所立的遗嘱为准。"

从域外立法来看，大陆法系一般依据不同遗嘱成立时间先后确定何者优先被适用的效力。例如，《瑞士民法典》第511条规定，如被继承人没有明确废除原遗嘱，却又重新订立了新遗嘱，则应视新遗嘱取代了原遗嘱，但能够确定新遗嘱为原遗嘱之补充的情形除外；对于特定物，如果遗赠和立遗嘱人的最后遗嘱文书相抵触，则对该物的遗赠无效。《日本民法典》第1022~1023条规定，遗嘱人可以遗嘱的形式，随时对其遗嘱进行全部或部分撤销。且之前遗嘱与之后遗嘱抵触的，就该抵触的部分，视为之后遗嘱撤销之前遗嘱。

从我国诸继承法学者建议稿看，可分为两种观点。一是公证遗嘱优先被适用。例如，"王稿"和"徐稿"均持该观点。[①] 二是后遗嘱优先被适用。例如，"张稿"第42条规定，遗嘱人可以另立遗嘱明确表示变更或撤销以前自己所立的遗嘱；遗嘱人立有数份内容相抵触的遗嘱时，以最后所立的遗嘱为准。

我们认为，我国规定公证遗嘱具有比其他形式遗嘱优先适用的效力，这是其立法之不足。关于后遗嘱优先于前一公证遗嘱适用的上述福建省被调查者民众观念、域外立法和"张稿"的观点可供我国立法参考。

（二）遗嘱自由的限制——特留份之特点与原因分析

关于遗嘱处分个人财产是否应予限制的民众观念，统计数据显示的特点是，在福建省被调查者中，（1）认为应对遗嘱自由予以限制的，占六成（60.15%）；（2）认为不应对遗嘱自由予以限制的，占三成半以上（36.85%）（见表11-25）。

以上特点之原因分析，六成的福建省被调查者认为遗嘱自由应受到一定的限制，其原因可能是：其一，被调查者认为通过遗嘱将所有财产赠与他人的做法会造成家庭财产外流，不利于保障被继承人的配偶与子女的生活，无法发挥遗产的养老育幼的职能；其二，

① 参见"王稿"第606条；"徐稿"第四分编第83、147条。

不符合传统风俗习惯，让人难以接受。

关于遗嘱处分个人财产是否应予限制之我国立法，我国《继承法》第 16 条规定，“公民可以立遗嘱将个人财产指定由法定继承人的 1 人或数人继承。公民可以立遗嘱将财产赠给国家、集体或者法定继承人以外的人”。第 19 条规定，“遗嘱应当对缺乏劳动能力又没有生活来源的继承人保留必要的遗产份额。”此外，1985 年《执行继承法意见》第 37 条规定：“遗嘱人未保留缺乏劳动能力又没有生活来源的继承人的遗产份额，遗产处理时，应当为该继承人留下必要的遗产，所剩余的部分，才可参照遗嘱确定的分配原则处理。”即我国规定了必留份外，遗嘱人可以订立遗嘱将遗产留给其选定的任意一个或者数个法定继承人或者其他人，而其配偶、子嗣及其任何人均无法律依据去抱怨立遗嘱的人没有留给他们任何遗产。① 可见，我国对遗嘱自由的限制是极少的。

从域外立法看，无论是大陆法系国家还是英美法系国家，均对特留份制度有所规定。例如，《日本民法典》规定的特留份权利主体范围较宽，兄弟姐妹以外的继承人均可以作为特留份继承人；且直系尊血亲的特留份为被继承人财产的三分之一，其他特留份继承人的份额为被继承人财产的二分之一。② 英国实行相对的遗嘱自由，1938 年颁布了《有关遗嘱处分法修正法及其他与此有关之法律》，该法律规定，被继承人死亡时，如其对配偶、未婚子女、未成年男子以及其他无生活能力男子之扶养，在遗嘱中未为其适当安排时，法院得依此等权利人的请求而命令由被继承人的遗产中取得相当扶养的金额。③

从我国诸继承法学者建议稿看，对于是否设立特留份制度分为两种态度。第一，持肯定态度的，如“陈稿”第 32 条规定，遗嘱人以遗嘱处分财产，应当为配偶、晚辈直系血亲、父母保留特定的遗产份额。“杨稿”第 49 条也规定，被继承人的配偶、晚辈直系血亲、父母享有特留份继承权，且特留份额是其法定继承数额的二分之一。第二，持否定态度的，如“张稿”，主张维持我国《继承法》的现行规定。④

我们认为，我国欠缺特留份制度，此为立法之不足。因为不同于必留份制度，特留份制度是一种法定份额，基于立法的“社会本位”思想，从维系家庭社会稳定发展的角度对个人抚养赡养义务作出强制承担，具有推定性和普遍性。⑤ 尽管我国《继承法》19 条规定必须为无劳动能力、无生活来源的继承人保留必要的遗产份额，但仅有必留份制度并不能完全满足现实需求。一是必留份适用条件严格，只能适用于缺乏劳动能力又无生活来

---

① 参见蒋月：《论遗嘱自由之限制：立法干预的正当性及其路径》，载《现代法学》2012 年第 5 期，第 46 页。

② 参见《日本民法典》第 2028 条。

③ 英国议会于 1938 年 7 月 13 日公布了《有关遗嘱处分法修正法及其他与此有关之法律》，简称 1938 年《继承财产法》。依照该法规定，如果继承人尚有在世配偶及其他抚养人时，权利人的请求份额不得超过遗产总收入的三分之一；如果仅有在世配偶，或仅有其他被扶养人时，权利人的请求份额为二分之一。

④ 参见“张稿”第 38 条。“张稿”主张维持我国《继承法》的现行规定，其主要理由是“现行的遗嘱自由限制条款已经能够保障那些缺乏劳动能力和生活来源的被继承人的近亲属的生活，而且也不会如同大陆法系传统的特留份制度那样过度限制被继承人的遗嘱自由，符合社会主义的伦理道德观念”。

⑤ 参见杨慧怡、刘史丹：《论在〈继承法〉中设立特留份制度——从司法过程考察制度合理性》，载陈苇主编：《中国继承法修改热点难点问题研究》，群众出版社 2013 年版，第 121 页。

源的“双缺人员”；二是适用标准存在歧义，对“无生活来源”的界定①，释义未指明未成年人如有财产足以维持生活，不需要他人供养的，是否属于无生活来源；三是对应当保留“必要的遗产份额”标准如何，法律并无明确规定。② 所以，上述福建省被调查者认为应对遗嘱的自由予以限制的民众观念、域外立法以及“陈稿”“杨稿”的观点可供我国立法机关参考。

（三）夫妻共同遗嘱之特点与原因分析

关于夫妻共同遗嘱的民众观念与民间习惯，统计数据显示的特点是，（1）对于夫妻共同遗嘱的民众观念，在福建省被调查者中，持赞成态度的占近八成（79.70%）；持不赞同态度的占二成（20.30%）（见表 11-26）。（2）关于夫妻共同遗嘱的民间习惯，福建省被调查者所在地区，有此习惯的，占三成半以上（36.13%）；无此习惯的，占六成以上（63.87%）（见表 11-28）。

以上特点之原因分析：根据关于夫妻共同遗嘱的民众观念之理由（见表 11-27），在福建省被调查者中，（1）近八成的人在观念上认可夫妻共同遗嘱、三成半以上的地区有此习惯，其原因是该遗嘱反映了双方的共同意愿，故应为双方所遵守。（2）二成的人不赞同夫妻共同遗嘱、六成以上的地区没有此习惯的，其原因是该遗嘱无法应对出现的新情况和新问题且限制了双方对各自财产的处分权。在现实生活中，夫妻双方同时死亡的概率微乎其微，一方死亡到遗嘱生效往往相隔很长时间，其间难以预料的情势变迁会影响到共同遗嘱的最终实现。③ 共同遗嘱人之一死亡后，另一方欲更改或撤销遗嘱时，必将涉及先亡者遗愿的尊重和遗嘱指定的继承人权利的保护，这往往会给处理造成困难。④

关于夫妻的共同遗嘱之我国立法，我国《继承法》无规定。

从域外立法看，有些国家承认共同遗嘱，有些国家则明文禁止。在承认共同遗嘱的国家，也都将共同遗嘱严格限制在夫妻之间。例如，《德国民法典》关于共同遗嘱的主要规定有：（1）共同遗嘱仅得由夫妻双方为之；（2）由于共同遗嘱以夫妻关系的存在为基础，所以，当婚姻无效或被解除时，除非可推定即使有这种情况出现被继承人仍会为此种处分，共同遗嘱无效；（3）在共同遗嘱中，夫妻双方所为的处分往往相互关联，因而具有依存性。如果按遗嘱的内容可以认为，如果没有他方的处分，此方即不会有自己的处分，则一方的处分无效或撤回，他方的处分也无效；（4）夫妻一方死亡时，他方的撤回权消灭，但生存一方在拒绝他方对自己的赠与时，可以撤销自己的处分。⑤ 法国、日本、匈牙利、捷克斯洛伐克等国不承认共同遗嘱。例如，《日本民法典》第 975 条也明文规定：“二人以上者，不得以同一证书订立遗嘱。”

---

① 对“无生活来源”的界定，相关释义界定为“没有生活来源是指没有其他物质生活保障，完全依靠或者主要依靠遗嘱人的供养维持生活的情形。如果 16 周岁以上的未成年人能以其劳动收入维持当地生活水平的，丧失劳动能力的老年人如有财产足以维持生活，不需要他人供养的，都不属于无生活来源的人。”参见周贤齐主编：《中华人民共和国继承法诠释》，人民法院出版社 1995 年版，第 133～134 页。

② 参见许莉：《“必留份”还是“特留份”——论我国遗产处分限制的立法选择》，载陈苇主编：《中国继承法修改热点难点问题研究》，群众出版社 2013 年版，第 103～104 页。

③ 参见杨晓林、段凤丽：《婚姻财产协议中共同遗嘱条款的效力》，载陈苇主编：《中国继承法修改热点难点问题研究》，群众出版社 2013 年版，第 150 页。

④ 参见吴英姿：《论共同遗嘱》，载《南京大学法律评论》1996 年春季号，第 151 页。

⑤ 参见《德国民法典》第 2265、2268、2270、2271 条。

从我国诸继承法学者建议稿看，“杨稿”第37条规定，夫妻可以设立共同遗嘱。“徐稿”第60条规定，两人或更多的人在一个时间订立的遗嘱，不论是为订立人的相互利益，还是为第三人的利益，都无效，夫妻之间的共同遗嘱除外。有的学者建议稿不赞成设立共同遗嘱制度，如“张稿”、“陈稿”都未规定夫妻共同遗嘱。此外，有的学者赞成共同遗嘱制度，主张承认共同遗嘱的法律效力。①

我们认为，我国立法未规定夫妻共同遗嘱，此为立法之不足。夫妻共同遗嘱在处理夫妻共同财产，保障夫妻双方的财产利益方面有其独特的作用。因此，关于赞成夫妻共同遗嘱的上述福建省被调查者民众观念、德国的立法和“杨稿”“徐稿”可供我国立法参考。

六、继承和遗赠的接受与放弃之特点与原因分析

（一）继承的接受与放弃的时间与方式之特点与原因分析

关于继承的接受与放弃的时间与方式的民众观念，统计数据显示，在福建省被调查者中，（1）认为应遗产处理前做出放弃继承的意思表示的，占六成半以上（66.65%）；（2）认为应在知道继承开始的2个月内做出放弃继承的表示的，占近三成半（34.35%）（见表11-29）。

以上特点之原因分析：在福建省被调查者中，（1）六成半以上的人认为在遗产处理前继承人随时都可以放弃继承权，其原因可能是放弃继承是放弃一种财产权利，对其他继承人和遗产债权人有利无害，因此不需要规定严格的期限限制。（2）近三成半的人认为继承人放弃继承应在知道继承开始的2个月内做出放弃继承的表示，其原因可能是可以让继承人有一定的时间去考虑是否放弃继承权，同时又可以督促继承人积极行使权利。

关于继承的接受与放弃的时间与方式之我国立法，我国《继承法》第25条第1款规定，“继承开始后，继承人放弃继承的，应当在遗产处理前，作出放弃继承的表示。没有表示的，视为接受继承。”1985年《执行继承法意见》第48条规定：“在诉讼中，继承人向人民法院以口头方式表示放弃继承的，要制作笔录，由放弃继承的人签名。”第49条规定：“继承人放弃继承的意思表示，应当在继承开始后、遗产分割前作出。遗产分割后表示放弃的不再是继承权，而是所有权。”

从域外立法看，第一，大陆法系的大多数国家均认为放弃继承只能在继承开始后进行，继承开始前放弃继承的行为无效。②《意大利民法典》以及《法国民法典》继承编都明确规定，在继承尚未开始前作出的放弃继承安排的约定无效；《日本民法典》和《俄罗斯联邦民法典》也都不承认继承契约的效力，须在继承开始以后才能放弃继承。③ 第二，不少国家的继承法均要求继承人必须在法定的期间内作出表示。继承人未在法定期间内作出表示的，大多数大陆法系国家推定继承人无条件地接受继承（又叫单纯接受继承或包括地接受继承，即以无限责任的方式接受继承）。而《俄罗斯民法典》则规定，继承人如

① 参见刘春茂主编：《中国民法学·财产继承》，人民法院出版社2008年版，第384~385页。

② 从理论上看，这是因为继承的接受和拒绝是继承人对依法取得之继承既得权的确认或拒绝，继承开始之前，继承人享有的权利仅是一种期待权，即将来可作继承人的一种资格，继承人对这种期待权的接受和放弃依法不发生效力，从实际上看，则是为了保护继承人的利益。因为继承开始之前继承人可能对遗产的实际情况并不很清楚，其作出的接受或放弃继承的表示可能并未反映自己的真实意思，因而有可能损害其合法利益。

③ 参见成蓓丽：《放弃继承法律制度研究》，西南政法大学2013年硕士学位论文，第18~20页。

果没有在法定期间内表示接受继承，也没有明确表示放弃继承，即推定为放弃继承。①

从我国诸继承法学者建议稿看，均对继承的接受和放弃之时间作出了明确规定。例如，“陈稿”第 11 条建议，继承人可以在继承开始前或继承开始后行使继承选择权，表示接受继承或放弃继承。接受与放弃继承不得附条件或期限。部分放弃继承或部分接受继承的意思表示无效，仍视为继承人接受继承。继承开始后，自继承人知道自己为继承人时起或自遗嘱开启时起 2 个月内，继承人可以声明放弃继承或者接受继承。继承人在国外的，此期限为 6 个月。

我们认为，我国规定继承的放弃时间为“遗产分割前”，此立法存在不足。因为这段时间可长可短，无法预期，这就会导致在不同的案件中，继承人享有的做出放弃继承的期间是不一样的，不利于保障继承人的合法权益，同时容易引发继承纠纷。上述福建省被调查者主张继承开始后 2 个月内做出继承的接受与放弃的民众观念、相关域外立法规定以及我国学者建议稿的观点可供我国立法参考。

（二）遗赠的接受与放弃的方式与效力之特点与原因分析

关于遗赠的接受与放弃的方式与效力的民众观念，统计数据显示，在福建省被调查者中，（1）认为受遗赠人未作表示应认定为接受遗赠的，占八成以上（82.44%）；（2）认为受遗赠人未作表示应认定为放弃遗赠的，占一成半以上（17.56%）（见表 11-30）。

以上特点之原因分析，八成以上的福建省被调查者认为受遗赠人未作表示应认定为接受遗赠，其原因可能是，因为接受遗赠所接受的是一种财产权益，故应当推定为接受，以保护其利益。依照民法的基本理念，对于财产权益，权利人没有表示放弃的，应当视为接受，而不是放弃。②

关于遗赠的接受与放弃的方式与效力之我国立法，我国《继承法》第 25 条第 2 款规定：“受遗赠人应当在知道受遗赠后两个月内，作出接受或者放弃受遗赠的表示。到期没有表示的，视为放弃受遗赠。”

从域外立法看，《日本民法典》规定，受遗赠人在遗嘱人死亡后，可以随时放弃遗赠。经遗赠义务人催告后，如果遗赠人未在规定的期限内表示其意思时，视为承认遗赠。③

从我国诸继承法学者建议稿来看，对遗赠的接受与放弃有两种观点。第一种是明示接受、未作表示推定为放弃遗赠。例如，“梁稿”和“王稿”均规定受遗赠人应在知道受遗赠后 2 个月内作出接受继承的意思表示，如逾期未作表示，则应视为放弃受遗赠。④ 第二种是明示接受、未作表示推定为接受遗赠。例如，“杨稿”第 12 条规定，继承开始后，受遗赠人在知道或者应当知道受遗赠后未作出放弃表示的，视为接受遗赠。接受遗赠后，取得遗赠财产之前，可以放弃受遗赠。

我们认为，我国立法对于遗赠的接受与放弃的方式与效力之规定存在不足。关于受遗赠人未作表示应认定为接受遗赠的上述福建省被调查者民众观念、域外立法和“杨稿”

① 参见张玉敏：《继承法律制度研究》，法律出版社 1999 年版，第 115 页。

② 参见陈苇：《改革开放三十年（1978~2008 年）中国婚姻家庭继承法研究之回顾与展望》，中国政法大学出版社 2010 年版，第 399 页。

③ 参见《日本民法典》第 987 条。

④ 参见“梁稿”第 2008 条第 2 款；“王稿”第 554 条第 2 款。

的观点可供我国立法参考。

（三）继承的放弃与债权人的撤销权之特点与原因分析

关于继承的放弃能否被债权人予以撤销的民众观念，统计数据显示，在福建省被调查者中，（1）认为可以被撤销的，占五成（50.76%）；（2）认为不可以被撤销的，占近五成（49.24%）（见表 11-31）。

以上特点之原因分析：关于继承的放弃能否被债权人予以撤销，在福建省被调查者中，（1）五成的认为可以被撤销，其原因可能是出于对债权人利益的保护。（2）近五成的人认为不可以被撤销，其原因可能是出于优先保护弱势群体的考虑，同时这也符合我国尊老爱幼的传统美德。

关于继承的放弃与债权人的撤销权之我国立法，我国《继承法》未规定。

从域外立法看，意大利赋予了继承人的债权人于此情形下的代位接受继承。① 瑞士规定，当继承人通过作出继承权放弃的表示来规避债务的偿还，害及债权人利益时，如债务超过继承所得财产，法律赋予债权人和遗产管理人于 6 个月内诉请撤销该放弃继承表示的权利，但债务人能够为其债务提供担保的除外。此外，继承人在继承权放弃的期限届满前存有插手继承事务、隐匿遗产或者对遗产的管理及继承人的业务处理有不必要的行为时，将导致其继承权放弃权利丧失的后果。② 法国的此类制度设计主要包括两方面：一是当继承人放弃继承有损债权人权益时，债权人可向法院请求替代继承人并以继承人的名义代为承认继承，但只在债权额的限度内方可行使此项权利；二是对于继承人存在隐匿遗产或隐瞒遗产份额的主张权，向权益受侵害者返还被隐匿遗产及其所产生的孳息、收益和承担相应的损害赔偿责任以外，法律还否认其已作出的继承权放弃或限定接受的效力，直接认定发生无条件接受继承的效果。③

从我国诸继承法学者建议稿看，“王稿”第 562 条规定，继承人放弃继承损害其债权人利益的，债权人可以在知道或者应当知道继承人放弃继承之日起 6 个月内申请人民法院撤销继承人的放弃行为。“梁稿”和“徐稿”均有类似规定。④ 从学者观点看，关于继承权放弃能否列入债权人行使撤销权的标的范围有两种意见：“肯定说”认为，继承人在继承开始后就概括全部承受被继承人财产权利，放弃行为属于财产法上的无偿处分，是对自己原本已经取得财产进行再次处分，所以，债权人可以因此主张撤销权；“否定说”认为，继承权取得以继承人享有特定的身份为前提，具有人身专属性。所以，即使放弃继承行为有损债权的实现，债权人也不能撤销，否定人格自由。⑤

我们认为，我国未规定债权人是否可以撤销继承人放弃继承的行为，此为立法之不足。因此，上述福建省被调查者认为放弃继承的行为可以被债权人撤销的民众观念、域外立法和“王稿”的观点可供我国立法参考。

---

① 参见《意大利民法典》第 524 条。

② 参见《瑞士民法典》第 571、578 条。

③ 参见《法国民法典》第 778、779 条。

④ 参见“梁稿”第 2012 条；“徐稿”第四分编第 341 条。

⑤ 参见郑玉波：《民法债编总论》，中国政法大学出版社 2004 年版，第 300 页。

七、继承权的丧失、被继承人宥恕与代位继承之特点与原因分析

(一) 继承权的丧失与被继承人宥恕之特点与原因分析

关于继承权的丧失与被继承人宥恕的民众观念，统计数据显示，在福建省被调查者中，因欺诈、胁迫行为的继承人丧失继承权的，在获得被继承人谅解后其继承权是否可以恢复，(1) 认为可以恢复的，占近七成 (68.42%)；(2) 认为不可以恢复的，占三成以上 (31.58%) (见表 11-32)。

以上特点之原因分析，因欺诈、胁迫行为的继承人丧失继承权的，在获得被继承人谅解后其继承权是否可以恢复，近七成的福建省被调查者认为可以恢复，其原因可能是被继承人有自由处分财产的权利，此乃宪法赋予人的权利。若被继承人被故意杀死，则自然不存在宽恕的可能，但如果被继承人并没有因此死亡，原谅了继承人，并且希望继承人继承其遗产，那么剥夺该继承人的继承权就违背被继承人的意志自由。

关于继承权的丧失与被继承人宥恕之我国立法，我国《继承法》第 7 条规定："继承人有下列行为之一的，丧失继承权：(一) 故意杀害被继承人的；(二) 为争夺遗产而杀害其他继承人的；(三) 遗弃被继承人的，或者虐待被继承人情节严重的；(四) 伪造、篡改或者销毁遗嘱，情节严重的。" 且 1985 年《执行继承法意见》第 13 条规定："继承人虐待被继承人情节严重的，或者遗弃被继承人的，如以后确有悔改表现，而且被虐待人、被遗弃人生前又表示宽恕，可不确认其丧失继承权。"

从域外立法看，关于被继承人的原谅能否使得继承人的继承权恢复的问题，目前世界上有两种立法例：一是不能恢复 (绝对丧失)，即继承权被剥夺后不可挽回地丧失，英国和美国采此立法例。[①] 二是可以恢复 (相对丧失)，即丧失继承权的继承人得因被继承人饶恕而恢复其继承权，如《瑞士民法典》第 540 条第 2 款规定："继承资格之丧失，经被继承人宽恕而终止。"《德国民法典》第 2343 条规定："如果被继承人已宽恕丧失继承权者，请求撤销即被排除。"

从我国诸继承法学者建议稿看，"陈稿" 第 17 条规定，继承人有前款丧失继承权的法定情形，但被继承人在遗嘱或公证书中明确表示宽恕的，不丧失继承权。被继承人知道继承人丧失继承资格的事由后，仍然在遗嘱中对其进行遗嘱处分的，视为宽恕。"杨稿" 规定，除继承人故意不法杀害被继承人和为争夺遗产杀害其他继承人而丧失继承权的情形外，其他情形下均为相对丧失。[②]

我们认为，我国相对丧失继承权范围狭窄，此为立法之不足。继承权的丧失制度存在的初衷就在于防止继承人从自己的违法行为中获益。被继承人宽恕继承人的行为对社会而言是有利无害的，亦不会出现鼓励故意杀害被继承人的情况。故继承权相对丧失主义完全可以达到此种目的。因此，在继承权的丧失制度中，采用继承权相对丧失主义，且注重与被继承人的宽恕制度相结合，完全可以达到法律本来之目的。[③] 关于继承权的丧失与被继承人宥恕，即对于因欺诈、胁迫行为的继承人丧失继承权的，如获得被继承人谅解，上述

---

① 参见陈苇主编：《外国继承法比较与中国民法典继承编制定研究》，北京大学出版 2011 年版，第 206、212 页。
② 参见"杨稿"第 16 条。
③ 参见张善斌、张韵雯：《继承权丧失制度之完善》，载《湖北经济学院学报》(人文社会科学版) 2013 年第 9 期。

福建省被调查者认为其继承权可以恢复的民众观念、域外立法和我国学者建议稿的观点可供我国立法参考。

(二) 继承权的丧失与代位继承之特点与原因分析

关于继承权的丧失与代位继承的民众观念，统计数据显示，丧失继承权的其晚辈直系血亲能否代位继承遗产，在福建省被调查者中，(1) 认为不可以代位继承的，占五成(50%)；(2) 认为可以代位继承的，占五成(50%)(见表11-33)。

以上特点之原因分析：对于丧失继承权的其晚辈直系血亲能否代位继承遗产，在福建省被调查者中，(1) 五成的人认为可以代位继承，其原因可能是从我国家庭和亲属的实际情况来看，祖孙之间的亲情和经济联系不依赖于与子女的关系，即使子女忤逆不孝，也并不当然影响孙子女与祖父母的关系。承认被代位继承人丧失继承权其直系卑亲属可以代位继承，不仅符合按支继承的习惯，而且可以最大限度地化解由于子女忤逆不孝所造成的家庭矛盾，促进亲属之间的团结。① (2) 五成的人认为不可以代位继承，其原因可能是考虑到代位继承人以被代位继承人享有继承为前提，如该前提丧失，则代位继承人无法代位。

关于继承权的丧失与代位继承之我国立法，虽然我国《继承法》无规定，但1985年《执行继承法意见》第28条规定："继承人丧失继承权的，其晚辈直系血亲不得代位继承。如该代位继承人缺乏劳动能力又没有生活来源，或对被继承人尽赡养义务较多的，可适当分给遗产。"即其作为酌分遗产人，而非代位继承人。

从域外立法看，如《日本民法典》第887条规定，被继承人的子女于继承开始前死亡或丧失继承权时，其子女代其位成为继承人。又如，《意大利民法典》第456条规定，丧失继承权的父母，其子女仍可以代位继承遗产，父母不再享有法律赋予的用益权和管理权。《瑞士民法典》第541条规定，丧失继承资格的人，其直系卑亲属可以对被继承人进行继承；其情形与丧失继承资格的人等于被继承人死亡的情形相同。

从我国诸继承法学者建议稿看，"徐稿"第31条规定，因不配被取消继承权的父母，其子女仍可以代位继承遗产，但是父母不再享有法律赋予的用益权和管理权。"陈稿"第19条规定，继承人丧失继承权的，其晚辈直系血亲仍得代位继承，但该继承人不得对其子女继承的遗产享有用益权。

我们认为，我国立法规定被代位继承人丧失继承权的，其子女不可代位继承，此为立法之不足。因此，被代位继承人丧失继承权的其子女应可代位继承较为妥当。关于被代位继承人丧失继承权的其子女可代位继承的上述福建省被调查者的民众观念、域外立法和我国学者建议稿的观点可供我国立法参考。

八、继承协议之特点与原因分析

(一) 继承协议的订立主体与方式之特点与原因分析

关于继承协议的订立主体与方式的民众观念和民间习惯，统计数据显示，在福建省被调查者中，(1) 对于继承协议的订立的民众观念，认为由被继承人与全体法定继承人共同订立的，占七成以上(73.68%)；认为由被扶养人与扶养义务人共同签订的，占一成

① 参见张玉敏：《继承法律制度研究》，法律出版社1999年版，第229~230页。

(10.53%)；认为由继承人之间签订即可的，占一成半（15.79%）（见表 11-34）。(2) 关于继承协议的民间习惯，福建省被调查者所在地区的习惯是：即听说过或经历过签订继承协议的，占五成半以上（57.89%）；没有听说或经历过签订继承协议的，占四成以上（42.11%）（见表 11-35）。(3) 关于听说过或经历过签订继承协议的方式的民间习惯，福建省被调查者所在地区的习惯是：由被继承人与全体法定继承人共同订立的，占近六成（58.89%）；由继承人之间签订的，占二成以上（23.33%）；由被扶养人与扶养义务人共同签订的，占一成半以上（17.78%）（见表 11-36）。

以上特点之原因分析：在福建省被调查者中，（1）七成以上的人认为继承协议应由被扶养人与全体法定继承人签订，其原因可能是继承协议是一种双方的法律行为，双方法律行为也就是合同，自然需要在合同双方意思表示一致的情况下方可成立。(2) 五成半以上的地区有听说或经历过签订继承协议的习惯，其原因可能是虽然我国《继承法》对继承协议无规定，但现实生活中被继承人与继承人之间，仍然订立此协议，以满足处理生养死葬与继承问题的现实需要。

关于继承协议之我国立法，对于被继承人与法定继承人之间签订继承协议，我国《继承法》无此规定。

从域外立法看，对继承协议的立法态度分为两类。一是认同继承协议。例如，在德国，继承协议是两个或两个以上当事人之间形成的死因处分协议，其订立需要满足同时同地，即双方当事人同时在场，且有公证员记录；[①] 在瑞士，继承协议是指被继承人与另一方当事人约定，由另一方或第三人取得继承权或受遗赠权，或者约定继承人抛弃或者买回继承权的协议，形式上要求必须采用公证遗嘱的方式，即继承协议当事人在做出意思表示时必须有公证官员及两名证人在场并签署证书。[②] 二是否定继承协议。例如，意大利规定，任何对自己的继承做出安排的约定，均无效。在继承开始之前，任何处分或者放弃继承权的文件，亦均无效。[③]

从我国诸继承法学者建议稿看，对于继承协议亦有认可与否定两种观点。第一，认可继承协议。例如，"徐稿"第 508 条规定，继承协议的生效应该在公证人及两名见证人出席情况下签订。"陈稿"第 62 条第 2 款规定，继承合同的订立，必须采取书面形式，应当有两名以上无利害关系的见证人在场进行见证或公证。第二，否定继承协议。例如，"梁稿"、"王稿"和"徐稿"均未规定继承协议制度。

我们认为，我国欠缺继承协议制度，不能满足被继承人与其法定继承人订立继承协议的现实需要，这是其立法之不足。因此，认可继承协议的上述福建省被调查者的民众观念、德国和瑞士的立法以及"徐稿"和"陈稿"的观点可供我国立法参考。

（二）继承协议的变更方式及效力之特点与原因分析

关于继承协议的变更及效力的民众观念，统计数据显示，在福建省被调查者中，在继承协议履行过程中，如扶养人先于被扶养人去世，（1）认为该协议可有条件继续履行，如原扶养人的子女有扶养能力的，在原扶养人的子女和被扶养人双方同意的情况下，可由

---

① 参见《德国民法典》第 2274~2302 条。

② 参见《瑞士民法典》第 468 条。

③ 参见《意大利民法典》第 458 条。

其子女继续履行该继承协议的，即认可代位扶养的，占近四成（39.10%）；（2）认为该协议终止，须签订新的继承协议，由新的扶养人履行扶养义务并继承遗产的，合计占近四成（38.35%），其中，认为需要对原扶养人的继承人补偿超过其扶养义务部分费用的，占三成以上（31.58%），认为不需要对原扶养人的继承人补偿超过其扶养义务部分费用的，占不到一成（6.77%）；（3）认为该协议终止，应补偿原扶养人的继承人补偿超过其扶养义务部分费用后，由所有法定继承人共同扶养的，即实行法定赡养的，占二成以上（21.05%）（见表11-37）。

以上特点之原因分析：在福建省被调查者中，（1）近六成的人认为扶养义务人死亡是继承协议终止的情形，其原因可能是继承协议具有人身性质，如扶养义务一方如先于被继承人死亡，该继承协议理应终止。（2）近四成的人认为可以允许有条件地代位扶养，其原因可能是如果被扶养人愿意接受已经死亡的扶养人之继承人的扶养，该合同可以继续履行，以便维持受扶养人一贯的生活方式。（3）三成以上的人认为需要对超过原扶养人法定义务的支出予以经济补偿，其原因可能是在订立或解除继承协议的时候，都会遵循公平原则，即所尽的赡养义务和所获得的继承遗产权益相关。若解除继承协议，理应对原扶养人已经付出的时间、精力和经济成本做出合理补偿。（4）二成以上的人认为原继承协议终止，故应由法定扶养义务人履行赡养义务，其原因可能是这符合法律规定。

关于继承协议的变更及效力之我国立法，我国《继承法》无规定。

从域外立法来看，继承协议的解除可以分为协议解除、单方解除和法定解除：（1）协议解除是协议双方当事人协商一致解除协议。如德国，当事人可以协商一致以后以协议或者遗嘱、共同遗嘱的方式解除继承协议。[①]（2）单方解除协议的原因可能是在继承协议中约定保留的解除权的行使，也可能是出现法定可以解除继承协议的情形。如德国和瑞士都规定，继承协议的当事人或受遗赠人犯有构成法定剥夺继承权的过失时，或继承协议的继承人或受遗赠人负有对待给付义务而不履行或不提供担保的，被继承人都可以单方解除协议。[②]（3）法定解除是指无须当事人的意思表示，如法定情形出现，继承协议自然解除。如瑞士规定，如果继承协议的继承人或受遗赠人在被继承人之前死亡，继承协议自动解除。[③]

从我国诸继承法学者建议稿看，“张稿”认为，当出现扶养义务人无法或不愿按照约定履行继承协议时，法律应允许被继承人解除继承协议。对于扶养人已经支付的扶养费用，扶养人可以要求该费用在共同继承人之间结算并分摊，并且由其他法定扶养义务人承担对被继承人的扶养义务。[④]

我们认为，我国未规定继承协议的变更方式及效力，此为立法之不足。因此，上述福建省被调查者关于继承协议的变更及效力的民众观念、域外立法和我国学者建议稿的观点可供我国立法参考。

---

① 参见《德国民法典》第2274~2302条。

② 参见《德国民法典》第2274~2302条；《瑞士民法典》第468条。

③ 参见孙月阳：《继承协议制度研究》，沈阳师范大学2017年硕士学位论文，第8~17页。

④ 参见“张稿”第55条。

九、遗产债务清偿之特点与原因分析

（一）遗产债务清偿责任的类型之特点与原因分析

关于继承人清偿遗产债务责任类型的民众观念，统计数据显示，对被继承人的债务，在福建省被调查者中，（1）认为继承人应承担自愿的无限清偿责任的，合计占六成（60.90%）；（2）认为继承人如有侵害遗产的行为应承担强制的无限清偿责任的，占近三成半（34.59%）；（3）认为继承人只以其继承的遗产承担有限清偿责任的，占四成半以上（47.36%）（见表 11-38）。

以上特点之原因分析：在福建省被调查者中，（1）九成半的人认可继承人对遗产债务的清偿承担无限责任，其原因可能是：其一，被调查者对债务清偿的认识受“父债子还”乃天经地义传统观念的影响；其二，我国是极其注重孝道文化和以诚信为本的国家，“父债子偿”一方面是继承人对被继承人尽孝的体现，另一方面也是继承人维护被继承人诚信形象的做法。（2）近三半成的人认为继承人如有侵害遗产的行为（如转移、隐瞒遗产等）应承担强制的无限清偿责任的，其原因可能是这种强制无限责任继承制度带有惩罚属性，旨在震慑存有恶意的继承人。（3）四成半以上的人认为继承人应以继承的遗产承担有限清偿责任，其原因可能是受到我国《继承法》相关规定的影响。

关于继承人的债务清偿责任之我国立法，我国《继承法》第 33 条规定：“继承遗产应当清偿被继承人依法应当缴纳的税款和债务，缴纳税款和清偿债务以他的遗产实际价值为限。超过遗产实际价值部分，继承人自愿偿还的不在此限。继承人放弃继承的，对被继承人依法应当缴纳的税款和债务可以不负偿还责任。”即我国《继承法》采用的是无条件的有限责任继承和自愿的无限责任继承。

从域外立法看，继承可分为限定责任继承和无限责任继承。前者可分为有条件的限定继承和无条件的限定继承；而后者可分为意定的无限责任继承（又称概括继承、单纯继承）与法定的无限继承（又称强制概括继承）。① 例如，《法国民法典》第 782 条规定的“数个继承人对接受或者放弃继承达不成一致意见而以有限继承的形式接受”、加拿大《魁北克民法典》第 625 条规定的“继承人承担被继承人债务范围不得超过他们现实取得的遗产价值”就是限定继承的典型。② 德国规定了强制无限责任继承，即继承人故意致使遗产清册不正确的，则应对遗产债务承担无限责任。③

从我国诸继承法学者建议稿看，“陈稿”规定，对被继承人的债务，继承人自愿选择实行有条件的限定继承且依法制作遗产清册的，仅在遗产的实际价值范围内承担有限清偿责任；对被继承人的债务，继承人自愿选择实行无条件概括继承的，如果遗产的实际价值不足以清偿债务的，应当以继承人个人所有的财产承担无限清偿责任。继承人存在已经全部或者部分处分了遗产、未在法定期间内依法制作遗产清册的、在法定期间制作遗产清册或者放弃继承后却处分遗产或者故意未记载于遗产清册的行为时，由继承人以其个人财产

---

① 参见陈苇主编：《中国遗产处理制度系统化构建研究》，中国人民公安大学出版社 2019 年 5 版，第 300 页。

② 参见《魁北克民法典》第 625 条。

③ 参见《德国民法典》第 2005 条。

承担无限清偿责任。[①]“杨稿”对此也有具体的规定。[②]

我们认为，我国规定的是无条件的有限责任继承，这是立法之不足。对此，应改为有条件的有限责任继承，对被继承人的遗产上所负担的债务，仍应当坚持以继承人实际继承的遗产价值为限承担清偿责任；如果继承人主观恶意，转移、隐瞒遗产，则应承担强制的无限清偿责任。如此，则能兼顾保护继承人利益和被继承人债权人合法利益。因此，关于继承人清偿遗产债务责任类型，应设立强制的无限清偿责任的上述福建省被调查者的民众观念、域外立法以及“杨稿”“陈稿”的观点可供我国立法参考。

（二）被继承人丧葬费的支付之特点与原因分析

关于被继承人丧葬费的支付的民间习惯，统计数据显示，福建省被调查者所在地区的习惯是，（1）由全体继承人共同支付的，占近七成（69.17%）；（2）从被继承人的遗产中支付的，占近三成（28.57%）（见表11-39）。

以上特点之原因分析：在福建省被调查者所在地区，（1）近七成的地区的习惯是丧葬费应由全体继承人共同支付，其原因可能是这体现了中国的传统道德观念——子女对父母的孝道包含了“养老送终”的责任，即子女对父母身前的赡养和死后的殡葬负责。（2）近三成的地区的习惯是丧葬费应从被继承人的遗产中支付，其原因可能是丧葬费是被继承人的债务，理应由遗产进行支付。

关于被继承人丧葬费支付之我国立法，我国《继承法》无此规定。

从域外立法看，如《埃塞俄比亚民法典》规定，丧葬费为遗产债务的第一顺位债务，除非考虑死者的社会地位，丧葬费为必要支出，丧葬费不得优先于其他债务。[③]又如，《德国民法典》规定，被继承人与其社会地位相称的殡葬费用，由继承人负担。[④]

从我国诸继承法学者建议稿看，“王稿”对丧葬费用的处理作出规定，其规定内容与德国相同，即被继承人的与其社会地位相称的丧葬费用，由继承人负担。[⑤]“陈稿”和“杨稿”则均建议将合理的丧葬费用作为遗产债务处理。[⑥]

我们认为，我国未规定被继承人丧葬费的支付，此为立法之不足。丧葬费用既不属于被继承人的生前债务，亦不为继承费用。因为，无论是被继承人的生前债务还是继承费用都应当用被继承人的遗产清偿，但丧葬费用不宜以遗产清偿。“百善孝为先”，受儒家文化千年的熏陶，中国是一个非常注重孝道的国家，子女赡养父母尚且是法定义务，那么父母去世后子女料理老人的后事，承担丧葬费用亦应当成为一项法定义务。当然，我们认为丧葬费用应由被继承人的子女承担，即使他们放弃继承权也不得免除其承担丧葬费用的义务。因此，上述被继承人丧葬费由继承人共同支付的福建省被调查者所在地区的民间习惯、德国立法以及“王稿”的观点可供我国立法参考。

（三）遗产债务的清偿顺序之特点与原因分析

关于遗产债务清偿的顺序的民众观念与民间习惯，统计数据显示，（1）在福建省被

---

① 参见“陈稿”第69条。

② 参见“杨稿”第80条。

③ 参见《埃塞俄比亚民法典》第1014、1015条。

④ 参见《德国民法典》第1968条。

⑤ 参见“王稿”第651条。

⑥ 参见“陈稿”第68条；“杨稿”第83条。

调查者所在地区的习惯是：第一顺序“丧葬费用”；第二顺序“遗产管理等费用”；第三顺序“欠债”和“受被继承人扶养人的生活费”；第四顺序“欠付的工资”；第五顺序“税款”和“对被继承人扶养较多的人之酌情分配遗产份额”；第六顺序“遗赠扶养协议写明遗赠的遗产”（见表11-40）。（2）在福建省被调查者的观念中：第一顺序“丧葬费用”；第二顺序“遗产管理等费用”和“欠债”；第三顺序“欠付工资”；第四顺序“税款”；第五顺序“受被继承人扶养人的生活费”和“对被继承人扶养较多的人之酌情分配遗产份额”；第六顺序“遗赠扶养协议写明遗赠的遗产”（见表11-41）。

以上特点之原因分析：首先，将遗产先用于支付丧葬费用体现了“死者为大”的传统观念，符合“入土为安”的民俗；其次，清偿遗产管理费用、欠付的工资和欠债，则体现了诚实信用的原则；再次，将受被继承人扶养的人的生活费排在税费之前，可能是认为“税款”是公法上的义务，应居于私法上的扶养义务之后，以保障民生，体现了关怀弱势群体的精神；最后，将遗产用于支付对被继承人扶养较多的人之酌情分配遗产份额和遗赠扶养协议写明遗赠的遗产，则是因为二者只能在遗产清偿债务后有剩余的财产时进行交付。

关于遗产债务清偿的顺序之我国立法，我国《继承法》第33条规定“继承遗产应当清偿被继承人依法应当缴纳的税款和债务，缴纳税款和清偿债务以他的遗产实际价值为限”。

从域外立法看，部分国家立法对遗产债务清偿顺序有所规定。例如，根据《俄罗斯联邦民法典》规定①，遗产债务的清偿顺序如下：一是继承费用包括因被继承人患病和丧葬而发生的费用、遗产保护和管理费、遗嘱执行费用；二是被继承人的债务；三是必继份；四是遗赠。② 此外，《日本民法典》规定，因下列各项原因产生的债权者，于债务人的总财产上有先取特权：一是共益费用；二是受雇人的报酬；三是殡葬费用；四是日用品的供给。③

从我国诸继承法学者建议稿看，关于被继承人的遗产清偿顺序，学者们意见并不统一。例如，“梁稿”规定的遗产处理顺序为：遗产首先用于清偿遗产债务，有剩余者按遗嘱继承处理，仍有剩余者按法定继承分配。④ “何稿”规定的遗产处理顺序为：（1）遗产管理费用；（2）被继承人生前所欠债务；（3）酌给遗产债务；（4）遗赠。⑤ “王稿”规定的遗产债务清偿次序为：（1）继承费用，因继承人和遗产管理人过失而支出的费用不属于继承费用，由负有过失的继承人和遗产管理人承担；（2）遗产税；（3）被继承人生前欠下的债务；（4）遗产酌给债务；（5）因特留份扣减权、遗赠等产生的债务。对遗产享有担保物权的债权人可申请就担保物优先受偿。⑥

我们认为，我国立法未规定遗产债务清偿的顺序，此为立法之不足。事实上，被继承人死亡的效果和法人破产或解散的效果是相似的，对被继承人遗产的清偿顺序可以参考借

① 参见《俄罗斯联邦民法典》第1174、1175、1149条。

② 参见陈苇主编：《中国遗产处理制度系统化构建研究》，中国人民公安大学出版社2019年版，第310页。

③ 参见《日本民法典》第306条。

④ 参见“梁稿”第1912条。

⑤ 参见“何稿”第78条。

⑥ 参见“王稿”第650条。

鉴企业破产财产的清偿顺序。因此，关于遗产债务的清偿顺序的上述福建省被调查者的民众观念与民间习惯、域外立法和我国学者建议稿的观点可供我国立法参考。

十、遗产分割之特点与原因分析

（一）遗产分割的自由与限制之特点与原因分析

第一，关于遗产分割自由与限制的民间习惯，统计数据显示，在被福建省调查者所在地区的习惯是：（1）由各继承人共同协商后进行遗产分割的，占近九成（88.72%）；（2）当遗嘱禁止分割遗产则不得分割遗产的，占四成以上（41.35%）；（3）只要有继承人要求分割遗产就得进行分割的，占近二成（18.80%）（见表 11-42）。

以上特点之原因分析：在福建省被调查者所在地区，（1）近九成的地区的习惯是由各继承人共同协商后进行遗产分割，其原因可能是中华民族在历史上是一个家族观念极强的民族，长久以来受到家族观念长期影响的我国民众，至今也有相当部分人仍认为继承人不能单方提出分割遗产，毕竟遗产的分割涉及各继承人的共同利益，应当在各继承人协商一致后方可以开始分割遗产。（2）四成以上的地区的习惯是当遗嘱禁止分割遗产则不得分割遗产，其原因可能是遗产归被继承人所有，其有权通过遗嘱决定遗产的分割事宜。（3）近二成的地区的习惯是只要有继承人要求分割遗产就得进行分割，其原因可能是为尊重继承人的意志自由，允许任何一个继承人随时请求分割遗产，以终止共同共有关系。①

第二，关于提出遗产分割请求的时间的民间习惯，统计数据显示的特点是，即当被继承人死亡后，其子女继承人是否可以向被继承人的生存配偶提出分割遗产请求，被调查者所在地区的习惯是：（1）会提出遗产分割请求的，占不到一成（6.82%）；（2）即习惯上对其母正在居住房屋在其生存期间不予分割的，合计占九成以上（92.43%）（见表 11-43）。

以上特点之原因分析，当被继承人死亡后，其子女继承人是否可以向被继承人的生存配偶提出分割遗产请求，九成以上的福建省被调查者所在地区的习惯是，不可提出分割特殊遗产之请求，其原因可能是中国民间的财产继承习惯是：在父母一方去世后，对于生存的父母一方所居住的遗产房屋作为晚辈的子女不会立即提出分割要求，会保留遗产的原状，待父母双双去世后再对父母留下的遗产进行分割。这种习惯源自我国历史上长期流行的“禁止父母在别籍异财”的观念。该习惯使家庭财产处于暂不分割的状态，一方面有利于抚养幼小的子女，另一方面也能保障丧偶老年的晚年生活。② 这种民间习惯也体现了中国注重孝敬父母的观念。

第三，关于遗嘱对遗产分割的限制的民众观念，统计数据显示的特点是，（1）关于遗嘱可否限制遗产分割的民众观念，主张可以的，占八成半以上（86.36%）；主张不可以的，仅占一成以上（13.64%）（见表 11-44）。（2）关于被继承人立遗嘱限制遗产分割之具体期限的民众观念，在被调查者中，选择 5 年内的，占四成以上（42.24%）；选择 10 年内的，占近四成（38.79%）；选择 15 年内的，占近二成（18.97%）（见表 11-45）。

---

① 参见张玉敏：《继承法律制度研究》，法律出版社 1999 年版，第 144 页。

② 参见于志强、苏家成：《关于共同遗嘱的几点思考》，载《人民法院报》2003 年 11 月 17 日第 4 版。

以上特点之原因分析：在福建省被调查者中，（1）八成半以上的人认为被继承人有权在立遗嘱时对遗产分割进行限制，其原因可能是这是被继承人个人意志的体现，此种遗嘱自由正是私法自治的要求。（2）四成以上的人认为被继承人立遗嘱限制遗产分割之具体期限以5年之内为宜的原因可能是：其一，遗嘱是被继承人意志的体现，被继承人有权依照个人意志处分自己的合法财产，也就当然有权要求在一定期限内禁止遗产分割。其二，若限制分割的期限过长，则不利于物尽其用，或有可能损害遗产的价值。

关于遗产分割自由与限制之我国立法，我国《继承法》第15条规定“遗产分割的时间、办法和份额，由继承人协商确定。协商不成的，可以由人民调解委员会调解或向人民法院提起诉讼”。

从域外立法看，遗产分割自由原则目前已经成为许多国家继承法的原则。例如，《德国民法典》第2042条规定：“以第2043条至第2045条不另有规定为限，各共同继承人可以随时请求分割遗产。”①《瑞士民法典》第604条规定：“各共同继承人得随时请求分割遗产。但依契约或依法律规定有共有义务的，不在此限。”②《日本民法典》第908条规定，“被继承人可以通过遗嘱，确定或委托第三人确定分割的方法或者确定自继承开始时起不超过五年的期间内禁止分割”。③《韩国民法典》第1012条规定：“被继承人可以以遗嘱决定继承财产的分割方法，或委托第三人决定，于继承开始之日起不超过五年期间时，可禁止分割。”④

从我国诸继承法学者建议稿看，“杨稿”规定，继承开始后，继承人可以随时请求分割遗产。有以下情形的，遗产不得分割：共同继承人约定不得分割的；遗嘱禁止分割的，但是禁止分割的期限不得超过5年，超过5年的，缩短为5年；遗产被债权人申请禁止分割保全的；依遗产性质不得分割的；依法律规定禁止分割的。⑤“何稿”规定：当遗产债务清偿完毕，每个共同继承人都可以随时要求分割遗产。被继承人在遗嘱中排除遗产或个别遗产标的物的分割，或者对分割附条件或期限的，在继承开始后5年，这些限制丧失效力。⑥

我们认为，关于遗产分割的遗嘱限制的时间等，我国立法尚未规定，此为立法之不足。因此，关于遗产分割的自由予以适当限制的上述福建省被调查者的民间众观念与民间习惯、域外立法和我国学者建议稿的观点可供我国立法参考。

（二）遗产分割瑕疵的担保责任之特点与原因分析

关于遗产分割瑕疵的担保责任的民间习惯，统计数据显示的特点是，对于遗产分割的瑕疵，福建省被调查者所在地区的习惯是：（1）由共同继承人相互承担的，合计占五成以上（53.38%）；（2）由分得瑕疵遗产的继承人自行承担，即继承人间不相互承担遗产分割瑕疵担保责任的，占四成半以上（46.62%）（见表11-47）。

以上特点之原因分析：对于遗产分割的瑕疵，在福建省被调查者所在地区，（1）五

① 参见《德国民法典》第2043~2045条。
② 参见《瑞士民法典》第604条。
③ 《日本民法典》第908条。
④ 《韩国民法典》第1012条。
⑤ 参见“杨稿”第85条。
⑥ 参见“何稿”第101、101、105条。

成以上的地区的习惯是由共同继承人相互承担的，其原因可能是基于公平分配遗产的原则。(2) 四成半以上的地区的习惯是由分得瑕疵遗产的继承人自行承担，即继承人间不相互承担遗产分割瑕疵担保责任的，其原因可能是调查问卷设计的题目背景是针对两只羊的经济损失分担，这同现实生活中的实际遗产分割价值大小仍存在相当大的差距，故有不少被调查者或许是出于因经济损失较小，则不必麻烦其他继承人的观念而选择自行承担损失的选项。

关于遗产分割瑕疵的担保责任之我国立法，我国《继承法》无此规定。

从域外立法看，德国、法国和日本等国对继承人的瑕疵担保责任均作出了规定。其中，德国规定："共有终止时，向共有人中的一人分割共有物的，其他共有人中的任何一人均按其应有部分对权利瑕疵或对物的瑕疵负与出卖人同一的担保责任。"① 日本则规定："各共同继承人，对其他共同继承人与出卖人相同，按其应继份负担保责任。"② 法国规定："共同继承人仅就分割财产由于分割前的原因所发生的纠纷和追夺，相互负担保的责任。如被追夺的诉讼事件已经分割证书以特定且明示的条款免除担保时，不发生担保责任；如共同继承人中的一人因自己的过失而被追夺时，担保即终止。"③

从我国诸继承法学者建议稿来看，"王稿""梁稿""何稿""陈稿"都对此作出了规定，内容大致相同。其中以"梁稿"规定最为详尽，即"遗产分割后，各继承人以其所得的遗产份额为限，对其他继承人分得的遗产，负与出卖人同样的瑕疵担保责任。受遗赠人所接受的遗产为种类物的，有权要求继承人承担前款规定的责任。各继承人对其他继承人分得的债权，就遗产分割时债务人的支付能力，负担保责任。前项债权如附有停止条件或者未届清偿期的，则各继承人应就清偿时债务人的支付能力负担保责任。依前条规定负担保责任的共同继承人中，有无支付能力不能偿还其分担份额的，其不能偿还部分由有请求权的继承人与其他继承人按其所得遗产份额的比例分担。但不能偿还部分是由有请求权的继承人的自身原因所致的，其他共同继承人不负分担责任。"④

我们认为，我国立法欠缺遗产分割瑕疵的担保责任，此为立法之不足。设立该制度有利于避免继承人因分割遗产存在瑕疵导致的实质不公平。因此，对遗产分割的瑕疵由共同继承人相互承担的上述福建省被调查者所在地区的民间习惯、域外立法和我国学者建议稿的观点可供我国立法参考。

十一、无人承受遗产的处理之特点与原因分析

（一）无人承受遗产的归属之特点与原因分析

关于无人承受遗产的归属主体的民众观念，统计数据显示，(1) 主张归属主体为社会公共组织（包括归属于国家、死者生前所在地的国库、死者生前所在地民政部门的社会福利机构和死者生前所在的居委会）的，合计各占近六成（城镇居民 61.12%，农村居民 57.14%）；(2) 主张归属于主体为自然人（归属于不是继承人的其他亲属）的，各占三至四成（城镇居民 34.40%，农村居民 40.48%）（见表 11-48、表 11-49）。

---

① 参见《德国民法典》第 757 条。

② 参见《日本民法典》第 911 条。

③ 参见《法国民法典》第 884 条。

④ 参见"梁稿"第 1921、1922 条。

以上特点之原因分析：在福建省被调查者中，（1）七成的人认为可将无人承受的遗产上交国家或者收归社会福利机构，其原因可能是有利于发展社会福利事业。（2）三至四成的人认为无人继承的遗产归属主体为自然人，即归不是继承人的其他亲属所有的原因可能是：其一，受我古代“户绝”制度的影响。在古代，被继承人死亡后无男性继承人的，称为户绝，户绝财产往往由未嫁女、归宗女甚至是出嫁女继承。但是，若被继承人无任何子女，则其遗产“均入以次近亲，无亲戚者官为检校”。其二，随着我国家庭规模的不断缩小，家庭成员数逐渐减少，客观上造成法定继承人的数量亦随之减少，进而使发生无人承受的遗产的情形增多。其他亲属如伯叔姑舅姨、表兄弟姐妹、堂兄弟姐妹、侄子女、外甥子女等亲属虽不属于法定继承人，但在许多被调查者的家庭生活中亦与被调查者保持较为亲近的家族关系。为避免出现无人承受遗产情形，人们本着“肥水不流外人田”的观念，会倾向于将遗产留给不是继承人的其他亲属。

关于无人承受遗产的归属主体之我国立法，我国《继承法》第32条规定：“无人继承又无人受遗赠的遗产，归国家所有；死者生前是集体所有制组织成员的，归所在集体所有制组织所有。”

从域外立法看，不少国家都将无人承受的遗产收归国库或者国家。例如，日本规定：“归属于国库的财产未能以前条规定处分的财产归属于国库。”① 瑞士规定：“被继承人无继承人的，其遗产归属于其最后住所地的州，或归属于依州立法享有权利的乡镇。”②

从我国诸继承法学者建议稿看，“梁稿”规定，无人承受的遗产清偿债务和继承费用后，剩余的部分应归属国库或者被继承人所在的集体所有制组织。③ “王稿”“杨稿”均规定，无人承受的遗产在清偿债务、执行遗赠后归属于直接归属于国库或者被继承人所在的集体所有制组织。④

我们认为，将其他非法定继承人的亲属作为无人承受的遗产的归属主体更符合中国普通民众的预期。当然，此处的其他亲属亦应当有范围限制，亲属关系不宜过于疏远。因此，关于无人承受遗产的归属主体的上述域外立法和我国学者建议稿的观点可供我国立法参考。

（二）无人承受遗产的处理之特点与原因分析

第一，关于无人承受遗产的管理人的民众观念，统计数据显示，在福建省被调查者中，（1）主张由死者户籍所在地的居委会或村委会或所在单位指定的，占三成半以上（37.60%）；（2）主张由人民法院指定的，占近五成（48.80%）；（3）主张由民政部门指定的，占一成以上（13.60%）（见表11-50）。

以上特点之原因分析：在福建省被调查者中，（1）近五成的人主张由人民法院指定无人承受遗产的管理人，其原因可能是由人民法院指定的遗产管理人更令人信服，更有利于公平保护相关债权人的利益。（2）三成半以上的人主张由死者户籍所在地的居委会或村委会或所在单位指定无人承受遗产的管理人，其原因可能是基层群众性自治组织对死者及其遗产的情况相较于其他主体则更为清楚，由其指定遗产管理人，有利于对遗产进行清

① 参见《日本民法典》第959条

② 参见《瑞士民法典》第466条。

③ 参见“梁稿”第2029条。

④ 参见“王稿”第666条；“杨稿”第94条。

算、管理和利用。

关于无人承受遗产的管理人的产生方式之我国立法，我国《继承法》无此规定。

从域外立法看，对于无人承受遗产的遗产管理人的选任均有所规定。例如，在瑞士，当出现继承人空缺的情形时，由主管官厅委托公证人或私人承担管理遗产的职责。① 在法国，对于无人承认继承的遗产，继承开始地的第一审法院得依据利害关系人或王国初级检察官的请求，选任财产管理人。② 在日本，继承人有无不明时，家庭法院因利害关系人或检察官的请求选任继承财产管理人。③

从我国诸继承法学者建议稿看，各学者观点不一。例如，"梁稿"则认为应当由法院指定遗产管理人。④"王稿""陈稿"皆认为应当由村委会或者居委会作为遗产管理人。⑤"杨稿"则认为应当由民政部门指定遗产管理人。⑥

我们认为，我国立法未规定无人承受遗产人的产生方式，此为立法之不足。关于无人承受遗产管理人的产生方式的上述福建省被调查者的民众观念、域外立法和"梁稿"的观点可供我国立法参考。

第二，关于无人承受遗产酌分请求权主体的民众观念，统计数据显示的特点是，分别占六至八成的福建省被调查者认为无人承受的遗产的酌分请求权人包括：依靠死者扶养的人（占62.41%）；与死者共同生活的人（占65.41%）；与死者有密切联系且对其帮助较多的人（占81.20%）（见表11-51）。

以上特点之原因分析：在福建省被调查者中，（1）六成多的人认为无人承受遗产酌分请求权人包括依靠死者扶养的人，其原因可能是在现实生活中依靠死者扶养的人，多为与被继承人形成事实上的扶养关系的人。虽该人与被继承人无血缘关系，但因与死者长期共同生活而形成了扶养关系的人，仍可请求酌情分得遗产。（2）六成半的人认为无人承受遗产酌分请求权人包括与死者共同生活的人，其原因可能是，与死者共同生活的人在现实生活中多表现为与死者同居的伴侣。与死者共同生活的人能够请求酌情分得遗产，一定程度上系基于其与被继承人的感情关系以及其与被继承人生前共同生活、互相照顾。（3）六成半的人认为无人承受遗产酌分请求权人包括与死者有密切联系且对其帮助较多的人原因可能是，这体现了中国历来强调的"滴水之恩，涌泉相报"的传统美德。

关于无人承受遗产酌分请求权主体之我国立法，我国《继承法》无规定。但1985年《执行继承法意见》第57条规定："遗产因无人继承收回国家或集体所有时，按我国《继承法》第十四条规定分给遗产的人提出取得遗产的要求，人民法院应视情况适当分给遗产。"

从域外立法看，有的国家明确规定了无人继承遗产的酌分请求权主体。例如，日本规定，遗产无人继承时，家庭法院认为适当的，可以根据与被继承人共谋生计的人、悉心治疗护养被继承人者及其他与被继承人有特别关系之人的请求，将清算后剩余继承财产的全

① 参见《瑞士民法典》第554条。

② 参见《法国民法典》第812条。

③ 参见《日本民法典》第952条。

④ 参见"梁稿"第1924条。

⑤ 参见"王稿"第661条；"陈稿"第83条。

⑥ 参见"杨稿"第91条。

部或一部分给予上述人。①

从我国诸继承法学者建议稿看，关于无人承受遗产的酌分请求权主体，“陈稿”规定：“无人承受的遗产，经清偿债务、执行遗赠后有剩余的，遗产管理人经书面请求居民委员会或村民委员会主任并获得同以及签字后，遗产管理人可以具体情况将遗产的全部或者部分酌情分配给依靠被继承人扶养的人、对被继承人扶养较多的人、与被继承人一同生活的人或其他与被继承人有密切关系的人。在无前款规定人员的情形下，遗产管理人应当将剩余的遗产移交国家或者集体组织所有”②

我们认为，我国无人承受的遗产之酌情分配请求主体范围较窄，此为立法之不足。所以，应将三代以内旁系血亲作为无人承受遗产的归属主体，如果无前主体存在，还存在有其他与被继承人有密切关系的人，则酌情分配给其全部或者部分遗产也并无不可。因此，上述福建省被调查者主张扩大无人承受的遗产之酌情分配请求主体的民众观念、域外立法和我国学者建议稿的观点可供我国立法参考。

第四节　当代中国福建省民营企业主财产继承观念与遗产处理习惯对中国民法典继承编制定的立法启示

以上，我们根据福建省民营企业主被调查者的财产继承观念与遗产处理习惯实证调查的统计汇总数据，分析归纳其特点，研究其特点的产生原因，并考察我国司法实践相关案例，分析我国继承法律制度的适用情况，进而结合考察域外立法例和我国诸继承法学者建议稿的观点，总结我国《继承法》相关制度的优点和剖析其不足。以下，我们将以福建省民营企业主被调查者的财产继承观念与遗产处理习惯为参考基础，从中国实际出发，借鉴域外立法例和我国诸继承法学者建议稿的有益观点，对我国“民法典继承法编”中相关继承制度的修改完善或予以保留，提出立法建议，以供我国立法机关参考。

一、我国遗产范围制度之不足与立法完善建议

（一）我国遗产范围界定制度之不足

关于的遗产范围的制度，我国《继承法》主要存在两个方面的不足：第一，随着我国经济的快速发展，财产类型的快速增加，关于遗产的种类范围界定，列举式规定已经不能满足社会需要；此外，遗产种类的规定欠缺排除的规定，这会影响民众对遗产的种类的正确认识，容易引发纠纷；例如，福建省被调查者对于以被继承人姓名注册的邮箱、QQ号和死亡赔偿金是否属于遗产在认识上存在很大的不同，反映出福建省被调查者对于新型财产是否属于遗产不甚明晰的问题（见表11-3）。第二，欠缺被继承人生前特种赠与财产的归扣制度。这不利于在共同继承人中公平分配遗产，也不利于在全球化背景下平等保护涉外继承关系中各方共同继承人的合法继承权益。虽然在福建省被调查者的归扣观念欠缺且实际生活中归扣习惯较少，但是从立法的引导性和超前性角度考量，增设被继承人生前特种赠与财产的归扣制度是有必要的（见表11-4）。

① 参见《日本民法典》第958-3条。

② 参见“陈稿”第87条。

（二）我国遗产范围界定制度之立法完善建议

综上所述，我们针对我国遗产范围制度的修改完善提出以下建议：

1. 遗产范围界定模式之立法建议

对遗产的范围，建议采取概括与排除结合式的立法模式。

遗产是被继承人死亡时遗留的可以转移的个人合法财产，其死亡后遗留的财产都可作为遗产，下列财产不应列入遗产的范围：（1）与被继承人人身不可分割的人身性质财产；（2）与被继承人相关的专属性债权债务；（3）法律规定不得继承的其他财产。①

2. 被继承人生前特种赠与财产的归扣之立法建议

建议增设被继承人生前特种赠与财产归扣制度，具体内容包括遗产归扣的主体（共同应召继承人）、遗产归扣的标的（一定额度以上的特种赠与）、遗产归扣义务的免除（采书面或口头的明示方式表示）、遗产归扣的方法。

二、我国遗产开始的通知与公告制度之不足与立法完善建议

（一）我国继承开始的通知和公告制度之不足

关于继承开始的通知和公告制度，我国《继承法》主要存在的不足是继承开始的通知和公告的义务主体范围太窄，不利于及时告知相关人员继承开始的信息，不利于保障遗产利害关系人的权益。福建省四成半以上的被调查者主张扩大继承开始的通知和公告的主体（见表11-5）。

（二）我国继承开始的通知和公告制度之立法完善建议

建议扩大继承开始的通知和公告的主体。

继承开始后，知道被继承人死亡的继承人应当及时通知其他继承人和遗嘱执行人。继承人中无人知道被继承人死亡或者知道被继承人死亡而不能通知的，由被继承人生前所在单位或者住所地的居民委员会、村民委员会负责通知。其他利害关系人在知道继承开始后，也可以通知继承人或遗嘱执行人。②

三、我国遗产管理制度之不足与立法完善建议

（一）我国遗产管理制度之不足

关于遗产管理的制度，我国《继承法》主要存在以下不足：第一，缺乏遗产管理人的选任规则，八成半的福建省被调查者所在地区习惯于由死者的法定继承人担任遗产管理人（见表11-11）。第二，欠缺对遗产管理人的职责与报酬的规定。福建省被调查者观念中的遗产管理人的职责具有多样性；且认为当遗产管理人为继承人时其不应取得报酬，而法院指定的或由继承人选任的第三人可以取得相应的报酬（见表11-12、表11-13）。前述涉及遗产管理制度的案例之司法审判实践中，也反映出我国欠缺遗产管理人职责的不足。第三，缺乏遗产管理人的损害赔偿责任；四成半以上的福建省被调查者所在地区有遗产管理人在故意或重大过失时才承担赔偿责任的习惯（见表11-14）。

（二）我国遗产管理制度之立法完善建议

综上所述，我们针对我国遗产管理制度的修改完善提出以下建议：

---

① 参见“何稿”第10条。

② 郭明瑞、房绍坤、关涛：《继承法研究》，中国人民大学出版社2003年版，第317页。

1. 遗产管理人选任之立法建议

关于遗产管理人的选任，被继承人可以在遗嘱中指定或者委托继承人或第三人担任遗产管理人。遗嘱中未指定的，继承开始后，继承人可以举行会议推选遗产管理人。未推选的，由全体继承人共同担任遗产管理人。在下列情况下，经利害关系人申请，人民法院可以制定遗产管理人：(1) 遗嘱未指定遗产管理人或遗产执行人，继承人对遗产管理人的选任有争议的；(2) 没有继承人或者继承人下落不明，而遗嘱中又未指定遗产执行人的；(3) 利害关系人有证据证明继承人的行为已导致或者可能导致其利益受损的；人民法院在指定遗产管理人之前，经利害关系人申请，可以对遗产进行必要的处分。①

2. 遗产管理人的职责和报酬之立法建议

关于遗产管理人的职责如下：查明死者是否留有遗嘱，并且确定遗嘱是否合法真实；发出继承开始的通知给继承人和遗产利害关系人；妥善保管遗产；制定遗产清册；清偿遗产债务；分割、移交遗产。②

关于遗产管理人的报酬，除继承人担任遗产管理人外，遗产管理人的行为符合遗嘱、继承人间的协议或法律规定的管理条件的，有权获取报酬。

3. 遗产管理人的损害赔偿责任之立法建议

遗产管理人因故意或重大过失未尽遗产管理义务，从而造成遗产毁损灭失的，应当承担损害赔偿责任。③

四、我国法定继承制度之不足与立法完善建议

（一）我国法定继承制度之不足

关于法定继承制度，我国《继承法》主要存在五个方面的不足：第一，法定继承人的范围较窄且顺序较少，这不利于发挥遗产的扶老育幼功能，且福建省被调查者认可的法定继承人的范围更广、顺序更多（见表 11-15、表 11-16）。第二，配偶的法定继承顺序为固定顺序，即第一顺序的法定继承人，不利于保障和平衡配偶及后顺序的兄弟姐妹等近血亲的继承权益，但五成半以上的福建省被调查者认为配偶应为无固定顺序的法定继承人，可参与不同顺序的法定继承且取得的份额也不尽相同（见表 11-17）。第三，未规定生存配偶对遗产中家庭住房的先取权和终生使用权，不利于保障生存配偶的基本生存权和居住权，有八成半以上的福建省被调查者认为生存配偶对遗产中的家庭住房享有先取权和终生使用权（见表 11-19）。第四，未规定后顺序特殊法定继承人对特殊遗产的终生使用权，有近九成的福建省被调查者认为后顺序特殊法定继承人对特殊遗产享有免费的终生期限的使用权（见表 11-20、表 11-21）。第五，尽了主要赡养义务的丧偶儿媳（或女婿）作为第一顺序法定继承人，不利于保护血亲继承人之继承权。前述涉及法定继承制度的案例之司法审判实践中，也反映出我国尽了主要赡养义务的丧偶儿媳或女婿的遗产分配方式存在此不足。

（二）我国法定继承制度之立法完善建议

综上所述，我们针对我国法定继承制度的修改完善提出以下建议：

---

① 郭明瑞、房绍坤、关涛：《继承法研究》，中国人民大学出版社 2003 年版，第 318 页。

② 参见“何稿”第 53 条。

③ 参见“陈稿”第 10 条。

1. 法定继承的范围与顺序之立法建议

建议扩大法定继承人的范围、增加法定继承人的顺序。

第一顺序继承人，包含子女及其晚辈直系血亲、父母；第二顺序继承人，包括被继承人的兄弟姐妹、祖父母和外祖父母；第三顺序继承人的范围包括被继承人的四亲等以内的亲属。配偶为不固定顺序继承人，可以与前面三个顺序的继承人共同继承。继承开始后，前顺序有继承人参与继承时，后顺序继承人不继承。

2. 配偶与血亲继承人的法定应继份之立法建议

建议修改配偶作为不固定顺序法定继承人。配偶可以和任一顺序的血亲继承人共同继承。当配偶与第一顺序继承人共同继承时，各继承人应继份额相等；当配偶与第二顺序继承人共同继承时，其应继份额为二分之一；当配偶与第三顺序继承人共同继承时，其应继份额为三分之二；当无前述法定继承人时，配偶继承全部遗产。

3. 配偶对遗产中的家庭住房的先取权与终生使用权之立法建议

建议增补生存配偶对遗产中供家庭共同使用的住房和日常生活用品享有先取权，对遗产中其生活的住房享有用益权直至其死亡。①

4. 后顺序特殊法定继承人对遗产中的家庭住房的先取权与终生使用权之立法建议

建议增补后顺序特殊法定继承人对遗产中的家庭住房的先取权与终生使用权。即依靠被继承人扶养的后顺序的法定继承人在未参加继承时，对遗产中供其个人日常生活使用的物品和住房享有终生的使用权和用益权。②

5. 尽了主要赡养义务的丧偶儿媳或女婿的遗产分配方式之立法建议

建议修改尽了主要赡养义务的丧偶儿媳或女婿作为第一顺序继承人的规定，将其修改为对被继承人生前扶养较多的人可以请求酌情分得适当遗产。

五、我国遗嘱继承制度之不足与立法完善建议

（一）我国遗嘱继承制度之不足

关于遗嘱继承制度，我国《继承法》主要存在三个方面的不足：第一，公证遗嘱具有优先适用的效力且只能采用公证的形式进行变更，不利于维护遗嘱人设立、变更遗嘱的自由权利。七成半的福建省被调查者认为后遗嘱应优先于前一遗嘱（包括公证遗嘱）（见表 11-24）。前述涉及遗嘱继承制度的案例之司法审判实践中，也反映出我国公证遗嘱的适用效力之不足。第二，未规定特留份制度，不利于防止遗嘱自由的滥用和遗产养老育幼功能的发挥；六成的福建省被调查者认为遗嘱自由应受到一定的限制，即遗嘱人应为自己的配偶、子女等近亲属保留一定遗产（见表 11-25）。第三，欠缺夫妻共同遗嘱，不利于规范夫妻共同遗嘱行为，容易引发继承纠纷；近八成的福建省被调查者在观念上认可夫妻共同遗嘱，但在实践中有夫妻共同设立遗嘱的习惯较少，占三成半以上（见表 11-26、表 11-28）。

（二）我国遗嘱继承制度之立法完善建议

综上所述，我们针对我国遗嘱继承制度的修改完善提出以下建议：

---

① 张玉敏主编：《中国继承法立法建议稿及立法理由》，人民出版社 2006 年版，第 96 页。

② 参见“陈稿”第 48 条。

1. 公证遗嘱与其他形式遗嘱的效力之立法建议

修正公证遗嘱的效力位阶和不同形式遗嘱的变更方式，即遗嘱人可以撤销、变更自己所立的遗嘱；立有数份遗嘱，内容相抵触的，以最后的遗嘱为准；公证遗嘱可以通过公证、自书、代书、录音、口头等方式变更。

2. 遗嘱自由的限制——特留份制度之立法建议

增设特留份制度。遗嘱人设立遗嘱时，应当为第一顺序法定继承人预留应继份的二分之一的特留份。公民设立遗嘱或做出遗赠处分时不得侵害特留份；当遗嘱处分财产侵害了继承人的特留份权时，在受侵害的继承人于特留份必要的限度内，得主张该遗嘱处分无效。但该部分无效不导致遗嘱的全部无效。

3. 夫妻共同遗嘱之立法建议

增设夫妻共同遗嘱。夫妻双方可以共同设立遗嘱。在夫妻相互指定对方为继承人的共同遗嘱中，一方撤销遗嘱，则视为另一方也撤销遗嘱。在夫妻相互指定对方为继承人的共同遗嘱中，该遗嘱自夫妻一方死亡时，部分生效、部分失效，届时生存之一方对遗产享有完全之所有权。在以共同财产为标的，指定第三人为继承人或受遗赠人，或夫妻双方互相以对方为继承人，再以第三人为继承人的夫妻共同遗嘱中，共同遗嘱人之一方死亡后，另一方针对遗嘱中专属于自己的遗产可以恢复处分权。①

六、我国继承和遗赠的接受与放弃制度之不足与立法完善建议

（一）我国继承和遗赠的接受与放弃制度之不足

关于继承和遗赠的接受与放弃制度，我国《继承法》主要存在三方面的不足：第一，未明确规定继承的接受与放弃的期限，容易引发继承纠纷。第二，以明示方式接受遗赠，不利于保护当事人的合法权利。八成以上的福建省被调查者认为受遗赠人未作表示应认定为接受遗赠（见表11-30）。前述涉及继承与遗赠的接受与放弃制度的案例之司法审判实践中，也反映出继承放弃的方式与效力存在此不足。第三，未明确规定继承人放弃继承时，债权人能否撤销继承人放弃继承的行为；五成的福建省被调查者认为放弃继承权的行为可以被债权人撤销（见表11-31）。

（二）我国继承和遗赠的接受与放弃制度之立法完善建议

综上所述，我们针对我国继承和遗赠的接受与放弃制度的修改完善提出以下建议：

1. 继承的接受与放弃的时间与方式之立法建议

继承开始后，继承人放弃继承的，应在自知道其为继承人或自遗嘱开启两个月内，以书面的形式向已经接受继承的继承人或遗产管理人（遗嘱执行人）作出放弃继承的意思表示；逾期未表示的，视为接受继承。

2. 遗赠的接受与放弃的方式与效力之立法建议

建议修改现行的遗赠的接受与放弃方式，即受遗赠人应当在知道受遗赠后两个月内，以书面的方式作出放弃受遗赠的表示；逾期未表示的，视为接受遗赠。

3. 继承的放弃与债权人的撤销权之立法建议

建议规定继承人放弃继承损害遗产债权人利益的，债权人可以在知道或者应当知道继

① 参见“杨稿”第37条。

承人放弃继承之日起 6 个月内向人民法院申请撤销。

七、我国继承权的丧失、被继承人的宥恕与代位继承制度之不足与立法完善建议

（一）我国继承权的丧失、被继承人的宥恕与代位继承制度之不足

关于继承权的丧失、被继承人的宥恕与代位继承，我国《继承法》主要存在两个方面的不足：第一，对继承权绝对丧失和相对丧失的规定，散见于我国《继承法》和 1985 年《执行继承法意见》之中，形式上不集中，内容上也不全面。近七成的福建省被调查者认为欺诈或胁迫行为妨碍被继承人设立、变更或者撤销遗嘱而继承权丧失后因为被继承人的宥恕而恢复继承权（见表 11-32）。前述涉及继承权的丧失、被继承人的宥恕与代位继承制度的案例之司法审判实践中，也反映出我国继承权的丧失、被继承人的宥恕制度存在此不足。第二，继承人丧失继承权其晚辈直系血亲不得代位继承，不利于保障代位继承人的继承权益；五成的福建省被调查者认为被代位继承人丧失继承权后其晚辈直系血亲可以代位继承（见表 11-33）。

（二）我国继承权的丧失、被继承人的宥恕与代位继承制度之立法完善建议

综上所述，我们针对我国继承权的丧失与恢复制度的修改完善提出以下建议：

1. 继承权丧失与被继承人的宥恕之立法建议

减少继承权绝对丧失的法定情形，增加继承权相对丧失的法定情形。继承人有下列行为之一的，丧失继承权：一是故意杀害被继承人的；二是为争夺遗产而杀害其他继承人的；第三，遗弃被继承人的，或者虐待被继承人情节严重的；四是伪造、篡改或者销毁遗嘱，情节严重的；五是以欺诈或者胁迫的手段，迫使或者妨碍被继承人设立、变更或者撤回遗嘱。

前款规定的五种情形，仅第一种将导致继承权的永久性丧失，其余四种情形，如被继承人予以宽恕的，仍可酌情恢复继承权。

2. 继承权的丧失与代位继承之立法建议

继承人丧失继承权的，其晚辈直系血亲可以代位继承。

八、我国遗赠扶养协议制度之不足与立法增补建议

（一）我国遗赠扶养协议制度之不足

关于遗赠扶养协议制度，我国《继承法》主要存在的不足是：第一，遗赠扶养协议的主体范围较窄，无法满足被继承人与继承人签订扶养协议的需求。七成以上的福建省被调查者承认继承协议的效力且该协议的订立主体应是被继承人与全体继承人，五成半以上的被调查者所在地区，为解决被继承人养老送终而签订继承协议的情形时常发生（见表 11-34、表 11-35）。并且前述涉及继承协议制度的案例之司法审判实践中，也反映出我国欠缺继承协议制度之不足。第二，未设立继承协议制度，缺乏对继承协议的变更与效力问题的规定。在福建省被调查者中，近六成的人认为扶养义务人死亡是继承协议终止的情形之一，近四成的人认为可以允许有条件地代位扶养，近四成的人认为应签订新的继承协议，三成以上的人认为需要对超过原扶养人法定义务的支出予以经济补偿（见表 11-37）。

（二）我国继承扶养协议制度的立法增补建议

综上所述，我们针对我国继承扶养协议制度的立法建议如下：

1. 继承扶养协议的订立主体与条件之立法建议

建议增设继承扶养协议制度，即被继承人可以与继承人订立继承协议，约定由一个或多个继承人承担赡养（扶养）被继承人的义务，被继承人死后，由承担赡养（扶养）义务的继承人按照继承协议继承遗产。

继承扶养协议对赡养（扶养）人继承遗产的部分未作明确约定的，视为继承全部遗产。继承协议应当以书面的形式订立。订立继承协议的人需有完全民事行为能力。

2. 继承扶养协议的变更及效力之立法建议

继承扶养协议的扶养义务人不按继承协议履行赡养（扶养）义务，或者因为死亡或丧失赡养（扶养）能力而不能继续履行合同义务，被继承人可以解除合同；合同解除后，义务人已经支付的赡养（扶养）费用应当在共同继承人之间进行结算。[①]

九、我国遗产债务清偿制度之不足与立法完善建议

（一）我国遗产债务清偿制度之不足

关于遗产债务清偿制度，我国《继承法》主要存在三个方面的不足：第一，实行无条件的限定继承，缺少对遗产债务的有条件的有限清偿责任和强制的无限清偿责任之规定。有九成半的福建省被调查者认可在不同情形下，继承人对遗产债务清偿应承担自愿的或强制的无限责任（见表11-38）。前述涉及遗产债务清偿制度的案例之司法审判实践中，也反映出我国遗产债务清偿责任的类型之不足。第二，未规定被继承人的丧葬费用的支付；近七成的福建省被调查者所在地区的习惯是继承人的丧葬费由全体继承人共同支付（见表11-39）。第三，对遗产债务的清偿顺序欠缺规定，不利于保障遗产权利人的利益。

（二）我国遗产债务清偿制度之立法完善建议

综上所述，我们针对我国遗产债务清偿制度的修改完善提出以下建议：

1. 遗产债务清偿责任类型之立法建议

继承开始后，继承人自愿声明选择实行有条件的限定继承，且依法制作遗产清册的，仅以遗产为限清偿被继承人的债务。对于超过遗产实际价值部分的债务，继承人自愿偿还的不在此限。未在法定期间制作遗产清册的，或故意未将遗产计入遗产清册的，应当对被继承人的债务承担无限清偿责任。

2. 被继承人丧葬费支付之立法建议

被继承人的丧葬费用，应由其继承人共同承担。法定继承人不因放弃继承权而免除其承担丧葬费用的义务。

3. 遗产的债务清偿顺序之立法建议

明确规定遗产债务的清偿顺序。遗产债务应当按照下列顺序清偿：（1）继承费用[②]、

---

① 参见“张稿”第55条。

② 被继承人死亡后发生的下列费用为继承费用：（1）继承案件的诉讼费用；（2）管理、变价和分配被继承人遗产的费用；（3）遗产管理人执行职务的费用、报酬和聘用工作人员的费用。

共益债务①；（2）对缺乏劳动能力又没有生活来源的继承人保留必要的遗产份额；（3）被继承人所欠职工的工资和医疗、伤残补助、抚恤费用，所欠的应当划入职工个人账户的基本养老保险、基本医疗保险费用以及法律、行政法规规定应当支付给职工的补偿金；（4）被继承人欠缴的除前项规定以外的社会保险费用和被继承人所欠税款；（5）被继承人的普通债务；（6）未于公告期间内申报并继承人及其遗产管理人所不知的被继承人的债务。

公示催告期届满后，继承人和遗产管理人应当依据已申报债权和其他已知债权的数额或比例，以遗产分别偿还。对遗产享有担保物权的债权人可申请就担保物优先受偿。对于尚未到期的遗产债务或有争议的遗产债务，继承人和遗产管理人应当在遗产分割前保留为清偿此债务所必要的财产。②

遗产债务清偿后还有剩余的，按照下列顺序分割：（1）遗赠扶养协议写明遗赠的遗产；（2）受遗赠人和遗嘱继承人应受份额，遗产不足以满足全部受遗赠人与遗嘱继承人之份额，则应按比例清偿；（3）对被继承人扶养较多的人之酌情分配遗产份额；（4）法定继承人应继承的份额。

十、我国遗产分割制度之不足与立法完善建议

（一）我国遗产分割制度之不足

关于遗产分割制度，我国《继承法》主要存在两个方面的不足：第一，虽然有体现遗产分割自由的规定，但是还没有明确规定遗产分割的请求时间和限制遗产分割的条件与期间；八至九成的福建省被调查者认为全体继承人共同协商一致后方可分割遗产、被继承人在设立遗嘱时有权限制遗产分割且限制期间以5年为宜（见表11-42、表11-43、表11-44）。第二，欠缺遗产分割之共同继承人瑕疵担保责任制度，不利于公平的保护继承人的权利；五成以上的福建省被调查者所在地区习惯于由共同继承人相互承担遗产分割瑕疵的担保责任（见表11-47）。

（二）我国遗产分割制度之立法完善建议

综上所述，我们针对我国遗产分割制度的修改完善提出以下建议：

1. 遗产分割的自由与限制之立法建议

遗产债务清偿完毕后，继承人有权随时请求分割遗产，其他继承人负有协助义务，但遗嘱限制遗产分割或共同继承人另有协议的除外。被继承人可以在遗嘱中对其遗产的全部或部分作出不得分割的期限限制，但该期限最长为5年，超过5年的部分无效。

继承人或受遗赠人因生活困难、疾病治疗等特殊情形向人民法院请求分割遗产的，可以不受遗产分割时间限制，人民法院应予支持。

2. 遗产分割瑕疵的担保责任之立法建议

遗产分割后，各继承人以其所得的遗产份额为限对其他继承人因分割所得的遗产，承

① 共益债务是指被继承人死亡后，为了全体债权人的共同利益及遗产清算程序顺利进行而发生的债务。被继承人死亡后发生的下列债务为共益债务：（1）因遗产管理人请求对方当事人履行双方均未履行完毕的合同所产生的债务；（2）遗产受无因管理所产生的债务；（3）为使遗产继续营业而应支付的劳动报酬和社会保险费用以及由此产生的其他债务；（4）管理人或者相关人员执行职务致人损害所产生的债务；（5）遗产致人损害所产生的债务。

② 参见“何稿”第83条。

担与出卖人相同的瑕疵担保责任。各继承人对其他继承人分得的债权，就遗产分割时债务人的支付能力，负担保责任。债权附有停止条件或者未届清偿期的，各继承人应就清偿时债务人的支付能力负担保责任。

十一、我国无人承受遗产制度之不足与立法完善建议

（一）我国无人承受遗产制度之不足

关于无人承受遗产制度，我国《继承法》主要存在两个方面的不足：第一，未规定无人承受遗产的管理人选任；近五成的福建省被调查者认为由人民法院指定无人承受遗产的管理人为宜（见表 11-50）。第二，无人承受遗产酌分请求权主体较为狭窄；六至八成的福建省被调查者认为凡与死者有较为密切关系的人（依靠死者扶养的人、与死者共同生活的人、与死者有密切联系且对其帮助较多的人）都可以作为酌情分得无人继承的遗产之请求权主体（见表 11-51）。

（二）我国无人承受遗产制度之立法完善建议

综上所述，我们针对我国无人承受遗产制度的修改完善提出以下建议：

1. 无人承受遗产管理人之立法建议

建议增补无人承受遗产的管理制度，继承开始后，继承人有无或者生死不明的，被继承人的遗嘱亦未规定遗产管理人的，经利害关系人向法院提出申请，由法院指定遗产管理人。继承人于公告期间届满前出现的，遗产管理人终止管理行为，并向继承人办理移交手续。遗产管理人在继承人出现前的管理行为仍对继承人发生效力。

2. 无人承受遗产酌分请求权主体之立法建议

建议扩大无人承受遗产酌分请求权主体范围，即无人承受的遗产在清偿债务后仍有剩余财产的，法院可根据情况，对依靠死者扶养的人、对死者扶养较多的人、与死者共同生活的人或与死者有密切联系且对其帮助较多的人酌情分配无人承受的遗产。

第十二章 当代中国川渝等地民营企业主财产继承观念与遗产处理习惯实证调查研究*

第一节 当代中国川渝等地民营企业主财产继承观念与遗产处理习惯实证调查概况

一、实证调查背景

当前，根据党的十八届四中全会《中共中关关于全面推进依法治国若干重大问题的决定》提出的依法治国方略，我国正紧锣密鼓地开展“民法典”的编纂工作。其中，我国《民法总则》已于2017年3月15日通过，于2017年10月1日施行。而“民法分则继承编”的起草工作正在进行之中。

财产继承关系涉及千家万户、男女老少的切身利益，也涉及第三人的利益和交易安全，为编制一部具有时代特点、符合中国国情的“民法典继承编”，必须正确认识和科学把握当代中国民众的财产继承观念与遗产处理习惯。相较一般被继承人，民营企业主往往有更多遗产，这部分群体的财产继承往往更容易引发纠纷和矛盾，他们的继承观念和遗产处理习惯，对于立法如何协调继承人之间以及继承人和第三人之间的利益平衡，具有较大的现实意义。为了解民营企业主这一特殊群体的财产继承观念与遗产处理习惯，我们组织开展进行“当代中国川渝等地民营企业主财产继承观念与遗产处理习惯实证调查研究”。

二、实证调查情况简介

2016年11月，西南政法大学陈苇教授主持申报的司法部科研项目“我国遗产处理制度系统化构建研究”被批准立项。为了给此课题的理论研究和制度研究提供国情资料，必须调查了解当代中国民众的财产继承观念和遗产处理习惯。考虑到课题组人力、物力的限制，陈苇教授选择我国十省市包括东北部的吉林省、东部的上海市、北部的河北省、中部的湖北省和江西省，南部的广东省和海南省，东南部的福建省、西南部的重庆市和四川省作为被调查地区，然后联系确定了各省市调查组组长，由各省市调查组长负责召集和培

* 陈苇，女，西南政法大学外国家庭法及妇女理论研究中心主任、民商法学院教授、博士生导师；石雷，男，法学博士，西南政法大学民商法学院讲师；贺海燕，女，西南政法大学2017级民商法博士研究生；郭庆敏，女，西南政法大学2018级民商法博士研究生；占泸霞，女，西南政法大学民商法学院2016级硕士研究生。

训学生调查调查员组织开展本项目的子课题“当代中国民众财产继承观念与遗产处理习惯实证调查研究”。本次“中国川渝等地民营企业主财产继承观念与遗产处理习惯实证调查研究”是西南政法大学陈苇教授主持的“当代中国民众财产继承观念与遗产处理习惯实证调查研究”的组成部分之一。川渝等地民营企业主调查组组长、副组长分别为西南政法大学民商法学院陈苇教授、胡苷用副教授。

（一）调查问卷的设计和学生调查员的召集与培训

2016年11月中旬，陈苇教授组织重庆市课题组成员分工合作，设计制作“当代中国民众财产继承观念与遗产处理习惯实证调查研究”的调查问卷，至2016年12月中旬完成了调查问卷的设计工作。然后，陈苇教授把调查问卷通过电子邮件发送给参与本次实证调查的十省市调查组组长，以供开展实地调查时统一使用。2016年12月下旬，根据陈苇教授撰写的“当代中国民众财产继承观念与遗产处理习惯社会调查动员和培训会”的说明书，陈苇教授在西南政法大学召集、遴选学生调查员55名，然后组织召开“当代中国川渝等地民营企业主之民众继承观念与遗产处理习惯实证调查动员暨社会调查知识培训会”。在会上，陈苇教授给每位学生调查员发放了6份调查问卷，针对问卷的问题，逐一讲解调查要点和具体的调查方法，要求被调查者应当以民营企业主为职业背景，且必须是男女各3名，分为老、中、青（61岁以上、41~60岁、20~40岁）三个年龄段，并且要求每名学生调查员利用2017年的寒假各自在家乡开展实地社会调查。

（二）实地社会调查的方式

2017年1月至2月寒假，学生调查员回到各自家乡开展实地社会调查。本次调查主要采取学生调查员“入户问卷调查”和“个人访谈”的方式进行。

第一，入户问卷调查。学生调查员在2017年寒假回到自己的家乡，对当地民众进行入户问卷调查。每位被调查对象必须符合培训会说明的条件要求，而且其只能填写一份调查问卷。学生调查员入户后首先向被调查者讲解说明本次调查的目的意义和调查问卷填写的相关问题，采取让被调查者自己填写问卷或者学生调查员向被调查者询问后代为填写两种方式完成问卷的填写。

第二，个人访谈。要求采取“一对一”的个人访谈方式，以收集与遗产继承有关的纠纷或案例。本次实地调查，除填写调查问卷外，还要求辅以“一对一”的个人访谈，收集和记录典型的继承纠纷或相关案例的内容。因为调查问卷涉及客观选择与主观理由两部分内容，采取“一对一”的个人访谈方式，可以避免被调查者受他人的影响，以便能够较为客观深入地了解被调查民众的真实想法。

（三）调查问卷数据的录入、统计汇总、复核与撰写调查研究报告

2017年3月开学后，本调查组教师组织统一回收了调查问卷与典型案例的访谈记录，然后组织学生统计员进行数据统计工作。本次实地调查实际发放问卷230份，剔除无效问卷，共计回收有效问卷179份，有效问卷率为77.82%。随后，根据有效问卷进行调查数据的录入、制作统计汇总表，并且进行统计汇总数据的复核。2017年4月底完成《〈当代中国民众财产继承观念与遗产处理习惯实证调查问卷〉当代中国川渝等地民营企业主民众实证调查统计数据汇总表》的定稿。我们在此需要特别说明，关于各项调查问题之统计人数的合计，凡单选题的人数合计均为100%，均合计在统计表中；凡多选题的人数合计均超过100%，故不予进行合计的统计。本调查研究报告的撰写就是根据此次调查统计

数据汇总表作为基础资料进行分析和研究而成。在此，特向所有参与此次调查活动的老师和同学表示衷心感谢！①

2017 年 4 月陈苇教授拟定了“当代中国民众财产继承观念与遗产处理习惯实证调查研究的写作提纲和写作要求”。2017 年 5 月起，我们根据此写作提纲和写作要求，进入参考文献资料的收集和调查研究报告的写作与修改阶段。本章由陈苇教授、石雷博士和占泸霞硕士研究生合作撰写初稿至第六稿，其间，根据陈苇教授对初稿至第六稿的历次修改意见和中期评审专家意见，对稿件进行了相应的多次修改和补充，最后向课题负责人陈苇教授交稿。2019 年 1 月，陈苇教授继续对川渝等地民营企业主调查研究报告进行了审阅和修改补充，然后组织重庆市调查组博士生对该川渝等地民营企业主调查研究报告统一进行了三次修改和补充，最终于 2019 年 6 月完成定稿。

三、被调查者的基本情况

统计数据显示，被调查者共计 179 人，被调查者的居住地区主要分布如下：福建省、河北省、江西省、广东省、重庆市、四川省、安徽省、陕西省、山东省、山西省、黑龙江省、河南省、甘肃省、云南省。虽然被调查者涵盖全国 13 个省（直辖市），但以川渝两地为主，合计占近七成半（73.18%）。

（一）被调查者的性别情况

表 12-1　被调查者的性别统计情况

选项	人数	比例
男性	107	59.78%
女性	72	40.22%
合计	179	100%

关于被调查者的性别，统计数据显示，在 179 名被调查者中，男性有 107 人（占 59.78%）；女性有 72 人（占 40.22%）。可见，本次调查者中的男性约占六成（59.78%）。

（二）被调查者的年龄情况

表 12-2　被调查者的年龄统计情况

选项	人数	比例
20~30 岁	30	16.76%
31~40 岁	45	25.14%
41~50 岁	63	35.20%
51~60 岁	34	18.99%

① 参与中国民营企业主财产继承观念与遗产处理习惯的实地调查以及调查数据统计汇总等工作的师生名单，详见“鸣谢”。

续表

选项	人数	比例
61~70 岁	5	2.79%
71 岁以上	2	1.12%
合计	179	100%

关于被调查者的年龄，统计数据显示，在 179 名被调查者中，20~40 岁的有 75 人（占 41.90%）；41~60 岁的有 97 人（占 54.19%）；61 岁以上的有 7 人（占 3.91%）。可见，本次被调查者以中青年为主体，即 20 岁至 50 岁的中青年企业家占近八成（77.10%）。

综上所述，本次被调查者的男女两性均有，以男性为多占近六成，老、中、青各年龄段均有，但以中青年为主体。本次调查数据基本上能够反映男女均有，但以男性为主、以中青年企业家为主体的被调查者的意愿。

第二节　当代中国川渝等地民营企业主财产继承观念与遗产处理习惯实证调查的数据统计情况

一、遗产范围界定之调查数据统计情况

关于遗产范围界定之调查数据统计，我们主要从遗产的种类和被继承人生前特种赠与财产的归扣两个方面进行调查数据的统计情况汇总分析。

（一）遗产的种类

问题【一、（一）】“2016 年 2 月某甲因车祸死亡，经清理某甲个人名下的遗物如下：A. 住房一套；B. 小汽车一辆；C. 家庭日常生活用品若干；D. 存款 10 万元；E. 股票 10 万元；F. 某甲以其姓名注册的邮箱、QQ 账号等；G. 单位出租给某甲的午休住房一间；H. 某甲向某公司购货的欠款 5 万元；I. 某甲因交通事故死亡获得 50 万元赔偿金。您认为，哪些属于某甲的遗产？（单选）”

表 12-3　属于遗产种类的民众观念统计情况（单选）

选项	遗产	
	人数	比例（%）
A. 住房一套	178	99.44%
B. 小汽车一辆	179	100%
C. 家庭日常生活用品若干	127	70.95%
D. 存款 10 万元	174	97.21%
E. 股票 10 万元	168	93.85%

续表

选项	遗产	
	人数	比例（%）
F. 某甲以其姓名注册的邮箱、QQ 账号等	65	36.31%
G. 单位出租给某甲的午休住房一间	20	11.17%
H. 某甲向某公司购货的欠款 5 万元	89	49.72%
I. 某甲因交通事故死亡获得 50 万元赔偿金	140	78.21%

关于属于遗产种类的民众观念，统计数据显示，在 179 名被调查者中，（1）有七至九成以上的人认为 A 项住房（99.44%）、B 项汽车（100%）、D 项存款（97.21%）和 E 项股票（93.85%）属于遗产。（2）一至近八成的人认为 I 项交通事故死亡赔偿金（78.21%）、C 项家庭日常生活用品若干（70.95%）、H 项债务（49.72%）、G 项单位出租房（11.17%）属于遗产。（3）三成半以上的人认为 F 项以被继承人的姓名注册的邮箱和 QQ 账号等（36.31%）属于遗产。

（二）被继承人生前特种赠与财产的归扣

1. 被继承人生前特种赠与财产是否应归入遗产范围的民众观念情况统计

问题【一、（二）1.】“张老汉有三个儿子，在 10 年前大儿子甲结婚时，张老汉给其资助购买婚房的现金 20 万元；二儿子乙一直未结婚，但 5 年前在其开办豆腐坊时，张老汉资助其营业资金 10 万元。在 2 年前小儿子丙结婚时，张老汉为其购买一套价值 30 万元的房屋（产权登记在小儿子丙名下）；2016 年 1 月张老汉去世时遗留有个人所有的住房一套和 50 万元存款。请问：您认为，上述哪些财产应当计算入遗产？A. 张老汉生前给三个儿子不同资助的财产与死亡时遗留的住房、存款，均应当合并计算为遗产；B. 张老汉去世时遗留的个人所有的住房和 50 万元存款，才可以计算为遗产；C. 其他。（单选）”

表 12-4　被继承人生前特种赠与财产是否应归入遗产范围的民众观念情况统计（单选）

选项	人数	比例
A. 张老汉生前给三个儿子不同资助的财产与死亡时遗留的住房、存款，均应当合并计算为遗产	24	13.41%
B. 张老汉去世时遗留的个人所有的住房和 50 万元存款，才可以计算为遗产	149	83.24%
C. 其他	6	3.35%
合计	179	100%

关于被继承人生前特种赠与财产是否归入遗产范围的民众观念，统计数据显示，在 179 名被调查者中，（1）选择 B 项即持否定观点的，占八成以上（83.24%）；（2）选择 A 项即持肯定观点的，只占一成以上（13.41%）。

2. 归扣遗产的价值计算时间的民众观念情况的统计

问题【一、(二) 2.】"如果上述答案您选 A，请问张老汉为小儿子丙买房的价值应该按何时计算？A. 买房时；B. 张老汉去世时；C. 实际分割遗产时；D. 其他。(单选)"

表 12-5 归扣遗产的价值计算时间的民众观念情况的统计（单选）

选项	人数	比例
A. 买房时	12	50.00%
B. 张老汉去世时	7	29.17%
C. 实际分割遗产时	5	20.83%
D. 其他	0	0%
合计	24	100%

关于归扣遗产的价值计算时间的民众观念，统计数据显示，在 24 名被调查者中，根据其占比高低排序如下：(1) 选择 A 项认为应以赠与时为准的，占五成（50.00%）；(2) 选择 B 项认为以继承开始时为准的，约占三成（29.17%）；(3) 选择 C 项认为应以分割遗产时为准的，占二成（20.83%）。即认为应以分割遗产时计算归扣财产价值的占比居第一位。

3. 生前特种赠与财产是否纳入遗产范围的民间习惯情况的统计

问题【一、(二) 3.】"在您所在地区，如果发生上述张老汉生前给三个儿子不同资助财产的情况，在继承遗产时这些资助财产是否被合计到遗产范围内？A. 是；B. 不是。(单选)"

表 12-6 生前特种赠与财产是否纳入遗产范围的民间习惯情况的统计（单选）

选项	人数	比例
A. 是	41	22.90%
B. 不是	138	77.10%
合计	179	100%

关于生前特种赠与财产是否归扣纳入遗产范围的民间习惯，统计数据显示，179 名被调查者所在地区的习惯是：(1) B 项不是，即无归扣习惯的，占近八成（77.10%）；(2) A 项是，即有归扣习惯的，仅占二成以上（22.90%）。

4. 生前特种赠与财产不归入遗产情况下的分配方式之民间习惯及理由情况统计

(1) 生前特种赠与财产不归入遗产情况下的分配方式之民间习惯情况统计。

问题【一、(二) 4.】"上一题如果您选择 B 项，即这些资助财产不是被合计到遗产范围内，三个儿子是如分配父亲张老汉的遗产的？A. 平均分配；B. 乙应该适当多分；C. 其他。(单选)"

表 12-7　生前特种赠与财产不归入遗产情况下的分配方式之民间习惯情况统计（单选）

选项	人数	比例
A. 平均分配	30	71.43%
B. 乙应该适当多分	12	28.57%
C. 其他	0	0%
合计	42	100%

关于生前特种赠与财产不归入遗产情况下的分配方式之民间习惯，统计数据显示，在填写该问题的42名被调查者所在地区的习惯是：①A项继承人之间平均分配习惯的，占七成以上（71.43%）；②B项获得被继承人生前特种赠与较少的继承人可以多分的，占近三成（28.57%）。

（2）生前特种与财产不归扣纳入遗产的分配方式之民间习惯的理由情况统计。

表 12-8　生前特种赠与财产不归扣纳入遗产的分配方式之民间习惯的理由情况统计

项目	人数	比例
A. 不考虑张老汉生前给三个儿子财产的情况，死后平均分配所留遗产，有利于遗产的分割	39	68.42%
B. 因为张老汉生前给乙的财产较少，在其死后乙应多分些，这体现公平原则	16	28.07%
C. 无遗嘱	2	3.51%
合计	57	100%

关于生前特种赠与财产不归扣纳入遗产的分配方式习惯之理由，统计数据显示，在填写了该问题的57名被调查者中，（1）认为遗产应在全体继承人之间平均分配的理由是，A项便于遗产分割的，占约七成（68.42%）；（2）认为生前未取得特种赠与较少的继承人应多分些遗产的理由是，B项体现公平原则的，占约三成（28.07%）。

二、继承开始的通知和公告之调查数据统计情况

关于继承开始的通知和公告之调查数据统计，我们主要从继承开始的通知和公告的主体、继承开始的通知和公告的方式、继承开始的通知和公告的期间三个方面进行调查数据的统计情况汇总分析。

（一）继承开始的通知和公告的主体

问题【二、（一）】“被继承人死亡后，在您所在地区一般由下列哪些人通知涉及遗产分配的相关人员？A. 知道被继承人死亡的继承人；B. 保管遗产的继承人；C. 知道被继承人死亡的单位、村（居）委会；D. 处理被继承人死亡事件的机构，如公安交警部门；E. 其他。（多选）”

表 12-9　继承开始的通知和公告的主体的民间习惯统计情况（多选）

选项	人数	比例
A. 知道被继承人死亡的继承人	128	71.51%
B. 保管遗产的继承人	113	63.13%
C. 知道被继承人死亡的单位、村（居）委会	83	46.3%
D. 处理被继承人死亡事件的机构，如公安、交警部门	76	42.46%
E. 其他	6	3.35%

关于继承开始的通知和公告的主体的民间习惯，统计数据显示，179 名被调查者所在地区的习惯是：（1）A 项由知道被继承人死亡的继承人发出的，占七成以上（71.51%）；（2）B 项由保管遗产的继承人发出的，占六成以上（63.13%）；（3）C 项由知道被继承人死亡的单位、村（居）委会发出的，占四成半以上（46.30%）；（4）D 项由处理被继承人死亡事件的机构（如公安交警部门）发出的，占四成以上（42.46%）。

（二）继承开始的通知和公告的方式

问题【二、（二）】“被继承人死亡后，您所在地区的人们一般采取以下哪些方式通知涉及遗产处理的相关人员？A. 口头、电话、微信等；B. 信件、告知函等书面通知；C. 在报纸、电视、网络等平台上发布被继承人死亡的公告；D. 在被继承人所在地的村（居）委会公告栏公告；E. 申请人民法院以公告程序进行公告；F. 其他。（多选）”

表 12-10　继承开始的通知和公告的方式民间习惯统计情况（多选）

选项	人数	比例
A. 口头、电话、微信等方式通知	122	68.16%
B. 信件、告知函等书面通知	104	58.10%
C. 在报纸、电视、网络等平台上发布被继承人的死亡公告	52	29.05%
D. 在被继承人所在地的村（居）委会公告栏公告	73	40.78%
E. 申请人民法院以公告程序进行公告	62	34.64%
F. 其他	2	1.17%

关于继承开始的通知和公告的方式的民间习惯，统计数据显示，179 名被调查者所在地区的习惯是：（1）A 项使用口头、电话、微信等方式的，占近七成（68.16%）；（2）B 项使用书信、告知函等书面通知的，占近六成（58.1%）；（3）D 项采用在村（居）民委员会公告栏公告方式的，占四成（40.78%）；（4）C 项使用在报纸、电视、网络等平台上发布被继承人的死亡公告方式的，占近三成（29.05%）；（5）E 项采用申请人民法院以公告程序进行公告方式的，占近三成半（34.64%）。

（三）继承开始的通知和公告的期间

问题【二、（三）】“您认为，通知人应在被继承人死亡后几日内发出通知？A. 3 日；

B. 7 日；C. 15 日；D. 30 日；E. 其他。(单选)”

表 12-11　继承开始的通知和公告的期间统计情况（单选）

选项	人数	比例
A. 3 日	68	38.00%
B. 7 日	44	24.58%
C. 15 日	39	21.79%
D. 30 日	19	10.61%
E. 其他	9	5.02%
合计	179	100%

关于继承开始的通知和公告的期间的民众观念，统计数据显示，在 179 名被调查者中，对于被继承人死亡后发出继承开始的通知的时间，（1）选择 A 项和 B 项认为应在 7 日内发出的，合计占六成以上（62.58%）；（2）选择 C 项和 D 项认为应在 15 或 30 日发出的，合计占三成以上（32.40%）。

三、遗产管理之调查数据统计情况

关于遗产管理之调查数据统计，我们主要从遗产管理人的确定、遗产管理人的职责与报酬、遗产管理人的损害赔偿责任三个方面进行调查数据的统计情况汇总分析。

（一）遗产管理人的确定

问题【三、（一）】“您所在地区人们处理遗产继承时，一般由谁清点和管理遗产？A. 死者的法定继承人：配偶、子女、父母、兄弟姐妹、孙子女或外孙子女、祖父母或外祖父母；B. 死者的儿媳或女婿；C. 死者家族中的德高望重者；D. 死者的其他亲戚朋友；E. 死者所在的单位或村、居委会；F. 其他。(多选）理由是什么？”

1. 关于遗产管理人的确定的民间习惯情况统计

表 12-12　关于遗产管理人的确定的民间习惯统计情况（多选）

选项	人数	比例
A. 死者的法定继承人（配偶、子女、父母、兄弟姐妹、孙子女或者外孙子女、祖父母或者外祖父母）	160	89.89%
B. 死者的儿媳或者女婿	42	23.60%
C. 死者家庭中的德高望重者	76	42.70%
D. 死者的其他亲友	36	22.22%
E. 死者所在的单位或村（居）委会	46	25.84%
F. 其他	2	1.12%

关于遗产管理人的确定的民间习惯，统计数据显示，179 名被调查者所在地区的习惯排在前两位的是：（1）A 项由死者的法定继承人担任的，占近九成（89.89%）；（2）C 项由死者家族中的德高望重者担任的，占四成以上（42.70%）。

2. 关于遗产管理人的确定的民间习惯之理由情况统计

表 12-13 关于遗产管理人的确定的民间习惯之理由情况统计

项目	人数	比例
A. 遗产管理人一般由法定继承人来担任，便于清点和妥善管理遗产	31	67.39%
B. 遗产管理人一般由法定继承人之外的人或组织来担任，可以防止遗产被隐藏、转移，有利于保护遗产相关人的合法权益	15	32.61%
合计	46	100%

关于遗产管理人的确定的民间习惯之理由，统计数据显示，在填写该理由的 46 名被调查者所在地区，（1）有由法定继承人担任遗产管理人习惯的理由是，A 项便于清点和妥善管理遗产的，占六成半以上（67.39%）；（2）有由法定继承人之外的人或组织来担任遗产管理人习惯的理由是，B 项可以防止遗产被隐藏、转移，有利于保护遗产相关人的合法权益的，占三成以上（32.61%）。

（二）遗产管理人的职责与报酬

1. 遗产管理人职责的民众观念情况的统计

问题【三、（二）1.】“您认为，遗产管理人的管理职责有哪些？A. 清查遗产，制作遗产清单；B. 妥善保管遗产；C. 查明被继承人生前的债权和债务，积极地追讨债权或清偿债务；D. 查明被继承人是否留有遗嘱，并且确定遗嘱是否真实合法；E. 可以原告或被告的身份参加因遗产引起的诉讼；F. 定期制作遗产管理报告，向继承人报告遗产管理的情况；G. 其他。（多选）”

表 12-14 遗产管理人职责的民众观念情况的统计（多选）

选项	人数	比例
A. 清查遗产，制作遗产清单	168	94.38%
B. 妥善保管遗产	166	93.26%
C. 查明被继承人生前的债权与债务，积极地追讨债权或清偿债务	141	79.21%
D. 查明被继承人是否留有遗嘱，并且确定遗嘱是否真实合法	116	65.17%
E. 可以原告或者被告的身份参与因遗产引发的诉讼	12	67.41%
F. 定期制作遗产管理报告，向继承人报告遗产管理的情况	105	58.99%
G. 其他	0	0%

关于遗产管理人职责的民众观念，统计数据显示，在179名被调查者中，占六至九成的人认为其主要职责包括：A项清查遗产，制作遗产清单的，占近九成半（94.38%）；B项妥善保管遗产的，占九成以上（93.26%）；C项查明被继承人生前的债权与债务，积极地追讨债权或清偿债务的，占近八成（79.21%）；E项可以原告或被告的身份参与因遗产引起的诉讼的，占六成半以上（67.41%）；D项查明被继承人是否留有遗嘱，并且确定遗嘱是否真实合法的，占六成半（65.17%）；F项定期制作遗产管理报告，向继承人报告遗产管理的情况的，占近六成（58.99%）。

2. 遗产管理人可否取得报酬的民间习惯与理由情况统计

问题【三、（二）2.】“您所在地区，负责管理遗产的人是否可以获得报酬？A. 继承人担任遗产管理人的，不能请求给付报酬；B. 法院指定的遗产管理人，有权请求给付报酬；C. 继承人选任的第三人作为遗产管理人，是否给付报酬，应当由继承人决定；D. 继承人选任的第三人作为遗产管理人，一律有权请求给付报酬；E. 其他。（多选）理由是什么？”

（1）遗产管理人可否取得报酬的民间习惯情况统计。

表12-15　遗产管理人可否取得报酬的民间习惯情况统计（多选）

选项	人数	比例
A. 继承人担任遗产管理人的，不能请求给付报酬	95	53.37%
B. 法院指定的遗产管理人，有权请求报酬	120	67.41%
C. 继承人任选的第三人作为遗产管理人的是否给付报酬，应当由继承人决定	86	48.31%
D. 继承人选任的第三人作为遗产管理人，一律有权请求给付报酬	70	39.33%
E. 其他	1	0.56%

关于遗产管理人可否取得报酬的民间习惯，统计数据显示，179名的被调查者所在地区的习惯是：①A项继承人担任的管理人不可以取得报酬的，占五成以上（53.37%）；②B项法院指定担任的管理人可以取得报酬的，占六成半以上（67.41%）；③继承人选任的第三人担任的管理人，其中，D项一律可以取得报酬的，占近四成（39.33%），C项是否可以取得报酬由继承人决定的，占近五成（48.31%）。

（2）遗产管理人可否取得报酬的民间习惯之理由情况统计。

表12-16　遗产管理人可否取得报酬的民间习惯之理由情况统计

项目	人数	比例
A. 遗产管理人多数情况下与被继承人关系密切，具有亲情关系，同时，其作为继承人又继承遗产，因此，其不需要报酬	23	40.35%
B. 遗产管理人为管理遗产付出了自己的劳动，占用了自己的时间，应该给予一定的费用	34	59.65%
合计	57	100%

关于遗产管理人可否有权请求给付报酬的民间习惯之理由，统计数据显示，在填写该理由的57名被调查者中，(1) 有遗产管理人可以获得报酬的习惯之理由是，B项遗产管理人为管理遗产付出了劳动和时间的，占近六成（59.65%）；(2) 有遗产管理人不可获得报酬的习惯之理由是，A项遗产管理人多数情况下与被继承人关系密切且具有亲情关系，同时遗产管理人又继承遗产的，占四成（40.35%）。

(三) 遗产管理人的损害赔偿责任

问题【三、(三)】“在您所在地区，负责理遗产的人对因其过错造成的较大财产损失，是否承担赔偿责任？A. 凡有故意或重大过失的，才承担赔偿责任；B. 无论是故意或重大过失或一般轻过失的，都要承担赔偿责任；C. 其他。(单选)”

表12-17 遗产管理人的损害赔偿责任之民间习惯情况统计（单选）

选项	人数	比例
A. 凡有故意或者重大过失的才承担赔偿责任	109	60.89%
B. 无论是故意或者重大过失或者一般轻过失的，都要承担赔偿责任	70	39.11%
C. 其他	0	0%
合计	179	100%

关于遗产管理人对遗产损害的赔偿责任之民间习惯，统计数据显示，179名被调查者所在地区的习惯是：(1) A项凡有故意或重大过失才承担赔偿责任的，占六成（60.89%）；(2) B项无论是故意或重大过失或一般轻过失的都要承担赔偿责任的，占近四成（39.11%）。

四、法定继承之调查数据统计情况

关于法定继承之调查数据统计，我们主要从法定继承人的范围与顺序、配偶与血亲继承人的法定应继份、配偶对遗产中家庭住房的先取权和终生使用权、后顺序特殊法定继承人对遗产中原使用的住房及日常生活用品的终生使用权、尽了主要赡养义务的丧偶儿媳或女婿的遗产分配方式五个方面进行调查数据的统计情况汇总分析。

(一) 法定继承人的范围与顺序

1. 法定继承人的范围与顺序的民众观念情况统计

问题【四(一)1.】“下列亲属，您认为哪些应当作为法定继承人？他们各自的继承顺序如何？请根据您认为适当的先后顺序填写数字：1.2.3.……例如，父母（1）；子女（2）；祖父母、外祖父母（3）。如果您认为应当在同一顺序的人，可以填写相同的数字，例如，配偶（1）；父母（1）；子女（1）；祖父母、外祖父母（1）。”

配偶（ ）	父母（ ）	儿子（ ）女儿（ ）
孙子女（ ）外孙子女（ ）	祖父母（ ）外祖父母（ ）	兄弟（ ）姐妹（ ）
侄子女（ ）外甥子女（ ）	伯叔姑舅姨（ ）	堂兄弟姐妹（ ）
表兄弟姐妹（ ）	其他亲属（称谓）（ ）	其他亲属（称谓）（ ）

表 12-18　法定继承人的范围与顺序的民众观念情况统计（多选）

亲属名称	第一顺序		第二顺序		第三顺序		第四顺序		第四顺序以上	
	人数	比例	人数	比例	人数	比例	人数	比例	人数	比例
配偶	159	88.83	8	4.47	4	1.68	0	0	0	0
父母	120	67.04	44	24.58	18	10.06	3	1.68	0	0
子女	116	64.80	46	25.70	16	8.94	0	0	0	0
孙子女	3	1.68	90	50.28	40	22.35	15	8.38	0	0
外孙子女	0	0	85	57.49	39	21.79	19	10.61	0	0
祖父母	1	0.56	89	49.72	29	16.20	14	7.82	17	9.49
外祖父母	1	0.56	81	45.25	31	17.32	19	10.61	17	9.49
兄弟姐妹	0	0	54	30.17	36	20.11	21	11.73	18	10.06
侄子女	0	0	0	0	53	29.61	16	8.94	24	13.41
外甥子女	0	0	0	0	49	27.37	18	10.06	26	14.53
伯叔姑	0	0	0	0	43	24.02	15	98.38	26	14.53
舅姨	0	0	0	0	24	13.41	12	6.7	26	14.53
堂兄弟	0	0	0	0	46	25.70	20	11.17	26	14.53
堂姐妹	0	0	0	0	46	25.70	20	11.17	26	14.53
表兄弟	0	0	0	0	26	14.53	27	15.08	36	20.11
表姐妹	0	0	0	0	26	14.53	27	15.08	36	20.11

关于法定继承人的范围与顺序的民众观念，各顺序以被调查者选择占比最高的作为统计依据，179 名被调查者认可的法定继承人的范围与顺序为：第一顺序为配偶（88.83%）、父母（67.04%）、子女（64.08%）；第二顺序为孙子女（50.28%）、外孙子女（57.49%）、祖父母（49.72%）、外祖父母（45.25%）和兄弟姐妹（30.17%）；第三顺序为侄子女（29.61%）、外甥子女（27.37%）、堂兄弟姐妹（25.70%）；第四顺序为伯叔姑舅姨（98.38%）、表兄弟姐妹（15.08%）。

2. 配偶与血亲继承人顺序的民众观念情况统计

问题【四、（一）2.】“以下三种法定继承人的范围与顺序，您认为哪一个更为适当？（单选）”

A	B	C
第一顺序：子女	第一顺序：子女	第一顺序：配偶、子女、父母
第二顺序：父母	第二顺序：父母	第二顺序：兄弟姐妹、祖父母、外祖父母

续表

A	B	C
第三顺序：兄弟姐妹、祖父母、外祖父母 兄弟姐妹的子女（侄子女、外甥子女为代位继承人）	第三顺序：兄弟姐妹、祖父母、外祖父母 兄弟姐妹的子女（侄子女、外甥子女为代位继承人）	第三顺序：侄子女、外甥子女
配偶无固定顺序，能够参与第一顺序、第二顺序、第三个顺序的继承	配偶无固定顺序，能够参与第一顺序、第二顺序的继承	配偶有固定顺序，只能参与第一顺序的继承

表 12-19　配偶与血亲继承人顺序的民众观念总体情况统计（单选）

选项	人数	比例
A. 配偶无固定顺序，可以参与第一、第二、第三顺序继承	30	16.76%
B. 配偶无固定顺序，可以参与第一、第二顺序继承	22	12.29%
C. 配偶与子女、父母同为第一顺序，共同继承	127	70.95%
合计	179	100%

关于配偶与血亲继承人顺序的民众观念，统计数据显示，在 179 名被调查者中，(1) 选择 C 项顺序为：第一顺序：配偶、子女、父母；第二顺序：兄弟姐妹、祖父母、外祖父母；第三顺序：侄子女、外甥子女；配偶有固定顺序，其属于第一顺位继承人的，占七成（70.95%）。(2) 选择 A、B 两项顺序为：第一顺序为子女；第二顺序为父母；第三顺序为兄弟姐妹、祖父母、外祖父母、兄弟姐妹的子女（侄子女、外甥子女为代位继承人）；配偶无固定的继承顺序，可分别与第一、第二（或第三）顺序的法定继承人共同继承的，合计占近三成（29.05%）。

（二）配偶与血亲继承人的法定应继份

问题【四、（二）】“生存配偶与血亲继承人共同继承各取得遗产的份额，您认为以下哪一项更为适当？（单选）”

A. 生存配偶无固定继承顺序	B. 生存配偶无固定继承顺序	C. 生存配偶有固定继承顺序	D. 其他（您认为适当的生存配偶继承份额）
生存配偶与第一顺序的子女共同继承时，其取得遗产的一半。另一半由子女按人数平均继承	生存配偶与第一顺序的子女共同继承时，其取得遗产的一半，另一半由子女按人数平均继承	第一顺序继承人为配偶、子女、父母，共同继承时按人数均分遗产	

续表

A. 生存配偶无固定继承顺序	B. 生存配偶无固定继承顺序	C. 生存配偶有固定继承顺序	D. 其他（您认为适当的生存配偶继承份额）
生存配偶与第二顺序的父母共同继承时，其取得遗产的三分之二。另外三分之一由父母平均继承	生存配偶与第二顺序的父母共同继承时，其取得遗产的三分之二，另外三分之一由父母平均继承	无第一顺序血亲继承人时，生存配偶继承全部遗产	
生存配偶与第三顺序的兄弟姐妹、祖父母和外祖父母共同继承时，其取得遗产的四分之三。另外四分之一由兄弟姐妹、祖父母、外祖父按人数平均继承	无第一、第二顺序血亲继承人时，生存配偶继承全部遗产		
无上述三个顺序血亲继承人时，生存配偶取得全部遗产			

表 12-20　配偶与血亲继承人的法定应继份民众观念统计情况（单选）

选项	人数	比例
A. 配偶无固定继承顺序，参与前三顺序的继承并取得不同份额；无上述三个顺序血亲继承人时，配偶取得全部遗产	60	33.52%
B. 配偶无固定继承顺序，参与前二顺序的继承并取得不同份额；无第一、第二顺序血亲继承人时，配偶继承全部遗产	31	17.32%
C. 配偶有固定继承顺序并均分遗产，与第一顺序继承人共同继承	87	48.60%
D. 其他	1	0.56%
合计	179	100%

关于配偶与血亲继承人的法定应继份的民众观念，统计数据显示，在179名被调查者中，（1）选择A项和B项配偶为无固定继承顺序，可参与第一、第二（或第三）顺序且在不同顺序其应继份不同的，合计占五成（50.84%）；（2）选择C项配偶为固定顺序的继承人，与第一顺序的继承人共同继承并平均分配遗产的，占近五成（48.60%）。

（三）配偶对遗产中家庭住房的先取权与终生使用权

1. 配偶对遗产中家庭住房的先取权与终生使用权民间习惯的统计情况

问题【四、（三）1.】“甲乙是夫妻，育有一子丙。甲因病去世时留下的遗产包括：价值50万元的住房一套（原由甲乙夫妻共同居住，丙已结婚分家另过）、价值10万元小汽车一辆和20万元存款。如果上述情况发生在您所在地区，被继承人甲的妻子乙是否可以优先继承这套房屋（配偶先取权）？A. 是；B. 否。（单选）”

表 12-21 配偶对遗产中家庭住房的先取权与终生使权民间习惯的统计情况（单选）

选项	人数	比例
A. 是	150	83.80%
B. 否	29	16.20%
合计	179	100%

关于配偶对遗产中家庭住房的先取权与终生使用权的民间习惯，统计数据显示，179 名被调查者填写的所在地区的习惯是：（1）A 项是，即有此习惯的，占八成以上（83.80%）；（2）B 项否，即无此习惯的，仅占一成半以上（16.20%）。

2. 配偶对遗产中家庭住房的先取或终生使用是否付费民间习惯统计情况

问题【四、（三）2.】“如果甲的妻子乙可以优先继承这套房屋，但该住房的价超过其应当继承的遗产份额 40 万元，您所在地区是否按照下列情况处理？A. 乙有权继承该住房，且无须向另一法定继承人丙进行补偿；B. 如果乙有经济补偿能力，则应当向另一法定继承人丙适当进行补偿；C. 其他。（单选）其理由是什么？”

（1）配偶对遗产中家庭住房的先取或终生使用是否付费之民间习惯统计情况。

表 12-22 配偶对遗产中家庭住房的先取或终生使用是否付费之民间习惯统计情况（单选）

选项	人数	比例
A. 乙有权继承该住房，且无须向其他共同应召继承人丙进行补偿	82	45.81%
B. 如果乙有经济补偿能力，则应当向其他共同应召继承人丙适当进行补偿	93	51.96%
C. 其他	4	2.23%
合计	179	100%

关于配偶对遗产中家庭住房的先取或终生使用是否付费的民间习惯，统计数据显示，179 名被调查者填写的所在地区的习惯是：①B 项如果配偶有经济补偿能力则需要补偿费用的，占五成以上（51.96%）；②A 项配偶无须进行补偿的，占四成半（45.81%）。

（2）配偶对遗产中家庭住房的先取或终生使用是否付费之理由情况统计。

表 12-23 配偶对遗产中家庭住房的先取或终生使用是否付费之理由情况统计

项目	人数	比例
A. 首先保证乙有居住之所，同时，丙是乙的儿子，将来乙的遗产也会由丙来继承	25	40.98%
B. 房屋应由乙、丙二人共同继承，且房屋的价值超过了乙应继承的份额，故应当对丙进行补偿	36	59.02%

续表

项目	人数	比例
合计	61	100%

关于配偶对遗产中家庭住房的先取或终生使用是否付费之理由，统计数据显示，在填写此问题的61名被调查者中，①认为配偶无须进行补偿的理由是，A项保证生存配偶有居住之所，且将来其子女可以继承该生存配偶遗产的，占四成（40.98%）；②认为如果配偶有经济补偿能力，配偶需要补偿的理由是，B项房屋由所有继承人共同继承，且房屋的价值超过了生存配偶的应继份的，约占六成（59.02%）。

（四）后顺序特殊法定继承人对遗产中原使用的住房及日常生活用品的终生使用权

关于后顺序特殊法定继承人对遗产中原使用的住房及日常生活用品的终生使用权，也可称为后顺序特殊法定继承人对特殊遗产的终生使用权。

1. 后顺序特殊法定继承人对遗产中原使用的住房及日常生活用品的终生使用权的统计情况

问题【四、（四）1.】“某甲死亡时留下若干遗产，其中包括一套三室一厅的住房（其中一间房屋一直由某甲的祖父居住）。由于某甲的祖父属于后顺序继承人而不能参加继承，遗产全部由甲的第一顺序继承人配偶及其子女等继承。问：在您所在地区，如果发生了上述情况，有哪些下列处理方式？甲的祖父对该供其居住的房屋，是否可以继续居住？A. 是；B. 否。（单选）”

表12-24 后顺序特殊法定继承人对特殊遗产的终生使用权之民间习惯情况统计（单选）

选项	人数	比例
A. 是	158	88.27%
B. 否	21	11.73%
合计	179	100%

关于后顺序特殊法定继承人对特殊遗产的终生使用权之民间习惯，统计数据显示，179名被调查者填写的所在地区的习惯是：（1）A项是，即有此习惯的，占近九成（88.27%）；（2）B项否，即无此习惯的，仅占一成以上（11.73%）。

2. 后顺序特殊法定继承人对遗产中原使用的住房及日常生活用品的终生使用是否付费的民间习惯统计情况

问题【四、（四）2.】“如果甲的祖父可以继续居住，其是否可以不交租金？A. 是；B. 否。（单选）”

表 12-25　后顺序特殊法定继承人对特殊遗产的终生使用是否付费的民间习惯统计情况（单选）

选项	人数	比例
A. 是	132	73.74%
B. 否	47	26.26%
合计	179	100%

关于后顺序特殊法定继承人对特殊遗产的终生使用是否付费的民间习惯，统计数据显示，179 名被调查者填写的所在地区的习惯是：（1）A 项是，即无须付费的，占七成以上（73.74%）；（2）B 项否，即需要付费的，占二成半以上（26.26%）。

3. 后顺序特殊法定继承人对遗产中原使用的住房及日常生活用品的终生使用权之期限的民间习惯情况统计

问题【四、（四）3.】“如果甲的祖父可以继续居住，是否可以居住到其死亡时为止（终生使用权）？A. 是；B. 否。（单选）”

表 12-26　后顺序特殊法定继承人对特殊遗产的终生使用权之期限的民间习惯情况统计（单选）

选项	人数	比例
A. 是	139	77.65%
B. 否	40	22.35%
合计	179	100%

关于后顺序特殊法定继承人对特殊遗产的终生使用权之期限的民间习惯，统计数据显示，179 名被调查者填写的所在地区的习惯是：（1）A 项是，即有此习惯的，占近八成（77.65%）；（2）B 项否，即无此习惯的，仅占二成以上（22.35%）。

（五）尽了主要赡养义务的丧偶儿媳或女婿的遗产分配方式

问题【四、（五）】“村民某甲，老伴因病早年去世，膝下有两个儿子乙和丙。2003 年乙与丁结婚后和某甲共同生活。2012 年 1 月乙因交通事故死亡，但乙的妻子丁仍一直照料公公某甲的晚年生活，直至 2015 年 1 月某甲去世。请问：在您所在地区，如发生上述情况，因乙的妻子丁对公某甲尽了主要赡养义务，如何处理某甲的遗产分配问题？A. 丁可以与某的二儿子丙共同继承，并且平均分配遗产；B. 丁不能与某甲的二儿子丙共同继承，但其可分得适当的遗产；C. 其他。（单选）其理由是什么？”

1. 尽了主要赡养义务的丧偶的儿媳或女婿的遗产分配的民间习惯的情况统计

表 12-27　尽了主要赡养义务的丧偶的儿媳或女婿的遗产分配的民间习惯的情况统计（单选）

选项	人数	比例
A. 丁可以与某甲的儿子丙共同继承，并且平均分配遗产	131	73.18%
B. 丁不能与某甲的二儿子丙共同继承，但其可分得适当的遗产	48	26.82%

续表

选项	人数	比例
C. 其他	0	0%
合计	179	100%

关于尽了主要赡养义务的丧偶儿媳或女婿的遗产分配的民间习惯，统计数据显示，179 名被调查者所在地区的习惯是：（1）A 项其与被继承人其他子女共同继承并且平均分配遗产的，占七成以上（73.14%）；（2）B 项其不可与被继承人其他子女共同继承但可分得适当遗产的，占二成半以上（26.82%）。

2. 尽了主要赡养义务的丧偶儿媳或丧偶女婿的遗产分配的民间习惯的理由情况统计

表 12-28　尽了主要赡养义务的丧偶儿媳或丧偶女婿的遗产分配的民间习惯的理由情况统计

项目	人数	比例
A. 作为儿媳妇，丁孝敬公公，已经尽了赡养义务，符合中国的家庭孝道文化和道德观念，因此有权继承遗产	52	91.23%
B. 虽然丁一直照顾公公的晚年生活，但毕竟不是甲的子女，与甲不具有血缘关系，遗产不能给了外人，因此，不能继承甲的遗产	5	8.77%
合计	57	100%

关于尽了主要赡养义务的丧偶儿媳或丧偶女婿的遗产分配的民间习惯的理由，统计数据显示，在填写理由的 57 名被调查者中，（1）有其可以作为第一顺序的继承人与被继承人的其他子女共同参与继承的习惯之理由是，A 项符合中国家庭传统文化和道德观念的，占约三成（91.23%）；（2）有丧偶儿媳与丧偶女婿不可继承岳父母或公婆的遗产的习惯之理由是，B 项丧偶儿媳与丧偶女婿毕竟不是被继承人的直系血亲，为了遗产不外传的，仅占不到一成（8.77%）。

五、遗嘱继承之调查数据统计情况

关于遗嘱继承之调查数据统计，我们主要从公证遗嘱与其他形式遗嘱的效力、遗嘱自由的限制——特留份、夫妻共同遗嘱三个方面进行调查数据的统计情况汇总分析。

（一）公证遗嘱与其他形式遗嘱的效力

问题【五、（一）】“退休职工甲有一套个人住房，其于 2011 年 2 月立了一份遗嘱，写明由其妻子乙一人继承该住房，并将该遗嘱进行了公证。后来，甲改变了主意，他重新写了一份遗嘱，写明其妻子乙和儿子丙共同继承该房屋。2016 年 3 月甲住院病危期间，当着二位医生在现场立下口头遗嘱，指定其个人住房由儿子丙继承，两个小时后其抢救无效死亡。请问：您认为，甲某的个人住房应该由谁继承？A. 乙；B. 乙和丙；C. 丙。（单选）理由是什么？”

1. 公证遗嘱与其他形式遗嘱的适用效力的民众观念情况统计

表 12-29　公证遗嘱与其他形式遗嘱的适用效力的民众观念统计情况（单选）

选项	人数	比例
A. 乙（公证遗嘱有效）	55	30.72%
B. 乙和丙（后成立的未公证的自书遗嘱有效）	44	24.58%
C. 丙（最后的口头遗嘱有效）	80	44.70%
合计	179	100%

关于公证遗嘱与其他形式遗嘱适用效力的民众观念，统计数据显示，在179名被调查者中，（1）选择B项和C项后遗嘱优先于前一遗嘱（包括公证遗嘱）适用的，合计占约七成（69.28%）；（2）选择A项公证遗嘱应当优先适用的，占三成（30.72%）。

2. 公证遗嘱与其他形式遗嘱的适用效力的民众观念之理由情况统计

表 12-30　公证遗嘱与其他形式遗嘱的适用效力的民众观念之理由统计情况

项目	人数	比例
A. 公证遗嘱的程序规范，具有较强的公示效力和证明效力	40	37.38%
B. 书面遗嘱（第二份遗嘱）比较正式，取证容易，且其订立在公证遗嘱之后，反映了被继承人的意愿	14	13.08%
C. 口头遗嘱形式灵活，且有证人作证，能够反映被继承人最后的真实意愿	25	23.36%
D. 口头遗嘱形式不固定，很难准确、完全地反映被继承人最后的真实意愿，且有被篡改或修改的可能性	6	5.62%
E. 最后的遗嘱效力最大	22	20.56%
合计	107	100%

关于公证遗嘱与其他形式遗嘱的适用效力的民众观念的理由，统计数据显示，在填写该问题的107名被调查者中，（1）认为后遗嘱应当优先于前一遗嘱（包括公证遗嘱）适用的理由是，B项、C项和E项，后遗嘱更能反映遗嘱人最后真实意愿的，合计占五成半以上（57.00%）；（2）认为公证遗嘱应优先适用的理由是，A项公证遗嘱的程序规范，具有较强的公示效力和证明效力的，占三成半以上（37.38%）。

（二）遗嘱自由的限制——特留份

问题【五、（二）】"甲生前立了一份遗嘱，将自己死后遗留下的财产全部赠给他的一个好朋友乙，而他的配偶和子女不能取得甲的任何遗产。请问：您认为甲的这一做法是否适当？A. 适当；B. 不适当；C. 其他。（单选）理由是什么？"

1. 以遗嘱将个人遗产全部赠给他人的民众观念之情况统计

表 12-31　以遗嘱将个人遗产全部赠给他人的民众观念之情况统计（单选）

选项	人数	比例
A. 适当	61	34.07%
B. 不适当	118	65.93%
C. 其他	0	0%
合计	179	100%

关于以遗嘱将个人遗产全部赠给他人的民众观念，统计数据显示，在 179 名被调查者中，（1）选择 B 项该行为不适当，即应对遗嘱的自由予以限制的，占六成半（65.93%）；（2）选择 A 项该行为适当，即不应对遗嘱的自由予以限制的，仅占近三成半（34.07%）。

2. 以遗嘱将个人遗产全部赠给他人的民众观念之理由情况统计

表 12-32　以遗嘱将个人遗产全部赠给他人的民众观念之理由情况统计

项目	人数	比例
A. 甲对自己的财产，享有自由处分的权利，其他人无权干涉	38	35.51%
B. 造成家庭财产外流，不利于保障甲的配偶及其子女的生活，同时也不符合风俗习惯，为常人所难以接受	61	57.01%
C. 不清楚	8	7.48%
合计	107	100%

关于以遗嘱将个人遗产全部赠给他人的民众观念之理由，统计数据显示，在填写该理由的 107 名被调查者中，（1）认为该行为不适当的理由是，B 项被继承人的做法会造成家庭财产外流，不利于保障被继承人的配偶及其子女的生活，同时也不符合风俗习惯，为常人所难以接受的，占五成半以上（57.01%）；（2）认为该行为是适当的理由是，A 项被继承人对自己的财产享有自由处分的权利，其他人无权干涉的，占三成半（35.51%）。

（三）夫妻共同遗嘱

所谓共同遗嘱也称合立遗嘱，是指两个人或两个以上的遗嘱共同订立的一份遗嘱，在遗嘱中同时处分共同遗嘱人的各自的或共同的财产。①

1. 夫妻共同遗嘱的民众观念和理由情况统计

问题【五、（三）1.】“甲乙是夫妻，双方在生前共同设立一份遗嘱，对死后的遗产处理进行安排。甲乙双方在遗嘱中约定，不管谁先去世，另一方都不得改变此遗嘱对遗产的处理安排。请问：您是否赞同甲乙夫妻双方共同设立遗嘱的此约定？A. 赞同；B. 不赞同。（单选）理由是什么？”

① 参见杨立新：《对修正〈继承法〉十个问题的意见》，载《法律适用》2012 年第 8 期。

（1）夫妻共同遗嘱的民众观念情况统计。

表 12-33 夫妻共同遗嘱的民众观念情况统计（单选）

选项	人数	比例
A. 赞同	120	67.03%
B. 不赞同	59	32.97%
合计	179	100%

关于夫妻共同遗嘱的民众观念，统计数据显示，在 179 名被调查者中，①选择 A 项持赞成态度的，占六成半以上（67.03%）；②选择 B 项持不赞同态度的，占三成以上（32.97%）。

（2）夫妻共同遗嘱的民众观念选择理由情况统计。

表 12-34 夫妻共同遗嘱的民众观念选择理由情况统计（单选）

选项	人数	比例
A. 该遗嘱为甲乙双方共同设立，反映了双方的共同意愿，理应为双方所遵守	82	76.64%
B. 该遗嘱无法应对出现的新情况和新问题，限制了双方对自己财产的处分权	21	19.63%
C. 约定无效力	4	3.73%
合计	107	100%

关于夫妻共同遗嘱的民众观念之理由，统计数据显示，在填写该理由的 107 名被调查者中，①认可夫妻共同遗嘱的理由是，A 项该遗嘱反映了双方的共同意愿故应为双方遵守的，占七成半以上（76.64%）；②不赞同夫妻共同遗嘱的理由是，B 项该遗嘱无法应对出现的新情况和新问题且限制了双方对各自财产的处分权的，占近二成（19.63%）。

2. 夫妻共同遗嘱民间习惯情况统计

问题【五、（三）2.】“在您所在地区，有无夫妻共同设立遗嘱的情况发生？A. 有；B. 无。（单选）如果选择 A，那么近五年内您知道的这种情况有多少起？”

表 12-35 夫妻共同遗嘱民间习惯情况统计（单选）

选项	人数	比例
A. 有	37	20.67%
B. 无	142	79.33%
合计	179	100%

关于设立夫妻共同遗嘱的民间习惯，统计数据显示，179 名被调查者所在地区的习惯是：（1）A 项有此习惯的，仅占二成（20.67%）；（2）B 项无此习惯的，占近八成（79.33%）。

六、继承和遗赠的接受与放弃之调查数据统计情况

关于继承和遗赠的接受与放弃之调查数据统计，我们主要从继承的接受与放弃的时间与方式、遗赠的接受与放弃的方式与效力、继承的放弃与债权人的撤销权三个方面进行调查数据的统计情况汇总分析。

（一）继承的接受与放弃的时间与方式

问题【六、（一）】“对于继承人放弃继承的时间，您认为下列哪一个更为适当？A. 继承人放弃继承的，应在知道继承开始的 2 个月内作出放弃继承的表示；B. 继承开始后继承人放弃继承的，应当在遗产处理前，作出放弃继承的意思表示。（单选）理由是什么？在您所在地区，人们是如何确定继承人放弃继承的？”

1. 继承的接受与放弃的时间之民众观念情况统计

表 12-36 继承的接受与放弃的时间之民众观念情况统计（单选）

选项	人数	比例
A. 继承人放弃继承的，应在知道继承开始的 2 个月内作出放弃继承的意思表示	64	35.75%
B. 继承开始后继承人放弃继承的，应当在遗产处理前，作出放弃继承的意思表示	115	64.25%
合计	179	100%

关于继承的接受与放弃的时间之民众观念，统计数据显示，在 179 名被调查者中，（1）选择 B 项继承人应在遗产处理前作出放弃继承的意思表示的，占近六成半（64.25%）；（2）选择 A 项继承人应在知道继承开始的 2 个月内作出放弃继承意思表示的，仅占三成半（35.75%）。

2. 继承的接受与放弃的时间的民众观念之理由情况统计

表 12-37 继承的接受与放弃的时间的民众观念之理由情况统计

项目	人数	比例
A. 2 个月的时间较为合适，可以让继承人有一定的时间去考虑是否放弃继承权，同时又可以督促继承人积极行使权利	33	42.86%
B. 在遗产处理前，继承人都可以放弃继承权，这样既不影响其他继承人的利益，又可以保证继承人行使放弃继承的权利	36	46.75%
C. 如此更合理方便	8	10.39%
合计	77	100%

关于继承的接受与放弃的时间之民众观念的理由，统计数据显示，在填写该理由的77名被调查者中，（1）认为继承开始的2个月内做出放弃继承较为合适的理由是，A项可以让继承人有一定的时间去考虑是否放弃继承权，同时又可以督促继承人积极行使权利，而且符合法律规定的，占四成以上（42.86%）；（2）认为遗产处理前继承人都可以放弃继承权的理由是，B项这样既不影响其他继承人的利益，又可以保证继承人行使放弃继承的权利，而且符合公序良俗的，占四成半以上（46.75%）。

3. 继承的接受与放弃的方式之民间习惯情况统计

表12-38　继承的接受与放弃的方式之民间习惯情况统计（单选）

选项	人数	比例
A. 接受或者放弃继承的，应以口头方式作出	76	42.45%
B. 接受或者放弃继承的，应以书面形式作出	103	57.55%
合计	179	100%

关于继承的接受与放弃的方式之民间习惯，统计数据显示，179名被调查者填写的所在地区的习惯是：（1）A项应以口头方式作出的，占四成以上（42.45%）；（2）B项应以书面方式作出的，占五成半以上（57.55%）。

（二）遗赠的接受与放弃的方式与效力

问题【六、（二）】"甲生前设立一份遗嘱，其内容为：在甲死后，将一辆小汽车赠给其侄子乙。后来甲去世，乙得知遗嘱的内容后，对此遗赠没有做出任何意思表示，既没有说接受，也没有说放弃。您认为下列哪一项更为适当？A. 乙无权取得该小汽车，乙的行为应该被视为放弃该遗赠；B. 乙有权取得该小汽车，乙的行为应该被视为接受该遗赠。（单选）请问您所在地区的民众是如何接受遗赠的？理由是什么？"

1. 遗赠的接受与放弃的方式与效力的民众观念情况统计

表12-39　遗赠的接受与放弃的方式与效力的民众观念情况统计（单选）

选项	人数	比例
A. 乙无权取得该小汽车，乙的行为应该被视为放弃该遗赠	43	24.02%
B. 乙有权取得该小汽车，乙的行为应该被视为接受该遗赠	136	75.98%
合计	179	100%

关于遗赠的接受与放弃的方式与效力的民众观念，对于受遗赠人未作表示，统计数据显示，在179名被调查者中，（1）选择B项应认定为接受遗赠的，占七成半（75.98%）；（2）选择A项应认定为放弃遗赠的，占近二成半（24.02%）。

2. 遗赠的接受与放弃的方式与效力的民众观念之理由情况统计

表 12-40　遗赠的接受与放弃的方式与效力的民众观念之理由情况统计

项目	人数	比例
A. 接受遗赠毕竟是一种纯获利行为，乙不表示，就应该视为接受；如其不接受，那他早就作出不接受的表示了	47	67.14%
B. 乙有权选择是否接受甲的遗赠，如乙没有表示，就应该视为放弃遗赠，这与现行法规定一致	23	32.86%
合计	70	100%

关于遗赠的接受与放弃的方式与效力的民众观念之理由，统计数据显示，在填写该理由的 70 名被调查者中，（1）受遗赠人未作表示应推定为接受遗赠的理由是，A 项接受遗赠是一种纯获利行为的，占六成半以上（67.14%）；（2）受遗赠人未作表示应推定为放弃遗赠的理由是，B 项与现行法规定一致的，占三成以上（32.86%）。

3. 遗赠的接受与放弃的方式与效力的民间习惯情况统计

表 12-41　遗赠的接受与放弃的方式与效力的民间习惯情况统计（单选）

选项	人数	比例
A. 默示即可	43	58.90%
B. 必须明示否则视为拒绝	30	41.10%
合计	73	100%

关于遗赠的接受与放弃的方式与效力的民间习惯，统计数据显示，在 73 名被调查者所在地区的习惯是：（1）A 项受遗赠人未作表示即视为接受遗产的，占近六成（58.90%）；（2）B 项接受遗赠必须以明示方式，即受遗赠人未作表示是放弃遗赠的，占四成以上（41.10%）。

（三）继承的放弃与债权人的撤销权

问题【六、（三）】“甲为乙的父亲，2015 年年底，乙因病住院治疗，医治无效去世，留下遗产 5 万元及房屋一套。此时，甲经营的摩配厂已经负债累累，拖欠工人工资已有 10 个月，但他考虑儿媳在其丈夫乙去世后独自抚养年幼的女儿有经济困难，于是主动提出放弃继承儿子乙的遗产。甲的债权人却认为甲不应该放弃继承儿子的遗产，这实际上是逃避债务，侵犯了债权人的利益。为此，甲的债权人起诉至人民法院，要求撤销甲弃继承儿子乙遗产的行为。您认为下列哪一项更为恰当？A. 甲放弃继承乙遗产的行为，可以被撤销；B. 甲放弃继承乙遗产的行为，不可以被撤销。（单选）理由是什么？请问您所在地区的人们是如何处理此类行为的？”

1. 继承人的放弃能否被债权人撤销的民众观念情况统计

表 12-42　继承人的放弃能否被债权人撤销的民众观念情况统计（单选）

选项	人数	比例
A. 甲放弃继承乙遗产的行为，可以被撤销	94	52.51%
B. 甲放弃继承乙遗产的行为，不可以被撤销	85	47.49%
合计	179	100.00

关于继承人放弃继承的行为能否被债权人撤销的民众观念，统计数据显示，在179名被调查者中，（1）选择A项可以被撤销的，占五成以上（52.51%）；（2）选择B项不可以被撤销的，占四成半以上（47.49%）。

2. 继承人的放弃能否被债权人撤销的民众观念之理由情况统计

表 12-43　继承人的放弃能否被债权人撤销的民众观念之理由情况统计

项目	人数	比例
A. 不可以被撤销，因为这有利于照顾儿媳及其孙女的生活，她们是弱势群体，理应获得优先照顾	15	22.73%
B. 可以被撤销，因为的债权人利益也需要被保护	36	54.55%
C. 风俗习惯就是如此	3	4.55%
D. 继承人有权决定是否继承	7	10.61%
E. 继承人可以放弃继承	5	7.58%
合计	66	100%

关于继承人放弃继承的行为能否被债权人撤销的民众观念之理由，统计数据显示，在填写该问题的66名被调查者中，（1）认为可以被撤销的理由是，B项继承人债权人的利益需要保护的，占近五成半（54.55%）；（2）认为不可以被撤销的理由是，A项、D项和E项，放弃继承的行为有利于照顾其他继承人（特别是被继承人的生存配偶或子女等弱势群体）的利益、继承人有权决定是否继承的，合计占四成（40.92%）。

3. 继承人的放弃能否被债权人撤销的民间习惯情况统计

表 12-44　继承人的放弃能否被债权人撤销的民间习惯情况统计（单选）

选项	人数	比例
A. 放弃继承的行为可以被债权人撤销	22	45.83%
B. 放弃继承的行为不可以被债权人撤销	26	54.17%
合计	48	100%

关于继承人放弃的行为能否被债权人撤销的民间习惯，统计数据显示，在48名被调

查者所在地区的习惯是：（1）A 项可以被撤销的，占四成半（45.83%）；（2）B 项不可以被撤销的，占近五成半（54.17%）。

七、继承权的丧失、被继承人的宥恕与代位继承之调查数据统计情况

关于继承权的丧失、被继承人的宥恕与代位继承之调查数据统计，我们主要从继承权的丧失与被继承人宥恕、继承权的丧失与代位继承两个方面进行调查数据的统计情况汇总分析。

（一）继承权的丧失与被继承人的宥恕

问题【七、（一）】“某甲如果以欺诈或者胁迫的手段，迫使或者妨碍其父乙设立、变更或者撤销遗嘱，情节较为严重，但后来其获得乙的原谅。您认为以下哪一种处理更为适当？A. 某甲有资格继承其父遗产；B. 某甲仍然不能继承其父遗产。（单选）理由是什么？在您所在地区的人们是如何处理此类行为的？”

1. 继承权的丧失与被继承人的宥恕的民众观念情况统计

表 12-45 继承权的丧失与被继承人的宥恕的民众观念情况统计（单选）

选项	人数	比例
A. 某甲有资格继承其父遗产	124	69.27%
B. 某甲仍然不能继承其父遗产	55	30.73%
合计	179	100%

关于继承权的丧失与被继承人的宥恕的民众观念，即因欺诈、胁迫行为丧失继承权的，如获得被继承人谅解其继承权是否可以恢复，统计数据显示，在 179 名被调查者中，（1）选择 A 项可以恢复的，占近七成（69.27%）；（2）选择 B 项不可以恢复的，占三成（30.73%）。

2. 继承权的丧失与被继承人的宥恕的民众观念之理由情况统计

表 12-46 继承权的丧失与被继承人的宥恕的民众观念之理由情况统计

项目	人数	比例
A. 乙有权处分自己的遗产，如果乙已经原谅了甲，则可以恢复甲的继承权	65	36.31%
B. 甲的行为造成恶劣影响，导致其丧失继承权，即使乙原谅了甲，也不能恢复甲的继承权	21	11.73%
C 被继承人有决定权	89	49.72%
D. 当地习惯如此	4	2.24%
合计	179	100%

关于继承权的丧失与被继承人的宥恕的民众观念之理由，即因欺诈、胁迫行为丧失继承权的，如获得被继承人谅解其继承权是否可以恢复之理由，统计数据显示，在179名被调查者中，（1）认为可恢复的理由是，A项和C项被继承人的原谅、被继承人有决定权的，合计占八成半以上（86.03%）；（2）认为不可以恢复的理由是，B项继承人的行为造成了恶劣影响，即使被继承人原谅也不可恢复，占一成以上（11.73%）。

3. 继承权的丧失与被继承人的宥恕的民间习惯情况统计

表12-47 继承权的丧失与被继承人的宥恕的民间习惯情况统计

选项	人数	比例
A. 可以继承	65	65.66%
B. 不可以继承	20	20.20%
C. 取决于被继承人意愿	14	14.14%
合计	99	100%

关于继承权的丧失与被继承人的宥恕的民间习惯，统计数据显示，在填写该问题的99名被调查者所在地区的习惯是：（1）A项和C项可以恢复的，合计占近八成（79.80%）；（2）B项不可以恢复的，占二成（20.20%）。

（二）继承权的丧失与代位继承

问题【七、（二）】村民甲死亡后，其子乙因实施伪造遗嘱的行为导致丧失了对其父甲的继承权，乙的儿子丙能否代父乙去继承祖父甲的遗产？您认为以哪一种处理更为适当？请问：您所在地区的人们是如何处理此情况的？理由有哪些？A. 丙能够代乙继承祖父甲遗产；B. 丙不能代父乙继承祖父甲遗产。（单选）您所在地区的人们是如何处理此情况的？理由是什么？

1. 继承权的丧失的效力是否及于代位继承人的民众观念情况统计

表12-48 继承权的丧失的效力是否及于代位继承人的民众观念情况统计（单选）

选项	人数	比例
A. 丙能够代父乙继承祖父甲的遗产	68	37.99%
B. 丙不能代父乙继承祖父甲的遗产	111	62.01%
合计	179	100%

关于继承权的丧失的效力是否及于代位继承人的民众观念，即被代位人丧失继承权后其子女是否可以代位继承，统计数据显示，在179名被调查者中，（1）选择B项不可以代位继承的，占六成以上（62.01%）；（2）选择A项可以代位继承的，占近四成（37.99%）。

2. 继承权的丧失的效力是否及于代位继承人的民间习惯情况统计

表 12-49　继承权的丧失的效力是否及于代位继承人的民间习惯情况统计（单选）

选项	人数	比例
A. 可以代位继承	35	38.89%
B. 不可以代位继承	55	61.11%
合计	90	100%

关于继承权的丧失的效力是否及于代位继承人的民间习惯，对于被代位人丧失继承权后其子女是否可以代位继承，统计数据显示，填写该问题的 90 名被调查者所在地区的习惯是：（1）A 项可以代位继承的，占近四成（38.89%）；（2）B 项不可以代位继承的，占六成以上（61.11%）。

3. 继承权的丧失的效力是否及于代位继承人的民间习惯理由情况统计

表 12-50　继承权的丧失的效力是否及于代位继承人的民间习惯之理由情况统计

项目	人数	比例
A. 因为乙已经丧失继承权，导致丙代替乙继承的前提丧失，所以，丙不能代替乙继承甲的遗产	47	55.95%
B. 丙作为独立的民事主体，可以孙子的身份来继承祖父甲的遗产，与乙丧失继承权没有关系	31	36.90%
C. 丙与甲之间有直系血亲关系所以可以代父乙继承	5	5.95%
D. 丙代父乙继承祖父甲遗产的行为违背公序良俗所以不能	1	1.19%
合计	84	100%

关于继承权的丧失的效力是否及于代位继承人的民间习惯之理由，对于被代位人丧失继承权后其子女是否可以代位继承，统计数据显示，在 84 名被调查者中，（1）有不可代位继承习惯的理由是，A 项被代位继承人丧失继承权将导致其晚辈直系血亲代位继承的前提消失（55.95%）或 D 项违背公序良俗（1.19%）的，合计占五成半以上（57.14%）；（2）有可代位继承习惯的理由是，B 项晚辈直系血亲是独立的民事主体，可以孙子女的身份进行继承，与被代位继承人丧失继承权没有关系（36.90%）或 C 项代位继承人与被继承人之间有直系血亲关系可以代位的（5.95%），合计占四成以上（42.85%）。

八、继承协议之调查数据统计情况

必须说明，本节研究的对象是狭义的继承协议（又称继承扶养协议），是被继承人与继承人之间，就扶养与继承事项签订的协议。关于继承协议之调查数据统计，我们主要从继承协议的订立主体与方式、继承协议的变更方式及效力两个方面进行调查数据的统计情况汇总分析。

（一）继承协议的订立主体与方式

问题【八、（一）1.】“王某，现年70岁，有长子王一，次女王二，两个子女均已成家且分家另过。王某的老伴因患癌症花费了大量医药费后去世，老夫妻的共同财产现所剩无几，郊区的一套住房是王某个人财产。虽然王某退休金不多，但身体没有大病，基本生活还是能够维持的。由于长子王一长期在外地工作，为解决父亲王某的养老送终问题，您认为，如下三种做法哪些较为妥当？A. 父亲王某与次女王二，双方协商并签订协议，由次女王二一人承担赡养父亲王某的义务，王某的全部遗产指定由王二继承；B. 父亲王某与子女王一、王二，三人协商并签订协议，由次女王二一人承担赡养父亲王某的义务，王某的全部遗产商定由王二继承；王一放弃对父亲王某遗产的继承权；C. 子女王一与王二，两人协商并签订协议，由次女王二一人承担赡养父亲王某的义务王某的全部遗产商定由王二继承；王一放弃对父亲王某遗产的继承权。（单选）理由是什么？”

1. 继承协议的订立主体与方式的民众观念与理由情况统计

（1）继承协议的订立主体与方式的民众观念情况统计。

表12-51 继承协议的订立主体与方式的民众观念情况统计（单选）

选项	人数	比例
A. 父亲王某与次女王二协商一致即可签订协议（第一种方式）	29	16.20%
B. 父亲王某需与全部继承人协商，共同签订协议（第二种方式）	120	67.04%
C. 共同继承人间签订协议即可，无须被继承人知晓或同意（第三种方式）	30	16.76%
合计	179	100%

关于继承协议的订立主体与方式的民众观念，统计数据显示，在179名被调查者中，对于继承协议的订立，①选择B项由被继承人与全体法定继承人共同订立的，占六成半以上（67.04%）；②选择C项由继承人之间签订而无须被继承人知晓或同意的，占一成半以上（16.76%）；③选择A项由被扶养人与扶养义务人共同签订的，占一成半以上（16.20%）。

（2）继承协议的订立主体与方式的民众观念之理由情况统计。

表12-52 继承协议的订立主体与方式的民众观念之理由情况统计

项目	人数	比例
A. 由被继承人与继承人共同协商，尊重各方意思	15	51.72%
B. 由继承人之间签订，符合当地习惯	10	34.48%
C. 谁尽扶养义务谁签订协议	4	13.79%
合计	29	100%

关于继承协议的订立主体与方式的民众观念之理由，统计数据显示，在填写该问题的29名被调查者中，关于继承协议的订立，（1）认为应由被继承人和全体法定继承人共同订立的理由是，A项尊重协议各方当事人的意思的，占五成以上（51.72%）；（2）认为由继承人之间签订的理由是，B项符合当地习惯的，占近三成半（34.48%）；（3）认为由被扶养人与扶养义务人共同签订的理由是，C项谁尽扶养义务谁签订协议的，占一成以上（13.79%）。

2. 继承协议存在的民间习惯情况统计

问题【八、（一）2.】“您过去是否听说或者经历过有以上类似的情况？A. 听说过或经历过；B. 从没听说或经历过以上情况。（单选）在听说过或经历过签订继承协议的人中，听说过经历过的方式是哪一种？A. 第一种方式；B. 第二种方式；C. 第三种方式。（多选）”

（1）继承协议存在的民间习惯情况统计。

表12-53　继承协议存在的民间习惯情况统计（单选）

选项	人数	比例
A. 听说过或经历过	80	44.69%
B. 从没听说或经历过以上情况	99	55.31%
合计	179	100%

关于继承协议的民间习惯，对于签订继承协议，统计数据显示，填写该问题的179名被调查者所在地区的习惯是：①A项即听说过或经历过的，占近四成半（44.69%）；②B项没有听说或经历过的，占五成半（55.31%）。

（2）听说过或经历过签订继承协议的方式的民间习惯情况统计。

表12-54　听说过或经历过签订继承协议的方式的民间习惯情况统计（多选）

选项	人数	比例
A. 第一种方式	25	31.25%
B. 第二种方式	59	73.75%
C. 第三种方式	25	31.25%

关于听说过或经历过签订继承协议的方式的民间习惯，对于继承协议的订立方式，统计数据显示，填写该问题的80名被调查者所在地区的习惯是：①B项应由被继承人与全体法定继承人共同订立的，占七成以上（73.75%）；②C项由继承人之间签订的，占三成以上（31.25%）；③A项由被扶养人与扶养义务人共同签订的，占三成以上（31.25%）。

（二）继承协议的变更方式及效力

问题【八、（二）】“王某，现年70岁，有长子王一，次女王二，三子王三，三个子女均已成家且分家另过。王某的老伴因患癌症花费了大量医疗费后去世，现有郊区的一套住房是王某个人财产，市场价约为30万元，王某有少量退休金。王某与王二协商并签订继承协议，由王二主要赡养父亲王某，王某的所有遗产由王二继承。协议签订后，王二全家与父亲王某共同生活了5年后的一天，王二因意外交通事故死亡。王二全家在与王某共同生活的期间已为王某花费生活费、医疗费等扶养费共9万元。为解决王某的养老，您同意下列哪一做法？A. 王二的儿子有继续扶养外祖父王某的能力，王某也愿意与王二的儿子共同生活，应当由王二的儿子继续履行扶养义务，并继承王某的全部遗产。B. 王一、王三共同补偿王二家人6万元扶养费后（另有3万元扶养费属于应当由王二承担的），如果王一与父亲王某签订新继承协议，并与王某共同生活一直扶养至其去世，就由王一继承王某的全部遗产。C. 对王二已经支付的扶养费不予补偿，如果王一与父亲王某签订新的继承协议，并与王某共同生活一直扶养至其去世，就由王一继承王某的全部遗产。D. 王一、王三共同补偿王二家人6万元扶养费后，由两人共同扶养父亲王某。E. 其他。（单选）您做出以上选择的理由是什么？"

1. 继承协议的变更方式与效力的民众观念情况统计

表 12-55　继承协议的变更方式与效力的民众观念的统计情况（单选）

选项	人数	比例
A. 原扶养人的子女有扶养能力，在双方自愿的情况下，可由原扶养的子女继续扶养被扶养人，并继承全部遗产	71	39.66%
B. 原签订的继承协议效力终止，补偿原扶养人一定费用后，由某一有扶养能力的法定继承人，在双方自愿的情况下签订新协议，继续扶养被扶养人，并继承遗产	52	29.05%
C. 原签订的继承协议效力终止，无须补偿原扶养人，应由某一有扶养能力的法定继承人与被扶养人，在双方自愿的情况下签订新协议，继续扶养被扶养人并继承全部遗产	15	8.38%
D. 原签订的继承协议效力终止，补偿原扶养人一定费用后，应由有扶养能力的全体法定继承人，共同依法对被扶养人尽扶养义务，并依法定继承取得遗产	39	21.79%
E. 其他	2	1.12%
合计	179	100%

关于继承协议的变更方式与效力的民众观念，即在继承协议的履行中，如扶养人先于被扶养人去世，被调查者对于该协议的变更方式与效力的认识，统计数据显示，在179名被调查者中，（1）选择A项，认为该协议可有条件继续履行，如原扶养人的子女有扶养能力的，在原扶养人的子女和被扶养人双方同意的情况下，可由原扶养人的子女继续履行该继承协议的，此即代位扶养的，占近四成（39.66%）；（2）选择B项和C项，认为该协议终止，须签订新的继承协议，由新的扶养人履行扶养义务并继承遗产的，合计占近四成（37.43%），其中，B项认为需要对原扶养人的继承人补偿超过其扶养义务部分费用的，占近三成（29.05%），C项认为不需要对原扶养人的继承人补偿超过其扶养义务部分费用的，占近一成（8.38%）；（3）选择D项，认为该协议终止，应补偿原扶养人的继承

人超过其扶养义务部分费用后，由所有法定继承人共同扶养的，即实行法定赡养的，占二成以上（21.79%）。可见，被调查者对于代位扶养的认可度最高，占近四成。

2. 继承协议的变更方式与效力的民众观念之理由情况统计

表 12-56 继承协议的变更方式与效力的民众观念之理由情况统计

项目	人数	比例
A. 由王二的儿子继续扶养王某，可以使继承协议继续履行，避免产生不必要的纠纷，有利于维持被扶养人一贯的生活方式而安享晚年	19	25.68%
B. 赡养王某是王一和王三的法定义务，根据公平原则，王一、王三应当补偿王二家人6万元	20	27.03%
C. 应当共同协商重新订立协议	25	33.78%
D. 扶养者可多分，谁扶养谁继承	10	13.51%
合计	74	100%

关于继承协议的变更方式与效力的民众观念之理由，即在继承协议履行过程中，如扶养人先于被扶养人去世，统计数据显示，在填写该理由的74名被调查者中，（1）认为如原扶养人的子女有扶养能力的，在原扶养人的子女和被扶养人双方同意的情况下，可由原扶养人的子女继续履行该继承协议的理由是，A项这样可以避免产生不必要的纠纷，有利于维持被扶养人一贯的生活方式而安享晚年的，占二成半（25.68%）；（2）认为该继承协议因扶养人死亡已终止，被扶养人的其他法定扶养义务人对已去世的扶养人支付的超出其法定扶养义务的扶养费进行合理补偿的理由是，B项基于公平原则的，占二成半以上（27.03%）；（3）认为应该重新签订协议的理由是，C项原继承协议因扶养人死亡已终止，所以应当协商重新签订协议的，占三成以上（33.78%）。

九、遗产债务清偿之调查数据统计情况

关于遗产债务清偿之调查数据统计，我们主要从遗产债务清偿责任的类型、被继承人丧葬费的支付、遗产债务的清偿顺序三个方面进行调查数据的统计情况汇总分析。

（一）遗产债务清偿责任的类型

1. 继承人清偿遗产债务责任类型的民众观念情况统计

问题【九、（一）1.】“对于‘继承遗产，应当清偿被继承人的债务’，您是怎么理解这句话的？A. 对被继承人的生前所有债务，继承人都应当予以偿还；B. 对被继承人的生前所有债务，继承人应先用所有遗产偿还债务，不足部分由继承人个人财产偿还；C. 对被继承人的生前所有债务，继承人只以继承的遗产为限予以偿还；D. 对被继承人的生前所有债务，继承人如果存在转移遗产、隐瞒遗产的情形，则其应当负责以遗产和其个人财产偿还所有的债务。（多选）”

表 12-57　继承人清偿遗产债务责任类型的民众观念情况统计（多选）

选项	人数	比例
A. 对被继承人的生前所有债务，继承人都应当予以偿还	61	34.01%
B. 对被继承人的生前所有债务，继承人应先用所有遗产偿还债务，不足部分由继承人以个人财产偿还	56	31.28%
C. 对被继承人的生前所有债务，继承人只以继承的遗产为限予以偿还	15	8.38%
D. 对被继承人的生前所有债务，继承人如果存在转移遗产、隐瞒遗产的情形，则其应当负责以遗产和其个人财产偿还所有的债务	73	40.78%

关于继承人清偿遗产债务责任类型的民众观念，统计数据显示，在 179 名被调查者中，（1）选择 A 项和 B 项，认为继承人应承担自愿的无限清偿责任的，合计占六成半（65.29%）；（2）选择 D 项，认为继承人如有侵害遗产的行为应承担强制的无限清偿责任的，占四成（40.78%）；（3）选择 C 项，认为继承人以其继承的遗产承担有限清偿责任的，占比不到一成（8.38%）。

2. 继承人侵害遗产的法律责任的民间习惯情况统计

问题【九、（一）2.】在您所在地区，人们在遇到继承人有转移遗产、隐瞒遗产的情况时，一般是如何处理的？为什么？（单选）

表 12-58　继承人侵害遗产的法律责任的民间习惯情况统计（单选）

选项	人数	比例
A. 偿还所有债务	36	58.06%
B. 不足部分以其个人财产偿还	21	33.87%
C. 以继承遗产的范围为限偿还	5	8.06%
合计	62	100%

关于继承人侵害遗产的法律责任的民间习惯，即继承人有转移遗产、隐瞒遗产的应如何处理，统计数据显示，在填写该问题的 62 名被调查者所在地区的习惯是：（1）A 项和 B 项，即继承人应对遗产债务承担无限清偿责任的，合计占九成以上（91.93%）；（2）C 项即继承人对遗产债务承担有限清偿责任的，占比不到一成（8.06%）。

3. 继承人侵害遗产的法律责任的民间习惯的理由情况统计

表 12-59　继承人侵害遗产的法律责任的民间习惯的理由情况统计

项目	人数	比例
A. 继承人转移或隐瞒遗产，主观恶性大，导致无法界定遗产的范围，为了表示惩戒，该继承人不能分得遗产或少分遗产	36	63.16%

续表

项目	人数	比例
B. 交给司法、行政等相关部门处置，能够体现公平	21	36.84%
合计	57	100%

关于继承人侵害遗产法律责任的民间习惯的理由，当继承人转移或隐瞒遗产时，统计数据显示，在填写该理由的57名被调查者所在地区，（1）有继承人应少分或不分遗产的习惯之理由是，A项该继承人主观恶性大应予惩戒的，占六成以上（63.16%）；（2）有应交给司法、行政等相关部门处置的习惯之理由是，B项能够体现公平的，占三成半以上（36.84%）。

（二）被继承人丧葬费的支付

问题【九、（二）】“在您所地区，死者的丧葬费用一般是如何支付的？A. 由全体继承人共同支付；B. 从被继承人的遗产中支付；C. 其他。（单选）”

表12-60 被继承人丧葬费支付的民间习惯情况（单选）

选项	人数	比例
A. 由全体继承人共同支付	106	59.22%
B. 从被继承人的遗产中支付	67	37.43%
C. 其他	6	3.35%
合计	179	100%

关于被继承人丧葬费支付的民间习惯，统计数据显示，179名被调查者填写的所在地区的习惯是：（1）A项由全体继承人共同支付的，占近六成（59.22%）；（2）B项从被继承人遗产中支付的，占三成半以上（37.43%）。

（三）遗产债务的清偿顺序

问题【九、（三）】“在您所在地区，对被继承人死亡后遗留的以下费用，一般是按哪种先后次序进行清偿的？①对民间的处理方式，请填写；②您认为，按照哪种进行先后次序进行清偿比较合理。（多选）”

A. 丧葬费用	D. 欠付的工资	G. 对被继承人扶养较多的人之酌情分配遗产份额
B. 遗产管理等费用	E. 受被继承人扶养人的生活费	H. 遗赠扶养协议写明遗赠的遗产
C. 欠债	F. 税款	

1. 遗产债务清偿顺序的民间习惯情况统计

表 12-61 遗产债务清偿顺序的民间习惯情况统计（多选）

选项	第一顺序		第二顺序		第三顺序		第四顺序		第五顺序		第六顺序		第七顺序		第八顺序	
	人数	比例%	人数	比例%	人数	比例%	人数	比例%	人数	比例%	人数	比例%	人数	比例%	人数	比例%
A.	121	67.60	8	4.47	8	4.47	8	4.47	3	1.68	4	2.23	2	1.12	1	0.56
B.	3	1.68	54	30.17	13	7.26	11	6.15	21	11.73	7	3.91	9	5.03	12	6.70
C.	11	6.15	37	20.67	53	29.61	17	9.50	17	9.50	4	2.23	1	0.56	4	2.23
D.	15	8.38	42	23.46	38	21.23	43	24.02	7	3.91	3	1.68	1	0.56	1	0.56
E.	1	0.56	10	5.59	12	6.70	19	10.61	28	15.64	22	12.29	16	8.94	5	2.79
F.	11	6.15	9	5.03	19	10.61	23	12.85	24	13.41	20	11.17	5	2.79	9	5.03
G.	1	0.56	0	0	8	4.47	12	6.70	13	7.26	39	21.79	38	21.23	20	11.17
H.	2	1.12	3	1.68	2	1.12	11	6.15	23	12.85	26	14.53	33	18.44	28	15.64

关于遗产债务清偿顺序的民间习惯，各顺序以被调查者选择占比最高的作为统计依据，179 名被调查者填写的所在地区的遗产债务清偿顺序的习惯是：（1）第一顺序“A. 丧葬费用”（占 67.60%）；（2）第二顺序“B. 遗产管理等费用（占 30.17%）”；（3）第三顺序“C. 欠债”（29.61%）；（4）第四顺序“D. 欠付的工资”（占 24.02%）；（5）第五顺序“E. 受被继承人扶养人的生活费”（占 15.64%）、“F. 税款”（占 13.41%）；（6）第六顺序“G. 对被继承人扶养较多的人之酌情分配遗产份额”（占 21.79%）；（7）第七顺序“H. 遗赠扶养协议写明遗赠的遗产（占 18.44%）”。

2. 遗产债务清偿顺序的民众观念情况统计

表 12-62 遗产债务清偿顺序的民众观念情况统计（多选）

费用	第一顺序		第二顺序		第三顺序		第四顺序		第五顺序		第六顺序		第七顺序		第八顺序	
	人数	比例%	人数	比例%	人数	比例%	人数	比例%	人数	比例%	人数	比例%	人数	比例%	人数	比例%
A.	90	50.28	11	6.15	10	5.59	10	5.59	13	7.26	8	4.47	5	2.79	4	2.23
B.	2	1.12	43	24.02	15	8.38	26	14.53	31	17.32	11	6.15	6	3.35	7	3.91
C.	18	10.05	36	20.11	40	22.35	20	11.17	26	14.53	7	3.91	4	2.23	1	0.56
D.	19	10.61	37	20.67	40	22.35	36	20.11	7	3.91	4	2.23	2	1.12	1	0.56
E.	5	2.79	12	6.70	15	8.38	17	9.50	20	11.17	27	26.26	15	8.38	10	5.59
F.	24	13.41	17	9.50	26	14.53	21	11.17	13	7.26	9	5.03	9	5.03	14	7.82
G.	3	1.68	2	1.12	4	2.23	7	3.91	18	10.06	25	13.97	48	26.82	20	11.17
H.	2	1.12	0	0	6	3.35	10	5.59	15	8.38	41	22.91	22	12.29	30	16.76

关于遗产债务清偿顺序的民众观念，各顺序以被调查者选择占比最高作为统计依据，179 名被调查者观念中的遗产债务清偿顺序如下：（1）第一顺序“A. 丧葬费用”

(50.28%);(2)第二顺序“B. 遗产管理等费用”(24.02%);(3)第三顺序“C. 欠债”(22.35%)、“D. 欠付的工资”(22.35%)、“F. 税款”(14.53%);(4)第四顺序“E. 受被继承人扶养人的生活费”(26.26%)和“H. 遗赠扶养协议写明遗赠的遗产”(22.91%);(5)第五顺序“G. 对被继承人扶养较多的人之酌情分配遗产份额”(26.82%)。

十、遗产分割之调查数据统计情况

关于遗产分割之调查数据统计,我们主要从遗产分割的自由与限制、遗产分割瑕疵的担保责任两个方面进行调查数据的统计情况汇总分析。

(一)遗产分割的自由与限制

问题【十、(一)1.】“按您当地的民间习惯,一般如何开始分割遗产?A. 由各继承人共同协商后进行分割;B. 只要有继承人要求分割遗产,就得进行分割;C. 对于被继承人以遗嘱禁止分割的遗产,不得进行分割;D. 其他。(多选)其理由是什么?”

1. 遗产分割的自由与限制的民间习惯与理由情况统计

(1)遗产分割的自由与限制的民间习惯情况统计。

表 12-63 遗产分割的自由与限制的民间习惯情况统计(多选)

选项	人数	比例
A. 由各继承人共同协商后进行分割	167	93.30%
B. 只要有继承人要求分割遗产,就得进行分割	43	24.02%
C. 对于被继承人以遗嘱禁止分割的遗产,不得进行分割	95	53.07%
D. 其他	4	2.23%

关于遗产分割的自由与限制的民间习惯,统计数据显示,179 名被调查者填写的所在地区的习惯是:①A 项由各继承人共同协商后进行遗产分割的,占九成以上(93.30%);②C 项当遗嘱禁止分割遗产则不得分割遗产的,占五成以上(53.07%);③B 项只要有继承人要求分割遗产就得进行分割的,占近二成半(24.02%)。

(2)遗产分割的自由与限制的民间习惯之理由情况统计。

表 12-64 遗产分割的自由与限制的民间习惯之理由情况统计

项目	人数	比例
A. 遗产由各继承人共同继承,遗产分割涉及各继承人的利益,故遗产的分割应共同协商	64	71.11%
B. 每位继承人享有的继承权受法律保护,同时基于效率原则考虑,故继承开始后,基于继承人的要求就可以分割遗产	9	10.00%
C. 遗产是被继承人死亡时遗留下来的个人财产,当然有权通过遗嘱决定遗产的归属和分割	16	17.78%

续表

项目	人数	比例
D. 死者生前会分配	1	1.11%
合计	90	100%

关于遗产分割的自由与限制的民间习惯之理由，统计数据显示，在填写该理由的 90 名被调查者中，①遗产的分割应当由各遗产继承人共同协商的理由是，A 项遗产由各继承人共同继承，遗产分割涉及到各继承人的利益的，占七成以上（71.11%）；②遗嘱人有权通过遗嘱禁止分割遗产的理由是，C 项遗产是被继承人死亡时遗留下来的个人财产，其有权自由处分包括一定期限内禁止分割的，占近二成（17.78%）；③继承开始后基于继承人的要求就可以分割遗产的理由是，B 项每位继承人享有的继承权受法律保护，同时基于效率原则考虑的，占一成（10.00%）。

2. 提出遗产分割请求时间的民间习惯与理由情况统计

问题【十、（一）2.】“老王死时留有一套家庭居住的房屋（价值 50 万元）、存款 20 万元以及小汽车一辆（价值 10 万元）。老王去世时，其配偶和唯一的儿子小王均在世。请问：如果在您所在的地区，老王去世后，其儿子小王是否会马上向其母亲提出分割遗产的请求？A. 会；B. 不会；C. 会提出分割其他遗产的请求，但对其母正在居住的房屋的分割需等其母去世进行；D. 其他。（单选）其理由是什么？”

（1）提出遗产分割请求时间的民间习惯情况统计。

表 12-65　提出遗产分割请求时间的民间习惯情况统计（单选）

选项	人数	比例
A. 会	27	15.08%
B. 不会	125	69.83%
C. 会提出分割其他遗产的请求，但对其母正在居住房屋的分割需等其母去世后进行	26	14.53%
D. 其他	1	0.56%
合计	179	100%

关于提出遗产分割请求时间的民间习惯，即当被继承人死亡后，其子女继承人是否可以向其母亲（被继承人的生存配偶）提出分割遗产请求，统计数据显示，179 名被调查者填写的所在地区的习惯是：①B 项不可提出遗产分割请求的，占近七成（69.83%）；②A 项和 C 项可以提出遗产分割请求的，合计占近三成（29.61%）。

（2）提出遗产分割请求时间的民间习惯的理由情况统计。

表 12-66　提出遗产分割请求时间的民间习惯的理由情况统计

项目	人数	比例
A. 遗产由小王及其母亲共同继承，继承开始后，小王有权根据法律规定提出遗产分割的请求，并且有利于防止日后发生不必要的纠纷	2	2. 94%
B. 根据当地观念，小王的父亲的遗产就应该由其母亲全部继承，故小王不能向其母亲提出遗产分割的请求，如果提出会被视作不孝敬老人	52	76. 47%
C. 体现孝敬老人，保证老人的晚年生活，小王可以提出分割其他遗产，但对其母正在居住房屋的分割需等其母去世后进行	14	20. 59%
合计	68	100%

关于提出遗产分割请求时间的民间习惯之理由，即当被继承人死亡后，关于其子女可否与母亲提出分割遗产的民间习惯的理由，统计数据显示，在填写该理由的 68 名被调查者所在地区，①有不可以提出遗产分割之习惯的理由是，B 项根据当地观念，被继承人的遗产应该由其生存配偶全部继承，故其子女不能向母亲提出遗产分割的请求，如果提出会被视作不孝敬老人的，占七成半以上（76. 47%）。②有可以提出遗产分割遗产习惯的，其一，可有条件的提出遗产分割即其子女不可以提出分割母亲正在居住的房屋但可提出分割其他遗产的理由是，C 项体现孝敬老人，保证老人的晚年生活，但对其母正在居住房屋的分割需等其母去世后进行的，占二成（20. 59%）；其二，可无条件提出遗产分割的理由是，A 项法律规定并且有利于防止日后发生不必要的纠纷的，占比不到一成（2. 94%）。

3. 遗嘱可否限制遗产分割的民众观念与理由情况

问题【十、（一）3.（1）】“甲乙夫妻，育有一子丙。甲系个体工商户，他生前立了一份遗嘱，指定由乙和丙共同继承遗产，但其死后遗产中的商铺门面房和家庭住房在 20 年内不能进行分割。甲死亡时留下的遗产有：商铺门面房一间（价值 100 万元）；一套三室一厅的家庭住房（价值 50 万元）、存款 20 万元以及小汽车一辆（价值 10 万元）。您认为，甲是否可以在遗嘱中写明在其死后上述商铺门面房和住房在一定期间内不能进行分割？A. 可以；B. 不可以。（单选）理由是什么？”

（1）遗嘱可否限制遗产分割的民众观念与理由情况统计。

①遗嘱可否限制遗产分割的民众观念情况统计。

表 12-67　遗嘱可否限制遗产分割的民众观念情况统计（单选）

选项	人数	比例
A. 可以	157	87. 70%
B. 不可以	22	12. 30%
合计	179	100%

关于遗嘱可否限制遗产分割的民众观念，统计数据显示，在179名被调查者中，Ⅰ.选择A项主张可以的，占八成半以上（87.70%）；Ⅱ.选择B项主张不可以的，占一成以上（12.30%）。

②遗嘱可否限制遗产分割的民众观念之理由情况统计。

表12-68　遗嘱可否限制遗产分割的民众观念之理由情况统计

项目	人数	比例
A. 这些遗产是甲生前的个人财产，在设立遗嘱时有权决定遗产的分配及其分割	84	85.71%
B. 如果甲在遗嘱中指定店铺和住房在20年内不能分割，不利于发挥物的效用及价值，而且容易发生纠纷	14	14.29%
合计	98	100%

关于遗嘱可否限制遗产分割的民众观念之理由，统计数据显示，在填写该理由的98名被调查者中，Ⅰ.主张遗嘱可以限制遗产分割的理由是，A项遗产是被继承人生前的个人财产，在设立遗嘱时有权决定遗产的分配及其分割的，占八成半（85.71%）；Ⅱ.主张遗嘱不可以限制遗产分割的理由是，B项如果被继承人在遗嘱中指定特定遗产在20年内不能分割，这不利于发挥物的效用及价值，即遗嘱限制分割的时间不能太长的，占近一成半（14.29%）。

（2）遗嘱限制遗产分割之具体期限的民众观念情况统计。

问题【十、（一）3.（2）】“在上题中，如果您选择A项，那么该期限多久合适？A. 5年；B. 10年；C. 15年；D其他。（单选）理由是什么？”

表12-69　遗嘱限制遗产分割的期限的民众观念情况统计（单选）

选项	人数	比例
A. 5年	75	41.90%
B. 10年	52	29.05%
C. 15年	18	10.05%
D. 其他	34	19.00%
合计	179	100%

关于遗嘱限制遗产分割的期限的民众观念，统计数据显示，在179名被调查者中，①选择A项5年之内的，占四成以上（41.90%）；②选择B项10年之内的，占近三成（29.05%）；③选择C项15年之内的，占一成（10.05%）。

（3）继承人协商能否变更遗嘱限制的民间习惯及理由情况统计。

问题【十、（一）3.（3）】“在您所在地区，如果乙和丙一致同意分割上述财产，那么，他们是否可以不遵守甲的遗嘱在一定期限内禁止分割上述房产的规定而进行分割？A. 可以不遵守遗嘱；B. 不可以不遵守遗嘱。（单选）理由是什么？”

①继承人协商能否变更遗嘱限制的民间习惯情况统计。

表 12-70　继承人协商能否变更遗嘱限制的民间习惯情况统计（单选）

选项	人数	比例
A. 可以不遵守遗嘱	88	49.16%
B. 不可以不遵守遗嘱	91	50.84%
合计	179	100%

关于继承人协商能否变更遗嘱限制的民间习惯，对于遗嘱对遗产分割的限制是否可以不遵守，统计数据显示，179 名被调查者所在地区的习惯是：Ⅰ. A 项可以不遵守的，占约五成（49.16%）；Ⅱ. B 项不可以不遵守的，占五成（50.84%）。

②继承人协商能否变更遗嘱限制的民间习惯之理由情况统计。

表 12-71　继承人协商能否变更遗嘱限制的民间习惯之理由情况统计

项目	人数	比例
A. 乙和丙共同继承这些遗产，共同享有所有权，二人当然有权决定分割这些遗产，同时也有利于发挥物的效用价值	57	53.77%
B. 乙和丙根据甲设立的遗嘱享有继承权，对于遗产的分割问题，也应该依据遗嘱，不能有选择性地修改遗嘱	49	46.23%
合计	106	100%

关于继承人协商能否变更遗嘱限制的民间习惯之理由，对于遗嘱对遗产分割的限制是否可以不遵守，统计数据显示，在填写该理由的 106 名被调查者所在地区，Ⅰ. 有可以不遵守遗嘱限制遗产分割时间的约束习惯的理由是，A 项共同继承人共同继承这些遗产，共同享有所有权，其当然有权决定分割这些遗产，同时也有利于发挥物的效用价值的，占五成以上（53.77%）；Ⅱ. 有不可以不遵守遗嘱限制习惯的理由是，B 项继承人根据遗嘱享有继承权，对于遗产分割的问题也应该依据遗嘱，不能有选择性地修改遗嘱的，占四成半以上（46.23%）。

（二）遗产分割瑕疵的担保责任

问题【十、（二）】“村民老王于 2016 年 12 月 10 日因病去世，死亡时他留下 50 只羊。老王有两个儿子甲和乙，故老王死后，甲、乙各分得 25 只羊。但在双方分完羊两天之后，乙分得 25 只羊中就有 2 只暴病死亡，这 2 只羊死亡的原因是在兄弟俩分割前就已经得了羊痘（一种急性传染病）。请问：在您所在地区，如果出现此种情况时，这 2 只羊死亡的损失应该由谁承担？A. 由乙自行承担，羊群已分配完毕，乙分到了 2 只病羊，应该自认倒霉；B. 由甲和乙共同承担，甲应再分给乙 1 只羊或按照 1 只羊的价格进行补偿；C. 按 1 只羊的价格进行补偿，但乙承担大部分损失，甲承担小部分损失；D. 其他。（单选）理由是什么？”

1. 遗产分割瑕疵的担保责任的民间习惯情况统计

表 12-72 遗产分割瑕疵的担保责任的民间习惯情况统计（单选）

选项	人数	比例
A. 由乙自行承担，羊群已分配完毕，乙分到了 2 只羊，应该自认倒霉	85	47.49%
B. 由甲和乙共同承担，甲应再分给乙 1 只羊或按照 1 只羊的价格进行补偿	66	36.87%
C. 按 1 只羊的价格进行补偿，但乙承担大部分损失，甲承担小部分损失	25	13.97%
D. 其他	3	1.67%
合计	179	100%

关于遗产分割瑕疵的担保责任的民间习惯，对于遗产分割的瑕疵，统计数据显示，179 名被调查者填写的所在地区的习惯是：（1）B 项和 C 项由共同继承人相互承担的，合计占五成（50.84%）；（2）A 项由分得瑕疵遗产的继承人自行承担，即继承人之间不相互承担遗产分割瑕疵担保责任的，占四成半以上（47.49%）。

2. 遗产分割瑕疵的担保责任的民间习惯之理由情况统计

表 12-73 遗产分割瑕疵的担保责任的民间习惯之理由情况统计

项目	人数	比例
A. 乙分得的 25 只羊是随机分配的，事先甲乙两人都不知道，因此，对于两只病羊的损失，与甲无关，只能由乙自己承担	39	51.32%
B. 50 只羊是由甲和乙共同继承的，对于两只病羊的损失也应该由甲和乙共同承担；如果让乙一个人承担，则有悖公平原则	37	48.68%
合计	76	100%

关于遗产分割瑕疵的担保责任的民间习惯之理由，统计数据显示，在填写该理由的 76 名被调查者中，对于遗产分割的瑕疵，（1）有由共同继承人相互承担的习惯之理由是，B 项如果让分得瑕疵遗产的继承人一个人承担有悖公平原则，占约五成（48.68%）；（2）有由分得瑕疵遗产的继承人自行承担，即继承人之间不相互承担遗产分割瑕疵担保责任的习惯之理由是，A 项被继承人分得瑕疵遗产是随机分配的，事先所有继承人都不知晓，因此只能由分得瑕疵遗产的继承人自行承担责任，占五成以上（51.32%）。

十一、无人承受遗产之调查数据统计情况

关于无人承受的遗产之调查数据统计，我们主要从无人承受遗产归属和无人承受遗产的处理两个方面进行调查数据的统计情况汇总分析。

（一）无人承受遗产的归属

问题【十一、（一）1.】“甲生前系城镇居民，其生前未婚且无其他继承人，其死后

留下部分遗产，属于无人承受的遗产。您认为甲的遗产归属于下列哪一主体更合适？A. 国家；B. 死者生前所在地的国库；C. 死者生前所在地民政部门的社会福利机构；D. 死者生前所在的居委会；E. 不是继承人的其他亲属；F. 其他（您认为更合适的归属主体）。（单选）理由是什么？”

1. 城镇居民无人承受遗产的归属主体的民众观念与理由统计情况

（1）城镇居民无人承受遗产的归属主体的民众观念情况统计。

表 12-74　城镇居民无人承受遗产的归属主体的民众观念总体情况统计（单选）

选项	人数	比例
A. 国家	64	35.75%
B. 死者生前所在地的国库	21	11.73%
C. 死者生前所在地民政部门的社会福利机构	36	20.11%
D. 死者生前所在的居委会	7	3.91%
E. 不是继承人的其他亲属	49	27.38%
F. 其他	2	1.12%
合计	179	100%

关于城镇居民无人承受遗产的归属主体的民众观念，统计数据显示，在 179 名被调查者中，①选择 A、B、C、D 四个选项，即主张归属主体为社会公共组织（包括归属于国家、死者生前所在地的国库、死者生前所在地民政部门的社会福利机构和死者生前所在的居委会）的，占比合计七成以上（71.50%）；②选择 E 项，即主张归属主体为自然人（归属于不是继承人的其他亲属）的，占比二成半以上（27.38%）。

（2）城镇居民无人承受遗产的归属主体的民众观念之理由情况统计。

表 12-75　城镇居民无人承受遗产的归属主体的民众观念之理由情况统计

项目	人数	比例
A. 甲的遗产没有人继承，为规范财产秩序，甲的遗产归国家所有，同时这也与部分国家的做法相一致	29	45.31%
B. 甲的遗产归甲生前所在地的国库有利于对遗产的清算、管理和利用	1	1.56%
C. 甲的其他亲属是甲最为亲近的人，甲的遗产归其他亲戚所有，符合情理	20	31.25%
D. 村委会管理更方便	5	7.81%
E. 捐赠慈善机构做公益	9	14.06%
合计	64	100%

关于城镇居民无人承受遗产的归属主体的民众观念之理由，统计数据显示，在填写该理由的 64 名被调查者中，①即主张归属主体为社会公共组织，主要理由包括：其一，归国家的理由是，A 项可以规范财产秩序，也与部分国家的做法相一致，占比有四成半（45.31%）；其二，归民政部门的社会福利机构的理由是，E 项捐赠给慈善机构做公益利于回报社会的，占比近一成半（14.06%）；②主张归属主体为自然人的理由是，C 项归不是继承人的其他亲戚所有符合情理的，占比有三成以上（31.25%）。

2. 农村居民无人承受遗产的归属主体的民众观念与理由情况

问题【十一、(一) 2.】“甲生前系农村居民，其生前未婚且无其他继承人，其死后留下部分遗产，属于无人承受的遗产。您认为甲的遗产归属于下列哪一主体更合适？A. 死者生前所在地的国库；B. 死者生前所在地民政部门的社会福利机构；C. 死者生前所在的集体经济组织；D. 死者生前所在的村委会；E. 死者生前所在的村民小组；F. 不是继承人的其他亲属；G. 其他（您认为更合适的归属主体）。(单选) 理由是什么？”

(1) 农村村民无人承受遗产的归属主体的民众观念情况统计。

表 12-76　农村村民无人承受遗产的归属主体的民众观念情况统计（单选）

选项	人数	比例
A. 死者生前所在地的国库	51	29.05%
B. 死者生前所在地民政部门的社会福利机构	34	18.44%
C. 死者生前所在的集体经济组织	21	11.73%
D. 死者生前所在的村委会	14	7.82%
E. 死者生前所在的村民小组	7	3.91%
F. 不是继承人的其他亲属	50	27.93%
G. 其他	2	1.12%
合计	179	100%

关于农村村民无人承受遗产的归属主体的民众观念，统计数据显示，在 179 名被调查者中，①A、B、C、D、E 项，即归属主体为社会公共组织（包括归属于死者生前所在地的国库、死者生前所在地民政部门的社会福利机构和死者生前所在的集体经济组织、村委会或村民小组）的，合计占七成（70.95%）；②选择 F 项归属于不是继承人的其他亲属，即主张归属主体为自然人的，占近三成（27.93%）。

(2) 农村居民无人承受遗产的归属主体的民众观念之理由情况统计。

表 12-77　农村居民无人承受遗产的归属主体的民众观念之理由情况统计

项目	人数	比例
A. 甲的遗产归甲生前所在地的集体经济组织，有利于对遗产的清算、管理和利用	17	27.87%

续表

项目	人数	比例
B. 甲的其他亲属是甲最为亲近的人，甲的遗产归其他亲戚所有，符合情理	17	27.87%
C. 当地习惯如此	2	3.28%
D. 无主财产归国家所有	17	27.87%
E. 捐赠慈善机构做公益	8	13.11%
合计	61	100%

关于农村村民无人承受遗产的归属选择理由，统计数据显示，在填写该理由的61名被调查者中，①归属主体为社会公共组织的理由中，其一，认为应归死者生前所在地的集体经济组织的理由是，A项有利于对遗产的清算、管理和利用的，占近三成（27.87%）；其二，认为应归属于国家的理由是，D项无主财产理应归国家所有的，占近三成（27.87%）；其三，认为应归属于民政部门的理由是，E项可以捐赠慈善机构做公益的，占一成以上（13.11%）。②主张归属主体为自然人即不是继承人的其他亲属的理由是，B项其与死者有一定亲属关系且有较密切联系的人，死者的遗产归其他亲戚所有，符合情理的，占近三成（27.87%）。

（二）无人承受遗产的处理

问题【十一、（二）1.】“对于无人继承遗产的管理人，您认为下列哪一种产生方式更合适？A. 死者户籍所在地的居委会或村委会或所在单位指定产管理人；B. 人民法院指定遗产管理人；C. 民政部门指定遗产管理人。（单选）请问：您所在地区的人们一般如何确定无人继承遗产的管理人？其理由是什么？”

1. 无人承受遗产管理人的产生方式的民众观念及理由与民间习惯情况统计

（1）无人承受遗产管理人的产生方式的民众观念情况统计。

表12-78　无人承受遗产管理人的产生方式的民众观念情况统计（单选）

选项	人数	比例
A. 死者户籍所在地的居委会或村委会或所在单位指定遗产管理人	86	48.04%
B. 人民法院指定遗产管理人	73	40.78%
C. 民政部门指定遗产管理人	20	11.18%
合计	179	100%

关于无人承受遗产的管理人产生方式的民众观念，统计数据显示，在179名被调查者中，①选择A项由死者户籍所在地的居委会或村委会或所在单位指定的，占近五成（48.04%）；②选择B项由人民法院指定的，占四成（40.78%）；③选择C项由民政部门指定的，占一成（11.18%）。

（2）无人承受遗产管理人的产生方式的民众观念之理由情况统计。

表 12-79　无人承受遗产管理人的产生方式的民众观念之理由情况统计

项目	人数	比例
A. 死者户籍所在地的居委会、村委会或所在单位对死者及其遗产的情况比较清楚，由其指定遗产管理人，有利于对遗产进行清算、管理和利用	32	57.14%
B. 人民法院通过法定程序，对遗产进行清算和管理，由其指定遗产管理人，有利于公平保护相关债权人的利益	23	41.07%
C. 人民法院办案压力大，无暇顾及遗产管理人指定的事宜	1	1.79%
合计	56	100%

关于无人承受遗产管理人的产生方式的民众观念之理由，统计数据显示，在填写该理由的56名被调查者中，①认为由死者户籍所在地的居委会、村委会或所在单位指定遗产管理人的理由是，A项上述单位对死者及其遗产的情况比较清楚，由其指定遗产管理人有利于对遗产进行清算、管理和利用的，占五成半以上（57.14%）；②认为由人民法院指定遗产管理人的理由是，B项有利于公平保护相关债权人的利益，占四成以上（41.07%）。

（3）无人承受遗产管理人的产生方式的民间习惯情况统计。

表 12-80　无人承受遗产管理人的产生方式的民间习惯情况统计

选项	人数	比例
A. 人民法院指定遗产管理人	16	29.63%
B. 死者户籍所在地的居委会、村委会或所在单位指定遗产管理人	35	64.81%
C. 民政部门指定遗产管理人	3	5.56%
合计	54	100%

关于无人承受遗产管理人的产生方式的民间习惯，统计数据显示，填写该问题的54名被调查者所在地区的习惯是：①B项由死者户籍所在地的居委会、村委会或所在单位指定的，占近六成半（64.81%）；②A项由当地民政部门指定的，占近三成（29.63%）。

2. 无人承受遗产酌分请求权主体的民众观念与民间习惯情况统计

问题【十一、（二）2.】“您认为下列哪些人可以酌情分得无人继承的遗产？A. 依靠死者扶养的人；B. 与死者共同生活的人；C. 与死者有密切联系且对其帮助较多的人；D. 其他（填写您认为其他适当人选）。（多选）在您所在地区，一般是如何分配此类遗产的？”

（1）无人承受遗产酌分请求权主体的民众观念情况统计。

表 12-81　无人承受遗产酌分请求权主体的民众观念情况统计（多选）

选项	人数	比例
A. 依靠死者扶养的人	131	73.18%
B. 与死者共同生活的人	104	58.10%
C. 与死者有密切联系且对其帮助较多的人	129	71.07%
D. 其他	0	0%

关于无人承受遗产酌分请求权主体的民众观念，统计数据显示，在 179 名被调查者中，分别占六至七成的人认为无人承受的遗产的酌分请求权人包括：①A 项依靠死者扶养的人（占 73.18%）；②B 项与死者共同生活的人（占 58.10%）；③C 项与死者有密切联系且对其帮助较多的人（占 71.07%）。

（2）无人承受遗产酌情分配请求主体的民间习惯情况统计。

表 12-82　无人承受遗产酌情分配请求主体的民间习惯的统计情况（单选）

选项	人数	比例
A. 在死者生前对其帮助较多的人	30	47.62%
B. 依靠死者扶养的人	8	12.70%
C. 非继承人的其他亲属	8	12.70%
D. 村委会或居委会	4	6.35%
E. 国家	13	20.63%
合计	63	100%

关于无人承受遗产酌情分配请求权主体的民间习惯，统计数据显示，在填写该问题的 63 名被调查者所在地区的习惯是：①A、B、C 三项作为酌分请求权主体（归自然人所有）的，合计七成以上（73.02%），其中，酌分给与死者有密切联系且对其帮助较多的人（占 47.62%）、酌分给依靠死者扶养的人（占 12.70%）、酌分给非继承人的其他亲属（占 12.70%）；②D 项和 E 项作为酌分请求权主体（归社会公共组织的），合计占二成半以上（26.98%），其中，酌分给村（居）委会的（占 6.39%），酌分给国家的（占 20.63%）。

十二、遗产处理相关案例的简介与评析

（一）涉及遗产范围界定案例的简介与评析

案件简介：原告尚某甲系尚某丁的父亲，被告蔡某某系尚某丁的母亲。2008 年 7 月 22 日，尚某丁与被告张某甲在某县民政局登记结婚。2012 年 2 月 6 日，婚生一女取名尚某乙。2010 年 11 月 23 日，尚某丁与某公司签订商品房买卖合同，购买涉案房屋一套。

2016年3月17日，尚某丁购买福特牌轿车一辆。2016年10月31日，尚某丁因意外交通事故去世，获得死亡赔偿金28万元。为尚某丁办丧事花费4万元，现有24万元仍由张某甲保管。因原、被告就被继承人的财产、死亡赔偿金分割发生争议，原告尚某甲诉至法院。一是请求法院判决原、被告继承分割尚某丁遗产，即涉案房屋一套和福特牌轿车一辆；二是请求法院判决原、被告平均分割尚某丁死亡赔偿金24万元。被告张某甲、尚某乙辩称，涉案的房屋和车辆均为贷款购买，且均在张某甲与被继承人尚某丁婚姻期间所购买，其中一半的所有权均应归属于张某甲，且涉案车辆已经出卖并用于偿还债务。被告蔡某某辩称，认可原告的诉讼请求以及陈述的案件情况，涉案房屋和车辆应当依法分割，且24万元死亡赔偿金应当平均分割。

在案件审理过程中，原、被告经协商对涉案房屋及车辆分割价值达成一致意见：涉案房屋按照20万元计算价值，福特牌轿车按照8万元计算价值。

法院审理后认为：继承从被继承人死亡时开始，并在被继承人死亡时遗留的个人合法财产范围内继承。本案原告尚某甲、被告张某甲、被告尚某乙、被告蔡某某均为被继承人尚某丁的第一顺序继承人，对被继承人尚某丁的合法财产均享有同等的继承权。涉案的房屋及车辆系被继承人尚某丁和被告张某甲的夫妻共同财产，被继承人尚某丁享有一半的所有权，该部分属于被继承人的遗产范围。涉案房屋原由被告张某甲和被告尚某乙居住，福特牌轿车也由被告张某甲使用，故房屋产权及车辆所有权判归被告张某甲所有为宜，被告张某甲应当按照原、被告协商的价值补偿原告尚某甲3.5万元，补偿被告蔡某某3.5万元，被告尚某乙的份额由被告张某甲代管。被告张某甲辩称涉案车辆已经出卖并用于偿还债务，但未提供有力证据证明，本院不予采信。综上所述，被告张某甲补偿原告尚某甲应继承的房产和车辆的份额3.5万元，补偿被告蔡某某应继承房产和车辆的份额3.5万元。对于死亡赔偿金，根据我国2004年《关于审理人身损害赔偿案件适用法律若干问题的解释》第1条第2款的规定："本条所称'赔偿权利人'，是指因侵权行为或者其他致害原因直接遭受人身损害的受害人、依法由受害人承担扶养义务的被扶养人以及死亡受害人的近亲属。"该解释第17条第3款分别规定："受害人死亡的，赔偿义务人除应当根据抢救治疗情况赔偿本条第一款规定的相关费用外，还应当赔偿丧葬费、被扶养人生活费、死亡补偿费以及受害人亲属办理丧葬事宜支出的交通费、住宿费和误工损失等其他合理费用。"据此规定可见，由于本案"遭受人身损害的受害人"已经死亡，该死亡赔偿金的权利人应当为"死亡受害人的近亲属"，该款应当在被继承人的近亲属，即第一顺序的法定继承人之间分配。因此，对原告主张原、被告三人平均分割尚某丁死亡赔偿金24万元的请求，本院予以支持。遂法院判决，第一，被告张某甲于本判决生效之日起10日内给付原告尚某甲3.5万元，给付被告蔡某某3.5万元。第二，被告张某甲于本判决生效之日起10日内，在其保管的尚某丁死亡赔偿金24万元，分别给付原告尚某甲和被告蔡某某每人8万元。①

适用法律评析：本案争议焦点是被继承人尚某丁的遗产范围是否包括死亡赔偿金。我

① 参见中国裁判文书网，（2017）陕×民初×号，《尚某甲与张某甲、尚某乙、蔡某某继承纠纷一审民事判决书》，http://wenshu.court.gov.cn/content/content? DocID=da05d004-deb2-4d2a-b2ed-a847011edcbb，访问日期：2019年3月2日。限于本章篇幅，作者对原案情内容有酌情删改。

国《继承法》第3条规定，遗产是公民死亡时遗留的个人合法财产，包括：（一）公民的收入；（二）公民的房屋、储蓄和生活用品；（三）公民的林木、牲畜和家禽；（四）公民的文物、图书资料；（五）法律允许公民所有的生产资料；（六）公民的著作权、专利权中的财产权利；（七）公民的其他合法财产。本案中，涉案房屋和车辆均为遗产，无任何疑问。但死亡赔偿金是否属于遗产，我国《继承法》并未明确规定。根据我国《侵权责任法》[①]、2001年《关于确定民事侵权精神损害赔偿责任若干问题的解释》[②] 和我国2004年《关于审理人身损害赔偿案件适用法律若干问题的解释》的相关规定，此死亡赔偿金是给予死者的近亲属的赔偿金，应当在被继承人的近亲属，即第一顺序的法定继承人之间分配。因此，法院判决是符合法律规定的。综上，我们可以发现我国遗产范围立法的优点与不足。其中，优点即采用列举式与概括式规定，便于群众查询和了解遗产的种类，又可囊括随着社会经济发展新出现的遗产类型；不足即欠缺反面排除的规定，使群众不明确哪些财产不属于遗产的范围，为此，死亡赔偿金的分配往往容易发生纠纷。

（二）涉及继承开始的通知和公告案例的简介与评析

案件简介：原告田2，被告田1。案外人田某（早已去世）在某村有民房两处。田某共育有三个子女，分别为田1、田2、田3，在田某去世时，其配偶王某和三个子女均健在（涉案房屋系田某的个人所有财产，不属于夫妻共同财产）。该房屋在田某去世后由王某（现已去世）和被告田1临时占有和使用，一直未在共同继承人之间分割，现该房屋涉及拆迁补偿事宜（涉案房屋尚未签订房屋拆迁协议），原告田2为此找到被告田1协商要求分割该房屋时，被告田1却拒不配合且也不分配给原告田2等人任何应继承的财产份额，经村委会多次调解处理均无效。为此原告诉至法院，请求依法判令被告给付原告应继承的份额607499.86元。被告田1辩称，涉案房屋长期以来均由其占有和使用，应属于其个人财产，不应作为遗产分割。

一审法院审理后认为：继承诉讼为必要共同诉讼。田某去世之时，该房屋应属于田某配偶王某、子女田1、田2、田3均等继承。我国现行《民事诉讼法》第132条规定：必须共同进行诉讼的当事人没有参加诉讼的，人民法院应当通知其参加诉讼。我国2015年《关于适用民事诉讼法的解释》第73条规定：必须共同进行诉讼的当事人没有参加诉讼的，人民法院应当依照民事诉讼法第132条的规定，通知其参加；当事人也可以向人民法院申请追加。本案根据原告陈述，涉案遗产继承人除本案原、被告外，还有其他继承人即田3未参加诉讼，一审法院为了通知其他继承人参加诉讼，要求原告田2提供田3有效联系方式，但原告在一审法院限定的期限内未能提供，导致必须共同进行诉讼的当事人未能参加诉讼，本案无法继续审理。依照我国现行《民事诉讼法》第132条之规定，一审法院裁定：驳回原告田2的起诉。

一审裁定后，上诉人田2不服一审裁定，向二审法院提起上诉。

二审法院审理后认为，根据我国《继承法》第23条的规定，上诉人作为知道被继承

---

① 我国《侵权责任法》第16条规定：侵害他人造成人身损害的，应当赔偿医疗费、护理费、交通费等为治疗和康复支出的合理费用，以及因误工减少的收入。造成残疾的，还应当赔偿残疾生活辅助具费和残疾赔偿金。造成死亡的，还应当赔偿丧葬费和死亡赔偿金。第18条规定：被侵权人死亡的，其近亲属有权请求侵权人承担侵权责任。

② 我国2001年《关于确定民事侵权精神损害赔偿责任若干问题的解释》第9条规定：精神损害抚慰金包括以下方式：（一）致人残疾的，为残疾赔偿金；（二）致人死亡的，为死亡赔偿金；（三）其他损害情形的精神抚慰金。

人死亡的继承人，应当及时通知其他继承人，上诉人负有通知其他继承人的法定义务，故上诉人主张其不负有提供其他继承人住址、联系方式的义务，与法相悖。并且，除上诉人以外的其他继承人并不属于继承法中规定的知道被继承人死亡而不能通知的情形，不能适用1985年《执行继承法意见》第44条的相关规定。人民法院无法确定参加诉讼的当事人对涉诉遗产依法享有的份额，亦不能依法对涉案房产的拆迁补偿款进行分割，本案无法继续审理。故一审法院裁定驳回上诉人的起诉，有事实和法律依据，予以维持。故二审法院判决，驳回上诉，维持原裁定。①

适用法律评析：本案争议的焦点是继承开始的通知和公告的主体及履行通知义务的方式与效力等问题。上述案件中，一审和二审法院均认为继承人应履行继承开始的通知义务，即提供其他继承人住址、联系方式义务，或应提供证据证明其他继承人知道被继承人死亡而无法通知；但上诉人认为其无义务提供其他继承人住址、联系方式的义务，反映出我国关于继承开始的通知和公告制度的立法优点与不足。我国《继承法》第23条规定："继承开始后，知道被继承人死亡的继承人应当及时通知其他继承人和遗嘱执行人。继承人中无人知道被继承人死亡或者知道被继承人死亡而不能通知的，由被继承人生前所在单位或者住所地的居民委员会、村民委员会负责通知。"即明确规定了继承开始的通知主体——知道被继承人死亡的继承人，其优点在于，使得在实践中确定继承开始的通知主体有法可依。但其不足有以下两点：一是未明确规定继承开始的通知期间以及通知效力等问题，不利于督促相关主体在规定的期间内履行通知义务。二是未明确规定继承开始的通知和公告的方式、期间和效力，当继承开始的通知对象无法确定或无法联系时，无法引导继承开始的通知和公告主体适当履行通知或公告义务的行为。

（三）涉及遗产管理案例的简介与评析

案件简介：徐某与赵某1989年12月25日结婚，徐1（被告）和徐2（被告）系徐某的长子和次子，徐某的父母已去世。2014年4月3日徐某与赵某协议离婚，离婚时，住房1套、越野车1辆归徐某所有，儿子徐1、徐2由徐某抚养，由徐某给付赵某财产分割款10万元。

2016年7月13日，徐某因归还他人借款，向樊某（原告）借款6万元，双方约定月利率2分，借款期限6个月。2016年12月4日徐某突发疾病去世。徐某死亡时，留有涉案房屋1套，所有人为徐某。徐某名下存款共计1353.01元。樊某遂提起诉讼，请求徐1、徐2两被告归还其父徐某的借款6万元及其利息。被告徐1口头辩称：不知道我父亲向原告借钱之事，原告起诉后才知道，我放弃继承父亲的遗产，不清偿债务。被告徐2未作书面答辩。

本案在诉讼过程中，徐2于2017年3月3日，徐1于2017年3月9日向本院书面作出放弃继承的意思表示，并认为各自不承担偿还其父亲6万元欠款及其利息的责任。②

---

① 参见中国裁判文书网：(2016) 鲁×民终×号，《张某、田某甲等与田某戊法定继承纠纷二审民事裁定书》，http://wenshu.court.gov.cn/content/content?DocID=d109a8cb-5ac9-47a4-ab25-300542d33aa3，访问日期：2019年3月6日。限于本章篇幅，作者对原案情内容有酌情删改。

② 参见无讼网：(2017) 甘×民初×号，《樊某与徐1、徐2被继承人债务清偿纠纷一审民事判决书》。http://wenshu.court.gov.cn/content/content?DocID=3329967b-74ed-487b-af20-a7f4007c4295 访问日期：2018年12月21日。限于本章篇幅，作者对原案情内容有酌情删改。

法院审理认为：根据我国《继承法》第33条规定，徐1、徐2作为徐某法定继承人，因在遗产处理前已表示放弃继承，其不承担偿还被继承人债务的责任。但为保护遗产债权人的利益，法院指定被告徐1、徐2作为徐某的遗产管理人，负责管理遗产并在遗产的实际价值范围内清偿被继承人的债务。

适用法律分析：本案争议焦点是徐1、徐2表示放弃继承后遗产管理人由谁担任，死者徐某的债务由谁负责清偿。我们认为，虽然本案中法院已指定继承人徐1和徐2作为遗产管理人，可以在个案中维护遗产债权人的利益。同时，我们从此案件中可以看出我国《继承法》欠缺遗产管理人的产生方式、职责内容与报酬请求权等规定，这是立法之不足，因为欠缺遗产管理制度，不利于保障遗产利害关系人的权益，容易引发纠纷。

（四）涉及法定继承案例的简介与评析

案件简介：原告王某1、王某2，被告死者的孙子王某4，第三人死者的丧偶儿媳李某1（丧偶儿媳主张作为第一顺位继承人参与遗产的分配）。被继承人游某共生育王某1、王某2和王某3三子；王某3两年前因病去世，其妻李某1继续对婆婆游某进行生活上的照料。被继承人游某留有涉案房屋一套。原、被告双方因遗产分割产生纠纷。遂王某1，王某2作为原告诉至法院，请求法院判决涉案房屋由二原告所有，各享有房产的二分之一。被告王某4辩称，自己系王某3的儿子，依法对游某的遗产房屋享有代位继承权，且游某在去世时，王某3刚年满十八岁，缺乏独立生活能力，根据我国《继承法》第13条的规定，在分配遗产时应当予以照顾。第三人李某1述称，自己系王某3生前的妻子，婚后，李某1长期照料被继承人游某，尽了主要赡养义务，根据1985年《执行继承法意见》第29条，第三人李某1应当作为第一顺位继承人参与遗产的分配。

法院审理后认为：第三人李某1主张应当作为第一顺位继承人的法律依据在于1985年《执行继承法意见》第29条：“丧偶儿媳对公婆、丧偶女婿对岳父、岳母，无论其是否再婚，依继承法第十二条规定作为第一顺序继承人时，不影响其子女代位继承。”和我国《继承法》第12条：“丧偶儿媳对公、婆，丧偶女婿对岳父、岳母，尽了主要赡养义务的，作为第一顺序继承人。”的规定。法院认为，对于丧偶儿媳、丧偶女婿作为第一顺位继承人参与继承的前提是尽了主要赡养义务，而这一前提中其尽了主要赡养义务的隐含之意在于其他具有赡养义务的赡养义务人没有尽到赡养义务，因此在我国《继承法》第13条第4款对遗产的分配又进一步规定：“有扶养能力和有扶养条件的继承人，不尽扶养义务的，分配遗产时，应当不分或者少分。”因此，丧偶儿媳、丧偶女婿取得第一顺位法定继承人身份，一方面是丧偶儿媳、丧偶女婿在不具有赡养义务的情况下尽了主要赡养义务行为的褒奖，另一方面也是对赡养义务人不履行赡养义务的惩戒。本案中，两原告在游某生前，特别是住院期间对游某进行照顾护理，履行了赡养义务，因此不应丧失对游某遗产的继承权利，而第三人李某1如作为第一顺位法定继承人参与继承则将减损其他同顺位法定继承人继承财产的份额。对于李某1的行为，法院认为，其在王某3去世后，仍坚持照顾王某3的母亲，该行为倡导了良好的公序良俗，应予褒奖，但从法律上，不符合我国《继承法》第12条之尽了主要赡养义务的标准，故对第三人的主张，本院不予支持。本案中，游某遗产的第一顺位继承人为王某1、王某2和王某4。遂法院判决，对被继承人游某所有的涉案房屋由原告王某1继承36%、原告王某2继承36%、被告王某4继承28%。①

适用法律分析：本案的争议在于被继承人游某的第一顺位继承人中是否包含第三人李某1。通过上述案例，我们可以发现我国《继承法》关于法定继承规定的优点与不足。其中，为了鼓励和倡导良好风俗，法律规定丧偶儿媳对公、婆，丧偶女婿对岳父、岳母尽主要赡养义务的，可作为第一顺序继承人，这是我国《继承法》的优点。但其不足在于，在丧偶儿媳对公、婆，丧偶女婿对岳父、岳母尽主要赡养义务的，在无其他第一顺序的法定继承人之特殊情形下，可能会导致丧偶儿媳或丧偶女婿一个人获得全部遗产，而第二顺序的血亲继承人则不能参与继承而无法获取遗产，即对于血亲继承人的利益保护不足。

（五）涉及遗嘱继承案例的简介与评析

案件简介：原告吕某1与被继承人宋某系夫妻关系，共生育原告吕2、被告吕3、吕4三名子女。2009年3月26日，系争涉案房屋产权人登记为宋某及两原告（吕某1、吕2）三人，每人占三分之一的所有权。2010年2月10日，原告吕某1书写一份遗嘱，主要内容为“经多次与宋某商量拟定，认为我们夫妻两人是体弱多病的老年人，百年之后，谁先过世者，就把过世者享受的一部分房子面积移交给生存夫妻一方（即吕某1或宋某）所有”。原告吕某1及宋某均在该遗嘱上签名盖私章。2016年1月3日，宋某死亡，宋某的父母已先于宋某死亡。宋某去世后，原告吕某1、吕2找到被告吕3、吕4商量办理房屋产权过户手续未果。遂原告吕某1、吕2向法院提出诉讼请求：请求依法判令涉案房屋中宋某的产权份额由原告吕某1继承，继承后原告吕某1占三分之二产权份额，原告吕2占三分之一产权份额。被告吕3辩称，原告提供的遗嘱不符合法定要件，且对遗嘱中宋某签名的真实性不予认可。被告吕4辩称，尊重老人意愿，不参与财产继承，同意原告的诉讼请求。

法院审理后认为：我国《继承法》第5条规定：“继承开始后，按照法定继承办理；有遗嘱的，按照遗嘱继承或者遗赠办理；有遗赠扶养协议的，按照协议办理。”第16条规定：“公民可以依照本法规定立遗嘱处分个人财产，并可以指定遗嘱执行人。公民可以立遗嘱将个人财产指定由法定继承人的一人或者数人继承。”本案中，原告提供的遗嘱系夫妻共同遗嘱，尽管我国《继承法》未对夫妻共同遗嘱作出特别规定，但也未禁止夫妻共同遗嘱形式。故本院认定该自书遗嘱系当事人的真实意思表示，符合法律规定要件，本院予以采信。遂法院判决，涉案房屋中依据该遗嘱属于被继承人宋某的三分之一产权份额由原告吕某1继承所有，继承后，原告吕某1占三分之二产权份额，原告吕2占三分之一产权份额。②

适用法律分析：本案争议的焦点是夫妻共同遗嘱的效力问题。通过上述案例，可以发现我国《继承法》未规定夫妻共同遗嘱制度，但在我国现实生活中夫妻签订共同遗嘱的

① 参见中国裁判文书网：(2016) 川×民初×号，《王某1、王某2与王某3法定继承纠纷一审民事判决书》，http://wenshu.court.gov.cn/content/content? DocID=019616d5-fc5b-45e8-8637-2ca22755183a，访问日期：2019年3月5日。限于本章篇幅，作者对原案情内容有酌情删改。

② 参见中国裁判文书网：(2017) 沪×民初×号，《吕某1、吕2与吕3、吕4分家析产纠纷一审民事判决书》，http://wenshu.court.gov.cn/content/content? DocID=36a2a9f2-54a6-498a-9527-a83900e9e3da，访问日期：2019年3月5日。限于本章篇幅，作者对原案情内容有酌情删改。

情形时常发生。在司法实践中法院审理此类案件缺乏法律依据，不利于对签订夫妻共同遗嘱行为的引导和规范。

（六）涉及继承和遗赠的接受与放弃案例的简介与评析

案件简介：原告张某4的叔叔张某某和婶婶迟某育有三个子女，分别为被告张某1、张某2、张某3。张某某去世于1976年7月4日，涉案房产系迟某的个人财产。2010年10月19日，迟某去世。原告张某4提交了2010年5月3日的遗嘱1份，该遗嘱上载明迟某自愿在百年之后将涉案房屋遗留给其侄子原告张某4，代书人为苏某，见证人为刘某、兰某。迟某去世后，张某4与张某1、张某2、张某3因遗产分割事宜产生纠纷。原告张某4遂诉至法院，请求将涉案房产归原告所有。但被告张某1和被告张某2辩称，原告从未向该二被告作出接受遗赠的意思表示，应视为放弃受遗赠。

法院审理后认为：原告为此申请见证人刘某、兰某出庭作证，两位见证人关于立遗嘱的经过描述基本一致，且均证明原告张某4在妻子怀孕后一直与其父母居住在涉案房屋内直至原告女儿上幼儿园。刘某、兰某证实该遗嘱是迟某所立，系迟某的真实意思表示。原告张某4主张迟某去世后不久被告张某3即将遗嘱及涉案房产的房产证交付给其，其当即表示接受遗赠，并实际占用该房产。刘某、兰某的证言也可以证实迟某去世后，原告及其家属（包括原告父母、妻子和女儿）居住在该房屋内。被告张某3认可该事实。被告张某1、被告张某2对此不予认可，主张原告从未向该二被告作出接受遗赠的意思表示。一审法院判决：确认涉案房产归原告张某4所有。但被告张某1和被告张某2不服一审判决，遂提起上诉。

二审法院审理后认为：一审判决认定事实清楚，适用法律正确，应予维持。遂二审法院判决，驳回上诉，维持原判。①

适用法律分析：本案焦点是如何认定原告在法定期限内是否作出了接受遗赠表示。根据我国《继承法》第25条的规定，接受遗赠人应当在知道受遗赠后两个月内作出接受或者放弃受遗赠的表示，到期没有表示的视为放弃受遗赠。本案中，根据原告与被告张某3的陈述以及证人刘某、兰某的证言，法院认定迟某去世后，原告接受了遗嘱指定遗赠的涉案房产，并与其父母、配偶和女儿继续在该房产内居住生活，应当认定原告之上述行为是接受遗赠的表示。综上，我国《继承法》未规定遗赠的接受与放弃须采取书面的方式，不利于引导和规范民众接受或放弃遗赠的行为，此为立法之不足。

（七）涉及继承权的丧失、被继承人的宥恕与代位继承案例的简介与评析

案件简介：1980年×月初六，原告姜某甲与周某录登记结婚。双方曾生育过两个儿子，均先于周某录去世，原告姜某甲于2001年离开周某录外出。被告周某乙，系被继承人周某录的妹妹。2012年12月2日，周某录在家触电身亡。周某录遗留的财产有现金和存款合计143876.91元，还有集体土地使用权证、农村土地承包权证等均由第三人某村村民委员会代为保管。2013年1月28日，原告姜某甲返回周某录家中。

周某录丧葬期间，被告周某乙到第三人处领取了火化费用、丧葬费用共计39158元，

① 参见中国裁判文书网：（2017）鲁×民终×号，《张某1、张某2继承纠纷二审民事判决书》，http://wenshu.court.gov.cn/content/content?DocID=b0a18f3e-1660-4321-8e7f-a81c017f914c，访问日期：2019年3月5日。限于本章篇幅，作者对原案情内容有酌情删改。

现由第三人代为保管的周某录遗留的财产为 104718.91 元。周某录父母也先于周某录去世。原告姜某甲与被告周某乙因遗产分割事宜产生纠纷。原告姜某甲诉至法院，请求确认第三人代为保管的周某录遗产归原告姜某甲所有（价值 143876.91 元），并由第三人将上述遗产及集体土地使用权证、农村土地承包权证交付给原告姜某甲。但被告周某乙辩称，原告姜某甲离开周某录时，周某录已体弱多病，视为对周某录的遗弃，理应丧失继承权。

诉讼过程中，原告姜某甲明确诉讼请求为要求确认周某录的遗产归原告姜某甲所有，由第三人将上述财产交付给原告姜某甲，自愿放弃要求第三人将集体土地使用权证、农村土地承包权证交付给原告姜某甲的诉讼请求。

法院审理后认为：我国《继承法》第 7 条规定："继承人有下列行为之一的，丧失继承权：（一）故意杀害被继承人的；（二）为争夺遗产杀害其他继承人的；（三）遗弃被继承人的，或者虐待被继承人情节严重的；（四）伪造、篡改或者销毁遗嘱，情节严重的。"被告虽主张原告姜某甲离开周某录时周某录已体弱多病，但未提供充分证据予以证明周某录因患病丧失独立生活能力，故原告姜某甲并未违反我国《继承法》第七条的规定而丧失继承权。被告周某乙提供的毛某证言等证据，可以证明被告周某乙在原告姜某甲离开周某录期间，对周某录生产、生活上予以扶持、照顾较多的事实，对此本院予以认定，符合依据我国《继承法》第 14 条的规定酌分遗产请求权人的条件，故本院对被告周某乙要求适当分得周某录遗产的请求予以支持，但其要求多分，没有依据。故法院判决，由原告姜某甲、被告周某乙对周某录的遗产各继承一半。①

适用法律分析：本案的焦点在于原告姜某甲离开周某录是否构成遗弃而丧失继承权。我国《继承法》第 7 条规定，遗弃被继承人的继承人应丧失继承权，这有利于预防对于家庭成员中年老、年幼或患病不能独立生活者不履行扶养照料义务之遗弃行为的发生。这是我国立法的合理之处，且我国《继承法》第 14 条之规定，有利于引导亲属之间互相帮助，建立和睦的家庭关系。

（八）涉及继承协议案例的简介与评析

案件简介：申某（原告）与苏某（被告）系母女关系。申某于 1989 年离婚，离婚时申某生育的六个子女（两男四女）均由申某的前夫抚养。2005 年 5 月 1 日，申某（被继承人）与苏某（继承人）自愿签订《继承扶养协议》一份，协议约定：母亲申某于 1996 年建有平房五间，建房所欠 3 万元债务由女儿苏某替申某偿还，申某的房产所有权由苏某继承；苏某自愿照顾申某衣食住行及病葬；申某生前对房屋有使用权，苏某对房屋有出租和使用权；协议执行期间，申某不得将房屋出售或赠与她（他）人；如需变更条款应经双方同意并写出书面意见；如一方违约应承担相应后果。双方均在该协议上签名、捺印。2005 年 5 月 5 日，某区某办事处某村民小组在该协议上加盖了公章，证明人宋某在该协议上签名。2006 年 6 月 6 日，苏某向申某付款 3 万元，申某向苏某出具了收条。

2007 年 3 月 26 日，申某书写《申请》一份，《申请》写明：申某一直由苏某照顾；由苏某替申某偿还其建房所欠的 3 万元债务、并负责其衣食住行养老等；为避免申某去世

① 参见浙江法院公开网：（2015）衢江民重字第×号，《周某乙与姜某甲一案一审民事判决书》，http://www.zjsfgkw.cn/document/JudgmentDetail/3507592，访问日期：2019 年 3 月 5 日。限于本章篇幅，作者对原案情内容有酌情删改。

后引起纠纷，申某申请将“某号”宅基地使用证上土地使用权人的名字由申某变更为苏某。2007 年 3 月 27 日，某区某办事处某村民委员会、某区某办事处某村民小组均在该申请上加盖了公章，并注明“情况属实”。2008 年 1 月 14 日，某区管理委员会给苏某发放了“某号第某号”集体土地使用证。2008 年 5 月 6 日，苏某将申某建造的五间房屋拆除，另出资新建房屋 3 层，苏某在其新建房屋的二楼为申某安排了房间居住。

2008 年 11 月 6 日，原告申某以被告苏某不尽赡养义务为由将苏某诉至法院，请求认定《继承扶养协议》无效。被告苏某辩称，该涉案协议内容合法，应为有效；且其按照该协议履行了相关的义务，理应获得约定的利益。

法院审理后认为：申某与苏某于 2005 年 5 月 1 日签订的《继承扶养协议》是双方自愿签订的，该协议是双方的真实意思表示，其内容不违反法律、行政法规的强制性规定，该《继承扶养协议》合法、有效。双方签订《继承扶养协议》后，苏某于 2006 年 6 月 6 日按照该协议的约定向申某付款 3 万元用于申某偿还 1996 年建房时所欠的债务，苏某已经履行了《继承扶养协议》中约定的义务。2007 年 3 月 26 日，申某申请将“某号”宅基地使用证上土地使用权人的名字由申某变更为苏某；2008 年 1 月 14 日，某区管理委员会给苏某发放了“某号第某号”集体土地使用证。之后，苏某于 2008 年 5 月 6 日将申某建造的五间房屋拆除，另由苏某出资新建房屋 3 层。因申某系自愿将宅基地使用证上土地使用权人的名字由申某变更为苏某，且申某对苏某拆除旧房并建造新房的行为未提出异议、也未表示反对，建造新房的费用实际上也由苏某承担，故应视为申某同意苏某拆除旧房、建造新房。综上，苏某改造房屋的行为不违反《继承扶养协议》的约定。

遗赠扶养协议，是指赠与人与扶养人签订的，遗赠人的全部或部分财产在其死亡后按协议规定转移给扶养人所有，扶养人承担对遗赠人生养死葬义务的协议；该案中，双方系母女关系，双方在《继承扶养协议》中约定申某的房产所有权由苏某继承、由苏某照顾申某的衣食住行及病葬等内容合法、有效，双方签订的《继承扶养协议》具备合同的性质，受我国《合同法》的调整，该协议不是遗赠扶养协议；申某主张其与苏某于 2005 年 5 月 1 日签订的《继承扶养协议》系无效的遗赠扶养协议，其理由不当，提供的证据不力，对其请求，不予支持。故法院判决，驳回申某的诉讼请求。①

适用法律分析：本案争议的焦点是原被告双方签订的《继承扶养协议》的性质。因为双方当事人中，一方是继承人，另一方是被继承人，不符合遗赠扶养协议关于签订主体的要求，故法院认为该协议不是遗赠扶养协议是有法律依据的。但本案反映出我国《继承法》的不足，即现实生活中已经出现被继承人与继承人之间签订“继承扶养协议”，但由于我国未在立法上规定继承人与被继承人之间签订的关于扶养与继承遗产等事项的继承协议的效力，以致在司法实践中没有统一的裁判规则，这不利于引导和规范签订继承扶养协议的行为。

---

① 参见无讼网：（2010）郑民终字第×号，《申某与苏某合同纠纷一案》，https://www.itslaw.com/detail?judgementId=6553d859-69d3-4a2c-9cc6-04b5036a5366&area=0&index=1&sortType=1&count=3&conditions=searchWord%2B%E7%BB%A7%E6%89%BF%E6%89%B6%E5%85%BB%E5%8D%8F%E8%AE%AE%2B1%2B%E7%BB%A7%E6%89%BF%E6%89%B6%E5%85%BB%E5%8D%8F%E8%AE%AE，访问日期：2019 年 3 月 6 日。限于本章篇幅，作者对原案情内容有酌情删改。

（九）涉及遗产债务清偿案例的简介与评析

案件简介：2005年韩某与郭4同居生活（未登记结婚），双方之间无子女。郭1、郭2、郭3与郭4系同胞兄弟。2014年1月11日，郭4因病去世，韩某为郭4办理相关丧葬事宜支出28637元。2014年8月21日，郭1、郭2、郭3在某公证处作了继承公证，郭4作为被继承人，郭4于2002年4月16日登记离婚，2004年离婚后至其死亡之日止未再婚，其父母、祖父母均先于其去世，郭1、郭2、郭3作为郭4的法定第二顺序继承人，郭1、郭2自愿放弃继承被继承人郭4的遗产，由郭3继承。郭3领取了弟弟郭4生前单位发放的丧葬费16211元。韩某认为其作为与郭4共同生活的人，没有法定和约定义务而只是出于情谊为郭4办理丧葬事宜。故韩某作为原告诉至法院，请求法院判决由被告郭3支付其垫付的丧葬费。被告郭3辩称，郭4因病死亡的，其遗属可以领取丧葬补助金和遗属抚恤金。而韩某不属于遗属，故不属于无因管理，其无权获得丧葬费。郭1和郭2未参加答辩。

一审法院认为：无因管理是指，没有法律规定或者合同约定的义务，为避免他人受损失而为他人管理事务或者服务的事实行为，将该事实行为所产生的债务称为无因管理之债。该案韩某为郭1、郭2、郭3的同胞弟弟郭4办理丧葬事宜、支付丧葬费用没有法律上的强制义务，韩某的行为构成无因管理。因此，根据我国《民法通则》第93条的规定："没有法定的或者约定的义务，为避免他人利益受损失进行管理或服务的，有权要求受益人偿付由此而支付的必要费用。"韩某作为无因管理人为管理人管理行为所负的债务，依法可以请求被管理人清偿。对于死者的安葬是其近亲属或者遗产继承人应尽的义务，也是我国公序良俗的道德要求，郭1、郭2、郭3作为死者郭4的同胞兄弟，即第二顺序的法定继承人，应当对郭4负有安葬的义务，他们三人应当对韩某垫付的丧葬费用进行清偿。但郭4生前单位已经将郭4的丧葬费发放给郭3。因此，韩某对死者郭4安葬的费用应当先由郭3从郭4生前单位发放的丧葬费16211元中清偿，不足部分12426元由郭1、郭2、郭3共同清偿。故法院判决，第一，郭3于本判决生效之日起10日内支付原告韩某16211元；第二，郭1、郭2、郭3于本判决生效之日起10日内共同向韩某返还丧葬费12426元。郭3不服一审判决，遂上诉至二审法院。

二审法院对一审查明的事实予以确认。二审法院认为：郭4去世后，因其无配偶、父母和子女，作为第二顺位的同胞兄弟郭1、郭2、郭3有法定的义务为同胞弟弟办理丧葬事宜并支付丧葬费用。韩某作为和郭4共同生活的人，为死者郭4支出了相关丧葬费用。但因韩某不是郭4的配偶，没有法定的和约定的义务为死者郭4办理丧葬事宜并支出丧葬费用，韩某的行为构成无因管理，应由郭4的同胞兄弟姐妹郭3、郭2、郭1共同负担丧葬费用。遂二审法院判决，驳回上诉，维持原判。①

法律适用分析：本案争议的焦点是丧葬费的承担主体问题或丧葬费是否应当从遗产中支付。上述一审和二审法院均认为丧葬费用的支付是死者近亲属或者遗产继承人应尽的义务，也是我国公序良俗的道德要求。在本案中，因无第一顺序法定继承人，理应由死者的

① 参见中国裁判文书网：（2017）内×民终×号，《郭3与韩某、郭1等无因管理纠纷二审民事判决书》，http://wenshu.court.gov.cn/content/content? DocID=817d35d5-4afd-46b0-a4de-a94300f89ae4，访问日期：2019年3月6日。限于本章篇幅，作者对原案情内容有酌情删改。

第二顺序的法定继承人承担，不论是否放弃继承权，在所不论，具有合理性。但也可看出我国《继承法》的不足，即未明确规定被继承人丧葬费的是否为遗产债务，即应由被继承人的遗产来支付还是用法定继承人自有的财产支付，容易引发纠纷。

（十）涉及遗产分割案例的简介与评析

案件简介：张某某和杜某某为夫妻，两人去世后，2012 年 4 月 2 日，张某乙、张某丙、张某丁和张某甲兄弟四人对父母所留遗产如何继承签订了协议一份。协议约定，由张某甲（原告）给张某丙（被告）10 万元、给张某丁 5.5 万元、给张某乙 15 万元，其父母的遗产全部由张某甲继承。兄弟四人在签订协议后，以四人的遗产继承协议为基础，张某甲与张某乙经协商于 2012 年 4 月 2 日签订了补充协议一份，双方在协议中对遗产份额转让及钱款履行等均进行了约定。后张某甲与张某乙因继承协议的履行产生纠纷，故 2013 年原告张某甲向法院提起诉讼，以受欺诈签订协议为由，请求撤销其与被告张某乙之间的补充协议。被告张某乙辩称，该协议是原、被告双方的真实意思表示，不存在欺诈。

法院审理后认为：在张某某、杜某某去世后，本案原、被告及其他兄弟二人就遗产分割协商签订了四人协议，原、被告二人又以四人协议为基础签订了补充协议。而张某甲以受欺诈签订协议为由要求撤销协议，没有证据证明，不予采信，所以认定两份协议系双方自愿签订，且不违反法律和行政法规，为有效协议。故法院判决，原、被告所签订的补充协议合法有效，驳回原告的诉讼请求。①

适用法律分析：本案争议的焦点是继承人之间签订的遗产分割协议的效力问题。我国《继承法》第 15 条规定，“继承人应当本着互谅互让、和睦团结的精神，协商处理继承问题。遗产分割的时间、办法和份额，由继承人协商确定。协商不成的，可以由人民调解委员会或者向人民法院提起诉讼。”由此可见，继承人之间协商一致达成的遗产分割协议是有效的。这体现出我国《继承法》对遗产分割制度的立法优点在于，明确规定继承人之间可以协商确定遗产分割的时间、办法和份额，赋予继承人在遗产分割上的自由。

（十一）涉及无人承受遗产案例的简介与评析

案件简介：原告廖某，被告周 1。2015 年 2 月 10 日，被告周 1 之父周某向原告借款 10 万元，并于当日给原告出具了借条，约定此借款于 2015 年归还。2015 年 9 月归还了 1.8 万元，剩余所欠金额 8.2 万元经原告多次催收未果。2016 年 6 月 26 日，原告得知被告之父周某已死亡，故原告廖某提起诉讼，请求法院判令被告周 1 在继承周某的遗产范围内偿还所欠原告的借款 8.2 万元。被告周 1 辩称，其已放弃继承，无义务偿还被继承人生前所欠的债务。

法院审理后认为：被告周 1 是周某的独生子，周某去世后其子周 1 是其唯一的法定继承人。但在继承开始及本案诉讼前周 1 已书面明确表示放弃继承，因而周某的遗产属无人继承的遗产。依照我国《继承法》第 32 条“无人继承又无人受遗赠的遗产，归国家所有；死者生前是集体所有制组织成员的，归所在集体所有制组织所有”和第 33 条“继承遗产应当清偿被继承人依法应当缴纳的税款和债务，缴纳税款和清偿债务以他的遗产实际

① 参见中国裁判文书网：（2015）潢民初字第×号，《原告张某甲与被告张某乙合同纠纷一案一审民事判决书》，http://wenshu.court.gov.cn/content/content? DocID=1304441a-c51b-4f73-a825-a80f025c9851，访问日期：2019 年 3 月 6 日。限于本章篇幅，作者对原案情内容有酌情删改。

价值为限。超过遗产实际价值部分，继承人自愿偿还的不在此限。继承人放弃继承的，对被继承人依法应当缴纳的税款和债务可以不负偿还责任”的规定，由于周1已放弃了对周某遗产的继承，其对周某的债务依法可以不负偿还责任。因此，原告起诉的被告主体不明确，不符合我国现行《民事诉讼法》第119条“起诉必须有明确的被告”之规定的起诉条件。故法院裁定驳回原告廖某的起诉。[①]

适用法律分析：本案争议的焦点是无人继承遗产的债务由何人负责清偿，或者说由谁来担任无人继承遗产的管理人，负责以遗产清偿被继承人的债务。上述案例中，该法院因继承人放弃继承而认为被告起诉主体不明确而驳回起诉的做法不妥当。当继承人放弃继承权而又无遗产管理人时，法院应指定特定的主体担任无人继承遗产的管理人，并在遗产范围内清偿债务。可见，我国《继承法》仅规定了无人继承遗产的归属主体，并未就无人继承遗产的管理人的产生方式、管理职责、报酬请求权和损害赔偿责任等内容作出规定，此为我国立法之不足。

第三节　当代中国川渝等地民营企业主财产继承观念与遗产处理习惯的特点与原因分析

根据本次调查统计数据的汇总分析，中国川渝等地民营企业主被调查者对前述十一个问题所体现出的财产继承观念与遗产处理习惯之特点与原因分析如下：

一、遗产范围界定之特点与原因分析

（一）遗产的种类之特点与原因分析

关于属于遗产种类的民众观念，统计数据显示，在被调查者中，（1）有九成以上的人认为住房（99.44%）、汽车（100%）、存款（97.21%）和股票（93.85%）属于遗产，此认识符合我国《继承法》的规定。（2）一至近八成的人认为交通事故死亡赔偿金（78.21%）、家庭日常生活用品若干（70.95%）、债务（49.72%）、单位出租房（11.17%）属于遗产，此认识与我国《继承法》的规定不一致。（3）三成半以上的人以被继承人姓名注册的邮箱和QQ账号等（36.31%）属于遗产，对此我国《继承法》无规定（见表12-3）。

以上特点之原因分析：在被调查者中，（1）九成以上的人认为住房、汽车、存款等传统财产属于遗产，其原因可能是受到我国立法的影响。（2）近八成的人认为死亡赔偿金属于遗产，其原因可能是其认为死亡赔偿金是对死者生命损害的补偿，理应属于死者的财产。但此认识与法律规定不一致，对于死亡赔偿金的性质，根据我国2004年《关于审理人身损害赔偿案件适用法律若干问题的解释》第1条第2款的规定：“本条所称‘赔偿权利人’，是指因侵权行为或者其他致害原因直接遭受人身损害的受害人、依法由受害人承担扶养义务的被扶养人以及死亡受害人的近亲属。”第17条第3款的规定：“受害人死

① 参见中国裁判文书网：（2016）川×民初×号，《廖×诉周×民间借贷纠纷一审裁定书》，http://wenshu.court.gov.cn/content/content? DocID=85284d3c-25c4-4d2f-84d5-7c26fc3123b6，访问日期：2019年3月6日。限于本章篇幅，作者对原案情内容有酌情删改。

亡的，赔偿义务人除应当根据抢救治疗情况赔偿本条第一款规定的相关费用外，还应当赔偿丧葬费、被扶养人生活费、死亡补偿费以及受害人亲属办理丧葬事宜支出的交通费、住宿费和误工损失等其他合理费用。”以上规定中表明，死者的人身损害死亡补偿费是对死亡受害人的近亲属的补偿费，其不属于遗产。（3）七成的人认为家庭日常生活用品属于遗产，其原因可能是因为被继承人也在使用，所以应当属于其遗产。但此认识有误，因为“家庭日常生活用品”中只有属于被继承人的份额部分，才属于遗产。（4）近五成的人认为债务属于遗产，与现行法的规定不一致，其原因可能是受到我国“父债子偿”的传统观念的影响。（5）有六成以上的人认为该邮箱和QQ账号等不属于遗产，其原因可能是认为这些特殊遗物具有人身性，不能作为遗产继承。

关于遗产种类之我国立法，我国《继承法》第3条规定：“遗产是公民死亡时遗留的个人合法财产，包括：（一）公民的收入；（二）公民的房屋、储蓄和生活用品；（三）公民的林木、牲畜和家禽；（四）公民的文物、图书资料；（五）法律允许公民所有的生产资料；（六）公民的著作权、专利权中的财产权利；（七）公民的其他合法财产。”1985年《执行继承法意见》第3条和第4条规定：“公民可继承的其他合法财产包括有价证券和履行标的为财物的债权等。承包人死亡时尚未取得承包收益的，可把死者生前对承包所投入的资金和所付出的劳动及其增值和孳息，由发包单位或者接续承包合同的人合理折价、补偿，其价额作为遗产。”

从域外立法来看，关于遗产的种类的规定，《俄罗斯联邦民法典》采用的正面概括和反面排除的立法模式，其第1112条规定：“遗产是指继承开始之日属于被继承人的物和其他财产，包括财产权利和财产义务，但是不包括与被继承人的人身不可分割地联系在一起的权利和义务。”《法国民法典》并未列举遗产的种类，但其第711条规定：“财产所有权，因继承、生前赠与或者遗赠，以及因债的效力，取得与转移。一切财产，或为动产，或为不动产。”《德国民法典》第1922条的规定：“某人死亡时（继承开始），其财产（遗产）作为总体转移给一个或一个以上的他人（继承人）。”《日本民法典》第896条采用正面概括和反面排除的方式，规定：“继承开始时，继承人继承被继承人财产的所有权利义务。但将专属于继承人本身的权利义务排除在遗产范围之外。”

从我国诸继承法学者建议稿来看，对于遗产种类的立法模式主要有以下三种建议：一是概括式和排除式相结合。例如，“梁稿”规定，“遗产是自然人死亡时遗留的个人合法财产，包括自然人因其死亡而获得的未指定受益人的保险金、补偿金、赔偿金以及其他基于该自然人生前行为而应获得的财产利益。下列权利义务不得作为继承的标的：与被继承人人身不可分割的人身权利；与被继承人人身有关的专属性债权债务；法律规定不得继承的其他财产。”即以“遗产是自然人死亡时遗留的个人合法财产”概括遗产的内容时，运用兜底的方式排除了不得作为遗产标的财产。[①]“陈稿”也有类似规定。[②]二是列举式与排除式相结合。例如，“徐稿”第四分编第38条列举了遗产的种类，并通过第41条将抚恤金和赔偿金排除在遗产范围之外。[③]“王稿”也采用该种模式规定遗产的范围。[④]三是

① “梁稿”第1941条。

② 参见“陈稿”第25条。

③ 参见“徐稿”第四分编第38～41条。

④ 参见“王稿”第538条。

概括式、列举式和排除式相结合。例如，“杨稿”第7~8条。

我们认为，我国欠缺遗产种类的排除性规定，此为立法之不足。对遗产的种类即其范围界定，除了可坚持我国《继承法》采取从正面列举和概括的立法模式外，还应从反面对不是遗产的财产范围进行排除。如此才能明确地展示出遗产的种类，便于民众知法、守法和用法。因此，上述被调查者关于应排除人身性、隐私性财产于遗产范围之外的民众观念、对遗产范围反面排除的域外立法和我国学者建议稿的观点可供我国立法参考。

（二）被继承人生前特种赠与财产的归扣之特点与原因分析

关于被继承人生前特种赠与财产归扣的民众观念与民间习惯，统计数据显示，（1）在被调查者的观念中，持否定观点的占八成以上（83.24%），持肯定观点的仅占一成以上（13.41%）；（2）被调查者所在地区的习惯是：无归扣习惯的，占近八成（77.10%），有归扣习惯的，仅占二成以上（22.90%）（见表12-4、表12-6）。

以上特点之原因分析，八成以上的被调查者在观念上不认可归扣制度，且只有二成以上的被调查者所在地区有归扣习惯，其原因可能是，（1）我国《继承法》对遗产归扣制度未作规定，被调查者对该制度缺少了解；（2）归扣制度是将被继承人生前所为的特种赠与（分居、结婚、立业等赠与）合算到遗产范围，在继承人之间重新分配。有学者认为，由于该种赠与被视为合法赠与，一旦将这些财产归扣入遗产的范围，即存在对被继承人合法赠与行为的否定和非正当扩展遗产范围的嫌疑。①

关于归扣制度之我国立法，我国《继承法》无规定。

从域外立法来看，大陆法系许多国家对归扣制度有所规定，其中包括归扣的范围、免于归扣的范围以及归扣的免除等内容。如《日本民法典》中归扣制度的内容包括归扣财产的范围、归扣的免除以及归扣财产价值的计算。其第903条规定：“共同继承人中，有从被继承人处受有遗赠，或者因婚姻、收养或者作为生计的资本而受有遗赠的人时，被继承人于继承开始时持有财产的价额再加上其赠与的价额的财产，视为继承财产。依前三条的规定从算定的继承份额中扣除遗赠或者赠与的价额后剩余的价额为该人的继承份额。遗赠或者赠与的价额等于或者超过继承份额的价额时，受遗赠人或者受赠人不得接受其继承份额。被继承人表示不同于前两款规定的意思时，该意思表示在不违反特留份的相关规定的范围内，有其效力。”第904条规定：“前条规定的赠与的价额，即便因受赠人的行为致使作为其标的的财产灭失，或者使其价格增减，视为继承开始时的原状未变而确定。”②《德国民法典》也规定了归扣财产的范围、以被继承人另作指示为免除归扣的情形；此外，还有归扣义务的继承人出缺时，由代替其地位的晚辈直系血亲负有归扣义务。③《瑞士民法典》也有类似规定。④

从我国诸继承法学者建议稿来看，如“张稿”第64条的规定，被继承人生前给予其晚辈直系血亲的结婚、另居、营业费用，应按照赠与时的价额冲抵其遗产分配份额，但是，被继承人生前明确表示赠与系对该继承人的特别照顾的除外。被继承人给予其晚辈直

① 参见杨立新、和丽军：《遗产继承归扣制度改革的中间路线》，载《国家检察官学院学报》2014年第6期，第135页。

② 参见《日本民法典》第903、904条。

③ 参见《德国民法典》第2050~2052条。

④ 参见《瑞士民法典》第626、627条。

系血亲的其他重要的特别费用，如超出义务教育部分的教育费用、职业培训费用，如果不冲抵其应继份对其他继承人明显不公平的，也应当冲抵。继承人从被继承人生前所得赠与超过其遗产分配份额的，无须返还超过部分。对于归扣，“梁稿”“徐稿”“王稿”“陈稿”“杨稿”均有规定。[①]

我们认为，归扣制度可以保障遗产在共同继承人之间的公平分配，但我国规定遗产是被继承人死亡时遗留的个人合法财产，这导致民众对遗产的时限性特征的认知与归扣财产为被继承人生前特种赠与财产有所冲突。因此，在归扣制度的设立上，应保持审慎态度。

二、继承开始的通知和公告之特点与原因分析

（一）继承开始的通知和公告的主体之特点与原因分析

关于继承开始的通知和公告的主体的民间习惯，统计数据显示，四至七成地区的习惯分别是：（1）由知道被继承人死亡的继承人发出的，占七成以上（71.51%）；（2）由保管遗产的继承人发出的，占六成以上（63.13%）；（3）由知道被继承人死亡的单位、村（居）委会发出的，占四成半以上（46.30%）；（4）由处理被继承人死亡事件的机构（如公安交警部门）发出的，占四成以上（42.46%）（见表12-9）。

以上特点之原因分析：在被调查者所在地区，（1）四成半至七成以上的地区有由继承人、知道被继承人死亡的单位、村（居）委会作为继承开始的通知主体的习惯，其原因可能是被继承人的死亡一般由与被继承人共同生活的继承人最先知晓，由其通知被继承人死亡的消息符合民众的行为习惯；当继承人不方便通知时，知道被继承人死亡的单位、村（居）委会可能距离死亡者较近，便于通知。（2）四成以上至六成以上的地区有由保管遗产的继承人和处理被继承人死亡事件的机构，如公安、交警部门等主体作为继承开始的通知主体的习惯，其原因可能是：前者是遗产保管人通常与被继承人的关系较为密切；后者是处理被继承人死亡事件的机构，如公安、交警部门等主体可能会第一时间知晓被继承人死亡的事件，便于履行通知义务。

关于继承开始的通知和公告的主体之我国立法，我国《继承法》第23条的规定：“继承开始后，知道被继承人死亡的继承人应当及时通知其他继承人和遗嘱执行人。继承人中无人知道被继承人死亡或者知道被继承人死亡而不能通知的，由被继承人生前所在单位或者住所地的居民委员会、村民委员会负责通知。”对于继承开始的公告，我国继承法无规定。

从域外立法来看，关于继承开始的通知和公告的主体，部分国家有所规定。例如，法国规定，自继承开始后4个月期限届满，由遗产的某一债权人、共同继承人、后一顺序的继承人或者国家采取主动，得以司法外文书催告继承人作出决定。[②] 日本规定，限定继承人在做了限定继承意思表示的5日内，要对遗产债权人及受遗赠人发出限定继承及在一定期间内提出权利申报的公告。[③] 德国规定，共同继承人可以公开催告遗产债权人在6个月

---

① 参见“梁稿”第1942条；“王稿”第542条；“徐稿”第四分编第444~459条；“陈稿”第27条；“杨稿”第9条。

② 参见《法国民法典》第771条。

③ 参见《日本民法典》第927条。

以内向该共同继承人法院申报其债权。① 瑞士规定，当遗嘱继承时，主管机构开启遗嘱时应当通知全部已知的继承人；对于住所不明的权利人，应当以公示催告的方式通知。当主管机构不知道是否存在继承人或不能确切地知道全部继承人时，主管机构应依法颁布公告，催告权利人在一年内声明其继承权。②

从我国诸继承法学者建议稿来看，对于继承开始的通知和公告，"陈稿"第5条规定，知道被继承人死亡的继承人为继承开始通知的义务人，无继承人知道被继承人死亡，或知道被继承人死亡的继承人无民事行为能力，由被继承人死亡地的居民委员会、村民委员作为继承开始通知义务人。被继承人死亡后，继承开始通知的义务人应当通知继承人、遗嘱执行人、受遗赠人、遗嘱保管人、遗产债权人等利害关系人。对此，"梁稿""王稿""徐稿""张稿""杨稿"均有规定。③

我们认为，我国继承开始的通知之主体范围较窄，并且欠缺继承开始的公告制度，此为立法之不足。因为扩大继承开始的通知的义务主体范围，并增加继承开始的公告制度，有利于更好地保障其他继承利害关系人的权益。所以，上述被调查者所在地区扩大继承开始的通知与公告的主体的民间习惯、有关继承开始的公告与通知的域外立法和我国学者建议稿的观点可供我国立法参考。

（二）继承开始的通知和公告的方式之特点与原因分析

关于继承开始的通知和公告的方式的民间习惯，统计数据显示，调查者所在地区填写的习惯是：（1）使用口头、电话、微信等方式的，占近七成（68.16%）；（2）使用书信、告知函等方式的，占近六成（58.1%）；（3）采用在村（居）民委员会公告栏公告方式的，占四成（40.78%）；（4）使用在报纸、电视、网络等平台上发布被继承人的死亡公告方式的，占近三成（29.05%）；（5）采用申请人民法院以公告程序进行公告方式的，占近三成半（34.64%）（见表12-10）。

以上特点之原因分析，近七成的被调查者所在地区有使用口头、电话、微信等方式进行继承开始的通知之习惯，其原因可能是现代人生活的快节奏使得人们更愿意采取以上方便快捷的通知方式。

关于继承开始的通知和公告的方式之我国立法，我国《继承法》无规定。

在域外立法中，许多国家在催告继承人、遗产债权人、受遗赠人中体现了继承开始的通知方式。例如，法国规定，催告继承人的方式是采取司法外文书的方式进行。④ 日本规定，限定继承人催告遗产债权人及受遗赠人的公告需要在官报上发布。⑤ 德国规定，继承人公开催告遗产债权人要在《联邦公报》和为遗产法院发布公告而指定的报纸上。⑥

从我国诸继承法学者建议稿来看，关于继承开始的通知和公告方式，"陈稿"规定，第一，继承开始的通知义务主体应当采用书面通知或发布公告的方式对遗产债权人进行催

① 参见《德国民法典》第2061条。

② 参见《瑞士民法典》第555、557条。

③ 参见"梁稿"第2001条；"王稿"第547条；"徐稿"第四分编第15、383条；"张稿"第18、45条；"杨稿"第54、55、70、74条。

④ 参见《法国民法典》第771条。

⑤ 参见《日本民法典》第927条。

⑥ 参见《德国民法典》第2061条。

告。第二，当遗产无人承受时，可以视遗产价值的多少，选择不予公告、在村或社区的公告栏公告、在省一级报纸登报公告或申请人民法院公告。[①]“杨稿”规定，催告未知的债权人应使用公告通知的方式。[②] 此外，“王稿”“徐稿”“张稿”对此均有规定。[③]

我们认为，我国欠缺继承开始的通知和公告的方式，此为立法之不足。因为针对不同的通知对象，可能采用的通知方式也应有所不同，具体规定适当的通知方式是有必要的。所以，上述关于继承开始的通知和公告的方式之被调查者所在地区的民间习惯、域外立法和我国学者建议稿的观点可供我国立法参考。

（三）继承开始的通知和公告的期间之特点与原因分析

关于继承开始的通知和公告的期间的民众观念，统计数据显示，对于被继承人死亡后发出继承开始的通知的时间，（1）认为应在 7 日内发出的，合计占六成以上（62.58%）；（2）认为应在 15 或 30 日发出的，合计占三成以上（32.40%）（见表 12-11）。

以上特点之原因分析，六成以上的被调查者认为应在 7 日以内发出继承开始的通知的，其原因可能是：（1）基于让近亲属及时参与料理丧事的需要，即被继承人的离世应当尽早让其亲属知晓，以参与丧葬事务；（2）出于保护被继承人和第三人的利益的需要，即尽早通知有利于与被继承人相关的财产关系尽早稳定。

关于继承开始的通知和公告的期间之我国立法，我国《继承法》第 23 条仅规定“及时”发出继承开始的通知，并没有具体的期间规定。另外，关于公示催告程序，根据我国现行《民事诉讼法》第 219 条有关票据被盗、遗失的公告程序规定，人民法院决定受理申请，应在 3 日内发出公告，催促利害关系人申报权利，公示催告的期间，由人民法院根据情况决定，但不得少于 60 日。

从域外立法来看，日本规定，限定继承人需要在做了限定继承意思表示 5 日内发出继承开始的通知；并且遗产债权人及受遗赠人申报权利的期间，即公告的期间不得少于 2 个月。[④] 德国规定，继承人公开催告遗产债权人的期间为 6 个月以内。[⑤] 瑞士规定，当继承人不明时，催告继承人的期间为 1 年；制作遗产清单的机构催告遗产债权人时，公示催告期间不得少于 1 个月。[⑥]

从我国诸继承法学者建议稿来看，关于继承开始的通知和公告的期间，“张稿”第 18 条规定，继承人向法院提交遗产清单后，法院应按公示催告程序，催告遗产债权人申报债权，申报期限应不少于 2 个月。“陈稿”有类似规定。“杨稿”规定催告未知债权人的期间为 3 个月。[⑦]

我们认为，我国欠缺继承开始的通知和公告的期间，此为立法之不足。如果法律规定了明确的继承开始的通知和公告期间，可以有效地监督通知主体履行义务。所以，上述被调查者认为应在 7 日以内发出继承开始的通知与公告的民众观念、日本立法及我国学者建

① 参见“陈稿”第 70、85 条。

② 参见“杨稿”第 81 条。

③ 参见“王稿”第 547 条；“徐稿”第 383 条；“张稿”第 18 条。

④ 参见《日本民法典》第 927 条。

⑤ 参见《德国民法典》第 2061 条。

⑥ 参见《瑞士民法典》第 555 条。

⑦ 参见“陈稿”第 70 条；“杨稿”第 81 条。

议稿的观点可供我国立法参考。

三、遗产管理之特点与原因分析

(一) 遗产管理人的确定之特点与原因分析

关于遗产管理人的确定的民间习惯，统计数据显示，被调查者所在地区的习惯排在前两位的是：(1) 由死者的法定继承人担任的，占近九成（89.89%）；(2) 由死者家族中的德高望重者担任的，占四成以上（42.70%）（见表12-12）。

以上特点之原因分析，根据关于遗产管理人的确定的民间习惯之理由（见表12-13），在调查者所在地区，(1) 近九成的地区有由法定继承人担任遗产管理人的习惯，其原因是便于清点和妥善管理遗产；(2) 四成以上的地区有由法定继承人之外的人或组织来担任的习惯，其原因是可以防止遗产被隐藏、转移，有利于保护遗产相关人的合法权益。

关于遗产管理人的确定之我国立法，我国《继承法》无规定。但1985年《执行继承法意见》第44条规定："人民法院在审理继承案件时，如果知道有继承人而无法通知的，分割遗产时，要保留其应继承的遗产，并确定该遗产的保管人或保管单位。"

在域外立法中，大陆法系不少国家对遗产管理人的产生有所规定。例如，日本规定，遗产管理人的确定主要有由继承人担任、通过遗嘱指定、由法院指定三种方式。[①] 德国规定，遗产管理人的产生方式如下：一是通过遗嘱任命；二是由继承人担任；三是由法院指定。[②]

从我国诸继承法学者建议稿来看，关于遗产管理人的选任，"梁稿"规定，遗产管理人可由继承人推选，或由遗嘱中指定的遗嘱执行人担任，或在特殊情况下可申请由人民法院指定。[③] "陈稿"和"杨稿"有类似规定。[④]

我们认为，我国欠缺遗产管理人的产生方式，此为立法之不足。因为遗产管理人的产生，首先要尊重被继承人的意思表示，其次应尊重继承人的意思表示，最后再遵循公正原则而由人民法院指定。所以，上述被调查者所在地区由法定继承人担任遗产管理人的民间习惯、域外立法和我国学者建议稿的观点可供我国立法参考。

(二) 遗产管理人的职责与报酬之特点与原因分析

第一，关于遗产管理人职责的民众观念，统计数据显示，在被调查者中，六至九成的人认为其主要职责包括：(1) 清查遗产，制作遗产清单的，占近九成半（94.38%）；(2) 妥善保管遗产的，占九成以上（93.26%）；(3) 查明被继承人生前的债权与债务，积极地追讨债权或清偿债务的，占近八成（79.21%）；(4) 可以原告或被告的身份参与因遗产引起的诉讼的，占六成半以上（67.41%）；(5) 查明被继承人是否留有遗嘱，并且确定遗嘱是否真实合法的，占六成半（65.17%）；(6) 定期制作遗产管理报告，向继承人报告遗产管理的情况的，占近六成（58.99%）（见表12-14）。

以上特点之原因分析，被调查者认为遗产管理人的职责具有多样性，其原因可能是遗产管理人的职责关系着遗产管理任务的完成，关系着维护继承人、遗产债权人等遗产利害

---

① 参见《日本民法典》第926、936、952、1006条。

② 参见《德国民法典》第1981、2038、2197、2205条。

③ 参见"梁稿"第2002条。

④ 参见"陈稿"第7条；"杨稿"第72条。

关系人的权益。因此，被调查者认为遗产管理人的职责越多，越有保障。

关于遗产管理人确定之我国立法，我国《继承法》只在第 24 条规定了遗产的保管，即“存有遗产的人，应当妥善保管遗产，任何人不得侵吞或者争抢。”但我国欠缺较为全面的遗产管理制度。

从域外立法来看，《法国民法典》规定，遗产管理的职责包括及时向继承人等报告遗产管理情况并告知其进行的各项活动，对遗产进行估价盘存、制作清册，追索债权，制定债务清偿方案、清偿债务等。①《德国民法典》规定，遗产管理人的职责包括管理遗产，处理遗产债务清偿等。②《日本民法典》规定，遗产管理人的职责包括制作遗产目录、对保存财产做必要的处分等。③

从我国诸继承法学者建议稿来看，关于遗产管理人的职责，“陈稿”规定，遗产管理人的职责包括：收集遗产，编制财产清册；在遗产管理期间忠实且谨慎地保护和管理遗产；发出继承公告，催促相关债权人和债务人，申报遗产债权和债务；向继承人报告管理账目；清偿各种由遗产负担的费用、债务和税款；将剩余财产分配给继承人；负责与待继承遗产有关的起诉和应诉。此外，“梁稿”“王稿”“徐稿”“张稿”“杨稿”对此均有规定。④

我们认为，我国欠缺遗产管理人职责的规定，此为立法之不足。因为，明确遗产管理人的职责规定，有利于督促遗产管理人积极履行职责，更好地保障继承人和被继承人的债权人的利益。所以，上述被调查者遗产管理人的职责有多样性的民众观念、域外立法和我国学者建议稿的观点可供我国立法参考。

第二，关于遗产管理人的报酬的民间习惯，统计数据显示，对于遗产管理人是否可以获得报酬，在被调查者所在地区的习惯是：（1）由继承人担任管理人的不可以取得报酬的，占五成以上（53.37%）；（2）由法院指定担任管理人的可以取得报酬的，占六成半以上（67.41%）；（3）由继承人选任的第三人担任管理人的，其中，一律可以取得报酬的，占近四成（39.33%）；（4）是否可以取得报酬由继承人决定的，占近五成（48.31%）（见表 12-15）。

以上特点之原因分析，根据关于遗产管理人可否有权请求给付报酬的民间习惯之理由（见表 12-16），在被调查者所在地区，（1）六成半以上的地区有遗产管理人可以获得报酬的习惯，其原因是遗产管理人为管理遗产付出了劳动和时间；（2）五成以上的地区有遗产管理人不可获得报酬的习惯，其原因是遗产管理人多数情况下与被继承人关系密切且具有亲情关系，同时遗产管理人又继承遗产。

关于遗产管理人职责之我国立法，我国《继承法》第 24 条仅规定：“存有遗产的人，应当妥善保管遗产，任何人不得侵吞或者争抢。”

从域外立法来看，德国立法规定“遗产管理人可以其职务的执行而请求适当的报

---

① 参见《法国民法典》第 812-2、812-7、813-5、813-9、809-2、810~810-6 条。

② 参见《德国民法典》第 1985~1987 条。

③ 参见《日本民法典》第 27~29 条。

④ 参见“王稿”第 550、551 条；“梁稿”第 2003、2004、2005、2006 条；“陈稿”第 8、9 条；“徐稿”第一分编第 234、238、243 条；“杨稿”第 74 条；“张稿”第 25 条。

酬”。[①] 日本的家事法院可以根据继承财产状况及其他情况确定遗嘱执行人的报酬，但是遗嘱人在其遗嘱中确定报酬的不在此限。[②] 在法国，遗产委托管理的受托人报酬是由遗产承担的一种负担，在没有相反约定的情况下，身后遗产的委托管理不取报酬，如规定给付报酬的，报酬数额应在委托书中明文规定。[③] 而法官指定的遗产委托管理人在被指定时就由法官同时确定管理人任务的期限和报酬。[④]

从我国诸继承法学者建议稿来看，遗产管理人可否取得报酬分为以下几类：一是由遗嘱人在遗嘱中确定。例如，“王稿”规定遗产管理人是否取得报酬准用于遗产执行人的相关规定，即遗嘱人可以在遗嘱中确定遗嘱执行人的报酬，未确定的遗嘱执行人不得请求报酬，但继承人或者受遗赠人自愿支付报酬的除外。[⑤] 二是由继承人和遗嘱执行人以外的人担任遗产管理人的，有权与其所执行职务相当的报酬，如“梁稿”。[⑥] 三是非继承人担任遗产管理人的，应支付相应的报酬，如“陈稿”。[⑦]

我们认为，我国欠缺遗产管理人的报酬的规定，此为立法之不足。因为对于继承人担任遗产管理人时，因为其作为遗产的利益关系人，又与被继承人和其他继承人关系密切，不享有报酬请求权较为妥当。而非继承人担任遗产管理人的，因为，管理遗产必然要付出一定的时间和劳动，理应获得报酬。所以，上述被调查者所在地区区别不同情况确定是否给予遗产管理人报酬的民间习惯、域外立法及我国学者建议稿的观点可供我国立法参考。

（三）遗产管理人的损害赔偿责任之特点与原因分析

关于遗产管理人的损害赔偿责任的民间习惯，统计数据显示，被调查者所在地区的习惯是：（1）只有故意或重大过失才承担赔偿责任的，占六成（60.89%）；（2）无论是故意或重大过失或一般轻过失的都要承担赔偿责任的，占近四成（39.11%）（见表12-17）。

以上特点之原因分析，在被调查者所在地区，（1）六成的地区有遗产管理人在故意或有重大过失时才承担赔偿责任的习惯，其原因可能是遗产管理人通常由继承人担任，因为其与被继承人和其他继承人之间关系密切，所以只有在遗产管理人因故意或重大过失导致遗产重大损害时才需要承担赔偿责任。（2）近四成的地区有遗产管理人在无论是故意或重大过失或一般轻过失均要承担赔偿责任的习惯，其原因可能是当遗产管理人可取得报酬的情况下，其无论是故意或重大过失或一般轻过失，都应承担赔偿责任。

关于遗产管理人的损害赔偿责任之我国立法，我国《继承法》无规定。

从域外立法来看，设有遗产管理人制度的国家大多规定了遗产管理人的注意义务，如《法国民法典》规定，受委托的遗产管理人对其受委托的任务履行得很不好的情况下解除委托时，需要承担损害赔偿责任。[⑧]《意大利民法典》规定：遗产管理人如有过失的，遗产管理人应当向继承人和受遗赠人承担赔偿损失。[⑨]

---

① 参见《德国民法典》第1987条。
② 参见《日本民法典》第1018条。
③ 参见《法国民法典》第812-3、812-3条。
④ 参见《法国民法典》第813-9条。
⑤ 参见“王稿”第639条。
⑥ 参见“梁稿”第2003条。
⑦ 参见“陈稿”第9条。
⑧ 参见《法国民法典》第812-5条第2款。
⑨ 参见《意大利民法典》第709条。

从我国诸继承法学者建议稿来看，对遗产管理人的损害赔偿责任规定有所不同。第一，对遗产债权人和受遗赠人造成损害而承担赔偿责任。例如，“梁稿”规定，当继承人或遗嘱管理人违反继承有关立法的规定，对遗产债权人或者受遗赠人造成损害的，应当承担赔偿责任。① 第二，对遗产债权人造成损失而承担民事责任。例如，“王稿”规定，“遗产管理人不当履行职责给遗产债权人造成损失的，遗产债权人可以要求遗产管理人承担民事责任。”② 第三，造成遗产毁损或灭失而承担赔偿责任。例如，“陈稿”规定，遗产管理人因故意或过失未尽遗产管理义务，从而造成遗产毁损或灭失的，应当承担损害赔偿责任。③

我们认为，我国欠缺遗产管理人的损害赔偿责任，此为立法之不足。因为，遗产管理人在故意或重大过失而导致遗产损害时，应该承担赔偿责任，更有利于促进遗产管理人妥当地履行遗产管理职责。所以，上述被调查者所在地区有遗产管理人在故意或有重大过失时才承担赔偿责任的民间习惯、法国和意大利的立法以及我国学者建议稿的观点可供我国立法参考。

四、法定继承之特点与原因分析

（一）法定继承人的范围与顺序之特点与原因分析

第一，关于法定继承人的范围与顺序的民众观念，统计数据显示，被调查者较认可的法定继承人的范围与顺序为：第一顺序为配偶（88.83%）、父母（67.04%）、子女（64.08%）；第二顺序为孙子女（50.28%）、外孙子女（57.49%）、祖父母（49.72%）、外祖父母（45.25%）和兄弟姐妹（30.17%）；第三顺序为侄子女（29.61%）、外甥子女（27.37%）、堂兄弟姐妹（25.70%）；第四顺序为伯叔姑舅姨（98.38%）、表兄弟姐妹（15.08%）（见表12-18）。

第二，关于配偶与血亲继承人的顺序的民众观念，在被调查者中，（1）认为配偶应当为固定顺序的，即第一顺序：配偶、子女、父母；第二顺序：兄弟姐妹、祖父母、外祖父母；第三顺序：侄子女、外甥子女；配偶有固定顺序，其属于第一顺位继承人的，占七成（70.95%）；（2）认为配偶应当为不固定顺序的，即第一顺序为子女；第二顺序为父母；第三顺序为兄弟姐妹、祖父母、外祖父母、兄弟姐妹的子女（侄子女、外甥子女为代位继承人）；配偶无固定的继承顺序，可分别与第一、第二（或第三）顺序的法定继承人共同继承的，合计占近三成（29.05%）（见表12-19）。

以上特点之原因分析，（1）被调查者认为应扩大法定继承人的范围、增加法定继承人的顺序，其原因可能是：其一，扩大法定继承人的范围，对防止家庭财产被收归公有和扩大家庭养老育幼者的范围具有重要作用。自我国计划生育政策施行以来，我国人口结构和家庭结构都发生了变化。随着我国家庭人口规模的减少和家庭结构的缩小，法定继承人的人数在减少，其范围事实上也在逐渐缩小。“在核心家庭中近血亲的种类和数量都在减少，如兄弟姐妹数量的减少甚至家庭中无兄弟姐妹。随之而来的就是叔、伯、姑、舅、

---

① 参见“梁稿”第2019条。
② 参见“王稿”第551条。
③ 参见“陈稿”第10条。

姨、侄子女、外甥子女这些血亲的种类和人数也减少。”① 如果遗产因为无法定继承人而被收归国有或集体组织所有，这会削弱家庭对近亲属范围外的其他亲属的扶养职能。其二，随着我国社会经济的发展，民众收入的增加，使民众的遗产继承观念发生变化。在20世纪80年代，我国的经济不够发达，绝大多数民众的经济收入不多，并且主要是生活消费资料。② 人们保留遗产的主要目的是满足家庭成员基本的生存生活需要。所以，1985年制定的我国《继承法》第10条的法定继承人范围仅限于前述近亲属，并且只有两个法定继承顺位。但是随着我国市场经济的发展，目前我国已成为世界第二经济大国，民营企业包括个体经营户已经成为国家经济建设的一支重要力量。大批民营企业主的主要遗产不再是生活资料而是生产资料，其被继承之后的用途是被用于发展生产以获得更多的财富，在此情况下，他们不得不重新考虑遗产的最终归属问题。③（2）关于配偶与血亲继承人的顺序，在被调查者中，第一，七成以上的人认为配偶应当为固定顺序的，其原因可能是基于配偶间的亲密关系，且受到我国立法的影响。第二，近三成的人认为配偶应当为不固定顺序的，其原因可能是考虑兼顾保护配偶与血亲继承人的继承利益。

值得注意的是，如前所述，除大多数被调查者认可的第一、二顺序的法定继承人范围与我国立法一致外，其中，第三顺位的法定继承人认可度最高的包括：侄子女和外甥子女、堂兄弟姐妹；第四顺位的法定继承人认可度最高的包括：伯叔姑舅姨、表兄弟姐妹。我们从社会性别视角分析，堂兄弟姐妹与表兄弟姐妹虽然与被继承人的血缘关系之远近相同，但被调查者对其继承顺序的认识却有先后之别，这反映了有少部分被调查者仍然受传统的“重男轻女”残余观念的影响，认为父系亲优先于母系亲。所以，我国的继承法应当继续坚持规定“继承权男女平等”的原则规定，以引导这部分民众传统观念的改变。

关于法定继承人的范围与顺序之我国立法，我国《继承法》第10条规定：“遗产按照下列顺序继承：第一顺序：配偶、子女、父母。第二顺序：兄弟姐妹、祖父母、外祖父母。”第11、12条规定：“被继承人的子女先于被继承人死亡的，由被继承人的子女的晚辈直系血亲代位继承。代位继承人一般只能继承他的父亲或者母亲有权继承的遗产份额。丧偶儿媳对公、婆，丧偶女婿对岳父、岳母，尽了主要赡养义务的，作为第一顺序继承人。”

从域外立法来看，为尽可能保证遗产由被继承人的血亲继承，许多国家的法定血亲继承人的范围虽然不一，但都比我国《继承法》的范围广泛。例如，德国的法定血亲继承人范围较宽，其范围与顺序包括：第一顺序晚辈直系血亲；第二顺序父母及其晚辈直系血亲；第三顺序祖父母（含父系、母系，以下同）及其晚辈直系血亲；第四顺序曾祖父母及其晚辈直系血亲；第五顺序高祖父母和更远顺序的祖先及其晚辈直系血亲。以上同一顺序的血亲继承人以亲等近者为先。④ 即其将与死者高祖父母和更远顺序的祖先有血缘关系的一切亲属都纳入法定继承人的范围。日本的法定血亲继承人的范围较窄，其范围与顺序包括：第一顺序子女（子女的晚辈直系血亲为代位继承人）；第二顺序长辈直系血亲（以

---

① 陈苇、冉启玉：《完善我国法定继承人范围和顺序立法的思考》，载《法学论坛》2013年第2期，第54页。
② 参见陈苇、杜江涌：《我国法定继承制度的立法构想》，载《现代法学》2002年第3期，第101页。
③ 参见杜江涌：《对法定继承顺序的几点思考》，载《理论探索》2004年第5期，第33页。
④ 参见《德国民法典》第1924-1930条。

亲等近者为先)；第三顺序兄弟姐妹（其子女为代位继承人)。[①]

从我国诸继承法学者建议稿来看，多数学者建议稿均主张扩大我国法定继承人的范围并增加血亲继承人的顺序。具体而言，可分为以下几类：一是主张设立三个法定继承顺序，将继承人的范围扩大至四亲等以内的亲属。例如，“梁稿”和“王稿”均规定，第一顺序为配偶、子女、父母；第二顺序为兄弟姐妹、祖父母、外祖父母；第三顺序为其他四亲等以内的亲属。[②] 二是主张设立四个法定继承顺序，继承人的范围在我国现行规定基础上，只增加了兄弟姐妹的子女，如“张稿”和“陈稿”。[③] 三是沿用我国现行立法，如“徐稿”。[④]

我们认为，我国法定继承人的范围较窄、顺序较少，此为立法之不足。上述被调查者扩大法定继承人范围和增加法定继承顺序的民众观念、域外立法及“张稿”和“陈稿”的观点可供我国立法参考。因为在我国现有法定继承人范围的基础上，只增加兄弟姐妹的子女，并且将法定继承的顺序调整为四个继承顺序。这样使孙子女优先于父母继承，使兄弟姐妹及其子女优先于祖父母、外祖父母继承，以便于能够保证继承遗产的流向向下集中流转被保留在被继承人的近亲属家庭中，有利于充分发挥遗产的育幼职能与生产经营效用。

综上，我们认为，为避免遗产因无人继承而收归国有，应当适当扩大继承人的范围。我国确定法定继承人范围的宽窄与继承顺序的先后，需要考虑三个因素，即与被继承人血缘关系的远近、继承遗产的流向与发挥遗产的经济效用。首先，从血缘关系的远近来看，侄子女和外甥子女都是被继承人血缘关系最近的旁系血亲兄弟姐妹的子女，属于三亲等的旁系血亲；堂兄弟姐妹和表兄弟姐妹与被继承人的血缘关系相对较远，属于四亲等的旁系血亲，因此，两者不宜被放在同一继承顺序。其次，从继承遗产的流向与发挥遗产的经济效用看，孙子女继承遗产后遗产被保留在被继承人后代的家庭里，有利于实现家庭的育幼和其他经济职能。而侄子女和外甥子女继承遗产后财产被保留在兄弟姐妹的子女家庭里，遗产的流向是向下且较为集中，也有利于充分发挥遗产的育幼和其他经济效用；相对侄子女和外甥子女而言，堂兄弟姐妹和表兄弟姐妹的人数相对较多，他们分别继承遗产后财产进入各自的家庭里，遗产的流向呈向下且较为分散，不利于充分发挥遗产的经济效用。至于调整在后顺序的父母、祖父母、外祖父母需要利用遗产满足赡养的问题，建议设立后顺序特殊继承人的遗产终生使用权制度予以解决。[⑤]

（二）配偶与血亲继承人的法定应继承份之特点与原因分析

关于配偶与血亲继承人的法定应继份的民众观念，统计数据显示，在被调查者中，认为配偶无固定继承顺序可以与不同顺序的血亲继承人共同继承的，合计占五成(50.84%)，认为配偶为固定顺序的继承人，与第一顺序的继承人共同继承的，占近五成(48.60%)（见表12-20)。值得注意的是，前述关于法定继承顺序的调查统计数据可知，

---

① 参见《日本民法典》第887、889、890条。

② 参见“王稿”第564条；“梁稿”第1946条。

③ 参见“张稿”第28条；“陈稿”第45条。

④ 参见“徐稿”第四分编第495条。

⑤ 参见陈苇主编：《外国继承法比较研究与中国民法典继承编制定研究》，北京大学出版社2011年版，第408页。

有七成（70.95%）的被调查者是赞成配偶固定为法定继承的第一顺序继承人的（见表12-19）。而关于法定应继份却又有五成的被调查者主张配偶不固定继承顺序。也就是说，在实际分配遗产时，有占五成的被调查者是主张配偶不固定继承顺序，其应当与不同顺序的血亲继承人共同继承，且不同顺序其应继份不同，以兼顾保护配偶继承人与血亲继承人的利益。

以上特点之原因分析：在被调查者中，（1）四成半以上的人认为配偶为固定的继承顺序的，其原因可能是：其一，配偶是被继承人家庭的重要成员，经济上的联系比其他人更为密切，假如不固定在一个顺序，易产生被继承人死亡后在没有父母、子女时，所遗留下来的财产便由配偶与被继承人经济联系不很密切的兄弟姐妹共同继承。① 其二，受到我国《继承法》第10条规定的影响，即将配偶与被继承人的父母、子女一起设置为第一顺位继承人，在长时间的法律推行过程中，民众对这一继承顺序的设置已然接受。（2）五成的人认为配偶为不固定继承顺序的，其原因可能是这样可以防止在第一顺序的血亲继承人父母、子女均没有的情况下，由配偶一个取得全部遗产，而处于第二顺序的血亲继承人包括祖父母、外祖父母和兄弟姐妹就不能继承遗产，不能实现兼顾保护血亲继承人的继承权和配偶继承人的继承权之目的。②

关于配偶与血亲继承人的法定应继份之我国立法，我国《继承法》第10条和第13条规定，配偶、子女、父母均为第一顺序，且同一顺序继承人继承遗产的份额，一般应当均等。对生活有特殊困难的缺乏劳动能力的继承人，分配遗产时，应当予以照顾。对被继承人尽了主要扶养义务或者与被继承人共同生活的继承人，分配遗产时，可以多分；有扶养能力和有扶养条件的继承人，不尽扶养义务的，分配遗产时，应当不分或者少分；继承人协商同意的，也可以不均等。

从域外立法来看，法国、德国、瑞士、日本、意大利及英国、美国等均采用配偶不固定继承顺序，以期“兼顾保护血亲继承人的继承权和配偶的继承权”。③ 例如，法国规定，有继承权的配偶，或者单独继承，或者与被继承人的亲属共同继承，并且与不同顺序的亲属共同继承时，其应继份额也存在不同。④ 德国规定：“被继承人的生存配偶有资格作为法定继承人，在和第一顺序直系血亲一起继承时，继承遗产的四分之一，在和第二顺序直系血亲或祖父母、外祖父母一起继承时，继承遗产的一半。祖父母、外祖父母的晚辈直系血亲和祖父母、外祖父母一起继承的，生存配偶也从遗产的另一半中获得依第1926条本来会归属于该晚辈直系血亲的应有部分。既无第一顺序直系血亲或第二顺序直系血亲，亦无祖父母、外祖父母的，生存配偶获得全部遗产。”有继承权的配偶可以与第一顺序、第二顺序、第三顺序继承人共同继承遗产，并与不同顺序的法定继承人共同继承时应继承的份额有所不同。⑤

---

① 郭明瑞：《完善法定继承制度三题》，载《法学家》2013年第4期，第114页。

② 陈苇、董思远：《民法典编纂视野下法定继承制度的反思与重构》，载《河北法学》2017年7月，第2~19页。

③ 参见陈苇主编：《外国继承法比较与中国民法典继承编制定研究》，北京大学出版社2011年版，第375、379、381、383、385、390、394、407~408页。

④ 参见《法国民法典》第756~758条。

⑤ 参见《德国民法典》第1931条。

在我国诸继承法学者建议稿中，对配偶与血亲应继份的规定可分为两类。第一种是将配偶规定为固定顺序的法定继承人。例如，“梁稿”“王稿”“徐稿”“杨稿”规定配偶为第一顺位继承人，与其他共同继承人平均分配遗产。第二种是将配偶规定为不固定顺序的法定继承人。[①] 例如，“张稿”和“陈稿”基于兼顾保护血亲继承人的继承权和配偶的继承权，均提出建议将配偶设置为无固定顺序继承人，即配偶在与不同顺序的血亲继承人共同继承时其取得遗产份额有所不同，配偶参与共同继承的顺序越远，其取得的遗产份额越多。[②] 例如，“张稿”第31条规定：“配偶与第一顺序血亲继承人共同继承时，各继承人应继份均等；配偶与第二顺序血亲继承人共同继承时，其应继份为二分之一；配偶与第三顺序血亲继承人共同继承时，其应继份为三分之二；配偶与第四顺序血亲继承人共同继承时，其应继份为四分之三；无血亲继承人时，配偶继承全部遗产。”

我们认为，我国立法将配偶作为第一顺序的法定继承人，不能平衡配偶与血亲继承人的继承利益，此为立法之不足。关于配偶为不固定顺序且在不同顺序其应继份不同的上述被调查者的民众观念、域外立法和“陈稿”和“张稿”的观点均可供我国立法参考。因为，将配偶作为无固定顺序的法定继承人，并且与不同顺序的继承人共同继承时其应继份额不同，可以更好地平衡配偶与继承人的其他血亲的继承利益。

（三）配偶对遗产中家庭住房的先取权与终生使用权之特点与原因分析

关于配偶对遗产中家庭住房的先取权与终生使用权的民众习惯，统计数据显示，被调查者所在地区的习惯是：（1）有此习惯的，占八成以上（83.80%）；（2）无此习惯的，仅占一成半以上（16.20%）（见表12-21）。

以上特点之原因分析，关于配偶对遗产中家庭住房的先取权与终生使用权，在被调查者所在地区，八成以上的地区有此习惯，其原因可能是：（1）在我国民众的遗产结构当中，住房往往是价值最大的遗产物，是主要的遗产分割对象，然而对于生存配偶一方来说，住房不仅仅是维持其生活需要的简单物，更是蕴藏着其对先逝伴侣情感寄托的场所，精神价值往往高于物质价值。[③]（2）若该住房为夫妻唯一居住用房时，在被继承人死亡后即被要求分割会影响到生存配偶的生活质量，这无疑是雪上加霜。承认生存配偶对遗产中家庭住房的先取权与终生使用权，不但能够保证其维持原有的生活方式，[④] 对生存配偶予以精神慰藉，同时也体现了对在世父或母的尊重，还有助于实现遗产养老的职能。

关于配偶对遗产中家庭住房的先取权与终生使用权之我国立法，我国《继承法》无规定。

从域外立法来看，一些国家的立法赋予生存配偶享有遗产先取权，以保证生存配偶能够维持其一贯的生活方式。例如，《法国民法典》规定，有继承权的健在的配偶实际占有原属于夫妻双方的或者全部属于遗产的住房作为主要住宅，该健在配偶对此住房享有居住权，对住房内的设施及包括遗产在内的家具享有使用权，直到死亡，但被继承人作了相反

---

① 参见“梁稿”第1946条；“王稿”第564条；“徐稿”第四分编第495条；“杨稿”第57条。

② 参见“张稿”第31条；“陈稿”第45、47条。

③ 参见李俊：《论法定继承中配偶的顺序及应继份的确认》，载陈苇主编：《中国继承法修改热点难点问题研究》，群众出版社2013年版。

④ 参见李欣：《中外配偶法定继承权之考察评析》，载《学术界》2011年第3期，第218~228页。

意思表示的除外。[①]《意大利民法典》规定，有多个继承人的，如果用作居住的房屋和家具的所有权属于被继承人或者属于配偶双方，则房屋的居住权以及使用家具的权利属于配偶。[②]《瑞士民法典》规定，夫妻双方居住的房屋、公寓或使用的家具属于遗产的，生存配偶可以请求获得该房屋、公寓或家具的所有权，计入其继承份额。根据生存配偶或其他法定继承人的请求，该配偶也可以不取得上述房屋、公寓或家具的所有权，而是取得使用权或居住权。[③]

从我国诸继承法学者建议稿来看，“王稿”规定生存配偶无自己的住房且遗产分配后没有继承遗产房屋的，对遗产房屋享有先取权，但应当向其他继承人支付租金。[④]“陈稿”和“张稿”均规定，生存配偶对遗产中的婚姻住宅和家庭日常生活用品享有先取权。“陈稿”还规定，如果配偶应继承的遗产份额小于该婚姻住宅的价值时，其也可以选择对婚姻住宅享有终生居住权。[⑤]

我们认为，我国欠缺配偶对遗产中家庭住房的先取权与终生使用权，此为立法之不足。正如有的学者指出，赋予生存配偶遗产先取权，有利于保障生存配偶能够维持其一贯的生活方式[⑥]，以保护其生存权和发展权。因此，关于配偶对遗产中家庭住房的先取权与终生使用权的上述被调查者的民间习惯、域外立法以及我国学者建议稿的观点可供我国立法参考。

（四）后顺序特殊法定继承人对遗产中原使用的住房及日常生活用品的终生使用权之特点与原因分析

关于后顺序特殊法定继承人对特殊遗产的终生使用权的民间习惯，统计数据显示，被调查者所在地区的习惯是：（1）有此习惯的，占近九成（88.27%）；（2）无此习惯的，占一成以上（11.73%）（见表12-24）。

以上特点之原因分析，近九成的被调查者所在地区的习惯是，后顺序特殊法定继承人享有对特殊遗产的终生使用权，其原因可能是：（1）我国现在仍主要由家庭承担养老育幼职能，而我国规定的后顺序法定继承人包括祖父母和外祖父母，为保证其生活安稳，他们的生活习惯和生活环境一般不能改变。（2）在遗产分配时，继承人之间通常会考虑尊老爱幼的传统美德以及血浓于水的亲情联系。如果第一顺序法定继承人分割全部遗产，作为后顺序依靠被继承人扶养的法定继承人中的祖父母与外祖父母则会面临“老无所居”的困境。

关于后顺序特殊法定继承人对特殊遗产的终生使用权之我国立法，我国《继承法》无规定。

从域外立法来看，部分国家对后顺序特殊法定继承人对特殊遗产的使用权有规定。例如，《德国民法典》第1969条规定，继承人有义务在继承开始后最初30日内，向在被继承人死亡时属于被继承人的家计并受其扶养的被继承人家属给予扶养费，并许可使用住宅

① 参见《法国民法典》第764条。

② 参见《意大利民法典》第540条第2款。

③ 参见《瑞士民法典》第612条。

④ 参见“王稿”第580条。

⑤ 参见“陈稿”第48条，“张稿”第32条。

⑥ 陈苇、杜江涌：《我国法定继承制度的立法构想》，载《现代法学》2002年第3期，第101页。

和家庭用具。《法国民法典》第764、766条规定，有继承权的其他继承人或者继承人之一，可以享有住房的使用权和居住权。《西班牙民法典》第524和822条规定，与被继承人共同居住在同一住房中的残疾受遗赠人，可以获得该房屋的居住权。①

从我国诸继承法学者建议稿来看，如“陈稿”规定，依靠被继承人扶养的无遗嘱继承人在参加继承时，对遗产中供其个人日常生活使用的物品和住房享有终生的使用权和用益权。②“张稿”规定，父母因顺序在后未参加继承的，对遗产中供其个人日常生活使用的住房和其他物品有终生使用权。③

我们认为，我国欠缺后顺序特殊法定继承人对特殊遗产的终生使用权，此为立法之不足。因为，赋予后顺序特殊法定继承人对特殊遗产的终生使用权，可以更好地保障后顺位法定继承人安度晚年，充分发挥遗产的扶养作用。所以，关于后顺序特殊法定继承人对特殊遗产的终生使用权的上述被调查者所在地区的民间习惯、域外立法及我国学者建议稿的观点可供我国立法参考。

（五）尽了主要赡养义务的丧偶儿媳或女婿的遗产分配方式之特点与原因分析

关于尽了主要赡养义务的丧偶儿媳或女婿的遗产分配方式的民间习惯，统计数据显示，被调查者所在地区的习惯是：（1）其与被继承人其他子女共同继承并且平均分配遗产之习惯的，占七成以上（73.14%）；（2）其不可与被继承人其他子女共同继承但可分得适当的遗产的，占二成半以上（26.82%）（见表12-27）。

以上特点之原因分析，根据关于尽了主要赡养义务的丧偶儿媳和丧偶女婿的遗产分配的民间习惯的理由（见表12-28），在被调查者所在地区，（1）七成以上的地区有其可以作为第一顺序的继承人与被继承人的其他子女共同参与继承的习惯，其原因是这符合中国家庭传统文化和道德观念；（2）二成半以上的地区有丧偶儿媳与丧偶女婿不可继承岳父母或公婆的遗产的习惯，其原因是丧偶儿媳与丧偶女婿毕竟不是被继承人的直系血亲，为了遗产不外传。

关于尽了主要赡养义务的丧偶儿媳或女婿的遗产分配方式之我国立法，我国《继承法》第12条规定：“丧偶儿媳对公、婆，丧偶女婿对岳父、岳母，尽了主要赡养义务的，作为第一顺序继承人。”1985年《执行继承法意见》第29条规定：“丧偶儿媳对公婆、丧偶女婿对岳父、岳母，无论其是否再婚，依继承法第十二条规定作为第一顺序继承人时，不影响其子女代位继承。”

在域外立法中，没有对岳父母或公婆尽了主要赡养义务的儿媳或女婿的遗产分配问题的专门规定。

从我国诸继承法学者建议稿来看，关于对岳父母或公婆尽了主要赡养义务的儿媳或女婿的遗产分配方式，“王稿”规定，在没有代位继承人时，丧偶儿媳对公、婆，丧偶女婿对岳父、岳母尽了主要赡养义务的，可以作为第一顺序法定继承人参加继承，且不论其是

---

① 《西班牙民法典》第524条规定：“权利人及其亲属在必要限定内有占用他人住房居住空间的权利。”《西班牙民法典》第822条规定：“如果常用住宅的主人仅将房间的居住权赠与或遗赠给为残疾人的受遗赠人，且遗嘱人去世时二人共同居住在内的，不把该房间居住权记入法定继承额中；按照法律规定，该房间的居住权在同样的条件下归于需要此权利且跟去世的人一起居住的残疾受遗赠人。”

② 参见“陈稿”第48条。

③ 参见“张稿”第33条。

否再婚都享有权利；当有代位继承人时，只得请求分得部分遗产。[①] “张稿”和“陈稿”规定，丧偶儿媳对公婆，丧偶女婿对岳父母尽了主要赡养义务时，可以请求酌情分给适当的遗产。因为当第一顺位继承人只有儿媳或女婿时，会出现对被继承人的后顺位血亲继承人不公平；而且若其带产再婚又会造成被继承人财产向家族外部流失。[②]

我们认为，我国立法规定尽了主要赡养义务的儿媳或女婿作为第一顺序法定继承人，此立法有不合理之处。因为，将对岳父母或公婆尽了主要赡养义务的儿媳或女婿作为第一顺序法定继承人的地位虽有民意基础，但从继承制度应当尽可能防止家庭财产外流的目的来看，将对岳父母或公婆尽了主要赡养义务的儿媳或女婿列为酌分遗产请求权人更为适当。所以，关于认为尽了主要赡养义务的丧偶儿媳或丧偶女婿应作为酌分请求权人的上述被调查者的民间习惯、“陈稿”和“张稿”的观点可供我国立法参考。

五、遗嘱继承之特点与原因分析

（一）公证遗嘱与其他形式遗嘱的效力之特点与原因分析

关于公证遗嘱与其他形式遗嘱的适用效力的民众观念，统计数据显示，在被调查者中，（1）认为后遗嘱优先于前一遗嘱（包括公证遗嘱）适用的，合计占约七成（69.28%）；（2）认为公证遗嘱应当优先适用的，占三成（30.72%）（见表12-29）。

以上特点之原因分析：根据关于公证遗嘱与其他形式遗嘱的适用效力的民众观念的理由（见表12-30），在被调查者中，（1）认为后遗嘱应当优先于前一遗嘱（包括公证遗嘱）适用，合计占约七成（69.28%），其原因是后遗嘱更能反映遗嘱人最后真实意愿的，合计占五成半以上（57.00%）；（2）认为公证遗嘱应优先适用，其原因是公证遗嘱的程序规范，具有较强的公示效力和证明效力的，占三成半以上（37.38%）。

关于公证遗嘱与其他形式遗嘱的适用效力之我国立法，我国《继承法》第20条明确规定：“遗嘱人可以撤销、变更自己所立的遗嘱。立有数份遗嘱，内容相抵触的，以最后的遗嘱为准。自书、代书、录音、口头遗嘱，不得撤销、变更公证遗嘱。”1985年《执行继承法意见》第42条规定：“遗嘱人以不同形式立有数份内容相抵触的遗嘱，其中有公证遗嘱的，以最后所立公证遗嘱为准；没有公证遗嘱的，以最后所立的遗嘱为准。”

从域外立法来看，不少国家均规定最后订立的遗嘱具有优先适用的效力。例如，德国规定，被继承人可以通过遗嘱随时撤回遗嘱及遗嘱中的个别处分。在后遗嘱与前遗嘱相抵触的限度内，原遗嘱因后遗嘱的做成而被废止。[③] 日本规定，前遗嘱与后遗嘱有抵触时，就其抵触部分，视为后遗嘱将前遗嘱撤回。前项规定准用于遗嘱与遗嘱订立之后的生前处分或其他法律行为相抵触的情形。[④]

从我国诸继承法学者建议稿来看，关于公证遗嘱与其他形式遗嘱何者优先适用有两种观点：第一种是沿用我国现行立法，认为公证遗嘱应具有适用效力优先。例如，“王稿”

---

① 参见“王稿”第569条。

② 参见“陈稿”第50条；“张稿”第61条。“张稿”在立法理由说明中，解释说明将尽了主要赡养义务的丧偶儿媳或女婿作为酌分遗产请求权人。参见张玉敏：《中国民法典继承编立法建议稿及立法理由》，人民出版社2006年版，第162页。

③ 参见《德国民法典》第2253、2254、2258条。

④ 参见《日本民法典》第1023条。

和“徐稿”。[①] 第二种是认为后遗嘱应当优先适用。例如，“梁稿”规定，遗嘱人立有数份遗嘱，且内容相抵触的，以最后的遗嘱为准；遗嘱人生前的行为与遗嘱的内容相抵触的，遗嘱就相抵触的部分视为撤销；遗嘱人故意销毁遗嘱的，视为撤销遗嘱。对此问题，“张稿”“陈稿”“杨稿”均持该观点。[②]

我们认为，我国公证遗嘱比其他形式的遗嘱具有优先适用的效力，此为立法之不足。因为，遗嘱制度最根本的原则即是保障被继承人的意思自治，如果赋予公证遗嘱优先效力，则很可能致使被继承人的真实意愿不能被承认和执行。所以，无论什么形式的遗嘱，均应以时间在最后的遗嘱为准。所以，关于后遗嘱优先于前一遗嘱适用的上述被调查者的民众观念、域外立法以及“梁稿”“张稿”“陈稿”“杨稿”的观点均可供我国立法参考。

（二）遗嘱自由的限制——特留份之特点与原因分析

关于遗嘱处分个人财产是否应予限制，统计数据显示，对于被继承人以遗嘱将个人遗产全部赠给他人的做法，在被调查者中，（1）认为该行为不适当，即应对遗嘱的自由予以限制的，占六成半（65.93%）；（2）认为该行为适当，即不应对遗嘱的自由予以限制的，仅占近三成半（34.07%）（见表 12-31）。

以上特点之原因分析：根据关于以遗嘱将个人遗产全部赠给他人的民众观念之理由（见表 12-32），在被调查者中，（1）五成半以上的人认为该行为不适当，其原因是被继承人的做法会造成家庭财产外流，不利于保障被继承人的配偶及其子女的生活，同时也不符合风俗习惯，为常人所难接受；（2）占三成半的人认为该行为是适当，其原因是被继承人对自己的财产享有自由处分的权利，其他人无权干涉。

关于遗嘱处分个人财产是否应予限制之我国立法，我国《继承法》第 16 条规定：“公民可以立遗嘱将个人财产指定由法定继承人的一人或者数人继承。公民可以立遗嘱将财产赠给国家、集体或者法定继承人以外的人”。第 19 条规定，“遗嘱应当对缺乏劳动能力又没有生活来源的继承人保留必要的遗产份额。”此外，1985 年《执行继承法意见》第 37 条规定：“遗嘱人未保留缺乏劳动能力又没有生活来源的继承人的遗产份额，遗产处理时，应当为该继承人留下必要的遗产，所剩余的部分，才可参照遗嘱确定的分配原则处理。”

从域外立法来看，不少国家都设立了特留份制度。例如，《日本民法典》规定的特留份权利主体范围较宽，兄弟姐妹以外的继承人均可以作为特留份继承人；且直系尊血亲的特留份为被继承人财产的三分之一，其他特留份继承人的份额为被继承人财产的二分之一。[③]《德国民法典》规定遗嘱人在订立遗嘱时应当为其直系亲属、父母和配偶预留法律规定的份额。[④]

从我国诸继承法学者建议稿来看，关于是否应设立特留份制度分为两种观点：第一种是实行“双轨制”，即在坚持现行必留份制度的基础上，增设特留份制度。例如，“陈稿”将特留份权利主体的范围限定在配偶、晚辈直系血亲和父母内。“陈稿”规定：“遗嘱人

① 参见“王稿”第 606 条，“徐稿”第四分编第 83、147 条。

② 参见“梁稿”第 1973、1980、1981 条；“张稿”第 42 条；“陈稿”第 38 条；“杨稿”第 33 条。

③ 参见《日本民法典》第 2028 条。

④ 参见《德国民法典》第 2303 条。

以遗嘱处分财产，应当为配偶、晚辈直系血亲、父母保留特定的遗产份额。晚辈直系血亲作为特留份权利人时，以亲等近者为先。配偶、晚辈直系血亲、父母的特留份额，为在无遗嘱继承时各自法定应继份的二分之一。"①"杨稿"第49条对此也有类似规定。第二种是实行"单轨制"，其中一种是主张废除我国现行必留份制度，而只设立特留份制度。例如，"梁稿"规定，特留份继承人为第一顺序、第二顺序法定继承人。第一顺序法定继承人的特留份为其应继份的二分之一；第二顺序法定继承人的特留份为其应继份的三分之一。"王稿"和"徐稿"均有类似规定。② 另一种是主张继续保留现行必留份制度，不设立特留份制度。例如，"张稿"。③

我们认为，我国欠缺特留份制度，此为立法之不足。因为特留份制度会对被继承人处分遗产的自由有所限制，但为了更好地充分发挥遗产扶养家庭成员的作用，因此特留份主体的范围不能太宽，仅包括配偶、父母和晚辈直系血亲较为适当。所以，关于对遗嘱的自由必须适当的限制的上述被调查者的民众观念、德国的立法以及"陈稿"和"杨稿"的观点可供我国立法参考。

（三）夫妻共同遗嘱之特点与原因分析

关于夫妻共同遗嘱的民众观念与民间习惯，统计数据显示，（1）在被调查者的观念中，认可夫妻共同遗嘱的效力的，占六成半以上（67.03%），持不赞同态度的，占三成以上（32.97%）；（2）被调查者所在地区的习惯是，有设立夫妻共同遗产的习惯的，仅占二成（20.67%），无此习惯的，占近八成（79.33%）（见表12-33）。

以上特点之原因分析：根据关于夫妻共同遗嘱的民众观念之理由，统计数据显示（见表12-34），在被调查者中，（1）七成半以上的人认可夫妻共同遗嘱、占近二成的地区有该习惯的，其原因是该遗嘱反映了双方的共同意愿故应为双方遵守；（2）占近二成的人不赞同夫妻共同遗嘱、近八成的地区无此习惯的，其原因是该遗嘱无法应对出现的新情况和新问题且限制了双方对各自财产的处分权。

关于夫妻的共同遗嘱之我国立法，我国《继承法》无规定。

从域外立法来看，对夫妻共同遗嘱的立法态度有两种。一种是否定共同遗嘱的效力，有法国、日本、瑞士等国家。例如，《法国民法典》第968条规定："二人或二人以上不得以同一文件订立遗嘱，不问为第三人的利益，或为相互的遗产处分。"④ 另一种是肯定共同遗嘱的效力。例如，《德国民法典》第2265条规定："共同遗嘱只能由配偶双方做成。"⑤

从我国诸继承法学者建议稿来看，也可分为以下两种观念。第一，肯定夫妻共同遗嘱的效力。例如，"杨稿"和"徐稿"⑥。因为确立夫妻共同遗嘱，符合夫妻处分共同财产

---

① 参见"陈稿"第32条；"杨稿"第49条；参见陈苇主编：《外国继承法比较与中国民法典继承编制定研究》，北京大学出版社2011年版，第350页。

② 参见"梁稿"第1961条；"王稿"第564条；"徐稿"第四分编第285~295条。

③ 参见"张稿"第38条。"张稿"主张维持我国《继承法》的现行规定，其主要理由是现行的遗嘱自由限制条款已经能够保障那些缺乏劳动能力和生活来源的被继承人的近亲属的生活，而且也不会如同大陆法系传统的特留份制度那样过度限制被继承人的遗嘱自由，符合社会主义的伦理道德观念。

④ 参见《法国民法典》第968条。

⑤ 参见《德国民法典》第2265条。

⑥ 参见"杨稿"第37条；"徐稿"第四分编第60~61条。

的习惯，吻合民众采取的婚后所得财产共有制的财产形式，是遗嘱自由的体现，也是遗嘱人对初始遗嘱真意终局确定的效力遵守。[①] 第二，否定夫妻共同遗嘱的效力。例如，“王稿”禁止任何形式的共同遗嘱。[②] 理由是夫妻共同遗嘱不符合遗嘱是单方法律行为的特征，妨碍遗嘱人撤销或变更遗嘱的自由。[③]

我们认为，夫妻共同遗嘱在实践中较为复杂，容易限制生存配偶撤销或变更遗嘱的自由。[④] 因此，上述无夫妻共同遗嘱的被调查者所在地区的民间习惯、主张不予规定共同遗嘱的法国的立法和“王稿”观点可供我国立法参考。

六、继承和遗赠的接受与放弃之特点与原因分析

（一）继承的接受与放弃的时间与方式之特点与原因分析

关于继承的接受与放弃的时间与方式的民众观念，统计数据显示，在被调查者中，（1）认为继承人应在遗产处理前作出放弃继承的意思表示的，占近六成半（64.25%）；（2）认为继承人应在知道继承开始的2个月内作出放弃继承意思表示的，仅占三成半（35.75%）（见表12-36）。

以上特点之原因分析：根据关于继承的接受与放弃的时间之民众观念的理由（见表12-37），在被调查者中，（1）三成半的人认为继承开始的2个月内作出放弃继承意思表示较为合适的，其原因是可以让继承人有一定的时间去考虑是否放弃继承权，同时又可以督促继承人积极行使权利，而且符合法律规定；（2）近六成半的人认为遗产处理前继承人都可以放弃继承权的，其原因是这样既不影响其他继承人的利益，又可以保证继承人行使放弃继承的权利，而且符合公序良俗。

关于继承的接受与放弃的时间与方式之我国立法，我国《继承法》第25条规定：“继承开始后，继承人放弃继承的，应当在遗产处理前，作出放弃继承的表示。没有表示的，视为接受继承。”此外，1985年《执行继承法意见》第47条规定：“继承人放弃继承应当以书面形式向其他继承人表示。用口头方式表示放弃继承，本人承认，或有其它充分证据证明的，也应当认定其有效。”第48条规定：“在诉讼中，继承人向人民法院以口头方式表示放弃继承的，要制作笔录，由放弃继承的人签名。”第49条规定：“继承人放弃继承的意思表示，应当在继承开始后、遗产分割前作出。遗产分割后表示放弃的不再是继承权，而是所有权。”

从域外立法来看，大多国家均规定了继承人接受或放弃继承的方式和具体期间。例如，日本法规定“继承人从知道自己的继承开始时起3个月内，应当作出单纯承认、限定承认或放弃的表示。但是家庭法院可以根据利害关系人或检察官的请求，延长该期限。”[⑤] 在法国，继承人不得受强制在继承开始起4个月期限届满之前作出选择，且4个

① 王歌雅：《论继承法的修正》，载《中国法学》2013年第6期，第94页。

② “王稿”第559条。

③ 张华贵：《利益平衡与立法选择：论立法应当禁止夫妻共同遗嘱》，载《山东女子学院学报》2013年第3期，第47页。

④ 参见陈苇主编：《外国继承法比较与中国民法典继承编制定研究》，北京大学出版社2011年版，第333页。

⑤ 参见《日本民法典》第915条。

月期限届满经后一顺位或国家主动催告后2个月之内仍未作出选择的，视其无条件接受继承。[①] 但该法规定，放弃继承为要式行为，不得推定，放弃继承权的向继承开始地的大审法院书记室提出，并在专门为此设立的登记本上进行登记。[②]

从我国诸继承法学者建议稿来看，关于继承的接受与放弃的方式和期间，“梁稿”规定，继承人放弃继承的，应当在知道继承开始后2个月内以书面形式作出放弃继承的意思表示；逾期未表示的，视为接受继承。“王稿”“张稿”“陈稿”也均建议在继承开始后的2个月内作出，并且“陈稿”还提出继承人在国外的，放弃继承的期限应为6个月。[③]

我们认为，关于继承的接受与放弃的法定期限，我国以遗产分割前作为表示放弃继承的截止时间，由于遗产处理的时间是不特定的，在实践中，部分遗产处理的时间可能是被继承人死亡后的20~30年后，使得继承关系复杂，也容易引发继承纠纷。为及时稳定财产关系，对于放弃继承应当规定较短的法定期限。因此，上述被调查者主张继承开始后2个月内作出继承的接受与放弃意思表示的民众观念、日本的立法和我国学者建议稿观点可供我国立法参考。

（二）遗赠的接受与放弃的方式与效力之特点与原因分析

关于遗赠的接受与放弃的方式与效力的民众观念，统计数据显示，在被调查者中，（1）认为受遗赠人未作表示应认定为接受遗赠的，占七成半（75.98%）；（2）认为受遗赠人未作表示应认定为放弃遗赠的，占近二成半（24.02%）（见表12-39）。

以上特点之原因分析：根据关于遗赠的接受与放弃的方式与效力的民众观念之理由（见表12-40），在被调查者中，（1）占六成半以上的人认为受遗赠人未作表示应推定为接受遗赠的，其原因是接受遗赠是一种纯获利行为；（2）占三成以上的人认为受遗赠人未作表示应推定为放弃遗赠的，其原因是与现行法规定一致。

关于遗赠的接受与放弃的方式与效力之我国立法，我国《继承法》第25条第2款规定：“受遗赠人应当在知道受遗赠后两个月内，作出接受或者放弃接受遗赠的表示。到期没有表示的，视为放弃接受遗赠。”即受遗赠人在法定期限内没有作出表示的视为放弃接受遗赠。

从域外立法来看，《日本民法典》规定，受遗赠人在遗嘱人死亡后，可以随时放弃遗赠。经遗赠义务人催告后，如果遗赠人未在规定的期限内表示其意思时，视为承认遗赠。[④]《意大利民法典》规定，遗赠不需要承认而取得。但任何利害关系人可请求司法机构为受遗赠人确定一个行使放弃遗赠权利的期限。受遗赠人在期限届满后仍未做出任何表示的，丧失放弃遗赠的权利。[⑤]

从我国诸继承法学者建议稿来看，对遗赠的接受与放弃的时间与方式主要有两种观点：一是沿用现行立法的规定，即主张在2个月内以明示的方式接受遗赠，而默示行为则被推定为放弃遗赠。例如，“王稿”“梁稿”。[⑥] 二是主张以明示的方式放弃遗赠，即受遗

① 参见《法国民法典》第771~772条。

② 参见陈苇主编：《外国继承法比较与中国民法典继承编制定研究》，北京大学出版社2011年版，第90页。

③ 参见“梁稿”第2008条；“王稿”第384条；“张稿”第9、12条；“陈稿”第11条。

④ 参见《日本民法典》第987条。

⑤ 参见《意大利民法典》第649、650条。

⑥ 参见“王稿”第554条；“梁稿”第2008条。

赠人没有表示拒绝遗赠则推定为接受遗赠。例如，“杨稿”规定：“接受或者放弃继承的意思表示不得撤销。但下列情形除外：（一）因欺诈、胁迫、乘人之危或重大误解而作出的；（二）遗产分配前，经济状况严重恶化的。前款规定的撤销，应当自知道或应当知道可撤销事由之日起三个月内提出。因受胁迫而表示放弃继承的，撤销的期限自胁迫消除时起计算”。“陈稿”对此也有类似的规定。[①]

我们认为，我国对于遗赠的接受与放弃的方式与效力之规定存在不足。如受遗赠人未作出明确表示拒绝遗赠，就应视为接受遗赠，如此才可以更好地维护受遗赠人的权益，及时稳定继承财产关系。因此，上述被调查者认为受遗赠人未作表示应认定为接受遗赠的民众观念和民间习惯、日本的立法以及“陈稿”和“杨稿”的观点可供我国立法参考。

（三）继承的放弃与债权人的撤销权之特点与原因分析

关于继承的放弃与债权人的撤销权之民众观念，统计数据显示，关于债权人是否可以撤销继承人放弃继承的行为，在被调查者中，（1）认为可以被撤销的，占五成以上（52.51%）；（2）认为不可以被撤销的，占四成半以上（47.49%）（见表12-42）。

以上特点之原因分析：根据关于继承人放弃继承的行为能否被债权人撤销的民众观念之理由（见表12-43），在被调查者中，（1）占五成半的人认为可以被撤销的，其原因是继承人的债权人利益需要保护；（2）占四成的人认为不可以被撤销的，其原因是放弃继承的行为有利于照顾其他继承人（特别是被继承人的生存配偶或子女等弱势群体）的利益、继承人有权决定是否继承。

关于继承的放弃与债权人的撤销权之我国立法，我国《继承法》未规定。

从域外立法来看，关于债权人是否可以撤销继承人放弃继承的行为，可分为两种类型：第一种是肯定债权人有撤销权。例如，《瑞士民法典》规定，对于负有债务的继承人，如果其以损害债权人的利差为目的而拒绝继承，那么债权人或破产债权人团体可在6个月内针对拒绝继承提起撤销之诉，但继承人提供担保的不在此限。[②] 而《法国民法典》规定继承人的抛弃继承，有损他本人的债权人的权利时，债权人得请求法院许可其以债务人的名义承认继承，并替代其地位，且得为债权人的利益，在债权额的限度内对继承人的放弃行为予以撤销。[③] 此即有限撤销。第二种是不承认债权人的撤销权。例如，《日本民法典》和《德国民法典》均未作此规定。

从我国诸继承法学者建议稿来看，对债权人可否享有对放弃继承行为的撤销权的态度可分为两类：一是持肯定态度。例如，“王稿”规定，继承人放弃继承损害债权人利益的，债权人可以在知道或应当知道继承人放弃继承之日起6个月内申请人民法院撤销继承人的放弃继承行为。[④] “梁稿”和“徐稿”均有类似规定。[⑤] 二是持不承认态度。例如，“张稿”“陈稿”“杨稿”均未赋予债权人对继承人继承行为的撤销权。[⑥]

---

① 参见“陈稿”第59条；“杨稿”第14条。

② 参见《瑞士民法典》第578、579条。

③ 参见《法国民法典》第779条。

④ 参见“王稿”第562条。

⑤ 参见“梁稿”第2012条。“徐稿”第四分编第341条规定：“因抛弃其权利受到损害的债权人可请求法院授权替代债务人为承认。在此等情形，抛弃仅在为此等债权人的利益并在其债权的限度内可被撤销；对其余部分的抛弃依然有效。”

⑥ 参见“杨稿”第14条；“陈稿”第14条。

我们认为，首先，放弃继承权是具有身份性质的权利，在现代社会，基于人格独立和个人尊严，实行自愿继承，以尊重继承人的意思自治。其次，继承人放弃继承的行为，虽然也可能会使继承人的财产减少，从而间接地影响继承人的责任财产，但放弃继承行为只是阻止继承人将来责任财产的增加，即放弃增加责任财产的机会，而不是减少继承人现有之责任财产，故放弃继承的行为，无论在何种情况下，都不能成为继承人的债权人撤销权之标的。① 因此，上述被调查者认为放弃继承的行为不可以被债权人撤销的民众观念、日本和德国的立法以及“张稿”“陈稿”“杨稿”的观点可供我国立法参考。

七、继承权的丧失、被继承人的宥恕与代位继承之特点与原因分析

（一）继承权的丧失与被继承人的宥恕之特点与原因分析

关于继承权的丧失与被继承人的宥恕，统计数据显示，关于因欺诈、胁迫行为的继承人丧失继承权的，如获得被继承人谅解其继承权是否可以恢复，在被调查者中，（1）认为可以恢复的，占近七成（69.27%）；（2）认为不可以恢复的，占三成（30.73%）（见表 12-45）。

以上特点之原因分析，根据关于继承权的丧失与被继承人的宥恕的民众观念之理由（见表 12-46），即因欺诈、胁迫行为丧失继承权的，如获得被继承人谅解其继承权是否可以恢复之理由，在被调查者中，（1）八成半以上的人认为可恢复的，其原因是被继承人的原谅、被继承人有决定权；（2）一成以上的人认为不可以恢复的，其原因是继承人的行为造成了恶劣影响，即使被继承人原谅也不可恢复。

关于继承权的丧失与被继承人的宥恕之我国立法，我国《继承法》第 7 条中规定：“继承人有下列行为之一的，丧失继承权：（一）故意杀害被继承人的；（二）为争夺遗产而杀害其他继承人的；（三）遗弃被继承人的，或者虐待被继承人情节严重的；（四）伪造、篡改或者销毁遗嘱，情节严重的”。且 1985 年《执行继承法意见》第 13 条规定：“继承人虐待被继承人情节严重的，或者遗弃被继承人的，如以后确有悔改表现，而且被虐待人、被遗弃人生前又表示宽恕，可不确认其丧失继承权。”即被继承人的宥恕仅限于以上两种情形。

从域外立法来看，对继承权的丧失与被继承人的宥恕规定不一。《法国民法典》规定，被继承人在知道继承人丧失继承权的事实之后，仍通过遗嘱的形式表明继承保留该人继承权的，或仍对该人全部或部分概括赠与，行为人仍可继承遗产。②《德国民法典》规定，被继承人已宽恕继承不够格的人的，撤销继承不够格的主张即被排除。③《日本民法典》规定，继承人有虐待、重大侮辱被继承人时，或有其他严重劣迹时，被继承人可以请求法院废除该继承人。被继承人可以随时请求法院撤销继承人的废除。④

从我国诸继承法学者建议稿来看：第一，关于以欺诈或者胁迫的手段，迫使或者妨碍被继承人设立、变更或者撤销遗嘱，是否可作为丧失继承权的法定理由之一，我国六份学

---

① 陈苇、王巍：《论放弃继承行为不能成为债权人撤销权的标的》，载《甘肃社会科学》2015 年第 5 期，第 165 页。

② 参见《法国民法典》第 728 条。

③ 参见《德国民法典》第 2343 条。

④ 参见《日本民法典》第 892、894 条。

者建议稿均主张此情形应作为丧失继承权的法定事由，但不同之处在于“梁稿”“王稿”“陈稿”以“情节严重”作为条件。第二，关于继承权丧失后的恢复，可分为两种立法态度。第一种是绝对丧失与相对丧失相结合。例如，“王稿”规定，继承人因故意杀害被继承人、或为争夺遗产而杀害其他继承人丧失继承权后不可恢复。“梁稿”和“杨稿”有类似规定。第二种是继承权的丧失仅为相对丧失，即无论因何种法定事由丧失继承权，均可因被继承人的宽恕而恢复。例如，“陈稿”规定，继承人有前款丧失继承权的法定情形，但被继承人在遗嘱或公证书中明确表示宽恕的，不丧失继承权。①

我们认为，我国对相对丧失继承权范围的规定过于狭窄，此为立法之不足。关于继承权的丧失与被继承人的宥恕，即对于因欺诈、胁迫行为的继承人丧失继承权的，如获得被继承人谅解，上述被调查者认为其继承权可以恢复的民众观念、法国、德国的立法及“陈稿”的观点可供我国立法参考。因为遗产是被继承人的财产，因此应当尊重被继承人的真实意愿，并且应当给具有丧失继承权者以改过之机，所以，应允许被继承人宽恕丧失继承权者。

(二) 继承权的丧失与代位继承之特点与原因分析

关于继承权的丧失与代位继承的民众观念，统计数据显示，关于继承人继承权丧失的其晚辈直系血亲可否代位继承，(1) 在被调查者的观念中，认为可以代位继承的占近四成（37.99%）；认为不可以代位继承的占六成以上（62.01%）。(2) 被调查者所在地区的习惯是：可以代位继承的，占近四成（38.89%）；不可以代位继承的，占六成以上（61.11%）(见表12-48、表12-49)。

以上特点之原因分析：根据关于继承权丧失的效力是否及于代位继承人的民间习惯之理由（见表12-50），对于被代位人丧失继承权后其子女是否可以代位继承，在被调查者中，(1) 六成以上的人认为不可代位继承、五成半以上的地区有此习惯的，其原因是被代位继承人丧失继承权将导致其晚辈直系血亲代位继承的前提消失或违背公序良俗；(2) 近四成的人认为可代位继承、近四成的地区有此习惯的，其原因是晚辈直系血亲是独立的民事主体，可以孙子女的身份进行继承，与被代位继承人丧失继承权没有关系或代位继承人与被继承人之间有直系血亲关系可以代位。

关于继承权的丧失与代位继承之我国立法，我国《继承法》无规定，但1985年《执行继承法意见》第28条规定“继承人丧失继承权的，其晚辈直系血亲不得代位继承。如该代位继承人缺乏劳动能力又没有生活来源，或对被继承人尽赡养义务较多的，可适当分给遗产。”由此可见，我国继承权丧失的效力及于代位继承人。并且，此司法解释对于我国《继承法》第14条规定的酌分遗产人的范围，把法定代位继承人视为法定继承人以外的人，即不承认代位继承人享有固有的继承权，是采取“代表权”说。

从域外立法看，关于继承人丧失继承权后其晚辈直系血亲可否代位继承，呈现两种截然不同的立法态度。第一种是采代位继承的“固有权”说，认为代位继承人基于自己固有的继承权，即使被代位继承人丧失继承权的，其仍然可以代位继承。例如，《日本民法

① 参见“梁稿”第1940条；“王稿”第532条；“陈稿”第17条；“张稿”第6条；“杨稿”第11条；“徐稿”第四分编第24、27条。

典》规定被继承人的子女在继承开始前丧失继承权的，其子女代位成为继承人。[①]《意大利民法典》规定，因无继承资格而被取消继承权的父母，对子女代位继承的遗产不享有法律确认的父母用益权和管理权。[②] 第二种是采代位继承的“代表权”说，认为代位继承人不可以代位继承。例如，《俄罗斯联邦民法典》规定，法定继承人如果由被继承人剥夺了继承权，则其后代不得代位继承。[③]

从我国诸继承法学者建议稿看，多数学者建议稿均认为丧失继承权的其直系血亲仍可以代位继承。例如，“梁稿”规定，被继承人的子女在继承开始前死亡或者丧失继承权的，由被继承人子女的直系血亲卑亲属代位继承。但“陈稿”“杨稿”还规定，丧失继承权的继承人不得对其子女代位继承的遗产享有用益权（或管理权）。[④] 即应当限制丧失继承权人对于代位继承人获得遗产的收益、使用权，以示惩罚。

我们认为，我国被代位继承人丧失继承权的其晚辈直系血亲不得代位继承的规定，不利于保障代位继承人的继承权益，此为立法之不足。为了更好地坚持现代民法的“自己责任原则”和“儿童最大利益原则”，理应认可丧失继承权的其晚辈直系血亲的代位继承权利。因此，关于被代位继承人丧失继承权的其子女可代位继承的上述海南省被调查者的民众观念和民间习惯、日本和意大利的立法以及“陈稿”“杨稿”的观点均可供我国立法参考。

八、继承协议之特点与原因分析

（一）继承协议签订的主体与方式之特点与原因分析

关于继承协议的订立主体与方式的民众观念与民间习惯，统计数据显示，（1）对于继承协议的订立，认可由被继承人与全体法定继承人共同订立的，占六成半以上（67.04%）；认可由被扶养人与扶养义务人共同签订的，占一成半以上（16.20%）；认可由继承人之间签订而无须被继承人知晓或同意的，占一成半以上（16.76%）（见表12-51）。（2）关于是否听说过或经历过签订继承协议，被调查者所在地区的习惯是，即听说过或经历过的，占近四成半（44.69%）；没有听说或经历过的，占五成半（55.31%）（见表12-53）。

以上特点之原因分析：（1）根据关于继承协议的订立主体与方式的民众观念之理由（见表12-52），在被调查者中：其一，六成半以上的人认为由被继承人和全体法定继承人共同订立的，其原因是尊重协议各方当事人的意思；其二，一成半以上的人认为由继承人之间签订的，其原因是符合当地习惯；其三，一成半以上的人认为由被扶养人与扶养义务人共同签订的，其原因是谁尽扶养义务谁签订协议。（2）五成稍多的被调查者所在地区的习惯是签订继承协议的情形时常发生，其原因可能是通过签订协议使扶养人取得遗产而促使取其认真履行对被扶养人养老送终的义务，可以满足被继承人养老的实际需要。

关于继承协议之我国立法，我国《继承法》无规定。我国《继承法》第31条规定：“公民可以与扶养人签订遗赠扶养协议。按照协议，扶养人承担该公民生养死葬的义务，

---

① 参见《日本民法典》第887条。

② 参见《意大利民法典》第465条。

③ 参见《俄罗斯联邦民法典》第1146条。

④ 参见“梁稿”第1951条；“陈稿”第19条；“杨稿”第17条；“徐稿”第四分编第31条；“王稿”第572条。

享有受遗赠的权利。公民可以与集体所有制组织签订遗赠扶养协议。按照协议，集体所有制组织承担该公民生养死葬的义务，享有受遗赠的权利。”

从域外立法看，对继承协议的立法态度分为两种类型。第一种是赞成设立继承协议，例如，《瑞士民法典》规定，被继承人年满 18 周岁且具有判断能力，可以订立继承协议。[①] 第二种是否定或禁止继承协议。例如，《法国民法典》规定，任何人不得预先放弃未开始的继承，也不得就类似的继承订立条款，即使得到被继承人的同意也无效。[②]

从我国诸继承法学者建议稿看，对继承协议的态度也可分为两种类型。第一种是认可继承协议制度。例如，“陈稿”第 61 条规定，自然人、法人和其他组织，可以与被继承人签订继承合同。继承合同的当事人必须具有完全民事行为能力。继承合同的订立，必须采取书面形式，应当有两名以上无利害关系的见证人在场或进行公证。对此，“徐稿”“张稿”“杨稿”均有规定。[③] 第二种是否认继承协议制度。例如，“王稿”“梁稿”只规定了遗赠扶养制度，未规定继承协议制度。

我们认为，我国立法未规定继承协议，此为立法之不足。上述被调查者认同继承协议的民众观念、德国的立法和“陈稿”“徐稿”“张稿”“杨稿”的观点可供我国立法参考。由于继承协议事关被继承人的养老事务和遗产分配以及继承人的继承权利，因此，多数被调查者认为继承协议的签订主体必须包括被继承人（被扶养人）和全体继承人。但我们认为，继承协议是双务有偿合同，一方面，属于附义务的指定继承。遗嘱是单方行为，无须征得其他继承人同意。另一方面，如果让全体继承人作为订立继承协议的主体，只要其中一人不同意，该协议就无法签订。这会阻碍被继承人以指定遗产继承换取受扶养愿望的实现，不能实现其遗嘱自由的权利。况且，继承权是身份权，不能在继承开始前以约定方式放弃。因此，继承协议的订立主体，应当为被继承人（受扶养人）与扶养人（可以是一名或数名继承人），但不宜为全体继承人。

（二）继承协议的变更方式及效力之特点与原因分析

关于继承协议的变更方式及效力的民众观念，统计数据显示，被调查者对于该协议的变更方式与效力的认识，在被调查者中，（1）认为该协议可有条件继续履行，如原扶养人的子女有扶养能力的，在原扶养人的子女和被扶养人双方同意的情况下，可由原扶养人的子女继续履行该继承协议的，此即代位扶养的，占近四成（39.66%）；（2）认为该协议终止须签订新的继承协议，由新的扶养人履行扶养义务并继承遗产的，合计占近四成（37.43%），其中，对于是否需要对原扶养人的继承人补偿超过其扶养义务部分费用的，认为需要补偿的，占近三成（29.05%），认为不需要补偿的，占近一成（8.38%）；（3）认为该协议终止，应补偿原扶养人的继承人补偿超过其扶养义务部分费用后，由所有法定继承人共同扶养的，即实行法定赡养的，占二成以上（21.79%）（见表 12-55）。

以上特点之原因分析：根据关于继承协议的变更方式与效力的民众观念之理由（见表 12-56），即在继承协议履行过程中，如扶养人先于被扶养人去世，在被调查者中，（1）近四成的人认为如原扶养人的子女有扶养能力的，在原扶养人的子女和被扶养人双

① 参见《瑞士民法典》第 468 条。

② 参见《法国民法典》第 1130 条。

③ 参见“徐稿”第四分编第 503 条；“张稿”第 54 条；“杨稿”第 69 条。

方同意的情况下，可由原扶养人的子女继续履行该继承协议的，其原因是这样可以避免产生不必要的纠纷，有利于维持被扶养人一贯的生活方式而安度晚年；（2）近三成的人认为该继承协议因扶养人死亡已终止，被扶养人的其他法定扶养义务人对已去世的扶养人支付的超出其法定扶养义务的扶养费进行合理补偿的，其原因是基于公平原则；（3）近四成的人认为应该重新签订协议的，其原因是原继承协议因扶养人死亡已终止，所以应当协商重新签订协议。

从域外立法看，在承认继承协议的国家中，对继承协议的成立要件、解除、违约及其后果都进行了相关规定。例如，《德国民法典》规定，以被继承人有权解除为限（被继承人已在继承合同中保留解除权的，或在受益人犯有行为的情形下，或在取消对待义务的情形下）被继承人可以在订立合同另一方当事人死亡后，以遗嘱废止合同中对遗产的处分。①《瑞士民法典》规定，继承人在被继承人死亡前死亡的，继承合同自动失效。被继承人在继承人死亡时，对于因继承合同所得的利益，应返还给死者的继承人，另有约定的除外。②

从我国诸继承法学者建议稿看，“陈稿”规定，在继承合同中，扶养人先于受扶养人死亡，继承合同自动解除。受扶养人同意接受已经死亡的扶养人之继承人继续承担扶养的义务，继承合同继续履行。如果继承合同解除时，除合同另有约定外，受扶养人应当对扶养人已经履行的扶养义务适当支付补偿费用。③“张稿”规定，扶养义务人不按约定履行扶养义务，或者因为死亡或丧失扶养能力而不能继续履行合同义务，被继承人可以解除合同，合同解除后，义务人已经支付的扶养费用应当在共同继承人之间进行结算。④“杨稿”规定，继承协议的解除可准用遗赠扶养协议的相关规定。⑤

我们认为，我国立法未规定继承协议的变更方式及效力，此为立法之不足。因此，关于继承协议的变更方式及效力的上述被调查者民众观念、瑞士的立法和“陈稿”的观点可供我国立法参考。由于继承协议的履行与终止对被扶养人而言至关重要，理应要以被扶养人的真实意愿为原则。因此，当扶养人死亡后，在继承协议解除前，应尽可能地考量被扶养人和扶养人的子女的真实意愿。如果被扶养人和代位扶养人双方愿意履行该继承协议，应当允许死亡扶养人之有扶养能力的子女代位履行扶养义务，这有利于使被扶养人维持一贯的生活方式，使其安度晚年。如果双方或一方不愿意维护该继承协议的，即使解除继承协议，也应对该扶养人超过其法定扶养义务部分的费用由其他法定扶养义务人予以适当的补偿，以体现公平原则。

九、遗产债务清偿之特点与原因分析

（一）遗产债务清偿责任的类型之特点与原因分析

关于继承人清偿遗产债务责任类型的民众观念，统计数据显示，（1）关于继承人清偿遗产债务责任，在被调查者中：其一，认为继承人应承担自愿的无限清偿责任的，合计

---

① 参见《德国民法典》第2297条。

② 参见《瑞士民法典》第515条。

③ 参见“陈稿”第64条。

④ 参见“张稿”第55条。

⑤ 参见“杨稿”第67、68条。

占六成半（65.29%）；其二，认为继承人如有侵害遗产的行为应承担强制的无限清偿责任的，占四成（40.78%）；其三，认为继承人以其继承的遗产承担有限清偿责任的，占不到一成（8.38%）（见表12-57）。（2）对于继承人转移遗产、隐瞒遗产的行为，从被调查者所在地区的处理习惯看，其应对遗产债务承担无限清偿责任的，合计占九成以上（91.93%）（见表12-58）。

以上特点之原因分析，在被调查者中，（1）六成半的人认为继承人对遗产债务应承担自愿的无限清偿责任的，其原因可能是受到"父债子偿"传统观念的影响；（2）四成的人认为继承人应承担强制的无限清偿责任的，其原因可能是继承人侵害遗产，继承人的主观恶性较大，应当对其予以加强惩罚。（3）不到一成的人认为继承人以其继承的遗产承担有限清偿责任的，其原因可能是受我国《继承法》规定的影响。

关于继承人的债务清偿责任之我国立法，我国《继承法》第33条规定："继承遗产应当清偿被继承人依法应当缴纳的税款和债务，缴纳税款和清偿债务以他的遗产实际价值为限。超过遗产实际价值部分，继承人自愿偿还的不在此限。继承人放弃继承的，对被继承人依法应当缴纳的税款和债务可以不负偿还责任。"即继承人对被继承人遗产债务的清偿依法承担无条件的有限责任，也可承担自愿的无限责任。但对于继承人有转移、隐瞒遗产行为时，是否应对被继承人生前债务负无限连带责任问题没有规定。

从域外立法看，英美等国家实行的是间接继承，继承人不承担遗产债务的清偿责任，由遗嘱执行人或遗产管理人负责以遗产履行清偿被继承人债务的有限责任。在实行直接继承的大陆法系国家，均规定实行有条件的有限责任继承、自愿的无限责任继承和强制的无限责任继承。依法制作遗产清册是"接受限定继承的前提和继承，一般而言，均要求继承人在一定期限内制作遗产清册。不同国家对制作遗产清册的期限也有不同要求。"① 例如，法国规定为继承开始后2个月内；日本规定为继承开始后3个月内；德国规定为由法院在1~3个月之间进行指定。② 并且，不少大陆法系国家对当继承人制作遗产清册等行为不符合法定条件时明确规定了强制的遗产债务清偿的无限责任。③ 例如，《法国民法典》规定，如果继承人不在法定期限内声明放弃继承或声明限定继承并提交遗产清册，或编制遗产清册不忠实，则须对遗产债务负无限责任。④《德国民法典》规定，在特殊情况下，如继承人故意制造不完备的遗产清册，或虚构遗产债务，或拒绝或故意显著地拖延答复关于遗产清册询问的，继承人对遗产债务负无限责任。⑤

从我国继承法学者的建议稿看，关于继承人清偿遗产债务责任的类型，可分为以下几种类型：一是沿用我国《继承法》的现行规定，仍然采用无条件的有限清偿责任和自愿的无限清偿责任。例如，"梁稿"规定，继承人以其所接受遗产的实际价值为限对遗产债务承担责任。超过遗产实际价值部分，继承人自愿偿还的不在此限。继承人放弃继承的，对被继承人依法应当缴纳的税款和债务不负偿还责任。"王稿"有类似规定。⑥ 二是在我

① 参见黎乃忠：《限定继承制度研究》，群众出版社2017年版，第15页。

② 参见《法国民法典》第790条；《日本民法典》第915条；《德国民法典》第1995条。

③ 参见陈苇主编：《外国继承法比较与中国民法典继承编制定研究》，北京大学出版社2011年版，第549页。

④ 参见《法国民法典》第785、791条。

⑤ 参见《德国民法典》第2058、2059、2005条。

⑥ 参见"梁稿"第2014条；"王稿"第658条。

国《继承法》的现行立法基础上予以补充，设立有条件的有限清偿责任、自愿的无限清偿责任和强制的无限清偿责任。例如，“陈稿”规定，对被继承人的债务，继承人自愿选择实行有条件的限定继承且依法制作遗产清册的，仅在遗产的实际价值范围内承担有限清偿责任；对被继承人的债务，继承人自愿选择实行无条件概括继承的，如果遗产的实际价值不足以清偿债务的，应当以继承人个人所有的财产承担无限清偿责任；如继承人有未在法定期间内依法制作遗产清册的，或在法定期间制作遗产清册或放弃继承后，将遗产全部或部分处分的或故意未将全部或部分遗产记载于遗产清册的等应当承担无限清偿责任。对此，“徐稿”“张稿”“杨稿”也有类似规定。①

我们认为，正如我国学者指出的那样，“债权人利益保护问题，从根本上说是一个社会经济秩序问题……一个具有以信用为基础的经济社会，不能依靠曾被接受的债务同死者一起消亡的原则进行”。② 我国实行无条件的有限责任继承，不利于保护遗产债权人的利益，此为立法之不足。关于继承人清偿遗产债务责任类型，应设立强制的无限清偿责任的上述被调查者的民众观念、域外立法以及“徐稿”“张稿”“陈稿”“杨稿”的观点可供我国立法参考。随着我国市场经济的发展，民众个人的财产数量越来越多，债权债务关系也变得复杂，在特殊情况下，如继承人转移、隐瞒遗产时，此种情况下如仍实行无条件的有限责任继承，则无法保障被继承人的债权人的利益。因此，对被继承人的遗产债务承担的清偿责任，应根据继承人不同的情形规定不同的责任类型。

（二）被继承人丧葬费的支付之特点与原因分析

关于被继承人丧葬费支付的民间习惯，统计数据显示，（1）由全体继承人共同支付的，占近六成（59.22%）；（2）从被继承人遗产中支付的，占三成半以上（37.43%）（见表12-60）。

以上特点之原因分析，近六成的被调查者所在地区的习惯是被继承人丧葬费由全体继承人共同支付，其原因可能是对长辈的“生养死葬”是我国传统孝道文化中的重要内容，而由继承人承担被继承人的丧葬费也是子女行孝的重要方式。

关于被继承人丧葬费的支付之我国立法，我国《继承法》没有相关规定。

从域外立法看，有两种立法例：一是将被继承人的丧葬费用计入遗产债务中的一部分，如《俄罗斯联邦民法典》规定，被继承人的丧葬费（包括被继承人墓地的必要费用），用遗产进行偿付，但以遗产的价值为限。③ 二是被继承人的丧葬费用应由继承人负担。再如，《德国民法典》规定“被继承人的、与其社会地位相称的殡葬费用，由继承人负担。”④

从我国诸继承法学者建议稿看，对被继承人的丧葬费用的支付也分为两种观点。一是被继承人的丧葬费用由继承人负担，如“王稿”。⑤ 二是被继承人的丧葬费用由遗产支付。例如，“杨稿”“陈稿”。⑥

---

① 参见“徐稿”第四分编第331条；“陈稿”第13、69条；“杨稿”第77、80条；“张稿”第9、16、23条。

② 杜江涌：《遗产债务法律制度研究》，群众出版社2013年版，第7页。

③ 参见《俄罗斯联邦民法典》第1174条。

④ 参见《德国民法典》第1968条。

⑤ 参见“王稿”第651条。

⑥ 参见“杨稿”第83条；“陈稿”第68条。

我们认为，我国立法未规定被继承人丧葬费的支付，此为立法之不足。上述被继承人丧葬费由继承人共同支付的海南省被调查者的民间习惯、德国的立法和“王稿”的观点可供我国立法参考。因为合理的丧葬费用应由继承人负担，既是对被继承人行孝的表现，也是我国晚辈对长辈生养死葬传统文化的传承。但对于无人继承的遗产，被继承人的丧葬费用应当首先从遗产中支付。

(三) 遗产债务的清偿顺序之特点与原因分析

关于遗产债务清偿顺序的民众观念与民间习惯，统计数据显示，(1) 在被调查者所在地区的习惯中，遗产债务清偿的基本顺序为：第一顺序“丧葬费用”；第二顺序“遗产管理等费用”；第三顺序“欠债”；第四顺序“欠付的工资”；第五顺序“受被继承人扶养人的生活费”“税款”；第六顺序“对被继承人扶养较多的人之酌情分配遗产份额”；第七顺序“遗赠扶养协议写明遗赠的遗产”(见表12-61)。(2) 在被调查者的观念上，遗产债务清偿的基本顺序为：第一顺序“丧葬费用”；第二顺序“遗产管理等费用”；第三顺序“欠债”“欠付的工资”“税款”；第四顺序“受被继承人扶养人的生活费”和“遗赠扶养协议写明遗赠的遗产”；第五顺序“对被继承人扶养较多的人之酌情分配遗产份额”(见表12-62)。

以上特点之原因分析，被调查者对遗产债务清偿的顺序未形成统一的民众观念和民间习惯，其原因可能是我国《继承法》对于遗产债务的清偿顺序尚无明确具体的规定，这导致被调查者对此问题的认识不一。

关于遗产债务清偿顺序之我国立法，我国《继承法》没有明确规定，只在第34条中规定，“执行遗赠不得妨碍清偿遗赠人依法应当缴纳的税款和债务”。可见，遗产对税款、债务的清偿优先于遗赠。此外，1985年《执行继承法意见》第61条规定，“继承人中有缺乏劳动能力又没有生活来源的人，即使遗产不足清偿债务，也应为其保留适当遗产”，即必留份之债的清偿应当在遗产债务清偿之前。

从域外立法看，大陆法系国家遗产一般按以下顺序清偿：第一顺序：继承费用；第二顺序：被继承人的个人债务；第三顺序：继承开始时产生的债务，包括临时扶养费，特留份（遗属扶养费）债务和遗赠债务。后三者的顺序是临时扶养费优先于特留份债务，特留份债务优先于遗赠债务。担保之债就担保财产受偿，不受清偿顺序限制。英国、美国、澳大利亚则都将税款优先于普通债务受偿，继承费用（丧葬费用和遗产管理费等）优先于其他债务。①

从我国诸继承法学者建议稿看，关于遗产债务清偿的顺序，“王稿”规定，遗产债务按下列顺序清偿：第一，继承费用；第二，税；第三，被继承人生前所欠债务；第四，因继承开始而产生的债务。“陈稿”规定，遗产债务按下列顺序清偿：继承费用；有优先权的债务；必留份、确为维持生存所需要的酌给遗产；劳动工资等债务；死者生前所欠的税款及第二、三顺序以外的普通债务；遗赠扶养协议之债；特留份之债；遗赠之债。对此，“张稿”“杨稿”均有具体顺序规定。②

① 参见陈苇主编：《外国继承法比较与中国民法典继承编制定研究》，北京大学出版社2011年版，第551~552页。

② 参见“王稿”第650条；“杨稿”第83条；“陈稿”第71条；“张稿”第20条。

我们认为，我国欠缺遗产债务清偿的顺序，此为立法之不足。关于遗产债务的清偿顺序，上述被调查者的民间习惯与民众观念、域外立法和“陈稿”的观点可供我国立法参考。对于遗产债务清偿的顺序，首先继承费用作为共益费用，理应优先清偿；其次有担保的优先权的债务，应就担保财产优先受偿；为保障弱势群体的基本生存权，受被继承人扶养者的酌分之债，应当优先于其他普通债务受偿；接着才能清偿普通债务和税款，因为在私法公法化的背景下，自然人私法上的债权与国家公法上的税收权，应当平等地受法律保护；随后再清偿遗赠扶养协议之债，给付对被继承人扶养较多者的酌分之债，然后在支付特留份之后才给付遗赠。综上所述，遗产债务清偿顺序规定得越具体，可操作性越强，可以引导民众依法清偿遗产债务，有利于避免纠纷。①

十、遗产分割之特点与原因分析

（一）遗产分割的自由与限制之特点与原因分析

第一，关于遗产分割的自由与限制的民间习惯，统计数据显示，被调查者所在地区的习惯是：（1）由各继承人共同协商后进行遗产分割的，占九成以上（93.30%）；（2）当遗嘱禁止分割遗产则不得分割遗产的，占五成以上（53.07%）；（3）只要有继承人要求分割遗产就得进行分割的，占近二成半（24.02%）（见表12-63）。

以上特点之原因分析：根据关于遗产分割的自由与限制的民间习惯之理由（见表12-64），在被调查者所在地区，（1）九成以上的地区有遗产的分割应当由各遗产继承人共同协商的习惯，其原因是遗产由各继承人共同继承，遗产分割涉及各继承人的利益；（2）五成以上的地区有遗嘱人有权通过遗嘱禁止分割遗产的习惯，其原因是遗产是被继承人死亡时遗留下来的个人财产，其有权自由处分包括一定期限内禁止分割；（3）近二成半的地区有继承开始后基于继承人的要求就可以分割遗产的习惯，其原因是每位继承人享有的继承权受法律保护，同时基于效率原则考虑。

第二，关于提出遗产分割请求的时间的民间习惯，统计数据显示，当被继承人死亡后，其子女继承人是否可以向其母亲（被继承人的生存配偶）提出分割遗产请求，被调查者所在地区的习惯是：（1）不可以提出分割请求的占近七成（69.83%）；（2）可以提出分割请求的合计占近三成（29.61%）（见表12-65）。

以上特点之原因分析：根据关于提出遗产分割请求时间的民间习惯之理由（见表12-66），即当被继承人死亡后，关于其子女可否与母亲提出分割遗产的民间习惯的理由，在被调查者所在地区，（1）近七成的地区有不可以提出遗产分割之习惯的，其原因是根据当地观念，被继承人的遗产应该由其生存配偶全部继承，故其子女不能向母亲提出遗产分割的请求，如果提出会被视作不孝敬老人的表现。（2）近三成的地区有可以提出遗产分割遗产习惯的，其一，可有条件的提出遗产分割即其子女不可以提出分割母亲正在居住的房屋但可提出分割其他遗产的，其原因是体现孝敬老人，保证老人的晚年生活，但对其母正在居住房屋的分割需等其母去世后进行；其二，可无条件提出遗产分割的，其原因是法律规定并且有利于防止日后发生不必要的纠纷。

第三，关于遗嘱可否限制遗产分割的民众观念，统计数据显示，在被调查者中，（1）关于

① 参见陈苇：《中国遗产债务清偿顺序的立法构建》，载《法学》2012年第8期。

遗嘱可否限制遗产分割，主张可以的，占八成半以上（87.70%）；主张不可以的，占一成以上（12.30%）；（2）关于遗嘱限制遗产分割之具体期限，认为5年之内的，占四成以上（41.90%）；认为10年之内的，占近三成（29.05%）；认为15年之内的，占一成（10.05%）；（3）关于继承人协商能否变更遗嘱限制的民间习惯，被调查者所在地区的习惯是：可以不遵守的，占约五成（49.16%）；不可以不遵守的，占五成（50.84%）（见表12-67、表12-69、表12-70）。

以上特点之原因分析：在被调查者中，（1）根据关于遗嘱可否限制遗产分割的民众观念之理由（见表12-68），其一，八成半以上的人主张遗嘱可以限制遗产分割的，其原因是遗产是被继承人生前的个人财产，在设立遗嘱时有权决定遗产的分配及其分割；其二，一成以上的人主张遗嘱不可以限制遗产分割的，其原因是如果被继承人在遗嘱中指定特定遗产在20年内不能分割，这不利于发挥物的效用及价值，即遗嘱限制分割的时间不能太长。（2）四成以上的人认为遗嘱限制遗产分割之具体期限应限制在5年内的，其原因可能是遗嘱限制遗产分割时间的限制不应太长，如果期限太长有可能不利于遗嘱物的效用有效发挥；也有可能妨碍共同继承人需分割遗产愿望的实现。（3）根据关于继承人协商能否变更遗嘱限制的民间习惯之理由（见表12-71），对于遗嘱对遗产分割的限制是否可以不遵守，在被调查者所在地区：其一，近五成的地区有可以不遵守遗嘱限制遗产分割时间的约束习惯的，其原因是共同继承人共同继承这些遗产，共同享有所有权，其当然有权决定分割这些遗产，同时也有利于发挥物的效用价值；其二，五成的地区有不可以不遵守遗嘱限制习惯的，其原因是继承人根据遗嘱享有继承权，对于遗产分割的问题也应该依据遗嘱，不能有选择性地修改遗嘱。

关于遗产分割自由与限制之我国立法，我国《继承法》第29条规定“遗产分割应当有利于生产和生活需要”。另1985年《执行继承法意见》第45条规定：“应当为胎儿保留的遗产份额没有保留的应从继承人所继承的遗产中扣回。为胎儿保留的遗产份额，如胎儿出生后死亡的，由其继承人继承；如胎儿出生时就是死体的，由被继承人的继承人继承。”此外，第58条规定：“人民法院在分割遗产中的房屋、生产资料和特定职业所需要的财产时，应依据有利于发挥其使用效益和继承人的实际需要，兼顾各继承人的利益进行处理。”

从域外立法看，《法国民法典》规定，任何人随之可以提出遗产分割的要求，但判决或契约另行规定暂缓分割遗产的除外。对于遗产立即进行分割有损遗产价值，或者共有人之一在2年期限届满后才能进入属于遗产部分的农场经营所的，应共有人的请求，法院可以判决最长在两年期间内暂缓分割遗产。①《瑞士民法典》规定，共同继承人可随时请求分割遗产，但依契约或法律规定有共有义务的除外。对遗产中某一物的分割将会严重损害其价值的，法官应继承人中一人的要求，可以暂缓遗产的分割。②

从我国诸继承法学者的建议稿看，关于遗产分割的自由与限制，“梁稿”规定，继承开始后，继承人可以随时请求分割遗产，但有下列情形之一的除外：（1）遗产债务尚未清偿完毕；（2）遗嘱指定遗产于一定期间内不得分割，但该期间不得超过5年；超过5

① 参见《法国民法典》第815、815-1条。

② 参见《瑞士民法典》第604、605条。

年的，缩短为5年；（3）继承人协商同意于一定期间内不分割遗产。胎儿未出生的，请求分割遗产时，应当为胎儿保留其应继份。出生后为死胎的，保留份额依照法定继承处理。对特定遗产进行即时分割将会严重损害其价值的，人民法院经继承人申请，可以裁判暂缓分割。对此，“王稿”“徐稿”“张稿”“陈稿”“杨稿”均有规定。①

我们认为，我国对遗产分割限制的立法存在不足。关于遗产分割的自由予以适当限制的上述被调查者的民众观念与民间习惯、域外立法和我国学者建议稿的观点均可供我国立法参考。因为对遗产的分割，原则上遗产债务应当首先清偿，对于剩余遗产的分割，首先应当依遗嘱的指示进行，以尊重被继承人的意愿；无遗嘱指示的，按共同继承人的协议分割，继承人协商一致即可，但在特殊情况下，遗产性质不宜分割的，或共同继承人协商约定共有的，遗产的分割应当受到一定限制。

（二）遗产分割瑕疵的担保责任之特点与原因分析

关于遗产分割瑕疵的担保责任的民间习惯，统计数据显示，对于遗产分割的瑕疵，在被调查者所在地区的习惯是：（1）由共同继承人相互承担的，合计占五成（50.84%）；（2）由分得瑕疵遗产的继承人自行承担，即继承人之间不相互承担遗产分割瑕疵担保责任的，占四成半以上（47.49%）（见表12-72）。

以上特点之原因分析：根据关于遗产分割瑕疵的担保责任的民间习惯之理由（见表12-73），在被调查者所在地区，对于遗产分割的瑕疵，（1）五成的地区有由共同继承人相互承担的习惯，其原因是如果让分得瑕疵遗产的继承人一个人承担有悖公平原则；（2）四成半以上的地区有由分得瑕疵遗产的继承人自行承担，即继承人之间不相互承担遗产分割瑕疵担保责任的习惯，其原因是被继承人分得瑕疵遗产是随机分配的，事先所有继承人都不知晓，因此只能由分得瑕疵遗产的继承人自行承担责任。

关于遗产分割瑕疵的担保责任之我国立法，我国《继承法》无此规定。

从域外立法看，德国、瑞士、日本对此都有相关立法。例如，《德国民法典》规定，“共有终止时，向共有人中的一人分割共有物的，其他共有人中的任何一人均按其应有部分对权利瑕疵负与出卖人同一的担保责任。”②《瑞士民法典》规定，共同继承人在遗产分割后，对遗产互负买方、卖方义务。分割时，对归属于各自的债权的成立，继承人之间互为担保，在算定的债权额内，对债务人的支付能力与普通保证人相同的义务。③

从我国诸继承法学者的建议稿看，多数学者建议稿均规定，各继承人应以其所得的遗产价值为限，对其他继承人分得的遗产，按继承比例承担与出卖人相同的瑕疵担保责任。④

我们认为，我国欠缺遗产分割瑕疵的担保责任，此为立法之不足。因为对于遗产分割的遗产瑕疵，由共同继承人相互承担，才能更好地公平保障所有继承人的权益，彰显法律的公平价值。所以，上述被调查者所在地区对遗产分割的瑕疵由共同继承人相互承担的民间习惯、域外立法和我国学者建议稿的观点可供我国立法参考。

---

① 参见“王稿”第645条；“梁稿”第2021条；“徐稿”第四分编第406条；“陈稿”第74条；“张稿”第58条；“杨稿”第85条。

② 参见《德国民法典》第757条。

③ 参见《瑞士民法典》第637条。

④ 参见“梁稿”第2025条；“张稿”第65条；“王稿”第648条；“陈稿”第79条，“杨稿”第89条。

十一、无人承受遗产之特点与原因分析

（一）无人承受遗产的归属之特点与原因分析

关于无人承受遗产的归属的民众观念，统计数据显示，在被调查者中，（1）主张归属主体为社会公共组织（包括归属于国家、死者生前所在地的国库、死者生前所在地民政部门的社会福利机构和死者生前所在的居委会）的，合计各占七成以上（城镇居民71.50%，农村居民70.95%）；（2）主张归属主体为自然人（归属于不是继承人的其他亲属）的，各占二成半以上（城镇居民27.38%，农村居民27.93%）（见表12-74、表12-76）。

以上特点之原因分析：根据关于城镇居民无人承受遗产的归属主体的民众观念之理由和关于农村村民无人承受遗产的认与归属选择理由（见表12-75、表12-77），在被调查者中，（1）七成以上的人主张归属主体为社会公共组织，主要理由包括：其一，归国家的，其原因是可以规范财产秩序，也与部分国家的做法相一致；其二，归民政部门的社会福利机构的，其原因是捐赠给慈善机构做公益利于回报社会；其三，认为应归死者生前所在地的集体经济组织的，其原因是有利于对遗产的清算、管理和利用。（2）二成半以上的人主张归属主体为自然人的，其原因是归不是继承人的其他亲戚所有符合情理。

关于无人承受遗产的归属主体之我国立法，我国《继承法》第32条规定："无人继承又无人受遗赠的遗产，归国家所有；死者生前是集体所有制组织成员的，归所在集体所有制组织所有。"1985年《执行继承法意见》第57条规定："遗产因无人继承收归国家或集体组织所有时，按继承法第十四条规定可以分给遗产的人提出取得遗产的要求，人民法院应视情况适当分给遗产。"

从域外立法看，无人承受的遗产，《法国民法典》规定，无人继承的遗产，由国家取得。①《德国民法典》规定，当遗产法院必须确定某遗产无人继承时，则国库就是该遗产的继承人。②《日本民法典》规定，无人继承的遗产，归属国库。③《瑞士民法典》规定，被继承人无继承人的，其遗产归属于其最后住所地的州，或归属于依州立法享有权利的乡镇。④

从我国诸继承法学者建议稿看，关于无人承受遗产的归属，城镇居民的无人承受的遗产，主张归属于国家的，如"陈稿""杨稿"；主张归属于国库的，如"梁稿""王稿"和"张稿"。而农村居民的无人承受的遗产，上述五份学者建议稿均主张归属于其所在的集体经济组织。但"陈稿""张稿"还规定，无人承受的遗产，在归属于国家（国库）或集体组织之前，可先将遗产酌情分配给有酌情分配请求权的人（或与被继承人共同生活或者精心照顾被继承人的人）。⑤

我们认为，关于无人承受遗产的归属主体，我国可以保留现行立法之规定。这既符合七成以上被调查者之"归公的意愿"，也与域外立法例归国家或乡镇的规定相一致。上述

---

① 参见《法国民法典》第724条。

② 参见《德国民法典》第1964条。

③ 参见《日本民法典》第959条。

④ 参见《瑞士民法典》第466条。

⑤ 参见"梁稿"第2029条；"王稿"第666条；"杨稿"第93条；"张稿"第70条；"陈稿"第87条。

"陈稿"和"张稿"有关先酌情分配给被继承人有密切生活关系的人，即扩大酌分请求权人主体范围的观点可供我国立法参考。因为从充分发挥遗产扶养作用、更好地维护亲情角度考虑，在无人承受的遗产归属于国家之前，应将遗产酌情分配给受被继承人扶养的人、对被继承人扶养较多的人、与被继承人一同生活的人等与被继承人有密切关系的人。

（二）无人承受遗产的处理之特点与原因分析

第一，关于无人承受的遗产管理人产生方式的民众观念，统计数据显示，在被调查者中，（1）主张由死者户籍所在地的居委会、村委会或所在单位指定的，占近五成（48.04%）；（2）主张由人民法院指定的，占四成（40.78%）（见表12-78）。

以上特点之原因分析，根据关于无人承受遗产管理人的产生方式的民众观念之理由（见表12-79），在被调查者中，（1）近五成的人认为由死者户籍所在地的居委会或村委会或所在单位指定遗产管理人的，其原因是上述单位对死者及其遗产的情况比较清楚，由其指定遗产管理人有利于对遗产进行清算、管理和利用；（2）四成的人认为由人民法院指定遗产管理人的，其原因是有利于公平保护相关债权人的利益。

关于无人承受遗产的管理人的产生方式之我国立法，我国《继承法》无此规定。

从域外立法看，在日本，有继承财产不明的，继承财产为法人，且家庭法院应当根据利害关系人或检察官的请求，选任继承财产管理人。[①]《法国民法典》规定，对于无人继承的遗产，继承开始地在其管辖区内的大审法院，应利害关系人或王国初级检察官的请求，任命一名财产管理人。[②]

从我国诸继承法学者建议稿看，无人继承的遗产管理人的产生方式分为以下三类：一是由被继承人住所地（死者户籍所在地）的村（居）委会作为无人继承遗产的管理人。例如，"王稿"和"陈稿"。[③] 二是由人民法院指定遗产管理人。例如，"梁稿"和"张稿"。[④] 三是由利害关系人通报民政部门，由民政部门指定遗产管理人。例如，"杨稿"。[⑤]

我们认为，我国立法未规定无人承受遗产人的产生方式，此为立法之不足。关于无人承受遗产管理人的产生方式的上述被调查者的民众观念、域外立法和我国学者建议稿的观点可供我国立法参考。因为，首先，被继承人住所地的村（居）委会更了解被继承人的情况，担任遗产管理人更便利。其次，如果村（居）委会不能担任遗产管理人，可由人民法院或民政部门指定。

第二，关于无人承受遗产酌分请求权主体的民众观念，统计数据显示，在被调查者的观念中，有六至七成的人主张无人承受的遗产的酌分请求权人包括：依靠死者扶养的人占73.18%、与死者共同生活的人占58.10%、与死者有密切联系且对其帮助较多的人占71.07%（见表12-81）。六至七成的被调查者认为依靠死者扶养的人以及与死者有密切联系且对其帮助较多的人可以酌情分得无人继承的遗产。

以上特点之原因分析：近六成至七成以上的被调查者认为依靠死者扶养的人、与死者共同生活的人、与死者有密切联系且对死者帮助较多的人可以酌分无人的继承遗产，其原

---

① 参见《日本民法典》第951~952条。

② 参见《法国民法典》第812条。

③ 参见"王稿"第661条；"陈稿"第83、84条。

④ 参见"梁稿"第2029条；"张稿"第67条第2款。

⑤ 参见"杨稿"第91条。

因可能是：（1）依靠死者扶养的人以及与死者有密切联系且对其帮助较多的人都与死者生前有着紧密的生活联系，由这些人作为酌分遗产请求权人一般是符合死者生前对其遗留财产分配意愿的；（2）与死者有密切联系且对其帮助较多的人作为无人承受遗产的酌分请求权人，有利于彰显“权利义务相一致”原则，也利于鼓励社会帮扶氛围的形成。

关于无人承受遗产的酌分请求权主体之我国立法，根据1985年《执行继承法意见》第57条规定，遗产因无人继承收归国家或集体组织所有时，按继承法第14条[①]规定可以分给遗产的人提出取得遗产的要求，人民法院应当视情况适当分给遗产。即我国无人承受遗产的酌分请求权主体被限定在继承人以外的依靠被继承人扶养的缺乏劳动能力又没有生活来源的人、继承人以外的对被继承人扶养较多的两类人中。

从域外立法看，关于无人承受遗产的酌情分配，日本规定可将无人承受的遗产给予与被继承人共同生活、为被继承人治疗和护理作出贡献的人以及其他与被继承人有特别关系的人。[②]

从我国诸继承法学者建议稿看，“陈稿”规定，无人承受的遗产，经清偿债务、执行遗赠后有剩余的，遗产管理人经书面请求居民委员会或村民委员会主任并获同意及签字后，遗产管理人可依具体情况将遗产的全部或部分酌情分配给依靠被继承人扶养的人、对被继承人扶养较多的人、与被继承人一同生活的人或其他与被继承人有密切关系的人。[③]“张稿”规定，财产无人继承时，清偿债务、执行遗赠后剩余的财产，法院可以根据情况，将其全部或部分分配给与被继承人共同生活或者精心照顾被继承人的人。[④]

我们认为，我国无人承受的遗产之酌情分配请求主体范围较窄，此为立法之不足。上述被调查者主张扩大无人承受的遗产之酌情分配请求主体的民众观念、日本的立法以及“陈稿”“张稿”的观点可供我国立法参考。因为，一方面，为了更好地发挥遗产的扶养作用，无人继承遗产的酌分请求权人宜多不宜少；另一方面，基于我国人口众多，人民法院工作压力巨大的基本国情，如果一律由人民法院决定将遗产分配给那些酌分请求权的人，会增加无人遗产处理的时间和程序成本。所以，对于无人承受的遗产之酌分请求要人范围可适当扩大，由遗产管理人（主要是被继承人居住地的村委会和居委会）根据具体情况，酌情分配遗产。

第四节 当代中国川渝等地民营企业主财产继承观念与遗产处理习惯对中国民法典继承编制定的立法启示

以上，我们根据中国川渝等地民营企业主被调查者的财产继承观念与遗产处理习惯实证调查的统计汇总数据，分析归纳其特点，研究其特点的产生原因，并考察我国司法实践相关案例，分析我国继承法律制度的适用情况，进而结合考察域外立法例和我国诸继承法学者建议稿的观点，总结我国《继承法》相关制度的优点和剖析其不足。以下，我们将

① 我国《继承法》第14条规定：对继承人以外的依靠被继承人扶养的缺乏劳动能力又没有生活来源的人，或者继承人以外的对被继承人扶养较多的人，可以分给他们适当的遗产。

② 参见《日本民法典》第958条。

③ 参见“陈稿”第87条。

④ 参见“张稿”第70条。

以中国川渝等地民营企业主被调查者的财产继承观念与遗产处理习惯为参考基础，从中国实际出发，借鉴域外立法例和我国诸继承法学者建议稿的有益观点，对我国“民法典继承法编”编纂中相关继承制度的修改完善或予以保留，提出立法建议，以供我国立法机关参考。

一、我国遗产范围制度之不足与立法完善建议

（一）我国遗产范围界定制度之不足

关于遗产范围制度，我国《继承法》主要存在的不足有以下两点：第一，对于遗产种类的范围界定，仅有正面列举式和概括式相结合的规定，欠缺反面排除的规定，这导致民众对遗产范围的认识不准确。例如，一至七成的被调查者（以下简称民营企业主被调查者）认为交通事故死亡赔偿金、家庭日常生活用品、债务、单位出租房、以被继承人姓名注册的邮箱和QQ账号等属于遗产（见表12-3）。并且前述涉及遗产范围界定制度的案例之司法审判实践中也反映出我国遗产范围界定欠缺反面排除规定之不足。第二，未规定被继承人生前特种赠与财产的归扣制度，这不利于在共同继承人之间公平分配遗产，但是民营企业主被调查者在观念和习惯中认可归扣制度的占比均较少（见表12-4、表12-6）。

（二）我国遗产范围界定制度之立法完善建议

综上所述，我们针对我国遗产范围制度的修改完善提出以下建议：

1. 遗产范围界定模式之立法建议

关于遗产的种类范围，一方面可继续沿用我国《继承法》现行列举加概括式的立法模式，另一方面要补充遗产反面排除的规定，[①] 即另单设一款概括规定非遗产内容。值得注意的是，我国《民法总则》已将虚拟财产认定为一项民事权利予以保护，作为一项典型的新型财产，其概念和表现形态应当在我国“民法典继承编”中有所体现。

2. 被继承人生前特种赠与财产的归扣之立法建议

我们认为，从法的实施角度分析，设计一项新的法律制度时必须考虑该项制度是否能够为民众所接受。从本次调查统计看，我国川渝等地民营企业主被调查者对遗产归扣制度的认同度很低。因此，建议在设立遗产归扣制度问题上保持审慎态度。

二、我国继承开始的通知和公告制度之不足与立法完善建议

（一）我国继承开始的通知和公告制度之不足

关于继承开始的通知和公告制度，我国《继承法》主要存在三个方面的不足：第一，继承开始的通知和公告的义务主体范围狭窄，不利于保障遗产利害关系人的权益；民营企业主被调查者认同或知道的参与继承开始的通知和公告的主体较我国《继承法》规定的通知主体更为广泛（见表12-9）。第二，未规定继承开始的通知和公告的方式，民营企业主被调查者习惯中的通知方式显示出多样化的特点（见表12-10）。第三，欠缺继承通知与公告期间的具体规定，容易引发继承纠纷；六成以上的被调查者认为应在7日以内发出继承开始的通知和公告（见表12-11）。前述涉及继承开始的通知和公告制度的案例之司

① 参见陈苇、魏小军：《论我国遗产范围立法的完善》，载《河南财经政法大学学报》2013年第6期，第130~137页。

法审判实践中也反映出我国继承开始的通知和公告制度存在此不足。

（二）我国继承开始的通知和公告制度之立法完善建议

综上所述，我们针对我国继承开始的通知和公告制度的修改完善提出以下建议：

1. 继承开始的通知和公告的主体之立法建议

关于继承开始的通知和公告的主体，除了保留我国《继承法》已经规定的继承人、被继承人生前所在单位或者住所地的居民委员会、村民委员会等通知主体外，建议增加遗产管理人（含遗产保管人）、遗嘱执行人、受遗赠人以及知道或负责处理被继承人死亡事件的部门作为继承开始的通知和公告主体。

2. 继承开始的通知和公告方式之立法建议

关于继承开始的通知方式，建议规定通知主体应当以“适当的方式”履行通知义务。

关于继承开始的公告方式，建议由继承人或遗产管理人在村或社区公告栏公告，或在省一级报纸登报公告，或申请人民法院公告。但如果遗产较少不足以支付公告费用的，可以不进行公告。

3. 继承开始的通知和公告的期间之立法建议

继承开始的通知和公告的义务主体，应当在被继承人死亡后的7日内发出继承开始的通知或公告。

三、我国遗产管理制度之不足与立法完善建议

（一）我国遗产管理制度之不足

关于遗产管理制度，我国《继承法》存在三个方面的不足：第一，未规定遗产管理人的产生方式，这使如何确定遗产管理人无法律依据；近九成的民营企业主被调查者所在地区人们的习惯是由法定继承人担任（见表12-12）。第二，未具体规定遗产管理人的职责和报酬，这不利于促进遗产管理人更好地履行职责；关于遗产管理人的职责，民营企业主被调查者认为遗产管理人的职责具有多样性；关于遗产管理人的报酬，民营企业主被调查者认为应当区别对待遗产管理人是否可获得报酬（见表12-14、表12-15）。第三，未规定遗产管理人的损害赔偿责任，不利于维护继承人或债权人的继承权益；民营企业主被调查者所在地区的习惯是遗产管理人对遗产的损害应该承担赔偿责任，只是承担责任的条件不同（见表12-17）。前述涉及遗产管理制度的案例之司法审判实践中也反映出我国遗产管理制度存在此不足。

（二）我国遗产管理制度之立法完善建议

综上所述，我们针对我国遗产管理制度提出以下修改完善建议：

1. 遗产管理人的确定之立法建议

如果遗嘱有指定遗嘱执行人的，由其担任遗产管理人；如果遗嘱没有指定的，由继承人担任；如果继承人为多人时，由继承人协商选任。如果有争议的，可请求人民法院指定。

2. 遗产管理人的职责与报酬之立法建议

遗产管理人的职责包括：清查遗产，制作遗产清单；妥善保管遗产；查明被继承人生前的债权和债务，积极地追讨债权或清偿债务；可以原告或被告的身份参加因遗产引起的诉讼；查明被继承人是否留有遗嘱，并且确定遗嘱是否真实合法和定期制作遗产管理报

告，向继承人报告遗产管理的情况；在清偿遗产债务后，依遗嘱或法律的规定分配遗产。

当遗产管理人为法定继承人时，原则上其不得主张报酬；当遗产管理人为法院指定的非继承人时，其有权主张报酬，这也与民众观念一致。

3. 遗产管理人的损害赔偿责任之立法建议

如果遗产管理人因故意或重大过失而给继承人或受遗赠人造成损失时，应当承担赔偿责任，当遗产管理人为有偿时，则需要对其一切过失造成的损害承担责任。①

四、我国法定继承制度之不足与立法完善建议

（一）我国法定继承制度之不足

关于法定继承制度，我国《继承法》主要存在五个方面的不足：第一，法定继承人范围较窄、顺序较少，不利于发挥遗产扶养家庭成员的作用；民营企业主被调查者认可的法定继承人的范围与顺序比我国《继承法》规定的范围更广、顺序更多（见表12-18、表12-19）。第二，没有规定配偶的无固定继承顺序，不利于保障配偶及后顺序的兄弟姐妹等近血亲的继承权益；有五成的民营企业主被调查者认可配偶无固定继承顺序，且其与不同顺序的法定继承人共同继承时法定应继份有所不同（见表12-20）。第三，没有规定配偶对遗产中家庭住房等有权优先继承，不利于保障生存配偶的基本生存权和居住权；八成以上的民营企业主被调查者所在地区的习惯是认可配偶对遗产中家庭住房的先取权与终生使用权（见表12-21）。第四，没有规定后顺序特殊法定继承人对特殊遗产的终生使用权；近九成的民营企业主被调查者认可后顺位继承人的祖父母、外祖父母可以无偿取得对特殊遗产的终生使用权（见表12-24）。第五，将尽了主要赡养义务的丧偶儿媳（或女婿）作为第一顺序法定继承人，不利于保护血亲继承人之继承权益。前述涉及法定继承制度的案例之司法审判实践中，也反映出我国尽了主要赡养义务的丧偶儿媳或女婿的遗产分配方式存在此不足。

（二）我国法定继承制度之立法完善建议

综上所述，我们针对我国法定继承制度的修改完善提出以下建议：

1. 法定继承人的范围与顺序之立法建议

建议扩大法定继承人的范围，并调整增加法定继承人的顺序。首先，适当扩大血亲法定继承人的范围，将兄弟姐妹的子女即侄子女、外甥子女纳入其中。其次，建议配偶作为不固定顺序的法定继承人，设立四个继承顺序，即第一顺序为子女及其晚辈直系血亲；第二顺序为父母；第三顺序为兄弟姐妹及其子女；第四顺序为祖父母、外祖父母。同一顺序血亲继承人，以亲等近者为先。配偶为无固定顺序，可与不同顺序的法定继承人共同继承。

2. 配偶与血亲继承人的法定应继份之立法建议

建议调整配偶的法定继承顺序和应继份。配偶可以与第一、二、三、四顺序的法定继承人共同继承，并在各顺序取得不同的继承份额，即配偶参与第一顺序时，遗产按人数均分；配偶参与第二顺序时，取得遗产的二分之一；配偶参与第三顺序时，取得遗产的三分

---

① 参见陈苇、石婷：《我国设立遗产管理制度的社会基础及其制度构建》，载《河北法学》2013年第7期，第12~21页。

之二；配偶参与第四顺序，取得遗产的四分之三。如果无血亲继承人，由配偶取得全部遗产。

3. 配偶对遗产中家庭住房的先取权与终生使用权之立法建议

建议增设配偶对遗产中家庭住房享有先取权与终生使用权。

4. 后顺位特殊继承人对原使用的遗产住房及日常生活用品的终生使用权之立法建议

建议增设后顺位与被继承人共同生活的非应召继承人，即父母（如改为第二顺序）、祖父母、外祖父母，对遗产中供其居住的房屋和日常生活用品享有终生使用权。

5. 尽了主要赡养义务的丧偶儿媳或女婿的遗产分配方式之立法建议

建议将岳父母或公婆尽了主要赡养义务的儿媳或女婿作为酌分遗产请求权人。①

五、我国遗嘱继承制度之不足与立法完善建议

（一）我国遗嘱继承制度之不足

关于遗嘱继承制度，我国《继承法》主要存在三个方面的不足：第一，确定了公证遗嘱的适用效力优先，且只能采用公证的形式进行变更，不利于实现遗嘱人设立、变更遗嘱的自由权利；有约七成的民营企业主被调查者认为于后遗嘱应当优先于前一公证遗嘱适用（见表12-29）。第二，未规定特留份制度，不利于防止遗嘱自由的滥用和发挥遗产扶养家庭成员的功能；约六成半的民营企业主被调查者认为应对配偶和子女保留一定的遗产，即应当适当限制遗嘱人处分个人财产的自由（见表12-31）。第三，未禁止夫妻共同遗嘱，容易引发继承纠纷。六成半以上的民营企业主被调查者虽认可夫妻共同遗嘱，但他们所在地区实际存有夫妻共同遗嘱的习惯较少，仅占二成（见表12-33）。前述涉及遗嘱继承制度的案例之司法审判实践中，也反映出我国欠缺夫妻共同遗嘱的禁止性之不足。

（二）我国遗嘱继承制度之立法完善建议

综上所述，我们针对我国遗嘱继承制度的修改完善提出以下建议：

1. 公证遗嘱和其他形式遗嘱的效力之立法建议

建议修正公证遗嘱的适用效力为与其他形式的遗嘱具有同等适用效力，即遗嘱人立有数份形式不同、内容相互抵触的遗嘱时，以最后所立的遗嘱为准。

2. 遗嘱自由的限制——特留份之立法建议

建议增设特留份制度，并将特留分制度的权利主体限制在配偶、晚辈直系血亲和父母内。

3. 夫妻共同遗嘱之立法建议

建议立法明确禁止任何形式的共同遗嘱，包括夫妻共同遗嘱。

六、我国继承和遗赠的接受与放弃制度之不足与立法完善建议

（一）我国继承和遗赠的接受与放弃制度之不足

关于继承和遗赠的接受与放弃制度，我国《继承法》主要存在三个方面的不足：第一，继承的接受与放弃的方式不够明确。前述涉及继承与遗赠的接受与放弃制度的案例之

---

① 参见陈苇、董思远：《民法典编纂视野下法定继承制度的反思与重构》，载《河北法学》2017年第7期，第2~19页。

司法审判实践中也反映出继承放弃的方式与效力存在此不足。第二，规定须以明示方式接受遗赠，未作表示则视为放弃遗赠，不利于保护受遗赠人的合法权益；且七成半的民营企业主被调查者认为受遗赠人未作表示应被视为接受遗赠（见表 12-39）。第三，未规定继承人放弃继承时，债权人能否撤销继承人放弃继承的行为，容易引发纠纷；四成半以上的民营企业主被调查者认为债权人不可撤销放弃继承的行为（见表 12-42）。

（二）我国继承和遗赠的接受与放弃制度之立法完善建议

综上所述，我们针对我国继承和遗赠的接受与放弃制度的修改完善提出以下建议：

1. 继承的接受与放弃的时间与方式之立法建议

继承人须在继承开始后 2 个月内作出放弃继承权的意思表示，凡放弃继承的应当采取书面形式；逾期没有表示的，视为接受继承。

2. 遗赠的接受与放弃的方式与效力之立法建议

继承开始后，受遗赠人应在继承开始后 2 个月内作出放弃遗赠的表示；逾期没有表示的，视为接受遗赠。

3. 继承的放弃与债权人的撤销之立法建议

建议规定继承人的债权人无权撤销继承人之放弃继承的行为。①

七、我国继承权的丧失、被继承人的宥恕与代位继承制度之不足与立法完善建议

（一）我国继承权的丧失、被继承人的宥恕与代位继承制度之不足

关于继承权的丧失、被继承人的宥恕与代位继承制度，我国《继承法》主要存在两个方面的不足：第一，继承权丧失的法定情形规定有不足，其中对于采用欺诈或胁迫行为妨碍被继承人设立、变更或者撤销遗嘱是否会导致继承权丧失，以及如获得被继承人的原谅是否可以恢复，均无规定；但近七成的民营企业主被调查者认为因欺诈、胁迫行为的继承人丧失继承权的可因被继承人的原谅而恢复（见表 12-45）。并且前述涉及继承权的丧失、被继承人的宥恕与代位继承制度的案例之司法审判实践中，也反映出我国继承权的丧失、被继承人的宥恕制度存在此不足。第二，1985 年《执行继承法意见》规定继承人丧失继承权的其晚辈直系血亲不得代位继承，不利于保护代位继承人的继承权益；近四成的民营企业主被调查者认为被代位的继承人丧失继承权后其晚辈直系血亲可以代位继承（见表 12-48）。

（二）我国继承权的丧失、被继承人的宥恕与代位继承制度之立法完善建议

综上所述，我们针对我国继承权的丧失与恢复制度的修改完善提出以下建议：

1. 继承权的丧失与被继承人的宥恕之立法建议

建议将“以欺诈或者胁迫的手段，迫使或者妨碍被继承人设立、变更或者撤销遗嘱，情节严重的”增设为丧失继承权的法定情形之一。此外，增加“经被继承人宽恕的，不丧失继承权”的规定。

2. 继承权的丧失与代位继承之立法建议

继承人丧失继承权的，其代位继承人可以代位继承权。丧失继承权的被代位人对于其

---

① 参见陈苇、王巍：《论放弃继承行为不能成为债权人撤销权的标的》，载《甘肃社会科学》2015 年第 5 期，第 164 页。

代位继承人取得的遗产不享有用益权和管理权。

八、我国遗赠扶养协议制度之不足与立法增补建议

（一）我国遗赠扶养协议制度之不足

关于遗赠扶养协议制度，我国《继承法》主要存在的不足是：第一，遗赠扶养协议的主体范围较窄，仅限于非法定继承人与被继承人之间签订，不能适应我国现实社会需求。关于继承协议的订立主体，六成半以上的民营企业主被调查者认可由被继承人与全体法定继承人共同订立；近四成半的被调查者所在地区的习惯是听说过或经历过签订继承协议（见表12-51、见表12-53）。并且前述涉及继承协议制度的案例之司法审判实践中，也反映出我国欠缺继承协议制度之不足。第二，未规定继承协议制度，更没有对继承协议的变更与效力问题进行规定，这无法满足我国民众现实生活中继承人与被继承人之间订立继承协议的现实需要。关于继承协议的变更方式及效力，在民营企业主被调查者中，近四成的人认为可以允许有条件代位扶养；近四成的人认为该继承协议终止且应重新签订继承协议；五成的人认为应对已去世的扶养人支付的超出其扶养义务的部分扶养费予以补偿（见表12-55）。

（二）我国继承扶养协议制度的立法增补建议

综上所述，我们针对我国继承协议扶养制度的修改完善提出以下建议：

1. 继承扶养协议的订立主体与方式之立法建议

建议增设继承扶养协议制度，将协议双方的权利和义务具体规定为：被继承人可以与继承人协商订立继承扶养协议，由继承人承担对被继承人的生养死葬义务，并继承约定的遗产；被继承人对于约定由扶养人继承的遗产有妥善管理的义务。

2. 继承扶养协议的变更方式及效力之立法建议

当继承扶养协议的扶养义务人先于被继承人死亡时，如果其子女继承人自愿且有能力扶养，受扶养人同意由该扶养义务人的子女继续承担扶养的义务的，该继承扶养协议可以继续履行，以保障老年人的生活稳定。继承扶养协议因扶养人死亡而终止时，被扶养人的其他法定扶养义务人对已去世的扶养人支付的超出其法定扶养义务的扶养费应当进行合理补偿。

九、我国遗产债务清偿制度之不足与立法完善建议

（一）我国遗产债务清偿制度之不足

关于遗产债务清偿制度，我国《继承法》主要存在三个方面的不足：第一，限定继承属于无条件的限定继承，没有对遗产债务的清偿责任分为有条件的有限清偿责任和强制的无限清偿责任，不利于保护继承人及遗产债权人的利益；有九成的民营企业主被调查者认为应增设强制的无限清偿责任和有限责任继承的条件（见表12-57）。第二，未规定被继承人丧葬费的支付主体。近六成的民营企业主被调查者所在地区的习惯是由全体继承人共同支付（见表12-60）。前述涉及遗产债务清偿制度的案例之司法审判实践中，也反映出我国欠缺被继承人丧葬费支付立法之不足。第三，未明确规定遗产债务的清偿顺序，不利于保障遗产权利人的权益之实现。

（二）我国遗产债务清偿制度之立法完善建议

综上所述，我们针对我国遗产债务清偿制度的修改完善提出以下建议：

1. 遗产债务清偿责任类型之立法建议

如果继承人自愿声明选择实行有条件的限定继承，且依法制作遗产清册的，仅以遗产为限清偿遗产债务。如果继承人不按期或不如实制作遗产清册的，或有损害被继承人财产或其他继承人继承权益时，应对遗产债务承担无限责任。

2. 被继承人丧葬费的支付之立法建议

被继承人的丧葬费用由继承人共同支付。无人继承的遗产，被继承人的丧葬费用应当首先从遗产中支付。

3. 遗产债务的清偿顺序之立法建议

遗产债务的清偿顺序如下：第一顺序：继承费用，第二顺序：受被继承人扶养人的生活费、受被继承人扶养者的酌分之债，第三顺序：普通债务和税款，第四顺序：遗赠扶养协议之债，第五顺序：对被继承人扶养较多者的酌分之债，第六顺序：特留份，第七顺序：遗赠。有担保的债务以担保财产受偿；不足清偿部分作为普通债务按顺序受偿。遗产不足清偿同一顺序债务的，按比例清偿。有优先权的担保债务，应当就担保财产优先受偿，不足清偿的部分作为普通债务受偿。

如果有缺乏劳动能力又没有生活来源的继承人，即使遗产不足清偿被继承人的债务和税款，也应在清偿前为其保留必要遗产份额。

十、我国遗产分割制度之不足与立法完善建议

（一）我国遗产分割制度之不足

关于遗产分割制度，我国《继承法》存在两个方面的不足：第一，未明确规定遗产分割的请求时间和限制遗产分割的条件与期间；在民营企业主被调查者中，九成以上的人认为对于遗产分割的自由应当有一定限制，必须共同继承人协商一致或不违背遗嘱的禁止分割规则；近七成的人认为子女继承人不会在被继承人去世后立即提出对生存配偶居住的遗产房屋的分割要求；八成半以上的人认为被继承人可以通过遗嘱限制遗产的分割，四成以上的人认为该期限应以 5 年内为宜（见表 12-63、表 12-65、表 12-67、表 12-69、表 12-70）。第二，欠缺遗产分割瑕疵担保责任制度，不利于公平地保护各共同继承人的权利；三成半以上的民营企业主被调查者所在地区有由所有继承人共同承担遗产分割瑕疵担保责任之习惯（见表 12-72）。

（二）我国遗产分割制度之立法完善建议

综上所述，我们针对我国遗产分割制度的修改完善提出以下建议：

1. 遗产分割的自由与限制之立法建议

建议对于遗产的分割，应首先按照遗嘱指定的方式进行，其次是各共同继承人协商分割，协商不成的由利害关系人或继承人申请人民法院裁判分割。被继承人可以通过遗嘱在一定期间限制遗产的分割，但限制的期间不得超过 5 年。

2. 遗产分割瑕疵的担保责任之立法建议

遗产分割后，各共同继承人以其所得的遗产份额为限，对其他共同继承人分得的遗产，承担与出卖人相同的担保责任。继承人以其所得遗产的价值为限，对其他继承人因分

割所得债权，按继承比例对债务人在遗产分割时的清偿能力承担担保责任。

十一、我国无人承受遗产制度之不足与立法完善建议

（一）我国无人承受遗产制度之不足

关于无人承受遗产制度，我国《继承法》存在两个方面的不足：第一，未规定无人承受遗产的遗产管理人的选任及其遗产管理职责，容易导致无人承受遗产长时间无人管理。近六成半的民营企业主被调查者认为应当由死者户籍所在的村（居）委会和人民法院指定遗产管理人（见表12-78）。前述涉及无人承受遗产案例制度的案例之司法审判实践中，也反映出无人承受遗产欠缺遗产管理制度的不足。第二，无人承受遗产的酌分请求权人范围较窄，这不利于保护为被继承人付出较多人、与被继承人共同生活的财产权益，也不符合情理；六至七成的民营企业主被调查者倾向于依靠死者扶养的人以及与死者有密切联系且对其帮助较多的人可以酌情分得无人继承的遗产（见表12-81）。

（二）我国无人承受遗产制度之立法完善建议

综上所述，我们针对我国无人承受遗产制度的修改完善提出以下建议：

1. 无人承受遗产的管理之立法建议

建议增补无人承受遗产的管理制度，由死者户籍所在地的村（居）委会指定专人担任无人承受遗产的管理人；遗产利害关系人也可以请求人民法院或民政部门指定无人承受遗产的管理人。

遗产管理人具有及时清点遗产、制作遗产清单、发布公告催告利害关系人申报遗产权利、清偿遗产债务等职责。

2. 无人承受遗产的酌分请求权主体之立法建议

建议适当扩大无人承受遗产的酌情分配请求权主体范围，即除我国《继承法》第14条规定的两种人包括依靠被继承人扶养的人和对被继承人扶养较多的人以外，增加与死者生前联系紧密且对其帮助较多的人作为无人承受的遗产酌分请求权主体。

主要参考文献

（以各章引用先后为序）

一、中文著作

1. 张晋藩：《中国法律的传统与近代转型（第三版）》，法律出版社 2009 年版。

2. 恩格斯：《家庭、私有制和国家的起源（第一版）》，人民出版社 1972 年版。

3. 刘素萍主编：《继承法》，中国人民大学出版社 1988 年版。

4. 程维荣：《中国继承制度史》，中国出版集团东方出版中心 2006 年版。

5. 吴之屏：《民法继承编论》，上海法政学社 1933 年版。

6. 高其才主编：《当代中国分家析产习惯法》，中国政法大学出版社 2014 年版。

7. 李双元、温世扬主编：《比较民法学》，武汉大学出版社 1998 年版。

8. 杨立新主编：《中国百年民法典汇编》，中国法制出版社 2011 年版。

9. 瞿同祖：《中国法律与中国社会》，商务印书馆 2010 年版。

10. 陈苇（项目负责人）：《改革开放三十年（1978~2008）中国婚姻家庭继承法研究之回顾与展望》，中国政法大学出版社 2010 年版。

11. 张中秋：《中西法律文化比较研究（第四版）》，法律出版社 2009 年版。

12. 陈苇主编：《当代中国民众继承习惯调查实证研究》，群众出版社 2008 年版。

13. 徐国栋：《认真地对待民法典》，中国人民大学出版社 2004 年版。

14. 陈苇主编：《外国继承法比较与中国民法典继承编制定研究》，北京大学出版社 2011 年版。

15. 陈苇主编：《中国遗产处理制度系统化构建研究》，中国人民公安大学出版社 2019 年版。

16. 梁慧星（课题负责人）：《中国民法典草案建议稿》，法律出版社 2003 年版。

17. 梁慧星（课题负责人）：《中国民法典草案建议稿附理由 · 继承编》，法律出版社 2013 年版。

18. 徐国栋主编：《绿色民法典草案》，社会科学文献出版社 2004 年版。

19. 王利明（项目主持人）：《中国民法典学者建议稿及立法理由 · 人格权编、婚姻家庭编、继承编》，法律出版社 2005 年版。

20. 张玉敏（课题负责人）：《中国继承法立法建议稿及立法理由》，人民出版社 2006 年版。

21. 陈苇主编：《中国继承法修改热点难点问题研究》，群众出版社 2013 年版。

22. 陈苇、宋豫主编：《中国大陆与港、澳、台继承法比较研究》，群众出版社 2007 年版。

23. 刘春茂主编：《中国民法·财产继承》，人民法院出版社 2008 年版。
24. 史尚宽：《继承法论》，中国政法大学出版社 2000 年版。
25. 周福林：《我国家庭结构的变迁》，经济管理出版社 2016 年版。
26. 张平华、刘耀东：《继承法原理》，中国法制出版社 2009 年版
27. 秦伟：《继承法》，上海人民出版社 2001 年版。
28. 刘文：《继承法比较研究》，中国人民公安大学出版社 2004 年版。
29. 张玉敏：《继承法律制度研究》，法律出版社 1999 年版。
30. 郭明瑞、房绍坤、关涛：《继承法研究》，中国人民大学出版社 2003 年版。
31. 石婷：《遗产管理制度研究》，群众出版社 2017 年版。
32. 李启欣著译：《外国法制史研究文选》，中国法制出版社 2000 年版。
33. 魏小军：《遗嘱有效要件研究》，中国法制出版社 2010 年版。
34. 何勤华、殷啸虎著：《中华人民共和国民法史》，复旦大学出版社 1999 年版。
35. 杨立新著：《继承法修订入典之重点问题》，中国法制出版社 2015 年版。
36. 陈苇：《婚姻家庭继承法学案例教程（第三版）》，群众出版社 2017 年版。
37. 张玉敏：《继承法律制度研究（第二版）》，华中科技大学出版社 2016 年版。
38. 刘文：《继承法律制度研究》，中国政法大学出版社 2016 年版。
39. 苏力：《送法下乡——中国基层司法制度研究》，中国政法大学出版社 2000 年版。
40. 杨立新主编：《婚姻家庭继承法》，北京师范大学出版社 2010 年版。
41. 侯放：《继承法比较研究》，福建人民出版社 1997 年版。
42. 常素巧等编著：《婚姻家庭法实施中的疑难问题》，中国人民公安大学出版社 2009 年版。
43. 费安玲、［意］桑德罗·斯奇巴尼主编：《罗马法·中国法与民法法典化（文选）——从罗马法到中国法：权利与救济》，中国政法大学出版社 2016 年版。
44. 吴国平：《我国财产继承制度立法研究》，厦门大学出版社 2014 年版。
45. 陈苇主编：《婚姻家庭继承法学（第三版）》，中国政法大学出版社 2018 年版。
46. 杨立新、朱呈义：《继承法专论》，高等教育出版社 2006 年版。
47. 国家卫生和计划生育委员会：《中国家庭发展报告》，中国人口出版社 2015 年版。
48. 齐延平主编：《人权与法治》，山东人民出版社 2003 年版。
49. 郑玉波：《民法债编总则》，三民书局 1986 年版。
50. 戴东雄：《继承法实例解说》，三民书局 1999 年版。
51. 史尚宽：《债法总论》，中国政法大学出版社 2000 年版。
52. 王泽鉴：《民法学说与判例研究（第四册）》，中国政法大学出版社 1998 年版。
53. 杨立新：《家事法》，法律出版社 2013 年版。
54. 巫昌祯：《婚姻与继承法学》，中国政法大学出版社 2007 年版。
55. 周贤齐主编：《中华人民共和国继承法诠释》，人民法院出版社 1995 年版。
56. 郑玉波：《民法债编总论》，中国政法大学出版社 2004 年版。
57. 黎乃忠：《限定继承制度研究》，群众出版社 2017 年版。
58. 杜江涌：《遗产债务法律制度研究》，群众出版社 2013 年版。

二、外文译作

59. [美] 路易斯·亨利·摩尔根著:《古代社会(下册)》，杨东莼、马雍、马巨译，商务印书馆 1983 年版。

60. [德] G. 拉德布鲁赫:《法哲学》，王朴译，法律出版社 2005 年版。

61. [美] 哈罗德·J. 伯尔曼:《法律与革命——西文法律传统的形成》，贺卫方、高鸿钧、张志铭、夏勇译，中国大百科全书出版社 1993 年版。

62. [意] 彼德罗·彭梵得:《罗马法教科书》，黄风译，中国政法大学出版社 1992 年版。

63. [法] 莱昂·狄骥:《〈拿破仑法典〉以来私法的普通变迁》，徐砥平译，中国政法大学出版社 2003 年版。

64. [法] 安德烈·比尔基埃、[法] 克里蒂斯亚娜·克拉比什-朱伯尔、[法] 玛尔蒂娜·雪伽兰、[法] 弗朗索瓦兹·佐纳邦德:《家庭史现代化的冲击(第二卷)》，袁树仁等译，生活·读书·新知三联出版社 1997 年版。

65. [美] 罗斯科·庞德:《法律史解释》，邓正来译，中国法制出版社 2002 年版。

66. [日] 滋贺秀三:《中国家族法原理》，张建国等译，商务印书馆 2013 年版。

三、法律、法规及司法解释

(一) 中国法

67. 我国现行《宪法》。

68. 我国《民法通则》。

69. 我国《继承法》。

70. 1985 年《执行继承法意见》。

71. 我国现行《婚姻法》。

72. 我国现行《收养法》。

73. 我国现行《老年人权益保障法》。

74. 我国司法部《遗赠扶养协议公证细则》。

75. 我国《物权法》。

76. 我国现行《民事诉讼法》。

77. 我国《企业破产法》。

78. 我国《民法总则》。

79. 我国《合同法》。

80. 我国 2015 年《关于适用民事诉讼法的解释》。

81. 我国《侵权责任法》。

82. 我国 2004 年《关于审理人身损害赔偿案件适用法律若干问题的解释》。

83. 我国 2001 年《关于确定民事侵权精神损害赔偿责任若干问题的解释》。

84. 我国现行《工伤保险条例》。

(二) 外国法

85. 罗结珍译:《法国民法典》，北京大学出版社 2010 年版。

86. 陈卫佐译注：《德国民法典》（第4版），法律出版社2015年版。

87. 戴永盛译：《瑞士民法典》，法律出版社2016年版。

88. 刘士国、牟宪魁、杨瑞贺译：《日本民法典》，法律出版社2018年版。

89. 费安玲、丁玫、张亦译：《意大利民法典》，中国政法大学出版社2004年版。

90. 黄道秀译：《俄罗斯联邦民法典》，北京大学出版社2007年版。

91. 谢怀栻译：《德意志联邦共和国民事诉讼法》，中国法制出版社2001年版。

92. 唐晓晴等译：《葡萄牙民法典》，北京大学出版社2009年版。

93. 薛军译：《埃塞俄比亚民法典》，法制出版社2002年版。

94. 孙建江、郭站红、朱亚芬译：《魁北克民法典》，中国人民大学出版社2005年版。

95. 崔吉子编译：《韩国最新民法典》，北京大学出版社2010年版。

96. 潘灯、成琴译：《西班牙民法典》，中国政法大学出版社2013年版。

97. 徐涤宇译：《智利共和国民法典》（2000年修订本），北京大学出版社2014年版。

98. 中国社会科学院法学研究所民法研究室编译：《苏俄民法典》，中国社会科学出版社1980年版。

99. 李浩培、吴传颐、孙鸣岗译：《拿破仑法典》，商务印书馆1983年版。

100. 郑冲、贾红梅译：《德国民法典》，法律出版社1999年版。

101. 殷生根、王燕译：《瑞士民法典》，中国政法大学出版社1999年版。

102. Uniform Probate Code（amended in 2010），USA.

附　录

西南政法大学外国家庭法及妇女理论研究中心简介（中英文对照）

学术顾问（*以姓氏笔画为序*）：万相兰、王建华、李春茹、陈　彬、谢晓曦
主　　任：陈　苇
副 主 任：张华贵、朱　凡
秘 书 长：石　婷

2003 年 12 月至 2004 年 12 月，西南政法大学民商法学院博士生导师陈苇教授受国家留学基金资助，由国家教育部公派出国留学，作为访问学者到澳大利亚悉尼大学法学院进修家庭法一年。她回国后于 2005 年 1 月向学校提出了建立“西南政法大学外国家庭法及妇女理论研究中心”的书面申请。2005 年 4 月 1 日，西南政法大学校长办公会议批准同意该研究中心成立。

本“研究中心”的工作宗旨是：通过整合本校婚姻家庭法及妇女理论方面的科研与教学资源，联合校内外其他单位与部门的相关人员，以西南政法大学为依托，开展中外学术交流，着力研究现阶段中外婚姻家庭继承法及妇女领域的重大理论和实践课题，为我国婚姻家庭继承法的完善及妇女理论的发展提供有益的借鉴经验，为我国立法机关提出相关建议，为司法部门提供法律咨询服务，争取多出科研成果，出精品科研成果，为创建国内一流、国际知名的西南政法大学而努力。

本“研究中心”的主要任务包括：1. 开展中外学术交流；2. 提供专业咨询服务；3. 进行学术前沿理论和司法实务问题研究；4. 培养婚姻家庭继承法及妇女理论的学术人才；5. 组织开展学术讲座等，以期造就一批在本学科领域有一定影响的学术骨干和后备学术带头人。

本“研究中心”的学术研究平台，为促进学术研究和学术交流，研究中心主任陈苇教授自 2005 年起先后创办、主编出版《家事法研究》学术论文集刊和《家事法研究学术文库》丛书，到 2018 年年底为止的 14 年期间，已出版《家事法研究》（2005 年卷至 2010 年卷）学术论文集刊 6 卷和《家事法研究学术文库》丛书著作 19 部。这些论文集和著作，着力研究婚姻家庭继承法领域的前沿理论和司法实务的热点难点问题，在我国学术界和实务界已产生了良好的社会影响。需要说明的是，为进一步扩大《家事法研究》的学术影响，在 2009 年中国婚姻家庭法学研究会常务理事会上，经陈苇教授提出申请，该研究会常务理事一致同意，夏吟兰会长宣布自 2010 年起《家事法研究》改由学会主办。但由于 2010 年该学会将出版“2009 年中国婚姻家庭法学研究会年会论文集”，故夏会长委托陈苇教授继续主编出版《家事法研究》（2010 年卷），即从 2011 年起《家事法研究》改由中国婚姻家庭法学研究会主办，它成为该学会的会刊。为继续推进婚姻家庭继承法领域前沿理论和司法实务问题的研究，本“研究中心”决定打造新的学术研究和交流的平台，自 2012 年起陈苇教授担任主编，负责遴选出版《家事法研究学术文库》丛书，每年

计划出版2~3本，由国家级出版社出版。同时，本“研究中心”继续与杨晓林律师组建的家事法律师团队合作，在“西南政法大学外国家庭法及妇女理论研究中心”网页——学习园地之“学术前沿”栏，发表婚姻家庭继承法领域的前沿理论和司法实务热点难点问题的最新研究成果，以期实现学术研究与立法、司法的良性互动，促进中外学术研究和学术交流。

本“研究中心”的团队成员，以西南政法大学民商法学院婚姻家庭继承法和妇女理论研究所的人员为主，并聘请校内外的专家、学者担任学术顾问和特约研究员。

Appendix:

Introduction of the Research Center on Foreign Family Law and Women's Theory of Southwest University of Political Science and Law, China

Academic Consultants: WAN Xianglan, WANG Jianhua, LI Chunru, CHEN Bin, XIE Xiaoxi
Director: CHEN Wei
Deputy Director: ZHANG Huagui, ZHU Fan
Academic Secretary: SHI Ting

Introduction

Professor CHEN Wei, the doctor tutor of the Civil and Business Law School of Southwest University of Political Science and Law, China [hereinafter refers to SWUPL], studied family law in the Law School of Sydney University, Australia from Dec. 2003 to Dec. 2004 with the sustentation of "STATE SCHOLARSHIP FUND AWARD". In Jan. 2005, some days after came back to China, she presented the application for establishing "Research Center on Foreign Family Law and Women's Theory of SWUPL, China". On Apr. 1st 2005, the President's Working Office of SWUPL approved her application.

The aim of the Research Center is to develop academic exchange between China and foreign countries, put emphasis on grand important theory and practice problems of family law and women's theory by associating the researching and teaching resources of SWUPL with relevant personnel of other units and departments. All of that we have done and will do have some important meaning: first of all, we may provide the valuable experiences for the perfection of the laws of family and succession in China and the development of women's theory; the second, we may provide relevant suggestions to Chinese legislature, and may provide legal advices to judicial practice departments. We hope that SWUPL will be top ranking internally and famous internationally with our efforts.

The assignments of the Research Center including: (1) developing academic exchange between China and foreign countries in relevant fields; (2) providing professional consultation service; (3) strengthen academic research; (4) training some academic adepts of family law and women's theory; (5) giving academic lectures. We hope that some adepts and reserve academic leaders with certain influence in family law field would be brought up.

The academic research platforms of the Research Center: In order to promote the academic research and exchanges, Professor CHEN Wei, director of the Research Center, has founded and edited the publication of the Periodical of Research on Family Law and the Works of Researches on Family Law early or late since 2005. By the end of 2018, 6 volumes of the Periodical of Research on Family Law (Volumes 2005 to 2010) and 19 Works of Researches on Family Law have been published during the fourteen years. These papers and books, focusing on the frontier theory research on Marriage, Family and Inheritance Law and the judicial practice issues, have had good social affluence in the academic circle and practice circle of China. It is noteworthy that, in order to further expand the academic influence of the Periodical, in the Executive Council of Society of Marriage and Family Law of China (SMFLC) in 2009, upon Professor CHEN Wei's proposal, the Executive Council agreed and President XIA Yinlan announced that the Periodical of Research on Family Law was edited by SMFLC after 2010. As SMFLC would publish the papers submitted to the Annual Meeting of SMFLC in 2009, President XIA Yinlan authorized Professor CHEN Wei to edit the publication of the Periodical of Research on Family Law (Volume 2010) in 2010. The Periodical was edited by SMFLC and became its Society Journal from 2011. In order to continue to advance the theoretical research and judicial practice in the field of Marriage, Family and Inheritance Law, the "Research Center" decided to build a new platform for academic research. 2-3 of the Works of Researches on Family Law which will be selected and edited by Professor CHEN Wei for publication each year by the national publishing press since 2012. At the same time, the "Research Center" continues to cooperate with the Family Law Lawyer Team built by Lawyer YANG Xiaolin. On the webpage of "Foreign Family Law and Women's Theory Research Center of SWUPL"——"Academic Frontier" of Study Column, the latest research achievements on the frontier theory of Marriage, Family and Inheritance Law and judicial practice issues are published to realize the benign interaction between academic research, legislation and justice and promote the academic research and exchanges between China and foreign countries.

The personnel of the Research Center is mainly composed of scholars from the Marriage, Family and Succession Law and Women's Theory Research Institute of the Civil and Business Law School of SWUPL, China. We also invite some famous experts and scholars around the whole country to be the consultants and special research fellows. They are the members of the Research Center too.

西南政法大学外国家庭法及妇女理论研究中心 2006~2012 年已出版书目

《外国婚姻家庭法比较研究》(2006 年出版)

《中国大陆与港、澳、台继承法比较研究》(2007 年出版)

《当代中国民众继承习惯调查实证研究》(2008 年出版)

《改革开放三十年(1978~2008)中国婚姻家庭继承法研究之回顾与展望》(2010 年出版)

《中国婚姻家庭法立法研究(第二版)》(2010 年出版)

《外国继承法比较与中国民法典继承编制定研究》(2011 年出版)

《当代中国内地与港、澳、台婚姻家庭法比较研究》(2012 年出版)

《加拿大家庭法汇编》(2006 年出版)

《澳大利亚家庭法(2008 年修正)》(2009 年出版)

《美国家庭法精要(第五版)》(2010 年出版)

《澳大利亚法律的传统与发展(第三版)》(2011 年出版)

《家事法研究》2005 年卷(2006 年出版)

《家事法研究》2006 年卷(2007 年出版)

《家事法研究》2007 年卷(2008 年出版)

《家事法研究》2008 年卷(2009 年出版)

《家事法研究》2009 年卷(2010 年出版)

《家事法研究》2010 年卷(2011 年出版)

图书在版编目（CIP）数据

当代中国民众财产继承观念与遗产处理习惯实证调查研究/陈苇主编．—北京：中国人民公安大学出版社，2019.10

（家事法研究学术文库）

ISBN 978-7-5653-3770-3

Ⅰ.①当… Ⅱ.①陈… Ⅲ.①继承法—研究—中国 Ⅳ.①D923.54

中国版本图书馆 CIP 数据核字（2019）第 202232 号

当代中国民众财产继承观念与遗产处理习惯实证调查研究（上、下卷）

主编 陈 苇（课题负责人）

出版发行：中国人民公安大学出版社
地 址：北京市西城区木樨地南里
邮政编码：100038
经 销：新华书店
印 刷：北京市泰锐印刷有限责任公司

版 次：2019 年 10 月第 1 版
印 次：2019 年 10 月第 1 次
印 张：75
开 本：787 毫米×1092 毫米 1/16
字 数：1825 千字

书 号：ISBN 978-7-5653-3770-3
定 价：286.00 元（上、下卷）

网 址：www.cppsup.com.cn www.porclub.com.cn
电子邮箱：zbs@cppsup.com zbs@cppsu.edu.cn

营销中心电话：010-83903254
读者服务部电话（门市）：010-83903257
警官读者俱乐部电话（网购、邮购）：010-83903253
法律图书分社电话：010-83905745